Eigenkapitalersetzende Gesellschafterleistungen in der Jahres- und Überschuldungsbilanz

Abhandlungen zum Arbeits- und Wirtschaftsrecht

Begründet von Prof. Dr. Wolfgang Siebert †

Herausgeber:
Prof. Dr. Wolfgang Hefermehl, Heidelberg
Prof. Dr. Ulrich Huber, Bonn
Prof. Dr. Manfred Löwisch, Freiburg/Breisgau
Prof. Dr. Hans-Joachim Mertens, Frankfurt/Main
Prof. Dr. Hansjörg Otto, Göttingen
Prof. Dr. Reinhard Richardi, Regensburg
Prof. Dr. Rolf Serick †, Heidelberg
Prof. Dr. Peter Ulmer, Heidelberg

Band 87

Eigenkapitalersetzende Gesellschafterleistungen in der Jahres- und Überschuldungsbilanz

von

Dr. Michael Bormann

Salzgitter Bad

Verlag Recht und Wirtschaft GmbH
Heidelberg

Die Deutsche Bibliothek – CIP-Einheitsaufnahme

Bormann, Michael:
Eigenkapitalersetzende Gesellschafterleistungen in der Jahres- und Überschuldungsbilanz / Michael Bormann. – Heidelberg : Verl. Recht und Wirtschaft, 2001

(Abhandlungen zum Arbeits- und Wirtschaftsrecht ; Bd. 87)
Zugl.: Heidelberg, Univ., Diss., 2000/2001
ISBN 3-8005-1279-3

ISBN 3-8005-1279-3

© 2001 Verlag Recht und Wirtschaft GmbH, Heidelberg

Das Werk einschließlich aller seiner Teile ist urheberrechtlich geschützt. Jede Verwertung außerhalb der engen Grenzen des Urheberrechtsgesetzes ist ohne Zustimmung des Verlages unzulässig und strafbar. Das gilt insbesondere für Vervielfältigungen, Bearbeitungen, Übersetzungen, Mikroverfilmungen und die Einspeicherung und Verarbeitung in elektronischen Systemen.

Satzkonvertierung: ProSatz Unger, 69469 Weinheim

Druck und Verarbeitung: Wilhelm & Adam, Werbe- und Verlagsdruck GmbH, 63150 Heusenstamm

♾ Gedruckt auf säurefreiem, alterungsbeständigem Papier, hergestellt aus chlorfrei gebleichtem Zellstoff (TCF-Norm)

Printed in Germany

Welchen Überblick verschafft uns nicht die Ordnung,
in der wir unsere Geschäfte führen!
Sie läßt uns jederzeit das Ganze überschauen,
ohne daß wir nötig hätten,
uns durch das Einzelne verwirren zu lassen.
Welche Vorteile gewährt die doppelte Buchhaltung
dem Kaufmanne!

*(Johann Wolfgang Goethe,
Wilhelm Meisters Lehrjahre)*

Vorwort

Die vorliegende Arbeit entstand im Rahmen eines externen Promotionsstudiums am Institut für deutsches und europäisches Gesellschafts- und Wirtschaftsrecht der Ruprecht-Karls-Universität Heidelberg. Sie wurde im Wintersemester 2000/2001 als Dissertation angenommen; für die Veröffentlichung wurde – soweit möglich – bis zum Frühjahr 2001 erschienene Literatur und Rechtsprechung eingearbeitet; das Urteil des BGH vom 08.01.2001 – II ZR 88/99 zur Passivierungspflicht eigenkapitalersetzender Gesellschafterdarlehen konnte ebenfalls noch berücksichtigt werden.

Zum Gelingen der Arbeit haben viele Personen beigetragen – all ihnen gilt mein Dank.

An erster Stelle ist hier mein verehrter akademischer Lehrer und Doktorvater Prof. Dr. Dr. h.c. mult. Ulmer zu nennen, der durch seine zahlreichen Anregungen und Hinweise wesentlich dazu beigetragen hat, daß die Arbeit ihre jetzige Form hat, und der sich zudem dafür eingesetzt hat, diese Arbeit in die vorliegende Schriftenreihe aufzunehmen. Meinem Zweitgutachter, Herrn Prof. Dr. Hommelhoff, danke ich nicht nur für die kurzfristige Erstellung des Gutachtens, sondern darüber hinaus besonders für die Aufnahme in das Graduiertenkolleg „Unternehmensorganisation und unternehmerisches Handeln nach deutschem, europäischem und internationalem Recht" der Ruprecht-Karls-Universität Heidelberg sowie für die Aufnahme in den Kreis der Stipendiaten des Kollegs. Weiterhin danke ich dem Stifterverband für die Deutsche Wissenschaft für die großzügige Förderung der Drucklegung aus dem Sonderprogramm „Arbeitskreis Wirtschaft und Recht".

Ferner bin ich meinen Freunden zu Dank verpflichtet; nicht nur für das Verständnis, das sie meiner Tätigkeit entgegengebracht haben, sondern auch für ihre tatkräftige Unterstützung, die sie dieser Arbeit haben zukommen lassen. Besonders danke ich Herrn Steuerberater Claus Hellberg (Wollert-Elmendorff Deutsche Industrie-Treuhand GmbH, Hannover) und Herrn Dr. Stefan Odenthal (Arthur D. Little, Wiesbaden) für ihre ständige Bereitschaft, sich mit meiner

Arbeit und meinen Problemen mit ihr zu befassen und mir mit Rat und Tat zur Seite zu stehen. Heiner Brandt, Markus Halaczinsky, Kerstin Kerschke, Silke Thulke, Jörg Trümper und Andreas Wensing danke ich für all die „Kleinigkeiten", die sie mir im Zusammenhang mit der Erstellung der Arbeit abgenommen haben.

Herrn Prof. Dr. Hellwig (Hengeler Mueller Weitzel Wirtz, Frankfurt a.M.) danke ich für die fruchtbaren Diskussionen, aus denen ich immer wieder Anregungen für meine Arbeit ziehen konnte. Herrn Schröder (Johlke Niethammer & Partner, Hamburg) danke ich für die Möglichkeit, meine Thesen im Gespräch mit einem Praktiker verteidigen zu können.

Last but not least danke ich meinen Eltern, denen ich diese Arbeit widme, für ihre rückhaltlose Unterstützung, die sie mir während meiner Studien- und Promotionszeit haben zuteil werden lassen.

Hamburg, im Mai 2001

Michael Bormann

Inhaltsverzeichnis

Abkürzungsverzeichnis 17

Abschnitt 1: Einleitung und Rechtsgrundlagen 23

§ 1: **Einleitung** 23
    A. Ziel der Untersuchung 23
    B. Gang der Untersuchung 25

§ 2: **Rechtsgrundlagen** 27
    A. Voraussetzungen und Rechtsfolgen des Eigenkapitalersatzes . 28
        I. Novellenregeln 28
            1. Voraussetzungen 28
            2. Rechtsfolgen 29
        II. Rechtsprechungsregeln 31
            1. Voraussetzungen 31
            2. Rechtsfolgen 35
        III. Neuregelung des Kapitalersatzrechts in § 32 a Abs. 3 GmbHG 36
            1. „Witwen- und Erbtantenprivileg" – § 32 a Abs. 3 S. 2 GmbHG 37
            2. „Sanierungsprivileg" – § 32 a Abs. 3 S. 3 GmbHG . 40
            3. Anwendbarkeit von § 32 a Abs. 3 S. 2 und 3 GmbHG i. R. d. Rechtsprechungsregeln 42
        IV. Behandlung der auf eigenkapitalersetzende Darlehen entfallenden Zinsen 44
    B. Gemeinsamkeiten von und Unterschiede zwischen Rechtsprechungs- und Novellenregeln 46
        I. Gemeinsamkeiten 46
        II. Unterschiede 49
        III. Zwischenergebnis 52
    C. Konkurrenzverhältnis zwischen Novellen- und Rechtsprechungsregeln 53
    D. Dogmatische Grundlagen des Eigenkapitalersatzrechts 56
        I. Eigenkapitalersatz als Sonderregeln der stillen Gesellschaft? 57

II. Eigenkapitalersatz zum Schutz der Selbständigkeit der Gesellschaft? 58
III. Eigenkapitalersatz aufgrund unzulässiger Fortführung unter Zufuhr von Fremdkapital? 58
IV. Eigenkapitalersatz aufgrund der Verschleierung der Krisensituation? 61
V. Eigenkapitalersatz aufgrund der Insiderstellung des Darlehensgebers? 64
VI. Eigenkapitalersatz aufgrund der Symmetrie von Chancen und Risiken als entscheidendes Merkmal der Doppelrolle des Gesellschafters 66
VII. Zwischenergebnis 69
E. Eigenkapitalersatzrecht als allgemeines gesellschaftsrechtliches Institut? 69

Abschnitt 2: Ausweisung im Jahresabschluß des Leistungsempfängers 72

§ 3: Grundlagen zum Jahresabschluß 72
A. Bedeutung des Europarechts für das deutsche Bilanzrecht .. 73
B. Ziele und Zwecke des Jahresabschlusses 74
I. Informationsfunktion 74
II. Kapitalerhaltungsfunktion 77
III. Dokumentationsfunktion 78
C. Ergebnis und Ausblick auf künftige Tendenzen 79

§ 4: Ausweisung eigenkapitalersetzender Gesellschafterleistungen bei der leistungsempfangenden GmbH 81
A. Einführung und Meinungsstand 81
B. Eigenkapitalersetzende Gesellschafterdarlehen vor der Rückgewähr 85
I. Bilanzielle Einordnung 85
1. Einordnung als Eigenkapital? 87
a) Anforderungen an das bilanzielle Eigenkapital . 87
aa) Anforderungen an die Nachrangigkeit des Kapitals 88
bb) Anforderungen an die Nachhaltigkeit der Kapitalüberlassung 89
cc) Notwendigkeit der Gewinn- und Verlustteilnahme des Kapitals 93

- dd) Weitere diskutierte Merkmale 95
- ee) Zwischenergebnis 95
- b) Schlußfolgerungen für die Einordnung eigenkapitalersetzender Gesellschafterdarlehen 96
  - aa) Schlußfolgerungen für die Rechtsprechungsdarlehen 96
    - (1) Nachrangigkeit des Rückzahlungsanspruchs 96
    - (2) Nachhaltigkeit der Kapitalüberlassung . 98
    - (3) Gewinn- und Verlustteilnahme 99
    - (4) Zwischenergebnis 100
  - bb) Schlußfolgerungen für die Novellendarlehen 100
    - (1) Nachrangigkeit des Rückzahlungsanspruchs 100
    - (2) Nachhaltigkeit der Kapitalüberlassung . 101
    - (3) Gewinn- und Verlustteilnahme 101
    - (4) Zwischenergebnis 102
- c) Ergebnis 102
2. Einordnung als Fremdkapital 102
  - a) Anforderungen an die bilanziellen Schulden ... 103
    - aa) Erzwingbarkeit der Leistung 103
    - bb) Wirtschaftliche Belastung 104
    - cc) Quantifizierbarkeit der Verpflichtung 105
    - dd) Anforderungen an die Bildung von Rückstellungen für ungewisse Verbindlichkeiten und an den Verzicht auf eine Ausweisung .. 105
  - b) Schlußfolgerungen für die Einordnung eigenkapitalersetzender Gesellschafterdarlehen 106
    - aa) Schlußfolgerungen für die Rechtsprechungsdarlehen 106
      - (1) Vorliegen einer erzwingbaren Leistungsverpflichtung 106
      - (2) Vorliegen einer wirtschaftlichen Belastung 109
      - (3) Quantifizierbarkeit des Anspruchs 110
      - (4) Zwischenergebnis 110
    - bb) Schlußfolgerungen für die Novellendarlehen 110
  - c) Zwischenergebnis 111
3. Wertungsmäßige Überprüfung der bilanziellen Einordnung 111
  - a) Übereinstimmung der Einordnung als Fremdkapital mit dem Kapitalerhaltungsgrundsatz ... 112
    - aa) Anforderungen des Kapitalerhaltungsgrundsatzes 112

bb) Einordnung als Eigenkapital zur Ermöglichung der bilanziellen Abbildung einer Unterbilanz i. S. d. § 30 Abs. 1 GmbHG? ... 115
(1) Auswirkungen der Einordnung als Fremdkapital auf die bilanzielle Abbildung i. R. d. § 30 Abs. 1 GmbHG 115
(2) Keine Verletzung des § 30 Abs. 1 GmbHG ohne Entstehung einer Unterbilanz durch die Rückgewährhandlung? 116
(3) Rückwirkungen der Anforderungen des § 30 Abs. 1 GmbHG auf die Jahresbilanz? 116
(4) Verzicht auf die Notwendigkeit einer bilanziellen Abbildung 117
cc) Zwischenergebnis 120
b) Übereinstimmung der Einordnung als Fremdkapital mit der Informationsfunktion 120
4. Ergebnis 123
II. Erläuterungspflicht für eigenkapitalersetzende Darlehen 123
1. Notwendigkeit einer Binnenpublizität 124
a) Erläuterungspflicht zur Erfüllung der Dokumentationsfunktion 124
b) Erläuterungspflicht zur Selbst- und Gesellschafterinformation 125
c) Ergebnis 126
2. Notwendigkeit einer Außenpublizität 127
a) Erläuterungspflicht zur Vermittlung eines true-and-fair-view 128
aa) Einfluß des eigenkapitalersetzenden Charakters auf den true-and-fair-view 128
bb) Unklarer Informationsgehalt als Argument gegen eine Kennzeichnung? 130
cc) Zwischenergebnis 132
b) Beeinträchtigung des Gläubigerschutzes als Argument gegen eine Erläuterungspflicht? 132
c) Keine Erläuterungspflicht aufgrund gesetzlicher Wertung? 135
d) Rechtliche und tatsächliche Unsicherheiten als Grund, von der Erläuterungspflicht abzusehen? . 137
aa) Verzicht auf die Kennzeichnungspflicht unter Berufung auf das Vorsichtsprinzip? 137
bb) Überforderung der Geschäftsführer bei der Einordnung der Darlehen? 139
cc) Zwischenergebnis 139
e) Zwischenergebnis 139

3. Gesteigerte Anforderungen an das Ausmaß der Krise als Voraussetzung der Erläuterungspflicht? ... 140
4. Ergebnis 142
III. Konkretisierung der Ausweispflicht 143
1. Gemeinsamer Bilanzposten für Rechtsprechungs- und Novellendarlehen bei seperater Erläuterungspflicht 143
   a) Zulässigkeit der Ausweisung von Rechtsprechungs- und Novellendarlehen in einem Bilanzposten 144
   b) Notwendigkeit seperater Erläuterungspflichten . 145
      aa) Ableitung aus den Bilanzzwecken 145
      bb) Einwände gegen eine seperate Erläuterung aufgrund praktischer Probleme? 147
   c) Zwischenergebnis 151
2. Art und Weise der Ausweispflicht 151
   a) Zwingende Notwendigkeit der Erläuterung im Jahresabschluß – kein Ausweichen auf den Lagebericht 152
      aa) Erläuterungspflichten zum Zeitpunkt der Krise 153
      bb) Schlußfolgerungen für die Erläuterung von eigenkapitalersetzenden Gesellschafterleistungen 154
   b) Bestimmung des Erläuterungsortes im Jahresabschluß 155
      aa) Bildung eines Sonderpostens zwischen Eigen- und Fremdkapital? 156
      bb) Hinweis auf den eigenkapitalersetzenden Charakter als Zusatzinformation zu § 42 Abs. 3 GmbHG 160
         (1) Konkretisierung der Erläuterungspflichten nach § 42 Abs. 3 GmbHG 161
         (2) Schlußfolgerungen für eigenkapitalersetzende Gesellschafterleistungen 166
      cc) Zwischenergebnis 170
   c) Ergebnis 170
3. Ergebnis 170
IV. Gesamtergebnis 170

C. Zinsansprüche auf eigenkapitalersetzende Darlehen 171
I. Gesellschaftsrechtliche Grundlagen 171
II. Bilanzielle Behandlung 171

D. Rückgewähr eigenkapitalersetzender Gesellschafterdarlehen unter Verstoß gegen § 30 Abs. 1 GmbHG 174
    I. Gesellschaftsrechtliche Grundlagen 174
    II. Bilanzielle Behandlung 178
E. Gesellschafterbesicherte Drittdarlehen 181
    I. Gesellschaftsrechtliche Grundlagen 181
    II. Bilanzielle Behandlung 183
F. Nutzungsüberlassungen 186
    I. Gesellschaftsrechtliche Grundlagen 186
    II. Bilanzielle Behandlung 190
        1. Bilanzielle Behandlung des Nutzungsentgelts 190
        2. Bilanzielle Behandlung des Substanzwertes 190
        3. Bilanzielle Behandlung des Nutzungsrechts 192
            a) Anforderungen an die Aktivierungsfähigkeit ... 192
            b) Ausweisung eines schwebenden Geschäfts 194
        4. Ergebnis 194
    III. Gesamtergebnis 195

§ 5: **Ausweisung verwandter Rechtsinstitute bei der leistungsempfangenden GmbH** 195
A. Finanzplankredite 195
    I. Gesellschaftsrechtliche Grundlagen 196
        1. Abgrenzung von eigenkapitalersetzenden Gesellschafterdarlehen 196
        2. Voraussetzungen und Möglichkeiten der Aufhebung 197
            a) Voraussetzungen 197
            b) Möglichkeiten der Aufhebung 200
        3. Systematische Einordnung im Verhältnis zum Eigenkapitalersatzrecht 202
            a) Gegenüberstellung von Finanzplankrediten und eigenkapitalersetzenden Gesellschafterdarlehen . 202
            b) Schlußfolgerungen für das Verhältnis von Eigenkapitalersatz und Finanzplankrediten 204
        4. Zwischenergebnis 207
    II. Bilanzielle Behandlung 207
B. Verbindlichkeiten mit Rangrücktrittsvereinbarung 210
    I. Gesellschaftsrechtliche Grundlagen 210
        1. Definitorische Eingrenzung 210
        2. Ausgestaltung von Rangrücktrittsvereinbarungen .. 212
        3. Systematische Einordnung im Rahmen des nachrangigen Haftkapitals 216

	4. Behandlung der auf zurückgetretene Darlehen entfallenden Zinsen	220
	5. Zwischenergebnis	221
	II. Bilanzielle Behandlung	221

§ 6: **Rechtsformspezifische Besonderheiten auf seiten des Leistungsempfängers** ... 225

    A. Kleine und mittelgroße Kapitalgesellschaften ... 225
        I. Erleichterungen bei der Ausweispflicht? ... 225
        II. Konkretisierung der Ausweispflicht ... 229

    B. GmbH & Co. KG ... 229
        I. Gesellschaftsrechtliche Grundlagen ... 230
        II. Bilanzielle Behandlung ... 231

    C. Aktiengesellschaften ... 233
        I. Gesellschaftsrechtliche Grundlagen ... 233
        II. Bilanzielle Behandlung ... 236

Abschnitt 3: Ausweisung im Jahresabschluß des Leistungsgebers und im Konzernabschluß ... 238

§ 7: **Ausweisung im Jahresabschluß des Leistungsgebers** ... 238

    A. Ausweisung bei der darlehensgewährenden GmbH vor der Rückgewähr ... 238
        I. Ort der Ausweisung ... 238
        II. Bewertungsfragen ... 242
            1. Aktivierung als nachträgliche Anschaffungs- bzw. Herstellungskosten? ... 242
            2. Ab- und Zuschreibungen ... 248
        III. Eigenkapitalersatz-spezifische Erläuterungspflichten? . 250

    B. Sachverhaltsvarianten und rechtsformspezifische Besonderheiten ... 252

§ 8: **Ausweisung im Konzernabschluß** ... 255

    A. Gesellschaftsrechtliche Grundlagen ... 255
        I. Anwendbarkeit des Kapitalersatzrechts neben den konzernrechtlichen Gläubigerschutzvorschriften ... 255
        II. „Finanzierungsverantwortung" im Konzern ... 257

    B. Bilanzielle Behandlung ... 259

Abschnitt 4: Behandlung bei der Überschuldungsprüfung 263

§ 9: Grundlagen zur Überschuldungsprüfung und Einfluß eigenkapitalersetzender Gesellschafterleistungen auf die Fortführungsprognose 263
 A. Insolvenzordnung als maßgebliche Rechtsgrundlage der Überschuldungsprüfung 264
  I. Eröffnungsgründe des Insolvenzverfahrens 264
  II. Gesellschaftergläubiger im Insolvenzverfahren 265
 B. Überschuldungsprüfung nach der Insolvenzordnung 268
  I. Überschuldungsbegriff 268
  II. Kriterien zur Erstellung einer Fortführungsprognose und Einfluß eigenkapitalersetzender Gesellschafterleistungen auf ihre Erstellung 271
   1. Rentabilität als Fortführungskriterium 272
   2. Gesamtbetrachtung als Fortführungskriterium 273
   3. Selbstfinanzierungsfähigkeit als Fortführungskriterium 274
   4. Zahlungsfähigkeit als Fortführungskriterium 276
   5. Zwischenergebnis 279
  III. Überschuldungsprüfung bei negativer Fortführungsprognose 279
   1. Grundkonzeption der Überschuldungsprüfung bei negativer Fortführungsprognose 279
   2. Ansatz und Bewertung der Passiva 281
   3. Ansatz und Bewertung der Aktiva 282
  IV. Überschuldungsprüfung bei positiver Fortführungsprognose 284
   1. Grundkonzeption der Überschuldungsprüfung bei positiver Fortführungsprognose 284
   2. Ansatz und Bewertung der Passiva 284
   3. Ansatz und Bewertung der Aktiva 285
  V. Reihenfolge von Statuserstellung und Fortführungsprognose 286
 C. Ergebnis 287

§ 10: Behandlung eigenkapitalersetzender Gesellschafterleistungen im Überschuldungsstatus 288
 A. Einführung und Meinungsstand 288
 B. Eigenkapitalersetzende Gesellschafterdarlehen vor der Rückgewähr 294

I. Irrelevanz der Novellendarlehen für die Überschuldungsfeststellung ... 294
II. Systematische Erwägungen ... 295
1. Nachrangige Verbindlichkeiten als Verbindlichkeiten i. S. d. § 19 Abs. 2 S. 1 InsO? ... 295
2. Verfahrenseröffnung zum Schutze nachrangiger Gläubiger? ... 298
3. Liquidationspflicht beim Fehlen von Eigenkapital? ... 299
4. Absehen von der Passivierung als insolvenzrechtliche Vorwegnahme gesellschaftsrechtlicher Folgen? ... 301
5. Zwischenergebnis ... 301
III. Dogmatische Erwägungen ... 301
IV. Wille des Gesetzgebers – historische Auslegung ... 305
1. § 32a Abs. 1 Satz 5 des Regierungsentwurfs der GmbH-Novelle 1977 ... 305
2. Begründung zu § 23 des Regierungsentwurfs zur Insolvenzordnung und § 39 Abs. 1 Nr. 5 InsO ... 306
3. § 88 Abs. 3 S. 4 2. HS II. WoBauG ... 307
4. Zwischenergebnis ... 308
V. Erwägungen zu Sinn und Zweck der Überschuldungsbilanz ... 308
VI. Rechtliche und tatsächliche Unsicherheit als Passivierungsgrund? ... 311
1. Tatsächliches Bestehen von Unsicherheiten ... 312
2. Passivierungspflicht zur Reduzierung des Haftungsrisikos der Geschäftsführer? ... 315
3. Passivierungspflicht zum Schutze der Gläubiger und systematisch korrekter Umgang mit Unsicherheiten im Bilanzrecht ... 319
4. Zwischenergebnis ... 324
VII. Abstimmung mit dem Jahresabschluß ... 324
VIII. Ergebnis ... 326
C. Zinsansprüche auf eigenkapitalersetzende Darlehen und vor der Insolvenzeröffnung zurückgewährte Leistungen ... 326
D. Gesellschafterbesicherte Drittdarlehen ... 328
I. Vor Begleichung der Drittforderung ... 328
II. Nach Begleichung der Drittforderung ... 330
III. Zwischenergebnis ... 330
E. Nutzungsüberlassungen ... 331
F. Ergebnis ... 332

§ 11: **Behandlung verwandter Rechtsinstitute** 332
  A. Finanzplankredite 332
  B. Verbindlichkeiten mit Rangrücktrittsvereinbarung 333
    I. Anforderungen an den Passivierungsverzicht unter Berücksichtigung von Sinn und Zweck der Überschuldungsbilanz 334
    II. Widersprüchlichkeit von Gesetz und Gesetzesbegründung 336
    III. Zwischenergebnis 337
  C. Ergebnis 337

Abschnitt 5: Ergebnis der Untersuchung 338

§ 12: **Zusammenfassung in 25 Thesen** 338
  A. Zusammenfassende Thesen zu Abschnitt 1: Rechtsgrundlagen 338
  B. Zusammenfassende Thesen zu Abschnitt 2: Ausweisung im Jahresabschluß des Leistungsempfängers 339
  C. Zusammenfassende Thesen zu Abschnitt 3: Ausweisung im Jahresabschluß des Leistungsgebers und im Konzernabschluß 342
  D. Zusammenfassende Thesen zu Abschnitt 4: Behandlung bei der Überschuldungsprüfung 343

Literaturverzeichnis 346

Sachregister 392

Abkürzungsverzeichnis

Zeitschriften, Zeitungen, Entscheidungssammlungen

AblEG	Amtsblatt der Europäischen Gemeinschaft
A/D/S	Adler/Düring/Schmalz
AG	Die Aktiengesellschaft
BB	Betriebs-Berater
BBK	Betrieb und Rechnungswesen
BddW	Blick durch die Wirtschaft
BFuP	Betriebswirtschaftliche Forschung und Praxis
BGBl.	Bundesgesetzblatt
BGHZ	Entscheidungen des Bundesgerichtshofs in Zivilsachen
BiBu	Bilanzbuchhalter
BR-Drcks.	Bundesrats-Drucksache
BStBl.	Bundessteuerblatt
BT-Drcks.	Bundestag-Drucksache
BuW	Betrieb und Wirtschaft
BVerfGE	Entscheidungen des Bundesverfassungsgerichts
DB	Der Betrieb
DStR	Deutsches Steuerrecht
DStZ	Deutsche Steuer-Zeitung
DWiR	Deutsche Zeitschrift für Wirtschaftsrecht
DZWIR	Deutsche Zeitschrift für Wirtschafts- und Insolvenzrecht
EuGHE	Entscheidungen des Europäischen Gerichtshofs
EWiR	Entscheidungen zum Wirtschaftsrecht
FAZ	Frankfurter Allgemeine Zeitung
FN-IDW	Fachnachrichten des IDW
FR	Finanzrundschau
GesRZ	Der Gesellschafter
GmbHR	GmbH-Rundschau
GmbH-Stb.	GmbH-Steuerberater
InVo	Insolvenz & Vollstreckung
JbFStR	Jahrbuch der Fachanwälte für Steuerrecht
JfB	Journal für Betriebswirtschaft
JuS	Juristische Schulung
JZ	Juristen-Zeitung
KTS	Konkurs-, Treuhand- und Schiedsgerichtswesen, Zeitschrift für Insolvenzrecht
LM	Das Nachschlagewerk des Bundesgerichtshofs in Zivilsachen
NJW	Neue Juristische Wochenschrift
NWB	Neue Wirtschafts-Briefe für Steuer- und Wirtschaftsrecht
NZG	Neue Zeitschrift für Gesellschaftsrecht

NZI	Neue Zeitschrift für das Recht der Insolvenz und Sanierung
ÖBA	Zeitschrift für das gesamte Bank- und Börsenwesen
RabelZ	Zeitschrift für ausländisches und internationales Privatrecht, begründet von Ernst Rabel
RIW	Recht der internationalen Wirtschaft
Stbg	Die Steuerberatung
StuB	Steuern und Bilanzen
StuW	Steuer und Wirtschaft
StV	Der Strafverteidiger
VIZ	Zeitschrift für Vermögens- und Investitionsrecht
WiB	Wirtschaftsrechtliche Beratung, Zeitschrift für Wirtschaftsanwälte und Unternehmensjuristen
wistra	Zeitschrift für Wirtschaft, Steuer und Strafrecht
WM	Wertpapier-Mitteilungen, Zeitschrift für Wirtschafts- und Bankrecht
WPg	Die Wirtschaftsprüfung
WPK-Mitt.	Wirtschaftsprüferkammer-Mitteilungen
WuB	Wirtschafts- und Bankrecht
ZBB	Zeitschrift für Bankrecht und Bankwirtschaft
ZEuP	Zeitschrift für Europäisches Privatrecht
ZfB	Zeitschrift für Betriebswirtschaft
ZfbF	Zeitschrift für betriebswirtschaftliche Forschung
ZGR	Zeitschrift für Unternehmens- und Gesellschaftsrecht
ZHR	Zeitschrift für das gesamte Handels- und Wirtschaftsrecht
ZInsO	Zeitschrift für das gesamte Insolvenzrecht
ZIP	Zeitschrift für Wirtschaftsrecht
ZRP	Zeitschrift für Rechtspolitik
ZStaatsW	Zeitschrift für die gesamte Staatswissenschaft

Sonstige Abkürzungen

a. A.	andere Ansicht
a. a. O.	am angegebenen Ort
a. F.	alte Fassung
a.M.	am Main
Abs.	Absatz
Abt.	Abteilung
AG	Aktiengesellschaft oder Amtgericht
AktG	Aktiengesetz
AO	Abgabenordnung
AR	Aufsichtsrat
Art.	Artikel
Aufl.	Auflage
Az.	Aktenzeichen
BaBiRiLiG	Bankbilanzrichtlinien-Gesetz

BAG	Bundesarbeitsgericht
Bd.	Band
Begr.	Begründer oder Begründung
Beschl.	Beschluß
BFH	Bundesfinanzhof
BGB	Bürgerliches Gesetzbuch
BGH	Bundesgerichtshof
BiRiLiG	Bilanzrichtlinien-Gesetz
Bl.	Blatt
BMF	Bundesministerium der Finanzen
BVerfG	Bundesverfassungsgericht
bzw.	beziehungsweise
d. h.	das heißt
ders.	derselbe
dies.	dieselbe(n)
Diss.	Dissertation
DM	Deutsche Mark
DMBilG	D-Markbilanzgesetz
Dr.	Doktor
e. V.	eingetragener Verein
EG	Europäische Gemeinschaft
EGInsO	Einführungsgesetz zur Insolvenzordnung
ES	Entscheidungssammlung
EStDV	Einkommensteuer-Durchführungsverordnung
EStG	Einkommensteuergesetz
EU	Europäische Union
EuGH	Gerichtshof der Europäischen Gemeinschaften
f.	folgende (Seite/Randnummer)
FAR	Fachausschuß Recht des IDW
ff.	folgende (Seiten/Randnummern)
FGO	Finanzgerichtsordnung
Fn.	Fußnote
FS	Festschrift
FU	Freie Universität
gem.	gemäß
GmbH	Gesellschaft mit beschränkter Haftung
GmbHG	Gesetz betreffend die Gesellschaften mit beschränkter Haftung
grds.	grundsätzlich
GuV	Gewinn- und Verlustrechnung
h. M.	herrschende Meinung
Habil.	Habilitationsschrift
HFA	Hauptfachausschuß
HGB	Handelsgesetzbuch
Hrsg.	Herausgeber

hrsg.	herausgegeben von/vom
i. Br.	im Breisgau
i. d. R.	in der Regel
i. E.	im Ergebnis
i. R. d.	im Rahmen des/der
i. S. d.	im Sinne des/der
i. V. m.	in Verbindung mit
IAS	International Accounting Standards
IASC	International Accounting Standard Committee
IDW	Institut der Wirtschaftsprüfer
InsO	Insolvenzordnung
KapAEG	Kapitalaufnahmeerleichterungsgesetz
KapCoRiLiG	Kapitalgesellschaften und Co.-Richtliniengesetz
KG	Kommanditgesellschaft
KO	Konkursordnung
KonTraG	Gesetz zur Kontrolle und Transparenz im Unternehmensbereich
KStG	Körperschaftsteuergesetz
KVStG	Kapitalverkehrssteuergesetz
KWG	Gesetz über das Kreditwesen
LG	Landgericht
LS	Leitsatz
m. w. N.	mit weiteren Nennungen
n. F.	neue Fassung
Nr.	Nummer
OFD	Oberfinanzdirektion
OGH	Oberster Gerichtshof
öGmbHG	österreichisches Gesetz betreffend die Gesellschaften mit beschränkter Haftung
OHG	Offene Handelsgesellschaft
OLG	Oberlandesgericht
Prof.	Professor
PublG	Publizitätsgesetz
RA	Rechtsausschuß
Rdnr.	Randnummer(n)
RechKredV	Verordnung über die Rechnungslegung der Kreditinstitute
RechVersV	Verordnung über die Rechnungslegung von Versicherungsunternehmen
RegE.	Regierungsentwurf
RFH	Reichsfinanzhof
RG	Reichsgericht
Rs.	Rechtssache
Rspr.	Rechtsprechung
Rz.	Randziffer
S.	Satz oder Seite(n)

SEC	Securities and Exchange Commission
sog.	sogenannte(n/r/s)
str.	streitig
StrafR	Strafrecht
TDM	Tausend Deutsche Mark
u. a.	und andere oder unter anderem
u. U.	unter Umständen
Urt.	Urteil
US-GAAP	United States Generally Accepted Accounting Principles
usw.	und so weiter
v.	von
VAG	Versicherungsaufsichtsgesetz
Verf.	Verfasser
vergl.	vergleiche
VersRiLiG	Versicherungsbilanzrichtlinien-Gesetz
Voraufl.	Vorauflage
II. WoBauG	Zweites Wohnungsbaugesetz
WPK	Wirtschaftsprüferkammer
z. B.	zum Beispiel
ZPO	Zivilprozeßordnung
zugl.	zugleich

Abschnitt 1: Einleitung und Rechtsgrundlagen

§ 1: Einleitung

A. Ziel der Untersuchung

In Deutschland ist es bereits seit Anfang des 20. Jahrhunderts üblich, daß Gesellschaften mit beschränkter Haftung[1] ihren Finanzbedarf nicht mit Nachschußkapital, sondern mit Krediten aus den Reihen ihrer Gesellschafter decken.[2] Dieses Verhalten ist um so verständlicher, als es mit zahlreichen Vorteilen für Gesellschaft und Gesellschafter verbunden ist: Darlehen aus Gesellschafterhand sind leichter und kostengünstiger zu erhalten als Bankkredite und können flexibler als diese zurückgezahlt werden; die Darlehensbedingungen können relativ problemlos an veränderte Verhältnisse angepaßt und Insolvenztatbestände geräuschlos beseitigt werden; die Darlehenszinsen sind steuerlich abziehbar, und zudem kann die Darlehensforderung im Insolvenzfalle zur Tabelle angemeldet werden.[3] Der letztgenannte Aspekt stieß allerdings schon unter dem Reichsgerichts[4] auf den Widerstand der Rechtsprechung – bereits zu dieser Zeit wurde der Grundstein für das inzwischen zur ständigen Rechtsprechung gewordene und gesetzlich normierte „Eigenkapitalersatzrecht" gelegt.

Obwohl das Eigenkapitalersatzrecht nunmehr seit über 20 Jahren bekannt ist, ist es bisher nicht gelungen, ein in sich geschlossenes System zur bilanziellen Behandlung der Kapitalersatzleistungen, welches die im Gesellschafts-, Bilanz- und Insolvenzrecht enthaltenen gesetzlichen Wertungen berücksichtigt,

---

1 Aufgrund der tatsächlichen Bedeutung der in Deutschland zahlenmäßig am häufigsten auftretenden GmbH konzentrieren sich die Ausführungen im folgenden auf diese. Werden andere Gesellschaftsformen behandelt, wird hierauf ausdrücklich hingewiesen.
2 Vergl. *Hommelhoff/Kleindiek*, 100 Jahre GmbHG, S. 423 mit Nachweisen in Fn. 4 und 5.
3 Zu den Vorteilen der Gesellschafterfremdfinanzierung vergl. *Drukarczyk*, Theorie, S. 610; *Gehde*, Gesellschafterleistungen, S. 69 ff.; *Schnell*, Gesellschafterleistungen, S. 3 f.; *Hirte*, ZInsO 1998, 147, 147; *Weisang*, WM 1997, 197, 197 f. Jüngst wurde die Gewährung von Gesellschafterdarlehen auch aus EG-beihilferechtlicher Sicht für interessant gehalten, *Koenig/Ritter*, ZIP 2000, 769, 769 ff. Die steuerrechtlichen Aspekte des Eigenkapitalersatzrechts werden im folgenden nicht weiter behandelt; siehe hierzu ausführlich *Fassnacht*, Fremdfinanzierung, S. 15 ff.; *Schnell*, Gesellschafterleistungen, S. 217 ff.; *Bachem*, Bilanzierung, S. 14 ff.; *Wassermeyer*, ZGR 1992, 639 ff.; *K. Weber*, BB 1992, 525, 526 ff. Die Tendenz zur Finanzierung mit Fremdmitteln dürfte in Zukunft durch die steuerrechtliche Benachteiligung der Eigenkapitalfinanzierung (vergl. hierzu *Scheffler*, BB 2000, 2441, 2443 ff.) weiter zunehmen.
4 Urt. vom 16.11.1937, JW 1938, 862 ff.

zu entwerfen. Das mag darauf beruhen, daß die Komplexität der Fragestellung verkannt und das Kapitalersatzrecht auf das Gesellschaftsrecht reduziert wurde.[5] Entscheidender dürfte aber sein, daß der Untersuchungsgegenstand häufig ohne Zwang zu eng gefaßt wurde. Aufgrund einer isolierten Betrachtung der Behandlung eigenkapitalersetzender Gesellschafterleistungen in der Jahresbilanz[6] und bei der Überschuldungsprüfung[7] wurden in der Vergangenheit die zwischen diesen beiden Fragenkreisen bestehenden Wechselwirkungen nicht immer hinreichend gewürdigt. Ziel der vorliegenden Arbeit ist es nunmehr, unter Beachtung der vorgenannten Schwachstellen der bisherigen Untersuchungen den Versuch zu unternehmen, ein derartiges geschlossenes System zu entwerfen. Obwohl dieses Vorhaben aufgrund des betriebswirtschaftlich geprägten Bilanzrechts einen interdisziplinären Ansatz verlangt,[8] ist doch sowohl für die Behandlung im Jahresabschluß als auch für die im Überschuldungsstatus letztlich die juristische Frage entscheidend, wo die Maßgeblichkeit der rechtlichen Formenwahl endet.[9] Zugespitzt läßt sich formulieren: Unter welchen Voraussetzungen ist der wirtschaftlichen Funktion der eigenkapitalersetzenden Gesellschafterdarlehen (Eigenkapital) der Vorrang vor der gewählten Rechtsform (Fremdkapital) einzuräumen?[10]

Unabhängig von dieser ursprünglichen Motivation für die vorliegende Untersuchung zeigte sich in ihrem Laufe, daß auch die in jüngster Zeit vorgenommenen Gesetzesänderungen Anlaß geben, die bisherigen Vorschläge zur Bilanzierung eigenkapitalersetzender Gesellschafterdarlehen auf den Prüfstand zu stellen. Nicht nur in die gesellschaftsrechtlichen Grundlage des Kapitalersatzrechts ist durch die Einführung der S. 2 und 3 in § 32a Abs. 3 GmbHG Bewegung gekommen, sondern auch in das Bilanz- und Insolvenzrecht. Durch das „Daihatsu"-Urteil des EuGH[11] wurde die Publizitätspflicht für deutsche Jahresabschlüsse ebenso gestärkt wie durch die nunmehr vorgenommene Umsetzung[12] der Kapitalgesellschaften-&-Co.-Richtlinie[13]. Zudem

---

5 Für eine rein gesellschaftsrechtliche Betrachtung wohl *Claussen*, in: Fachtagung 1985 des IDW, S. 162, der feststellte: „Kapitalersatzrecht ist Gläubigerschutzrecht und kein Bilanzrecht." *K. Schmidt*, ZIP 1999, 1821, 1821 stellte fest, daß Kapitalersatzrecht kein Insolvenz-, sondern Gesellschaftsrecht ist – wenn er auch die Notwendigkeit insolvenzrechtlicher Regeln nicht bestreitet.

6 So untersuchen *Beine*, Gesellschafterleistungen, passim, *Hock*, Gesellschafter-Fremdfinanzierung, passim, *Hollenbeck*, Gesellschafterleistungen, passim und *Voßbeck*, Ausweis, passim ausschließlich die handelsrechtliche Bilanzierung, nicht aber die Behandlung im Überschuldungsstatus.

7 *Beintmann*, Gesellschafterdarlehen, passim konzentriert sich auf die Behandlung im Überschuldungsstatus.

8 Vergl. auch *Voßbeck*, Ausweis, S. 1.

9 Vergl. *K. Schmidt*, FS Goerdeler, S. 489.

10 Vergl. *Fleck*, FS Döllerer, S. 109; *Klatte* in: Jahrbuch für Controlling, S. 158.

11 Urt. vom 04.12.1997, EuGHE 1997, I-6843, 6858 ff. („Daihatsu") = NJW 1998, 129.

12 Umgesetzt durch KapCoRiLiG vom 24.02.2000, BGBl. I 2000, 154 ff.

13 Richtlinie (90/605/EWG) vom 08.11.1990, Abl EG Nr. L 317, S. 57.

können die durch das KonTraG[14] in das Rechnungslegungsrecht eingefügten Änderungen zu einer Belebung der Diskussion um die bilanzielle Behandlung eigenkapitalersetzender Gesellschafterdarlehen beitragen. Denn nunmehr ist im Lagebericht nach § 289 Abs. 1 HGB auf die Risiken der künftigen Entwicklung einzugehen und der Abschlußprüfer nach § 321 Abs. 1 S. 2 und 3 HGB zu Hinweisen auf mögliche Bestandsgefährdungen verpflichtet. Wird aber der Publizität des Jahresabschlusses ein höherer Stellenwert als bisher beigemessen, bietet dies Anlaß zu untersuchen, ob die durch den Jahresabschluß vermittelten Informationen – hier die im Zusammenhang mit der Gewährung von Eigenkapitalersatz – diesen gesteigerten Anforderungen noch genügen.

Die Diskussion um die Rolle eigenkapitalersetzender Gesellschafterdarlehen bei der Überschuldungsfeststellung hat durch das Inkrafttreten der Insolvenzordnung zum 01.01.1999 neue Nahrung erhalten. Während eigenkapitalersetzende Gesellschafterdarlehen unter der Konkursordnung nicht zur Tabelle angemeldet werden konnten, nehmen sie nunmehr gem. § 39 Abs. 1 Nr. 5 InsO als nachrangige Verbindlichkeiten am Verfahren teil. Damit ist für den Bereich der Überschuldungsprüfung zu kontrollieren, ob mit der Verfahrensteilnahme der nachrangigen Verbindlichkeiten nunmehr die Passivierungspflicht für eigenkapitalersetzende Darlehen im Überschuldungsstatus klargestellt ist. Gleiches gilt für die Frage, wie sich diese Änderung auf die Möglichkeiten auswirkt, aufgrund einer Parteivereinbarung von einer Passivierung im Überschuldungsstatus absehen zu können. Sollte sich herausstellen, daß der in der Regierungsbegründung kundgetane Wille des Gesetzgebers zur Passivierung eigenkapitalersetzender Gesellschafterdarlehen[15] keinen Niederschlag im Gesetzestext gefunden hat, steht für das Eigenkapitalersatzrecht neuerlich ein „richterlicher Ungehorsam"[16] gegen den Willen des Gesetzgebers im Raume.

B. Gang der Untersuchung

Für den Gang der vorliegenden Untersuchung resultiert aus den vorangegangenen Feststellungen, daß sie ihren Ausgangspunkt in den Grundzügen des Kapitalersatzrechtes sowie im Sinn und Zweck der zu betrachtenden Bilanzen haben muß.[17] Aus diesem Grunde werden in einem ersten Schritt die Grundlagen des Kapitalersatzrechts dargestellt. Ausgehend von den tatbestandlichen

---

14 Gesetz zur Kontrolle und Transparenz im Unternehmensbereich (KonTraG) vom 27.04.1998, BGBl. I 1998, 786 ff.
15 BT-Drcks. 12/2443, S. 115.
16 So *Ulmer*, Richterrechtliche Entwicklungen, S. 44 im Zusammenhang mit der Fortgeltung der Rechtsprechungsregeln neben der Novellenregelung. *K. Schmidt*, JZ 1984, 880, 881 sprach vom „Mut zur Revolte gegen den ‚Unverstand' der Gesetzesverfasser".
17 Ebenso *Klaus*, BB 1994, 680, 680.

Voraussetzungen und Rechtsfolgen werden die Unterschiede und Gemeinsamkeiten zwischen Rechtsprechungs- und Novellenregeln sowie ihr Konkurrenzverhältnis herausgearbeitet. Im Anschluß hieran wird der Frage nach den dogmatischen Grundlagen des Kapitalersatzrechts nachgegangen.[18]

Zur Überleitung auf die Behandlung eigenkapitalersetzender Gesellschafterdarlehen im Jahresabschluß werden sodann die Ziele und Zwecke des Jahresabschlusses im deutschen Bilanzrecht – geprägt durch die Richtlinien der EU – beschrieben. Hieran schließt sich die bilanzielle Zuordnung der Darlehen zum Eigen- oder Fremdkapital an; das Subsumtionsergebnis wird einer wertungsmäßigen Kontrolle anhand der Jahresabschlußzwecke unterzogen. Nachdem klargestellt ist, daß es sich bei den Gesellschafterdarlehen – unabhängig vom Rechtsgrund der Umqualifizierung – um Fremdkapital handelt, wird untersucht, ob die Funktionen des Jahresabschlusses aufgrund des eigenkapitalersetzenden Charakters der Darlehen einen gesonderten Ausweis notwendig erscheinen lassen. Im Mittelpunkt steht an dieser Stelle eine Auseinandersetzung mit dem Argument, Unsicherheiten bei der Zuordnung zum Eigenkapitalersatz stünden einem gesonderten Ausweis entgegen. Hierbei kann auf die Feststellungen zum Jahresabschluß zurückgegriffen werden. Im Rahmen der Konkretisierung der festgestellten Ausweispflicht wird sodann auf Basis der im Grundlagenteil ermittelten Unterschiede und Gemeinsamkeiten von Rechtsprechungs- und Novellenregeln untersucht, ob den unterschiedlichen Regeln unterliegende Darlehen gemeinsam oder getrennt auszuweisen sind. Zur Konkretisierung der Ausweispflicht werden anerkannte besondere Ausweispflichten herangezogen und mit den Anforderungen an den Ausweis eigenkapitalersetzender Gesellschafterdarlehen verglichen.

Ausgehend von den so gefundenen Ergebnissen werden ihre Konsequenzen für die Bilanzierung der Sachverhaltsvarianten des Kapitalersatzrechts und für die Bilanzierung der verwandten Rechtsinstitute – Finanzplankredit und Rangrücktrittsvereinbarungen – aufgezeigt.

Bei den anschließend zu begutachtenden rechtsformspezifischen Besonderheiten steht die Frage nach Ausweiserleichterungen für kleine und mittelgroße Kapitalgesellschaften im Mittelpunkt. Zudem wird die Ausweispflicht für die GmbH & Co. KG sowie die Aktiengesellschaft konkretisiert. Den Abschluß der Untersuchungen zur Jahresbilanz bildet der Abschnitt zur Behandlung eigenkapitalersetzender Gesellschafterdarlehen in der Bilanz des Leistungsgebers und in der Konzernbilanz. Der Schwerpunkt liegt dabei auf der Bewertungsfrage.

---

18 Nach *Horst Herrmann* in: 50 Jahre WP-Beruf, S. 152 hat die Begründung der Umqualifizierung demgegenüber nach der gesetzlichen Kodifikation keine besondere Bedeutung mehr. Diese Annahme geht – wie im Rahmen der Behandlung der eigenkapitalersetzenden Gesellschafterdarlehen im Überschuldungsstatus gezeigt werden wird – fehl.

Grundstock für die Frage, wie eigenkapitalersetzende Gesellschafterdarlehen im Überschuldungsstatus zu behandeln sind, bilden die Ausführungen zur Überschuldungsfeststellung unter der Insolvenzordnung. Bei dieser Gelegenheit wird darauf eingegangen, wie eigenkapitalersetzende Gesellschafterdarlehen im Rahmen der Fortführungsprognose zu behandeln sind, und darauf, welche Werte im Falle einer negativen und welche Werte im Falle einer positiven Fortführungsprognose in der Überschuldungsbilanz anzusetzen sind. Bei der Auseinandersetzung mit den Argumenten, die für eine Passivierungspflicht eigenkapitalersetzender Gesellschafterdarlehen im Überschuldungsstatus vorgebracht werden, wird nicht nur auf die dogmatischen Grundlagen zum Kapitalersatzrecht, sondern auch auf die Ausführungen zur Behandlung im Jahresabschluß zurückgegriffen. Auf diese Weise wird eine Abstimmung zwischen der Behandlung im Jahres- und im Überschuldungsstatus möglich.

§ 2: Rechtsgrundlagen

Erste Ansätze für die Notwendigkeit, Fremdkapital aus Gesellschafterhand in der Krise der Gesellschaft anders zu behandeln als Darlehen von außenstehenden Dritten, gab es bereits zu Zeiten des Reichsgerichts. Doch erst mehr als vierzig Jahre nach dem ersten – noch auf § 826 BGB gestützten – Urteil zu diesem Problemkomplex wurde das Kapitalersatzrecht im Zuge der GmbH-Novelle von 1980[19] gesetzlich normiert. Das dadurch geschaffene Nebeneinander von Rechtsprechungs- und Novellenregeln hat der Gesetzgeber trotz Forderungen aus der Literatur[20] im Rahmen der Insolvenzrechtsreform nicht durch eine einheitliche Regelung ersetzt. Insofern wird es weiterhin der Literatur und Rechtsprechung überlassen bleiben, die Anwendungsbereiche der beiden Regelungen gegeneinander abzugrenzen.[21]

Zwanzig Jahre nach der ersten gesetzlichen Normierung wird dieses Rechtsinstitut nunmehr von einem Teil der Literatur[22] in Frage gestellt, da es ihm am

---

19 Gesetz vom 4.07.1980, BGBl. I S. 836. Eine erste Diskussion zu einer gesetzlichen Regelung des Kapitalersatzrechts gab es bereits im Vorfeld des Entwurfs zum GmbHG von 1939, vergl. hierzu *Hommelhoff/Kleindiek*, 100 Jahre GmbHG, S. 425 ff. Auch der RegE. zum GmbHG aus dem Jahre 1971 sah mit § 49 eine Regelung für eigenkapitalersetzende Gesellschafterdarlehen vor, vergl. BR-Drcks. 595/71; ausführlich zu § 49 des RegE. von 1971 *Steffen*, Eigenkapitalzuführung, S. 29 ff.
20 *Ulmer* in: Neuordnung des Insolvenzrechts, S. 126. Kritisch gegenüber dieser Forderung nunmehr *Noack*, Gesellschaftsrecht, Rdnr. 187.
21 Siehe hierzu unten S. 53 ff.
22 So besonders deutlich *Grunewald*, GmbHR 1997, 7, 7 ff.; *Koppensteiner*, AG 1998, 308, 308 ff. In ähnlicher Richtung *Drukarczyk*, Finanzierung, S. 420 (allerdings auf die Gesetzesnovelle beschränkt); *Claussen*, GmbHR 1994, 9, 9 ff. So auch bereits *Weber/Lepper*, DStR 1991, 980, 985. *Claussen*, FS Forster, S. 147, 154 vermißt insbesondere die betriebswirtschaftliche Absicherung der Eigenkapitalersatzlehre; hier-

Normzweck und am praktischen Nutzen mangele. Von der Gegenansicht[23] wird das Eigenkapitalersatzrecht indes als „eine höchst intelligente und weise, wenn auch äußerst komplizierte Rechtsentwicklung durch die Rechtsprechung" gelobt. Der Gesetzgeber griff 1998 abermals in die Diskussion ein und unternahm, den Stimmen der Literatur,[24] die vom Eigenkapitalersatzrecht als eigenem juristischen Kosmos mit eigenen Berufsangehörigen sprachen, folgend, mit der Einführung der S. 2 und 3 in § 32a Abs. 3 GmbHG den Versuch einer Deregulierung.

Die Besonderheit der Kapitalersatzregeln besteht nicht nur darin, daß die Rechtsprechungsregeln nach der Gesetzesnovelle von 1980 ihre Existenzberechtigung nicht verloren haben,[25] sondern auch darin, daß in den übrigen Staaten Europas diese Form der „Finanzierungsverantwortung" kaum bekannt ist. Vergleichbare Regeln sind allein in Griechenland und Österreich zu finden.[26]

A. Voraussetzungen und Rechtsfolgen des Eigenkapitalersatzes

I. Novellenregeln

1. Voraussetzungen

Nach § 32a Abs. 1 S. 1 GmbHG hat ein Darlehen eigenkapitalersetzenden Charakter, wenn „ein Gesellschafter der Gesellschaft in einem Zeitpunkt, in dem ihr die Gesellschafter als ordentliche Kaufleute Eigenkapital zugeführt hätten (Krise der Gesellschaft), statt dessen ein Darlehen gewährt" hat. Eine derartige Krise der Gesellschaft liegt nicht nur vor, wenn die Gesellschaft überschuldet oder zahlungsunfähig ist – also ein Insolvenzeröffnungsgrund gegeben ist –, sondern bereits dann, wenn die Gesellschaft am Markt von

---

gegen zutreffend *Fleischer*, Finanzplankredite, S. 100 Fn. 357; vergl. auch *Noack*, FS Claussen, S. 310f. und die Untersuchung von *Klaus*, ZBB 1994, 247, 248ff.
23 *Kallmeyer*, GmbHR 1998, 307, 307; ähnlich bereits *Hommelhoff*, ZGR 1988, 460, 477f.
24 *Claussen*, FS Forster, S. 141f.; ähnlich allerdings später *Seibert*, GmbHR 1998, 309, 309; hierzu *Goette*, ZHR 162 (1998), 223, 223f.; vergl. auch *Habersack*, ZHR 161 (1997), 457, 458.
25 Siehe zunächst nur BGH, Urt. vom 26.03.1984, BB 1984, 1067, 1068f. = BGHZ 90, 370, 376f. = NJW 1984, 1891; *Ulmer*, ZIP 1984, 1163, 1163. Vergl. auch Fn. 38.
26 Vergl. *Claussen*, FS Forster, S. 149f.; *Grunewald*, GmbHR 1997, 7, 9 Fn. 17; *Koppensteiner*, AG 1998, 308, 317. Zu neueren Ansätzen insbesondere in Großbritannien, den USA und Frankreich siehe *Beine*, Gesellschafterleistungen, S. 25ff. Speziell zur Behandlung von Gesellschafterdarlehen in den USA vergl. *Gehde*, Gesellschafterleistungen, S. 202ff.; *Grossmann*, Gesellschafterdarlehen, S. 31ff.; *Harald Herrmann*, Quasi-Eigenkapital, S. 145ff. Zu steuerrechtlichen Problemen bei der grenzüberschreitenden Gesellschafterfremdfinanzierung vergl. *Herzig*, StuW 1993, 237, 239 m.w.N.

Dritten keinen Kredit mehr erhalten hätte (Kreditunwürdigkeit).[27] Dadurch, daß die h.M. auf die Kreditunwürdigkeit abstellt, sollen die Rechtsfolgen des Kapitalersatzrechts im Interesse des Gläubigerschutzes bereits vor der Insolvenzreife eintreten.[28] Gewinnt die Gesellschaft ihre Kreditwürdigkeit wieder, so entfällt die Grundvoraussetzung für die Umqualifizierung in Eigenkapitalersatz. In diesem Fall sind die Novellenregeln nicht mehr anzuwenden.[29]

Um zu verhindern, daß die Regeln zum Eigenkapitalersatz umgangen werden, unterwirft Abs. 2 S. 1 die Darlehensgewährung durch einen Dritten dem Ersatzrecht, sofern der Gesellschafter dieses Darlehen besichert hat. Nach Abs. 3 S. 1 gelten die Vorschriften zum Eigenkapitalersatz für Rechtshandlungen eines Gesellschafters oder Dritten, die der Darlehensgewährung wirtschaftlich entsprechen, sinngemäß.[30]

2. Rechtsfolgen

Hinsichtlich der Rechtsfolgen bei der Hingabe von Eigenkapitalersatz ist für die Novellenregeln zwischen der Zeit vor dem Inkrafttreten der Insolvenzordnung am 01.01.1999 und der Zeit danach zu differenzieren.

Darlehen, die der *bis zum 31.12.1998* geltenden Regelung unterfallen, können im Konkursfall nicht geltend gemacht werden. Eine Rückzahlung ist erst möglich, wenn nach der Befriedigung aller Gläubiger noch Masse übrig bleibt

---

27 *Röhricht*, in: Herzig, Eigenkapitalersetzende Leistungen, S. 9 ff.; *Neuhof*, NJW 1998, 3225, 3233. Insbes. zur Feststellung der Kreditwürdigkeit vergl. BGH, Urt. vom 12.07.1999, BB 1999, 1887, 1888 = NJW 1999, 3120, 3121; Hachenburg/*Ulmer*, GmbHG, § 32 a, b, Rdnr. 49 ff.; Jaeger/*Henckel*, KO, § 32 a, Rdnr. 46; *Beine*, Gesellschafterleistungen, S. 132 ff.; *Gehde*, Gesellschafterleistungen, S. 91 ff.; *Braun*, WPg 1990, 553 ff. und 593 ff.; *Mayer*, BB 1990, 1935, 1937 f. Siehe auch die umfangreichen Nachweise bei *Claussen*, in: Fachtagung 1985 des IDW, S. 152 in Fn. 7.

28 *Goette*, GmbH, § 4, Rdnr. 17; *Ders.*, DStR 1997, 2027, 2030. So setzte denn auch der BGH anfangs für die Umqualifizierung das Bestehen eines Konkurstatbestandes voraus, vergl. *Geißler*, GmbHR 1994, 152, 154; *Hommelhoff*, in: Roth, Die Zukunft der GmbH, S. 35; *H.-J. Weber/Lepper*, DStR 1991, 980, 981 jeweils mit Nachweisen zur Rspr. Ablehnend gegenüber einem Abstellen auf die Kreditwürdigkeit *Ullrich*, GmbHR 1983, 133, 140 f. m.w.N. allerdings ohne Gegenvorschlag. Kritisch auch *Gessler*, BB 1980, 1385, 1391; *Westermann*, ZIP 1982, 379, 386 f. Nach *Hock*, Gesellschafter-Fremdfinanzierung, S. 25 soll es bei den Novellenregeln, anders als bei den Rechtsprechungsregeln, bei der Bestimmung der Kreditwürdigkeit nicht auf die Sicht möglicher Darlehensgeber, sondern auf die der Gesellschafter ankommen; allerdings bleibt unklar, welche konkreten Unterschiede hieraus resultieren sollen.

29 Baumbach/Hueck/*Hueck/Fastrich*, GmbHG, § 32 a, Rdnr. 77; Roth/*Altmeppen*, GmbHG, § 32 a, Rdnr. 23; Scholz/*K. Schmidt*, GmbHG, §§ 32 a, 32 b, Rdnr. 54; *v. Gerkan/Hommelhoff*, Kapitalersatz, Rdnr. 3.58; *Johlke*, in: Handbuch, Teil 5, Rdnr. 5.13.

30 Zu den Problemen, die die Ergänzungen des § 32 a Abs. 3 GmbHG mit sich gebracht haben, siehe ausführlich unten S. 36 ff.

und diese an die Gesellschaft ausgekehrt wird.[31] Allerdings kann ein ausstehendes Darlehen nicht zur Masse gefordert werden; beim Kapitalersatzrecht handelt sich insofern um ein bloßes Abwehrrecht.[32] Wurde dem Gesellschafter das eigenkapitalersetzende Darlehen innerhalb des letzten Jahres vor der Verfahrenseröffnung zurückgezahlt, so kann diese Befriedigungshandlung nach § 32a S. 2 KO angefochten werden. Hat der Gesellschafter das Darlehen nicht selbst gegeben, sondern lediglich eine Sicherheit für ein Drittdarlehen gestellt, so kann der Dritte nach § 32a Abs. 2 S. 2 GmbHG nur mit dem Betrag am Konkurs teilnehmen, mit dem er bei der Inspruchnahme der Sicherheit ausgefallen ist. Außerhalb des Konkursverfahrens kann eine Sicherungsgewährung oder Befriedigungshandlung innerhalb von zehn Jahren nach § 3b AnfG a.F. angefochten werden.

Unterfällt das Darlehen demgegenüber den *ab dem 01.01.1999* geltenden Vorschriften, weil der Antrag auf Verfahrenseröffnung nach dem 01.01.1999 gestellt wurde (Art. 104 EGInsO), so kann es nach § 39 Abs. 1 Nr. 5 InsO im Insolvenzverfahren als nachrangige Verbindlichkeit geltend gemacht werden und ist nicht mehr grundsätzlich von der Teilnahme ausgeschlossen. Bezüglich der Gewährung sonstiger Leistungen oder der Gewährung durch einen Dritten haben sich keine Änderungen ergeben. Allerdings richtete sich die Anfechtung gewährter Sicherheiten und Befriedigungen nach § 135 InsO und erstreckt sich auf Befriedigungshandlungen, die innerhalb eines Jahres vor Stellung des Insolvenzantrages vorgenommen wurden.[33] Außerhalb des Insolvenzverfahrens ist eine Anfechtung nach § 6 AnfG möglich.

Die Novellenregelung knüpft somit allein dann Rechtsfolgen an die Darlehensgewährung, wenn der Konkurs- bzw. Insolvenzfall eintritt oder die Voraussetzungen des § 2 AnfG vorliegen. Außerhalb des Konkurs- bzw. Insolvenzverfahrens kann die Rückzahlung des Darlehens nicht verhindert werden,[34] vielmehr ist der Geschäftsführer auf Verlangen des Gesellschafters zur

---

31 Jaeger/Henckel, KO, § 32a, Rdnr. 10; *Ullrich*, GmbHR 1983, 133, 134; *H.-J. Weber/ Lepper*, DStR 1991, 980, 982. Vergl. auch BGH, Urt. vom 09.02.1981, BB 1981, 1237, 1237 = NJW 1981, 2251, 2251f. zur stillen Beteiligung mit Eigenkapitalcharakter. A.A. wohl *Immenga*, Kapitalgesellschaft, S. 423, der das Eigenkapitalersatzrecht in die Nähe der materiellen Unterkapitalisierung rückt, vergl. a.a.O. S. 415ff.
32 BGH, Urt. vom 09.12.1996, DStR 1997, 505, 506; Urt. vom 28.06.1999, BB 1999, 1672, 1672f. = BGHZ, 142, 116, 119f. = NJW 1999, 2809; KG, Urt. vom 17.06.1998, NZG 1999, 71, 73; *Brandes*, WM 1998, 1, 8; *Michalski/de Vries*, NZG 1999, 181, 185; *K. Schmidt*, ZIP 1999, 1241, 1244; *Schneider*, in: Konzern, S. 269. Den Versuch einer Begründung, weshalb keine Pflicht zur Gewährung weiterer Mittel besteht, unternimmt *Fleischer*, DStR 1999, 1774, 1774.
33 Für Rechtshandlungen, die vor dem 01.01.1999 vorgenommen wurden, ist weiterhin Art. 106 EGInsO zu beachten, nach dem diese nur anzufechten sind, soweit sie es auch nach dem bisherigen Recht waren.
34 *Hommelhoff*, JbFStR 1984/85, 397, 402.

Auszahlung verpflichtet. Mithin wird die Novellenregelung als insolvenzrechtliche Lösung bezeichnet.[35]

II. Rechtsprechungsregeln

Bereits vor der gesetzlichen Normierung in §§ 32a, 32b GmbHG, 32a KO und § 3b AnfG a.F. hatte der BGH[36] in Anlehnung an §§ 30, 31 GmbHG ein Konzept zur Behandlung eigenkapitalersetzender Gesellschafterdarlehen entwickelt.[37] Diese sog. Rechtsprechungsregeln sind nach der Einführung der Novellenregeln weiterhin anwendbar.[38] Ob allerdings davon gesprochen werden kann, daß die Rechtsprechungsregeln gewohnheitsrechtlich anerkannt sind,[39] muß bezweifelt werden; es dürfte insoweit an der notwendigen einheitlichen Rechtsüberzeugung der beteiligten Verkehrskreise fehlen.[40]

1. Voraussetzungen

Die Rechtsprechungsregeln erweitern die Kapitalerhaltungsvorschriften in §§ 30, 31 GmbHG. Hiernach unterliegt ein Gesellschafterdarlehen den Schranken der §§ 30, 31 GmbHG (analog[41]), wenn es der Gesellschaft in

---

35 Hachenburg/*Ulmer*, GmbHG, § 32a, b, Rdnr. 2, 160; Häuselmann/Rümker/*Westermann*, Finanzierung, S. 6; *Noack*, FS Claussen, S. 309; *Priester*, FS Döllerer, S. 482.
36 Vergl. nur BGH, Urt. vom 14.12.1959, BGHZ 31, 258, 271 ff. = NJW 1960, 285 = BB 1960, 18 (insoweit nicht abgedruckt); Urt. vom 24.03.1980, BB 1980, 797, 797 ff. = BGHZ 76, 326, 332 f. = NJW 1980, 1524; Urt. vom 28.09.1981, BB 1981, 2088, 2088 f. = BGHZ 81, 365, 366 ff.
37 Der österreichische OGH hat parallel zur Rechtsprechung des BGH die in Deutschland entwickelten Grundsätze zum Eigenkapitalersatzrecht für anwendbar erklärt. Allerdings hat er an § 74 öGmbHG (Voraussetzungen für die Rückzahlungen von Nachschüssen) und nicht an die dem § 30 GmbHG vergleichbare Regelung des § 82 öGmbHG angeknüpft; vergl. *Berger*, ÖBA 1996, 837, 837 ff.; *Klatte*, in: Jahrbuch für Kontrolling, S. 162 ff.; *Koppensteiner*, AG 1998, 308, 309 f. Grundlegend zum Eigenkapitalersatzrecht nach österreichischem Recht *Ostheim*, GesRZ 1989, 123, 131 f. und 173 ff.
38 BGH, Urt. vom 26.03.1984, BB 1984, 1067, 1068 f. = BGHZ 90, 370, 376 f. = NJW 1984, 1891; *Gessler*, BB 1980, 1385, 1391; *Ulmer*, ZIP 1984, 1163, 1163; so auch schon *Farrenkopf*, Gesellschafterdarlehen, S. 24 f. Vergl. auch die ausführliche Stellungnahme bei *Hommelhoff*, ZGR 1988, 460, 466 ff. Zum Verhältnis von Rechtsprechungs- und Novellenregeln im einzelnen siehe unten S. 53 ff.
39 So *Bachem*, Maßnahmen, S. 2; *Ullrich*, GmbHR 1983, 133, 146. *Hommelhoff*, ZGR 1988, 460, 478 stellte fest, daß sich die Rechtsprechung allgemeiner Rechtsüberzeugung erfreue.
40 *Noack*, FS Claussen, S. 307, spricht zutreffend davon, daß keineswegs von allgemein anerkannten Grundsätzen ausgegangen werden kann. Vergl. zum Merkmal der beteiligten Verkehrskreise *Larenz*, Methodenlehre, S. 433.
41 Ebenfalls für eine analoge Anwendung *Lutter/Hommelhoff*, GmbHG, §§ 32a/b, Rdnr. 11; *Bachem*, Bilanzierung, S. 20; *Harald Herrmann*, Quasi-Eigenkapital, S. 104. Für eine direkte Anwendung demgegenüber Baumbach/Hueck/*Hueck*/Fa-

einem Zeitpunkt zur Verfügung gestellt wurde, in dem diese kreditunwürdig war.[42] Insoweit unterscheiden sich die tatbestandlichen Voraussetzungen nicht.[43] Während bei der Novellenregelung als weiteres Element die Eröffnung des Insolvenzverfahrens hinzutreten oder der Anwendungsbereich des AnfG eröffnet sein muß, da allein für diese Fälle Rechtsfolgen angeordnet sind, verlangen die Rechtsprechungsregeln auf der Tatbestandsseite eine Unterdeckung der Stammkapitalziffer im Zeitpunkt der Rückzahlung des Darlehens.[44] Dieser als Unterbilanz[45] bezeichnete Zustand ist gegeben, wenn die nach der Deckung der Verbindlichkeiten und Rückstellungen verbleibenden Aktiva den Stammkapitalbetrag[46] unterschreiten.[47] Liegt eine Überschuldung

---

strich, § 32a, Rdnr. 73 (mit dem Hinweis: „so wohl überw Rspr"); Hachenburg/ *Ulmer*, GmbHG, § 32a, b, Rdnr. 171; *Schnell*, Gesellschafterleistungen, S. 18f.

Im folgenden wird aus Vereinfachungsgründen nicht mehr ausdrücklich darauf hingewiesen, daß es sich nach hier vertretener Ansicht um eine analoge Anwendung handelt.

42 BGH, Urt. vom 14.12.1959, BGHZ 31, 258, 271 ff. = NJW 1960, 285 = BB 1960, 18 (insoweit nicht abgedruckt); Urt. vom 24.03.1980, BB 1980, 797, 797 ff. = BGHZ 76, 326, 332 f. = NJW 1980, 1524; Urt. vom 28.09.1981, BB 1981, 2088, 2088 f. = BGHZ 81, 365, 366 ff.; Roth/*Altmeppen*, GmbHG, § 32a, Rdnr. 41 i.V.m. Rdnr. 10; Baumbach/Hueck/*Hueck/Fastrich*, GmbHG, § 32a, Rdnr. 75 i.V.m. Rdnr. 43.

43 Nach a. A. (*Drukarczyk*, Finanzierung, S. 419; *Flume*, AT I/2, S. 85; *Immenga*, Kapitalgesellschaft, S. 421 ff.; wohl auch LG München, Urt. vom 19.06.1986, GmbHR 1987, 101, 102) soll es bei den Rechtsprechungsregeln nicht auf die Kreditwürdigkeit der Gesellschaft ankommen, vielmehr sei bei jedem Gesellschafterdarlehen allein entscheidend, ob die Auszahlung zu einer Unterschreitung der Stammkapitalziffer führe. Dies würde jedoch zu einer unzulässigen Erstreckung auf sämtliche Gesellschafterdarlehen führen; die Finanzierungsfreiheit würde über Gebühr eingeschränkt.

44 Nach richtiger Ansicht kann indes weder für den direkten noch für den analogen Anwendungsbereich des § 30 Abs. 1 GmbHG verlangt werden, daß es durch die Auszahlung zum Eintritt einer Unterbilanz kommt; ausführlich hierzu unten S. 115 ff.

45 In den §§ 49 Abs. 3 GmbHG, 92 Abs. 1 AktG hat der Gesetzgeber an qualifizierte Unterbilanzen (vergl. *Roth*/Altmeppen, GmbHG, § 49, Rdnr. 11; *Budde*/Förschle/ *Kofahl*, Sonderbilanzen, Abschnitt P, Rdnr. 1; *Wolf*, StuB 1999, 412, 412) besondere Pflichten geknüpft.

46 Der Begriff des Stammkapitals folgt dem in § 3 Abs. 1 Nr. 3 GmbHG; Baumbach/ Hueck/*Hueck/Fastrich*, GmbHG, § 30, Rdnr. 4; HK-GmbHR/*Bartl*, § 30 GmbHG, Rdnr. 2; *Kleffner*, Erhaltung, S. 18 f.; *Röhrkasten*, GmbHR 1974, 36, 36. Finanzplankredite und eigenkapitalersetzende Gesellschafterleistungen können aus Gründen der Rechtssicherheit nicht dem geschützten Kapital zugeschlagen werden; so auch BGH, Urt. vom 24.03.1980, BB 1980, 797, 798 f. = BGHZ 76, 326, 332 f. = NJW 1980, 1524 (mit Nachweisen zur Gegenansicht); OLG Brandenburg, Urt. vom 26.11.1997, NZG 1998, 306, 307; a.A. Rowedder/*Rowedder*, GmbHG (2. Aufl.), § 30, Rdnr. 4 (anders nunmehr in der 3. Aufl., Rdnr. 10); *Hommelhoff*, in: Roth, Die Zukunft der GmbH, 1983, 25 ff. Vergl. auch *Fleck*, 100 Jahre GmbHG, S. 394 ff.

47 Baumbach/Hueck/*Hueck/Fastrich*, GmbHG, § 30, Rdnr. 7; *Fischer*, GmbHG, § 30, Anm. 2; *Schnell*, Gesellschafterleistungen, S. 156; *Wolf*, StuB 1999, 412, 4.

vor, greifen die §§ 30, 31 GmbHG ebenfalls.[48] Ob eine Unterbilanz oder Überschuldung vorliegt, wird anhand einer Bilanz, die weitestgehend den Grundsätzen über den Jahresabschluß entspricht – d. h. unter Ansetzung fortgeführter Buchwerte –, festgestellt.[49] Hierzu sind sämtliche Aktiva dem Stammkapital und den bilanziellen Schulden[50] gegenüberzustellen. Die sonstigen Posten des Eigenkapitals (Rücklagen, Gewinnvorträge und atypische Eigenkapitalposten wie etwa bestimmtes Genußscheinkapital oder stille Beteiligungen) werden von der Bindung des § 30 Abs. 1 GmbHG nicht erfaßt und sind deshalb in der Bilanz nicht zu berücksichtigen.[51] Nicht zuletzt aufgrund

---

48 Baumbach/Hueck/*Hueck/Fastrich*, GmbHG, § 30, Rdnr. 9; Häuselmann/*Rümker*/Westermann, Finanzierung der GmbH, S. 147; *Kleffner*, Erhaltung, S. 27, 91 f.; *Voßbeck*, Ausweis, S. 47. Der BGH sprach sich demgegenüber anfangs selbst im eigentlichen Anwendungsbereich der §§ 30, 31 GmbHG nur für eine analoge Anwendung aus, vergl. BGH, Urt. vom 29.03.1973, BB 1973, 580, 581 = BGHZ 60, 324, 331 = NJW 1973, 1036, was insbesondere mit § 31 Abs. 3 GmbHG zusammenhing, den der BGH ursprünglich im Falle der Überschuldung ausschließen wollte. Diese Rspr. hat der BGH nunmehr aufgegeben, vergl. Urt. vom 05.02.1990, BB 1990, 728, 729 = NJW 1990, 1730, 1732. Ebenfalls nur für eine entsprechende Anwendung *Raiser*, Kapitalgesellschaften, § 37, Rdnr. 5.
49 BGH, Urt. vom 24.03.1980, BB 1980, 797, 798 f. = BGHZ 76, 326, 335 = NJW 1980, 1524; Urt. vom 07.11.1988, BB 1989, 100, 101 f. = BGHZ 106, 7, 12 = NJW 1989, 982; Baumbach/Hueck/*Hueck/Fastrich*, GmbHG, § 30, Rdnr. 6; HK-GmbHR/*Bartl*, § 30 GmbHG, Rdnr. 2; Hachenburg/*Ulmer*, GmbHG, § 30, Rdnr. 29; Lutter/Hommelhoff, GmbHG, § 30, Rdnr. 14; *Goette*, GmbH, § 3, Rdnr. 10 (m.w.N. zur Rspr.); *Raiser*, Kapitalgesellschaften, § 37, Rdnr. 4; *Schnell*, Gesellschafterleistungen, S. 21; *Röhrkasten*, GmbHR 1974, 36, 36 f. Kritisch hierzu zu Unrecht *Meister*, WM 1980, 390, 394; *Sonnenhol/Stützle*, DB 1979, 925, 927 f., denn § 30 GmbHG ist an einem lebenden Unternehmen ausgerichtet, zudem trägt die Jahresbilanz dem Gläubigerschutz besonders Rechnung, und letztlich wäre es auch unpraktikabel, eine Bilanz nach gesonderten Ansatzvorschriften aufstellen zu müssen; vergl. BGH, Urt. vom 11.12.1989, BB 1990, 317, 318 = BGHZ 109, 334, 337 ff. = NJW 1990, 1109; *Kleffner*, Erhaltung, S. 24 und 31; *Stimpel*, 100 Jahre GmbH-Gesetz, S. 337.
50 Ob eigenkapitalersetzende Gesellschafterleistungen bei der Feststellung der Unterbilanz zu berücksichtigen sind, hängt von ihrer Behandlung im Jahresabschluß ab. Für eine Berücksichtigung als Verbindlichkeit OLG Brandenburg, Urt. vom 26.11.1997, NZG 1998, 306, 307; LG München, Urt. vom 19.06.1986, GmbHR 1987, 101, 102; Baumbach/Hueck/*Hueck/Fastrich*, GmbHG, § 30, Rdnr. 5; Lutter/Hommelhoff, GmbHG, § 30, Rdnr. 17; Rowedder/*Rowedder*, § 30, Rdnr. 9 (anders in der Voraufl.: Eigenkapitalersatz ist dem Stammkapital zuzurechnen, Rdnr. 4); Scholz/*Westermann*, GmbHG, § 30, Rdnr. 15; *Budde*/Förschle/*Kofahl*, Sonderbilanzen, S. 45; *Goette*, GmbH, § 3, Rdnr. 13; *Hock*, Gesellschafter-Fremdfinanzierung, S. 34 m.w.N.; *Raiser*, Kapitalgesellschaften, § 37, Rdnr. 4 („Rückstellungen für eigenkapitalersetzende Darlehen"); *Fleck*, GmbHR 1989, 313, 316; *K.J. Müller*, DStR 1997, 1577, 1581. Gegen eine Berücksichtigung eigenkapitalersetzender Gesellschafterleistungen *Schnell*, Gesellschafterleistungen, S. 158 f., der auf die „richtige" Interpretation der Bilanzdifferenz abstellt.
51 Baumbach/Hueck/*Hueck/Fastrich*, GmbHG, § 30, Rdnr. 5; *Schnell*, Gesellschafterleistungen, S. 156 f. Nach dem OLG Brandenburg, Urt. vom 26.11.1997, NZG

entstehender Bewertungsschwierigkeiten können stille Reserven allein in dem Umfang aufgelöst werden, in dem ihre Auflösung in der Handelsbilanz zulässig wäre.[52] Wird der Bestand des Unternehmens durch die Rückgewähr gefährdet, so sind die Fortführungswerte nicht mehr allein ausschlaggebend. In diesem Fall muß auf die Grundsätze zur Überschuldungsbilanz zurückgegriffen werden.[53]

Wird die Gesellschaft etwa aufgrund von eingeleiteten Sanierungsmaßnahmen wie Kapitalmaßnahmen, Kostensenkungsmaßnahmen o. ä. wieder kreditwürdig, so entfällt die Grundvoraussetzung für die Umqualifizierung in Eigenkapitalersatz. Die Rechtsprechungsregeln können keine Anwendung mehr finden, ohne daß es auf die Wiederherstellung des Stammkapitals ankäme.[54] Hieran hat sich auch durch das Urteil des BGH vom 29.05.2000[55] nichts geändert,[56] denn die Anwendung der §§ 30, 31 GmbHG auf Gesellschafterdarlehen ist auf

---

1998, 306, 307 sollen indes selbst in der Handelsbilanz als Eigenkapital zu bilanzierende stille Beteiligungen als Verbindlichkeiten berücksichtigt werden.

52 BGH, Urt. vom 11.12.1989, BB 1990, 317, 318 = BGHZ 109, 334, 337f. = NJW 1990, 1109; Baumbach/Hueck/*Hueck/Fastrich*, GmbHG, § 30, Rdnr. 6; Hachenburg/ *Ulmer*, GmbHG, § 30, Rdnr. 32; Rowedder/*Rowedder*, § 30, Rdnr. 9; Scholz/*Westermann*, GmbHG, § 30, Rdnr. 14; *Falkenstein*, Grenzen, S. 66f.; *Raiser*, Kapitalgesellschaften, § 37, Rdnr. 4; WP-Handbuch/*W. Müller*, Bd. I, Abschnitt T, Rdnr. 13; *Brandes*, WM 1998, 1, 6; *Dahl*, GmbHR 1964, 112, 113; *Röhrkasten*, GmbHR 1974, 36, 36f.; *Weisang*, WM 1997, 197, 206; *Wolf*, StuB 1999, 412, 413 (mit dem Hinweis, daß verdeckte Ausschüttungen nicht in größerem Maße zulässig sein dürften als offene); *Zilias*, WPg 1977, 445, 446 (für § 92 Abs 1 AktG). A.A. *Meister*, WM 1980, 390, 394; *Sonnenhol/Stützle*, DB 1979, 925, 928; differenzierend nach sofortiger Realisierbarkeit D. *Weber*, ZHR 155 (1991), 120, 124; differenzierend nach steuerrechtlicher und handelsrechtlicher Motivation *Kleffner*, Erhaltung, S. 34–37. Der BGH, Urt. vom 12.07.1999, BB 1999, 1887, 1888 = NJW 1999, 3120, 3121 (a.A. OLG Hamburg, Urt. vom 08.12.1989, GmbHR 1991, 103, 106) weist darauf hin, daß der Grundsatz, daß stille Reserven nicht zu berücksichtigen seien, in Bezug auf das Eigenkapitalersatzrecht allein für die Dauer und den Umfang der Rückzahlungssperre, nicht aber für die Prüfung der Kreditwürdigkeit gilt.

53 *Ulmer*, FS Pfeiffer, S. 868ff.; zustimmend *Lipps*, NJW 1989, 502, 504; *D. Weber*, ZHR 155 (1991), 120, 124. I.E. ähnlich *Fleck*, 100 Jahre GmbHG, S. 398f. Dies kann auch als das Resultat einer konsequenten Anwendung des § 252 Abs. 1 Nr. 2 HGB betrachtet werden; vergl. *Kleffner*, Erhaltung, S. 32; ebenso *Fischer*, Überschuldungsbilanz, S. 34 für die Überschuldungsbilanz. *Falkenstein*, Grenzen, S. 68ff. lehnt hingegen eine Abweichung vom Jahresabschluß ab, da dies zu erheblichen Unsicherheiten führen würde; diese Ansicht ist dogmatisch nicht vertretbar. Für eine grundsätzliche Orientierung an der Überschuldungsbilanz *Meister*, WM 1980, 390, 394; *Sonnenhol/Stützle*, DB 1979, 925, 927f.

54 Baumbach/Hueck/*Hueck/Fastrich*, GmbHG, § 32a, Rdnr. 77; Roth/*Altmeppen*, GmbHG, § 32a, Rdnr. 23; Scholz/*K. Schmidt*, GmbHG, §§ 32a, 32b, Rdnr. 54; *v. Gerkan/Hommelhoff*, Kapitalersatz, Rdnr. 3.58.

55 BB 2000, 1483 = NJW 2000, 2577, 2578.

56 So aber *Kurth/Delhaes*, DB 2000, 2577, 2581; hiergegen *Bormann*, DB 2001, 907, 909.

den Zeitraum beschränkt, in dem die Gesellschaft kreditunwürdig ist. Mit Wiedererlangung der Kreditwürdigkeit sind somit die vorher den Rechtsprechungsregeln unterfallenden Darlehen rückzahlbar, ohne daß es eines besonderen Gesellschafterbeschlusses bedürfte, wie dies der BGH in seinem vorgenannten Urteil für den konkreten Fall gefordert hatte. Wird demgegenüber bei einer weiterhin kreditunwürdigen Gesellschaft das Kapital in der Weise wiederhergestellt, daß im Moment der Rückzahlung des Darlehens das Stammkapital nicht berührt ist, so greifen die Rechtsprechungsregeln nicht mehr, die Novellenregeln im Falle der Eröffnung des Insolvenzverfahrens oder des Anwendungsbereichs des AnfG aber sehr wohl noch ein.[57]

2. Rechtsfolgen

Die Rechtsprechungsregeln führen dazu, daß die Darlehen so lange und so weit nicht zurückgezahlt werden dürfen, wie die Gesellschaft nicht über Reinvermögen in Höhe des satzungsgemäßen Stammkapitals verfügt, d.h. soweit die Darlehensvaluta zur Deckung einer Unterbilanz oder Überschuldung erforderlich ist.

Hieraus kann nicht abgeleitet werden, daß es sich bei § 30 GmbHG um ein bloßes Leistungsverweigerungsrecht handeln würde.[58] Zwar hat der BGH[59] im Rahmen eigenkapitalersetzender Gesellschafterleistungen § 404 BGB angewandt; da diese Norm jedoch Einreden und Einwendungen erfaßt,[60] können hieraus keine Schlüsse abgeleitet werden. Nach richtiger Ansicht besteht vielmehr eine von Amts wegen zu berücksichtigende Leistungsverweigerungspflicht.[61] Der Klage eines Gesellschafters auf Rückzahlung des Darlehens ist selbst dann nicht stattzugeben, wenn sich die Gesellschaft nicht auf den eigenkapitalersetzenden Charakter beruft.

---

57 *v. Gerkan/Hommelhoff*, Kapitalersatz, Rdnr. 3.57; a. A. offenbar *Kurth/Delhaes*, DB 2000, 2577, 2581; hiergegen *Bormann*, DB 2001, 907, 908 f. Hierbei dürfte es sich freilich um einen theoretischen Fall handeln, denn außerhalb des Anwendungsbereichs des AnfG verlangen die Novellenregeln die Eröffnung des Insolvenzverfahrens; diese ist jedoch bei wiederhergestelltem Stammkapital unwahrscheinlich.
58 So aber BGH, Urt. vom 14.01.1953, LM § 30 GmbHG Nr. 1, Bl. 2; Baumbach/Hueck/*Hueck/Fastrich*, GmbHG, § 30, Rdnr. 21; Baumbach/Hueck/*Schulze-Osterloh*, GmbHG, § 64, Rdnr. 18; *Büchele*, DB 1997, 2337, 2344; *Meister*, WM 1980, 390, 394 f.; einschränkend BFH, Urt. vom 16.11.1993, NJW 1450, 1450 („jedenfalls").
59 Urt. vom 21.03.1988, BB 1988, 1084, 1085 = BGHZ 104, 33, 43 = NJW 1988, 1844.
60 Vergl. nur Palandt/*Heinrichs*, § 404, Rdnr. 3.
61 Ebenso *Fleck*, 100 Jahre GmbHG, S. 407 Fn. 74; *Stimpel*, 100 Jahre GmbHG, S. 356. Wohl auch Hachenburg/*Ulmer*, GmbHG, § 30, Rdnr. 75 („Auszahlungsverbot, das ... zu einem Leistungsverweigerungsrecht führt."). Kritisch hierzu *Kleffner*, Erhaltung, S. 121.

Hat die Gesellschaft ein dem Auszahlungsverbot unterfallenes Darlehen zurückgewährt, ist der Leistungsempfänger nach § 31 Abs. 1 GmbHG zur Erstattung verpflichtet. Unter den Voraussetzungen des § 31 Abs. 3 GmbHG können zudem die Mitgesellschafter in Anspruch genommen werden. Im übrigen sind die Geschäftsführer im Falle einer gegen § 30 Abs. 1 GmbHG verstoßenden Auszahlung gem. § 43 Abs. 3 S. 1 GmbHG zum Schadensersatz verpflichtet.[62] Da das Rückzahlungsverbot nach §§ 30, 31 GmbHG vom Eintritt der Insolvenz unabhängig ist, wird es als gesellschaftsrechtliche Regelung bezeichnet.

III. Neuregelung des Kapitalersatzrechts in § 32 a Abs. 3 GmbHG

Im Jahre 1998 wurden dem Abs. 3 des § 32 a GmbHG zwei neue Sätze angefügt. Diese Änderungen belasten das Rechtsinstitut unzweifelhaft mit neuer Rechtsunsicherheit;[63] ansonsten fällt ihre rechtspolitische Beurteilung jedoch unterschiedlich aus.[64] Ein Teil der Literatur[65] wirft ihnen vor, sie gingen an den Fragestellungen der Praxis vorbei. Weiterhin sollen sie unberücksichtigt lassen, daß eine Einschränkung des Eigenkapitalersatzrechts zu Lasten der mittelständischen (und ungesicherten) Gläubiger ginge[66] und daß die Einschränkungen entgegen der Gesetzesbegründung zum § 32 a Abs. 3 S. 2 GmbHG[67] kaum die Eigenkapitalbasis des deutschen Mittelstandes verbreitern könnten[68]. Letztlich wurden auch verfassungsrechtliche Bedenken angemeldet:[69] Die Neuregelungen privilegieren sowohl den Gesellschafter, der in

---

62 Wie hier OLG München, Urt. vom 19.01.1999, NZG 1999, 603, 603; Baumbach/Hueck/*Zöllner*, GmbHG, § 43, Rdnr. 39; *Lutter/Hommelhoff*, GmbHG, § 43, Rdnr. 18; *Altmeppen*, ZHR 164 (2000), 349, 356. A.A. *Haas*, Geschäftsführerhaftung, S. 66; *ders.*, NZI 1999, 209, 214.
63 Vergl. *Hirte*, Kapitalgesellschaftsrecht, Rdnr. 759; *Haas*, NZI 1999, 209, 212; *Habersack*, ZHR 162 (1998), 210; *Pentz*, GmbHR 1999, 437, 451. Die Befürchtungen *Ulmers*, ZGR 2000, 751, 761, die Neuregelungen würden zu Umgehungsversuchen einladen, beschränken sich indes allein auf den § 32a Abs. 3 S. 2 GmbHG.
64 Siehe hierzu auch die Darstellung des Meinungsstandes bei *Altmeppen*, ZGR 1999, 291, 295.
65 So *K. Schmidt*, in: Insolvenzrecht 1998, S. 292. Vergl. auch *Hirte*, ZInsO 1998, 147, 153; *Pentz*, BB 1997, 1265, 1269; *Ullrich*, GmbHR 1983, 133, 138.
66 So *Hirte*, ZInsO 1998, 147, 152; *v. Gerkan*, GmbHR 1997, 677, 679; *Goette*, DStR 1997, 2027, 2029; *Pentz*, GmbHR 1999, 437, 441. Positiv gegenüber einem Sanierungsprivileg (zumindest für Banken) *Götz/Hegerl*, DB 1997, 2365, 2367 f.; *Vollmer/Smerdka*, DB 2000, 757, 757. Besonders *Claussen* hielt die Regeln zum Eigenkapitalersatz für sanierungsfeindlich und forderte deshalb deren Einschränkung, vergl. FS Forster, S. 144 m.w.N. auch zur Gegenansicht in Fn. 24; ähnlich *Westermann*, ZIP 1982, 379, 386.
67 BT-Drucks. 13/7141, S. 12.
68 So *K. Schmidt*, ZIP 1996, 1586, 1588; *Pentz*, BB 1997, 1265, 1269; zustimmend *Hirte*, ZInsO 1998, 147, 152; *Karollus*, ZIP 1996, 1893, 1893.
69 *Altmeppen*, ZGR 1999, 291, 298 ff.; vergl. auch *Casper/Ullrich*, GmbHR 2000, 472, 473 f.

der Krise durch eine Beteiligungsaufstockung oder einen Beteiligsungsneuerwerb Verantwortung übernimmt, als auch den Gesellschafter, der Verantwortung zugunsten einer Kleinbeteiligung abgibt. Damit stelle sich unter dem Gesichtspunkt der Gleichbehandlung die Frage, weshalb dem Gesellschafter, der seine bisherige (eigenkapitalersatzrechtlich relevante) Beteiligung behält, keine Privilegierung zugute komme. Von anderer Seite wird in den Änderungen demgegenüber eine notwendige Beschneidung des Kapitalersatzrechts gesehen[70] und aus dem Sanierungsprivileg in § 32a Abs. 3 S. 3 GmbHG in Zusammenspiel mit dem neugefaßten § 24 UBGG[71] gar ein Paradigmawechsel im Eigenkapitalersatzrecht abgeleitet.[72]

1. „Witwen- und Erbtantenprivileg" – § 32a Abs. 3 S. 2 GmbHG

Nach dem „Witwen- und Erbtantenprivileg" des Abs. 3 S. 2 finden die Regeln über den Eigenkapitalersatz für den nicht geschäftsführenden Gesellschafter, der mit 10% oder weniger am Stammkapital der Gesellschaft beteiligt ist, keine Anwendung.[73] In dieser Konstellation fehlt es nach den Vorstellungen des Gesetzgebers ausweislich der Gesetzesbegründung[74] an der notwendigen Insiderstellung und der mitunternehmerischen Verantwortung, weshalb diese Änderung allein klarstellenden Charakter habe. Hierbei ignoriert die Gesetzesbegründung bewußt,[75] daß die Gesetz gewordene Auffassung weder in der

---

70 Besonders *Claussen* hielt die Regeln zum Eigenkapitalersatz für sanierungsfeindlich und forderte deshalb deren Einschränkung, vergl. FS Forster, S. 144 m. w. N. auch zur Gegenansicht in Fn. 24; ähnlich *Westermann*, ZIP 1982, 379, 386. Positiv gegenüber einem Sanierungsprivileg (zumindest für Banken) *Götz/Hegerl*, DB 1997, 2365, 2367f.; *dies.*, DB 2000, 1385, 1385; *Vollmer/Smerdka*, DB 2000, 757, 757.
71 Zu § 24 UBGG siehe *Vollmer/Smerdka*, DB 2000, 757, 759 f.
72 So *Vollmer/Smerdka*, DB 2000, 757, 757 ff., die freilich übersehen, daß Sanierungen mit Fremdkapital damit zu kämpfen haben, daß diese „Sanierungsdarlehen" weiterhin in der Überschuldungsbilanz zu passivieren sind, vergl. *Bormann*, NZI 1999, 389, 393 Fn. 35.
73 Ausführlich hierzu *Dauner-Lieb*, DStR 1998, 609, 609 ff.; *v. Gerkan*, GmbHR 1997, 677, 677 ff. (insbes. zu den Änderungen bei Personen ohne direkte Beteiligung); *Haas*, DZWIR 1999, 177, 178 f.; *Habersack*, ZHR 162 (1998), 208 ff.; *Obermüller*, ZInsO 1998, 51, 52; *Pentz*, BB 1997, 1265, 1265 ff.; *ders.*, GmbHR 1999, 437, 438 ff.; *K. Schmidt*, ZIP 1996, 1586, 1586 ff.; *Seibert*, GmbHR 1998, 309, 309 f.; *Westermann*, DZWIR 2000, 1, 3 ff.
74 Begr. RegE, BT-Drucks. 13/7141, S. 11; zustimmend Baumbach/Hueck/*Hueck/Fastrich*, GmbHG, § 32a, Rdnr. 17; *Seibert*, DStR 1997, 35, 36; *Obermüller*, ZInsO 1998, 51, 52; *Pichler*, WM 1999, 411, 413. Vergl. auch *Habersack*, ZHR 162 (1998), 201, 209; *K. Schmidt*, ZIP 1996, 1586, 1586 f. Hiergegen *Goette*, ZHR 162 (1998), 223, 227; ablehnend bereits *Gehde*, Gesellschafterleistungen, S. 128 f.
75 Gegen die Einordnung als „Klarstellung" spricht bereits, daß die frühere *Bundesjustizministerin Leutheusser-Schnarrenberger* angekündigt hatte, daß die „Zwergbeteiligungen (*unter 10%*) aus der Finanzierungsverantwortung des Kapitalersatzrechts *herausgenommen werden*" (vergl. *Leutheusser-Schnarrenberger*, ZRP 1995, 811, 82, Hervorhebungen vom Verfasser). Die Abweichung von der zuvor in der Literatur

Literatur noch in der Rechtsprechung vertreten wurde.[76] Selbst die Stimmen,[77] die Kleingesellschafter in der Zeit vor der gesetzlichen „Klarstellung" von den Regeln des Eigenkapitalersatzrechts ausnehmen wollten, traten für eine Beteiligung von *unter 10%* ein, was insbesondere bei den Minderheitsrechten im Zusammenhang mit der Einberufung von und Beschlußfassung auf Gesellschafterversammlungen nach § 50 GmbHG und bei der Auflösungsklage nach § 61 Abs. 2 GmbHG, die beide eine Beteiligung von 10% ausreichen lassen, von Bedeutung ist.[78] Der in der Literatur[79] vorgeschlagenen einschränkenden Auslegung dahingehend, daß aufgrund der Bezeichnung als „Klarstellung" nur Gesellschafter mit einer Beteiligung von weniger als 10% von § 32a Abs. 2 S. 2 GmbHG erfaßt werden, kann dennoch nicht gefolgt werden.[80] Sie ist nicht nur mit dem Wortlaut unvereinbar, sie dürfte auch kaum mit praktischen Vorteilen verbunden sein, die einen derart klaren Verstoß gegen den Gesetzestext rechtfertigen könnten. Einiges spricht demgegenüber für den Vorschlag,[81] juristische Personen vom Anwendungsbereich auszunehmen, denn die vom Gesetzgeber für erforderlich gehaltene unternehmerische Beteiligung wird bei diesen regelmäßig vorliegen.

Im Ergebnis besteht Einigkeit darüber, daß es zu einer Zusammenrechnung kommen muß, wenn mehrere Gesellschafter gemeinsam versuchen, die Gesellschaft mit Darlehen zu sanieren; umstritten ist allerdings, bei Erfüllung welcher Kriterien eine Zusammenrechnung erfolgen soll.[82]

Eine Änderung in der Beteiligung des darlehensgebenden Gesellschafters soll sich nach der Entwurfsbegründung[83] direkt auswirken: So soll eine Erhöhung

---

vertretenen Ansicht beruht denn auch darauf, daß das steuerrechtliche Schachtelprivileg (§ 102 Abs. 1 BewG) noch von der Änderung erfaßt werden sollte, vergl. *Pentz*, BB 1997, 1265, 1265.

76 Im übrigen hätte es sich angeboten, die Regelung in § 32a Abs. 3 S. 2 GmbHG mit § 138 Abs. 2 Nr. 1 InsO abzustimmen.
77 *Lutter/Hommelhoff*, GmbHG (14. Aufl.), §§ 32a/b, Rdnr. 56; *Hess/Pape*, InsO, Rdnr. 1137; *Rümker*, ZGR 1988, 494, 504f.; wohl auch LG Düsseldorf, Urt. vom 27.05.1981, ZIP 1981, 601, 603. A.A. *Häsemeyer*, Insolvenzrecht, Rdnr. 30.61; *Raiser*, Kapitalgesellschaften, § 38, Rdnr. 12; *Dauner-Lieb*, DStR 1998, 609, 612; *Goette*, ZHR 162 (1998), 223, 227; *Timm*, JuS 1991, 652, 656; *Ullrich*, GmbHR 1981, 133, 144; *Ulmer*, ZIP 1984, 1163, 1167.
78 So richtig *Dauner-Lieb*, DStR 1998, 609, 612 ff.; *Pentz*, BB 1997, 1265, 1269.
79 *Hirte*, ZInsO 1998, 147, 153.
80 I.E. ebenso *Pentz*, GmbHR 1999, 437, 442.
81 So *Haas*, DZWIR 1999, 177, 179. Hiergegen etwa *Westermann*, DZWIR 2000, 1, 5.
82 *Haas*, DZWIR 1999, 177, 179 (auf den Interessengleichlauf abstellend); *v. Gerkan*, GmbHR 1997, 677, 679; *Pentz*, GmbHR 1999, 437, 445 ff.; *K. Schmidt*, ZIP 1996, 1586, 1588; *Westermann*, DZWIR 2000, 1, 5. *Hirte*, ZInsO 1998, 147, 153 f. verweist insoweit u. a. auf die Regeln der § 20 AktG, §§ 21 ff. WpHG. Kritisch gegenüber einer Zusammenrechnung für die Kreditvergabe durch Bankenpoole *Pichler*, WM 1999, 411, 413 f.
83 BT-Drcks. 13/7141, S. 12.

des Anteils unmittelbar zur Umqualifizierung, eine Absenkung der Beteiligung oder Abgabe der Geschäftsführung unmittelbar zur Freigabe des Darlehens führen. Dem kann nicht zugestimmt werden. Schafft der Gesellschafter durch die Erhöhung seiner Beteiligung die Voraussetzungen für die Anwendung der Kapitalersatzregeln, so handelt es sich systematisch um einen Fall des Stehenlassens.[84] In beiden Konstellationen liegen die Voraussetzungen des Kapitalersatzrechts nicht schon bei der Gewährung vor, sondern treten erst zu einem späteren Zeitpunkt ein. Für die Fälle des Stehenlassens hat der BGH[85] den Gesellschaftern jedoch ab dem Eintritt bzw. Erkennen der Krise eine Überlegensfrist zugestanden, in der sie entscheiden können, ob sie die Darlehen abziehen oder nicht. Gleiches muß vorliegend gelten, wobei entscheidender Zeitpunkt der Erwerb der Gesellschafterstellung sein muß.[86] Daß nicht die Krise, sondern die Anforderungen an die Person des Darlehensgebers nachträglich erfüllt sind, macht aus Wertungsgesichtspunkten keinen Unterschied, zumal ein Kleingesellschafter aus der Sicht des Gesetzgebers die Krise aufgrund seiner Stellung nicht zu beachten hatte.

Da selbst das komplette Ausscheiden eines Gesellschafters nicht per se zu einer Freigabe des Darlehens führt,[87] muß sein Darlehen auch dann verhaftet bleiben, wenn sich der Gesellschafter nach der Umqualifizierung seines Darlehens teilweise von seiner Beteiligung trennt;[88] Gründe für eine Schlechterstellung des Gesellschafters, der sich ganz und nicht nur teilweise aus der Gesellschaft zurückzieht, sind nicht ersichtlich.

Ein letztes Auslegungsproblem des § 32a Abs. 3 S. 2 GmbHG knüpft an den Begriff des „Geschäftsführers" an. Während sich eine Auffassung[89] an der allgemeinen Gleichstellung des faktischen Geschäftsführers mit dem bestellten orientiert und zudem Geschäftsführer, bei denen der Bestellungsakt unwirksam ist oder gänzlich fehlt, als Geschäftsführer im Sinne der Vorschrift ansieht, spricht nach der Gegenansicht[90] der Vereinfachungsgedanke der Gesetzeseinführung dagegen, faktische Geschäftsführer in § 32a Abs. 3 S. 2 GmbHG mit einzubeziehen. Letztlich dürfte zu differenzieren sein: Gehen alle Beteiligten irrtümlich von einer wirksamen Bestellung aus, so würde die

---

84 *Lutter/Hommelhoff*, GmbHG, §§ 32a/b, Rdnr. 70; *Pentz*, GmbHR 1999, 437, 447.
85 Vergl. nur BGH, Urt. vom 07.11.1994, BB 1995, 58, 59f. = BGHZ 127, 336, 341 = NJW 1995, 326.
86 *Obermüller*, ZInsO 1998, 51, 52; *Pentz*, GmbHR 1999, 437, 447 Fn. 75. So wohl auch *Lutter/Hommelhoff*, GmbHG, §§ 32a/b, Rdnr. 70, die auf die allgemeinen Voraussetzungen für das Stehenlassen verweisen.
87 BGH, Urt. vom Urt. vom 21.03.1988, BB 1988, 1084, 1085 = BGHZ 104, 33, 43 = NJW 1988, 1844; *Lutter/Hommelhoff*, GmbHG, §§ 32a/b, Rdnr. 60.
88 *v. Gerkan*, GmbHR 1997, 677, 679; *Obermüller*, ZInsO 1998, 51, 52; *Pentz*, GmbHR 1999, 437, 447.
89 Baumbach/Hueck/*Hueck/Fastrich*, GmbHG, § 32a, Rdnr. 18; *Dörrie*, ZIP 1999, 12, 15; *v. Gerkan*, GmbHR 1997, 677, 681.
90 *Haas*, DZWIR 1999, 177, 179.

Herausnahme dieser Personen aus dem Kreise der Geschäftsführer zu Rechtsunsicherheit und nicht zu Rechtssicherheit führen. Aus diesem Grunde sind jedenfalls Personen, deren Einordnung als „faktische" Geschäftsführer auf einem unerkannt unwirksamen Bestellungsakt beruht, als Geschäftsführer im Sinne des § 32a Abs. 3 S. 2 GmbHG anzusehen.

2. „Sanierungsprivileg" – § 32a Abs. 3 S. 3 GmbHG

Nach § 32a Abs. 3 S. 3 GmbHG sind die Regeln zum Eigenkapitalersatz nicht anwendbar, wenn der Darlehensgeber zum Zwecke der Überwindung der Krise Geschäftsanteile erwirbt (sog. Sanierungsprivileg).[91] Systematisch handelt es um eine bestandsschützende Vorschrift.[92] Allerdings ist zu fordern, daß der Sanierungsgesellschafter, um in den Genuß der Priviligierung zu kommen, bereits vor seinem Anteilserwerb Darlehensgeber gewesen sein muß.[93] Neugesellschafter ohne Altdarlehen würden ansonsten ihre Rechtsposition ausbauen und nicht bloß sichern; zudem besteht die Vermutung, daß Gesellschafter, die mit mehr als 10% eingestiegen sind und darüber hinaus Darlehen gewähren, nicht in erster Linie eine Sanierung, sondern einen günstigen Einstieg in die Gesellschaft im Auge haben.[94] Mithin führt ein Anteilserwerb ebensowenig zur Befreiung bereits umqualifizierter Darlehen,[95] wie ein Altgesellschafter mit einer Beteiligung von mehr als 10% durch den Erwerb weiterer Anteile die Umqualifizierung von Neukrediten verhindern kann,[96] denn seine Gesellschafterstellung hat sich – soweit sie eigenkapitalersatzrechtlich relevant ist – nicht verändert. § 32a Abs. 3 S. 3 GmbHG spricht aber allein davon, daß der Erwerb von Geschäftsanteilen in der Krise nicht zur Anwendung der Eigenkapitalersatzregeln *führt*. Es ist nicht die Rede da-

---

91 Ausführlich hierzu *Bieder*, NZI 2000, 514, 514 ff.; *Casper/Ullrich*, GmbHR 2000, 472, 472 ff.; *Dauner-Lieb*, DStR 1998, 1517, 1517 ff.; *dies.*, in: Handbuch, Teil 4, passim; *Dörrie*, ZIP 1999, 12, 13 ff.; *Haas*, DZWIR 1999, 177, 179 ff.; *Obermüller*, ZInsO 1998, 51, 52 ff.; *Pentz*, GmbHR 1999, 437, 448; *Westermann*, DZWIR 2000, 1, 6 ff. Vergl. zum Sanierungsprivileg für Banken bereits *Ullrich*, GmbHR 1983, 133 ff.
92 *Seibert*, GmbHR 1998, 309, 310.
93 *Bormann*, NZI 1999, 389, 391 Fn. 34; *Pichler*, WM 1999, 411, 415 f. A.A. *Kübler*, Gesellschaftsrecht, § 17 VI. 4. b), S. 249; *Casper/Ullrich*, GmbHR 2000, 472, 477 f.
94 Vergl. *Pichler*, WM 1999, 411, 415 f., *Casper/Ullrich*, GmbHR 2000, 472, 473 weisen zu Recht darauf hin, daß die Anknüpfung an den Erwerb in der Krise dazu führen wird, daß der Einstieg eines Kreditgebers und damit die Sanierung auf die Zeit nach dem Eintritt der Krise im eigenkapitalersatzrechtlichen Sinne verlagert und damit verzögert wird.
95 *Dauner-Lieb*, DStR 1998, 1517, 1520; *Dörrie*, ZIP 1999, 12, 17; *Haas*, DZWIR 1999, 177, 180; *Hirte*, ZInsO 1998, 147, 151; *Pentz*, GmbHR 1999, 437, 449; *Seibert*, GmbHR 1998, 309, 310.
96 So aber *Dörrie*, ZIP 1999, 12, 17; *Pentz*, GmbHR 1999, 437, 449. Ausführlich zu dieser Frage *Westermann*, DZWIR 2000, 1, 7. Wie hier *Lutter/Hommelhoff*, GmbHG, §§ 32 a/b, Rdnr. 80.

von, daß sie wieder entfallen, sofern bereits vorher eine entsprechende Beteiligung vorlag. Nutznießer des Sanierungsprivilegs können nur solche Kreditgläubiger sein, die vorher nicht oder mit bis zu 10% an der Gesellschaft beteiligt waren.[97] Der durch den Sanierer erworbene Anteil muß nicht zwangsläufig aus einer Kapitalerhöhung herrühren, sondern kann genauso der Altanteil eines anderen Gesellschafters sein.[98] Obwohl § 32a Abs. 3 S. 3 GmbHG allein von Darlehen spricht, bezieht sich das Sanierungsprivileg schon aus systematischen Gründen nicht nur auf Geldleistungen, sondern ebenso auf gleichgestellte Leistungen i.S.d. § 32a Abs. 3 S. 1 GmbHG.[99] Da die Verweisung in § 264 Abs. 3 InsO insoweit nicht abschließend ist, gelten die Ausnahmen vom Kapitalersatzrecht auch hier;[100] § 32a Abs. 3 S. 3 GmbHG findet beim Anteilserwerb aufgrund eines Insolvenzplans Anwendung.[101]

Allerdings wollte der Gesetzgeber mit § 32a Abs. 3 S. 3 GmbHG keinen „Freifahrtschein für die Gläubigergefährdung in der Unternehmenskrise" ausstellen.[102] Deshalb unterliegt das Sanierungsprivileg verschiedenen Grenzen. So ist die Freistellung vom Kapitalersatzrecht auf die Zeit bis zum Ende der Krise beschränkt, in der das Darlehen gewährt wurde.[103] Eine unbeschränkte Freistellung – wie sie in der Literatur[104] nicht zuletzt als Umkehrschluß aus

---

97 *Dauner-Lieb*, DStR 1998, 1517, 1520; *Neuhof*, NJW 1998, 3225, 3233; *Obermüller*, ZInsO 1998, 51, 53; *Pichler*, WM 1999, 411, 414; *Seibert*, GmbHR 1998, 309, 310. A.A. *Casper/Ullrich*, GmbHR 2000, 472, 478f. (die sich gar für eine analoge Anwendung des § 32a Abs. 3 S. 3 GmbHG auf Gesellschafter, die keine neue Beteiligung übernehmen, aussprechen); *Dörrie*, ZIP 1999, 12, 17; *Pentz*, GmbHR 1999, 437, 449.
98 *Dauner-Lieb*, DStR 1998, 1517, 1519; *Dörrie*, ZIP 1999, 12, 13; *Haas*, DZWIR 1999, 177, 180; *Hirte*, ZInsO 1998, 147, 151 Fn. 52; *Pentz*, GmbHR 1999, 437, 448; *Seibert*, GmbHR 1998, 309, 310. A.A. *Bieneck*, StV 1999, 43, 47: Sanierungsprivileg nur bei der Zufuhr von Eigenkapital; diese Auffassung findet weder im Wortlaut noch in der ratio der Vorschrift einen Anhaltspunkt, siehe schon *Bormann*, NZI 1999, 389, 392 Fn. 35; ähnlich *Pichler*, WM 1999, 411, 413.
99 Ebenso *Dörrie*, ZIP 1999, 12, 14f.; *Früh*, GmbHR 1999, 842, 844; *Pentz*, GmbHR 1999, 437, 448. A.A. wohl *Hirte*, ZInsO 1998, 147, 151.
100 *Haas*, DZWIR 1999, 177, 182; *Obermüller*, ZInsO 1998, 51, 54. Vergl. hierzu auch *Hirte*, Kapitalgesellschaftsrecht, Rdnr. 762; *Noack*, Gesellschaftsrecht, Rdnr. 217f.; *Dauner-Lieb*, in: Handbuch, Teil 4, Rdnr. 4.63ff. Vergl. auch Baumbach/Hueck/*Hueck*/Fastrich, GmbHG, § 32a, Rdnr. 11.
101 Ausführlich zur Behandlung von Sanierungskrediten im Insolvenzplan *Bieder*, ZInsO 2000, 531, 532ff.
102 *Bormann*, NZI 1999, 389, 392; vergl. auch *Dauner-Lieb*, in: Handbuch, Teil 4, Rdnr. 4.20; *Neuhof*, NJW 1998, 3225, 3234.
103 *Casper/Ullrich*, GmbHR 2000, 472, 480f.; *Dauner-Lieb*, DStR 1998, 1517, 1519; *Dörrie*, ZIP 1999, 12, 16; *Haas*, DZWIR 1999, 177, 180; *Hirte*, ZInsO 1998, 147, 151; *Neuhof*, NJW 1998, 3225, 3234; *Pentz*, GmbHR 1999, 437, 450; *Pichler*, WM 1999, 411, 418f.; *Seibert*, GmbHR 1998, 309, 310; *Westermann*, DZWIR 2000, 1, 8f.
104 *Früh*, GmbHR 1999, 842, 847; *Obermüller*, ZInsO 1998, 51, 53f.; *Wittig*, NZI 1998, 49, 56.

§§ 24 UBGG, 268 Abs. 1 Nr. 2 InsO gefordert wird – ginge zu Lasten der Gläubiger und ist abzulehnen. Weiterhin spricht viel dafür, das Sanierungsprivileg nur dann zu gewähren, wenn die Gesellschaft sanierungsfähig und die ergriffenen Maßnahmen sanierungstauglich sind. Um dieses festzustellen und zu belegen, bedarf es vor der Übernahme des Geschäftsanteils zu Sanierungszwecken eines neutralen Sanierungsgutachtens.[105] Fehlt es daran, ist dem Darlehensgeber nicht nur das Sanierungsprivileg des § 32a Abs. 3 S. 3 GmbHG zu versagen; er kann zudem nach § 826 BGB zum Schadensersatz verpflichtet sein.[106]

3. Anwendbarkeit von § 32a Abs. 3 S. 2 und 3 GmbHG i. R. d. Rechtsprechungsregeln

Systematisch sind die eben vorgestellten Einschränkungen des Kapitalersatzrechts innerhalb der Novellenregeln angesiedelt, so daß zu fragen ist, ob sie obendrein für die Rechtsprechungsregeln Geltung beanspruchen können. Hierfür spricht zunächst, daß sowohl in S. 2 als auch in S. 3 von den Regeln über den Eigenkapitalersatz die Rede ist, so daß sie sich ihrem Wortlaut nach auch auf die Rechtsprechungsregeln beziehen.[107] Bei einer Erstreckung der § 32a Abs. 3 S. 2 und 3 GmbHG auf die Rechtsprechungsregeln würde der Gesetzgeber allerdings die richterliche Gesetzesauslegung per se und nicht das Gesetz ändern. Insofern könnte ein derartiges Vorhaben in die Rechtsfortbildungskompetenz der Gerichte eingreifen.[108] Insbesondere gelten die §§ 30, 31 GmbHG in ihrem direkten Anwendungsbereich ebenfalls für nur geringfügig beteiligte Gesellschafter und für solche, die ihre Beteiligung zu Sanie-

---

105 Ausführlich *Bormann*, NZI 1999, 389, 394. I.E. ebenso *Dörrie*, ZIP 1999, 12, 14; *Götz/Hegerl*, DB 2000, 1385, 1388; *Haas*, DZWIR 1999, 177, 181 f.; *Pichler*, WM 1999, 411, 417 f. Kritisch hierzu *Dauner-Lieb*, DStR 1998, 1517, 1520 f.; *Casper/Ullrich*, GmbHR 2000, 472, 477; *Pentz*, GmbHR 1999, 437, 450 sehen das Sanierungsgutachten nicht als Voraussetzung, sondern als Beweismittel an. *Vollmer/Smerdka*, DB 2000, 757, 759 wollen wohl bei einer Beteiligungsübernahme in der Krise die Sanierungsfähigkeit vermuten.
106 Siehe *Bormann*, NZI 1999, 389, 391 ff. sowie hierzu *Bieder*, NZI 2000, 514, 519 f. Gegen einen Schadensersatzanspruch aus § 826 BGB wohl auch *Pichler*, WM 1999, 411, 417. Für eine weitere Gewährung des Sanierungsprivilegs bei gleichzeitiger Insolvenzverschleppungshaftung *Westermann*, DZWIR 2000, 1, 8.
107 Begr. RegE, BT-Drcks. 13/7141, S. 12; *Dauner-Lieb*, DStR 1998, 609, 616 f.; *Gschwendtner*, DStR, Beihefter zu Heft 32/1999, S. 20; *Haas*, DZWIR 1999, 177, 178; *Pichler*, WM 1999, 411, 419; *Seibert*, DStR 1997, 35, 36; *ders.*, GmbHR 1998, 309, 309; i.E. ebenso *Dörrie*, ZIP 1999, 12, 15; *Früh*, GmbHR 1999, 842, 847. Kritisch *Hirte*, ZInsO 1998, 147, 154. Ausführlich hierzu *Pentz*, GmbHR 1999, 437, 442 f.
108 So *K. Schmidt*, ZIP 1996, 1586, 1589; skeptisch hierzu *Goette*, ZHR 162 (1998), 223, 229. Vergl. zum Gedanken der Rechtsfortbildungskompetenz der Gerichte kraft Sachnähe *Kübler*, FS Stimpel, S. 11 ff.; kritisch zu diesem methodischen Ansatz *Dauner-Lieb*, DStR 1998, 609, 616 f.

rungszwecken erworben haben.[109] Damit könnte es diskussionswürdig erscheinen, die Rechtsprechungsregeln von den neu eingefügten Einschränkungen in § 32a Abs. 3 S. 2 und S. 3 GmbHG auszunehmen.[110] Hinzu kommt, daß sie einen Fremdkörper im Recht des Eigenkapitalersatzes darstellen,[111] denn das Eigenkapitalersatzrecht rechtfertigt sich aus dogmatischer und systematischer Sicht entgegen der Ansicht des Gesetzgebers nicht aus der Insiderstellung und der mitunternehmerischen Teilhabe des Gesellschafters.[112]

Im Ergebnis führt jedoch an einer Erstreckung der S. 2 und 3 des § 32a Abs. 3 GmbHG auf die Rechtsprechungsregeln kein Weg vorbei: Obwohl das Kapitalersatzrecht ursprünglich Richterrecht war, handelt es sich doch um ein einheitliches Rechtsinstitut, welches nur insoweit Raum für eine Anwendung der §§ 30, 31 GmbHG läßt, wie eine Regelungslücke vorliegt. An einer solchen fehlt es jedoch hinsichtlich der in § 32a Abs. 3 S. 2 und 3 GmbHG geregelten Sachverhalte.[113] Damit kann ein Vergleich mit dem direkten Anwendungsbereich der §§ 30, 31 GmbHG nicht weiterhelfen, denn das Kapitalersatzrecht hat sich als Rechtsinstitut verselbständigt und folgt eigenen Regeln.

Die Änderungen in § 32a Abs. 3 GmbHG müssen sich nicht nur auf die Rechtsprechungsregeln als solche, sondern auch auf den Rückgriffsanspruch der Gesellschaft aus § 31 Abs. 3 GmbHG auswirken. Steht der Gesellschaft aufgrund einer unzulässigen Rückzahlung eigenkapitalersetzender Gesellschafterdarlehen an einen dem Kapitalersatzrecht unterworfenen Gesellschafter ein Anspruch aus § 31 Abs. 1 und 3 GmbHG zu, so kommen die in § 32a Abs. 3 S. 2 und 3 GmbHG genannten Personenkreise nicht als Adressaten der Ansprüche in Betracht.[114] Den durch die Neuregelungen privilegierten Darlehensgebern zwar die Rückforderung ihrer Darlehen zu gestatten, sie aber gleichzeitig den § 31 Abs. 1 und 3 GmbHG zu unterwerfen, wäre widersprüchlich und inkonsequent.

---

109 Vergl. aber die Tendenzen, § 32a Abs. 3 S. 2 GmbHG auch in anderen Bereichen fruchtbar zu machen, so etwa *Gaiser*, GmbHR 1999, 210, 211 ff.
110 So etwa *Karollus*, ZIP 1996, 1893, 1895; vergl. auch *Habersack*, ZHR 162 (1998), 201, 210 f.
111 *Dauner-Lieb*, DStR 1998, 1517, 1521. *Grunewald*, GmbHR 1997, 7, 8 schließt aus dieser systemwidrigen Ausnahme, daß das Eigenkapitalersatzrecht nicht dem Gläubigerschutz dienen kann. *Götz/Hegerl*, DB 1997, 2365, 2365 sprechen davon, daß sich das Gläubigerschutzargument scheinbar abgenutzt hat; ähnlich auch *Harrer*, GesRZ 1998, 183, 184. Zu einer möglichen dogmatischen Begründung des Sanierungsprivilegs siehe *Götz/Hegerl*, DB 2000, 1385, 1385 ff.
112 Siehe hierzu unten S. 56 ff.
113 *Pentz*, GmbHR 1999, 437, 442. Vergl. auch *Claussen*, AG 1985, 173, 177; *K. Schmidt*, in: Insolvenzrecht 1998, S. 302; *Westermann*, DZWIR 2000, 1, 6.
114 Ebenso für die Kleingesellschafter *Gaiser*, GmbHR 1999, 210, 216; *K.J. Müller*, DB 1998, 1117, 1119 f.; a. A. *Pichler*, WM 1999, 411, 414.

IV. Behandlung der auf eigenkapitalersetzende Darlehen entfallenden Zinsen

Zur gesellschaftsrechtlichen Behandlung der auf ein eigenkapitalersetzendes Darlehen entfallenden Zinsen hat sich noch keine einheitliche Meinung herausgebildet.[115] Während nach der restriktivsten Ansicht[116] unter Rückgriff auf § 57 Abs. 2 AktG für die Darlehen, die als Ersatz für fehlendes Stammkapital fungieren, Zinsansprüche nicht entstehen sollen, tritt die weiteste Meinung[117] dafür ein, Darlehenszinsen als „Folgeaufwendungen" in keiner Weise in das Eigenkapitalersatzrecht einzubeziehen. Hiernach würden die Zinsforderungen nicht nur entstehen, sondern wären unabhängig von der wirtschaftlichen Lage der Gesellschaft auszahlbar. Im übrigen spaltet sich die Literatur in zwei Lager. Nach einem Teil[118] folgen die Zinsen dem Schicksal der Hauptforderung: Wenn ein Darlehen nur teilweise vom Eigenkapitalersatzrecht erfaßt wird, so sollen auf den „freien" Teil des Darlehens Zinszahlungen selbst dann zulässig sein, wenn eine Unterbilanz vorliegt. Konsequenz dieser Ansicht wäre, daß in Zeiten der Krise Zinsen auf Rechtsprechungsdarlehen nie und Zinsen auf Novellendarlehen immer auszahlbar wären. Der andere Teil der Literatur[119] ist demgegenüber der Ansicht, daß die Zinsen dann nicht ausgezahlt werden dürfen, wenn durch die Zahlung gegen § 30 GmbHG verstoßen würde. Allerdings wird nicht in jeder Stellungnahme hinreichend deutlich, ob das Entstehen bzw. Vorliegen einer Unterbilanz für sich genommen

---

115 Siehe hierzu ausführlich *Beine*, Gesellschafterleistungen, S. 225 ff.; *Hock*, Gesellschafter-Fremdfinanzierung, S. 71 f.; *Döllerer*, FS Forster, S. 205 ff.; *Sieker*, ZGR 1995, 250, 253 ff.
116 *Lutter/Hommelhoff*, GmbHG (14. Aufl.), § 32 a/b, Rdnr. 80; auf Novellendarlehen zurückgezahlte Zinsen sollen demgegenüber wie ein zurückgezahltes Darlehen auch innerhalb der Jahresfrist rückforderbar sein, a.a.O., Rdnr. 70. Dieser Standpunkt wurde inzwischen aufgegeben, *Lutter/Hommelhoff*, GmbHG, §§ 32 a/b, Rdnr. 104.
117 *Voßbeck*, Ausweis, S. 29.
118 *Schnell*, Gesellschafterleistungen, S. 32; *Berger*, ÖBA 1996, 837, 842 (für Österreich unter Berufung auf § 912 ABGB); *Döllerer*, FS Forster, S. 208 f.; *Klatte*, in: Jahrbuch für Controlling, S. 173 (für Österreich); *Küting/Kessler*, BB 1994, 2103, 2107. Wohl auch BGH, Urt. vom 27.09.1976, BB 1976, 1528, 1529 = BGHZ 67, 171, 179 f.; *Scholz/K. Schmidt*, §§ 32 a, 32 b, Rdnr. 77; *Häuselmann*/Rümker/Westermann, Finanzierung, S. 101; *Hock*, Gesellschafter-Fremdfinanzierung, S. 71; *Groh*, BB 1993, 1882, 1888; *Thiel*, GmbHR 1992, 20, 24. In ähnlicher Weise will das BMF Zinsverbindlichkeiten im Rahmen des § 16 Abs. 3 DMBilG behandelt wissen, allerdings verneint es bereits den Ansatz und damit das Entstehen der Zinsen; vergl. Schreiben vom 01.07.1997, VIZ 1997, 682, 682; ebenso *OFD Cottbus*, BB 1998, 1581, 1581.
119 A/D/S, § 246, Rdnr. 96; *Bachem*, Maßnahmen, S. 19 f. (allerdings mit Überlegungen zu einer weiteren Differenzierung); *Beine*, Gesellschafterleistungen, S. 226 ff.; *Beintmann*, Gesellschafterleistungen, S. 186 ff.; Häuselmann/*Rümker*/Westermann, Finanzierung, S. 147 f.; *Weisang*, WM 1997, 197, 207; ebenso BFH, Urt. vom 14.08.1991, NJW 1992, 1191, 1192. So wohl auch *Knobbe-Keuk*, Bilanz- und Unternehmenssteuerrecht, S. 586.

ausreichen soll oder ob zudem Merkmale des Eigenkapitalersatzrechts, insbesondere die Voraussetzungen des Stehenlassens, verwirklicht sein müssen. Nicht zu überzeugen vermag die Ansicht, nach der die Umqualifizierung in Eigenkapitalersatz bereits das Entstehen eines Zinsanspruchs hindert.[120] Zum einen würde es einen Zirkelschluß darstellen, wollte man aus einer möglichen (bilanziellen) Einordnung des Eigenkapitalersatzes als temporäres Eigenkapital weitere Rechtsfolgen ableiten. Zum anderen wurde in jüngster Zeit die Ansicht[121] vertreten, daß Eigenkapital verzinslich sein könne, so daß die Schlußfolgerungen hinsichtlich der Entstehung des Zinsanspruches selbst bei einer Gleichsetzung mit dem Eigenkapital nicht zwingend sind. Aus diesen Gründen kann aus der Haftungsfunktion kein Rückschluß auf die Verzinslichkeit gezogen werden. Die völlige Herausnahme der Zinsen aus dem Kapitalersatzrecht scheint demgegenüber weder unter systematischen noch unter Gläubigerschutzgesichtspunkten vertretbar. Wäre diese Ansicht richtig, so könnten der Gesellschaft trotz des § 30 GmbHG und seiner Erstreckung auf Gesellschafterdarlehen die an sich zur Deckung des Stammkapitals notwendigen Mittel entzogen werden. Das kann jedenfalls nicht für den Fall des Stehenlassens gelten.

Ebenfalls nicht zugestimmt werden kann der Ansicht, die die Auskehrung der Darlehenszinsen von dem rechtlichen Charakter des Darlehens abhängig machen will. Voraussetzung hierfür wäre, daß die Zinsen eine Nebenforderung zum Anspruch auf Darlehensrückzahlung sind. Dem steht jedoch entgegen, daß es sich bei den Darlehenszinsen um die im do-ut-des stehende Gegenleistung für die Eigentumsüberlassung[122] am Darlehensgegenstand handelt.[123] Sie sind insofern nicht Nebenleistung, sondern selbständige Hauptleistung, daran ändert die Akzessorietät beim Entstehen der Zinsforderung nichts.[124] Letztlich spricht auch unter Gläubigerschutzgesichtspunkten nichts dagegen, die Rückzahlung von Zinsbeträge zuzulassen, wenn keine Unterbilanz vorliegt, denn insoweit fehlt es an einer Beeinträchtigung des Kapitalerhaltungsgrundsatzes. Erkennt man indes die Selbständigkeit der Zinsen im Verhältnis

---

120 Für einen Fortlauf der Zinsen denn auch BGH, Urt. vom 15.02.1996, BB 1996, 708, 710 = NJW 1996, 1341, 1343.
121 *Beintmann*, Gesellschafterdarlehen, S. 185f.; *Sieker*, ZGR 1995, 250, 258. Zum Erfordernis der Gewinnabhängigkeit der Vergütung für die Eigenkapitalüberlassung siehe unten S. 93 f. Für eine Unverzinslichkeit bilanziellen Eigenkapitals demgegenüber *Thiele*, Eigenkapital, S. 150f.; *v. Gerkan*, ZGR 1997, 173, 177; *Küting/Kessler/Harth*, Beilage Nr. 4 BB 1996, S. 5; *Priester*, DB 1991, 1917, 1919; HFA 1/1994, WPg 1994, 419, 420. *Vormbaum*, Finanzierung, S. 37f. geht noch weiter und verlangt eine Gewinnbeteiligung.
122 *Voßbeck*, Ausweis, S. 203 stellt demgegenüber ohne Begründung die Behauptung auf: „Eigenkapitalersetzendes Fremdkapital wird der Kapitalgesellschaft auch nicht zu Eigentum übertragen" und ignoriert damit die zivilrechtlichen Unterschiede zwischen der Miete bzw. Leihe und dem Darlehen.
123 Erman/*Werner*, BGB, § 608, Rdnr. 1; Palandt/*Putzo*, BGB, § 608, Rdnr. 2.
124 So auch *Beine*, Gesellschafterleistungen, S. 227.

zum Darlehen an, so erscheint fraglich, ob Zinszahlungen allein deshalb angefochten werden können, weil sie auf ein Novellendarlehen entfielen, die Voraussetzungen des Stehenlassens indes nicht vorlagen.[125] Nicht einzusehen ist allerdings, weshalb Zinsauszahlungen möglich sein sollten, obwohl durch sie § 30 GmbHG verletzt werden würde. Dies gilt insbesondere vor dem Hintergrund, daß sich selbst die Auszahlung von Gewinnansprüchen an § 30 GmbHG messen lassen muß; Gründe für eine Besserstellung der Zinsansprüche im Vergleich zu den Gewinnansprüchen sind nicht erkennbar.[126]

Im Ergebnis verhindert der eigenkapitalersetzende Charakter nicht, daß Zinsansprüche des Gesellschafters entstehen. Ausgezahlt werden dürfen Zinsen aber dann nicht, wenn sie in der Krise für ein eigenkapitalersetzendes Darlehen entstanden sind oder selbst in der Krise stehengelassen wurden *und* im Zeitpunkt der Auszahlung eine Unterbilanz im Sinne des § 30 GmbHG besteht.

B. Gemeinsamkeiten von und Unterschiede zwischen Rechtsprechungs- und Novellenregeln

Eine der grundlegenden – wenn auch in der Vergangenheit immer seltener behandelten – Fragen bei der Bilanzierung eigenkapitalersetzender Gesellschafterdarlehen ist, ob eine gemeinsame Bilanzierung von Novellen- und Rechtsprechungsdarlehen zulässig oder gar erforderlich ist oder nicht. Deshalb gilt es im Anschluß an die Darstellung der Grundzüge der Rechtsprechungs- und Novellenregeln festzustellen, in welchen Punkten sie Gemeinsamkeiten aufweisen und in welchen sie sich unterscheiden. Hierbei können sich Unterschiede und Gemeinsamkeiten sowohl beim Tatbestand und den Rechtsfolgen als auch bei den systematischen Grundlagen ergeben. Anhand dieser Untersuchungen kann sodann das Verhältnis zwischen beiden Regeln herausgearbeitet werden, welches zur Beantwortung der vorgenannten Frage erforderlich ist.

I. Gemeinsamkeiten

Jedenfalls ist den Novellen- und Rechtsprechungsregeln gemein, daß sie nicht Wasser in Wein verwandeln,[127] sondern allein partielle Rechtsfolgen des Eigenkapitalrechts anwenden,[128] womit freilich noch keine Aussage über die

---

125 So aber die derzeit h.M.; vergl. nur Hachenburg/*Ulmer*, GmbHG, § 32a, b, Rdnr. 79; Scholz/*K. Schmidt*, GmbHG, §§ 32, 32b, Rdnr. 70.
126 So auch *Beintmann*, Gesellschafterdarlehen, S. 188f.
127 So aber *Claussen*, FS Forster, S. 152f. Freilich legt eine Aussage wie die von *Mutter*, Darlehen, S. 21: „Durch den Ausschluß der Geltendmachung der Darlehensforderung nach § 32a I im Konkurs […] wird dessen Forderung – Fremdkapital – zu Eigenkapital", einen solchen Irrtum nahe.
128 Das gilt – wie unten S. 96ff. gezeigt werden wird – nicht nur für die Rechtsprechungs-, sondern auch für die Novellendarlehen. Vergl. auch *Noack*, in: Insolvenzrecht, S. 206 unter Verweisung auf § 39 Abs. 1 Nr. 5 InsO.

bilanzielle Behandlung verbunden ist. In tatbestandlicher Hinsicht kann festgestellt werden, daß die Rechtsfolgen bei den Novellen- und den Rechtsprechungsregeln nur eintreten, wenn der Kredit der Gesellschaft in einer Krise gewährt oder stehengelassen wurde. Auch können die Rückforderungsansprüche im Insolvenzverfahren jeweils seitens des Insolvenzverwalters geltend gemacht werden.[129] Keine Unterschiede ergeben sich weiterhin in bezug auf die Beweissituation. Sowohl bei den Novellen- als auch bei den Rechtsprechungsregeln hat derjenige die Voraussetzungen zu beweisen, der sich auf die Kapitalersatzregeln beruft. Im Einzelfall mögen Beweiserleichterungen in Betracht kommen.[130]

Ebenfalls identisch sind die im Rahmen der beiden Institute auf seiten des Gesellschafters zu stellenden subjektiven Anforderungen. Zwar unterscheiden sich die vertretenen Ansätze im praktischen Ergebnis kaum,[131] aber aus dogmatischer Sicht ist eine Entscheidung erforderlich. Jedenfalls wenn der Gesellschafter ein Darlehen, welches er der Gesellschaft zu einer Zeit gewährt hat, zu der die wirtschaftliche Situation der Gesellschaft noch unbedenklich war, in der Krise nicht kündigt,[132] genügt zur Umqualifizierung in Eigenkapitalersatz der objektive Eintritt der Krise für sich allein nicht.[133] Umstritten

---

129 Baumbach/Hueck/*Hueck/Fastrich*, § 31, Rdnr. 7; *Hollenbeck*, Gesellschafterleistungen, S. 74 f. Für den Bereich der Novellenregeln ermöglicht allerdings das AnfG eine Geltendmachung der Ansprüche auch durch die Gläubiger.
130 Hachenburg/*Ulmer*, GmbHG, § 32a, b, Rdnr. 64; Scholz/*K. Schmidt*, GmbHG, §§ 32a, 32b, Rdnr. 56; *Hollenbeck*, Gesellschafterleistungen, S. 74; *Wolter*, Gesellschafterfremdfinanzierung, S. 25. Nach der abzulehnenden Gegenmeinung besteht bei § 32b GmbHG die unwiderlegbare Vermutung, daß ein Gesellschafterdarlehen, das bei der Hingabe Eigenkapital ersetzen mußte, diese Funktion auch noch im Zeitpunkt der Rückzahlung hatte, wenn innerhalb eines Jahres danach der Konkurs über das Gesellschaftsvermögen eröffnet wird, so etwa BGH, Urt. vom 26.03.1984, BB 1984, 1067, 1069 = BGHZ 90, 370, 381 = NJW 1984, 1891 = unter Bezugnahme auf Begr. RegE BT-Drcks. 8/1347, S. 41 zu § 32b Abs. 2; *Schnell*, Gesellschafterleistungen, S. 55; *Goette*, DStR 1997, 2027, 2028.
131 *v. Gerkan*, GmbHR 1990, 384, 387; *ders.*, ZGR 1997, 173, 185.
132 Ausführlich zu diesem Fragenkreis *Fischer/Lepper*, ZIP 1986, 1, 1 ff.; *Hill/Schäfer*, BB 1989, 458, 458 ff.; *Johlke*, in: Handbuch, Teil 5, Rdnr. 5.83 ff.; *Ulmer*, ZIP 1984, 1163, 1167 ff.
133 Der BGH hat diese Frage lange Zeit offengelassen, vergl. Urt. vom 06.05.1985, BB 1985, 1813, 1813 = NJW 1985, 2719, 2720; Urt. vom 19.09.1988, BB 1988, 2054, 2057 f. = BGHZ 105, 168, 186 = NJW 1988, 3143; Urt. vom 18.11.1991, BB 1992, 593, 595 = NJW 1992, 1169, 1170; Urt. vom 17.02.1992, BB 1992, 799, 800 f. = NJW 1992, 1764, 1766. Nach dem Urt. vom 07.11.1994, BB 1995, 58, 59 f. = BGHZ 127, 336, 341, 344 f. = NJW 1995, 326 ist klar, daß der BGH beim Stehenlassen und vergleichbaren Fällen ein subjektives Element fordert. Zu den praktischen Auswirkungen der Rspr. des BGH vergl. *Pape*, ZIP 1996, 1409, 1410 ff. Allein die objektive Lage lassen ausreichen: OLG Hamburg, Beschl. vom 04.04.1984, ZIP 1984, 584, 586; *Raiser*, Kapitalgesellschaften, § 38, Rdnr. 19;

sind jedoch die weiteren Anforderungen. Nach einer Ansicht[134] ist zwar eine konkludente Vereinbarung über die weitere Belassung des Darlehens, aber keine Kenntnis von der Krise des Unternehmens notwendig. Nach der Gegenansicht[135] ist eine Finanzierungsabrede an sich nicht erforderlich, allerdings hätte der Gesellschafter die Möglichkeit haben müssen, die Krise erkennen zu können. Dies folge schon aus den Tatbestandsvoraussetzungen. Hatte der Gesellschafter nicht einmal die Chance, die Krise der Gesellschaft zur Kenntnis zu nehmen, so fehle es an der notwendigen Finanzierungs*entscheidung* des Gesellschafters. Diesem sei gar nicht bewußt, daß er die Gelegenheit habe, das Darlehen zurückzufordern bzw. die Gesellschaft aufzulösen.[136]

Ebenso wie der Gewährung eines Darlehens ein Vertrag zugrunde liegt, muß aus systematischen Gründen und aufgrund der Tatsache, daß in § 32a Abs. 3 S. 1 GmbHG von einer „Rechtshandlung" die Rede ist, für mögliche Umgehungshandlungen – wie etwa für das Stehenlassen eines Darlehens – eine vertragliche Abrede gefordert werden.[137] Mit der erstgenannten Ansicht ist deshalb jedenfalls eine (konkludente) Finanzierungsabrede erforderlich. Fehlt eine solche, so kann immer noch auf § 242 BGB in Form des „venire contra" zurückgegriffen werden.[138] Ob es dem Gesellschafter weiterhin möglich gewesen sein mußte, die Krise erkennen zu können, hängt von der dogmatischen Begründung der Umqualifizierung[139] ab. Sieht man diese mit der Rechtsprechung[140] darin, daß sich der Gesellschafter bei der Entscheidung, ob er die Gesellschaft unter

---

v. Gerkan, GmbHR 1986, 218, 221; *Hill/Schäfer*, BB 1989, 458, 462; hiergegen zu Recht *Bachem*, Maßnahmen, S. 17f.

134 Baumbach/Hueck/*Hueck*, GmbHG (16. Aufl.), § 32a, Rdnr. 38; Hachenburg/*Ulmer*, § 32a, b, Rdnr. 56; Scholz/*K. Schmidt*, §§ 32a, 32b, Rdnr. 48; *Harald Herrmann*, Quasi-Eigenkapital, S. 102; *Fischer/Lepper*, ZIP 1986, 1, 5f. (nur für Novellendarlehen).

135 BGH, Urt. vom 07.11.1994, BB 1995, 58, 59f. = BGHZ 127, 336, 344ff. = NJW 1995, 326; Baumbach/Hueck/*Hueck/Fastrich*, GmbHG, § 32a, Rdnr. 37; *Lutter/Hommelhoff*, GmbHG, §§ 32a/b, Rdnr. 45ff.; Rowedder/*Rowedder*, GmbHG, § 32a, Rdnr. 43f.; *Röhricht*, in: Herzig, Eigenkapitalersetzende Leistungen, S. 16; so wohl auch *Beinert/Hennerkes/Binz*, GmbHR 1981, 10, 11; *Brandes*, WM 1998, 1, 7f.

136 BGH, Urt. vom 07.11.1994, BB 1995, 58, 59f. = BGHZ 127, 336, 341, 344ff. = NJW 1995, 326.

137 So auch *Beintmann*, Gesellschafterdarlehen, S. 93ff.; *Gessler*, BB 1980, 1385, 1391; *Ulmer*, ZIP 1984, 1163, 1170; *K. Schmidt*, ZIP 1981, 689, 692.

138 Hachenburg/*Ulmer*, GmbHG, § 32a, b, Rdnr. 33; Scholz/*K. Schmidt*, GmbHG, §§ 32a, 32b, Rdnr. 52; *Ulmer*, ZIP 1984, 1163, 1173. Nach *Goette*, DStR 1997, 2027, 2032 beruht das Erfordernis, die Möglichkeit zur Kenntnisnahme von der Krise gehabt zu haben, auf § 242 BGB.

139 Ausführlich hierzu unten S. 56ff.

140 BGH, Urt. vom 27.09.1976, BB 1976, 1528, 1528 = BGHZ 67, 171, 175; Urt. vom 26.03.1984, BGHZ 90, 381, 389 = NJW 1984, 1893; Urt. vom 07.11.1994, BB 1995, 58, 59 = BGHZ 127, 336, 344f. = NJW 1995, 326; Urt. vom 19.09.1996, BB 1996, 2316, 2317 = BGHZ 133, 298, 302f. = NJW 1996, 3203. Aus der Literatur siehe etwa Häuselmann/Rümker/*Westermann*, Finanzierung der

Zuführung von Eigenkapital fortführen oder sie statt dessen liquidieren soll, in unzulässiger Weise für eine Fortführung mit Fremdkapital entschieden hat, so ist neben der Finanzierungsabrede erforderlich, daß der Darlehensgeber die Krise hätte erkennen können. Dies muß dann nicht nur für stehengelassene, sondern auch für neu gewährte Darlehen gelten.[141] Wird mit der hier vertretenen Ansicht[142] auf die Symmetrie von Chancen und Risiken abgestellt, ist weder beim Stehenlassen noch bei der Erstgewährung erforderlich, daß der Darlehensgeber die Krise der Gesellschaft erkannt hat oder erkennen konnte.

II. Unterschiede

Novellen- und Rechtsprechungsdarlehen weisen eine Reihe bedeutsamer Unterschiede auf. Während die Novellenregelung allein im Insolvenzfalle Rechtsfolgen zeitigt und unter den Voraussetzungen des AnfG eine Anfechtung ermöglicht, greifen die Rechtsprechungsregeln unabhängig hiervon auch bei der am Markt tätigen Gesellschaft. Allerdings führen die Rechtsprechungsregeln nur im Umfang einer Unterbilanz einschließlich einer gegebenenfalls bestehenden Überschuldung zur Bindung der Mittel; nach der gesetzlichen Regelung unterfällt das Darlehen in seiner Gänze dem Ersatzrecht.[143] Insofern kann das Eigenkapitalersatzrecht als einheitliches Rechtsinstitut aufgefaßt werden, welches voraussetzt, daß ein Gesellschafter seiner Gesellschaft zum Zeitpunkt der Kreditunwürdigkeit ein Darlehen gewährt hat. Die Rechtsfolgen stehen demgegenüber unter zwei alternativen Bedingungen: Kommt es zur Eröffnung des Insolvenzverfahrens, so kann die Darlehensforderung nur als nachrangige Verbindlichkeit geltend gemacht werden, gegebenenfalls erfolgte Rückzahlungen sind anfechtbar; besteht demgegenüber – unabhängig von der Eröffnung eines Insolvenzverfahrens – im Zeitpunkt der Rückzahlung eine Unterbilanz, so ist die Rückzahlung insoweit unzulässig, als das Darlehen zur Deckung der Unterbilanz erforderlich ist.

Ein weiterer signifikanter Unterschied besteht bei den Fristen. Während der Rückerstattungsanspruch nach den §§ 30, 31 GmbHG gem. § 31 Abs. 5 S. 1 GmbHG innerhalb von fünf Jahren ab dem Rückzahlungstag verjährt, sind

---

GmbH, S. 12 f.; *Brandes*, WM 1998, 1, 9; sehr anschaulich *Goette*, ZHR 162 (1998), 223, 224 ff. Ausführlich hierzu unten S. 58 ff.
141 So im Ergebnis auch Rowedder/*Rowedder*, GmbHG, § 32a, Rdnr. 25; *Habersack*, ZHR 162 (1998), 201, 206 f. Insofern ist es inkonsequent, wenn die Vertreter der vorgenannten Ansicht bei der Erstgewährung keine subjektiven Elemente fordern, vergl. so nur BGH, Urt. vom 13.07.1992, BB 1992, 1898, 1898 f. = BGHZ 119, 201, 207 f. = NJW 1992, 2891. *Johlke*, in: Handbuch, Teil 5, Rdnr. 5.91 folgert demgegenüber daraus, daß bei der Erstgewährung keine subjektiven Anforderungen zu erfüllen sind, daß dies auch für das Stehenlassen gelten müsse.
142 Siehe unten S. 66 ff.
143 BGH, Urt. vom 26.03.1984, BB 1984, 1067, 1069 = BGHZ 90, 370, 378 f. NJW 1984, 1891; *Fleck*, GmbHR 1989, 313, 314. Kritisch zur Bindung allein bis zur Höhe des Stammkapitals *Berger*, ÖBA 1996, 837, 841 f.

nach § 135 Nr. 2 InsO bzw. §§ 32a KO, 3b AnfG a.F. nur solche Erfüllungshandlungen anfechtbar, die innerhalb eines Jahres vor Stellung des Insolvenzantrages vorgenommen wurden,[144] wobei das Anfechtungsrecht gem. § 146 Abs. 1 InsO innerhalb von zwei Jahren verjährt.[145] Letztlich ist noch ein Blick auf die Ausfallhaftung bei der Rückgewähr des Darlehens zu werfen. Unterfiel das Darlehen den Rechtsprechungsregeln, so können nach § 31 Abs. 3 GmbHG die Mitgesellschafter in Anspruch genommen werden. Eine entsprechende Anwendung des § 31 Abs. 3 GmbHG auf die Fälle der Novellendarlehen ist demgegenüber abzulehnen.[146] Rückgewährschuldner im Sinne der §§ 135, 143 InsO bzw. §§ 32a, 37 KO kann nur der Empfänger der Leistung, nicht aber ein Dritter sein.[147] Fehlt es somit an einer gesetzlichen Regelung, so verbietet sich aufgrund der Anknüpfung an die erlangte Rechtsposition aus systematischen Gründen eine Erstreckung auf Dritte.

Neben diesen Unterschieden im Bereich der Tatbestandsvoraussetzungen und Rechtsfolgen bestehen zudem in systematischer Hinsicht Differenzen. Die Novellenregeln dienen direkt dem Gläubigerschutz, nicht hingegen der Kapitalerhaltung an sich.[148] Das folgt bereits daraus, daß die Verstrickung nicht auf das Stammkapital beschränkt ist und in der Insolvenz – welche Voraussetzung für das Eingriffen der Novellenregeln ist – die Kapitalerhaltung keinen Sinn mehr geben würde. Die Rechtsprechungslösung führt indes über die

---

144 Wenn nunmehr nach dem Willen des Gesetzgebers § 135 InsO auch für die Rechtsprechungsregeln gelten soll (vergl. Begr. RegE., BT-Drcks. 12/2443, S. 161 zu § 150 des Entwurfs, wo von Aktionärsdarlehen und sonstigen durch die Rechtsprechung anerkannten Formen des Kapitalersatzrechts die Rede ist), so macht dies deutlich, daß der Gesetzgeber die Konstruktion des Eigenkapitalersatzrechts nach der Rechtsprechung nicht vollständig erschlossen hat. In diesen Fällen ergibt sich der Rückerstattungsanspruch – unabhängig von einer Anfechtung – bereits aus § 31 Abs. 1 GmbHG analog; zudem würde die Anfechtung im Falle des § 135 Nr. 2 InsO den Gläubigern auch keinen Vorteil bringen, da die Frist nur ein Jahr beträgt.
145 Unter der Konkursordnung bezog sich das Anfechtungsrecht nur auf solche Leistungen, die innerhalb eines Jahres vor Eröffnung des Konkursverfahrens erbracht wurden (§ 31b S. 1 GmbHG a.F.); das Anfechtungsrecht verjährte nach § 41 Abs. 1 S. 1 KO innerhalb eines Jahres, beginnend mit der Verfahrenseröffnung.
146 Ebenso Hachenburg/*Ulmer*, GmbHG, § 32a, b, Rdnr. 173; *Hollenbeck*, Gesellschafterleistungen, S. 74; *K.J. Müller*, DB 1998, 1117, 1118; *Ulmer*, 100 Jahre GmbHG, S. 373. Für eine derartige Erstreckung indes *Hock*, Gesellschafter-Fremdfinanzierung, S. 39; *Picot*, DB 1991, 1360, 1360 Fn. 8 (beide unter Berufung auf das Urt. des BGH vom 05.02.1990, BB 1990, 728, 728 f. = NJW 1990, 1730, 1731 f.); *K. Schmidt*, DB 1992, 1917, 1917.
147 So auch Kuhn/*Uhlenbruck*, KO, § 37, Rdnr. 8; vergl. auch *Hommelhoff*, WM 1984, 1105, 1116 f. Dies verdeutlicht auch die Verweisung auf das Bereicherungsrecht in § 143 Abs. 1 S. 2 InsO.
148 *Geißler*, GmbHR 1994, 152, 154; *Hommelhoff*, ZGR 1988, 460, 490; *Ulmer*, ZIP 1984, 1163, 1166. A.A. fälschlich *Mutter*, Darlehen, S. 22, nach dem auch § 32a GmbHG der Kapitalerhaltung dienen soll.

Gleichstellung von Eigen- und Fremdkapital zu den Kapitalerhaltungsregeln und damit zu einem mittelbaren Gläubigerschutz.[149] Aus der Differenzierung in insolvenz- und gesellschaftsrechtliche Kapitalersatzregeln kann weiterhin eine Unterscheidung im Hinblick auf die Wirkungsweisen abgeleitet werden.[150] Die insolvenzrechtlichen Novellenregeln kommen den Gläubigern ausschließlich in der Insolvenz und im Anfechtungsfall zugute. Erst und nur wenn mit dem Insolvenz- bzw. Anfechtungsverfahren der „worst case" eingetreten ist, sollen die Drittgläubiger durch eine Ausnahme von der Gleichbehandlung der Gläubiger[151] vor einer Benachteiligung geschützt werden. Insofern kann von einem reaktiven Schutz gesprochen werden.[152] Die gesellschaftsrechtlichen Rechtsprechungsregeln bewahren indes das Stammkapital zum Wohle der Gesellschaft und zum Schutze der Gläubiger vor Zugriffen durch die Gesellschafter („Vorsorgefunktion").[153] Durch das Auszahlungsverbot soll verhindert werden, daß eine Unterbilanz entsteht.[154] Da diese zeitlich eine Vorstufe der Überschuldung ist,[155] können die Rechtsprechungsregeln als präventiver Schutz vor dem Eintritt eines Insolvenztatbestandes aufgefaßt werden. Während also die Novellenregeln erst dann Rechtsfolgen zeitigen, wenn der Insolvenzfall eingetreten ist, soll dies durch die Rechtsfolgenanordnung der §§ 30, 31 GmbHG ihrem systematischen Ausgangspunkt nach gerade verhindert werden. Diese Erkenntnis wird nicht dadurch in Frage gestellt, daß die Rechtsprechungsregeln in praxi regelmäßig ebenso wie die Novellenregeln erst im Insolvenzfalle zum Gegenstand von

---

149 *Hommelhoff*, ZGR 1988, 460, 490; *Klatte*, in: Jahrbuch für Kontrolling, S. 160. *Fleck*, 100 Jahre GmbHG, S. 393 betont für den direkten Anwendungsbereich des § 30 GmbHG den mittelbaren Gläubigerschutz.
150 Vergl. zum folgenden *Fastrich*, FS Zöllner, Bd. I, S. 156; *Hommelhoff*, in: Roth, Die Zukunft der GmbH, S. 34 ff.; *Hommelhoff*, ZGR 1988, 460, 489 f.; *Hommelhoff/Kleindiek*, 100 Jahre GmbHG, S. 428 f.; ebenso – freilich kritisch – *Claussen*, GmbHR 1994, 9, 10. Ähnlich im Hinblick auf die Rechtsprechungsregeln: *Noack*, in: Insolvenzrecht, S. 200, Fn. 22 („vorbeugende Wirkung"); *K. Schmidt*, FS Goerdeler, S. 502; vergl. auch OLG Brandenburg, Urt. vom 26.11.1997, NZG 1998, 306, 307; *Müller-Gugenberger/Bieneck*, Wirtschaftsstrafrecht, § 67, Rdnr. 4. Die undifferenzierte Behandlung des Eigenkapitalersatzrechts unter der Überschrift „Repressiver Schutz wegen nomineller Unterkapitalisierung" (*Gehde*, Gesellschafterleistungen, S. 50 ff.) kann demgegenüber nicht überzeugen.
151 *Noack*, in: Insolvenzrecht, S. 199.
152 Vergl. etwa *Wolter*, Gesellschafterfremdfinanzierung, S. 15; *Hommelhoff*, in: Roth, Die Zukunft der GmbH, S. 37.
153 *Fastrich*, FS Zöllner, Bd. I, S. 155 f.; *Fleck*, 100 Jahre GmbHG, S. 395; *Reiner*, FS Boujong, S. 439.
154 Dieser Schutz ist freilich nicht allumfassend, da er allein gegenüber dem Gesellschafterzugriff, nicht aber gegenüber einem Angriff auf das Stammkapital durch laufende Verluste u.ä. wirkt, vergl. auch Roth/*Altmeppen*, GmbHG, § 30, Rdnr. 4; *Fleck*, 100 Jahre GmbHG, S. 393.
155 Braun/*Uhlenbruck*, Unternehmensinsolvenz, S. 287; *Fischer*, Überschuldungsbilanz, S. 6; *Haak*, Konkursgrund, S. 49 f.; *Schnell*, Gesellschafterleistungen, S. 156.

Rechtstreitigkeiten werden.[156] Die eigentliche Kernaussage des Kapitalerhaltungsrechts liegt im Auszahlungsverbot des § 30 Abs. 1 GmbHG, allein bei einem Verstoß hiergegen kommt es zu Sanktionen. Die Novellenregeln enthalten demgegenüber kein Handlungsge- oder -verbot für die Zeit vor Eintritt des Insolvenzfalles.[157]

Trotz einer weitreichenden Parallelität bei den Voraussetzungen und Rechtsfolgen bestehen also hinsichtlich der Schutzrichtungen erhebliche Unterschiede. Ob diese in der Bilanzierung einen Niederschlag finden müssen, wird Gegenstand der weiteren Untersuchung sein.

III. Zwischenergebnis

Die Gemeinsamkeiten und Unterschiede zwischen den Novellen- und den Rechtsprechungsregeln lassen sich tabellarisch wie folgt zusammenfassen:

Tabelle 1: Ausgewählte Gemeinsamkeiten von und Unterschiede zwischen Novellen- und Rechtsprechungsregeln

	Novellenregeln	**Rechtsprechungsregeln**
Tatbestandsvoraussetzungen	Darlehensgewährung durch einen Gesellschafter in der Krise der Gesellschaft	
Bedingung für den Eintritt der Rechtsfolgen	Eröffnung des Insolvenzverfahrens und Antrag auf Verfahrenseröffnung innerhalb eines Jahres nach Rückgewähr	Bestehen einer Unterbilanz im Zeitpunkt der Rückzahlung
Rechtsfolgen	das gesamte Darlehen ist im Insolvenzverfahren nur nachrangige Verbindlichkeit Anfechtungsrecht	Rückzahlungsverbot, soweit Darlehen zur Deckung einer Unterbilanz/Überschuldung notwendig Erstattungsanspruch
Verjährung	2 Jahre ab Verfahrenseröffnung	5 Jahre ab Rückzahlung
Haftung	allein durch den jeweiligen Gesellschafter	primär durch den jeweiligen Gesellschafter, Ausfallhaftung der Mitgesellschafter
Primäre Zielrichtung	*unmittelbarer* Gläubigerschutz durch Verhinderung einer Gläubigerbenachteiligung im Insolvenzverfahren *(= reaktiver Schutz)*	*mittelbarer* Gläubigerschutz durch Verhinderung einer Unterbilanz *(= präventiver Schutz)*

---

156 Vergl. auch *K. Schmidt*, ZIP 1999, 1821, 1821 f., der zutreffend darauf hinweist, daß dies insbesondere mit der Freiheit des Insolvenzverwalters zusammenhängt, Ansprüche gegen die Gesellschafter ohne deren Zustimmung geltend machen zu können.
157 Vergl. auch *K. Schmidt*, ZIP 1999, 1821, 1821 f.

C. Konkurrenzverhältnis zwischen Novellen- und Rechtsprechungsregeln

Das Nebeneinander zweier Regelungsmechanismen für einen Lebenssachverhalt wirft die Frage nach deren Konkurrenzverhältnis auf. Aufgrund des weit hinter den Rechtsprechungsregeln zurückbleibenden Schutzniveaus der Novellenregelung kann nicht ernsthaft bezweifelt werden, daß die §§ 30, 31 GmbHG auch nach der GmbH-Novelle auf Gesellschafterdarlehen angewendet werden müssen. Die hiergegen erhobenen methodischen Bedenken[158] können jedenfalls im Ergebnis nicht überzeugen. Ob es sich bei der Fortgeltung der Rechtsprechungsregeln systematisch um eine ausnahmsweise legitime Rechtsfortbildung contra legem[159] oder um eine Rechtsfortbildung praeter legem[160] handelt, mag an dieser Stelle dahinstehen.

Unproblematisch ist das Nebeneinander in Fällen, in denen weder ein Insolvenzverfahren eröffnet ist, noch die Voraussetzungen für den Anwendungsbereich des Anfechtungsgesetzes (vergl. § 2 AnfG) gegeben sind. Hier ist kein Raum für die insolvenzrechtlichen Regeln, so daß allein das Richterrecht zur Anwendung kommt. Steht im Insolvenzverfahren allein der Teil des Darlehens im Streit, der nicht zur Deckung der jeweiligen Unterbilanz bzw. Überschuldung erforderlich ist, so sind ausschließlich die Novellenregeln anwendbar.

Sind demgegenüber das Insolvenzverfahren oder der Anwendungsbereich des Anfechtungsgesetzes eröffnet, so ergibt sich hinsichtlich der beiden Regeln unterfallenden Darlehensteile ein unübersichtliches Meinungsbild. Einerseits wird den Rechtsprechungsregeln nicht zuletzt aufgrund der Verjährungsfrist die größere Praxisrelevanz bescheinigt,[161] andererseits schätzt die Gegenan-

---

158 *Hollenbeck*, Gesellschafterleistungen, S. 79 ff. und ähnlich *Dauner-Lieb*, DStR 1998, 609, 610, die allerdings übersehen, daß bei der Feststellung einer Regelungslücke nicht auf den Willen des Gesetzgebers abgestellt werden darf, sofern dieser keinen Niederschlag im Gesetzeswortlaut gefunden hat, vergl. BGH, Urt. vom 26.03.1984, BB 1984, 1067, 1068 f. = BGHZ 90, 370, 377 = NJW 1984, 1891; *Beinert/Hennerkes/Binz*, GmbHR 1981, 10, 11; *Fleischer*, ZIP 1996, 773, 774 f.; *Hommelhoff*, FS Döllerer, S. 251. Auf die Begründung im Regierungsentwurf kann indes nicht abgestellt werden, weil der Wille desjenigen, der die Gesetzesbegründung verfaßt hat, nicht mit dem Willen des Parlaments als Legislative identisch sein muß, vergl. *Larenz*, Methodenlehre, S. 328 ff.; siehe auch *Kübler*, FS Stimpel, S. 11 f. und jüngst *K. Schmidt* in: Insolvenzrecht 1998, S. 291 ff.
159 *Ulmer*, Richterrechtliche Entwicklungen, S. 44; *Rümker*, ZGR 1988, 494, 497. Vergl. auch *Hellwege*, ZGR 1988, 516, 516. Zur richterlichen Rechtsfortbildung siehe *Larenz*, Methodenlehre, S. 413 ff.
160 *Hommelhoff*, ZGR 1988, 460, 466 ff., 485; *Michalski*, DZWIR 1991, 285, 285; *Röhricht*, in: Herzig, Eigenkapitalersetzende Leistungen, S. 29.
161 So *Küting/Kessler*, in: Küting/C.-P. Weber, Bd. Ia, § 272, Rdnr. 182; *Küting/Kessler*, BB 1994, 2103, 2107; *Michalski*, DWiR 1991, 285, 285; *Noack*, FS Claussen, S. 309 (anders noch *ders.*, in: Insolvenzrecht, S. 199); *Röhricht*, in: Herzig, Eigenkapitalersetzende Leistungen, S. 30. Vergl. auch *Grunewald*, GmbHR 1997, 7, 9;

sicht[162] aufgrund vermeintlicher Beweiserleichterungen die Novellenregeln höher. Vor der praktischen Relevanz ist jedoch nach dem dogmatischen Rangverhältnis zwischen den beiden Regelungskreisen zu fragen. Hierbei kann es nicht überzeugen, die Novellenregeln „aus Respekt vor dem Gesetzgeber" als lex specialis anzusehen.[163] Sind grundsätzlich die Voraussetzungen beider Regeln gegeben, so ist der Anspruch, der nach §§ 32a GmbHG, 39 Abs. 1 Nr. 5 InsO im Rang zurücktreten soll, bereits nach § 30 Abs. 1 GmbHG nicht durchsetzbar.[164] Insofern gebührt den Rechtsprechungsregeln innerhalb ihres Anwendungsbereichs aus systematischen Gesichtspunkten der Vorrang.[165]

Konsequent weitergedacht, hätte dies zur Folge, daß der Auszahlungsanspruch des Gesellschafters, der vor der Eröffnung des Insolvenzverfahrens an § 30 Abs. 1 GmbHG scheitert, nach Verfahrenseröffnung nicht gem. § 39 Abs. 1 Nr. 5 InsO am Verfahren teilnehmen könnte. Freilich war es erklärtes Ziel des Gesetzgebers, eine Tilgung der in § 39 Abs. 1 InsO genannten Verbindlichkeiten zu ermöglichen, bevor der verbleibende Überschuß an die Gesellschafter ausgeschüttet wird.[166] Dieses Ansinnen könnte bei einer gesonderten Betrachtung im eben vorgeschlagenen Sinne nur noch für die Novellendarlehen erreicht werden. Zudem wird in § 39 Abs. 1 Nr. 5 InsO nicht direkt auf §§ 32a, 32b GmbHG Bezug genommen. Da dort allgemein von „kapitalersetzenden Darlehen" die Rede ist, spricht die Wortlautauslegung dafür, daß die unter die Rechtsprechungsregeln fallenden Leistungen miterfaßt werden.[167] Hinzu kommt, daß die Auseinandersetzung bezüglich der Darlehen, sofern sie nicht als nachrangige Verbindlichkeiten im Sinne des § 39 Abs. 1 Nr. 5 InsO angesehen werden, aufgrund des Vollabwicklungsgrundsatzes der Insolvenzordnung auf das Innenverhältnis der Gesellschafter verlagert würde.[168] Selbst wenn kaum Fälle eintreten werden, in denen nach der Befriedigung der erstrangigen Gläubiger noch ein verteilungsfähiges Guthaben verbleibt und die praktische Bedeutung des § 39 InsO deshalb gering sein wird,[169] ist diese Frage von erheblicher Bedeu-

---

Weisang, WM 1997, 197, 207; *Karsten Schmidt* nach *Stickelbrock* in: Insolvenzrecht, S. 229.
162 *Gehde*, Gesellschafterleistungen, S. 61 f.; *Geißler*, GmbHR 1994, 152, 158; *v. Gerkan*, ZGR 1997, 173, 178 f.; *Hommelhoff/Kleindiek*, 100 Jahre GmbHG, S. 433.
163 So aber *Timm*, JuS 1991, 652, 654 für die Rechtslage unter der Konkursordnung.
164 So schon *Kübler*, Gesellschaftsrecht, § 17 VI. 3. c), S. 248; *Kübler*, FS Stimpel, S. 9; vergl. auch *Häsemeyer*, Insolvenzrecht, Rdnr. 30.59.
165 So i. E. auch *Bachem*, Maßnahmen, S. 30; *Hommelhoff*, ZGR 1988, 460, 481; *Priester*, FS Döllerer, S. 483.
166 Begr. RegE, BT-Drcks. 12/2443, S. 123.
167 So ist bei der Begründung zum insoweit vergleichbaren § 135 InsO ausdrücklich darauf hingewiesen worden, daß die unter die Rechtsprechungsregeln fallenden Leistungen mit eingeschlossen sein sollen, vergl. Begr. RegE., BT-Drcks. 12/2443, S. 161 zu § 150 des Entwurfs, wo von Aktionärsdarlehen und sonstigen durch die Rechtsprechung anerkannten Formen des Kapitalersatzrechts die Rede ist.
168 Vergl. hierzu *Niesert*, InVo 1998, 242, 243 f.; *K. Schmidt*, ZGR 1998, 633, 658.
169 Begr. RegE, BT-Drck. 12/2443, S. 123; *Häsemeyer*, Insolvenzrecht, Rdnr. 17.16.

tung. Sollte der Begründung des Gesetzgebers darin gefolgt werden, daß nachrangige Verbindlichkeiten im Sinne des § 39 InsO im Überschuldungsstatus zu passivieren seien,[170] käme der Zuordnung der Rechtsprechungsdarlehen zum § 39 InsO entscheidende Relevanz zu. Würden die Rechtsprechungsdarlehen keine Verbindlichkeiten im Sinne des § 39 Abs. 1 Nr. 5 InsO darstellen, wäre ihre Behandlung im Überschuldungsstatus selbst nach der Begründung des Gesetzgebers noch offen.

Ob dem Wortlautargument gefolgt und Rechtsprechungsdarlehen unter § 39 Abs. 1 Nr. 5 InsO subsumiert werden können, muß sich an der ratio der §§ 30, 31 GmbHG orientieren. Da ihr Schutz zeitlich regelmäßig weiter reicht als der aus §§ 32a, 32b GmbHG – eine Rückzahlung ist erst möglich wenn das Stammkapital wieder gedeckt ist, während nach § 39 Abs. 1 Nr. 5 InsO schon Aussicht auf Befriedigung besteht, bevor das Stammkapital wieder aufgefüllt ist[171] – würden die den Rechtsprechungsregeln unterfallenden Ansprüche aufgewertet werden, sofern sie ebenfalls nach § 39 Abs. 1 Nr. 5 InsO zu berücksichtigen wären. Die Rechtsfolgen würden mit denen der §§ 30, 31 GmbHG nicht mehr übereinstimmen. Entscheidend ist jedoch, daß die §§ 30, 31 GmbHG an der lebenden Gesellschaft ausgerichtet sind. Sie gehen vom Fortbestand der Gesellschaft aus und sollen ihr Weiterbestehen sicherstellen.[172] In der Liquidation der Gesellschaft besteht demgegenüber keine Notwendigkeit mehr, das Stammkapital der Gesellschaft zu schützen, zumal es dem eigenmächtigen Zugriff der Gesellschafter wegen § 80 Abs. 1 InsO entzogen ist. Der in der Liquidation besonders zu beachtende Gläubigerschutz, der eine Anwendung der §§ 30, 31 GmbHG in dieser Phase rechtfertigen könnte,[173] wird vorliegend durch die Berücksichtigung als nur nachrangige Verbindlichkeit gewährleistet; erstrangige Gläubiger werden nicht tangiert. Insofern bestehen keine Bedenken, die Rechtsprechungsdarlehen als Verbindlichkeiten im Sinne des § 39 Abs. 1 Nr. 5 InsO zu verstehen.[174]

Im Ergebnis gebührt den Rechtsprechungsregeln dogmatisch der Vorrang, sofern ein Darlehen ihnen und den Novellenregeln unterliegt. Dennoch kann auch auf die Rechtsprechungsdarlehen § 39 Abs. 1 Nr. 5 InsO angewendet

---

170 Begr. zu RegE § 23, BT-Drcks. 12/2443, S. 115.
171 Vergl. *Hommelhoff*, in: Roth, Die Zukunft der GmbH, S. 37 für die Konkursordnung.
172 *Lutter/Hommelhoff*, GmbHG, § 30, Rdnr. 1; *Kleffner*, Erhaltung, S. 24. *Fleck*, 100 Jahre GmbHG, S. 395 spricht vom „Erhaltungsinteresse der Gesellschaft", allerdings liege der Schwerpunkt des Kapitalerhaltungsrechts in der GmbH – anders als bei der AG (vergl. hierzu *Habersack*, Gesellschaftsrecht, Rdnr. 153 f.) – nicht auf dem Schutz der Gesellschaft sondern auch dem mittelbaren Gläubigerschutz, a.a.O., S. 398. *Ulmer*, 100 Jahre GmbHG, S. 384 rechnet § 31 GmbHG und damit auch § 30 GmbHG ausschließlich dem Gläubigerschutz zu.
173 BGH, Urt. vom 29.11.1971, BB 1972, 111, 112. Vergl. *Hense*, Stille Gesellschaft, S. 224.
174 Ebenso *Bieneck*, StV 1999, 43, 45.

werden. Gleichfalls sind keine Argumente erkennbar, weshalb hinsichtlich dieser Darlehen nicht zur Beweiserleichterung auf die Novellenregeln zurückgegriffen werden sollte.

D. Dogmatische Grundlagen des Eigenkapitalersatzrechts

Ziel der Regeln über den Kapitalersatz ist es, einen Ausgleich zwischen der Finanzierungsfreiheit der Gesellschafter, dem Haftungsprivileg für juristische Personen und dem Gläubigerschutz zu schaffen.[175] Mit dieser Vorgabe ist freilich noch nicht viel gewonnen, denn sie setzt die Existenz des Kapitalersatzrechts voraus. Die Gründe für die Ersatzregeln sind hingegen nicht abschließend geklärt und komplexer Natur.[176] Die Suche nach ihnen wird nicht nur durch das Wechselspiel zwischen dogmatischen Grundlagen und Tatbestandsmerkmalen,[177] sondern auch durch die in jüngster Zeit vom Gesetzgeber eingefügten Einschränkungen erschwert, welche auf ein eigenes, nicht überzeugendes Grundverständnis der dahinterstehenden Dogmatik schließen lassen.

Aus den bisherigen Untersuchungen folgt, daß sich die Kapitalersatzregeln ihrem systematischen Ansatz und ihrer primären Zielrichtung nach unterscheiden, was auf unterschiedliche dogmatische Herleitungen schließen lassen könnte.[178] Allerdings konnte festgestellt werden, daß beide Tatbestände an die gleichen Voraussetzungen anknüpfen. Lediglich hinsichtlich der weiteren notwendigen „Bedingung" im untechnischen Sinne – Eröffnung des Insolvenzverfahrens bzw. Bestehen einer Unterbilanz – unterscheiden sie sich. Insofern scheint die Annahme einer gemeinsamen dogmatischen Grundlage näherliegend. Hierfür spricht weiterhin, daß der Gesetzgeber bei der GmbH-Novelle den Rechtsprechungsregeln eine gesetzliche Grundlage geben wollte.[179] Die Feststellung, daß beide Grundsätze Ausfluß der Finanzierungs(folgen)verantwortung seien,[180] schafft indes keine weitere Klarheit. Der Begriff der Finanzierungs(folgen)verantwortung stellt lediglich eine Umschreibung der

---

175 *Gehde*, Gesellschafterleistungen, S. 52; *Noack*, in: Insolvenzrecht, S. 199.
176 Hachenburg/*Ulmer*, GmbHG, § 32a, b, Rdnr. 6; *Ulmer*, ZIP 1984, 1163, 1166; zustimmend *Claussen*, FS Forster, S. 147. Zu den vertretenen Begründungsansätzen vergl. *Hommelhoff*, in: Handbuch, Teil 2, Rdnr. 2.20 ff.; *Ketzer*, Aktionärsdarlehen, S. 31–43. Zur Entwicklung in der Rspr. *Hollenbeck*, Gesellschafterleistungen, S. 18–23; *Schnell*, Gesellschafterleistungen, S. 16–23. Zum Normzweck siehe zuletzt Haas, NZI 2001, 1, 1 ff.
177 So auch *Harald Herrmann*, Quasi-Eigenkapital, S. 112.
178 So denn auch *Mincke*, ZGR 1987, 521, 524, der schon aus dem dualen Schutz auf verschiedene Herleitungen schließt.
179 Vergl. *Seibert*, DStR 1997, 35, 36.
180 BGH, Urt. vom 19.09.1988, BB 1988, 2054, 2055 = BGHZ 105, 168, 175 f. = NJW 1988, 3143; *Balser/Bokelmann/Piorreck*, GmbH, Rdnr. 258; *Habersack*, ZHR 162 (1998), 201, 204; *Michalski*, DWiR 1991, 285, 286.

Rechtsfolgen und damit eine Leerformel dar.[181] Seine Verwendung ist unbefriedigend: Die Literatur[182] belegt unterschiedliche Ansichten vom Geltungsgrund des Eigenkapitalersatzrechts mit diesem Schlagwort, und die Rechtsprechung[183] faßt eine Vielzahl der in Betracht kommenden Begründungsansätze unter diesem Begriff zusammen.

I. Eigenkapitalersatz als Sonderregeln der stillen Gesellschaft?

Als widerlegt kann inzwischen die Ansicht[184] angesehen werden, nach der die Umqualifizierung erfolgt, weil die Darlehen der Sache nach eine stille Beteiligung darstellen. Dieser Sichtweise steht schon entgegen, daß die Umqualifizierung an das Kapitalerhaltungsrecht anknüpft, welches mit der stillen Beteiligung nichts gemein hat. Zudem wären allein die Haftungsfolgen der stillen Beteiligung, nicht aber die übrigen Rechtsfolgen anwendbar.[185]

---

181 So zutreffend *Michel*, Gesellschafterleistungen, S. 150; *Grunewald*, GmbHR 1997, 7, 9; Haas, NZI 2001, 1, 1 f.; *Karollus*, FS Claussen, S. 201; ders., ZIP 1996, 1893, 1894; *Reiner*, FS Boujong, S. 422. In diesem Sinne auch *Schacht*, Gesellschafterdarlehen, S. 33 ff. *Habersack*, ZGR 2000, 384, 388 spricht freundlicher von einer „Kurzformel".
182 Vergl. nur *Goette*, ZHR 162 (1998), 223, 224 f., der die Finanzierungsverantwortung damit begründet, daß der Gesellschafter bei der Wahl zwischen Liquidation und Fortführung der Gesellschaft mit erhöhtem Kapital eine ihm nicht eröffnete dritte Alternative wähle; *Kreis*, Finanzierungsverantwortung, S. 45 f. führt sie darauf zurück, daß die Krisensituation verschleiert werde; *Seibert*, GmbHR 1998, 309, 309 leitet die Finanzierungsverantwortung aus der mitunternehmerischen Verantwortung der Gesellschafter ab.
183 In seinem Urteil vom 19.09.1988, BB 1988, 2054, 2055 = BGHZ 105, 168, 175 f. = NJW 1988, 3143 führt der BGH die Finanzierungsverantwortung auf das Verbot der Risikoabwälzung, die Gesellschafterstellung per se und die Ermöglichung des Fortbestandes der Gesellschaft zurück. Im Urteil vom 19.09.1996, BB 1996, 2316, 2317 = BGHZ 133, 298, 303 = NJW 1996, 3203 hält der BGH den Eindruck der Lebensfähigkeit, der durch die Kreditzusage erweckt werde, für entscheidend und verweist auf seine früheren Urteile, etwa auf das vom 26.03.1984, BGHZ 90, 381, 388 f. = NJW 1984, 1893, in welchem die Umqualifizierung mit dem Verbot der Risikoabwälzung, der Erweckung eines Anscheins ausreichender Kapitalausstattung und der Widersprüchlichkeit des Verhaltens begründet wird. Vergl. auch *Lutter/Hommelhoff*, GmbHG, §§ 32 a/b, Rdnr. 3; *Eichele*, Reichweite, S. 48; *Hommelhoff*, in: Handbuch, Teil 2, Rdnr. 2.20. Nach *Harrer*, GesRZ 183, 184 haben die vertretenen Erklärungsversuche sämtlich „keinen dogmatischen Erklärungswert".
184 *Mincke*, ZGR 1987, 521, 528 ff. Vergl. auch Jaeger/Henckel, KO, § 32 a, Rdnr. 6; *Immenga*, Kapitalgesellschaft, S. 415; *Sonnenberger*, NJW 1969, 2033, 2036; *Ulmer*, FS Duden, S. 673, die ebenfalls auf Parallelen zur stillen Gesellschaft hinweisen.
185 So zutreffend *Rümker*, ZGR 1988, 494, 504; vergl. auch *Michel*, Gesellschafterleistungen, S. 123 ff.

II. Eigenkapitalersatz zum Schutz der Selbständigkeit der Gesellschaft?

Teilweise[186] wurde versucht, die Umqualifizierung damit zu rechtfertigen, daß die Selbständigkeit der Gesellschaft zugleich gegenüber ihren eigenen Gesellschaftern geschützt werden müsse. Würden der Gesellschaft finanzielle Mittel fehlen, so sei ihre Selbständigkeit gefährdet. Diese könne allein dadurch gewahrt werden, daß die Mittel umqualifiziert würden.

Dieser Ansatz gründet auf einer zutreffenden Feststellung: Die Kapitalerhaltungsvorschriften dienen durchaus der Gesellschaft und dem Schutz ihrer Selbständigkeit. Allerdings ist dieser Schutz sehr begrenzt, was schon daraus folgt, daß sich die gesetzlichen Vorschriften – namentlich § 30 GmbHG – nur gegen die Rückgewähr an die Gesellschafter wenden, aber keine Nachschußpflicht statuieren. Sollte die Begründung für die Umqualifizierung in dem Schutz der Selbständigkeit der Gesellschaft gesehen werden, so liefe dies faktisch auf eine Nachschußpflicht hinaus.[187] Zudem wirken die gesetzlichen Vorschriften erst im Insolvenzverfahren, also zu einem Zeitpunkt, in dem die Selbständigkeit der Gesellschaft nicht mehr geschützt zu werden braucht. Dieser Ansatz ist somit untauglich.

III. Eigenkapitalersatz aufgrund unzulässiger Fortführung unter Zufuhr von Fremdkapital?

Insbesondere seitens des BGH[188] und seiner (ehemaligen) Richter[189] wird der Grund für die Umqualifizierung darin gesehen, daß sich der Gesellschafter bei der Wahl zwischen dem Nachschuß von Haftkapital und der Liquidation für eine dritte, an sich nicht vorhandene Alternative – Zuschuß von Fremdkapital – entschieden habe. Hiernach soll nicht die Fortführungsentscheidung per se negative Konsequenzen nach sich ziehen, wohl aber die Entscheidung, Fremdkapital zur Verfügung zu stellen. Auf diesem Wege soll die Finanzierungsfreiheit der Gesellschafter als die Freiheit, die Gesellschaft jenseits des gesetzlich vorgeschriebenen Stammkapitals nach ihrem Gusto mit Fremd-

---

186 *Ullrich*, GmbHR 1983, 133, 142 f.; auch *Schacht*, Gesellschafterdarlehen, S. 60 betont die Selbständigkeit der Gesellschaft in diesem Zusammenhang.
187 Ähnlich *Ketzer*, Aktionärsdarlehen, S. 36.
188 BGH, Urt. vom 27.09.1976, BB 1976, 1528, 1528 = BGHZ 67, 171, 175; Urt. vom 26.03.1984, BGHZ 90, 381, 389 = NJW 1984, 1893 – auch darauf abstellend, daß es treuwidrig sei, das Liquidationsrisiko auf die Gläubiger abzuwälzen; Urt. vom 07.11.1994, BB 1995, 58, 59 = BGHZ 127, 336, 344 f. = NJW 1995, 326; Urt. vom 19.09.1996, BB 1996, 2316, 2317 = BGHZ 133, 298, 302 f. = NJW 1996, 3203. Jüngst bestätigt in BGH, Urt. vom 28.06.1999, BB 1999, 1672, 1672 f. = BGHZ, 142, 116, 120 = NJW 1999, 2809.
189 *Brandes*, WM 1998, 1, 9; sehr anschaulich *Goette*, ZHR 162 (1998), 223, 224 ff.; *Röhricht*, in: Herzig, Eigenkapitalersetzende Leistungen, S. 6; aber auch *Häsemeyer*, Insolvenzrecht, Rdnr. 30.60; Häuselmann/Rümker/*Westermann*, Finanzierung der GmbH, S. 12 f.

oder Eigenkapital zu finanzieren, ebenso wie die negative Nachschußfreiheit gewahrt werden.[190] Voraussetzung für diese Ansicht ist freilich, daß dem Gesellschafter eine entsprechende Pflicht obliegt, die Gesellschaft zu liquidieren oder ihr Eigenkapital zuzuführen.[191] Dies wird teilweise[192] unter Hinweis auf die Finanzierungsfreiheit abgelehnt. Hierbei wird allerdings übersehen, daß die Regeln über den Eigenkapitalersatz ursprünglich nur eingriffen, wenn die Gesellschafter zu einem Zeitpunkt Fremdkapital zugeführt hatten, in dem ein Konkurseröffnungsgrund vorlag. Durch die Zuführung von nicht umzuqualifizierendem Fremdkapital kann jedoch der Überschuldung nicht entgangen werden. Eine Zahlungsunfähigkeit könnte durch ein Darlehen nur dann vermieden werden, wenn die Fälligkeit der Rückzahlung weit genug nach hinten verschoben würde, so daß es bei der Prüfung nicht mehr zu berücksichtigen wäre.[193] Allerdings wird die Überschuldung regelmäßig vor der Zahlungsunfähigkeit eintreten, womit die Überschuldung und nicht die Zahlungsunfähigkeit entscheidend ist. Hieraus folgt, daß der Insolvenzeröffnungstatbestand für gewöhnlich nicht durch die Zuführung von Fremdkapital beseitigt werden kann.[194] In dieser Situation ist der Gesellschaft entweder Haftkapital zuzuführen oder aber das Insolvenzverfahren zu eröffnen, so daß eine entsprechende Handlungspflicht besteht. Die Vorverlagerung auf den Zeitpunkt der Kreditun-

---

190 Bei der Lektüre des ersten Leitsatzes zum Urt. des BGH vom 19.09.1988, BB 1988, 2054 = BGHZ 106, 168, 168 = NJW 1988, 3143; wortgleich *Brandes*, WM 1998, 1, 7 („Allein durch die Tatsache seiner Beteiligung an der Gesellschaft übernimmt der Gesellschafter die Verantwortung dafür, *daß er die GmbH durch Finanzierungsleistungen* in Zeiten *am Leben erhält*, in denen ihr die Gesellschafter als ordentliche Kaufleute Eigenkapital zugeführt hätten." Hervorhebungen vom Verfasser), mögen einem allerdings Zweifel kommen, ob von der viel beschworenen Finanzierungsfreiheit noch etwas übrig geblieben ist. Vergl. auch *Ensthaler*, DB 1991, 1761, 1764, der das Eigenkapitalersatzrecht ebenfalls in die Nähe einer angemessenen Eigenkapitalausstattung rückt; ähnlich auch Begr. RegE zu §§ 32a, b GmbHG, BT-Drcks. 8/1347, S. 39. Eingehend hierzu *Vonnemann*, GmbHR 1989, 145, 146 ff.
191 Zur Parallelproblematik im Zusammenhang mit der Überschuldungsprüfung siehe unten S. 299 ff.
192 *Koppensteiner*, AG 1998, 308, 313. Vergl. auch *Eichele*, Reichweite, S. 52 ff.
193 Vergl. etwa *Hartung*, NJW 1995, 1186, 1187.
194 *Bachem*, Bilanzierung, S. 13, Fn. 68; *Hartung*, NJW 1996, 229, 230. Insofern kann das verfolgte Ziel – Beseitigung des Insolvenzeröffnungstatbestandes – nicht mit der Hingabe von Fremdkapital erreicht werden, a.A. *Fleischer*, Finanzplankredite, S. 61. Nach *Koppensteiner*, AG 1998, 308, 313 soll bei der zweistufigen modifizierten Überschuldungsprüfung die Darlehenszuführung zu einer positiven Fortführungsprognose und damit zur Abwendung der Überschuldung führen. Dem ist entgegenzuhalten, daß die Insolvenzordnung aufgrund von § 19 Abs. 2 S. 2 InsO von einem anderen Überschuldungsbegriff ausgeht als die Konkursordnung; auch muß bezweifelt werden, ob allein die Zufuhr frischen Kapitals unter Beibehaltung des alten Managements etwas an der Prognose zu ändern vermag.

würdigkeit beruht allein auf Gläubigerschutzgesichtspunkten[195] und kann an dieser dogmatischen Herleitung nichts ändern. Damit läßt sich festhalten, daß im Moment der Krise nur zwei Möglichkeiten bestehen: Entweder die Eröffnung des Insolvenzverfahren zu beantragen oder den Insolvenzgrund zu beheben und die Gesellschaft fortzuführen.[196] Da nach der Zuführung von Fremdkapital der Überschuldungstatbestand grundsätzlich bestehen bleibt,[197] wäre der Gang zum Insolvenzrichter unvermeidlich. Bleibt dieser aus, liegt ein Verstoß gegen § 64 Abs. 1 GmbHG und damit ein Fall der Insolvenzverschleppung vor.[198] Konsequenz hieraus wäre nicht nur eine zivilrechtliche Haftung der Gesellschafter (etwa nach §§ 826; 823 Abs. 2 S. 1 i.V.m. 830 Abs. 1 und 2 BGB, 64 Abs. 1 GmbHG),[199] die Gesellschafter wären zudem strafrechtlich in der Verantwortung.[200] Insofern unterscheiden sich diese Rechtsfolgen nicht von denen, die eingetreten wären, wenn die Gesellschafter auf den Geschäftsführer eingewirkt oder ihn darin unterstützt hätten, die Gesellschaft ohne die Darlehen weiterzuführen. Dem Eintritt eines Insolvenzeröffnungstatbestandes könnten die Gesellschafter hiernach nur entgehen, wenn sie mit ihren Darlehen konkludent im Rang hinter

---

195 *Goette*, GmbH, § 4, Rdnr. 17; *Goette*, DStR 1997, 2027, 2030; vergl. hierzu auch oben S. 28 f.
196 *Casper/Ullrich*, GmbHR 2000, 472, 474 sehen durch die Neuregelung des Kapitalersatzrechts in § 32a Abs. 3 GmbHG nunmehr eine dritte Möglichkeit für die Gesellschafter: Umsetzung eines Sanierungskonzepts, bei dem sich der einzelne Gesellschafter allein mit Fremdkapital beteiligt.
197 Etwas anderes gilt, wenn der Eigenkapitalersatz in der Überschuldungsbilanz nicht zu berücksichtigen ist; in diesen Fällen, würde auch die Hingabe von (eigenkapitalersetzendem) Fremdkapital die Überschuldung abwenden. So auch schon der BGH, Urt. vom 14.12.1959, BGHZ 31, 258, 279 = NJW 1960, 285 = BB 1960, 18 (insoweit nicht abgedruckt): „Zahlungseinstellung oder Überschuldung können hier nicht [...] angenommen werden, da die Darlehen [...] wie haftendes Kapital zu behandeln sind."
198 So auch *Koppensteiner*, AG 1998, 308, 313. Vergl. auch Schimansky/Bunte/Lwowski/*Häuser*, Bankrechtshandbuch Bd. II, § 85, Rdnr. 104; *Reiner*, FS Boujong, S. 416 ff.; *Sonnenberger*, NJW 1969, 2033, 2036.
199 Vergl. hierzu Baumbach/Hueck/*Schulze-Osterloh*, GmbHG, § 64, Rdnr. 89 f.; *Karollus*, ZIP 1995, 269, 272 f.; *Reiner*, FS Boujong, S. 443 ff.; *Ulmer*, FS Duden, S. 668 f. sowie jüngst ausführlich *Ehricke*, ZGR 2000, 351, 355 ff. In der Darlehensauskehrung könnte regelmäßig die Beihilfehandlung gesehen werden, vergl. *Reiner*, FS Boujong, S. 450 ff.; ähnlich auch *Ehlers*, DStR 1998, 1756, 1757; Fastrich, FS Zöllner, Bd. I, S. 151 f. Nach *Kallmeyer*, in: GmbH-Handbuch I, Rdnr. I.372 laufen die Merkmale des Stehenlassens auf eine Konkursverschleppungshaftung hinaus. Unter bestimmten Voraussetzungen wird auch die Kreditgewährung von Banken als Insolvenzverschleppung gesehen, vergl. *Wittig*, NZI 1998, 49, 52. Zur Insolvenzverschleppung vergl. jüngst *Altmeppen*, ZIP 1997, 1173, 1173 ff.; K. Schmidt, NZI 1998, 9, 9 ff.
200 Hierzu Müller-Gugenberger/*Bieneck*, Wirtschaftsstrafrecht, § 71, Rdnr. 5a; *Hartung*, NJW 1996, 229, 230 ff.

die übrigen Gläubiger zurücktreten würden.[201] Wollte man indes diesen Rücktritt rechtsgeschäftlich begründen, so könnte er aufgrund der Parteiautonomie grundsätzlich jederzeit wieder aufgehoben werden.[202] Auch wäre ein derartiges auf Rückzahlung gerichtetes Verhalten nicht widersprüchlich im Sinne des § 242 BGB:[203] Die Rechtsform des Darlehens wurde gewählt, um eine Rückzahlung zu ermöglichen, womit die Rückzahlung Zweck der Vereinbarung ist und keinen Widerspruch darstellt.[204] Damit kann die Umqualifizierung der Darlehen in Haftkapital weder vertraglich noch über § 242 BGB – „venire contra" – begründet werden.

Der Ansatz der Rechtsprechung, nach dem sich die Umqualifizierung darin begründet, daß sich der Gesellschafter bei der Wahl zwischen dem Nachschuß von Haftkapital und der Liquidation für den Zuschuß von Fremdkapital entschieden habe, kann folglich für sich genommen nicht überzeugen. Er vermag nicht die von der Insolvenzverschleppung abweichenden Rechtsfolgen zu erklären; die Umqualifizierung muß sich vielmehr aus objektiven Wertungsgesichtspunkten ergeben.

IV. Eigenkapitalersatz aufgrund der Verschleierung der Krisensituation?

Die für eine Umqualifizierung erforderlichen objektiven Gesichtspunkte sollen sich nach verbreiteter Ansicht[205] daraus ergeben, daß das zusätzliche Kapital die Krisensituation verschleiere und die Gesellschaft fortgeführt werden

---

201 So kann denn auch bei in der Krise gegebenen Darlehen regelmäßig von einem solchen Rangrücktritt ausgegangen werden, Hachenburg/*Ulmer*, GmbHG, § 32a, b, Rdnr. 58; *Ulmer*, FS Duden, S. 671 f. *Fastrich*, FS Zöllner, Bd. I, S. 146 hält dies für eine Fiktion.
202 *Fleischer*, Finanzplankredite, S. 82; *Gehde*, Gesellschafterleistungen, S. 63 Fn. 92; *Ketzer*, Aktionärsdarlehen, S. 32 f.; *Kreis*, Finanzierungsverantwortung, S. 44; *Lutter/Hommelhoff*, ZGR 1979, 31, 35.
203 So aber RG, Urt. vom 03.12.1938, JW 1939, 355, 355 f.; BGH, Urt. vom 14.12.1959, BGHZ 31, 258, 272 f. = NJW 1960, 285 = BB 1960, 18 (insoweit nicht abgedruckt); Urt. vom 26.11.1979, BB 1980, 222, 223 = BGHZ 75, 334, 337 = NJW 1980, 592; Urt. vom 26.03.1984, BGHZ 90, 381, 388 f. = NJW 1984, 1893. Zustimmend *Kamprad*, Gesellschafterdarlehen, S. 34; *Schnell*, Gesellschafterleistungen, S. 16 f.; *Hirte*, ZInsO 1998, 147, 147; *Obermüller*, ZInsO 1998, 51, 51. Ähnlich *Michel*, Gesellschafterleistungen, S. 150 ff. allerdings unter dem Schlagwort des Mißbrauchs der Finanzierungsform.
204 *Kreis*, Finanzierungsverantwortung, S. 43 f.; *Ensthaler*, DB 1991, 1761, 1763; *Grunewald*, GmbHR 1997, 7, 8. Ähnlich auch *Koppensteiner*, AG 1998, 308, 315. Ebenso bereits *Sonnenberger*, NJW 1969, 2033, 2035.
205 BGH, Urt. vom 26.03.1984, BGHZ 90, 381, 388 = NJW 1984, 1893; Urt. v. 26.11.1979, BB 1980, 222, 223 = BGHZ 75, 334, 338 = NJW 1980, 592; *Ketzer*, Aktionärsdarlehen, S. 37 f.; *Kreis*, Finanzierungsverantwortung, S. 45 f.; *Berger*, ÖBA 1996, 837, 840 f.; *Fischer/Lepper*, ZIP 1986, 1, 4; *Horst Herrmann*, in: 50 Jahre WP-Beruf, S. 153; *Hill/Schäfer*, BB 1989, 458, 461; *Lutter/Hommelhoff*, ZGR 1979, 31, 36; *Ulmer*, ZIP 1984, 1163, 1166; *Vonnemann*, GmbHR 1989, 145, 149 f.

könnte. Hierdurch entstehe am Markt der Eindruck eines leistungsfähigen Unternehmens, an welchem sich die Gesellschafter aufgrund eines objektiven Verkehrsschutzes festhalten lassen müßten.

Dieser Ansatz ist einer Reihe von Kritikpunkten ausgesetzt. So lassen sich die neu eingefügten Sätze 2 und 3 in § 32a Abs. 3 GmbHG nicht mit ihm vereinbaren, was jedoch nicht zwangsläufig gegen ihn spricht, denn diese Änderungen stellen einen Fremdkörper im Eigenkapitalersatzrecht dar.[206] Dieser Begründungsversuch setzt allerdings voraus, daß das Vertrauen in die Zahlungsfähigkeit und die Kreditwürdigkeit eines anderen im Geschäfts- und Wirtschaftsleben besonderen Schutz genießt. Das wird teilweise[207] verneint. Ein Vergleich mit dem Rechtsinstitut der sog. „eigennützigen Sanierungskredite"[208] zeigt jedoch, daß auch in anderen Bereichen das Vertrauen in die Kreditwürdigkeit geschützt wird.[209] Nach der Rechtsprechung[210] zu den eigennützigen Sanierungsdarlehen ist eine Bank, die einem konkursreifen Unternehmen zum Zwecke der Sanierung einen Kredit gegen Sicherheitsleistungen gewährt und dadurch bewirkt, daß möglicherweise Dritte zu ihrem Schaden über die Kreditwürdigkeit des Unternehmens getäuscht werden, in der Regel verpflichtet, vor der Krediteinräumung durch einen branchenkundigen Wirtschaftsfachmann eingehend und objektiv prüfen zu lassen, ob das Sanierungsvorhaben Erfolg verspricht. Unterläßt sie diese Prüfung, ohne stichhaltige Gründe dafür zu besitzen, oder konnte sie aufgrund der Prüfung nicht von den Erfolgsaussichten des Vorhabens überzeugt sein, so sind die im Zusammenhang mit der Kreditgewährung geschlossenen Sicherungsübereig-

---

206 Vergl. hierzu schon oben S. 43.
207 BGH, Urt. vom 16.12.1958, BB 1959, 208, 208 = BGHZ 29, 100, 106 = NJW 1959, 623; *Eichele*, Reichweite, S. 49ff.; *Fleischer*, Finanzplankredite, S. 80; vergl. auch *Michel*, Gesellschafterleistungen, S. 134ff. und Haas, NZI 2001, 1, 4, aber auch *Ulmer*, FS Duden, S. 662f. Ein Vertrauen auf die Erhaltung des Stammkapitals als Anknüpfungspunkt kommt bereits deshalb nicht in Betracht, weil das Gesetz nur gesellschaftsinterne Rechtsfolgen an die Unterbilanz knüpft, so auch *Michel*, a.a.O. Vergl. auch *Sonnenberger*, NJW 1969, 2033, 2034ff.
208 Vergl. zu Voraussetzungen und Rechtsfolgen BGH, Urt. 09.07.1953, BGHZ 10, 228, 228ff. = NJW 1953, 1665; *Gawaz*, Bankenhaftung, Rdnr. 220ff.; Schimansky/Bunte/Lwowski/*Häuser*, Bankrechtshandbuch Bd. II, § 85, Rdnr. 103ff.; *Bormann*, NZI 1999, 389, 390; *Neuhoff*, NJW 1998, 3225, 3228ff.; *Wenzel*, NZI 1999, 294, 295ff.; *Wittig*, NZI 1998, 49, 52.
209 Auf die Parallele zwischen Kapitalersatzrecht und eigennützigen Sanierungsdarlehen hat bereits *Horst Herrmann* in: 50 Jahre WP-Beruf, S. 154 hingewiesen. Zu Unterschieden und Gemeinsamkeiten von eigenkapitalersetzenden Gesellschafterdarlehen und eigennützigen Sanierungsdarlehen siehe *Gawaz*, Bankenhaftung, Rdnr. 488ff.; *Bormann*, NZI 1999, 389, 390f.
210 BGH, Urt. 09.07.1953, BGHZ 10, 228, 228 unter Hinweis auf die Rechtsprechung des Reichsgerichts. Aus jüngerer Zeit siehe etwa BGH, Urt. vom 04.12.1998, NJW 1998, 1561, 1563f., allerdings zu § 31 KO; OLG München, Urt. vom 24.07.1998, WM 1999, 1113, 1115.

nungsverträge nach § 138 Abs. 1 BGB nichtig. In diesem Fall werden also Rechtsfolgen an die bloße Möglichkeit einer Gläubigergefährdung und damit an das Vertrauen in die Kreditwürdigkeit geknüpft. Der Nachweis einer konkreten Gefährdung ist erst erforderlich, wenn es um einen Schadensersatzanspruch nach § 826 BGB geht.[211]

Zwischen dem Eigenkapitalersatzrecht und den „eigennützigen Sanierungskrediten" besteht jedoch hinsichtlich der Rechtsfolgen ein gravierender Unterschied. Während die Regeln über den Eigenkapitalersatz zum Nachrang der Forderung per se führen, kann die einen „eigennützigen Sanierungskredit" gewährende Bank ihre Forderung aus § 607 BGB weiterhin geltend machen; die Sittenwidrigkeit der Kreditgewährung wirkt sich nach § 138 BGB allein auf die Besicherung, nicht aber auf den Darlehensrückzahlungsanspruch aus. Vorbehaltlich einer Schadensersatzpflicht gegenüber den Gläubigern aus § 826 BGB – wozu sich der Schädigungsvorsatz auf den Schaden erstrecken müßte – entfallen damit allein die Sicherungsrechte. Wenn dieser Vergleich auch bewiesen hat, daß die Gläubigergefährdung durchaus Anknüpfungspunkt für bestimmte Rechtsfolgen sein kann, so ist damit aber für die Umqualifizierung im Konkreten nichts gewonnen. Dies gilt insbesondere, weil – wie das Beispiel gezeigt hat – das Vertrauen auf die Leistungsfähigkeit der Gesellschaft von einem Dritten hervorgerufen werden kann, es in diesen Fällen aber keinesfalls zu einer Umqualifizierung in haftendes Kapital kommt.

Weiterhin wäre unter Verkehrsschutzgesichtspunkten zwischen Alt- und Neugläubigern zu differenzieren. Ähnlich wie bei der Insolvenzverschleppung entstünde den Altgläubigern allein insofern ein Nachteil, als sie durch die spätere Verfahrenseröffnung eine niedrigere Quote realisieren könnten. Mit diesem Argument kann keine Umqualifizierung gerechtfertigt werden, sondern allein ein Schadensersatzanspruch nach den allgemeinen Regeln.[212] Damit ist der Blick in erster Linie auf die Neugläubiger zu richten.[213] Bei diesen würde es indes an der Schutzbedürftigkeit fehlen, sofern sie Kenntnis von der Finanzierung hätten oder aufgrund einer hinreichenden Publizität (etwa auf-

---

211 *Bormann*, NZI 1999, 389, 390; *Neuhof*, NJW 1998, 3225, 3220.
212 *Reiner*, FS Boujong, S. 417 sieht in der Umqualifizierung demgegenüber eine vereinfachte Art des Schadensersatzes, allerdings ohne die Art der Schadensersatzberechnung überzeugend herzuleiten. Denkbar wäre es, an die Zufuhr von Fremdkapital anzuknüpfen und es als Pflicht im Rahmen des § 249 Abs. 1 S. 1 BGB anzusehen, den Zustand herzustellen, der bestanden hätte, wenn die Gesellschaft „rechtmäßig" fortgeführt, ihr also Eigenkapital zugeführt worden wäre. Die Umqualifizierung wäre somit eine Art gesetzlich speziell geregelter Schadensersatz. Problematisch an dieser Sichtweise wäre jedoch, daß ebenso auf die Fortführung der Gesellschaft abgestellt werden könnte und als Rechtsfolge dann der Zustand herzustellen wäre, der bestanden hätte, wenn die Gesellschaft nicht fortgeführt worden wäre (= Schadensersatz nach den Grundsätzen zur Insolvenzverschleppung).
213 *Harald Herrmann*, Quasi-Eigenkapital, S. 116, 123; *Lutter/Hommelhoff*, ZGR 1976, 31, 38; sachlich auch *Fischer/Lepper*, ZIP 1986, 1, 2.

grund der Bilanzierung) hätten haben müssen.[214] Soll demgegenüber nicht das konkrete, sondern allein das potentielle Vertrauen des Rechtsverkehrs haftungsbegründend sein, so wird der Gesichtspunkt des Vertrauensschutzes de facto aufgegeben.[215] Der Gesichtspunkt der Gläubigergefährdung durch die Verschleierung der Krisensituation kann im Ergebnis nicht der Grund für die Umqualifizierung sein.[216]

V. Eigenkapitalersatz aufgrund der Insiderstellung des Darlehensgebers?

Anknüpfungspunkt für die Umqualifizierung muß – da sich das Kapitalersatzrecht grundsätzlich an die jeweiligen Gesellschafter und nicht an Dritte wendet – die Gesellschafterstellung als solche sein.[217] Insofern besteht eine Parallele zur verdeckten Gewinnausschüttung, bei der es ebenfalls um die Frage geht, ob der Gesellschafter noch als Drittgläubiger anerkannt werden kann.[218] Da bei der verdeckten Gewinnausschüttung dem Gesellschafter, beim Eigenkapitalersatzrecht aber der Gesellschaft ein Vorteil gewährt wird, verhält sich das Kapitalersatzrecht spiegelbildlich zur verdeckten Gewinnausschüttung.[219]

Die grundsätzliche Relevanz der Gesellschafterstellung wird auch in der Literatur erkannt, wenn die Umqualifizierung mit dem Merkmal der mitunterneh-

---

214 Ähnlich *Ensthaler*, DB 1991, 1761, 1763; *Grunewald*, GmbHR 1997, 7, 8; *Wiedemann*, FS Beusch, S. 905. Vergl. auch OLG Brandenburg, Urt. vom 26.11.1997, NZG 1998, 306, 307; *Claussen*, FS Forster, S. 142 Fn. 9; *Koppensteiner*, AG 1998, 308, 313 m.w.N. in Fn. 53.
215 So auch *Schacht*, Gesellschafterdarlehen, S. 42. Zutreffend weist *Michel*, Gesellschafterleistungen, S. 138 darauf hin, daß ansonsten Altgläubiger aus dem Kreise der durch die Umqualifizierung begünstigten Gläubiger ausgenommen werden müßten.
216 So hat denn auch der BGH im Urt. vom 21.09.1981, BB 1981, 2026, 2028 = BGHZ 81, 311, 320 betont: „Auch ist es gleichgültig, daß die Kredite und deren dingliche Absicherung für jeden Interessierten aus dem Grundbuch ersichtlich waren. Denn soweit und solange ein Gesellschafterdarlehen verlorenes Stammkapital ersetzt, ist es als Haftungsfonds für alle gegenwärtigen und künftigen Gläubiger ohne Rücksicht darauf zur Verfügung zu halten, ob zwischen ihren Forderungen und der Kredithergabe des Gesellschafters im Einzelfall ein ursächlicher Zusammenhang besteht."
217 A.A. *Pentz*, BB 1997, 1265, 1268, nach dem der „Ansatzpunkt für die Rechtfertigung der Verstrickung [...] ausschließlich im Gläubigerschutz und nicht auf der Gesellschafts- oder Gesellschafterseite" liegt.
218 *Karollus*, FS Claussen, S. 201 ff.; ähnlich *Schacht*, Gesellschafterdarlehen, S. 55 f. Aus dieser Parallele kann freilich noch nicht auf die Rechtfertigung des Ersatzrechts geschlossen werden (so aber *Karollus*, a.a.O.), denn das Verbot der verdeckten Gewinnausschüttung ist im Gegensatz zum Eigenkapitalersatzrecht in erster Linie steuerrechtlich motiviert, vergl. hierzu *Döllerer*, Verdeckte Gewinnausschüttungen, S. 23 ff.
219 Vergl. auch *Michel*, Gesellschafterleistungen, S. 143; *Ullrich*, GmbHR 1983, 133, 142.

merischen Verantwortung,[220] aus welcher die Verantwortung für die ordnungsgemäße Unternehmensfinanzierung folge,[221] gerechtfertigt wird. Die Darlehen seien dem Haftungsregime zu unterwerfen, weil und soweit der Gesellschafter eine Insiderstellung inne habe und aus dieser heraus Einfluß auf die Geschicke des Unternehmens nehmen könne. Diese Meinung weist insofern eine Parallele zu der auf, die die Umqualifizierung mit der Doppelrolle des Gesellschafters begründet,[222] als entscheidend sein soll, daß der Gesellschafter einen Informationsvorsprung hat und aufgrund dessen das Sanierungsrisiko auf die Gläubiger abwälzen kann.[223] Sie wurde in jüngster Zeit dadurch gestärkt, daß der Gesetzgeber in seiner Ergänzung des § 32a Abs. 3 GmbHG um S. 2 („Witwen- und Erbtanten-Privileg") ebenfalls von ihr ausgeht.[224] Hiergegen spricht allerdings § 172a HGB, der die mit nur geringen Informations- und Einflußrechten ausgestatteten – und insofern dem Kleingesellschafter der GmbH angenäherten – Kommanditisten in den Kreis der Adressaten des Kapitalersatzrechts einschließt.[225]

Diesen Ansätzen wurde weiterhin zu Recht entgegengehalten, daß Banken und andere Großgläubiger oftmals beteiligungsgleiche Mitsprache- und Kontrollrechte hätten und insofern eine Ungleichbehandlung nicht zu rechtfertigen wäre.[226] Ein Vergleich mit den „eigennützigen Sanierungskrediten", bei denen sich die Rechtsfolgen de facto auf die Sicherheiten beschränken, verdeutlicht diese Ungleichbehandlung. Ebenfalls mit diesem Erklärungsmodell unvereinbar wäre es, die Geschäftsführer von der Finanzierungsverantwortung auszunehmen, denn diese haben regelmäßig einen Einblick in die Lage der Gesellschaft, sind aber selbst nach dem Willen des Gesetzgebers nicht in den Kreis der Finanzierungsverantwortlichen einbezogen.[227]

---

220 Vergl. hierzu etwa *Hommelhoff*, ZIP 1983, 383, 385 ff.
221 *Lutter/Hommelhoff*, GmbHG, §§ 32a/b, Rdnr. 3; *Rümker*, ZGR 1988, 494, 504 f.; *Seibert*, GmbHR 1998, 309, 309; so auch der BGH bei der Anwendbarkeit des Eigenkapitalersatzrechts für die AG, Urt. vom 26.03.1984, BGHZ 90, 381, 388 f. = NJW 1984, 1893. I. E. auch *K. Schmidt*, ZIP 1996, 1586, 1587. Ebenso *Nowotny*, ÖBA 1994, 669, 674 ff. für Österreich.
222 *Budde/Förschle/Scheffels*, Sonderbilanzen, S. 233, Rdnr. 61; *Immenga*, ZIP 1983, 1405, 1407; *Ostheim*, GesRZ 1989, 123, 124; *K. Schmidt*, ZIP 1981, 689, 690; *Sonnenberger*, NJW 1969, 2033, 2037; *Ulmer*, ZIP 1984, 1163, 1166; *ders.*, FS Duden, S. 673; *Westermann*, ZIP 1982, 379, 387. Hiergegen *Michel*, Gesellschafterleistungen, S. 141 f.
223 Zum betriebswirtschaftlichen Beweis der Risikoabwälzung vergl. *Klaus*, ZBB 1994, 247, 248 ff.
224 Begr. RegE, BT-Drucks. 13/7141, S. 12.
225 Vergl. hierzu auch *Kreis*, Finanzierungsverantwortung, S. 136 f.
226 *Ketzer*, Aktionärsdarlehen, S. 34; *Grunewald*, GmbHR 1997, 7, 8; *Koppensteiner*, AG 1998, 308, 314; *Ullrich*, GmbHR 1983, 133, 137. Vergl. auch BGH, Urt. vom 24.03.1980, BB 1980, 797, 797 f. = BGHZ 76, 326, 330 = NJW 1980, 1524.
227 So auch *Fastrich*, FS Zöllner, Bd. I, S. 153. Freilich könnte in § 32a Abs. 3 S. 2 GmbHG der erste Schritt für einen Kurswechsel des Gesetzgebers gesehen werden.

Wenn ins Feld geführt wird, daß es durchaus Fälle geben mag, in denen der Gesellschafter gerade aufgrund seiner Kenntnisse ein Darlehen gewährt,[228] so läßt sich hieraus kein Argument gegen das Kapitalersatzrecht ableiten. Erkennt der Gesellschafter die Krise der Gesellschaft, hat hehre Absichten und will das Risiko nicht auf die Gläubiger verlagern, dann mag er der Gesellschaft Haftmittel zuführen und so die Krise abwenden.[229] Aus diesem Grunde kann das Argument, der Gesellschafter gehe ein erhebliches eigenes finanzielles Risiko ein, von einem Erfolg der Sanierung aus und wolle gerade kein Risiko verlagern,[230] nicht überzeugen. Zwar ist es richtig, daß der Gesellschafter bei der Darlehensgewährung ein Risiko eingeht, dieses entspricht aber nicht dem Ausmaß des rechtlich Geforderten. Eine Fortführung ist nach den obigen Ausführungen allein bei der Zuführung von Haftkapital zulässig. Entscheidend ist, daß die Gesellschafterstellung und die hieran gebundenen Einfluß- und Informationsmöglichkeiten nicht in der Lage sind, die Abweichung von den Rechtsfolgen der „normalen" Insolvenzverschleppung zu erklären. Vielmehr ist ein entsprechender Einfluß auf die Geschicke der Gesellschaft ebenso Voraussetzung für eine Insolvenzverschleppung wie die Möglichkeit, Informationen über die wirtschaftliche Situation der Gesellschaft zu erlangen. Damit vermag die Insiderstellung des Gesellschafters die Umqualifizierung des Darlehens in haftendes Kapital nicht zu begründen.

VI. Eigenkapitalersatz aufgrund der Symmetrie von Chancen und Risiken als entscheidendes Merkmal der Doppelrolle des Gesellschafters

Entscheidend ist vielmehr folgendes: Der Gesellschafter hat sich durch die Fortführung der Gesellschaft neue Chancen eröffnet, und zwar die Chancen darauf, im Sanierungsfalle das Darlehen und die Einlage zurückzuerlangen und künftig aus seinem Geschäftsanteil wieder Gewinne zu ziehen. Diese Chancen bestehen unabhängig davon, ob durch die Kapitalzufuhr der Insolvenzeröffnungstatbestand beseitigt wird oder nicht. Denn durch die Zufuhr von frischen Mitteln aus Gesellschafterhand[231] wird die Liquidität des Unter-

---

In Rechtsprechung und Literatur wird die Unterwerfung der Nur-Geschäftsführer unter das Kapitalersatzrecht abgelehnt; siehe nur BGH, Urt. vom 06.06.1994, BB 1994, 1657, 1659 = BGHZ 126, 181, 187f. = NJW 1994, 2220; *Medicus*, GmbHR 1993, 533, 536.

228 *Drukarczyk*, Theorie, S. 616; *ders.*, Finanzierung, S. 420.
229 Vergl. hierzu auch *Götz/Hegerl*, DB 1997, 2365, 2366, die darauf verweisen, daß am ehesten gut informierte Gläubiger zu einem Rangrücktritt bereit sein werden.
230 *Koppensteiner*, AG 1998, 308, 314f.; vergl. auch *Schacht*, Gesellschafterdarlehen, S. 36f.
231 Zwar trifft den Gesellschafter im Falle des „Stehenlassens" keine Entscheidungspflicht (Hachenburg/*Ulmer*, GmbHG, § 32a, b GmbHG, Rdnr. 31; a.A. *Hill/Schäfer*, BB 1989, 458,461f.), hat er sich aber durch eine Abrede weitergehend gebunden und das Darlehen nicht wie ein Dritter abgezogen, so muß diese Handlung der

nehmens verbessert und die Grundlage für notwendige Investitionen geschaffen.[232] Drittgläubiger hätten demgegenüber bei einer erfolgreichen Sanierung allein einen außerordentlichen Nutzen in Höhe der Wertberichtigung.[233] Der Gesellschafter hat somit aufgrund seines Mehrfachnutzens ein höheres Interesse an der Erhaltung der Gesellschaft als ein Drittgläubiger.[234]

Dem wurde entgegengehalten, daß Dritte ebenfalls ein entsprechendes „Doppelinteresse" haben könnten, etwa wegen der Erhaltung von Lieferbeziehungen oder wegen Amortisierungsinteressen an Altdarlehen.[235] Zwar mögen Dritte Gründe für eine Darlehensauskehrung an eine in der Krise befindliche Gesellschaft haben, doch beziehen sich die hierfür anzuführenden Argumente regelmäßig nicht auf gesellschaftsrechtliche, sondern allein auf schuldrechtliche Positionen. Diese können beim Gesellschafter ebenfalls zusätzlich vorhanden sein, haben jedoch eine andere Qualität. Auch kann in der Bereitschaft eines Dritten, der Gesellschaft weiterhin Mittel zur Verfügung zu stellen, ein Indiz für eine weiterhin bestehende Kreditwürdigkeit gesehen werden.[236] Dabei kommt es nicht darauf an, aus welchem Grunde ein Dritter bereit war, weitere Darlehen zu gewähren, sofern er nicht vom Ausfallrisiko freigestellt wird. Ergänzend kann darauf verwiesen werden, daß Finanzierungsleistungen Dritter – namentlich solche von Banken, die um ihre Altkredite fürchten – durch die Rechtsprechung zum sog. „eigennützigen Sanierungskredit" einer Kontrolle unterworfen sind.[237]

Neugewährung gleichstehen. Denn auch durch diese Abrede eröffnet er sich weitergehende Chancen, weil im Falle des Abzuges die gleiche Situation bestehen würde, die bestünde, wenn kein Darlehen gewährt worden wäre.

232 Vergl. auch BGH, Urt. vom 19.09.1996, BB 1996, 2316, 2317 = BGHZ 133, 298, 302 f. = NJW 1996, 3203, nach dem der Gesellschaft bereits durch die Zusage der Mittel eine Fortführung ermöglicht werde, sowie das Urt. vom 28.06.1999, BB 1999, 1672, 1672 f. = BGHZ, 142, 116, 120 = NJW 1999, 2809, in dem darauf abgestellt wird, daß durch die Fremdkapitalzufuhr der Fortbestand der Gesellschaft gesichert werden soll.

233 Schreibt der Drittgläubiger seine Forderung nach Kriseneintritt im Wege der Wertberechtigung (anteilig) ab, so erhöht dies zunächst seinen Aufwand; kann er seine Forderung hernach aufgrund der erfolgreichen Sanierung dennoch in vollem Umfang realisieren, kommt es zu einem außerordentlichen Ertrag in Höhe der vorherigen Abschreibung.

234 *Kreis*, Finanzierungsverantwortung, S. 34 ff. Ähnlich auch *Fleischer*, Finanzplankredite, S. 88; *Immenga*, Kapitalgesellschaft, S. 421 f.; Ketzer, Aktionärsdarlehen, S. 33; *Ostheim*, GesRZ 1989, 173, 176. Auch *Ulmer*, FS Duden, S. 673 weist auf diesen Aspekt ausdrücklich hin.

235 *Koppensteiner*, AG 1998, 308, 314. Vergl. auch *H.-J. Weber/Lepper*, DStR 1991, 980, 985.

236 *v. Gerkan/Hommelhoff*, Kapitalersatz, Rdnr. 3.18. Vergl. auch *Claussen*, FS Forster, S. 146.

237 Vergl. hierzu bereits oben S. 62 f.

Der Einwand, der Gesellschafter habe einen „Doppelnachteil" zu tragen, da er sein Darlehen und seine gesellschaftsrechtlichen Ansprüche riskiere,[238] verfängt ebenfalls nicht. Durch die Möglichkeit zur tatsächlichen Fortführung mit Fremdmitteln hat sich der Gesellschafter neue Chancen eröffnet. Diese hätte er bei der Entscheidung für eine der beiden rechtlich zulässigen Alternativen nicht bzw. nur zu einem höheren Preis gehabt. Im Falle der Liquidation wäre ihm maximal ein Residualanspruch geblieben; eine Fortführung wäre aufgrund der mittelfristigen Illiquidität und der fehlenden Kreditwürdigkeit in der Regel zum Scheitern verurteilt. Will sich der Gesellschafter in der Krise die Chance auf die Erhaltung des Unternehmens und damit auf die Realisierung seiner Ansprüche bewahren, so kann er dies nur, indem er Haftkapital zuführt. Dies ergibt sich bereits aus der „Symmetrie von Chancen und Risiken".[239] Die Übernahme des Haftungsrisikos ist der Preis für die durch die Möglichkeit der tatsächlichen Fortführung eröffneten neuen Chancen. Daß der Gesellschafter demgegenüber die mit der Fremdkapitalfinanzierung verbundenen Vorteile nutzen wollte[240] und deshalb bewußt kein Haftkapital zur Verfügung gestellt hat, ist unbeachtlich. Die Umqualifizierung beruht nicht auf dem Parteiwillen, sondern auf normativen Erwägungen. Diese Erwägungen können nunmehr im Rahmen des oben[241] angesprochenen Ansatzes, der die Umqualifizierung mit der Unzulässigkeit der Fortführung unter Zufuhr von Fremdkapital begründen will, als Wertungsgesichtspunkte herangezogen werden. Damit steht die hier vorgeschlagene Begründung nicht neben der insbesondere vom BGH vertretenen, sondern ergänzt diese vielmehr um den entscheidenden Wertungsaspekt.

Der Unterschied des hier vertretenen Konzepts zur „normalen" Insolvenzverschleppung, bei der der Gesellschaft keine frischen Mittel zugeführt werden, weshalb die Aussichten auf spätere Gewinne und die Erhaltung der Einlage regelmäßig gering sind, liegt in der Zuführung von Kapital. Die Umqualifizierung des Darlehens in Haftmittel rechtfertigt sich im Ergebnis damit, daß sich der Gesellschafter durch die Hingabe des Darlehens die Chance auf künftige gesellschaftsrechtliche Ansprüche erhält, diese aber bei einem dem zulässigen Finanzierungsverhalten entsprechenden Vorgehen nur bei der Zuführung von Haftmitteln bekommen hätte. Die Ausgestaltung der Anfechtungsregeln als Form der Vorsatzanfechtung – was auf eine Gläubigerbenachteiligung durch Vorrang der Gesellschafterinteressen hindeutet[242] – ist mit dieser Begründung durchaus vereinbar.

---

238 *Koppensteiner*, AG 1998, 308, 314.
239 *Fleischer*, Finanzplankredite, S. 86.
240 Zu den Vorteilen der Fremdkapitalfinanzierung siehe oben S. 23.
241 Siehe oben S. 58 ff.
242 *Häsemeyer*, Insolvenzrecht, Rdnr. 30.60.

VII. Zwischenergebnis

Im Ergebnis beruht die Umqualifizierung von Fremd- in Haftkapital darauf, daß sich der Gesellschafter mit der Fortführung der Gesellschaft unter Zufuhr von Fremdkapital für einen Weg entschieden hat, der an sich nicht zur Abwendung der Krise führt, da der Insolvenzeröffnungstatbestand grundsätzlich weiterhin bestehen bleiben würde. Gleichzeitig hat er sich aber durch die Zufuhr frischen Kapitals bzw. durch das Stehenlassen von Altkrediten die Möglichkeit eröffnet, den Wert seiner Beteiligung zu steigern und künftig wieder Gewinne aus ihr zu ziehen. Zugleich hat er den Altgläubigern die Chance gegeben, ihre Darlehensforderungen zu einem späteren Zeitpunkt realisieren zu können. Dies rechtfertigt die Einordnung des und die Beschränkung auf das Darlehen als Haftkapital, denn nur wenn solches zugeführt worden wäre, hätte der Insolvenztatbestand vermieden werden und der Gesellschafter die sich ihm jetzt eröffneten Chancen nutzen können.[243]

E. Eigenkapitalersatzrecht als allgemeines gesellschaftsrechtliches Institut?

Im Zuge einer allgemeinen Institutionenbildung im Handels- und Gesellschaftsrecht[244] wurde versucht, das Eigenkapitalersatzrecht als ein allgemeines gesellschaftsrechtliches Institut aufzufassen. Als solches soll es auf der Trennung von Eigen- und Fremdkapital beruhen und grundsätzlich zur Folge haben, daß die Forderung im Konkurs nicht angemeldet werden kann. Die weiteren Rechtsfolgen sollen sich nach dem jeweiligen Verbandsrecht richten.[245] Damit wäre das Kapitalersatzrecht über die Gesellschaften ohne natürliche Person als Vollhafter hinaus auf die üblichen Personengesellschaften ebenfalls anwendbar.

---

243 Geht man davon aus, daß eigenkapitalersetzende Gesellschafterleistungen in der Überschuldungsbilanz zu passivieren sind, so wird nicht nur das Darlehen umqualifiziert, die Gesellschafter würde zudem eine Schadensersatzpflicht wegen Anstiftung zur Insolvenzverschleppung treffen, denn eine Überschuldung könnte nach dieser Ansicht durch die Hingabe eines (eigenkapitalersetzenden) Darlehens nicht verhindert werden. Sofern nicht vertreten wird, daß die Haftung wegen Insolvenzverschleppung generell neben das Eigenkapitalersatzrecht tritt (vergl. hierzu *Bormann*, NZI 1999, 389, 394 Fn. 53), muß die Rechtsfolgenbeschränkung bei der Hingabe von Eigenkapitalersatz als Privilegierung angesehen werden; ähnlich *v. Gerkan/Hommelhoff*, Kapitalersatz, Rdnr. 1.32; *Hirte*, ZInsO 1998, 147, 154. Vergl. auch *Lutter/Hommelhoff*, GmbHG, §§ 32 a/b, Rdnr. 4.
244 Vergl. insbesondere *K. Schmidt*, S. 54 f.
245 *K. Schmidt*, Gesellschaftsrecht, S. 530 ff.; *ders.*, ZHR 147 (1983), 165, 171 ff.; *ders.*, ZIP 1990, 69, 73 f.; *ders.*, ZIP 1991, 1, 2 ff.; jüngst nochmals bestätigt in ZGR 1998, 633, 658. Zustimmend u. a. *Bayer* in: Handbuch, Teil 11, Rdnr. 11.4; *Veil*, ZGR 2000, 223, 233. Sympathisierend *Ostheim*, GesRZ 1989, 173, 186 f.

Hiergegen könnte zunächst eingewandt werden, daß die Umschreibung der Rechtsfolgen dieses Rechtsinstitutes nicht (mehr) mit der Rechtswirklichkeit übereinstimmt. Nach § 39 Abs. 1 Nr. 5 InsO können eigenkapitalersetzende Gesellschafterleistungen im Insolvenzverfahren geltend gemacht werden, und zwar gemäß § 39 Abs. 2 InsO im Zweifel noch vor solchen Forderungen, für die im Insolvenzverfahren ein Nachrang vereinbart wurde. Dieses Argument greift indessen nicht durch. Mit einer leichten Modifikation der Rechtsfolgenumschreibung ließe sich dieser Einwand aus der Welt schaffen, und praktische Unterschiede werden sich durch § 39 InsO in bezug auf die eigenkapitalersetzenden Gesellschafterleistungen kaum ergeben.

Ohne an dieser Stelle vorzugreifen, können Probleme bei der Anwendung des Eigenkapitalersatzrechts auf Gesellschaften mit einer natürlichen, voll haftenden Person festgestellt werden. So wurde dem Wettlauf der Gläubiger beim persönlich haftenden Gesellschafter durch § 93 InsO, nach dem für die Dauer des Insolvenzverfahrens nur der Verwalter die persönliche Haftung geltend machen kann, ein Riegel vorgeschoben. Ein wichtiges Argument für die Anwendung des Kapitalersatzrechts gegenüber einer natürlichen Person ist damit entfallen. Weiterhin ist bei Gesellschaften mit einem persönlich haftenden, natürlichen Gesellschafter die Kreditunwürdigkeit schwerlich festzustellen, da grundsätzlich der Rückgriff beim Vollhafter offen steht. Dieses Problem ließe sich umgehen, wenn eine eigenkapitalersetzende Leistung angenommen würde, sobald die Kreditvergabe durch die persönliche Haftung des Gesellschafters motiviert war.[246] Dem steht jedoch entgegen, daß die persönliche Haftung eines Gesellschafters gerade Eigenart der Gesellschaft ist. Auch wird der Haftungsbeitrag im Innenverhältnis der Gesellschaft regelmäßig eine Rolle spielen und sollte etwa bei der Gewinnverteilung berücksichtigt werden.[247] Bei der Kreditwürdigkeit die persönliche Haftung der Gesellschafter unberücksichtigt zu lassen, wäre somit systemwidrig.[248] Gegen diesen Ansatz spricht letztlich auch, daß er mit der hier vertretenen dogmatischen Herleitung des Eigenkapitalersatzrechts nicht vereinbar ist. Danach ist das Fremd- in Haftkapital umzuqualifizieren, weil sich der Gesellschafter durch die Fortführung der Gesellschaft nach der Zuführung von Fremdkapital Chancen eröffnet, die er bei einem Verhalten entsprechend den materiellen Finanzierungsgrundsätzen (Zufuhr von Eigenkapital oder Liquidation) nicht gehabt hätte. Voraussetzung hierfür ist, daß sich der Gesellschafter in einer entsprechenden

---

246 So *K. Schmidt*, ZIP 1991, 1, 6. Gegen eine derartige Berücksichtigung bei der Feststellung der Kreditunwürdigkeit einer GmbH & Co. KG: BGH, Urt. vom. 09.10.1986, WM 1986, 1554, 1555; *Röhricht*, in: Herzig, Eigenkapitalersetzende Leistungen, S. 13.
247 *Bormann/Hellberg*, DB 1997, 2415, 2420; *Selle*, DB 1993, 2040, 2042 f.
248 So wird denn unter der Insolvenzordnung auch dafür eingetreten, bei der Ermittlung der Zahlungsfähigkeit als Insolvenzgrund die Bonität und Liquidität der Gesellschafter zu berücksichtigen, so etwa *Noack*, Gesellschaftsrecht, Rdnr. 455. A. A. unter der Konkursordnung etwa *Timm/Körber*, in: Gottwald, § 84, Rdnr. 9.

Entscheidungssituation befindet und daß er eine Entscheidung getroffen hat. Die Zahlungsunfähigkeit als ausschließlicher Insolvenzgrund bei Personengesellschaften mit einem natürlichen Vollhafter (vergl. § 17 InsO) kann indes abgewendet werden, indem Fremdkapital zugeführt wird. Damit fehlt es bereits an einer entsprechenden Entscheidungssituation. Weiterhin kann nicht davon ausgegangen werden, daß der Gesellschafter eine Finanzierungsentscheidung getroffen hat, wenn der darlehensgebende Dritte im Hinblick auf die gesetzlich (!) vorgeschriebene persönliche Haftung eines Gesellschafters ein Darlehen gewährt.

Aus den vorangegangenen Überlegungen folgt, daß das allgemeine Rechtsinstitut des eigenkapitalersetzenden Gesellschafterdarlehens – sofern es ein solches denn überhaupt geben sollte – nicht an die Trennung von Eigen- und Fremdkapitalersatz anknüpfen kann. Anknüpfungspunkt müßte in jedem Fall die Überschuldung als Insolvenzeröffnungstatbestand sein.

Abschnitt 2: Ausweisung im Jahresabschluß des Leistungsempfängers

§ 3: Grundlagen zum Jahresabschluß

Der Jahresabschluß einer Kapitalgesellschaft setzt sich nach §§ 264 Abs. 1 S. 1, 242 Abs. 3 HGB aus der Bilanz, der Gewinn- und Verlustrechnung (GuV) und dem Anhang zusammen. Der Anhang, dessen Pflichtangaben über die der früheren Einzelerläuterungen nach § 160 Abs. 2 AktG 1965 hinausgehen, wurde aufgrund von Art. 2 Abs. 1 der Vierten Richtlinie[1] eingefügt und wird dort bereits in den Artt. 43–45 konkretisiert. In ihm sollen die durch das Zahlenwerk (Bilanz und GuV) vermittelten Informationen näher erläutert, ergänzt und gegebenenfalls korrigiert werden; der primäre Zweck der Anhangsangaben ist in der Rechenschaft zu sehen.[2] Besondere Pflichtangaben sind etwa in den §§ 284, 285 HGB und in § 42 Abs. 3 GmbHG normiert.[3]

Der nach §§ 264 Abs. 1 S. 1, 289 HGB aufzustellende Lagebericht steht neben dem Abschluß und ist an den Geschäftsbericht alter Form (§ 160 Abs. 1 und 2 AktG 1965) angelehnt.[4] Sinn des Lageberichtes ist es, ein den tatsächlichen Verhältnissen entsprechendes Bild des Geschäftsverlaufs und des Unternehmens zu zeichnen. Er verdichtet die Jahresabschlußinformationen und ergänzt sie in zeitlicher und sachlicher Hinsicht.[5] Indem Vorgänge dargestellt werden, die nicht aus dem Jahresabschluß ersichtlich sind, soll eine wirtschaftliche Gesamtbeurteilung des Unternehmens ermöglicht werden. Wie besonders § 289 Abs. 2 Nr. 1 und 2 HGB deutlich zeigen, ist der Lagebericht zugleich zukunftsorientiert und legt damit den Schwerpunkt auf die Informationsvermittlung und nicht auf die Rechenschaft. Hierfür schreibt der auf Art. 46 der Vierten Richtlinie zurückgehende § 289 HGB allein die Mindestinhalte fest.

---

[1] Bilanzrichtlinie – Vierte Richtlinie 78/660/EWG vom 25.06.1978, ABl EG Nr. L 222, S. 11 vom 14.08.1978; ebenfalls abgedruckt bei Staub/*Hüffer*, Vor § 238 HGB; *Habersack*, Gesellschaftsrecht, Rdnr. 315; *Lutter*, Unternehmensrecht, S. 147 ff.; *Mayer/Maiß*, EG-Bankbilanzrichtlinie, S. 387 ff. mit Hinweis auf die jeweilige Umsetzungsvorschrift im HGB; umgesetzt durch Bilanzrichtlinien-Gesetz – BiRiLiG vom 19.12.1985, BGBl. I, S. 2355 ff.
[2] A/D/S, § 284, Rdnr. 7 und 11 ff.; KK-AktG/*Claussen/Korth*, § 284–288 HGB, 160 AktG, Rdnr. 10 ff.; *Baetge*, Bilanzen, S. 605; *Kupsch*, HdJ Abt. IV/4, Rdnr. 9 ff.
[3] Eine tabellarische Übersicht über die Pflichtangaben findet sich etwa bei *Baetge*, Bilanzen, S. 607 ff. und *Kupsch*, HdJ Abt. IV/4, Rdnr. 30.
[4] Zur historischen Entwicklung der Regelungen zum Lagebericht siehe *Selch*, WPg 2000, 357, 357 ff.
[5] A/D/S, § 289, Rdnr. 8; *Baetge*, Bilanzen, S. 637; *Lange*, BB 1999, 2447, 2447; *Reittinger*, HdJ Abt. IV/3, Rdnr. 4; vergl. auch die Begründung der EG-Kommission zum Vorschlag zu Art. 43 der Bilanzrichtlinie, abgedruckt bei *Schruff*, Entwicklung, S. 206.

A. Bedeutung des Europarechts für das deutsche Bilanzrecht

Die Gewichtung der einzelnen Aufgaben des Jahresabschlusses zueinander zu ermitteln und daraus Rückschlüsse auf die Bilanzierung bestimmter Sachverhalte zu ziehen, ist mit der Schwierigkeit verbunden, das Rahmensystem der Rechnungslegung festzulegen. Entscheidende Bedeutung kommt hierbei der Frage zu, welchen Stellenwert die europarechtlichen Vorgaben für die Interpretation des deutschen Bilanzrechts haben.[6]

Teilweise[7] wird vermutet, daß das Bilanzrecht in der Kommentarliteratur als nationales Recht angesehen werde und das zugrundeliegende Europarecht unberücksichtigt bleiben solle. An anderer Stelle[8] wird vertreten, das nationale Recht sei autonom zu interpretieren und müsse nur einer nachträglichen Verträglichkeitskontrolle unterzogen werden.

Durch die Bilanzrichtlinie werden nicht nur die Gliederung und der Inhalt des Jahresabschlusses vorgegeben, sie enthält weiterhin Regelungen über die anzuwendenden Bewertungsmethoden und verpflichtet alle Kapitalgesellschaften sowie Personengesellschaften ohne eine natürliche Person als Vollhafter – nach Größe modifiziert –, ihre Jahresabschlüsse offenzulegen. Die Umsetzung der Richtlinie war die umfassendste systematische und inhaltliche Änderung im Gesellschaftsrecht und des HGB nach der Ausgliederung des Aktienrechts.[9] Die Bedeutung dieser Richtlinie läßt sich zudem an der Fortführung durch ergänzende und ändernde Verordnungen und Richtlinien erkennen. Vor diesem Hintergrund werden die vorgenannten Auffassungen der Bedeutung des Europarechts nicht gerecht. Zwar entfalten die Richtlinien zur Rechnungslegung keine Direktwirkung für das nationale Recht,[10] so daß es nur schwer möglich sein dürfte, eine nationale Norm aufgrund der europarechtlichen Vorgaben gegen ihren eindeutigen Wortlaut zu interpretieren. Allerdings besteht die grundsätzliche Vermutung, daß der nationale Gesetzgeber bei der Umsetzung der Richtlinie in nationales Recht nicht hinter den Anforderungen der Richtlinie zurückbleiben wollte.[11] Insofern stellt maximal der Wortlaut einer nationalen Regelung eine Auslegungsgrenze dar, nicht aber der vom nationalen Gesetzgeber verfolgte Zweck.[12] Des-

---

6 Ausführlich zur richtlinienkonformen Auslegung des Handelsbilanzrechts *Back*, Richtlinienkonforme Interpretation, S. 46 ff.
7 So *De Weerth*, RIW 1996, 763, 763, allerdings ohne explizite Nachweise.
8 So im Ansatz *Groh*, DStR 1996, 1206, 1210.
9 *Kilian*, Europäisches Wirtschaftsrecht, Rdnr. 484 f.; vergl. auch *Blaurock*, ZEuP 1998, 460, 468.
10 *Heuser*, in: GmbH-Handbuch II, Rdnr. II.108.
11 BGH, Urt. vom 05.12.1974, BB 1975, 61, 61 = BGHZ 63, 261, 264 f. = NJW 1975, 213 (zur PublizitätsRL); Urt. vom 09.03.1993, NJW 1993, 1594, 1595 (zur VerbraucherkreditRL). Vergl. auch *Bleckmann*, in: Handwörterbuch, S. 28.
12 Insofern zu eng *Groh*, DStR 1996, 1206, 1210; wie hier *Bleckmann*, in: Handwörterbuch, S. 28. Zur gemeinschaftskonformen Auslegung des Bilanzrechts siehe auch Staub/*Hüffer*, Vor § 238 HGB, Rdnr. 18.

halb ist das nationale Recht mit Rücksicht und im Lichte der Richtlinie auszulegen, wobei das EU-Recht vorrangiges Auslegungskriterium und nicht nachträglicher Abstimmungsparameter ist.[13] Hiermit ist es unvereinbar, die Relevanz der Richtlinien auf die Informationsvermittlung zu beschränken.[14] Diese Aussage wird durch das sog. „Tomberger"-Urteil des EuGH,[15] welches die überragende Bedeutung der Jahresabschlußrichtlinien für das deutsche Bilanzrecht dokumentiert,[16] unterstrichen. Damit ist klar, daß Ziele und Zwecke des deutschen Jahresabschlusses anhand des kodifizierten nationalen Rechts und den zugrundeliegenden Richtlinien zu ermitteln sind.

B. Ziele und Zwecke des Jahresabschlusses

Ausweislich ihrer Präambel bezweckt die Bilanzrichtlinie als in diesem Zusammenhang wichtigste Richtlinie den Schutz der Gesellschafter sowie Dritter. Konkretisierend könnte der Zweck des Jahresabschlusses als Schutz der (Fremd- und Eigen-)Kapitalgeber vor schädigenden Verhaltensweisen durch normierte Gewinnermittlungs- und Informationsregeln gesehen werden.[17] In Abstimmung mit dem Gesellschaftsrecht – insbesondere seinem Kapitalerhaltungsrecht – ergeben sich die Einzelinstrumente, mit denen dieses Oberziel erreicht werden kann. Es handelt sich um die Informations-, die Kapitalerhaltungs- und die Dokumentationsfunktion.

I. Informationsfunktion

Die Informations- oder Rechenschaftsfunktion des Jahresabschlusses besagt, daß die Adressaten über die Verwendung der der Gesellschaft anvertrauten Mittel zu unterrichten sind.[18] Unter den Adressatenkreis des Jahresabschlusses fallen jedenfalls der Ersteller des Abschlusses – also die Gesellschaft und ihre Organe – (Selbstinformation), die Gesellschafter und die Gläubiger (Drittinformation).[19] Insofern dient der Jahresabschluß den Gesellschaftern

---

13 *Hennrichs*, ZGR 1997, 66, 67 m.w.N. in Fn. 8.
14 So aber *Groh*, DStR 1996, 1206, 1210; *Moxter*, BB 1995, 1463, 1464f.; wie hier *Hennrichs*, ZGR 1997, 66, 71 m.w.N. in Fn. 28.
15 EuGH, Urt. vom 27.06.1996, BB 1996, 1492, 1492f. = EuGHE 1996, I-3145ff. = NJW 1996, 2363; der Sache nach bereits ebenso BGH, Urt. vom 03.11.1975, BB 1976, 9, 10f. = BGHZ 65, 230, 234ff. Ausführlich zu diesen Urteilen *Back*, Richtlinienkonforme Interpretation, S. 169ff.
16 *De Weerth*, RIW 1996, 763, 765. Vergl. auch *Habersack*, Gesellschaftsrecht, Rdnr. 284.
17 *Klaus*, Gesellschafterfremdfinanzierung, S. 448; *Klaus*, BB 1994, 680, 682. Ähnlich *Tiedchen*, Vermögensgegenstand, S. 20ff. *Leffson*, Grundsätze, S. 111 spricht insoweit von einem Oberziel.
18 *Baegte*, Bilanzen, S. 55ff.; *Leffson*, Grundsätze, S. 64; *Beine*, Gesellschafterleistungen, S. 165f.; *Hommelhoff*, ZIP 1983, 383, 384.
19 *Lutter/Hommelhoff*, GmbHG, Vor § 41, Rdnr. 17; *Baegte*, Bilanzen, S. 63; *Tiedchen*, Vermögensgegenstand, S. 19 (die insoweit von Bilanzinteressenten spricht); *Fleck*,

als Instrument zur Überwachung der Geschäftsführung (Rechenschaft).[20] Gleichzeitig wird mit ihm – unabhängig von der Gesellschaftsform – eine Selbstinformation des Handelnden zur Insolvenzprophylaxe bezweckt. Dieses Ziel hat sich in der Strafandrohung des § 283b StGB niedergeschlagen, die weder an eine Gesellschaftsform noch an den Eintritt der Insolvenz anknüpft. Zudem sind nach § 242 Abs. 1 S. 1 HGB Bilanzen unabhängig von einer Publikationspflicht aufzustellen.[21]

Im Bereich der Kapitalgesellschaft und der Personengesellschaften ohne eine natürliche Person als Vollhafter besteht als Korrelat für die Haftungsbeschränkung auf das Gesellschaftsvermögen[22] zudem die Pflicht, den Jahresabschluß nach Maßgabe der §§ 325 ff. HGB zu veröffentlichen.[23] Dieses Veröffentlichungserfordernis geht auf den ersten Abschnitt der Publizitätsrichtlinie[24] und die Artt. 11, 12 und 27 der Bilanzrichtlinie zurück. Einen Überblick über die abgestuften Anforderungen je nach Größenklasse der Gesellschaft gibt die folgende Tabelle:

Tabelle 2: Übersicht über Publizitätspflicht in Abhängigkeit von der Unternehmensgröße

Größenkriterien (§ 267 HGB – bei Erfüllung zweier Kriterien)	klein	mittelgroß	groß
Bilanzsumme	bis 6.720 TDM	bis 26.890 TDM	ab 26.890 TDM
Nettoumsatz	bis 13.440 TDM	bis 53.780 TDM	ab 53.780 TDM
Mitarbeiter	bis 50 AN	bis 250 AN	ab 250 AN

FS Döllerer, S. 110; *Kamprad*, GmbHR 1985, 352, 353. Ausführlich zu den Adressaten des GmbH-Abschlusses *Jansen*, Publizitätsverweigerung, S. 34 ff.
20 *Lutter/Hommelhoff*, GmbHG, Vor § 41, Rdnr. 17; *Apelt*, Publizität, S. 46 f.; *Hommelhoff*, ZIP 1983, 383, 386.
21 Vergl. *Beine*, Gesellschafterleistungen, S. 166 m. w. N. in Fn. 307 f.; *Moxter*, FS Goerdeler, S. 369 f.
22 BayObLG, Beschl. vom 24.11.1994, DB 1995, 316, 317; OLG Frankfurt, Urt. vom 17.03.1993, BB 1993, 1842, 1843; *E.M. Wimmer*, Bilanzpublizität, S. 45 ff.; *Döser*, LM H. 5/1998 § 335 HGB Nr. 13a; *Leible*, ZHR 162 (1998) 594, 615. Ausführlich zur gläubigerschützenden Wirkung der Publizität *Apelt*, Publizität, S. 81 ff.
23 Die gleiche Pflicht trifft unter den Voraussetzungen der §§ 9, 10 PublG auch andere Personengesellschaften. Aufgrund der unterschiedlichen Schutzzwecke sollen diese Regelungen hier nicht Gegenstand der Untersuchung sein.
24 Publizitätsrichtlinie – Erste Richtlinie 68/151/EWG vom 09.März 1968, ABl EG Nr. L 65 vom 14.03.1968, S. 8 ff. ebenfalls abgedruckt bei *Lutter*, Unternehmensrecht, S. 104 ff.; *Habersack*, Gesellschaftsrecht, Rdnr. 133; umgesetzt durch Durchführungsgesetz zur ersten RL vom 15.08.1969, BGBl 1969 I, S. 1146 ff.

Tabelle 2: (Fortsetzung)

	Oder (größenunabhängig)			Handel der Aktien im amtlichen Handel oder geregelten Markt oder Beantragung hierzu
Bestandteile der Rechnungslegungspflicht (§ 264 Abs. 1 HGB)	Bilanz GuV Anhang		Bilanz GuV Anhang Lagebericht	
Aufstellungszeitraum (§ 264 Abs. 1 HGB)	Innerhalb von 6 Monaten		Innerhalb von 3 Monaten	
Anzuwendendes Gliederungsschema für die Bilanzaufstellung	Kurzform der Bilanz gem. § 266 Abs. 1 S. 3 HGB (Großbuchstaben – römische Ziffern) bei GmbH wegen § 42 Abs. 3 GmbHG mit „Davon-Vermerk" für Rechtsbeziehungen mit Gesellschaftern		Langform der Bilanz gem. § 266 Abs. 2 HGB (Großbuchstaben – arabische Ziffern)	
Feststellungszeitraum	Kleine GmbH: 11 Monate (§ 42a Abs. 2 S. 1 GmbHG) Sonstige GmbH's: 8 Monate (§ 42a Abs. 2 S. 1 GmbHG) AG (größenunabhängig): 8 Monate (§ 175 Abs. 1 S. 2 AktG)			
Offenlegungszeitraum	12 Monate (§ 326 HGB)		9 Monate (§ 325 Abs. 1 HGB)	
Umfang der Veröffentlichung	Jahresabschluß, Bericht des AR; Anhang muß keine Angaben zur GuV enthalten	Jahresabschluß mit Bestätigungsvermerk, Lagebericht, Bericht des AR; Bilanz in Kurzform gem. § 266 Abs. 1 S. 3 HGB unter Berücksichtigung des § 327 Nr. 1 HGB; Erleichterungen beim Anhang, § 327 Nr. 2 HGB		Jahresabschluß mit Bestätigungsvermerk, Lagebericht, Bericht des AR
Ort der Veröffentlichung	Einreichung beim Handelsregister und Bekanntmachung im Bundesanzeiger, bei welchem Handelsregister unter welcher Nummer die Unterlagen eingereicht wurden			Bundesanzeiger und Einreichung beim Handelsregister (§ 325 Abs. 2 HGB)

Durch die Veröffentlichung soll es den Gläubigern ermöglicht werden, die Bonität des Unternehmens selbst zu beurteilen und eine eigene Prognose über das Investitionsrisiko anzustellen.[25] Dieser Bestandteil des bilanziellen Gläubigerschutzes hat jüngst durch den EuGH,[26] der feststellte, daß die deutsche Umsetzung der Publizitätsrichtlinie unzureichend sei, eine Stärkung erfahren.[27] § 335 HGB stellt nach dem EuGH nicht sicher, daß die Gesellschaften ihrer Publizitätspflicht nachkommen. Gleichzeitig hat das Gericht[28] betont, daß nicht nur die gegenwärtigen Gläubiger und Gesellschafter ein Informationsinteresse haben, sondern auch die potentiellen. Dem ist zuzustimmen, denn wenn sich Dritte ein eigenes Bild von der wirtschaftlichen Entwicklung der Gesellschaft machen sollen, so kann nicht von ihnen verlangt werden, daß sie zuvor Gläubiger der Gesellschaft werden müssen, um dann festzustellen, daß sie bei vorheriger Information über die wirtschaftliche Lage der Gesellschaft den Kontakt zu ihr vermieden hätten.

II. Kapitalerhaltungsfunktion

Die Kapitalerhaltungsfunktion[29] soll die Zugriffsmöglichkeiten der Anteilseigner auf das Kapital der Gesellschaft beschränken und damit sicherstellen, daß der Gesellschaft auch künftig die zur Fortführung des Geschäfts notwendigen Mittel zur Verfügung stehen. Dieses Ziel wird zunächst – insbesondere bei Personengesellschaften, aber wegen § 264 Abs. 2 S. 1 HGB, der einen Einblick in die Vermögens- und Finanzlage fordert, ebenso bei Kapitalgesellschaften[30] – durch Information verwirklicht. Insoweit sollen die Gesellschaftsorgane von übermäßigen Ausschüttungen und Kapitalrückzahlungen abgehalten werden, weil sie Kenntnis von den existenzbedrohenden Folgen einer solchen Rückzahlung haben. Zu diesem Zweck ist im Gesetz namentlich durch das Vorsichts- und Imparitätsprinzip (§§ 252 Abs. 1 Nr. 4, 253 HGB) eine vorsichtige Gewinnermittlung vorgeschrieben. So soll dem Gesellschafter

---

25 *Apelt*, Publizität, S. 110 ff.; *Leible*, ZHR 162 (1998) 594, 615.
26 EuGH, Urt. vom 04.12.1997, EuGHE 1997, I-6843, 6858 ff. („Daihatsu") = NJW 1998, 129; Urt. vom 29.09.1998, BB 1998, 2200, 2204 = EuGHE 1998, I-5449, 5485 ff. Ausführlich zu diesen beiden Urteilen *Jansen*, Publizitätsverweigerung, S. 145 ff.
27 Demgegenüber wird die praktische Relevanz der Bilanzpublizität in jüngster Zeit bezweifelt, so etwa von *Escher-Weingart*, NZG 1999, 909, 914 f.
28 EuGH, Urt. vom 04.12.1997, EuGHE 1997, I-6843, 6864 f, Ziff. 20 ff. („Daihatsu") = NJW 1998, 129; Urt. vom 29.09.1998, BB 1998, 2200, 2204 = EuGHE 1998, I-5449, 5504, Ziff. 67. Zustimmend *van Hulle*, WPg 1998, 138, 148 f.; *Leible*, ZHR 162 (1998) 594, 600 f. So auch schon vorher *Apelt*, Publizität, S. 88; *Kamprad*, GmbHR 1985, 352, 353.
29 Siehe hierzu *Leffson*, Grundsätze, S. 93 ff.; *Baetge*, Bilanzen, S. 59 ff.; *Fleck*, FS Döllerer, S. 110; *ders.*, GmbHR 1989, 313, 313 f.; *Kamprad*, GmbHR 1985, 352, 352; *Klaus*, BB 1994, 680, 682.
30 *Baegte*, Bilanzen, S. 60 ff.; *Voßbeck*, Ausweis, S. 80 ff.

deutlich werden, ob er dem Unternehmen Gewinne oder Substanz entzieht (Ausschüttungsbemessungsfunktion).

Neben diesem bilanzrechtlichen Schutzsystem findet sich in den §§ 29, 30 Abs. 1 GmbHG und 57, 58, 150 AktG der Grundsatz der gesellschaftsrechtlichen Kapitalerhaltung, nach dem bestimmte Bestandteile des Eigenkapitals besonders vor dem Zugriff der Anteilseigner geschützt sind. Dieses gesellschaftsrechtliche Schutzsystem bedarf indes der bilanziellen Flankierung. Die Unterstützungsfunktion des Jahresabschlusses ergibt sich daraus, daß die gesellschaftsrechtliche Kapitalerhaltung eng mit dem bilanziell zu ermittelnden Jahresergebnis verbunden ist,[31] denn bei einer Ausweisung nicht realisierter Gewinne scheinen Ausschüttungen noch zulässig, obwohl vielleicht schon auf geschütztes Eigenkapital zugegriffen wird. Soll an dem bisher in Deutschland praktizierten System eines garantierten Mindestkapitals festgehalten werden,[32] so muß neben der Kapitalaufbringung die Kapitalerhaltung gesetzlich sichergestellt sein.

III. Dokumentationsfunktion

Ebenso hat die Dokumentationsfunktion[33] des Jahresabschlusses eine gläubigerschützende Wirkung.[34] Aufgabe der Dokumentation der Unternehmensentwicklung ist es, ein möglicherweise unredliches Verhalten der im Unternehmen tätigen Personen wenn nicht zu verhindern, so zumindest festzuhalten. Durch die bilanzielle Abbildung der wirtschaftlichen Verhältnisse der Gesellschaft werden zugleich Ansprüche von Gläubigern und Gesellschaftern für den Insolvenzfall gesichert. Insbesondere der Nachweis eines Anfechtungstatbestandes nach den §§ 129 ff. InsO und dem Anfechtungsgesetz wird so vereinfacht. Im Falle eines Rechtsstreits können die Buchführungsunterlagen nach § 258 f. HGB vom Gericht hinzugezogen werden und sind im Prozeß als Urkunden im Sinne des § 416 ZPO richterlich frei zu würdigen, § 286 ZPO.[35]

---

31 Ausführlich zu diesem Zusammenhang *Leffson*, Grundsätze, S. 52 ff.; *Schulze-Osterloh*, 100 Jahre GmbHG, S. 506 ff.
32 In den USA etwa kommt der Kapitalaufbringung und -erhaltung eine vergleichsweise geringe Bedeutung zu, vergl. *Beine*, Gesellschafterleistungen, S. 29; *Bormann*, RIW 1996, 35, 41, jeweils m.w.N. Vergl. aber auch *Schön*, ZGR 2000, 706, 726 f. zur Einführung von Kapitalschutz auf schuldrechtlichem Wege.
33 Diese hat ihren Niederschlag insbesondere in § 257 HGB gefunden, der die Aufbewahrung der Unterlagen und ihre Fristen regelt. Darüber hinaus unterliegen die Geschäftsbücher dem Insolvenz- bzw. Konkursbeschlag, § 36 Abs. 2 Nr. 1 InsO (§ 1 Abs. 3 KO).
34 *Baegte*, Bilanzen, S. 63; *Beine*, Gesellschafterleistungen, S. 166 Fn. 307; *Leffson*, Grundsätze, S. 111.
35 Staub/*Hüffer*, § 258 HGB, Rdnr. 22.

C. Ergebnis und Ausblick auf künftige Tendenzen

Der Jahresabschluß stellt sich nach seiner derzeitigen Konzeption als ein geschlossenes Gläubigerschutzsystem dar. Dabei wird der Gläubigerschutz unabhängig von der Rechtsform der Gesellschaft durch Selbstinformation des Unternehmens und Dokumentation verwirklicht. Hierneben tritt bei Kapitalgesellschaften, Personengesellschaften ohne eine natürliche Person als Vollhafter und solchen, die dem Publizitätsgesetz unterliegen, die Außenpublizität als weiteres Schutzelement. Bei Kapitalgesellschaften ist zudem das Stamm- bzw. Grundkapital gegen den Zugriff der Gesellschafter geschützt. Die nachstehende Abbildung zeigt das derzeit geltende Gläubigerschutzsystem.

Kapitalgesellschaften				
Personengesellschaften im Sinne des PublG und des § 264a HGB				
Personengesellschaften und Einzelunternehmen				
Gläubiger-schutz durch Binnen-publizität	Gläubiger-schutz durch Dokumen-tation	Gläubiger-schutz durch Außen-publizität	Gläubiger-schutz durch *gesellschafts-rechtliche* Kapital-erhaltung	

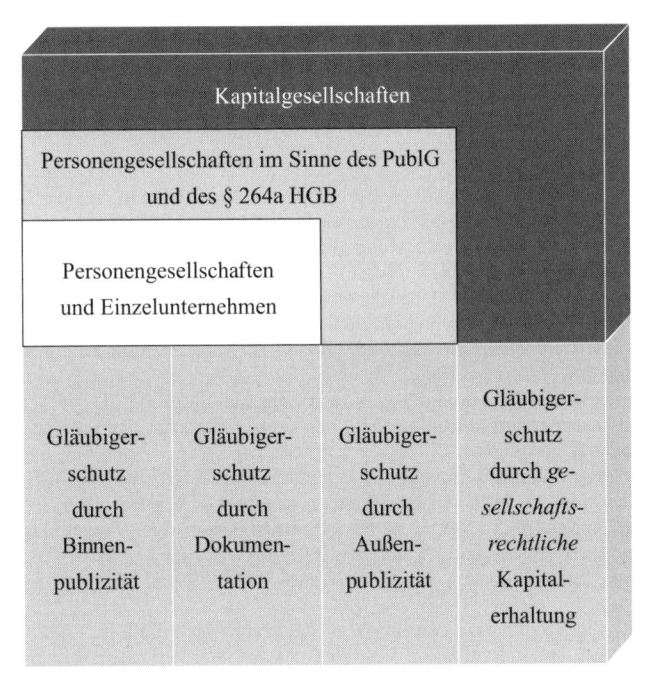

Abbildung 1: System des Gläubigerschutzes

Im Rahmen der weiteren Untersuchung wird insbesondere zu berücksichtigen sein, daß der Schwerpunkt der bisherigen europarechtlichen Regelungen eindeutig auf den Publizitätspflichten lag.[36] Die gesellschaftsrechtliche Kapitalerhaltung wird demgegenüber in Art. 15 Abs. 1 lit. a der Kapitalricht-

---

36 KK-AktG/*Claussen/Korth*, Vorb. § 238 HGB, Rdnr. 40f.; *Glade*, Rechnungslegung, Teil I, Rdnr. 22. Ähnlich auch *Moxter*, BB 1995, 1463, 1464.

linie[37] allein für die Aktiengesellschaft europarechtlich geregelt. Für ihre Effektivität ist letztlich der Umfang des zu schützenden Kapitals entscheidend.[38] Ist die Eigenkapitaldecke der Gesellschaft zu dünn bemessen – was häufig bei solchen Gesellschaften, bei denen es zu einer Umqualifizierung in Eigenkapitalersatz kommt, der Fall ist[39] –, so kann über die gesellschaftsrechtliche Kapitalerhaltung kein wirkungsvoller Gläubigerschutz erreicht werden. Damit spricht im Rahmen des Caveat-creditor-Grundsatzes einiges dafür, an die Publizität – ähnlich wie im anglo-amerikanischen Bereich – höhere Anforderungen zu stellen.[40]

Weiterhin sind verschiedene Tendenzen zur weltweiten Harmonisierung der Rechnungslegung zu beachten.[41] Unabhängig davon, ob sich international letztlich die US-GAAP oder aber die Regeln des IASC durchsetzen werden,[42] scheint eine Dynamisierung des europäischen Bilanzrechts unabwendbar. So wird bereits heute für eine dynamische Interpretation der Vierten Richtlinie im Sinne der IAS eingetreten.[43] Folge hiervon wird zwangsläufig die Aufwertung der Informationsfunktion sein,[44] denn die Dynamisierung ist mit der

---

37 Kapitalrichtlinie – Zweite Richtlinie 77/91/EWG vom 13.12.1976, ABl EG Nr. L 26 vom 31.01.1977, S. 1 ff.; ebenfalls abgedruckt bei *Lutter*, Unternehmensrecht, S. 114 ff.; *Habersack*, Gesellschaftsrecht, Rdnr. 206.
38 Vergl. auch *Fleck*, 100 Jahre GmbHG, S. 392.
39 So will etwa *Baetge*, Bilanzen, S. 441 bei der Ermittlung der Kreditwürdigkeit auf eine erhebliche Unterschreitung der branchenüblichen Eigenkapitalquote abstellen, vergl. auch bereits *Albach*, ZStaatsW 1962, 653, 654 ff. zur steuerrechtlichen Parallelfrage im damaligen § 3 Abs. 1 KVStG.
40 Vergl. auch *Jansen*, Publizitätsverweigerung, S. 60 f., die sich aufgrund des bei der GmbH schwächer ausgeprägten institutionellen Gläubigerschutzes für eine Stärkung der Publizitätspflichten ausspricht.
41 Ausführlich etwa *Havermann*, FS Moxter, S. 665 ff.; *Bormann*, RIW 1996, 35, 35 ff. Der damalige Chairman des IASC, Eiichi Shiratori, sah 1995 in der faktischen Erzwingung der internationalen Anerkennung der IAS einen notwendigen Prozeß und die Beibehaltung eines eigenständigen Rechnungslegungssystems als Luxus an, vergl. *Lückmann*, Internationale Rechnungslegung (IV), Handelsblatt vom 01.06.1995, S. 16.
42 Während die letzte EU-Kommission eindeutig die IAS bevorzugte (vergl. *van Hulle*, WPg 1998, 138, 139) und sich auch die Vereinbarung der internationalen Vereinigung der Börsenaufsichtsbehörden (IOSCO) dafür einsetzen wollte, die Einhaltung der IAS zur Voraussetzung für die Zulassung zum Börsenhandel zu machen, scheint momentan die Verweigerung der SEC, einen nach IAS aufgestellten Abschluß anzuerkennen, für eine internationale Hinwendung zu den US-GAAP zu sprechen, vergl. *Biener*, Vorschnelles Handeln, Handelsblatt vom 05.11.1998, S. 20. Die EU-Kommission scheint hingegen weiterhin an einer Orientierung an den IAS festzuhalten, vergl. *van Hulle*, ZGR 2000, 537, 543 f., der darauf hinweist, daß die Anwendung der US-GAAP faktisch eine Überwachung durch die SEC bedeuten würde.
43 *Van Hulle*, WPg 1998, 138, 147; vergl. auch *Zitzelsberger*, WPg 1998, 799, 803 f.
44 Zur Verbesserung der Investor Relation durch Bilanzierung nach internationalen Standards siehe *Bormann/Odenthal*, DStZ 1997, 361, 364 ff.

Aufweichung des Vorsichtsprinzips verbunden, weshalb die Kapitalerhaltung an Effektivität einbüßen wird. Aufgrund der bisher hohen und weiterhin steigenden Bedeutung der Außenpublizität scheint die Behauptung, der Jahresabschluß habe sich aufgrund der Ziele und Adressaten an der Sichtweise der Gesellschafter zu orientieren,[45] nur schwer vertretbar.

§ 4: Ausweisung eigenkapitalersetzender Gesellschafterleistungen bei der leistungsempfangenden GmbH

A. Einführung und Meinungsstand

Probleme wirft die handelsbilanzielle Behandlung eigenkapitalersetzender Gesellschafterdarlehen insbesondere deswegen auf, weil es an expliziten gesetzlichen Regelungen fehlt. Zwar war in § 251 Abs. 3 Nr. 4 des Vorentwurfs zum Bilanzrichtlinien-Gesetz vom 05.02.1980[46] vorgesehen, Darlehen, die im Konkursfall nicht geltend gemacht werden dürfen, als Kapitalrücklage auszuweisen. Nach Kritik aus dem Kreise der Wirtschaftsprüfer, daß es vor Eintritt des Konkurses im Einzelfall äußerst schwierig sei festzustellen, ob Eigenkapitalersatz vorliege oder nicht,[47] verschwand diese Norm aus den späteren Entwürfen. Immerhin ist nunmehr in § 39 Abs. 1 Nr. 5 InsO geregelt, daß eigenkapitalersetzende Darlehen als nachrangige *Verbindlichkeiten* am Insolvenzverfahren teilnehmen.[48] Wie jedoch die Diskussion um die Bilanzierung von Genußscheinen zeigt,[49] steht die Möglichkeit, eine Forderung im Insolvenzverfahren als nachrangig geltend zu machen, der Einordnung als Eigenkapital nicht zwangsläufig entgegen. Da das Gesetz selbst keine Definition für Eigen- und Fremdkapital liefert,[50] sondern die Abgrenzung dem jewei-

---

45 *Groh*, BB 1993, 1882, 1882.
46 § 251 Abs. 3 des Vorentwurfs lautete:
Als Kapitalrücklagen sind auszuweisen:
[...] 4. Darlehen, die im Konkurs- oder im Vergleichsverfahren zur Abwendung des Konkurses nicht geltend gemacht werden dürfen; sind diese Beträge zu verzinsen oder können sie jederzeit entnommen werden, so ist dies zu vermerken.
Der Vorentwurf (Az. des BMJ: 9522/1–3 – 1 aSH3 – 30212/80) wurde dem Verfasser freundlicherweise von *Frau Grün* (Institut der Wirtschaftsprüfer, Düsseldorf) überlassen.
47 Stellungnahme der WPK und des IdW zum Vorentwurf des Jahresabschlußrichtlinie-Gesetzes, WPg 1980, 501, 507 f.
48 Nach *Noack*, Gesellschaftsrecht, Rdnr. 194 scheidet bereits aus diesem Grunde eine Einordnung als Eigenkapital aus. Vergl. auch *Hasselbach/Wicke*, BB 2001, 435, 435.
49 Vergl. hierzu HFA 1/1994, WPg 1994, 419, 419 ff.; *Küting/Kessler/Harth*, Beilage Nr. 4 BB 1996, S. 1 ff.; *Schweitzer/Vopert*, BB 1994, 821, 821 ff.
50 *Priester*, ZGR 1999, 533, 541.

gen Abgrenzungszweck nach und nicht einheitlich erfolgt,[51] ist das Problem nicht ohne weiteres durch Subsumtion unter die jeweiligen Begriffe zu lösen. Selbst durch die Rechtsprechung konnte noch keine hinreichende Klärung erreicht werden. Zwar hat der zuständige II. Senat des BGH[52] in einem Urteil, in dem es um die Unterbilanzhaftung ging, festgestellt, daß „eigenkapitalersetzende Gesellschafterdarlehen jedenfalls bei Fehlen einer Rangrücktrittsvereinbarung in der Jahresbilanz (§§ 242 ff. HGB) zu passivieren" seien. Damit ist aber weder geklärt, unter welchem Gliederungsposten das Darlehen auszuweisen ist, noch ob im Anhang oder der Bilanz selbst ein Hinweis auf den eigenkapitalersetzenden Charakter erforderlich ist.[53] Im übrigen ist das Urteil angreifbar, weil der BGH auf eine dezidierte Auseinandersetzung mit der Eigen- und Fremdkapitaldefinition verzichtet hat.

Einvernehmen besteht allein insoweit, daß Gesellschafterdarlehen – auch eigenkapitalersetzende – nach § 42 Abs. 3 GmbHG als solche kenntlich zu machen sind.[54] Ansonsten herrscht im Schrifttum – obwohl eine eindeutige Tendenz zu verzeichnen ist, Eigenkapitalersatz als Verbindlichkeit zu passivieren[55] – immer noch Uneinigkeit über die Bilanzierung.

So wird teilweise[56] erwogen, eigenkapitalersetzende Gesellschafterdarlehen unabhängig vom Rechtsgrund der Umqualifzierung nicht zu passivieren, sondern als außerordentlichen Ertrag zu vereinnahmen. Begründet wird dies damit, daß sie das Gesellschaftsvermögen gegenwärtig nicht belasten würden. Diese in der Literatur überwiegend abgelehnte Ansicht[57] hat eine Stärkung

---

51 *Wiedemann*, FS Beusch, S. 894; *Zdrowomyslaw/Richter*, BuW 1997, 81, 82.
52 BGH, Urt. vom 06.12.1993, BB 1994, 392, 393 f. = BGHZ 124, 282, 285 = NJW 1994, 724; vergl. auch Urt. vom 15.02.1996, BB 1996, 708, 710 = NJW 1996, 1341, 1343.
53 Zwar spricht der BGH in seinem Urt. vom 06.12.1993, BB 1994, 392, 393 = BGHZ 124, 282, 285 = NJW 1994, 724 davon, daß § 42 Abs. 3 GmbHG keine gesonderte Ausweisung eigenkapitalersetzender Darlehen verlange, doch selbst wenn hieraus der Schluß gefolgert werden sollte, daß derartige Darlehen nicht zu kennzeichnen seien, wäre dies allein ein obiter dictum.
54 BGH, Urt. vom 06.12.1993, BB 1994, 392, 393 f. = BGHZ 124, 282, 285 = NJW 1994, 724; *Küting/Kessler*, BB 1994, 2103, 2108; *Niemann/Mertzbach*, DStR 1992, 929, 931; *Weisang*, WM 1997, 245, 248.
55 So betrachten etwa *Fleischer*, Finanzplankredite, S. 324 und ähnlich *v. Gerkan*, ZGR 1997, 173, 197 alle anders lautenden Ansichten als überholt.
56 So namentlich *Fassnacht*, Fremdfinanzierung, S. 151 ff., insbes. 157 f., der allerdings zugesteht, daß eine gesonderte Eigenkapitalposition die Kapitalsituation der Gesellschaft besser darstellen würde als eine gewinnwirksame Vereinnahmung, a.a.O., S. 159. Ähnlich BFH, Urt. vom 18.06.1980, BB 1980, 1670, 1670 für Darlehen, deren Rückzahlung von der Ertrags- und Liquiditätslage abhängen soll; zustimmend *Heibel*, BB 1981, 2042, 2045 f.; a.A. aber BFH, Urt. vom 20.09.1995, BB 1995, 2571, 2572, wenn die Rückzahlungsverpflichtung an Verwertungserlöse anknüpft.
57 Vergl. nur *Bachem*, Bilanzierung, S. 7; *Küting/Kessler*, BB 1994, 2103, 2109; *Mathiak*, DStR 1990, 255, 262 f.; *Priester*, DB 1991, 1917, 1923; *Thiel*, GmbHR 1992, 20, 22.

dadurch erfahren, daß der Gesetzgeber in seiner Begründung zu § 16 Abs. 3 DMBilG[58] zum allgemeinen Grundsatz erhob, „daß Verbindlichkeiten, die nur aus künftigen Jahresüberschüssen zu tilgen sind, in der Bilanz nicht als Verbindlichkeiten ausgewiesen werden dürfen". An anderer Stelle[59] wird ein Passivierungsverzicht für die Rechtsprechungsdarlehen damit begründet, daß diese nach dem „Balsam/Procedo"-Urteil des BGH[60] nur noch nach einem gesonderten Gesellschafterbeschluß rückzahlbar seien; damit würde die zugrundeliegende Verbindlichkeit zu einer bedingten und sei als solche nicht mehr zu passivieren.

Weiterhin wird die Ausweisung der eigenkapitalersetzenden Rechtsprechungsdarlehen unter dem Eigenkapital vertreten, während die Novellendarlehen als Fremdkapital verbucht werden sollen. Die Vorschläge für die Rechtsprechungsdarlehen reichen von einer nicht erfolgswirksamen Umbuchung in das Eigenkapital unter einem besonderen Eigenkapitalposten[61] bis hin zur Umgliederung in eine bei der Berechnung des Eigenkapitals nicht zu berücksichtigenden „Vorspalte" zum Eigenkapital.[62] Alternativ zur Bilanzierung unter dem Eigenkapital wird allerdings der Ansatz eines gesonderten Postens zwischen Eigen- und Fremdkapital für zulässig gehalten.[63]

---

58 BT-Drcks. 11/7817, S. 80. Insoweit zustimmend Budde/*Forster*/Gelhausen, DMBilG, § 16, Rdnr. 35 und *Scherrer*, Konzeption, S. 25, der allerdings davon ausgeht, daß die Verbindlichkeit erst wieder „auflebt", wenn die Erfüllung möglich ist. Damit scheint *Scherrer* in dem in § 16 Abs. 3 DMBilG geregelten Rangrücktritt konstruktiv einen bedingten Verzicht zu sehen. Gegen eine Verallgemeinerungsfähigkeit des § 16 Abs. 3 DMBilG demgegenüber etwa *Häuselmann*, BB 1993, 1552, 1554; *Küting/Kessler*, BB 1994, 2103, 2109; *Weisang*, WM 1997, 245, 249.
59 Vergl. *Kurth/Delhaes*, DB 2000, 2577, 2581; hiergegen *Bormann*, DB 2001, 907, 909 f.
60 Urt. vom 29.05.2000, BB 2000, 1483 = NJW 2000, 2577, 2578.
61 *Schnell*, Gesellschafterleistungen, S. 148; *Lutter/Hommelhoff*, ZGR 1979, 31, 53 f.; *Westerfelhaus*, DB 1991, 2035, 2035; wohl auch *Lutter*, DB 1993, 2441, 2445. Für das Steuerrecht tendenziell auch *Mathiak*, StuW 1985, 273, 274. *Klatte*, in: Jahrbuch für Controlling, S. 168 f. (für Österreich), hält eine Zuordnung zum Eigenkapital für möglich, wenn ausnahmsweise eine künftige Inanspruchnahme so gut wie sicher auszuschließen ist; ähnlich *Harald Herrmann*, Quasi-Eigenkapital, S. 134 f. für Darlehen mit Rangrücktritt. Vergl. auch Schreiben des BMF vom 16.03.1987, DB 1987, 662, 662 aufgehoben durch Schreiben vom DB 1992, 2167, 2167.
62 Baumbach/Duden/*Hopt*, HGB (27. Aufl.), § 266, Anm. 13 (seit der 28. Aufl. aufgegeben); *Ketzer*, Aktionärsdarlehen, S. 187 f. (für die AG); *Hommelhoff*, in: Handwörterbuch, S. 140; *ders.*, WPg 1984, 629, 632; *ders.*, JbFStR 1984/85, 397, 402 f. So wohl auch KK-AktG/*Lutter*, § 57, Rdnr. 105.
63 So etwa *Lutter/Hommelhoff*, ZGR 1979, 31, 53 f. Für einen zwingenden Ausweis als Sonderposten nunmehr aber *Hommelhoff*, JbFStR 1994/95, 584. Ebenso für Verbindlichkeiten mit Rangrücktritt, allerdings ausdrücklich nicht für Eigenkapitalersatz *Knobbe-Keuk*, Bilanz- und Unternehmenssteuerrecht, S. 111; *K. Schmidt*, FS Goerdeler, S. 502 f. und 508 ff.

Nach der Gegenposition – welche herrschend ist[64] und seit längerem vom BFH vertreten wird[65] – sind eigenkapitalersetzende Gesellschafterdarlehen unabhängig davon, ob sie unter die Rechtsprechungs- oder die Novellenregeln fallen, im Jahresabschluß als Fremdkapital anzusetzen. Durch die bloß vorübergehende Auszahlungssperre nach § 30 GmbHG bzw. die Nachrangigkeit im Insolvenzverfahren nach § 32a GmbHG verliere das Darlehen nicht seinen Charakter als Verbindlichkeit. Innerhalb dieser Ansicht ist allerdings strittig, ob, und wenn ja, wie der eigenkapitalersetzende Charakter des Darlehens im Jahresabschluß kenntlich zu machen ist. Von einigen Verfassern[66] wird ein gesonderter Hinweis abgelehnt, insbesondere weil er keinen weitergehenden Einblick verschaffe und höchstens den mächtigen Gläubigern diene. Andere Autoren verlangen demgegenüber – zumeist unter Rückgriff auf den Grundsatz des true-and-fair-view – eine gesonderte Kennzeichnung der eigenkapitalersetzenden Darlehen. Als Ort für einen Hinweis auf den besonderen Charakter werden die

---

64 *Clemm/Erle*, in: Beck'scher Bilanzkommentar, § 247, Rdnr. 231 f.; *Glade*, Rechnungslegung, § 266, Rdnr. 575; *Baetge*, Bilanzen, S. 442; *Mutter*, Darlehen, S. 77; *Teller*, Rangrücktrittsvereinbarungen, S. 161; *Thiele*, Eigenkapital, S. 230 ff.; *Büchele*, DB 1997, 2337, 2340; *Buciek*, Stbg 2000, 109, 110; *Fleck*, GmbHR 1989, 313, 316; *Groh*, BB 1993, 1882, 1888; *Häuselmann*, BB 1993, 1552, 1554; *Hemmelrath*, DStR 1991, 626, 628; *Kleindiek*, in: Handbuch, Teil 7, Rdnr. 7.4; *Küffner*, DStR 1993, 180, 181; *Küting/Kessler*, BB 1994, 2103, 2109; *Maser*, ZIP 1995, 1319, 1321 f.; *Mohr*, GmbH-Stb 1997, 193, 195; *Priester*, DB 1991, 1917, 1923; *Schulze-Osterloh*, WPg 1996, 97, 101, 105; *Thiel*, GmbHR 1990, 223, 227; *Wimmer*, NJW 1996, 2546, 2551; *Zdrowomyslaw/Richter*, BuW 1997, 81, 85; ebenso wohl *Döllerer*, Gewinnausschüttungen, S. 204 f. Siehe auch BGH, Urt. vom 06.12.1993, BB 1994, 392, 393 = BGHZ 124, 282, 284 = NJW 1994, 724 („jedenfalls bei Fehlen einer Rangrücktrittsvereinbarung"); zustimmend *v. Gerkan*, EWiR 1994, 275, 276. In der Literatur wird davon ausgegangen, daß der BGH eine Passivierungspflicht auch beim Vorliegen einer Rangrücktrittserklärung annimmt, vergl. *Jasper*, WiB 1994, 193, 193; *Priester*, ZIP 1994, 413, 415.
65 BFH, Urt. vom 30.03.1993, DB 1993, 1266, 1266 = BFHE 170, 449 = NJW 1994, 406; Urt. vom 28.03.2000, DStR 2000, 771, 771; siehe auch BGH, Urt. vom 15.02.1996, BB 1996, 708, 710 = NJW 1996, 1341, 1343.
66 So etwa A/D/S, § 42 GmbHG, Rdnr. 35; GK-HGB/*Marsch-Barner*, § 267, Rdnr. 68; KK-AktG/*Claussen/Korth*, § 272 HGB, Rdnr. 8; *Bareis/Brönner*, Bilanz, IV – Rdnr. 355 (für Novellendarlehen); *Hock*, Gesellschafter-Fremdfinanzierung, S. 48; *Klaus*, Gesellschafterfremdfinanzierung, S. 459; WP-Handbuch/*Gelhausen*, Bd. I, Abschnitt F, Rdnr. 223; *Duske*, DStR 1993, 925, 926; *Hill*, in: GmbH-Rechnungslegung, S. 15; *Klaus*, BB 1994, 680, 687. Einige der Genannten verlangen im Lagebericht einen allgemeinen Hinweis auf die Lage des Unternehmens. Kritisch gegenüber einer gesonderten Ausweisung auch *Groh*, BB 1993, 1882, 1888. In der Literatur (vergl. nur A/D/S, § 42 GmbHG, Rdnr. 35; *Beine*, Gesellschafterleistungen, S. 178) wird vermutet, daß sich der BGH mit Urt. vom 06.12.1993, BB 1994, 392, 393 = BGHZ 124, 282, 285 = NJW 1994, 724 dieser Ansicht anschließen wollte, als er formulierte, daß nach § 42 Abs. 3 GmbHG keine gesonderte Ausweisung von eigenkapitalersetzenden Darlehen notwendig sei.

Bilanz selbst,[67] der Anhang[68] und der Lagebericht[69] genannt. Zu guter Letzt ist umstritten, ob die Rechtsprechungs- und Novellendarlehen gemeinsam[70] oder getrennt[71] ausgewiesen werden sollen. Einen Überblick über die in Betracht kommenden Ausweismöglichkeiten gibt die Abbildung auf S. 86.

B. Eigenkapitalersetzende Gesellschafterdarlehen vor der Rückgewähr

I. Bilanzielle Einordnung

Bestimmend für die bilanzielle Einordnung der eigenkapitalersetzenden Gesellschafterleistungen wird sein, inwiefern sie sich unter die Definitionen der einzelnen Bilanzposten subsumieren lassen. Allein wenn hieraus ein Ergebnis folgt, welches ein unzutreffendes Bild von der Vermögens- und Finanzlage der Gesellschaft widerspiegelt, kann darüber nachgedacht werden, ob und welche Abweichungen vom Subsumtionsergebnis im Rahmen der §§ 264 Abs. 2, 265 Abs. 5 S. 2 oder Abs. 6 HGB erforderlich sind, um das Bild zu korrigieren. Unter diesem Aspekt und wegen der grundsätzlichen zivilrechtlichen Unterschiede kann erst nach einer Subsumtion und nicht abstrakt entschieden werden, ob die Rechtsprechungs- und Novellendarlehen bilanziell gleich einzuordnen sind.[72] Von der bilanziellen Einordnung zu trennen ist indes die Frage der konkreten Ausweisung, weshalb diese gesondert zu beantworten ist.

---

67 Einen Hinweis in der Bilanz fordern: Baumbach/*Hopt*, HGB, § 266, Rdnr. 17; Baumbach/Hueck/*Schulze-Osterloh*, GmbHG, § 42, Rdnr. 226; *Fleischer*, Finanzplankredite, S. 325; *Voßbeck*, Ausweis, S. 202f.; *Bordt*, HdJ Abt. III/1 (Stand 1990), Rdnr. 255; *Kleindiek*, in: Handbuch, Teil 7, Rdnr. 7.12; *Schulze-Osterloh*, WPg 1996, 97, 105.
68 Mindestens einen Hinweis im Anhang fordern: *Lutter/Hommelhoff*, GmbHG, § 42, Rdnr. 40; *Beine*, Gesellschafterleistungen, S. 191f. (unter einem Sammelposten „Nachrangige Verbindlichkeiten); *v. Gerkan/Hommelhoff*, Kapitalersatz, Rdnr. 6.17; *Maser*, ZIP 1995, 1319, 1322; *Weisang*, WM 1997, 245, 248. Teilweise lassen die Genannten auch einen Vermerk in der Bilanz zu.
69 Einen Hinweis auf den eigenkapitalersetzenden Charakter im Lagebericht wollen ausreichen lassen: Roth/*Altmeppen*, GmbHG, § 42, Rdnr. 37; Scholz/*Crezelius*, GmbHG, Anh. § 42a, Rdnr. 221; *Häuselmann*/Rümker/Westermann, Finanzierung, S. 100; *K. Schmidt*, Gesellschaftsrecht, S. 535; *Fleck*, FS Döllerer, S. 116; *Fleck*, GmbHR 1989, 313, 317; wohl auch *Knobbe-Keuk*, Bilanz- und Unternehmenssteuerrecht, S. 111.
70 So die h. M.: Baumbach/*Hopt*, HGB, § 266, Rdnr. 17; *Beine*, Gesellschafterleistungen, S. 193; *Hollenbeck*, Gesellschafterleistungen, S. 106; *Winnefeld*, Bilanz-Handbuch, Abschnitt M, Rdnr. 945; *Groh*, BB 1993, 1882, 1888; *Küting/Kessler*, BB 1994, 2103, 2108. Wohl auch *Bachem*, DB 1994, 1055, 1056; deutlicher *ders.*, Bilanzierung, S. 13: „Zwischen BGH- und Novellen-Darlehen ist kein Unterschied zu machen."
71 *Priester*, DB 1991, 1917, 1924; vergl. auch *Klatte*, in: Jahrbuch für Controlling, S. 173 (für Österreich).
72 Das ignoriert etwa *Klaus*, Gesellschafterfremdfinanzierung, S. 448ff., der sich ohne eine nähere Untersuchung der tatbestandlichen Voraussetzungen der Bilanzpositio-

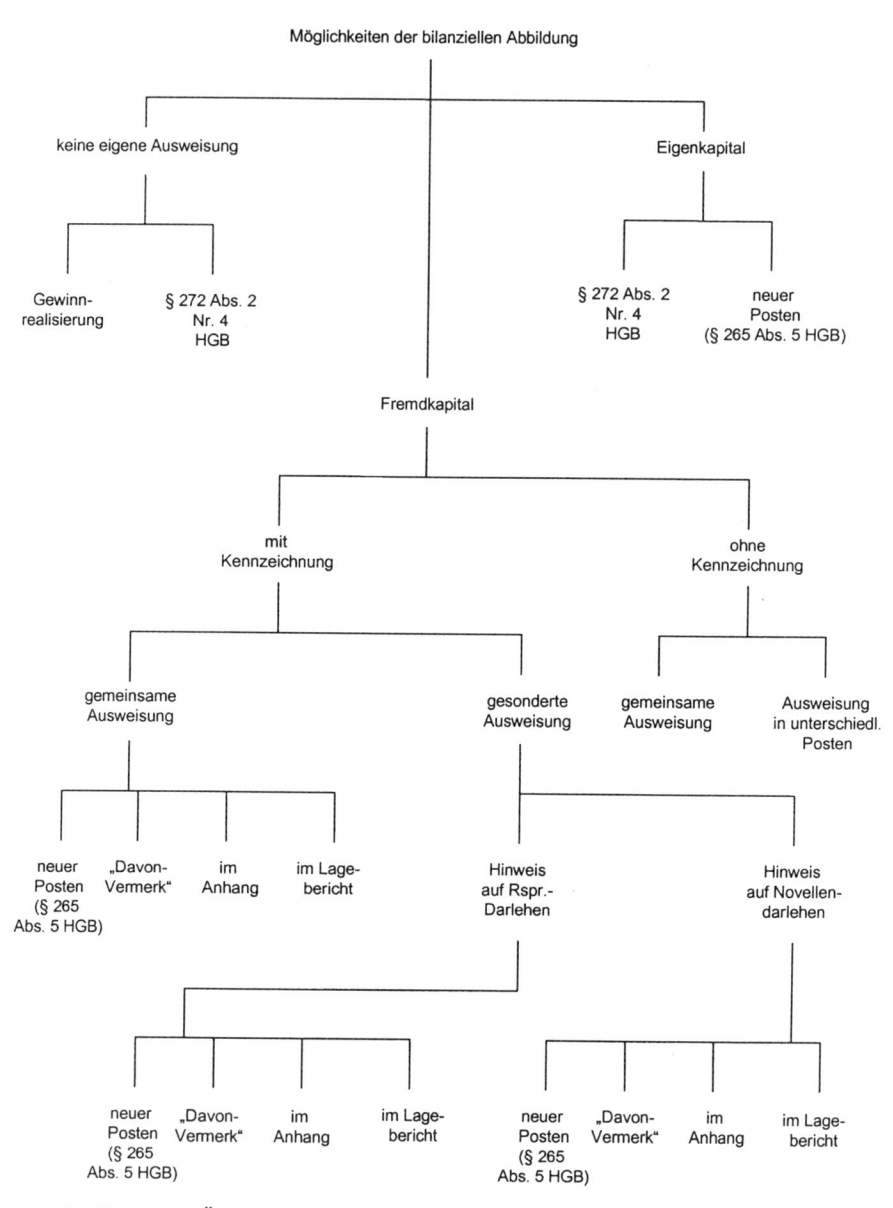

```
                        Möglichkeiten der bilanziellen Abbildung
                                        |
          ┌─────────────────────────────┴─────────────────────────────┐
   keine eigene Ausweisung                                      Eigenkapital
          |                                                           |
  ┌───────┼────────┐                                        ┌─────────┴─────────┐
Gewinn-   § 272 Abs. 2                                   § 272 Abs. 2       neuer
realisierung  Nr. 4                                         Nr. 4           Posten
              HGB                                           HGB         (§ 265 Abs. 5 HGB)
                        |
                    Fremdkapital
                        |
            ┌───────────┴───────────┐
           mit                     ohne
       Kennzeichnung           Kennzeichnung
            |                       |
   ┌────────┴────────┐      ┌───────┴────────┬──────────────┐
gemeinsame       gesonderte            gemeinsame      Ausweisung
Ausweisung       Ausweisung            Ausweisung    in unterschiedl.
                                                         Posten
```

gemeinsame Ausweisung				gesonderte Ausweisung		gemeinsame Ausweisung	Ausweisung in unterschiedl. Posten
neuer Posten (§ 265 Abs. 5 HGB)	„Davon-Vermerk"	im Anhang	im Lagebericht	Hinweis auf Rspr.-Darlehen		Hinweis auf Novellendarlehen	

neuer Posten (§ 265 Abs. 5 HGB)	„Davon-Vermerk"	im Anhang	im Lagebericht	neuer Posten (§ 265 Abs. 5 HGB)	„Davon-Vermerk"	im Anhang	im Lagebericht

Abbildung 2: Übersicht über die Möglichkeiten der bilanziellen Abbildung

1. Einordnung als Eigenkapital?

a) Anforderungen an das bilanzielle Eigenkapital

Wie bereits angedeutet, liegen die Probleme bei der Zuordnung des eigenkapitalersetzenden Gesellschafterdarlehens zu einem Bilanzposten in der fehlenden gesetzlichen Definition. So sind insbesondere die §§ 266 Abs. 3, 272 Abs. 2 HGB und 9 Abs. 3 PublG reine Ausweisvorschriften und keine abschließenden Aufzählungen. Selbst die Bilanzrichtlinie liefert keine Definition, sondern nennt in Art. 9 lediglich die zwingend aufzugliedernden Eigenkapitalbestandteile. Dennoch lassen sich die gesetzlichen Kodifikationen bei der Suche nach den Tatbestandsmerkmalen als Anhaltspunkte hinzuziehen, denn in ihnen hat der Gesetzgeber angedeutet, welchen Anforderungen seiner Ansicht nach das bilanzielle Eigenkapital genügen muß.[73]

Mit diesem Vorgehen ist der sog. formelle Eigenkapitalbegriff,[74] nach dem Eigenkapital das Kapital ist, das die Gesellschafter aufgrund einer gesellschaftsvertraglichen Verpflichtung als Gegenleistung für eine Mitberechtigung am Vermögen überlassen haben, nicht vereinbar. Denn das Bilanzrecht als solches ist zwingend und nicht der Disposition der Gesellschafter anheimgestellt.[75] Demzufolge kommt – wie die Grenzfälle der gesplitteten Einlage und das Schütt-aus-hol-zurück-Verfahren zeigen[76] – auch der formelle Eigenkapitalbegriff nicht ohne materielle Merkmale aus, womit er seine Daseinsberechtigung verliert. Richtigerweise ist der bilanzielle Eigenkapitalbegriff anhand der bestehenden Rechte und Pflichten, die aus der Kapitalhingabe resultieren, sowie der Funktionen des Eigenkapitals zu entwickeln (materieller Eigenkapitalbegriff).[77] Als in diesem Zusammenhang relevante Funktionen des Eigenkapitals werden in der Finanzierungslehre die Ingangsetzungs-, die Kontinuitäts-, die Haftungs- und die Verlustausgleichsfunktion genannt.[78] Die Ingang-

---

nen für eine gemeinsame Ausweisung ausspricht; ähnlich *K. Schmidt*, FS Goerdeler, S. 507 ff.
73 Vergl. *Hommelhoff*, JbFStR 1994/95, 579 f.
74 Etwa vertreten von *W. Müller*, FS Budde, S. 457 f.; *Groh*, BB 1993, 1882, 1889 ff. Der Sache nach ähnlich auch *Vormbaum*, Finanzierung, S. 37 f.; *Claussen*, FS Forster, S. 152 und die Rechtsprechung zum Finanzplankredit: etwa BGH, Urt. vom 21.03.1988, BB 1988, 1084, 1084 = BGHZ 104, 33, 40 = NJW 1988, 1844 unter Verweisung auf *K. Schmidt*, FS Goerdeler, S. 496 f.; OLG Karlsruhe, Urt. vom 29.03.1996, ZIP 1996, 918, 923.
75 *Thiele*, Eigenkapital, S. 92 f.; *W. Müller*, FS Moxter, S. 85.
76 *Thiele*, Eigenkapital, S. 91 f.
77 Hierfür etwa *Bordt*, HdJ, Abt. III/1, Rdnr. 3 ff.; *Thiele*, Eigenkapital, S. 93; *Lutter/Hommelhoff*, ZGR 1979, 31, 42; *Hommelhoff*, JbFStR 1994/95, 581. Für einen Rückgriff auf die betriebswirtschaftlichen Funktionen *Reinhard*, in: Küting/C.-P. Weber, Bd. Ia, Handbuch Ia, § 247, Rdnr. 92.
78 Siehe hierzu *Baetge*, Bilanzen, S. 394 ff.; *Fleischer*, Finanzplankredite, S. 103 ff.; *Thiele*, Eigenkapital, S. 51 ff.; *Claussen*, FS Forster, S. 150; *Zdrowomyslaw/Richter*, BuW 1997, 81, 87 f. mit weiteren Nennungen.

setzungsfunktion besagt, daß für die Aufnahme einer unternehmerischen Betätigung Eigenkapital vorhanden sein muß. Zum einen, weil ansonsten eine Fremdfinanzierung faktisch ausgeschlossen wäre, und zum anderen, weil im Bereich des Kapitalgesellschaftsrechts die Aufbringung eines bestimmten Mindestkapitals gesellschaftsrechtliche Gründungsvoraussetzung ist.[79] Der Kontinuitätsfunktion kommt die Aufgabe zu, das Fortbestehen des Unternehmens durch die Einschränkung der Mittelentziehung zu schützen. Die Haftungsfunktion beschreibt, daß die Gesellschafter mit den von ihnen überlassenen Mitteln den Gläubigern gegenüber im Falle der Unternehmensauflösung haften. Die Verlustausgleichs- bzw. Voraushaftungsfunktion legt fest, daß das Eigenkapital die im laufenden Geschäftsbetrieb entstehenden Verluste zu tragen hat.

Diese Umschreibungen der betriebswirtschaftlichen Wirkungen und rechtlichen Aufgaben des gesetzestypischen Eigenkapitals[80] korrespondieren mit den Anforderungen an das bilanzielle Eigenkapital. Als Kriterien werden insoweit die Nachrangigkeit, die Nachhaltigkeit, die Gewinnabhängigkeit, die Verlustteilnahme, die Gewährung von Herrschaftsrechten und die Gesellschafterstellung des Kapitalgebers diskutiert.[81] Die Merkmale Nachrangigkeit, Nachhaltigkeit sowie Gewinnabhängigkeit und Verlustteilnahme lassen sich unter dem Stichwort „Ausgestaltung der Auszahlungsbeschränkungen" zusammenfassen. Typische Merkmale des Eigenkapitals sind die besonderen Auszahlungsbeschränkungen. Anders als beim Fremdkapital besteht beim Eigenkapital nur eine eingeschränkte finanzielle Verpflichtung der Gesellschaft.[82] Die Anforderungen im einzelnen sind indes umstritten.

aa) Anforderungen an die Nachrangigkeit des Kapitals

Das Merkmal der Nachrangigkeit verlangt, daß eine Rückzahlung im Insolvenz- oder Liquidationsverfahren erst vorgenommen werden darf, nachdem alle vorrangigen Gläubiger befriedigt wurden.[83] Da insofern die fehlende Befriedigungskonkurrenz zu den übrigen Gläubigern entscheidend ist, kann es nicht darauf ankommen, ob eine Befriedigung in der Auflösung der Gesellschaft komplett ausgeschlossen ist oder die Forderungen nur nachrangig angemeldet werden dürfen. Dieses Erfordernis folgt nicht nur aus einer systematischen Auslegung, sondern hält auch einer teleologischen Überprüfung stand. Hierdurch verwirklicht sich die vom Gesetzgeber dem Eigenkapital zugewie-

---

79 *Fleischer*, Finanzplankredite, S. 103; kritisch hierzu unter dogmatischen Gesichtspunkten *Thiele*, Eigenkapital, S. 61.
80 *Thiele*, Eigenkapital, S. 49 ff.; *Möschel*, ZHR 149 (1985) 206, 214; *D. Schneider*, DB 1987, 185, 185 f.
81 Ausführlich *Hense*, Stille Gesellschaft, S. 185 ff.; *Thiele*, Eigenkapital, S. 115 ff.
82 *Hense*, Stille Gesellschaft, S. 189; *Thiele*, Eigenkapital, S. 115 (beide unter Berufung auf *Lutter/Hommelhoff*, ZGR 1979, 31, 53–55).
83 *Thiele*, Eigenkapital, S. 119; *Emmerich/Naumann*, WPg 1994, 677, 681; HFA 1/1994, WPg 1994, 419, 420.

sene Haftungsfunktion. Mithin wird nicht bestritten, daß die Nachrangigkeit notwendiges Element des Eigenkapitalbegriffs ist.[84]

bb) Anforderungen an die Nachhaltigkeit der Kapitalüberlassung
Bei der Nachhaltigkeit der Kapitalüberlassung geht es im Kern um die Frage, inwieweit das Kapital gegen einen freien Entzug aus der fortzuführenden Gesellschaft geschützt sein muß, um noch als Eigenkapital qualifiziert zu werden. Sonach wird teilweise[85] davon gesprochen, daß die gläubigerschützenden Mechanismen bei einer befristeten Kapitalüberlassung denjenigen für die klassischen Eigenkapitalformen entsprechen müssen. Unklar ist indes, was unter den gläubigerschützenden Mechanismen bei den klassischen Eigenkapitalformen zu verstehen ist.

Im Schrifttum[86] wurde überwiegend die Ansicht vertreten, daß eine nachhaltige Kapitalzufuhr nur vorliegt, wenn das Kapital unbefristet überlassen und das Kündigungsrecht des Kapitalgebers ausgeschlossen ist. In jüngeren Stellungnahmen[87] wird demgegenüber vermehrt auf die „Längerfristigkeit" der Kapitalüberlassung abgestellt, worunter eine Mindest-Gesamtlaufzeit zwischen 5 und 25 Jahren verstanden wird. Gleichzeitig dürfe das bilanzielle Eigenkapital durch die Rückzahlung nicht unter die Summe der vor einer Ausschüttung besonders geschützten Eigenkapitalbestandteile[88] fallen. Darüber hinaus wird vereinzelt[89] eine Mindestkündigungsfrist gefordert. Von anderen[90] wird das Merkmal der „dauerhaften Vermögensüberlassung" – offenbar

---

84 BFH, Urt. vom 30.05.1990, BB 1990, 1960, 1961 ff. = BStBl. II 1990, 875, 876; *Bachem*, Bilanzierung, S. 4; *Beintmann*, Gesellschafterdarlehen, S. 69; *Drukarczyk*, Finanzierung, S. 255; *Winnefeld*, Bilanz-Handbuch, Abschnitt D, Rdnr. 1691; *Wassermeyer*, ZGR 1992, 639, 651; HFA 1/1994, WPg 1994, 419, 420. Vergl. auch die ausführlichen Nachweise bei *Thiele*, Eigenkapital, S. 119 Fn. 170.
85 *Beintmann*, Gesellschafterdarlehen, S. 70 f.; *Küting/Kessler*, in: Küting/C.-P. Weber, Bd. Ia, § 272, Rdnr. 173. Ähnlich *Winnefeld*, Bilanz-Handbuch, Abschnitt D, Rdnr. 1695.
86 *Hock*, Gesellschafter-Fremdfinanzierung, S. 4; *Berger*, ÖBA 1996, 837, 842; *D. Schneider*, DB 1987, 185, 186 f.; HFA, Entwurf, WPg 1993, 446, 447; vergl. auch die umfangreichen Nachweise bei *Thiele*, Eigenkapital, S. 81 f. Fn. 35 und S. 125 f. Fn. 202 f. Kritisch *Schweitzer/Volpert*, BB 1994, 821, 821 ff.
87 *Thiele*, Eigenkapital, S. 127; *Winnefeld*, Bilanz-Handbuch, Abschnitt D, Rdnr. 1715; *Küting/Kessler/Harth*, Beilage Nr. 4 BB 1996, S. 5. Unklar HFA 1/1994, WPg 1994, 419, 420, wo nur von einem „längerfristigen Zeitraum" die Rede ist. I. E. ebenfalls für die Zulässigkeit einer von vornherein nur befristeten Zufuhr von Eigenkapital *Rid-Niebler*, Genußrechte, S. 20; *Habersack*, ZHR 155 (1991) 378, 382 Fn. 22.
88 In diesem Zusammenhang sind nicht nur die §§ 29, 30 GmbHG bzw. §§ 57, 58, 150 AktG, sondern auch die bisher kaum beachteten §§ 269, 274 Abs. 2 HGB zu nennen.
89 Für eine Frist von 2 Jahren: *Küting/Kessler*, BB 1994, 2103, 2112; für eine Frist von 5 Jahren, allerdings bei unbefristeter Kapitalüberlassung: *Thiele*, Eigenkapital, S. 138 f.
90 *Wiedemann*, FS Beusch, S. 897.

ebenfalls verstanden als „Längerfristigkeit" – für nicht ausreichend gehalten. Deshalb soll eine Rückzahlungsmöglichkeit nur dann nicht der Eigenkapitalqualität entgegenstehen, wenn das Kapital ausschließlich in einem formellen Kapitalherabsetzungs- oder Gewinnausschüttungsverfahren oder im Zusammenhang mit dem Austritt aus der Gesellschaft rückzahlbar ist. Die geringsten Anforderungen stellt die Ansicht,[91] nach der sich das Kriterium der Nachhaltigkeit in der Einhaltung der Kapitalerhaltungsregeln erschöpft. Hiernach könnte bloß kurzfristig gewährtes Kapital den bilanziellen Anforderungen des Eigenkapitals genügen. Allerdings soll befristetes Kapital, dessen Restlaufzeit keine zwei Jahre mehr beträgt und bei dem „nicht die Nachrangabrede akut geworden ist",[92] vom Eigen- in das Fremdkapital umgegliedert werden.

Anknüpfungspunkt für die Nachhaltigkeit können somit einerseits materielle Anforderungen an die Zulässigkeit der Rückzahlbarkeit und andererseits die Dauer der Kapitalüberlassung sein. Die Forderung nach einem formellen Kapitalherabsetzungs- bzw. Gewinnausschüttungsverfahren hilft per se nicht weiter, denn im Rahmen einer Gewinnausschüttung können diverse Rücklagen[93] an die Gesellschafter ausgeschüttet werden, so daß sich hierüber keine effektive Ausschüttungssperre errichten läßt. Demgegenüber ist es charakteristisches Merkmal des kapitalgesellschaftsrechtlichen Eigenkapitals, daß es nur in der Höhe ausgezahlt werden darf, in der es nicht das gebundene Eigenkapital angreift. Die Einhaltung der Kapitalerhaltungsregeln ist selbst dann notwendig, wenn auf das formelle Kapitalherabsetzungs- bzw. Gewinnausschüttungsverfahren abgestellt werden sollte.[94]

Kann das Eigenkapital bei der werbenden Gesellschaft grundsätzlich ausgekehrt werden, so ist die „Ewigkeit" der Mittelbindung kein konstitutives Element des Eigenkapitals.[95] Mit dieser Aussage ist allerdings noch nicht festgestellt, daß eine befristete Eigenkapitalüberlassung möglich ist. Für die Zulässigkeit befristeten Eigenkapitals wurde denn ins Feld geführt,[96] daß in den § 10 Abs. 4, 5 und 5a) KWG und § 53c Abs. 3 Nr. 3b) VAG auf Zeit überlassene Mittel den Eigenmitteln zuzurechnen sind, womit anerkannt werde, daß Eigenkapital befristet sein könne. Jedenfalls was die Definition des handelsbi-

---

91 *Hense*, Stille Gesellschaft, S. 198f.; *Lutter*, DB 1993, 2441, 2444; *W. Müller*, FS Budde, S. 457; zustimmend *Beintmann*, Gesellschafterdarlehen, S. 70. I.E. auch *Beine*, Gesellschafterleistungen, S. 148.
92 *Lutter*, DB 1993, 2441, 2445.
93 *Lutter*, DB 1993, 2441, 2444; *Schweitzer/Vopert*, BB 1994, 821, 824. Weitere Beispiele finden sich bei *Beine*, Gesellschafterleistungen, S. 147f.; *Thiele*, Eigenkapital, S. 128ff.; *Küting/C.-P. Weber*, BB 1994, 2103, 2105.
94 Ausführlich *Thiele*, Eigenkapital, S. 131ff.
95 *Schweitzer/Vopert*, BB 1994, 821, 823f. Zustimmend *Beine*, Gesellschafterleistungen, S. 148. Vergl. auch *Kleindiek* in: Handbuch, Teil 7, Rdnr. 7.62.
96 *Küting/Kessler*, in: Küting/C.-P. Weber, Bd. Ia, § 272, Rdnr. 214; wohl auch *Habersack*, ZHR 155 (1991) 378, 382f. Vergl. auch *Groh*, BB 1993, 1882, 1883 für Rangrücktrittsvereinbarungen.

lanziellen Eigenkapitalbegriffs anbelangt, kann aber auf die vorgenannten Normen nicht zurückgegriffen werden.[97] Wie sich schon aus den Erwägungsgründen zu den zugrundeliegenden Richtlinien[98] ergibt, werden mit ihnen in erster Linie aufsichts- und wettbewerbsrechtliche Ziele verfolgt. Die fehlende bilanzielle Orientierung ergibt sich bereits daraus, daß nach § 10 Abs. 5a S. 2 KWG eine einheitliche Verbindlichkeit nur teilweise den Eigenmitteln zuzurechnen ist.[99] Nach § 4 der RechKredV[100] – der auf Art. 4 Passiva Nr. 8 i.V.m. Art. 21 der Bankbilanzrichtlinie[101] beruht – sind denn auch nachrangige Verbindlichkeiten im Jahresabschluß gesondert, aber nicht im Eigenkapital auszuweisen.[102]

Ausschlaggebend ist anderes: Es gibt kein gesetzestypisches Eigenkapital, welches befristet ist oder bei dem der Gesellschafter von sich aus – mit Ausnahme der eng begrenzten Möglichkeiten eines Austritts aus der Gesellschaft – eine Auszahlungspflicht herbeiführen kann.[103] Zwar ist letzteres in bezug auf den Gewinnauszahlungsanspruch des Gesellschafters nicht unstrittig und wurde erst vor kurzem[104] höchstrichterlich entschieden. Doch selbst in diesem Fall steht dem Gesellschafter kein unmittelbarer Anspruch auf Auszahlung zu. Er kann lediglich die Fassung eines Gewinnverwendungsbeschlusses unter besonderer Berücksichtigung des gesellschafterlichen Ausschüttungsinteresses verlangen. Ein Gesellschafterbeschluß wird damit aber nicht entbehr-

---

97 So i.E. auch *Emmerich/Naumann*, WPg 1994, 677, 680; *W. Müller*, FS Budde, S. 457; HFA 1/1994, WPg 1994, 419, 420.
98 Eigenmittelrichtlinie – 89/299/EWG vom 17.04.1989, ABl EG Nr. L 124 vom 05.05.1989, S. 16 ff., ebenfalls abgedruckt bei *Lutter*, Unternehmensrecht, S. 353 ff. und Richtlinie zur Koordination der Rechts- und Verwaltungsvorschriften für die Direktversicherung (mit Ausnahme der Lebensversicherung) sowie zur Änderung der Richtlinie 73/239/EWG und 88/357/EWG (Dritte Richtlinie Schadensversicherung) – 92/49/EWG vom 18.06.1992, ABl EG vom 11.08.1992 Nr. L 228 S. 1 ff.
99 Insofern kann auch nicht von einer branchenspezifischen Eigenkapitaldefinition gesprochen werden, so aber *Zdrowomyslaw/Richter*, BuW 1997, 81, 83.
100 Verordnung über die Rechnungslegung der Kreditinstitute vom 10.02.1992, BGBl. 1992 I, S. 203 ff.
101 Richtlinie über den Jahresabschluß und den konsolidierten Abschluß von Banken und anderen Finanzinstituten – Bankbilanzrichtline 86/635/EWG vom 08.12.1986, ABl EG Nr. L 372 vom 31.12.1986, S. 1 ff., ebenfalls abgedruckt bei *Lutter*, Unternehmensrecht, S. 398 ff.; *Krumnow/Sprißler/Bellavite-Hövermann/Kemmer/Steinbrücker*, Rechnungslegung, Anhang, S. 1387 ff. Umgesetzt durch Bankbilanzrichtlinie-Gesetz vom 30.11.1990, BGBl 1990 I, S. 2570 ff. und RechnungslegungsVO Kreditinstitute vom 10.02.1992, BGBl 1992 I, S. 203 ff.
102 Vergl. auch *Krumnow/Sprißler/Bellavite-Hövermann/Kemmer/Steinbrücker*, Rechnungslegung, § 4 RechKredV, Rdnr. 4.
103 *Thiele*, Eigenkapital, S. 137. Auch *Schnell*, Gesellschafterleistungen, S. 136 betont im Zusammenhang mit § 272 Abs. 2 Nr. 4 HGB diesen Aspekt.
104 BGH, Urt. vom 15.09.1998, NJW 1998, 3646, 3647 m.w.N. auch zur Gegenansicht.

lich. Obwohl es aus der Sicht der Gläubiger gleich sein mag, ob der Mittelabfluß auf einer Befristung oder einem Gesellschafterbeschluß beruht,[105] ist doch das Vertrauen der Gesellschaft und der übrigen Gesellschafter auf eine dauerhafte Kapitalüberlassung zu schützen.[106] Im Falle der Befristung kann der Gesellschaft notwendiges Kapital entzogen werden, ohne daß eine Zweckmäßigkeitskontrolle durch die Gesellschafter möglich wäre. Insofern könnte die Mittelentziehung durch einen Gesellschafter zu einer (faktischen) Nachschußpflicht für die anderen führen.[107]

Die Unzulässigkeit eines festen Endfälligkeitstermins wird durch eine Überprüfung auf der Wertungsebene bestätigt. Während bei einer Befristung das Kapital zu Beginn der Überlassung stärker als gesetzestypisches Eigenkapital gegen Entzug geschützt ist, wird der Abzug gegen Ende der Überlassungsdauer zunehmend einfacher.[108] Denn am Anfang ist keine Rückzahlung möglich, während beim Eigenkapital zumindest eine Kapitalherabsetzung zulässig ist; am Ende sind hingegen keine Anforderungen mehr einzuhalten. So fordert der HFA in seiner Stellungnahme 1/1994 zur Bilanzierung von Genußrechtskapital[109] im Gegensatz zum Entwurf[110] wohl nur deshalb keine unbefristete Kapitalüberlassung als Eigenkapitalvoraussetzung mehr, weil hiergegen praktische Bedenken geäußert wurden.[111] Die bloß befristete Überlassung steht somit einer Qualifikation als Eigenkapital entgegen.

Das hat freilich Folgen für die derzeit unter das Eigenkapital subsumierten Finanzierungsformen, namentlich die stillen Beteiligungen. Während bereits heute eine Verbuchung typischer stiller Beteiligungen als Eigenkapital am Erfordernis der Nachrangigkeit scheitert, weil § 236 HGB einen Insolvenzanspruch gewährt,[112] ergeben sich nach der hier vertretenen Ansicht auch Probleme für die Bilanzierung atypischer stiller Beteiligungen. Entgegen einer verbreiteten Ansicht,[113] die für eine Bilanzierung im Eigenkapital eine längerfristige Überlassung ausreichen lassen will, genügt es nicht, § 236 HGB abzubedingen. Zusätzlich ist es erforderlich, daß von der grundsätzlichen Möglichkeit, die stille Beteiligung zeitlich zu begrenzen,[114] kein Gebrauch gemacht und das Kapital unbefristet überlassen wird. Steuerliche Folgen ha-

---

105 So im Ansatz *Schweitzer/Volpert*, BB 1994, 821, 825.
106 *Thiele*, Eigenkapital, S. 137; *Priester*, DB 1991, 1917, 1919.
107 Vergl. auch *Möschel*, ZHR 149 (1985) 206, 217.
108 *Thiele*, Eigenkapital, S. 134 f.; vergl. auch *Lutter*, DB 1993, 2441, 2445.
109 WPg 1994, 419, 420.
110 WPg 1993, 446, 447.
111 Vergl. etwa *Schweitzer/Volpert*, BB 1994, 821, 822. Siehe zu den Bedenken auch schon *Habersack*, ZHR 155 (1991) 378, 384 ff.
112 A/D/S, § 246, Rdnr. 90; *Clemm/Erle*, in: Beck'scher Bilanzkommentar, § 247, Rdnr. 234; *Thiele*, Eigenkapital, S. 234; vergl. auch *Baetge*, Bilanzen, S. 443 f.
113 Vergl. nur *Clemm/Erle*, in: Beck'scher Bilanzkommentar, § 247, Rdnr. 233; *Förschle/Kofahl* in: Beck'scher Bilanzkommentar, § 266, Rdnr. 187 i.V.m. 186.
114 Vergl. nur Baumbach/*Hopt*, HGB, § 234, Rdnr. 2.

ben diese erhöhten Anforderungen an die Bildung von handelsbilanziellem Eigenkapital trotz des Maßgeblichkeitsprinzips (§ 5 Abs. 1 S. 2 EStG) nicht, denn nach § 60 Abs. 2 EStDV findet insoweit eine Korrektur statt.

Da nach der hier vertretenen Ansicht bereits die Möglichkeit der Kündigung durch den Kapitalgeber der Behandlung als Eigenkapital generell entgegensteht, kann die Einhaltung einer Mindestkündigungsfrist nicht ebenfalls Voraussetzung des bilanziellen Eigenkapitals sein. Sofern sich die Möglichkeit einer Kündigung des finanziellen Engagements im Falle der Hingabe von Eigenkapital daraus ergibt, daß die Mitgliedschaft in der Gesellschaft selbst kündbar ist – so bei den Personengesellschaften –, besteht nach den §§ 159 f. HGB eine gesetzliche Anordnung der Nachhaftung, so daß auch in diesen Fällen der Frage nach der Einhaltung einer bestimmten Frist keine praktische Bedeutung zukommt.[115]

Eine nachhaltige Mittelzuführung liegt somit nur vor, wenn die Kapitalüberlassung unbefristet war und wenn im Kapitalgesellschaftsrecht bei der Rückzahlung die gesetzlichen und statutarischen Vermögensbindungen beachtet werden müssen.

cc) Notwendigkeit der Gewinn- und Verlustteilnahme des Kapitals

Im Zusammenhang mit den Auszahlungsmodalitäten wird weiterhin erörtert, ob die Teilnahme am Gewinn und Verlust Voraussetzung des bilanziellen Eigenkapitals ist. Eine Gewinnteilnahme soll vorliegen, wenn der Vergütungsanspruch ergebnisabhängig ist, d.h. daß er sich dem Grund und/oder der Höhe nach am erwirtschafteten Gewinn orientiert. Ob und wie die Gewinnteilnahme für das Merkmal des bilanziellen Eigenkapitals relevant ist, ist umstritten. Keineswegs ist der Gesellschafter zwingend am Ergebnis zu beteiligen.[116] Einzelne Gesellschafter können durchaus von der Gewinnbeteiligung ausgeschlossen werden oder auf sie verzichten.[117] Darüber hinaus ist es nicht nur bei den Personengesellschaften (vergl. §§ 122, 170 HGB), sondern nach nahezu einhelliger Ansicht[118] auch bei der GmbH zulässig, eine Mindestverzinsung des Kapitals vorzusehen. Zwar ist im letztgenannten Fall die Grenze des § 30 GmbHG zu beachten, das aber erst bei der Auszahlung, nicht bereits hinsichtlich der Entstehung des Anspruchs. Ein positiv-gesetzliches Verbot einer

---

115 *Thiele*, Eigenkapital, S. 137–140 will indes aus §§ 159 f. HGB die Notwendigkeit einer Mindestkündigungsfrist ableiten.
116 So bei *Vormbaum*, Finanzierung, S. 37 f.; *Claussen*, FS Forster, S. 152. Wohl auch *Bachem*, Bilanzierung, S. 4.
117 Für die GmbH ausführlich *Schäfer*, Geschäftsanteil, S. 130 ff.; für die Personengesellschaften *Bormann/Hellberg*, DB 1997, 2415, 2420 jeweils m.w.N.
118 Hachenburg/*Goerdeler/W. Müller*, GmbHG, § 29, Rdnr. 118; *Meyer-Landrut*/Miller/ Niehus, GmbHG, § 29, Rdnr. 19; Rowedder/*Rowedder*, GmbHG, § 29, Rdnr. 64; Scholz/*Emmerich*, GmbHG, § 29, Rdnr. 88. Differenzierend Baumbach/Hueck/ *Hueck/Fastrich*, GmbHG, § 29, Rdnr. 62.

Mindestvergütung findet sich allein in § 57 Abs. 2 AktG, was nahelegt, daß hier eine Ausnahme von einem allgemeinen Grundsatz gemacht werden soll.[119]

Im Ergebnis ist die Gewinnabhängigkeit der Vergütung allein insofern Bestandteil des bilanziellen Eigenkapitalbegriffs, als die zugesagte Verzinsung nicht das gegen Auszahlung geschützte Eigenkapital tangieren darf. Der Anspruch muß also hinsichtlich seiner Auszahlbarkeit, nicht aber hinsichtlich seiner Entstehung erfolgsabhängig im weiteren Sinne sein.[120]

Demgegenüber ist nach der überwiegenden Meinung[121] für die Einordnung als bilanzielles Eigenkapital eine Teilnahme an laufenden Verlusten in der Form erforderlich, daß der Rückzahlungsanspruch durch sie gemindert wird.[122] Die Richtigkeit dieser Auffassung folgt bereits aus § 247 Abs. 1 HGB, der verdeutlicht, daß das Eigenkapital eine Residualgröße ist.[123] Damit ist es für die Qualifizierung als Eigenkapital erforderlich, daß die besonders gegen die Rückzahlung geschützten Bestandteile des Eigenkapitals erst von den Verlusten angegriffen werden, nachdem die übrigen als Eigenkapital zu qualifizierenden Mittel durch Verluste gemindert werden. Offensichtlich wird davon ausgegangen, daß diese Verlustteilnahme den rechtlichen Bestand des Rückzahlungsanspruchs berühren muß.[124] Ebenso wie bei der Gewinnteilnahme scheint bei einer wirtschaftlichen Betrachtung eine Einschränkung der Durchsetzbarkeit jedoch ausreichend.

---

119 *Hommelhoff*, JbFStR 1994/95, 590 wirft demgegenüber die Frage auf, ob § 57 Abs. 2 AktG auch für die GmbH Bedeutung hat und will die Einordnung als Eigen- oder Fremdkapital entscheidend hiervon abhängig machen.
120 A. A. *Emmerich/Neumann*, WPg 1994, 677, 681 f.; *Küting/Kessler/Harth*, Beilage Nr. 4 BB 1996, S. 5; HFA 1/1994, WPg 1994, 419, 420, nach denen die Einräumung eines Nachholungsanspruchs auf unterbliebene Mindestvergütung einer Qualifikation als Eigenkapital nicht entgegensteht, sofern dieser unter dem (Entstehungs-)Vorbehalt der gesetzlichen Kapitalerhaltungsregeln steht. Enger *Thiele*, Eigenkapital, S. 150 f. Wie hier für § 10 Abs. 5 KWG *Möschel*, ZHR 149 (1985) 206, 226.
121 A/D/S, § 247, Rdnr. 60; *Emmerich/Neumann*, WPg 1994, 677, 682.; *Lutter*, DB 1993, 2441, 2444; HFA 1/1994, WPg 1994, 419, 423. A.A. *Hense*, Stille Gesellschaft, S. 210; *Sieker*, Eigenkapital, S. 29 ff.
122 So sollen nur solche stillen Beteiligungen unter dem Eigenkapital ausgewiesen werden können, die – der gesetzlichen Regelung in § 232 Abs. 2 S. 1 HGB entsprechend – in voller Höhe am Verlust teilnehmen, vergl. A/D/S, § 246, Rdnr. 90; *Clemm/Erle*, in: Beck'scher Bilanzkommentar, § 247, Rdnr. 233.
123 *Bachem*, Bilanzierung, S. 4; *Thiele*, Eigenkapital, S. 41; *W. Müller*, FS Budde, S. 451.
124 *Beine*, Gesellschafterleistungen, S. 148; ebenso wohl *Küting/Kessler/Harth*, Beilage Nr. 4 BB 1996, S. 11, die von einer „verlustbedingte[n] Herabschreibung" reden. Unklar HFA 1/1994, WPg 1994, 419, 420.

dd) Weitere diskutierte Merkmale

Die von einigen[125] geforderte Gewährung von Herrschaftsrechten ist demgegenüber nicht Voraussetzung des Eigenkapitals. Herrschaftsrechte sind Ausfluß der Gesellschafterstellung und nicht der Hingabe von Eigenkapital.[126] Auch spricht die Existenz stimmrechtsloser Vorzugsaktien gegen die Notwendigkeit von Herrschaftsrechten als Voraussetzung des Eigenkapitals.[127]

Ebenfalls ohne Bedeutung ist, ob der die Mittel zur Verfügung Stellende ein Gesellschafter des Mittelempfängers ist oder nicht.[128] Denn nach § 272 Abs. 2 Nr. 2 HGB hat der Ansatz für das Aufgeld von Options- und Wandlungsscheinen unabhängig davon unter dem Eigenkapital zu erfolgen, ob es bereits zu einer Ausübung des Options- bzw. Wandlungsrechts, die erst zur Gesellschafterstellung führt, gekommen ist oder nicht.[129]

Auch wenn die beiden vorgenannten Kriterien – Bestehen von Beteiligungsrechten und Vorliegen einer Gesellschafterstellung – keine konstitutiven Elemente des Eigenkapitals sind, so kann ihnen bei der Frage, ob materiell Eigenkapital gewährt wurde, doch eine Indizwirkung zukommen.[130]

ee) Zwischenergebnis

Als konstitutive Elemente des bilanziellen Eigenkapitals lassen sich festhalten:

- Die zur Verfügung gestellten Mittel können im Falle der Liquidation und der Insolvenz allein nachrangig geltend gemacht werden,
- die Kapitalüberlassung erfolgt unbefristet,
- bei einer Rückzahlung sind die gesetzlichen sowie statutarischen Vermögensbindungen zu beachten, und

---

125 *Bachem*, Bilanzierung, S. 4; *Vormbaum*, Finanzierung, S. 37 f.; *Claussen*, FS Forster, S. 152.
126 *D. Schneider*, DB 1987, 185, 187; zustimmend *Thiele*, Eigenkapital, S. 158.
127 *Hense*, Stille Gesellschaft, S. 197 f.; *Thiele*, Eigenkapital, S. 158.
128 *Hense*, Stille Gesellschaft, S. 192; *Thiele*, Eigenkapital, S. 160 f.; *Winnefeld*, Bilanz-Handbuch, Abschnitt D, Rdnr. 1692; *Habersack*, ZHR 161 (1997) 457, 480; *Lutter*, DB 1993, 2441, 2441; HFA 1/1994, WPg 1994, 419, 420. A.A. BFH, Urt. vom 30.05.1990, BB 1990, 1960, 1961 ff. = BStBl. II 1990, 875, 876; *Bachem*, Bilanzierung, S. 4; *K. Schmidt*, FS Goerdeler, S. 491 (anders allerdings nunmehr Gesellschaftsrecht, S. 514, 518 f., wonach Genußscheininhaber und stille Gesellschafter den Gesellschaftern gleichgestellt sein sollen); *Wassermeyer*, ZGR 1992, 639, 651.
129 *Fleischer*, Finanzplankredite, S. 323; *Hense*, Stille Gesellschaft, S. 195; *Thiele*, Eigenkapital, S. 161; *Arndt/Muhler*, DB 1988, 2167, 2167. Zur bilanziellen Behandlung des Aufgelds bei der Ausgabe von Schuldverschreibungen vergl. A/D/S, § 272, Rdnr. 129.
130 *Küting/Kessler*, in: Küting/C.-P. Weber, Bd. Ia, § 272, Rdnr. 174; *Habersack*, ZHR 161 (1997) 457, 480.

- die Mittel müssen vor den besonders gegen die Rückzahlung an die Gesellschafter geschützten Bestandteilen durch laufende Verluste gemindert werden.

b) Schlußfolgerungen für die Einordnung eigenkapitalersetzender Gesellschafterdarlehen

Auf Basis dieser Definition kann ermittelt werden, welche Voraussetzungen des bilanziellen Eigenkapitals von den eigenkapitalersetzenden Gesellschafterdarlehen nach den Rechtsprechungs- und den Novellenregeln erfüllt werden. Ziel der Untersuchung ist es nicht nur festzustellen, ob Eigenkapitalersatz dem Eigenkapitalbegriff unterfällt, sondern weiterhin, wie nahe er diesem steht. Denn wenn nicht alle, wohl aber einige Merkmale des Eigenkapitals erfüllt sind, könnte dies für eine gesonderte Ausweispflicht in einem neu einzufügenden Zwischenposten sprechen.

Bei einer strengen Orientierung an den Tatbestandsmerkmalen kann es demgegenüber keine Rolle spielen, ob ein Eigenkapitalposten zur Aufnahme eines derartigen Postens im gesetzlichen Gliederungsschema vorhanden ist oder nicht.[131] Nach § 265 Abs. 5 HGB kann ein neuer Posten eingefügt werden, und § 264 Abs. 2 HGB kann zur Bildung eines neuen Postens zwingen.[132] Die teilweise[133] vorgeschlagene Trennung der für bilanzielles Eigenkapital notwendigen Kriterien in solche des Innen- und des Außenverhältnisses ist in diesem Zusammenhang wenig hilfreich. Weder ist geklärt, ob sich die Bilanzierung ausschließlich nach dem Innen-[134] oder zusätzlich nach dem Außenverhältnis richtet,[135] noch welche Kriterien welcher Sphäre zuzurechnen sind.

---

131 Gegen eine Bilanzierung als Eigenkapital mit dieser Begründung aber *Häuselmann*/Rümker/Westermann, Finanzierung, S. 98; *Fleck*, GmbHR 1989, 313, 315; *Klaus*, BB 1994, 680, 684. Insbesondere soll § 272 Abs. 2 Nr. 4 HGB nicht passen, da es am notwendigen Einlagecharakter fehle, so Baumbach/Hueck/*Schulze-Osterloh*, GmbHG, § 42, Rdnr. 226; *Bachem*, Bilanzierung, S. 17; *Fleck*, FS Döllerer, S. 112; *Niemann*/Mertzbach, DStR 1992, 929, 931.
132 Ebenso schon *Beine*, Gesellschafterleistungen, S. 146; *Schnell*, Gesellschafterleistungen, S. 138.
133 BFH, Urt. vom 14.08.1991, NJW 1992, 1191, 1192; *Bachem*, Bilanzierung, S. 5; *Horst Herrmann*, in: 50 Jahre WP-Beruf, S. 171 und *Priester*, ZGR 1999, 533, 542 lehnen eine Bilanzierung als Eigenkapital ab, weil Eigenkapitalersatz im Innenverhältnis auch weiterhin Darlehen bleibe.
134 So *Wassermeyer*, ZGR 1992, 639, 641. Vergl. auch *v. Gerkan*, ZGR 1997, 173, 177.
135 So *Bachem*, Bilanzierung, S. 30.

aa) Schlußfolgerungen für die Rechtsprechungsdarlehen

(1) Nachrangigkeit des Rückzahlungsanspruchs

Ein Anspruch ist nachrangig, wenn eine Rückzahlung im Insolvenz- oder Liquidationsverfahren erst vorgenommen werden darf, nachdem alle vorrangigen Gläubiger befriedigt wurden. Obwohl dieses Merkmal aufgrund von § 39 Abs. 1 Nr. 5 InsO[136] im Insolvenzfall und der Fortwirkung des § 30 GmbHG bei der freiwilligen Liquidation[137] gegeben zu sein scheint, wird sein Vorliegen in der Literatur für die Rechtsprechungsdarlehen vereinzelt[138] verneint. Begründet wird dies damit, daß die Gleichstellung mit haftendem Kapital auf die Zeit der Krise begrenzt und die Nachrangigkeit nicht für den gesamten Überlassungszeitraum sichergestellt sei.

Dem entgegenzuhalten, die Nachrangigkeit sei an die eigenkapitalersetzende Funktion des Darlehens gekoppelt, und mit deren Ende stehe nicht mehr die Bilanzierung von Eigenkapitalersatz, sondern die eines normalen Darlehens in Rede, wäre zu formalistisch. Allerdings enthält dieser Einwand einen richtigen Kern, denn entscheidend ist, ob die Nachrangigkeit für den gesamten Überlassungszeitraum gewährleistet sein muß oder nicht. Diese Frage hat insofern Bedeutung, als die Beendigung einer Qualifikation als Eigenkapital zeitlich nicht mit der Rückzahlung und damit dem Ende der Überlassung zusammenfallen muß. Es ist somit dogmatisch sauber zwischen Nachrangigkeit und Nachhaltigkeit zu differenzieren. Die Nachrangigkeit bezieht sich allein auf den Liquidationszeitpunkt und unterliegt damit einer Zeitpunkt- und keiner Zeitraumbetrachtung. Dies bestätigt ein Vergleich mit anderen Eigenkapitalposten, bei denen die Nachrangigkeit ebenfalls nicht zwangsläufig bis zur Auszahlung an den Gesellschafter gegeben ist. So ist ein realisierter Jahresgewinn zunächst als Eigenkapital, nach dem Gewinnverwendungsbeschluß aber – sofern und soweit eine Auszahlung beschlossen wurde – als Verbindlichkeit zu bilanzieren.[139] Ab diesem Zeitpunkt kann der Gesellschafter seine Forderung gegen die Gesellschaft im Insolvenzverfahren geltend machen. Daß diese Forderung faktisch weiterhin nachrangig ist, liegt an der Weitergeltung des § 30 GmbHG,[140] läßt aber nicht auf die aktuelle Einordnung als Eigenkapital schließen.

---

136 Ausführlich zur Erstreckung des § 39 Abs. 1 Nr. 5 InsO auf Rechtsprechungsdarlehen oben S. 55 f.
137 Baumbach/Hueck/*Schulze-Osterloh*, GmbHG, § 70, Rdnr. 6; *Hense*, Stille Gesellschaft, S. 224. Vergl. auch BGH, Urt. vom 29.11.1971, BB 1972, 111, 112 zur Geltung der §§ 30, 31 GmbHG für den Fall, daß die Konkurseröffnung mangels Masse abgelehnt wurde.
138 *Thiele*, Eigenkapital, S. 229 f.; wohl auch *Fleischer*, Finanzplankredite, S. 324.
139 BGH, Urt. vom 15.09.1998, NJW 1998, 3646, 3647; Scholz/*Emmerich*, GmbHG (8. Aufl.), § 29, Rdnr. 148.
140 Kuhn/*Uhlenbruck*, KO, § 32a, Rdnr. 29 (für die KO); vergl. auch Scholz/ *K. Schmidt*, GmbHG (8. Aufl.), § 69, Rdnr. 25.

Damit muß die Nachrangigkeit im Bilanzierungszeitpunkt für den Liquidationszeitpunkt vorliegen, spätere Änderungen sind unbeachtlich. Da die hier zu betrachtenden Darlehen für die Zeit ihrer Umqualifizierung nach den Rechtsprechungsregeln nachrangig sind, erfüllen sie die Anforderungen der Nachrangigkeit.

(2) Nachhaltigkeit der Kapitalüberlassung

Erste Voraussetzung der Nachhaltigkeit ist, daß die Kapitalüberlassung unbefristet erfolgt und die Fälligkeit der Rückzahlung nur durch einen Gesellschafterbeschluß herbeigeführt werden kann. Ausgehend vom gesetzlichen Regelfall (§ 609 Abs. 1 BGB) erfolgt die Darlehenshingabe entweder befristet, oder es steht zumindest dem Darlehensgeber ein Kündigungsrecht zu. Eine derartige Ausgestaltung erfüllt nicht die Anforderungen der Nachhaltigkeit. Aus der Umqualifizierung in Eigenkapitalersatz ergibt sich nichts Gegenteiliges.[141] Zwar ist eine Rückzahlung so lange unzulässig, wie der eigenkapitalersetzende Charakter besteht, danach kann das Kapital indes kurzfristig abgezogen werden.[142] Daran hat sich entgegen einer jüngst in der Literatur aufgekommenen Ansicht[143] auch durch die „Balsam-Procedo"-Entscheidung des BGH[144] nichts geändert, denn eigenkapitalersetzende Gesellschafterdarlehen werden auch weiterhin spätestens mit Wiederherstellung der Kreditwürdigkeit der Gesellschaft wieder automatisch frei.[145] Sollte die Unbefristetheit der Überlassung bejaht werden, weil aufgrund der Umqualifizierung eine Rückzahlung verboten ist, so würden von der Kapitalbindung i.S.d. §§ 30, 31 GmbHG Rückschlüsse auf die Unbefristetheit der Mittelüberlassung gezogen, obwohl es sich um unterschiedliche Merkmale handelt. Anders als bei der Nachrangigkeit kommt es bei der Nachhaltigkeit auf eine Zeitraumbetrachtung an, weshalb der permanent (mögliche) Wechsel zwischen gebundenem und ungebundenem Kapital der Nachhaltigkeit entgegensteht.[146]

Weiterhin erfordert die Nachhaltigkeit der Mittelzuführung, daß bei einer Rückzahlung die gesetzlichen und statutarischen Vermögensbindungen zu beachten sind. Die Einhaltung dieses Elements durch die Rechtsprechungsdarlehen kann

---

141 Ähnlich *Bachem*, Bilanzierung, S. 6; *Wassermeyer*, ZGR 1992, 639, 651; a.A. wohl *Westerfelhausen*, DB 1990, 2035, 2036.
142 Hierauf weist auch *Thiele*, Eigenkapital, S. 230 hin. Teilweise wird von einer bloßen Rückzahlungsmodalität gesprochen, so etwa BFH, Urt. vom 05.02.1992, BB 1992, 676 = BFHE 166, 352 = NJW 1992, 2309; Urt. vom 30.03.1993, DB 1993, 1266, 1266 f. = BFHE 170, 449 = NJW 1994, 406; *Döllerer*, FS Forster, S. 202; *Kamprad*, GmbHR 1985, 352, 354; *Weisang*, WM 1997, 197, 208. Gegen die Einordnung als Rückzahlungsmodalität *Fassnacht*, Fremdfinanzierung, S. 152 f.
143 *Kurth/Delhaes*, DB 2000, 2577, 2578.
144 Urt. vom 29.05.2000, BB 2000, 1483 = NJW 2000, 2577, 2578.
145 Ausführlich hierzu *Bormann*, DB 2001, 907, 909.
146 Ähnlich *Beintmann*, Gesellschafterdarlehen, S. 78 f.; *Hense*, Stille Gesellschaft, S. 233 f.; *Winnefeld*, Bilanz-Handbuch, Abschnitt D, Rdnr. 1696.

nicht mit der Begründung verneint werden, daß eine gegen die § 30 Abs. 1 GmbHG verstoßende Rückgewähr zivilrechtlich wirksam ist.[147] Zum einen handelt es sich hierbei nicht um eine Besonderheit des Eigenkapitalersatzrechts; auch ansonsten führt ein Verstoß gegen das Auszahlungsverbot nicht zur zivilrechtlichen Unwirksamkeit. Zum anderen besteht aufgrund des Rückgewähranspruches nach § 31 GmbHG wirtschaftlich kaum ein Unterschied zur Unwirksamkeit. Allerdings unterliegen die Darlehen nur so lange der Auszahlungssperre des § 30 GmbHG, wie die Gesellschaft kreditunwürdig ist. Ist die Kreditwürdigkeit wieder hergestellt, so kann das Darlehen selbst dann zurückgezahlt werden, wenn das Stammkapital angegriffen ist. Anders als bei den übrigen Elementen des Eigenkapitals, bei denen die Kapitalbindungsvorschriften generell Anwendung finden, weil mögliche Rückzahlungen immer auf dem Gesellschaftsverhältnis beruhen,[148] sind sie bei den hier in Rede stehenden Darlehen nur einzuhalten, wenn sich die Gesellschaft in der Krise befindet. Die Nachhaltigkeit der Mittelzufuhr ist damit bei den Rechtsprechungsdarlehen nicht gewährleistet.

(3) Gewinn- und Verlustteilnahme

Die Gewinnabhängigkeit der Vergütung erschöpft sich bei der GmbH darin, daß die Auszahlung der Kapitalverzinsung nicht gegen die §§ 30, 31 GmbHG verstoßen darf. Eine positive Abhängigkeit vom erzielten Jahresgewinn ist demgegenüber nicht Voraussetzung des bilanziellen Eigenkapitals. Die Umqualifizierung der Darlehen hindert nicht die Entstehung, wohl aber die Auszahlung der Zinsen, wenn und soweit sie in der Krise für ein eigenkapitalersetzendes Darlehen entstanden sind oder selbst in der Krise stehengelassen wurden und ihre Rückgewähr zum Zeitpunkt einer Unterbilanz im Sinne des § 30 GmbHG erfolgen würde. Wie in den sonstigen Fällen, in denen eine Mindestverzinsung des Eigenkapitals vereinbart wird, stünden damit die für den Eigenkapitalersatz vereinbarten Zinsen einem Eigenkapitalausweis nicht entgegen.[149]

Weiterhin muß das nicht gesetzestypische Eigenkapital durch laufende Verluste gemindert werden, bevor die Verluste auf die besonders gegen Rückzah-

---

147 So aber *Beintmann*, Gesellschafterdarlehen, S. 77 ff.; *Wassermeyer*, ZGR 1992, 639, 651 f. So wohl auch *Wolf*, Überschuldung, S. 125. Zur Wirksamkeit der Rückgewährung siehe BGH, Urt. vom 23.06.1997, BB 1997, 1807, 1808 = BGHZ 136, 125, 129 ff. = NJW 1997, 2599; *Bachem*, Bilanzierung, S. 11 m. w. N. zur Rspr. in Fn. 58; *Thiel*, GmbHR 1992, 20, 24. Kritisch hierzu unter bilanziellen Aspekten *Wassermeyer*, ZGR 1992, 639, 659 f.
148 So ist bei Gewinnausschüttungen selbst dann § 30 Abs. 1 GmbHG zu beachten, wenn beim Gewinnverwendungsbeschluß noch keine Unterbilanz vorlag. Wie hier Baumbach/Hueck/*Hueck*/Fastrich, GmbHG, § 29, Rdnr. 62; Hachenburg/*Goerdeler*/W. Müller, GmbHG, § 30, Rdnr. 59; a. A. Rowedder/*Rowedder*, GmbHG, § 30, Rdnr. 18.
149 A.A. *Küting*/Kessler, in: Küting/C.-P. Weber, Bd. Ia, § 272, Rdnr. 183; *Winnefeld*, Bilanz-Handbuch, Abschnitt D, Rdnr. 1696.

lung an die Gesellschafter geschützten Eigenkapitalbestandteile angegriffen werden. Eine derartige Verlustteilnahme wird für den hier betrachteten Fall teilweise abgelehnt, weil „der rechtlich bestehende, wenn auch faktisch nicht durchsetzbare Anspruch auf Rückzahlung [...] durch Verluste der Gesellschaft nicht geschmälert"[150] werde. Diese Begründung kann so nicht überzeugen, denn bei einer wirtschaftlichen Betrachtung ist es gleichgültig, ob die Verluste die Entstehung oder die Durchsetzbarkeit der Rückzahlungsansprüche hindern. Jeder Verlust führt aber aufgrund der Vertiefung der Unterbilanz/Überschuldung i. R. d. § 30 Abs. 1 GmbHG zu einer weiteren Verstrikkung der eigenkapitalersetzenden Gesellschafterdarlehen, mit der Folge, daß eine Rückzahlung immer unwahrscheinlicher wird. Demzufolge übernimmt auch Kapitalersatz die „Pufferfunktion"[151] des Eigenkapitals, die verhindern soll, daß Unternehmensverluste sofort zu Lasten des Fremdkapitals gehen. Von einer Verlustteilnahme kann somit durchaus gesprochen werden. Wie aber schon bei der Nachhaltigkeit der Mittelzuführung festgestellt, unterliegen die Darlehen nicht dauerhaft der Sperre des § 30 Abs. 1 GmbHG und nehmen damit nicht dauerhaft am Verlust teil, sondern nur so lange, wie die Gesellschaft kreditunwürdig ist. Weiterhin sind sie nach der Wiederherstellung der Kreditwürdigkeit in vollem Umfang rückzahlbar – vorher aufgelaufene Verluste gehen nicht mehr zu ihren Lasten, sondern in vollem Umfang zu Lasten des Eigenkapitals. Am Merkmal der Verlustteilnahme fehlt es ebenfalls.

(4) Zwischenergebnis

Die Rechtsprechungsdarlehen erfüllen nicht die Voraussetzungen des bilanziellen Eigenkapitals. Eine Bilanzierung als Eigenkapital käme nur in Betracht, wenn hierfür allein die Nachrangigkeit konstitutiv wäre, es auf die anderen Merkmale indes nicht ankäme.[152] Zwar erfüllen sie das Merkmal der Nachrangigkeit, und ihre Verzinslichkeit steht einer Einordnung als bilanzielles Eigenkapital nicht entgegen. Die Mittelüberlassung erfolgt jedoch nicht unbefristet, und die Kapitalbindungsvorschriften sind nicht generell einzuhalten, sondern nur so lange, wie sich die Gesellschaft in der Krise befindet, weshalb es zugleich an der Verlustteilnahme fehlt.

---

150 *Beine*, Gesellschafterleistungen, S. 148.
151 Vergl. *Habersack*, Gesellschaftsrecht, Rdnr. 150 f.; *Rid-Niebler*, Genußrechte, S. 16; *K. Schmidt*, Gesellschaftsrecht, S. 516; *Bretz*, BFuP 1998, 263, 266 f.; *W. Müller*, FS Budde, S. 446.
152 In diesem Sinne wohl *Bachem*, Bilanzierung, S. 5; *Mutter*, Darlehen, S. 76, nach denen Fremdkapital alle im Konkurs zu berücksichtigenden Vermögensansprüche sein sollen, womit alle nicht bzw. nachrangig zu berücksichtigen Positionen Eigenkapital wären.

bb) Schlußfolgerungen für die Novellendarlehen

(1) Nachrangigkeit des Rückzahlungsanspruchs

Nach § 39 Abs. 1 Nr. 5 InsO sind Novellendarlehen im Insolvenzfalle nachrangig und erfüllen aufgrund der notwendigen Zeitpunktbetrachtung das Erfordernis der Nachrangigkeit. Für die freiwillige Liquidation wird demgegenüber aufgrund des eindeutigen Wortlauts in den §§ 32a GmbHG, 39 Abs. 1 Nr. 5 InsO, der allein auf das Insolvenzverfahren Bezug nimmt, eine entsprechende Anwendung abgelehnt.[153] Das Merkmal der Nachrangigkeit wäre nicht erfüllt. Wird demgegenüber mit der Gegenansicht die Anwendbarkeit des § 32a GmbHG auf die freiwillige Liquidation erstreckt,[154] läge das Erfordernis der Nachrangigkeit vor.[155]

(2) Nachhaltigkeit der Kapitalüberlassung

Die Nachhaltigkeit ist bereits deshalb zu verneinen, weil es regelmäßig an einer unbefristeten Mittelüberlassung fehlen wird. Weiterhin müßten bei der Rückzahlung der Mittel die Kapitalbindungsvorschriften zu berücksichtigen sein. Grundsätzlich kann die Rückzahlung von Darlehen, die unter die Novellenregeln fallen, nicht unter Verweisung auf den eigenkapitalersetzenden Charakter verweigert werden.[156] Würde durch diese Auszahlung indes das gesetzlich geschützte Eigenkapital angegriffen, so stünden der Auszahlung die Rechtsprechungsregeln entgegen; insoweit käme es zu einem „Charakterwechsel" der Darlehen. Da die Anwendbarkeit der Kapitalerhaltungsregeln allein an die Darlehenshingabe in der Krise und das Vorliegen einer Unterbilanz, nicht aber an die Einordnung in Rechtsprechungs- oder Novellendarlehen anknüpft, unterliegen die Novellendarlehen potentiell und zeitlich begrenzt ebenfalls den Kapitalbindungsvorschriften.

(3) Gewinn- und Verlustteilnahme

Für die Annahme bilanziellen Eigenkapitals ist es erforderlich, daß die Auszahlung der Vergütung für die Kapitalüberlassung nur unter Beachtung der Kapitalerhaltungsregeln zulässig ist. Damit muß das gleiche wie zur Nachhaltigkeit gelten: Zwar sind Zinsen auf Novellendarlehen ebenso wie diese selbst frei auszahlbar, wäre bei deren Auszahlung das nach § 30 Abs. 1 GmbHG geschützte Kapital angegriffen, so wäre eine Rückgewähr unzulässig. Mithin gelten diese Regeln potentiell auch für die Novellenregeln.

---

153 BGH, Urt. vom 26.03.1984, BB 1984, 1067, 1068 = BGHZ 90, 370, 375 = NJW 1984, 1891; Baumbach/Hueck/*Schulze-Osterloh*, GmbHG, § 70, Rdnr. 6; Hachenburg/*Ulmer*, GmbHG, § 32a, Rdnr. 66.
154 So i.E. Rowedder/*Rasner*, GmbHG, § 70, Rdnr. 8; Scholz/*K. Schmidt*, GmbHG (8. Aufl.), § 70, Rdnr. 8f.; *Ullrich*, GmbHR 1983, 133, 140 Fn. 79.
155 Vergl. auch *Beintmann*, BB 1999, 1543, 1544.
156 Vergl. auch *Beintmann*, Gesellschafterdarlehen, S. 74f.

Entsprechendes gilt für die Teilnahme am laufenden Verlust. Eine Verrechnung findet nicht statt. Allerdings erhöht jeder Verlust und die damit verbundene höhere Wahrscheinlichkeit des Eintritts einer Unterbilanz die Wahrscheinlichkeit, daß aus dem Novellendarlehen ein Rechtsprechungsdarlehen wird. Insofern kann von einer potentiellen – zeitlich begrenzten – Verlustteilnahme gesprochen werden, welche allerdings nicht den Anforderungen des bilanziellen Eigenkapitals genügt.

(4) Zwischenergebnis

Im Ergebnis erfüllen die Novellendarlehen die Anforderungen an das bilanzielle Eigenkapital nicht. Obwohl die Novellendarlehen nachrangiges Kapital sind, erfolgt ihre Überlassung doch weder unbefristet, noch unterliegen sie dauerhaft der Vermögensbindung und der Verlustteilnahme.

c) Ergebnis

Weder die Rechtsprechungs- noch die Novellendarlehen erfüllen die tatbestandlichen Voraussetzungen des bilanziellen Eigenkapitals. Insbesondere fehlt es an der unbefristeten Kapitalüberlassung sowie der dauerhaften Einhaltung der Vermögensbindung und der Verlustteilnahme.

Ein entscheidender Unterschied zwischen Rechtsprechungs- und Novellendarlehen konnte – soweit es um die Erfüllung der Voraussetzungen des bilanziellen Eigenkapitals geht – nicht festgestellt werden. Zwar ist bei den Rechtsprechungsdarlehen die Unterbilanz als zeitlich spätere Bedingung[157] bereits eingetreten, weshalb diese Darlehen aktuell gegen eine Rückzahlung gesperrt sind. Aufgrund des permanent möglichen Eintritts einer Unterbilanz, welcher einen Wechsel vom Novellen- zum Rechtsprechungsdarlehen zur Folge hätte, unterliegen die Novellendarlehen gleichfalls den Kapitalerhaltungsregeln und einer gewissen Form der Verlustteilnahme. Daß sich trotz der zivilrechtlichen Unterschiede im Hinblick auf die Erfüllung der Voraussetzungen des bilanziellen Eigenkapitals nur marginale Differenzen ergeben, beruht darauf, daß die vorgenannten Tatbestandsmerkmale des bilanziellen Eigenkapitals nicht an die zum Zeitpunkt der Bilanzierung bereits eingetretenen Rechtsfolgen – und damit an die Einordnung als Rechtsprechungs- oder Novellendarlehen – anknüpfen, sondern an eine (fiktive) zukünftige Situation.[158] Eine Auszahlung muß nicht aktuell ausgeschlossen sein, sondern nur dann, wenn das besonders geschützte Kapital angegriffen ist. Das wird verkannt, wenn behauptet wird,[159] bei den Novellendarlehen komme es nur im

---

157 Zum Eigenkapitalersatzrecht als doppelt alternativ bedingtes Rechtsinstitut siehe oben S. 49.
158 So bei der Nachhaltigkeit an die Beachtung der Kapitalerhaltungsregeln im Rahmen einer künftigen Auszahlung und bei der Verlustbeteiligung an die Teilnahme am Verlust vor den besonders geschützten Eigenkapitalpositionen.
159 *Schnell*, Gesellschafterleistungen, S. 176.

Insolvenzfalle zu einer Teilidentität mit den Voraussetzungen des Eigenkapitals.

2. Einordnung als Fremdkapital

Im Gegensatz zu den Anforderungen an das bilanzielle Eigenkapital sind diejenigen an das Vorliegen einer bilanziellen Schuld weitestgehend geklärt. Erforderlich sind die Erzwingbarkeit der Leistung, eine wirtschaftliche Belastung am Bilanzstichtag und eine eindeutige Quantifizierbarkeit.[160]

a) Anforderungen an die bilanziellen Schulden

aa) Erzwingbarkeit der Leistung

Eine Leistung ist erzwingbar, wenn sich das bilanzierende Unternehmen der Verpflichtung rechtlich nicht entziehen kann. Fehlt es an einer rechtlich bestehenden oder durchsetzbaren Verpflichtung, so ist der Verpflichtungscharakter nur dann gegeben, wenn die Zahlung zwingend erforderlich ist, um objektiv nachvollziehbare wirtschaftliche Nachteile vom Unternehmen abzuwenden. In diesen Fällen kann der Unternehmer unter wirtschaftlichen Gesichtspunkten eine Befriedigung der Verpflichtung nicht verweigern.[161] Auf eine wirtschaftliche Betrachtung kommt es im Falle einer rechtlich voll entstandenen Verbindlichkeit aber nur an, wenn dem Bilanzierenden eine dauerhafte (peremptorische) Einrede zusteht, eine vorübergehende (dilatorische) soll demgegenüber nicht genügen.[162]

Teilweise[163] wird eine Einschränkung dahingehend vorgenommen, daß eine Verpflichtung nur vorliegen soll, wenn ihr selbst durch eine Liquidation nicht ausgewichen werden kann. Danach würden allein diejenigen Verpflichtungen zu den bilanziellen Schulden gehören, die im Falle einer Unternehmensliquidation nicht entfallen. Dieser Argumentation steht indes der „going-concern"-Grundsatz des § 252 Abs. 1 Nr. 2 HGB[164] entgegen. Zwar handelt es sich bei diesem seiner systematischen Stellung nach[165] nur um eine Bewertungsregel. Der Sache nach beherrscht er jedoch die gesamten Vorschriften über die

---

160 BFH, Urt. vom 17.12.1998, DStR 1999, 451, 452 m.w.N.; A/D/S, § 246, Rdnr. 103–106; *Baetge*, Bilanzen, S. 89; *Thiele*, Eigenkapital, S. 97; *Hüttemann*, HdJ Abt. III/8, Rdnr. 1–6.
161 BGH, Urt. vom 28.01.1991, BB 1991, 507, 508; A/D/S, § 246, Rdnr. 119f.; *Clemm/Erle*, in: Beck'scher Bilanzkommentar, § 249, Rdnr. 31; *Thiele*, Eigenkapital, S. 102.
162 *Beine*, Gesellschafterleistungen, S. 153 f.; *Hock*, Gesellschafter-Fremdfinanzierung, S. 43; *Döllerer*, FS Forster, S. 202; *Kamprad*, GmbHR 1985, 352, 354. Allgemein zu dilatorischen Einreden: A/D/S, § 246, Rdnr. 111 f.; *Hüttemann*, GoB, S. 9.
163 So *Moxter*, Bilanzlehre (2. Aufl.), S. 271; *Fassnacht*, Fremdfinanzierung, S. 152; *Heibel*, BB 1981, 2042, 2044. Wohl auch *Schön*, Beilage Nr. 9, BB 1994, S. 5f. für die Bildung von Rückstellungen.
164 Zur historischen Herleitung siehe *Seicht*, JfB 1994, 264, 264 ff.

Rechnungslegung und wirkt sich zugleich auf die Ansatzvorschriften aus.[166] Ob sich der Bilanzierende durch eine Liquidation der Leistungsverpflichtung entziehen könnte oder nicht, ist somit unbeachtlich.

bb) Wirtschaftliche Belastung

Eine wirtschaftliche Belastung ist gegeben, wenn das Reinvermögen durch eine Leistungsverpflichtung am Bilanzstichtag gemindert ist.[167] Hierbei ist zwischen – den hier nicht relevanten – Verpflichtungen ohne und solchen mit Anspruch auf eine Gegenleistung zu unterscheiden. Im letztgenanntem Fall liegt grundsätzlich eine wirtschaftliche Belastung vor, sobald die Gegenleistung erbracht ist. Der durch die Gegenleistung bewirkte Vermögenszuwachs wird mit dem künftigen Vermögensabfluß bei Erfüllung der Verbindlichkeit belastet.[168]

Fraglich ist, ob und wenn ja, welche Einschränkungen sich hinsichtlich solcher Verbindlichkeiten ergeben, die allein aus künftigen Gewinnen zu tilgen sind. Teilweise[169] wird in diesen Fällen eine Passivierungspflicht verneint, weil eine Verbindlichkeit solange für das Unternehmen keine wirtschaftliche Last bedeute, wie sie durch den Gläubiger nicht geltend gemacht werden könne. Auch der Große Senat des BFH betonte in seinem Beschluß vom 10.11.1980[170], daß Verbindlichkeiten, die nur aus künftigen Gewinnen zu tilgen sind, steuerrechtlich nicht passiviert werden dürften, weil sie handelsrechtlich nicht passiviert werden müßten. Diese Sichtweise ist zu weit und bedarf einer Restriktion. Dies wird von einem Großteil der Literatur[171] anerkannt, wenn eine wirtschaftliche Belastung in den Fällen bejaht wird, in denen der aus künftigen Gewinnen zu tilgenden Verbindlichkeit eine bereits vereinnahmte Gegenleistung gegenübersteht – mit anderen Worten: wenn der Verzicht auf eine Passivierung zu einem außerordentlichen Ertrag führen würde. In diesen Konstellationen ist die wirtschaftliche Verursachung nicht erst mit

---

165 Im HGB steht er im Dritten Teil „Bewertungsvorschriften" in § 252 („Allgemeine Bewertungsgrundsätze") in Abs. 1 Nr. 2 und in der Richtlinie in Art. 31 (1) lit. a), welcher dem Abschnitt 7 „Bewertungsregeln" zugeordnet ist.
166 *Selchert*, in: Küting/C.-P. Weber, Bd. Ia, § 252, Rdnr. 40; *Thiele*, Eigenkapital, S. 103 f. (m.w.N.); vergl. auch *Lutter*, in: Handwörterbuch, S. 186.
167 *Baetge*, Bilanzen, S. 166; *Hense*, Stille Gesellschaft, S. 155; *Hüttemann*, GoB, S. 14 f.
168 *Thiele*, Eigenkapital, S. 109 f.; *Hüttemann*, HdJ Abt. III/8, Rdnr. 5.
169 RG, Urt. vom 26.11.1912, RGZ 81, 17, 22; *Heibel*, BB 1981, 2042, 2044 ff.; *Schulze-Osterloh*, WPg 1996, 97, 99. Vergl. auch die Nachweise in Fn. 58.
170 BFHE 132, 244, 254 = NJW 1981, 1528 (LS). Vergl. auch die weiteren Nachweise zur Rechtsprechung im Beschluß des BFH vom 18.10.1989, NJW 1990, 535, 536.
171 *Bachem*, Bilanzierung, S. 7; *Küting/Kessler*, BB 1994, 2103, 2109; *Mathiak*, DStR 1990, 255, 262 f.; *Priester*, DB 1991, 1917, 1923; *Thiel*, GmbHR 1992, 20, 22. Vergl. auch *Widmann*, JbFStR 1994/95, 588. So jetzt auch der BFH, Beschl. vom 10.10.1985, BFHE 144, 395, 398 f.

Gewinnrealisation, sondern bereits mit Erlangung der Gegenleistung gegeben. Aus diesem Grunde ist die Gewinnabhängigkeit von Verbindlichkeiten, die rechtlich entstanden sind und für die die bilanzierende Gesellschaft bereits eine Gegenleistung erhalten hat, für die wirtschaftliche Belastung am Bilanzstichtag unbedeutend.

cc) Quantifizierbarkeit der Verpflichtung

Letztlich ist erforderlich, daß der wirtschaftlichen Belastung ein Geldbetrag zugeordnet werden kann, auf den sich die Rückzahlungsverpflichtung beläuft (sog. Quantifizierbarkeit).[172]

dd) Anforderungen an die Bildung von Rückstellungen für ungewisse Verbindlichkeiten und an den Verzicht auf eine Ausweisung

Sind hinsichtlich des Be- oder Entstehens und/oder der Höhe der Leistungsverpflichtung Zweifel gegeben, so ist gem. § 249 Abs. 1 S. 1 HGB statt einer Verbindlichkeit eine Rückstellung für ungewisse Verbindlichkeiten zu bilden. Der entscheidende Unterschied zwischen einer Verbindlichkeit und einer Rückstellung für ungewisse Verbindlichkeiten ist somit die Unsicherheit über die künftige Vermögensminderung. Besteht bezüglich einer Vermögensminderung dem Grunde und der Höhe nach Sicherheit, so liegt eine Verbindlichkeit vor. Bestehen hinsichtlich des Grundes und/oder der Höhe der Rückzahlungsverpflichtung Unsicherheiten, so muß eine Rückstellung gebildet werden.[173]

Unsicherheit bezüglich des Grundes einer künftigen Vermögensminderung besteht, wenn nicht eindeutig beurteilt werden kann, ob die in Rede stehende Verpflichtung dauerhaft durchsetzbar ist. Das ist etwa der Fall, wenn zwischen den Vertragsparteien darüber gestritten wird, ob eine bestimmte Verbindlichkeit bereits verjährt ist oder noch nicht.[174] Steht demgegenüber allein eine vorübergehende Einrede im Streit, so besteht grundsätzlich keine Unsicherheit dem Grunde nach.[175] Unsicherheit bezüglich der Höhe einer Verbindlichkeit ist gegeben, wenn sich wirtschaftliche Belastung nicht exakt, sondern nur innerhalb einer Bandbreite einschätzen läßt.[176]

Auf die weitere Ausweisung einer bilanziellen Schuld (Verbindlichkeit oder Rückstellung) muß verzichtet werden, wenn mit der Inanspruchnahme mit an Sicherheit grenzender Wahrscheinlichkeit nicht mehr gerechnet werden

---

172 *Thiele*, Eigenkapital, S. 110; *Hüttemann*, HdJ Abt. III/8, Rdnr. 6.
173 A/D/S, § 249 HGB, Rdnr. 37; *Knobbe-Keuk*, Bilanz- und Unternehmenssteuerrecht, S. 121 f.; *Eifler*, HdJ Abt. III/6, Rdnr. 35; *Schön*, Beilage Nr. 9 BB 1994, S. 4.
174 A/D/S, § 249 HGB, Rdnr. 73.
175 *Beine*, Gesellschafterleistungen, S. 155.
176 *Baetge*, Bilanzen, S. 167; *Hüttemann*, GoB, S. 18; *Thiele*, Eigenkapital, S. 110.

kann.[177] Das wird nur dann der Fall sein, wenn dem Bilanzierenden eine dauerhafte Einrede zusteht und er diese gedenkt, geltend zu machen.[178]

b) Schlußfolgerungen für die Einordnung eigenkapitalersetzender Gesellschafterdarlehen

aa) Schlußfolgerungen für die Rechtsprechungsdarlehen

(1) Vorliegen einer erzwingbaren Leistungsverpflichtung

Für eine Bilanzierung als Verbindlichkeit ist es notwendig, daß sich der Bilanzierende der Leistungsverpflichtung rechtlich oder faktisch nicht entziehen kann. Das ist jedenfalls dann der Fall, wenn eine rechtlich voll durchsetzbare Verbindlichkeit vorliegt.

In der Literatur[179] wurde für die Rechtsprechungsdarlehen das Vorliegen einer Leistungsverpflichtung mit der Begründung verneint, daß eine Rückzahlung wegen § 30 Abs. 1 GmbHG objektiv-rechtlich zwingend verboten ist. Diese Auszahlungssperre könne zwar zu einem späteren Zeitpunkt wieder entfallen. Allerdings lasse sich am Bilanzstichtag eine Prognose über die zukünftige wirtschaftliche Lage der Gesellschaft und damit über ihre Kreditwürdigkeit nicht mit hinlänglicher Sicherheit treffen. Aus diesem Grunde fehle es einer hinreichenden Wahrscheinlichkeit der Inanspruchnahme, von jeglicher Form der Passivierung sei abzusehen. Diese Argumentation verkennt, daß es sich bei dem Erfordernis der hinreichenden Wahrscheinlichkeit um einen Fachterminus handelt, der namentlich durch das rechtliche Umfeld geprägt wird.[180] Zudem würde der Verzicht auf den Ansatz eines Fremdkapitalpostens mit dieser Begründung dem Vorsichtsprinzip zuwiderlaufen: Auch wenn das Vorsichtsprinzip in seiner deutschen Ausprägung europarechtlich nicht vorgegeben ist,[181] so verlangt Art. 31 Abs. 1 lit. c) der Bilanzrichtlinie doch eine Beachtung des „Grundsatzes der Vorsicht" und verbietet die Ausweisung nicht realisierter Gewinne. Für den Verzicht auf die Ausweisung von in der Vergangenheit als Verbindlichkeiten bilanzierten Darlehen bedeutet dies, daß er erst

---

177 BFH, Urt. vom 22.11.1988, BB 1989, 664, 665; Urt. vom 30.03.1993, DB 1993, 1266, 1266 = BFHE 170, 449 = NJW 1994, 406; *Beine*, Gesellschafterleistungen, S. 162; *Hüttemann*, HdJ Abt. III/8, Rdnr. 42.
178 *Hüttemann*, HdJ Abt. III/8, Rdnr. 42.
179 *Schnell*, Gesellschafterleistungen, S. 144 ff.; hiergegen bereits *Beine*, Gesellschafterleistungen, S. 154 Fn. 240. Sofern *Kurth/Delheas*, DB 2000, 2577, 2581 den Verzicht auf die Passivierung auf die Bildung einer Rückstellung damit begründen, daß es sich bei der Verbindlichkeit um eine aufschiebend bedingte handele, kann dies nicht überzeugen, vergl. hierzu *Bormann*, DB 2001, 907, 909.
180 Insofern kann auch nicht darauf verwiesen werden, daß die Einbringung einer notleidenden Forderung als Sacheinlage mit der Begründung abgelehnt wird, daß eine derartige Forderung nicht zu bewerten sei, so etwa *Ebenroth/Kräutter*, DB 1990, 2153, 2157, denn hierbei handelt es sich um einen anderen Regelungszusammenhang.
181 *Hommelhoff*, RabelsZ Bd. 62 (1998), 381, 387.

zulässig ist, wenn mit „Quasi-Sicherheit" nicht mehr mit einer Inanspruchnahme zu rechnen ist.[182] Diese „Quasi-Sicherheit" kann allein angenommen werden, wenn die Möglichkeit der Inanspruchnahme nur noch eine theoretische ist. Dem steht jedoch der „going-concern"-Grundsatz entgegen.[183] Vielmehr besteht Unsicherheit darüber, ob der Einrede aus § 30 Abs. 1 GmbHG dauerhafte oder bloß vorübergehende Wirkung zukommt. Erst die künftige Entwicklung der Gesellschaft entscheidet über den Fortbestand der Einrede.[184] Welche Folgerungen hieraus für die Bilanzierung zu ziehen sind, richtet sich danach, ob § 30 Abs. 1 GmbHG der dilatorischen oder der peremptorischen Einrede näher steht, denn dilatorische Einreden berechtigen grundsätzlich nicht dazu, von der Passivierung einer Verbindlichkeit abzusehen.

Aufgrund der Tatsache, daß das Rückzahlungsverbot nicht zwangsläufig ein dauerhaftes ist, scheint formaljuristisch die Einordnung als dilatorische Einrede naheliegend. Allerdings kommt § 30 Abs. 1 GmbHG materiell eine der peremptorischen Einrede vergleichbare Wirkung zu. Im Gegensatz zu den üblichen dilatorischen Einreden kann § 30 Abs. 1 GmbHG nur bedingt durch Handlungen des Gläubigers entkräftet werden.[185] Anders als die §§ 273, 320 BGB – als die wichtigsten Fälle der dilatorischen Einreden – ist § 30 Abs. 1 GmbHG strukturell nicht auf eine nur vorübergehende Wirkung angelegt.[186] Folglich erscheint die Einrede aus § 30 Abs. 1 GmbHG atypisch, weshalb darüber nachzudenken ist, aufgrund der Unsicherheit über die faktisch dauerhafte Wirkung der Einrede eine Rückstellung an Stelle einer Verbindlichkeit zu bilden.[187] Hierfür spricht zunächst die Vergleichbarkeit mit den Fällen, in denen

---

182 *Beine*, Gesellschafterleistungen, S. 150; *Hüttemann*, HdJ Abt. III/8, Rdnr. 42.
183 Vergl. *Beine*, Gesellschafterleistungen, S. 159f.; *Hüttemann*, HdJ Abt. III/8, Rdnr. 58 (für Besserungsscheine); *Küting/Kessler*, BB 1994, 2103, 2109; *Wassermeyer*, ZGR 1992, 639, 652, die – zu weitgehend – davon sprechen, daß die Möglichkeit eines faktisch endgültigen Rückzahlungsverbots vollständig an Bedeutung verliere; hierzu sogleich. In diesem Sinne wohl auch *Baetge*, Bilanzen, S. 442, der davon spricht, das „eigenkapitalersetzende Darlehen unter Zugrundelegung des Grundsatzes der Fortführung der Unternehmenstätigkeit [...] immer noch Fremdkapital darstellen"; allerdings bezieht er sich zuvor ausschließlich auf die Novellendarlehen.
184 Vergl. auch *Baumgärtel*, Steuerliche Probleme, S. 342f.
185 Vergl. hierzu *Hüttemann*, HdJ Abt. III/8, Rdnr. 41; *Jahr*, JuS 1964, 125, 128. Ausführlich zur Systematik der Einreden im BGB *Roth*, Einrede, S. 37ff.
186 Während dort gem. §§ 274 Abs. 1, 322 Abs. 1 BGB eine Verurteilung „Zug um Zug" zu erfolgen hat, ist eine Klage auf Auszahlung eines unter die Rechtsprechungsregeln fallenden Darlehens als „zur Zeit nicht begründet" abzuweisen; vergl. OLG Frankfurt a.M., Urt. vom 23.06.1992, GmbHR 1993, 436, 436f.
187 In diesem Sinne *Wassermeyer*, ZGR 1992, 639, 652. Ähnlich *Baumgärtel*, Steuerliche Probleme, S. 345; *Raiser*, Kapitalgesellschaften, S. 439 (für die Bilanz nach § 30 GmbHG); *Hense*, Stille Gesellschaft, S. 163 (für stille Beteiligungen mit Verlustbeteiligungen). *Beintmann*, Gesellschafterdarlehen, S. 112 spricht im Zusam-

Unsicherheit über das Vorliegen einer dauerhaften Einrede besteht, für welche ebenfalls eine Rückstellung zu bilden ist.[188] Weiterhin würde dieses Ergebnis mit der in der Literatur[189] vertretenen Ansicht übereinstimmen, nach der aufschiebend bedingte Verbindlichkeiten erst mit Eintritt der Bedingung als solcher zu passivieren sind, während vorher eine Rückstellung zu bilden ist. Zwar ist beim Eigenkapitalersatzrecht nicht die Verbindlichkeit, sondern nur die Rückzahlbarkeit bedingt. Bei einer wirtschaftlichen Betrachtung ist dieser Unterschied jedoch nicht von entscheidender Bedeutung.

Für die Bildung einer Verbindlichkeit statt einer Rückstellung soll sprechen, daß die Möglichkeit eines faktisch endgültigen Rückzahlungsverbots praktisch ohne Bedeutung sei.[190] Diese Folgerungen sind indes zu weitgehend. Selbst wenn die Vermutung des § 252 Abs. 1 Nr. 2 HGB noch nicht widerlegt ist,[191] so ist doch die Folgeannahme des „going-concern", daß alle Verbindlichkeiten planmäßig beglichen werden,[192] durch die Einordnung als Eigenkapitalersatz in Frage gestellt. Auch besagt die Annahme des „going-concern" weder etwas darüber, ob die Krise der Gesellschaft beendet noch, ob das Stammkapital der Gesellschaft wieder hergestellt werden wird.[193] Eine solche Aussage ist bereits deshalb nicht möglich, weil für die Annahme des „going-concern" nur etwa die nächsten zwölf Monate mit einer Fortführung zu rechnen sein muß.[194] Selbst wenn davon ausgegangen werden kann, daß die Gesellschaft diese Zeit überlebt, ist damit nicht zwangsläufig verbunden, daß sie nach ih-

---

menhang mit eigenkapitalersetzenden Gesellschafterdarlehen von „verkappten" Rückstellungen. Vergl. auch das Schreiben des BMF vom 01.07.1997, VIZ 1997, 682, 682 zu §§ 16 Abs. 3, 36 Abs. 3 S. 3 DMBilG und OFD Cottbus, BB 1998, 1581, 1581.

188 Das übersieht *Beine*, Gesellschafterleistungen, S. 155, wenn er die Bildung einer Rückstellung mit der Begründung ablehnt, die Umqualifizierung würde allein eine dilatorische Einrede begründen, welche keinen Einfluß auf den Verpflichtungscharakter des Darlehens habe.

189 A/D/S, § 246, Rdnr. 121; *Clemm/Erle*, in: Beck'scher Bilanzkommentar, § 247, Rdnr. 224; *Hense*, Stille Gesellschaft, S. 158; vergl. auch BFH, Urt. vom 03.07.1997, BB 1997, 2159, 2160. A.A. *Thiele*, Eigenkapital, S. 106 f.; *Kurth/Delhaes*, DB 2000, 2577, 2581.

190 Vergl. *Beine*, Gesellschafterleistungen, S. 159 f.; *Hüttemann*, HdJ Abt. III/8, Rdnr. 58 (für Besserungsscheine); *Küting/Kessler*, BB 1994, 2103, 2109; *Wassermeyer*, ZGR 1992, 639, 652. In diesem Sinne wohl auch *Baetge*, Bilanzen, S. 442, der davon spricht, das „eigenkapitalersetzende Darlehen unter Zugrundelegung des Grundsatzes der Fortführung der Unternehmenstätigkeit [...] immer noch Fremdkapital darstellen"; allerdings bezieht er sich zuvor ausschließlich auf die Novellendarlehen.

191 *Döllerer*, FS Forster, S. 202 f.

192 *Selchert*, in: Küting/C.-P. Weber, Bd. Ia, § 252, Rdnr. 39.

193 Vergl. auch *Hüttemann*, HdJ Abt. III/8, Rdnr. 58. Nach E. *Weber*, WPg 1986, 37, 38 kann denn auch eine eigenkapitalersetzende Forderung nie als vollwertig angesehen werden, weil sich die Überwindung der Krise nicht mit hinreichender Sicherheit vorhersagen lassen wird.

rem Ablauf wieder kreditwürdig ist. Damit beseitigt die Annahme des „going-concern" nicht die Unsicherheit über die Dauerhaftigkeit der Einrede aus § 30 Abs. 1 GmbHG. Darüber hinaus ist bereits fraglich, ob eine pauschale Verweisung auf § 252 Abs. 1 Nr. 2 HGB nicht gegen den Einzelbewertungsgrundsatz verstieße. Denn der „going-concern"-Grundsatz befreit nicht von der Pflicht, genaue Aussagen über den gegenwärtigen rechtlichen Status der Passiva zu treffen.[195]

Unter systematischen Gesichtspunkten ist es somit naheliegend, die Erzwingbarkeit einer Leistungsverpflichtung aufgrund der diesbezüglichen Unsicherheiten zu verneinen. Konsequenz hieraus ist aufgrund des „going-concern" und des Vorsichtsprinzips freilich – unabhängig von den Anforderungen an die Wahrscheinlichkeit der Inanspruchnahme und dem Streit um die Höhe der anzusetzenden Rückstellung[196] – eine Rückstellung in Höhe von 100% des Darlehens. Bestehen demgegenüber Unsicherheiten darüber, ob das in Rede stehende Darlehen überhaupt eigenkapitalersetzenden Charakter hat, so bestehen Zweifel über das Vorliegen einer Einrede, deren Wirkung zudem noch nicht absehbar ist. In diesem Fall ist weiterhin von der Passivierung als Verbindlichkeit auszugehen.

(2) Vorliegen einer wirtschaftlichen Belastung

Das Vorliegen einer wirtschaftlichen Belastung wurde in der Vergangenheit verneint, weil für die vom Imparitätsprinzip verfolgte Konkursvorsorge keine Veranlassung bestehe. Weder im Falle des Konkurses noch bei Fortführung des Unternehmens könne der Darlehensgeber seinen Anspruch vor Ende der Krise geltend machen.[197] Diese Ansicht geht bezüglich der Passivierung von Verbindlichkeiten, die allein aus künftigen Gewinnen zu tilgen sind, von anderen Voraussetzungen aus als die vorliegende Arbeit. Im übrigen könnte ihr selbst dann nicht gefolgt werden, wenn Verbindlichkeiten, die allein aus künftigen Gewinnen zu tilgen sind, nicht zu passivieren wären. Eigenkapitalersetzende Darlehen belasten nicht nur künftige Gewinne, sondern auch das sonstige Vermögen.[198] Entgegen dem BFH[199] beschränkt sich die Belastung nicht auf das Vermögen, welches nicht zur Befriedigung der Gläubiger benö-

---

194 Baumbach/*Hopt*, HGB, § 252, Rdnr. 7; *Selchert*, in: Küting/C.-P. Weber, Bd. Ia, § 252, Rdnr. 36. Für ein Jahr als Richtlinie Baumbach/Hueck/*Schulze-Osterloh*, GmbHG, § 42, Rdnr. 244; *Budde/Geißler*, in: Beck'scher Bilanzkommentar, § 252, Rdnr. 11. Für eine Bestimmung nach den Umständen des Einzelfalls A/D/S, § 252 HGB, Rdnr. 24.
195 So schon zutreffend *Fleischer*, Finanzplankredite, S. 310.
196 Vergl. hierzu ausführlich *Schön*, Beilage Nr. 9 BB 1994, S. 13 ff.
197 *Fassnacht*, Fremdfinanzierung, S. 153; i. E. auch *Ketzer*, Aktionärsdarlehen, S. 186 (für Darlehen mit Rangrücktritt). Vergl. auch *Heibel*, BB 1981, 2042, 2046.
198 BFH, Urt. vom 30.03.1993, DB 1993, 1266, 1266 f. = BFHE 170, 449 = NJW 1994, 406; *Schulze-Osterloh*, WPg 1996, 97, 105. Vergl. auch *Herlinghaus*, Forderungsverzichte, S. 153.

tigt wird, denn bei dauerhafter Wiedererlangung der Kreditwürdigkeit setzt § 30 Abs. 1 GmbHG dem Rückzahlungsverlangen keine Grenze mehr, so daß selbst das zur Deckung des Stammkapitals notwendige Vermögen ausgeschüttet werden kann.

Eine wirtschaftliche Belastung liegt somit vor. Damit bestehen die im Rahmen des Vorliegens einer erzwingbaren Leistungsverpflichtung festgestellten Unsicherheiten, welche den Ansatz einer Rückstellung notwendig erscheinen lassen.

(3) Quantifizierbarkeit des Anspruchs

Letztlich muß sich der Anspruch der Höhe nach quantifizieren lassen. Das ist insofern unproblematisch, als daß Darlehen generell mit ihrem Nennbetrag anzusetzen sind. Daran vermag eine Umqualifizierung in Eigenkapitalersatz nichts zu ändern, denn aufgrund des „going-concern"-Grundsatzes ist weiterhin von einer vollen Rückzahlungsverpflichtung auszugehen – wenn auch aus systematischen Gesichtspunkten eine Ausweisung unter den Rückstellungen angebracht erscheint. Da sich die Höhe der zur Ermittlung der Rechtsprechungsdarlehen notwendige Unterbilanz unmittelbar aus dem Jahresabschluß ergibt, können keine Zweifel darüber bestehen, in welchem Umfang das Darlehen den Rechtsprechungs- und in welchem Umfang den Novellenregeln zuzuordnen ist.

Ein Ansatz unterhalb des Nennbetrages kommt unabhängig von der Frage, ob bei unverzinslichen Darlehen eine Abzinsung zulässig ist oder nicht,[200] schon deshalb nicht in Betracht, weil bei eigenkapitalersetzenden Darlehen allein die Rückzahlbarkeit des Zinsanspruches, nicht aber seine Entstehung gehemmt ist.

(4) Zwischenergebnis

Aufgrund der Rückzahlungssperre des § 30 Abs. 1 GmbHG fehlt es bei den Rechtsprechungsdarlehen an einer durchsetzbaren Verbindlichkeit. Ob das Rückzahlungshindernis ein dauerhaftes oder nur vorübergehendes ist, hängt von der künftigen Entwicklung der wirtschaftlichen Situation der Unternehmung ab. Aufgrund dieser faktisch bestehenden Unsicherheit erscheint es systematisch geboten, Rechtsprechungsdarlehen nicht unter den Verbindlichkeiten, wohl aber in Höhe des Rückzahlungsbetrages unter den Rückstellungen anzusetzen.

---

199 BFH, Urt. vom 30.03.1993, DB 1993, 1266, 1266f. = BFHE 170, 449 = NJW 1994, 406.
200 Vergl. hierzu A/D/S, § 253 HGB, Rdnr. 81; KK-AktG/*Claussen/Korth*, § 253 HGB, Rdnr. 118.

bb) Schlußfolgerungen für die Novellendarlehen

Die Subsumtion der Novellendarlehen unter die Tatbestandsmerkmale einer Verbindlichkeit bereitet relativ wenig Probleme.

Da Novellendarlehen trotz ihres eigenkapitalersetzenden Charakters jederzeit abgezogen werden können, ohne daß der Gesellschaft eine Einrede zustehen würde, liegt zweifelsohne eine erzwingbare Leistungsverpflichtung vor. Daß den Gesellschaftsgläubigern oder der Gesellschaft unter den Voraussetzungen der §§ 6 AnfG, 135 InsO möglicherweise ein Anspruch auf Rückzahlung zustehen mag, muß unberücksichtigt bleiben, da er sich noch nicht hinreichend konkretisiert hat. Insofern kann kein Vergleich mit solchen Verbindlichkeiten angestellt werden, die erst aus künftigen Gewinnen zu tilgen sind.[201] Mögliche Unsicherheiten darüber, ob die Rückzahlungsverpflichtung dauerhaft bestehen wird oder nicht, weil in Zukunft möglicherweise § 30 Abs. 1 GmbHG eingreift, müssen ebenfalls unberücksichtigt bleiben. Da im Bilanzierungszeitpunkt eine Rückzahlungsverpflichtung vorliegt, haben das Stichtagsprinzip und die statische Betrachtungsweise Vorrang.

Aufgrund der Vermögensminderung im Falle der Rückzahlung ist eine wirtschaftliche Belastung der Gesellschaft gegeben, so daß die Ausweisung einer Verbindlichkeit angezeigt erscheint. Das Merkmal der Quantifizierung bereitet ebenfalls keine Probleme, denn die Abgrenzung zu den Rechtsprechungsdarlehen erfolgt über die sich aus dem Jahresabschluß ergebende Unterbilanz. Damit liegen bei den Novellendarlehen sämtliche Voraussetzungen einer Verbindlichkeit vor.

c) Zwischenergebnis

Während bei den Rechtsprechungsdarlehen Unsicherheit über das tatsächliche Bestehen einer Leistungsverpflichtung besteht, weshalb sie unter systematischen Gesichtspunkten als Rückstellung auszuweisen wären, erfüllen die Novellendarlehen sämtliche Voraussetzungen einer Verbindlichkeit. Ob sich diese Subsumtionsergebnisse auf der Wertungsebene halten läßt, oder ob nicht eine Korrektur erforderlich ist, werden die folgenden Untersuchungen zeigen. In Betracht kommt eine andere Ausweisung als die unter den Schulden einerseits[202] und die Ausweisung von Rechtsprechungs- und Novellendarlehen unter *einem* Bilanzposten andererseits.[203]

3. Wertungsmäßige Überprüfung der bilanziellen Einordnung

Die Einordnung der eigenkapitalersetzenden Gesellschafterdarlehen als Fremdkapital hält im übrigen einer wertungsmäßigen Kontrolle stand. Jede

---

201 Das verkennt *Fassnacht*, Fremdfinanzierung, S. 153, der nicht zwischen den Rechtsfolgen der Rechtsprechungs- und Novellendarlehen differenziert.
202 Dazu sogleich.
203 Siehe hierzu unten S. 143 ff.

andere bilanzielle Behandlung – Verzicht auf eine Bilanzierung oder Einordnung als Eigenkapital – würde dem Kapitalerhaltungsgrundsatz und der Informationsfunktion des Jahresabschlusses widersprechen.

a) Übereinstimmung der Einordnung als Fremdkapital
   mit dem Kapitalerhaltungsgrundsatz

Hinsichtlich des Kapitalerhaltungsgrundsatzes ist zwischen seinen einzelnen Wirkungsweisen zu differenzieren. Zum einen sind die Folgen zu beachten, die eine andere Einordnung als die im Fremdkapital nach sich ziehen würde. Zum anderen könnte eine Einordnung unter dem Eigenkapital entgegen der oben vorgenommen Subsumtion geboten sein, weil sich allein bei einer derartigen Bilanzierung die nach § 30 Abs. 1 GmbHG erforderliche Unterdeckung des Stammkapitals bilanziell abbilden läßt.

aa) Anforderungen des Kapitalerhaltungsgrundsatzes

Eine andere Bilanzierung als die als Fremdkapital wäre nicht mit den Anforderungen des Kapitalerhaltungsgrundsatzes vereinbar. Soll aufgrund der Umqualifizierung in Eigenkapitalersatz auf eine eigenständige Ausweisung verzichtet werden, so führt dies entweder zu einem außerordentlichen Ertrag oder aufgrund der Veranlassung durch das Gesellschaftsverhältnis zu einer Einstellung in das Eigenkapital nach § 272 Abs. 2 Nr. 4 HGB.[204]
Die Ausweisung eines außerordentlichen Ertrages würde die Ertragslage verfälschen[205] und – sofern es sich um die Nichtausweisung eines Novellendarlehens handelt[206] – zur Entstehung eines ausschüttbaren Gewinns führen. Beides liefe der Zielsetzung der Qualifizierung als Eigenkapitalersatz zuwider.[207] Allerdings ist für den Fall, daß eine Zuzahlung im Gesellschaftsverhältnis begründet liegt, nach einer im Vordringen befindlichen Ansicht[208] eine erfolgswirksame Vereinnahmung unzulässig, da ansonsten die Ertragslage verschleiert würde. Auf den Willen des Leistenden zur Leistung in das Eigenkapital soll es entgegen der Gesetzesbegründung[209] und einem Großteil der Literatur[210] nicht an-

---

204 Vergl. hierzu *Bachem*, Bilanzierung, S. 37; *Schulze-Osterloh*, WPg 1996, 97, 102; *Vollmer/Maurer*, DB 1993, 2315, 2320; *Weisang*, WM 1997, 245, 250; *Wolf*, DB 1995, 2277, 2278.
205 Ausführlich hierzu unten S. 120 ff.
206 Da auch Gewinnauszahlungen unzulässig sind, wenn sie mit einem Verstoß gegen § 30 Abs. 1 GmbHG einhergehen (vergl. Kuhn/*Uhlenbruck*, KO, § 32 a, Rdnr. 29), kann kein ausschüttbarer Gewinn entstehen, wenn auf die Ausweisung eines Rechtsprechungsdarlehens verzichtet würde.
207 *Beine*, Gesellschafterleistungen, S. 173; *Klaus*, Gesellschafterfremdfinanzierung, S. 452; *Klaus*, BB 1994, 680, 683 f; *Küting/Kessler*, BB 1994, 2103, 2109; ähnlich *Knobbe-Keuk*, StuW 1991, 306, 309 für die Ausbuchung von mit Rangrücktritten versehenen Forderungen.
208 *Heuser*, in: GmbH-Handbuch II, Rdnr. II.339; *Thiele*, Eigenkapital, S. 197 ff.; *Schulze-Osterloh*, FS Claussen, S. 776 ff.

kommen. Wenn auch der Wortlaut so verstanden werden könnte, daß auf den Willen des Leistenden abzustellen wäre,[211] ergibt jedenfalls die teleologische Auslegung die Unrichtigkeit der Interpretation im Sinne der Gesetzesbegründung und überwiegenden Literaturmeinung. Ratio der Vorschrift ist die Unterscheidung zwischen erwirtschafteten Erfolgsbeiträgen und von außen begründeten Zufuhren;[212] dem widerspräche das Abstellen auf den Willen des Gesellschafters.[213] Dementsprechend müßte der Verzicht auf eine Passivierung zwangsläufig – Gesellschafterdarlehen werden causa societatis gegeben[214] – zu einer Einstellung in die Rücklagen unter § 272 Abs. 2 Nr. 4 HGB und nicht zu einem außerordentlichen Ertrag führen. Das hätte zur Folge, daß das bilanzielle Eigenkapital zunehmen würde. Damit würde für den Fall, daß ein Novellendarlehen betroffen ist, die Unterbilanz – im Vergleich zu einer Passivierung als Verbindlichkeit – erst zu einem späteren Zeitpunkt eintreten, denn die sonstigen Posten des Eigenkapitals bleiben bei der Unterbilanzprüfung unberücksichtigt. Rückzahlungen an die Gesellschafter wären länger möglich.[215]

Der Einordnung von Rechtsprechungsdarlehen unter dem Eigenkapital steht zudem entgegen, daß sie verlorenes Eigenkapital ersetzen, selbst aber kein zusätzliches Kapital darstellen. Die Summe des Eigenkapitals insgesamt darf sich somit nicht erhöhen,[216] ansonsten würde ihre bloße Ersatzfunktion nicht deutlich. Sowohl eine offene Umbuchung nach § 272 Abs. 2 Nr. 4 HGB als auch die Ausweisung in einer bei der Berechnung des Eigenkapitals nicht zu berücksichtigenden Vorspalte hätten eine Erhöhung der Eigenkapitalsumme zur Konsequenz. Während dies bei der offenen Umbuchung nach § 272 Abs. 2 Nr. 4 HGB offensichtlich ist, ergibt sich die Erhöhung der Eigenkapitalsumme bei einer Vorspaltenausweisung aus dem in diesem Fall zwangsläufig entstehenden außerordentlichen Ertrag. Die Entstehung eines außeror-

---

209 Ausschußbericht zu § 272 HGB, BT-Drcks. 10/4268, S. 107.
210 Mit Unterschieden im Detail A/D/S, § 272 HGB, Rdnr. 137; *Hense*, Stille Gesellschaft, S. 261; *Winnefeld*, Bilanz-Handbuch, Abschnitt D, Rdnr. 1804; *Küting/Kessler*, BB 1989, 25, 30; HFA, Stellungnahme 2/1996, WPg 1996, 709, 712.
211 Immerhin ist davon die Rede, daß die Gesellschafter Zahlungen *in das Eigenkapital leisten*. A.A. *Thiele*, Eigenkapital, S. 198; *Schulze-Osterloh*, FS Claussen, S. 777f., nach denen der Wortlaut keinen Anhaltspunkt gibt, daß auf den Willen abzustellen sei.
212 *Küting*, in: Küting/C.-P. Weber, Bd. Ia, § 272, Rdnr. 89; *Thiele*, Eigenkapital, S. 197. Vergl. auch A/D/S, § 272, Rdnr. 75; *Förschle/Kofahl*, in: Beck'scher Bilanzkommentar, § 272, Rdnr. 59; Heymann/*Jung*, HGB, § 272, Rdnr. 30.
213 *Thiele*, Eigenkapital, S. 197 f.
214 So auch *Beine*, Gesellschafterleistungen, S. 144; *Watermeyer*, BB 1993, 403, 403.
215 Das ließe sich allein dann vermeiden, wenn der durch die Unterbilanzberechnung ermittelte Betrag nicht als auszahlbarer Betrag, sondern als der Betrag angesehen wird, in dem das Darlehen gebunden ist, vergl. hierzu ausführlich *Schnell*, Gesellschafterleistungen, S. 155 ff.
216 *Ketzer*, Aktionärsdarlehen, S. 188 (für die AG); *Hommelhoff*, in: Handwörterbuch, S. 140 (unter Bezugnahme auf E. *Weber*, WPg 1986, 1, 5).

dentlichen Ertrages bei einer Vorspaltenausweisung ergibt sich aus folgenden Überlegungen: Eine Vorspaltenausweisung macht nur dann Sinn, wenn das Darlehen nicht an anderer Stelle auf der Passivseite der Bilanz auftaucht. Ansonsten wäre die Vorspaltenausweisung allein eine besondere Form der Hinweispflicht, deren Vorteil gegenüber einem besonderen Bilanzposten im Eigen- oder Fremdkapital oder zwischen den beiden nicht ersichtlich wäre. Kommt nun einem Darlehen bereits bei seiner Gewährung eigenkapitalersetzender Charakter zu, so kann aufgrund des Vollständigkeitsgrundsatzes des § 246 Abs. 1 S. 1 HGB nicht auf seine Einbuchung verzichtet werden. Auch ginge ohne eine entsprechende Gegenbuchung die Bilanz nicht mehr auf. Nach den vorstehenden Ausführungen kann aber als Gegenkonto zum Konto „Bankguthaben" kein Bestandskonto angesprochen werden, weil eine solche Buchung zur Folge hätte, daß das Darlehen entgegen der soeben aufgestellten Prämisse doch wieder auf der Passivseite auftauchen würde. Als Gegenkonto verbleibt damit allein ein Ertragskonto.[217] Bei der Verbuchung als außerordentlichem Ertrag kommt es aber in jedem Fall zu einer – nicht zulässigen – Eigenkapitalmehrung, entweder über die Entstehung eines Gewinns/die Minderung eines Verlustes oder bei einer nachträglichen Umbuchung über § 272 Abs. 2 Nr. 4 HGB. Gleiches gilt bei der nachträglichen Umqualifizierung stehengelassener Darlehen. Denn dann muß eine bereits eingebuchte Verbindlichkeit aufgelöst werden, wofür ebenfalls eine Gegenbuchung erforderlich ist, welche analog zur Verbuchung eines Zahlungseinganges auf ein eigenkapitalersetzendes Darlehen nur auf ein Ertragskonto erfolgen kann.

In der Sache macht es keinen Unterschied, ob auf die Passivierung einer Verbindlichkeit verzichtet oder ein (Sachhaftungs-)Anspruch der Gesellschaft gegen den Gesellschafter aktiviert wird.[218] In der Literatur[219] wurde die Aktivierung eines derartigen Anspruchs mit der Begründung gefordert, die Gesellschaft habe einen „Anspruch" darauf, die eigenkapitalersetzende Leistung für Zwecke der Gläubigerbefriedigung zu verwerten. Dieser Anspruch sei wegen des Vollständigkeitsgebots (§ 246 Abs. 1 HGB) zu aktivieren. Ein solcher Sachhaftungsanspruch besteht jedoch in der beschriebenen Form nicht. Die „Forderung" der Gesellschaft (gerichtet auf Verwertung der eigenkapitalersetzenden Leistung zur Gläubigerbefriedigung) realisiert sich vielmehr durch die Verrechnung mit der Verbindlichkeit aus der eigenkapitalersetzenden Leistung.[220] Diese Verrechnung soll wirtschaftlich auf einen Verzicht herauslau-

---

217 Das verkennen Baumbach/Hueck/*Schulze-Osterloh*, GmbHG (16. Aufl.), § 42, Rdnr. 226 und *Beine*, Gesellschafterleistungen, S. 174 f. und dort Fn. 357, die allein für den Fall des Stehenlassens zu einem außerordentlichen Ertrag kommen.
218 Ähnlich bereits *Beine*, Gesellschafterleistungen, S. 151.
219 *Wassermeyer*, ZGR 1992, 639, 654. Ähnlich für den Überschuldungsstatus *Wolf*, Überschuldung, S. 129 f.; ders., DB 1995, 2277, 2280 f.; ders., DB 1997, 1833, 1833 f.; ausführlich hierzu *Beintmann*, Gesellschafterdarlehen, S. 138 ff.
220 Das erkennt auch *Wassermeyer*, ZGR 1992, 639, 655 an.

fen und wie ein solcher zu einer handelsrechtlichen Gewinnerhöhung führen.[221] Der Vorteil dieser Methode soll darin bestehen, daß der Sachhaftungsanspruch nach dem Vorsichtsprinzip bewertet werden könnte. Dieser Ansatz läßt indes unberücksichtigt, daß die Voraussetzungen für die Bilanzierung eines Vermögensgegenstandes nicht erfüllt sind.[222] Es handelt sich vielmehr um die (unzulässige) Korrektur des Wertansatzes einer Verbindlichkeit.[223] Aufgrund der wirtschaftlichen Vergleichbarkeit mit dem Verzicht auf eine Ausweisung muß sich dieser Ansatz die hiergegen vorgebrachten Argumente ebenso entgegenhalten lassen.[224] Handelt es sich zudem bei dem bilanzierenden Unternehmen um ein solches, bei dem sich die Bilanzierung bei Gesellschaft und Gesellschafter spiegelbildlich verhält,[225] so müßte der Gesellschafter eine entsprechende Verbindlichkeit passivieren. Dem steht jedoch entgegen, daß er auf seine Forderung regelmäßig bereits eine Abschreibung vorgenommen hat; er wäre doppelt belastet. Auch die Aktivierung eines Sachhaftungsanspruchs würde dem Kapitalerhaltungsgrundsatz nicht gerecht werden.

bb) Einordnung als Eigenkapital zur Ermöglichung der bilanziellen Abbildung einer Unterbilanz i. S. d. § 30 Abs. 1 GmbHG?

(1) Auswirkungen der Einordnung als Fremdkapital auf die bilanzielle Abbildung i. R. d. § 30 Abs. 1 GmbHG

Eine Einordnung der eigenkapitalersetzenden Darlehen als Eigenkapital könnte erforderlich sein, um die Anwendung des § 30 Abs. 1 GmbHG zu rechtfertigen. Ausgangspunkt hierfür ist folgendes: Gewährt der Gesellschafter seiner Gesellschaft ein Darlehen, so ist der Zahlungseingang bei der Gesellschaft mit dem Buchungssatz „Bank an Darlehensverbindlichkeiten" zu verbuchen. Der Zahlungseingang hat allein eine Bilanzverlängerung zur Folge. Wird der Darlehensbetrag zu einem späteren Zeitpunkt an den Gesellschafter zurückgezahlt, so lautet der Buchungssatz „Darlehensverbindlichkeiten an Bank", womit die vorherige Bilanzverlängerung nunmehr rückgängig gemacht wird (Bilanzverkürzung). Da die Aktiv- und die Passivseite der Bilanz um den gleichen Betrag gemindert werden, kann das Stammkapital durch die Rückzahlung des Darlehens bei einer streng bilanziellen Orientierung

---
221 *Wassermeyer*, ZGR 1992, 639, 654.
222 *Hock*, Gesellschafter-Fremdfinanzierung, S. 44; wohl auch BFH, Urt. vom 26.09.1996, DStR 1997, 444, 447; *Kurth/Delhaes*, DB 2000, 2577, 2580.
223 *Bachem*, Bilanzierung, S. 10; *Beine*, Gesellschafterleistungen, S. 151.
224 Vergl. auch *Döllerer*, ZGR 1993, 567, 577, der zutreffend darauf hinweist, daß es bei einer derartigen Bilanzierung doch wieder zu einer „Verwandlung" von Fremd- in Eigenkapital käme.
225 Zur Spiegelbildmethode siehe *Schnell*, Gesellschafterleistungen, S. 206 f.; speziell bei Personengesellschaften siehe *Knobbe-Keuk*, Bilanz- und Unternehmenssteuerrecht, S. 225 f. Für die Anwendung dieser Methode bei der stillen Gesellschaft *Groh*, BB 1993, 1882, 1892.

nicht in Mitleidenschaft gezogen werden. Daran ändert sich auch dadurch nichts, daß der Rückzahlungsanpruch des Gesellschafters nachrangig ist; da nachrangige Verbindlichkeiten nicht abzuwerten sind, wird dies aus dem Zahlenwerk der Bilanz in keinem Fall deutlich. Hiernach könnte es an den Voraussetzungen des § 30 Abs. 1 GmbHG – namentlich an der Beeinträchtigung der zur Erhaltung des Stammkapitals notwendigen Mittel durch die Rückzahlung – fehlen.[226] Mit ähnlichen Erwägungen wird von Teilen der Literatur die Gewährung von Darlehen an den Gesellschafter vom Anwendungsbereich des § 30 Abs. 1 GmbHG ausgenommen[227] bzw. die Anwendbarkeit der Rechtsprechungsregeln im Konzern abgelehnt.[228] Fraglich ist, welche Schlußfolgerungen aus der vorstehenden Erkenntnis zu ziehen sind.

(2) Keine Verletzung des § 30 Abs. 1 GmbHG ohne Entstehung einer Unterbilanz durch die Rückgewährhandlung?

Die erste Möglichkeit wäre anzunehmen, daß in den Konstellationen, in denen die Rückgewährhandlung sich nicht auf die Bilanzrelationen auswirkt, in der Tat keine Beeinträchtigung des § 30 Abs. 1 GmbHG vorläge und damit keine Rückzahlungssperre eingriffe. Konsequenz hieraus wäre, daß § 30 Abs. 1 GmbHG dann nicht eingriffe, wenn die Rückgewährhandlung zu einer bloßen Bilanzverkürzung führen würde. Das hätte freilich zur Folge, daß dem Gesellschafter Vermögensgegenstände zum Buchwert gewährt und damit stille Reserven an ihn ausgeschüttet werden könnten und brächte zudem die Abschaffung der Rechtsprechungsregeln zum Eigenkapitalersatz mit sich, denn in beiden Fällen kommt es zu einer bloßen Bilanzverkürzung. Dieses Ergebnis liefe jedoch den gesetzlichen Wertungen des § 30 Abs. 1 GmbHG zuwider. Auch vor dem Hintergrund der teilweise bereits als Gewohnheitsrecht anerkannten ständigen Rechtsprechung und den damit verbundenen Aspekten der Rechtssicherheit und -kontinuität ist dies sicherlich die letzte der in Betracht kommenden Alternativen.[229]

(3) Rückwirkungen der Anforderungen des § 30 Abs. 1 GmbHG auf die Jahresbilanz?

Weiterhin könnte daran gedacht werden, die Bilanzierung im Jahresabschluß derart zu verändern, daß es bei einer Rückzahlung zu einer entsprechenden

---

226 Vergl. BFH, Urt. vom 30.04.1968, BStBl. II 1968, 720, 722; Hachenburg/*Goerdeler/W. Müller*, GmbHG, § 30, Rdnr. 57; *Roth*, GmbHG (2. Aufl.), § 32a, Anm. 3.5.2.; *Bachem*, Bilanzierung, S. 13; *Hock*, Gesellschafter-Fremdfinanzierung, S. 64 ff.; *Wolf*, StuB 1999, 412, 417.
227 Vergl. Scholz/*Westermann*, GmbHG, § 30, Rdnr. 25.
228 Vergl. *Becker*, DStR 1998, 1528, 1531; *Jula/Breitbarth*, AG 1997, 256, 263.
229 A.A. wohl die Autoren, die für eine Abschaffung des Eigenkapitalersatzrechts eintreten, so etwa *Grunewald*, GmbHR 1997, 7, 7 ff.; *Koppensteiner*, AG 1998, 308, 308 ff.

Rückwirkung auf die Bilanz nach § 30 Abs. 1 GmbHG – sprich zu einer Unterbilanz – kommt. Dieses Ziel ließe sich aufgrund der Orientierung der nach § 30 Abs. 1 GmbHG aufzustellenden Bilanz an der Jahresbilanz allein dadurch erreichen, daß in der Krise gewährte Darlehen im Jahresabschluß als Eigenkapital angesetzt werden, da dieses bei der Ermittlung der Unterbilanz außer Betracht zu bleiben hat.[230]

Auch dieser Lösungsvorschlag kann nicht überzeugen. Er würde allein für die Fallgruppe der eigenkapitalersetzenden Gesellschafterdarlehen eine Lösung bringen, nicht aber für die übrigen Fälle, in denen es zu einer bloßen Bilanzverkürzung kommt, wie etwa bei der Veräußerung von Gesellschaftsvermögen zum Buchwert, obwohl stille Reserven vorhanden sind. Dem könnte nunmehr entgegengehalten werden, daß in den sonstigen Fällen ebenfalls eine Änderung der Bilanzierung im Jahresabschluß zu erfolgen habe. Das hätte indes zur Konsequenz, daß die angestrebten Rechtsfolgen i.R.d. § 30 Abs. 1 GmbHG den Ansatz in der Jahresbilanz diktieren würden – und das entgegen den allgemeinen Bilanzierungsvorschriften und Grundsätzen ordnungsgemäßer Buchführung. Denn nach den obigen Ausführungen erfüllen weder die Rechtsprechungs- noch die Novellendarlehen die tatbestandlichen Voraussetzungen des bilanziellen Eigenkapitals; die Veräußerung von Vermögensgegenständen, die stille Reserven enthalten, als anderer Fall der bloßen Bilanzverkürzung könnte bilanziell nur erfaßt werden, wenn diese Reserven entgegen dem Anschaffungs- und Herstellungskostenprinzip aufgedeckt werden würden. Ein derartiger Bilanzausweis würde zwar die Effektivität der Kapitalerhaltungsvorschriften sichern, gleichzeitig aber den Informationswert der Jahresbilanz beeinträchtigen.[231] Unter systematischen Gesichtspunkten wäre der Weg gleichfalls nur schwerlich zu beschreiten, denn die Bilanz nach § 30 Abs. 1 GmbHG orientiert sich am Jahresabschluß und nicht umgekehrt. Anderenfalls würden entgegen der anerkannten juristischen Methodenlehre von der spezielleren Regelung Rückschlüsse auf die allgemeinere gezogen und die tatbestandlichen Voraussetzungen nach den angestrebten Rechtsfolgen modifiziert.

(4) Verzicht auf die Notwendigkeit einer bilanziellen Abbildung

Letztlich muß der Konflikt zwischen den bilanziellen Folgen der Darlehensrückzahlung und den Anforderungen des § 30 Abs. 1 GmbHG in der Form gelöst werden, daß zumindest in bestimmten Situationen i.R.d. § 30 Abs. 1 GmbHG von der bilanziellen Betrachtung abgewichen wird.[232] Was den Be-

---

230 Alternativ hierzu könnte von der Orientierung an der Jahresbilanz abgewichen und für die Bilanz nach § 30 Abs. 1 GmbHG ein eigenes Bilanzierungssystem aufgestellt werden. Der Unterschied zu dem hier vorgeschlagenen Verzicht auf die Notwendigkeit einer bilanziellen Abbildung – dazu sogleich – wäre allein ein technischer.

231 Ausführlich zur Beeinträchtigung der Informationsfunktion durch eine Ausweisung des Eigenkapitalersatzes als Eigenkapital unten S. 120 ff.

reich der eigenkapitalersetzenden Gesellschafterdarlehen anbelangt, so findet die Anwendung der §§ 30, 31 GmbHG ihre Rechtfertigung darin, daß der Gesellschaft Mittel entzogen werden, die zur Befriedigung vorrangiger Gläubiger notwendig gewesen wären.[233] Um diesen Weg systematisch abzusichern, gilt es, die Voraussetzungen des § 30 Abs. 1 GmbHG näher zu konkretisieren. Insbesondere ist zu belegen, daß eine Rückzahlung – unabhängig von einem bilanziellen Niederschlag – bereits unzulässig ist, sofern eine Unterbilanz besteht[234] und nicht erst, wenn sie die Herbeiführung oder Vertiefung einer Unterbilanz zur Folge hätte.[235]

Gegen eine ausschließliche Orientierung an der Bilanz spricht, daß es hierdurch zu erheblichen Schutzlücken käme.[236] So würden Geschäfte, die sich aufgrund einer Unterbewertung des veräußerten Gegenstandes nicht auf die Bilanzrelationen auswirken, bei einer bestehenden Unterbilanz keinen Rückforderungsanspruch der Gesellschaft begründen. Gleiches gilt, wenn die Gesellschaft nur noch eine äußerst dünne Kapitaldecke aufweist und in dieser Situation Sicherheiten bestellt, die sich nicht in der Bilanz niederschlagen. In diesen Fällen einen Verstoß gegen § 30 Abs. 1 GmbHG zu verneinen, wäre mit Sinn und Zweck der Norm nicht zu vereinbaren. Insofern kann selbst eine reine Bilanzverkürzung einen Verstoß gegen die Kapitalerhaltungsregeln darstellen.[237] Im Moment der Unterbilanz sind zwar nicht sämtliche Rückzahlungen an den Gesellschafter verboten, wohl aber solche, die zu einer Entziehung von Kapital führen, welches zur Befriedigung der (erstrangigen) Gläubiger notwendig ist. Damit ist es nicht Voraussetzung des § 30 Abs. 1 GmbHG, daß

---

232 So etwa *Kleffner*, Erhaltung, S. 64 ff.; *Becker*, DStR 1998, 1528, 1531 f.; *Jula/Breitbarth*, AG 1997, 256, 263 f.; *Stimpel*, 100 Jahre GmbHG, S. 338 ff.
233 Hachenburg/*Goerdeler/W. Müller*, GmbHG, § 30, Rdnr. 57; *Hock*, Gesellschafter-Fremdfinanzierung, S. 66 f.; *Thiel*, GmbHR 1992, 20, 24. Vergl. auch *Wolf*, StuB 1999, 412, 416.
234 So BGH, Urt. vom 01.12.1986, BB 1987, 433, 434 = NJW 1987, 1194, 1195; Roth/*Altmeppen*, GmbHG, § 30, Rdnr. 6; HK-GmbHR/*Bartl*, § 30 GmbHG, Rdnr. 2; *Balser/Bokelmann/Piorreck*, GmbH, Rdnr. 255; *Kleffner*, Erhaltung, S. 89; *Döllerer*, Gewinnausschüttungen, S. 40; *K. Schmidt*, DB 1992, 1917, 1917; *Stimpel*, 100 Jahre GmbHG, S. 340 ff.; *Röhrkasten*, GmbHR 1974, 36, 36.
235 So BGH, Urt. vom 14.12.1959, BGHZ 31, 258, 276 = NJW 1960, 285 = BB 1960, 18 (insoweit nicht abgedruckt); Baumbach/Hueck/*Hueck/Fastrich*, GmbHG, § 30, Rdnr. 7 (allerdings unklar in der Formulierung); *Lutter/Hommelhoff*, GmbHG, § 30, Rdnr. 13 und 26; Rowedder/*Rowedder*, § 30, Rdnr. 2 (vergl. aber auch Rdnr. 10); *Falkenstein*, Grenzen, S. 70; *Goette*, GmbH, § 3, Rdnr. 14; *K. Schmidt*, Gesellschaftsrecht, § 37 III 1.d), S. 1132 f.; *K. Müller*, DB 1998, 1117, 1117; *Weisang*, WM 1997, 197, 206; wohl auch Häuselmann/*Rümker/Westermann*, Finanzierung, S. 147 f.
236 Zum folgenden vergl. *Kleffner*, Erhaltung, S. 89 ff.; *Stimpel*, 100 Jahre GmbHG, S. 338 f.
237 Hachenburg/*Goerdeler/W. Müller*, GmbHG, § 30, Rdnr. 57. Ausdrücklich a.A. etwa *Hommelhoff*, FS Kellermann, S. 166.

durch die Auszahlung eine Unterbilanz entsteht oder vertieft wird. Vielmehr genügt es, daß zum Zeitpunkt der Auszahlung bereits eine Unterbilanz besteht. Aus der dahinterstehenden Erwägung, daß eine Auszahlung unzulässig ist, weil sie zu einer Entziehung von Kapital führt, welches zur Befriedigung der Gläubiger notwendig ist, folgt denn auch eine höhenmäßige Begrenzung der Auszahlungssperre. Die Mittel sind allein in dem Umfang gesperrt, in dem sie (theoretisch) zur Wiederherstellung des Stammkapitals – sprich zur Deckung der Unterbilanz – erforderlich sind.[238] Konkret bedeutet dies: Eigenkapitalersetzende Gesellschafterdarlehen sind im Umfang der zum Rückzahlungszeitpunkt bestehenden Unterbilanz gesperrt;[239] bei der Veräußerung von Vermögensgegenständen, in denen stille Reserven enthalten sind, müssen die stillen Reserven (anteilig) im Umfang der bestehenden Unterbilanz aufgelöst werden.[240] Diese Ausführungen verdeutlichen, daß es sich bei der Anwendung der §§ 30, 31 GmbHG auf eigenkapitalersetzende Gesellschafterdarlehen nicht um eine direkte, sondern nur um eine analoge Anwendung handeln kann.[241]

Insoweit können aus diesen Überlegungen zu den Voraussetzungen des § 30 Abs. 1 GmbHG keine Schlußfolgerungen für die Bilanzierung eigenkapitalersetzender Gesellschafterdarlehen in der Handelsbilanz gezogen werden. Ob es demgegenüber zwingend ist, eigenkapitalersetzende Darlehen in der für § 30 Abs. 1 GmbHG aufzustellenden Bilanz als Verbindlichkeiten zu berücksichtigen, da bei einer Nichtberücksichtigung die Auszahlungsmöglichkeiten sachwidrig erweitert würden,[242] muß bezweifelt werden. Das kann indes nicht mit der Aussage gerechtfertigt werden, Darlehen seien erst dann eigenkapitalersetzend, wenn das Stammkapital angegriffen sei; in dieser Situation komme es aber nicht mehr darauf an, ob die Unterbilanz durch die Einbeziehung des Darlehens größer werde oder nicht.[243] Sie läßt unberücksichtigt, daß eine Auszahlung bereits verboten ist, sofern der Darlehensbetrag nicht mehr aus freiem Vermögen zurückgezahlt werden kann. Es ist nicht erforderlich – wenn auch in der Praxis wohl regelmäßig der Fall –, daß das Stammkapital unabhängig vom eigenkapitalersetzenden Gesellschafterdarlehen bereits angegrif-

---

238 So jetzt auch *Kurth/Delhaes*, DB 2000, 2577, 2581.
239 Verfügt die Gesellschaft bei einem Stammkapital von 100 TDM über ein Reinvermögen von 70 TDM und haben die Gesellschafter eigenkapitalersetzende Darlehen in Höhe von 40 TDM zur Verfügung gestellt, so können bis zu 10 TDM an die Gesellschafter zurückgezahlt werden, während die verbleibenden 30 TDM als Rechtsprechungsdarlehen zur Deckung der Unterbilanz in der Gesellschaft verbleiben müssen. Ebenso jetzt *Kurth/Delhaes*, DB 2000, 2577, 2581. Vergl. auch *Fleck*, GmbHR 1989, 313, 318.
240 Vergl. bereits das Bsp. bei *Stimpel*, 100 Jahre GmbHG, S. 342 f.
241 Siehe die Nachweise oben auf S. 31 in Fn. 41.
242 So die h.M.; vergl. nur OLG München, Urt. vom 19.01.1999, NZG 1999, 603, 604; Baumbach/Hueck/*Hueck/Fastrich*, GmbHG, § 30, Rdnr. 5.
243 So aber *Kleffner*, Erhaltung, S. 41.

fen ist, zumal die Darlehensrückzahlung allein eine Bilanzverkürzung zur Folge hat. Entscheidend ist nicht, ob eigenkapitalersetzende Darlehen angesetzt werden oder nicht, sondern allein wie der ermittelte Betrag interpretiert wird:[244] Werden die Darlehen bei der Unterbilanzprüfung passiviert, gibt das Ergebnis Auskunft darüber, in welchem Umfang eine Darlehensrückzahlung zulässig ist; werden sie nicht passiviert, entspricht das Ergebnis dem Betrag, der zur Deckung der Unterbilanz nicht abgezogen werden darf.

cc) Zwischenergebnis

Eine andere Bilanzierung eigenkapitalersetzender Gesellschafterdarlehen als die unter dem Fremdkapital ist nicht durch den Kapitalerhaltungsgrundsatz veranlaßt. Etwas anderes ergibt sich nicht daraus, daß sich allein bei einer Ausweisung unter dem Eigenkapital Rückwirkungen der Rückzahlung auf die Bilanz und damit eine Unterbilanz ergeben könnten, denn es ist nicht Voraussetzung des § 30 Abs. 1 GmbHG, daß durch die Rückgewährung eine Unterbilanz entsteht oder vertieft wird.

b) Übereinstimmung der Einordnung als Fremdkapital
   mit der Informationsfunktion

Dem Ziel der Informationsfunktion, den Gläubigern „ein den tatsächlichen Verhältnissen entsprechendes Bild der Vermögens-, Finanz- und Ertragslage" (§ 264 Abs. 2 S. 1 HGB) zu vermitteln,[245] wird die Ausweisung der Gesellschafterdarlehen als Eigenkapital – gleich, ob auf dem direkten Wege einer Umbuchung oder mittelbar durch die Ausweisung eines Ertrages – nicht gerecht.

Dies beruht zum einen darauf, daß die tatbestandlichen Voraussetzungen des bilanziellen Eigenkapitals nicht gegeben sind. So fehlt es bereits an einer unbefristeten Mittelüberlassung.[246] Auch ist die Gesellschaft weiterhin mit einer Auszahlungspflicht belastet; während diese Belastung bei den Rechtsprechungsdarlehen aufgrund der Auszahlungssperre nur eine potentielle ist, ist sie bei den Novellendarlehen sogar gegenwärtig. Eigenart der Eigenkapitalposten ist jedoch, daß es an einer Belastung fehlt.[247] Der Bilanzleser darf indes

---

244 Ausführlich *Schnell*, Gesellschafterleistungen, S. 155 ff.
245 Ausführlich zur Informationsfunktion oben S. 74 ff.
246 *Beine*, Gesellschafterleistungen, S. 173 f. betont ebenfalls, daß die Ausweisung als Eigenkapital suggeriere, die Mittel würden dauerhaft zur Verfügung stehen. Das ist von seinem Standpunkt aus jedoch insofern widersprüchlich, als er auf S. 148 die Dauerhaftigkeit der Mittelüberlassung als Merkmal des Eigenkapitals ablehnt.
247 Vergl. auch *Klaus*, BB 1994, 680, 685; *Küting/Kessler*, BB 1994, 2103, 2107; ähnlich *Klatte*, in: Jahrbuch für Controlling, S. 168. Diese Argumentation läßt sich ohne weiteres auf die übrigen tatbestandlichen Voraussetzungen des Eigenkapitals ausdehnen. So meinen *Küting/Kessler*, BB 1994, 2103, 2107, daß der Eindruck entstehen würde, es bestünde nur ein Residualanspruch, obwohl der Gesellschafter Zinsansprüche haben kann.

wegen § 243 Abs. 2 HGB davon ausgehen, daß die einzelnen Posten den tatbestandlichen Anforderungen genügen.[248] Sind die tatbestandlichen Anforderungen der Posten, unter denen die Ausweisung erfolgt, nicht erfüllt, entspricht das im Jahresabschluß gezeichnete Bild nicht den tatsächlichen Verhältnissen. Eine Ausweisung als Eigenkapital würde somit § 264 Abs. 2 S. 1 HGB widersprechen. Weiterhin würde eine derartige Ausweisung die Eigenkapitalbasis scheinbar verbreitern und die Gesellschaft damit kreditwürdiger erscheinen lassen, als sie tatsächlich ist.[249]

Letztlich könnte eine Bilanzierung als Eigenkapital dazu führen, daß eine ansonsten gebotene Ausweisung eines ungedeckten Fehlbetrages i.S.d. § 268 Abs. 3 HGB unterbleibt.[250] Insofern könnte die Bilanzierung im Eigenkapital als bilanzielle Untermauerung der Sanierungsbemühungen angesehen werden. Aus ähnlichen Erwägungen heraus hat der Gesetzgeber in § 88 Abs. 3 S. 1 II. WoBauG bestimmt, daß Aufwendungsdarlehen nicht in die Bilanz aufgenommen werden müssen[251] und in § 16 Abs. 3 DMBilG auf die Passivierung bestimmter Verbindlichkeiten verzichtet.[252] Sieht man den Schwerpunkt der „Vorsorgefunktion" des § 30 GmbHG und damit der Rechtsprechungsregeln darin, den Bestand der Gesellschaft durch die Anordnung einer Auszahlungssperre zu sichern, so könnte dies durchaus als Argument für einen Ansatz im Eigenkapital verwendet werden. Sofern jedoch in der Literatur eine derartige Schutzrichtung überhaupt anerkannt wird,[253] soll sie neben den Gläubigerschutz treten.[254] Aufgrund dieses Dualismus ist eine Abwägung zwischen den Zielen des Auszah-

---

248 *Baetge/D. Fey/G. Fey*, in: Küting/C.-P. Weber, Bd. Ia, § 243, Rdnr. 48; *Leffson*, Grundsätze, S. 211.
249 *Bachem*, Bilanzierung, S. 8.
250 So auch schon *Harald Herrmann*, Quasi-Eigenkapital, S. 132; *Harald Herrmann*, ZGR 1989, 273, 276.
251 Nach der Gesetzesbegründung BT-Drcks. 6/2117, S. 11 soll der Ausweis einer Überschuldung vermieden werden; da sich die Überschuldung jedoch nicht aus der Jahresbilanz ergibt, schlägt sich die Absicht des Gesetzgebers allein in der Vermeidung eines Fehlbetrages nieder. Die Finanzverwaltung geht von einer steuerlichen Passivierungspflicht aus; vergl. *Hüttemann*, HdJ Abt. III/8, Rdnr. 69.
252 Nach der Gesetzesbegründung, BT-Drcks. 11/7817, S. 66, enthält das DMBilG Neufestsetzungen, um umstellungsbedingte Konkurse zu vermeiden. Dafür ist eine Änderung im Jahresabschluß aber nur bedingt (§ 268 Abs. 3 HGB) geeignet.
253 *Lutter/Hommelhoff*, GmbHG, § 30, Rdnr. 1; *Kleffner*, Erhaltung, S. 24. *Fleck*, 100 Jahre GmbHG, S. 395. Für eine Beschränkung der §§ 30, 31 GmbHG auf den Gläubigerschutz etwa *K. Schmidt*, Gesellschaftsrecht, S. 1135; *Ulmer*, 100 Jahre GmbHG, S. 365. Jedenfalls für eine Beschränkung des Kapitalersatzrechts auf den Gläubigerschutz *Haas*, Geschäftsführerhaftung, S. 66.
254 Nach *Fleck*, 100 Jahre GmbHG, S. 398 liegt der Schwerpunkt des Kapitalerhaltungsrechts in der GmbH – anders als bei der AG – nicht auf dem Schutz der Gesellschaft, sondern auf dem mittelbaren Gläubigerschutz. *Haas*, Geschäftsführerhaftung, S. 66 gesteht dem § 30 GmbHG allein in seinem direkten Anwendungsbereich die Funktion zu, den Bestand der Gesellschaft zu schützen.

lungsverbotes – Erhaltung der Gesellschaft im eigenen Interesse und dem der Gesellschafter einerseits und Gewährleistung eines mittelbaren Gläubigerschutzes andererseits – erforderlich. Hierbei muß das Erhaltungsinteresse der Gesellschafter hinter die Interessen der Gläubiger zurückstehen.[255] Das beruht zum einen darauf, daß die tatbestandlichen Voraussetzungen des bilanziellen Eigenkapitals nicht vorliegen. Zum anderen ist die hohe Bedeutung der Informationsfunktion des Jahresabschlusses in den europarechtlichen Vorgaben[256] zu berücksichtigen. Zuletzt ist zu beachten, daß zumindest nach dem deutschen Verständnis des Vorsichtsprinzips die Gläubigerinteressen den Gesellschafterinteressen vorgehen.[257] Das muß für den vorliegenden Fall um so mehr gelten, als dem Ausweis eines ungedeckten Fehlbetrages die Funktion zukommt, die Gläubiger vor einer aufziehenden Insolvenzgefahr zu warnen.[258] Bei einer Ausweisung finanzieller Mittel unter dem bilanziellen Eigenkapital, die dessen tatbestandlichen Anforderungen nicht genügen, würde dieses „Frühwarnsystem" indes unterlaufen.

Eine Ausweisung eigenkapitalersetzender Gesellschafterdarlehen unter dem Eigenkapital würde ein nicht den tatsächlichen Verhältnissen entsprechendes Bild von der Vermögens- und Finanzlage der Gesellschaft zeichnen und ist deshalb unzulässig.

Über die Drittinformation hinaus dient der Jahresabschluß dem Gläubigerschutz, da Gesellschaftsorgane und die Gesellschafter gezwungen werden, sich über die wirtschaftliche Lage ihrer Gesellschaft zu informieren. Diesem Zweck wird aufgrund der aufgezeigten Informationsdefizite weder ein erfolgswirksamer Verzicht auf die Ausweisung der Darlehen noch die Umbuchung in das Eigenkapital gerecht. Die Sanierungsbedürftigkeit könnte – sofern keine weitere Erläuterungspflicht besteht oder dieser nicht nachgekommen wird – den Gesellschaftern gegenüber verschleiert werden, weil durch eine Bilanzierung als Eigenkapital der Eintritt einer Unterbilanz – ebenso wie der eines nicht gedeckten Fehlbetrages im Sinne des § 268 Abs. 3 HGB – hinausgeschoben würde.[259] Wird aber der Eintritt einer Unterbilanz verzögert, tritt der Fall des § 49 Abs. 3 GmbHG erst zu einem späteren Zeitpunkt ein, obwohl es unter materiellen Gesichtspunkten an einer hinreichenden Schuldendeckung fehlt. Der Zweck des § 49 Abs. 3 GmbHG, beim hälftigen Verzehr des Stammkapitals eine Gesellschafterversammlung mit dem Ziel einzuberufen, über mögliche Sanierungsmaßnahmen zu beraten,[260] würde unterlau-

---

255 Vergl. auch BGH, Urt. vom 08.01.2001, BB 2001, 430, 433; *Beine*, Gesellschafterleistungen, S. 189; *Baetge/Schulze*, DB 1998, 937, 943.
256 Vergl. hierzu oben S. 74 f. und 79 f.
257 *Hommelhoff*, RabelsZ Bd. 62 (1998), 381, 387; vergl. auch *Bormann*, RIW 1996, 35, 41 (jeweils unter dem Gesichtspunkt der Kapitalerhaltung).
258 *Harald Herrmann*, ZGR 1989, 273, 279 ff.; *Hommelhoff*, in: Handwörterbuch, S. 138.
259 *Beine*, Gesellschafterleistungen, S. 173 und 175.

fen. Auch die Selbstinformationsfunktion des Jahresabschlusses spricht gegen eine Bilanzierung als Eigenkapital.[261]

4. Ergebnis

Ergebnis der Subsumtion der eigenkapitalersetzenden Darlehen unter die Bilanzposten „Eigenkapital" und „Schulden" ist, daß weder die Rechtsprechungs- noch die Novellendarlehen den Anforderungen an das bilanzielle Eigenkapital genügen. Zwar erfüllen beide die Voraussetzungen der Nachrangigkeit, allerdings fehlt es an der Nachhaltigkeit, weil die Kapitalüberlassung nicht unbefristet erfolgt und weil die Darlehen nur temporär den Kapitalbindungsvorschriften unterliegen. Weiterhin mangelt es beiden Kapitalersatzarten an einer dauerhaften Verlustteilnahme. Der Unterschied zwischen den Ersatzarten im Hinblick auf die Erfüllung der Tatbestandsmerkmale des bilanziellen Eigenkapitals besteht in erster Linie darin, daß sich bei den Rechtsprechungsregeln die Gefahr der Verhaftung bereits realisiert hat, bei den Novellenregeln hingegen noch nicht.

Aus dieser Verhaftung ergeben sich freilich Unterschiede bezüglich der Subsumtion unter die Schulden. Während bei den Rechtsprechungsdarlehen Unsicherheit über das Vorliegen einer Auszahlungsverpflichtung besteht, sind die Novellendarlehen an den Darlehensnehmer zurückzuzahlen. Aus diesem Grunde erscheint es unter systematischen Gesichtspunkten geboten, die Rechtsprechungsdarlehen als Rückstellungen, die Novellendarlehen aber als Verbindlichkeiten auszuweisen.[262] Diese Subsumtionsergebnisse wurden auf der Wertungsebene bestätigt. Eine andere Ausweisung als die unter dem Fremdkapital wäre weder mit dem Kapitalerhaltungsgrundsatz noch mit der Informationsfunktion des Jahresabschlusses vereinbar.

---

260 Rowedder/*Koppensteiner*, GmbHG, § 49, Rdnr. 1; Scholz/*K. Schmidt*, GmbHG (8. Aufl.), § 49, Rdnr. 21. Ebenso der BGH, Urt. vom 09.07.1979, BB 1979, 1629, 1629 f. = NJW 1979, 1829, 1831 zur Parallelvorschrift im AktG. Ausführlich zur ratio der §§ 49 Abs. 3 GmbHG, 92 Abs. 1 AktG *W. Müller*, ZGR 1985, 191, 193 ff.; *Priester*, ZGR 1999, 533, 536 ff. Nach Art. 17 Abs. 1 der Kapitalrichtlinie, der der aktienrechtlichen Vorschrift zugrunde liegt, ist die Hauptversammlung einzuberufen, *um zu* prüfen, ob die Gesellschaft aufzulösen ist oder andere Maßnahmen zu ergreifen sind, was eine Beschlußpflicht über die Notwendigkeit bzw. Entbehrlichkeit von Gegenmaßnahmen nahelegt.

261 Vergl. aber *Mertens*, FS Forster, S. 422, nach dem kein Fall des § 49 Abs. 3 GmbHG vorliegen soll, wenn die Lebensfähigkeit der Gesellschaft über Gesellschafterdarlehen gesichert ist. Wie hier (Nachrangigkeit schließt Informationspflichten nicht aus) indes *W. Müller*, ZGR 1985, 191, 207 f.; *Kühnberger*, DB 2000, 2077, 2081; *Priester*, ZGR 1999, 533, 545 f.

262 Zu der Frage, ob es nicht entgegen dieser ausschließlich an der Subsumtion orientierten Feststellung aufgrund der Bilanzzwecke oder praktischen Probleme der Zuordnung zu den Darlehensgruppen zulässig oder gar erforderlich ist, Rechtsprechungs- und Novellendarlehen gemeinsam (unter den Verbindlichkeiten) auszuweisen, siehe unten S. 143 ff.

II. Erläuterungspflicht für eigenkapitalersetzende Darlehen

Ergebnis der bisherigen Untersuchung ist, daß sowohl Rechtsprechungs- als auch Novellendarlehen unter dem Fremdkapital auszuweisen sind. Dieses Ergebnis entspricht – mit Ausnahme der Erkenntnis, daß es sich bei den Rechtsprechungsdarlehen der Sache nach um eine Rückstellung handelt – der mittlerweile herrschenden Meinung. Weithin ungeklärt ist indes, ob eigenkapitalersetzende Gesellschafterdarlehen im Jahresabschluß oder Lagebericht als solche zu kennzeichnen sind. Die Antwort hierauf hat sich – differenziert nach Binnen- und Außenpublizität – an den Jahresabschlußzwecken und dem Einblicksgebot des § 264 Abs. 2 HGB zu orientieren.

1. Notwendigkeit einer Binnenpublizität

Im Rahmen der Binnenpublizität – verstanden als Publizität gegenüber der Gesellschaft, ihren Organen und ihren Gesellschaftern – ist ein Hinweis auf den eigenkapitalersetzenden Charakter der Darlehen notwendig, weil die Dokumentationsfunktion und die Selbst- und Gesellschafterinformation dies erfordern.

a) Erläuterungspflicht zur Erfüllung der Dokumentationsfunktion

Durch die Dokumentation soll einerseits Unregelmäßigkeiten vorgebeugt und andererseits die spätere Geltendmachung eventueller Ansprüche erleichtert werden.[263] Diesen Anforderungen kann das Rechenwerk nur genügen, wenn es einen allgemeinen Hinweis auf die Krise der Gesellschaft und einen speziellen auf den eigenkapitalersetzenden Charakter einzelner Darlehen enthält.

Der allgemeine Hinweis auf die Krise der Gesellschaft erspart den Beteiligten im Zusammenhang mit dem Eigenkapitalersatzrecht einen späteren Rechtsstreit darüber, ob die Krise erkennbar war oder nicht.[264] Er dient damit der Beweiserleichterung zugunsten des Insolvenzverwalters und damit zugunsten der Gläubigergesamtheit. Damit trägt die besondere Kennzeichnung potentiell zur Verbreiterung der Insolvenzmasse und indirekt zum Gläubigerschutz bei. Aufgrund der Indizwirkung[265], die einem Ausweis als Eigenkapitalersatz im Jahresabschluß zukommt, wird dem Insolvenzverwalter die Rückforderung erleichtert.[266] Hierbei handelt es sich keinesfalls um ein sachfremdes Argument,[267] denn die Dokumentationsfunktion soll die Informationsgrundlagen

---

263 Ausführlich zur Dokumentationsfunktion siehe oben S. 78.
264 *Beine*, Gesellschafterleistungen, S. 188 f.
265 Ausführlich hierzu unten S. 137 f.
266 *Fleck*, GmbHR 1989, 313, 321; *Hommelhoff*, WPg 1984, 629, 633; *Kleindiek*, in: Handbuch, Teil 7, Rdnr. 7.8. *Fleischer*, Finanzplankredite, S. 313 betrachtet dies als nicht unerwünschten Nebeneffekt. Auch *Klaus*, BB 1994, 680, 685 erkennt dies an.
267 So aber *Hock*, Gesellschafter-Fremdfinanzierung, S. 47 unter Verkennung der Bilanzzwecke. Ähnlich Scholz/*Crezelius*, GmbHG, Anh. § 42 a, Rdnr. 221.

für das Anfechtungsrecht schaffen.[268] Diese Aufgabe kann der Jahresabschluß aber nur leisten, wenn aus ihm hervorgeht, welche Darlehen eigenkapitalersetzend sind. Auch wird die Geltendmachung möglicher Schadensersatzansprüche (etwa nach § 43 Abs. 1 S. 1 GmbHG) durch einen besonderen Hinweis ermöglicht. Ohne eine Kenntlichmachung stünde den Gesellschaftern und den Geschäftsführern die Möglichkeit offen, den eigenkapitalersetzenden Charakter der Darlehen zu verschleiern, um sich so den Ansprüchen zu entziehen.[269]

b) Erläuterungspflicht zur Selbst- und Gesellschafterinformation

Eine Ausweisung als Verbindlichkeit ohne Hinweis auf den eigenkapitalersetzenden Charakter genügt weiterhin nicht den Anforderungen an die Selbst- und Gesellschafterinformation. Entgegen einer in der Literatur[270] vertretenen Ansicht kann das indes nicht allein darauf zurückgeführt werden, daß durch den Ausweis von Eigenkapitalersatz den Gesellschaftern der Ernst der Lage vermittelt werden würde. Die Pflicht, auf eine Krise der Gesellschaft hinzuweisen, folgt nach der hier vertretenen Ansicht[271] bereits aus den allgemeinen Vorschriften, wenn auch zuzugestehen ist, daß die Warnfunktion eines Eigenkapitalersatzausweises höher einzustufen ist als die Warnung, die sich aus schlechten Bilanzrelationen ergibt. Entscheidend ist, daß die Geschäftsführer auf diesem Wege gezwungen werden, sich über den Rechtscharakter eines jeden einzelnen Darlehens zu informieren und so einem Rückzahlungsverlangen der Gesellschafter entgegentreten können. Spiegelbildlich hierzu werden die Gesellschafter darüber in Kenntnis gesetzt, welche ihrer Darlehen in welchem Umfang verhaftet sind. Mithin kommt dem gesonderten Ausweis im Jahresabschluß im Hinblick auf die Rechtsprechungsdarlehen eine Warnfunktion vor unberechtigten Rückzahlungsverlangen zu.[272]

Gegen eine Kenntlichmachung eigenkapitalersetzender Darlehen wird angeführt, sie würde dem Gesellschafterinteresse widersprechen, da sie aufgrund einer „self fulfilling prophecy" ihr Vermögen verlieren könnten.[273] Dieser Einwand richtet sich bei Lichte betrachtet jedoch nicht gegen eine gesonderte Ausweisung des Eigenkapitalersatzes, sondern gegen die der Krise. Diese ergibt sich indes aus allgemeinen Bilanzvorschriften, namentlich aus § 289 HGB.[274] Im übrigen haben im Jahresabschluß die Erhaltungsinteressen der Gesellschafter hinter den Informationsinteressen der Gläubiger zurückzustehen.[275]

---

268 *Beine*, Gesellschafterleistungen, S. 182; *Leffson*, Grundsätze, S. 43 f.
269 *Lutter/Hommelhoff*, GmbHG, § 42, Rdnr. 39.
270 *Beine*, Gesellschafterleistungen, S. 184; *Priester*, DB 1991, 1917, 1923.
271 Ausführlich hierzu unten S. 133 ff.
272 Ähnlich *Lutter/Hommelhoff*, GmbH, § 42, Rdnr. 33; *Beine*, Gesellschafterleistungen, S. 184 f.; *Thiele*, Eigenkapital, S. 231; *Bordt*, HdJ Abt. III/1, Rdnr. 295; *Fleck*, GmbHR 1989, 313, 316; *Hommelhoff*, WPg 1984, 629, 632.
273 *Klaus*, Gesellschafterfremdfinanzierung, S. 459; *ders.*, BB 1994, 680, 687.
274 Ausführlich hierzu unten S. 132 ff.

Zwar besteht aus der Sicht der darlehensgebenden Gesellschafter die Gefahr, daß es bei einer gesonderten Ausweisung hinsichtlich des eigenkapitalersetzenden Charakters zu einer Präklusion kommt. Dem stehen allerdings die Interessen der Mitgesellschafter gegenüber, denn diese können zumindest hinsichtlich der Rechtsprechungsregeln im Wege der Ausfallhaftung nach § 31 Abs. 3 GmbHG zu Zahlungen herangezogen werden. Diese können sie nur vermeiden, wenn sie die Möglichkeit haben, auf die Geschäftsführer einzuwirken, Darlehen nicht zurückzuzahlen und mögliche Forderungen (zeitnah) geltend zu machen; hierzu benötigen sie jedoch Kenntnis von der Existenz der Ansprüche.[276] Zudem ist der Jahresabschluß Instrument zur Überwachung der Geschäftsführung,[277] was ebenfalls für eine Kennzeichnungspflicht spricht.[278] Denn eine effektive Überwachung schließt die Kontrolle über die Einhaltung der gesetzlichen Pflichten – hier namentlich der in § 43 Abs. 3 S. 1 GmbHG schadensersatzbewährten Pflicht aus § 30 Abs. 1 GmbHG – ein. Ohne einen entsprechenden Hinweis hätten „Outsider"-Gesellschafter, an denen sich das Bilanzrichtlinie-Gesetz in erster Linie orientiert,[279] keine Anhaltspunkte für ein gegebenenfalls notwendiges Einschreiten.

Der vom Ersatzrecht betroffene Gesellschafter selbst hat ebenfalls ein Informationsinteresse, denn er kann für den Fall, daß das Darlehen an ihn zurückgezahlt worden ist, nach § 31 Abs. 1 GmbHG oder aber unter den Voraussetzungen der §§ 135 InsO, 6 AnfG auf Rückzahlung in Anspruch genommen werden. Die hieraus resultierenden Haftungsgefahren kann er nur realistisch einschätzen, wenn der Jahresabschluß die notwendigen Informationen enthält.

Hinsichtlich der Gesellschafter einer Publikumsgesellschaft ist zu berücksichtigen, daß sie insbesondere Informationen im Hinblick auf eine Kauf- oder Verkaufsentscheidung benötigen. Wird ihnen der kapitalersetzende Charakter bestimmter Darlehen vorenthalten, so schätzen sie unter Umständen die Sanierungschancen zu schlecht ein und veräußern ihre Anteile zu einem zu frühen Zeitpunkt.[280] Da die Selbstinformation einen Überblick über die wirtschaftliche Gesamtlage erfordert, kann ein Vermerk im Inventar (vergl. § 240 HGB) nicht ausreichen,[281] dieser hat vielmehr in der Bilanz zu erfolgen.

Es entspricht mithin den gewerteten Interessen der Gesellschafter, auf den Eigenkapitalersatzcharakter der Darlehen gesondert hinzuweisen.

---

275 Siehe hierzu bereits oben S. 121 f.
276 *Beine*, Gesellschafterleistungen, S. 189.
277 *Hommelhoff*, ZIP 1983, 383, 386. Vergl. auch *Jansen*, Publizitätsverweigerung, S. 36 f.
278 So auch *Beine*, Gesellschafterleistungen, S. 177.
279 *Leffson*, Grundsätze, S. 57 f.; *Hommelhoff*, ZIP 1983, 383, 387.
280 *Beine*, Gesellschafterleistungen, S. 189.
281 *Beine*, Gesellschafterleistungen, S. 185.

c) Ergebnis

Aufgrund der Dokumentationsfunktion und der Informationsbedürfnisse der Gesellschaftsorgane und der Gesellschafter im Interesse der Gläubiger als auch in ihrem eigenen Interesse macht im Rahmen der Binnenpublizität einen Hinweis auf den eigenkapitalersetzenden Charakter im Jahresabschluß erforderlich.[282]

2. Notwendigkeit einer Außenpublizität

Im Rahmen der Außenpublizität ist ein Hinweis auf den eigenkapitalersetzenden Charakter von Gesellschafterdarlehen erforderlich, wenn die Interessen außenstehender Dritter dies erfordern. Ausgangspunkt hierbei muß sein, daß sich (potentielle) Gläubiger einen eigenen Eindruck von der wirtschaftlichen Situation der Gesellschaft, namentlich von der Bonität der Gesellschaft und dem Risiko einer möglichen Investition, verschaffen sollen. Hierzu ist es notwendig, daß Jahresabschluß und Lagebericht „ein den tatsächlichen Verhältnissen entsprechendes Bild der Vermögens-, Finanz- und Ertragslage" (§ 264 Abs. 2 S. 1 HGB) vermitteln.[283]

Von einem Großteil der Literatur[284] wird das von der Vermögens- und Finanzlage der Gesellschaft gezeichnete Bild für unzureichend gehalten, sofern eigenkapitalersetzende Gesellschafterdarlehen schlicht als Verbindlichkeit ausgewiesen werden. Aufgrund des Gebotes des true-and-fair-view (§ 264 Abs. 2 S. 1 HGB) sei vielmehr ein Hinweis auf den eigenkapitalersetzenden Charakter des Gesellschafterdarlehens erforderlich.

Für die Jahresbilanz sind im Zeitpunkt einer Unternehmenskrise unterschiedliche Hinweispflichten hingegen weitgehend anerkannt. So besteht nach § 289 HGB die Verpflichtung, Angaben über die Lage der Gesellschaft zu machen. Hierunter fallen insbesondere die Beziehungen zu den Kapital- und Kreditmärkten sowie geplante Aufnahmen von Eigen- und Fremdkapital.[285] Daraus folgt, daß unabhängig von der Gewährung von Gesellschafterkrediten in den

---

282 Ebenso *v. Gerkan/Hommelhoff*, Kapitalersatz, Rdnr. 6.12 f.
283 Ausführlich zur Informationsfunktion oben S. 74 ff.
284 Baumbach/Hueck/*Schulze-Osterloh*, GmbHG, § 42, Rdnr. 226; *Lutter/Hommelhoff*, GmbHG, § 42, Rdnr. 38; Scholz/*Crezelius*, GmbHG, Anh. § 42a, Rdnr. 220 (bei Rangrücktritt); *Bachem*, Bilanzierung, S. 8; *Baetge*, Bilanzen, S. 442; *Beine*, Gesellschafterleistungen, S. 181 (in einem Sammelposten „nachrangige Verbindlichkeiten"); *v. Gerkan/Hommelhoff*, Kapitalersatz, Rdnr. 6.6; *Wolf*, Überschuldung, S. 156; *Bordt*, HdJ Abt. III/1, Rdnr. 295; *Fleck*, GmbHR 1989, 313, 316; *Küffner*, DStR 1993, 180, 181; *Priester*, DB 1991, 1917, 1923; *Schäfer*, GmbHR 1993, 780, 786. Unterschiedliche Ansichten bestehen bei den Vorgenannten indes über die Art des notwendigen Hinweises.
285 KK-AktG/*Claussen/Korth*, § 289 HGB, Rdnr. 18 f.; Ellrott, in: Beck'scher Bilanzkommentar, § 289, Rdnr. 21; *Reittinger*, HdJ Abt. IV/3, Rdnr. 42. A/D/S, § 289 HGB, Rdnr. 82 sprechen allgemein von einem Hinweis auf die Finanzlage.

Lagebericht ein Hinweis auf eine angespannte Kreditlage aufzunehmen ist. Das muß insbesondere gelten, wenn der Gesellschaft am Markt kein Kredit mehr gewährt würde, sie also kreditunwürdig ist.[286] Eine weitere besondere Informationspflicht soll sich ergeben, sofern ein Fehlbetrag im Sinne des § 268 Abs. 3 HGB ausgewiesen, von der Stellung eines Insolvenzantrages aber abgesehen wird. Für diese Konstellation wird eine Erläuterungspflicht wenn nicht für zwingend notwendig,[287] so doch zumindest für sinnvoll gehalten.[288] Indes wird – soweit ersichtlich – kein besonderer Hinweis auf eine gegebenenfalls bestehende Unterbilanz verlangt. Allerdings sind unter den Voraussetzungen der *qualifizierten Unterbilanz* nach §§ 49 Abs. 3 GmbHG, 92 Abs. 1 AktG die Anteilseigner über die Entwicklung in Kenntnis zu setzen und zu einer Gesellschafter- bzw. Hauptversammlung zu laden, was ebenfalls mit einer gewissen Publizitätswirkung verbunden sein kann.

Wird nunmehr für eigenkapitalersetzende Gesellschafterleistungen eine besondere Hinweispflicht verlangt, obwohl eine solche beim Vorliegen einer *einfachen Unterbilanz* ansonsten nicht diskutiert wird, so bedarf dies einer besonderen Begründung. Ausgangspunkt der Untersuchung muß hierbei sein, ob der Einblick in die Vermögens- und Finanzlage der Gesellschaft durch einen gesonderten Hinweis für die Gläubiger verbessert wird oder nicht. Erst in einem zweiten Schritt kann erörtert werden, ob diese Information den Gläubigern zum Nutzen oder zum Schaden gereicht.

a) Erläuterungspflicht zur Vermittlung eines true-and-fair-view

aa) Einfluß des eigenkapitalersetzenden Charakters auf den true-and-fair-view

Die Vermögenslage ergibt sich aus den Vermögenswerten und Schuldposten unter Berücksichtigung ihrer Art, Form und Fristigkeit sowie Wert oder Betrag.[289] Die Darstellung der Finanzlage soll demgegenüber verdeutlichen, mit welchem Kapital die Gesellschaft finanziert wird.[290] Zur Darstellung der Ver-

---

286 *Küting/Kessler*, in: Küting/C.-P. Weber, Bd. Ia, § 272, Rdnr. 184; *v. Gerkan/Hommelhoff*, Kapitalersatz, Rdnr. 6.13; *Duske*, DStR 1993, 925, 927; *Fleck*, FS Döllerer, S. 116; *ders.*, GmbHR 1989, 313, 317; *Reittinger*, HdJ Abt. IV/3, Rdnr. 10 und 26; *Küffner*, DStR 1993, 180, 182; *Küting/Kessler*, BB 1994, 2103, 2108; *Priester*, DB 1991, 1917, 1923. A.A. Beine, Gesellschafterleistungen, S. 194 f.; *Klaus*, Gesellschafterfremdfinanzierung, S. 457 ff. Ausführlich hierzu unten S. 133 ff.
287 Für eine zwingende Informationspflicht KK-AktG/*Claussen/Korth*, § 268 HGB, Rdnr. 31 („i.d.R."); *Glade*, Rechnungslegung, § 268 HGB, Rdnr. 7; *Hommelhoff*, JbFStR 1986/87, 456, 457; wohl auch *Fleck*, GmbHR 1989, 313, 319; unklar A/D/S, § 268 Abs. 89 („zweckmäßig oder gar notwendig").
288 So *Förschle/Kofahl*, in Beck'scher Bilanzkommentar, § 268, Rdnr. 77; *Baetge*, Bilanzen, S. 439; *Knop*, in: Küting/C.-P. Weber, Bd. Ia, § 268, Rdnr. 195. Ausführlich zur Erläuterungspflicht *Harald Herrmann*, ZGR 1989, 273, 282 ff.
289 A/D/S, § 264 HGB, Rdnr. 66; *Glade*, Rechnungslegung, § 264 HGB, Rdnr. 34.
290 A/D/S, § 264 HGB, Rdnr. 70; KK-AktG/*Claussen/Korth*, § 264 HGB, Rdnr. 31; *Baetge/Commandeur*, in: Küting/C.-P. Weber, Bd. Ia, § 264 HGB, Rdnr. 24 ff.

mögens- und Finanzlage bedarf es nicht nur der nach § 266 Abs. 3 C. HGB zu gewährenden Aufschlüsselungen der Verbindlichkeiten und der Angaben zu den Restlaufzeiten nach § 268 Abs. 4 und 5 HGB sowie § 285 Nr. 1 und 2 HGB, sondern zudem der Kenntnis über die Nachrangigkeit bestimmter Verbindlichkeiten und möglicherweise bestehende Auszahlungssperren. Ebenso erfordert die Einschätzung der Risikosituation – insbesondere die der Bonität und Liquidität – Einblick in Nachrangigkeit und bestehende Auszahlungssperren.[291] Werden eigenkapitalersetzende Gesellschafterdarlehen ohne einen Hinweis auf ihren besonderen Charakter als Fremdkapital ausgewiesen, so bleibt den Bilanzlesern verborgen, daß diese Darlehen vorübergehend und teilweise dem Eigenkapital gleichgestellt und im Falle der Rechtsprechungsdarlehen zudem gegen eine Rückzahlung gesperrt sind. Damit ist unter dem Gesichtspunkt des Einblicks in die Vermögens- und Finanzlage ein Hinweis auf den eigenkapitalersetzenden Charakter notwendig.[292] Die Notwendigkeit eines Hinweises auf den eigenkapitalersetzenden Charakter ist insoweit Ausfluß des im „Tomberger"-Urteil des EuGH[293] gestärkten true-and-fair-view, also der Pflicht, einen den tatsächlichen Verhältnissen der Gesellschaft entsprechenden Jahresabschluß aufzustellen.

Zumindest was die Rechtsprechungsdarlehen anbelangt, kann zugleich aus ihren dogmatischen Grundlagen die Pflicht zur Ausweisung abgeleitet werden. Sie sollen dem Gläubigerschutz – anders als die Novellendarlehen – bereits bei der werbenden Gesellschaft zur Durchsetzung verhelfen. Damit zwingt bereits die Präventionswirkung der Kapitalersatzregeln zu einem besonderen Hinweis in der Jahresbilanz.[294] Ansonsten bliebe regelmäßig nur die Reaktionsmöglichkeit im Insolvenzverfahren, womit dem Gläubigerschutz nicht im gleichen Umfange gedient wäre.

Der besondere Charakter der eigenkapitalersetzenden Darlehen kann weiterhin nicht aus dem Jahresabschluß abgeleitet werden, so daß sich eine besondere Kennzeichnung erübrigen würde. Zwar können bei der GmbH aus einem Zusammenspiel des Postens nach § 268 Abs. 3 HGB mit dem nach § 42 Abs. 3 GmbHG Rückschlüsse auf einen möglicherweise eigenkapitalersetzenden Charakter gezogen werden.[295] Eine derartige Folgerung setzt aber nicht nur einen kundigen Bilanzleser voraus, sie ist weiterhin mit Unsicherheiten behaftet.[296] Diese ergeben sich namentlich daraus, daß die Gesellschafterstellung des Darlehensgebers nicht zwangsläufige Voraussetzung für die Umqualifizie-

---

291 *Beine*, Gesellschafterleistungen, S. 184; i.E. ebenso *Voßbeck*, Ausweis, S. 202f.
292 *Duske*, DStR 1993, 925, 926 lehnt demgegenüber eine Pflicht zur gesonderten Ausweisung eigenkapitalersetzender Darlehen unter Hinweis auf Subsidiarität des § 264 Abs. 2 S. 1 HGB ab; hiergegen insoweit zutreffend *Küffner*, DStR 1993, 927, 927f.
293 Urt. vom 27.06.1996, BB 1996, 1492, 1492f. = EuGHE 96, I-3145ff. = NJW 1996, 2363.
294 *Lutter/Hommelhoff*, GmbHG, § 42, Rdnr. 34; *K. Schmidt*, FS Goerdeler, S. 508.
295 So auch schon *Bachem*, Bilanzierung, S. 8.

rung in Eigenkapitalersatz ist und daß bei den übrigen Kapitalgesellschaften eine dem § 42 Abs. 3 GmbHG vergleichbare Vorschrift fehlt. Weiterhin kann ein Dritter die Kreditwürdigkeit der Gesellschaft als Grundvoraussetzung des Kapitalersatzrechts mangels Kenntnis von stillen Lasten und Reserven nur in sehr begrenztem Maße beurteilen.[297] Es ist somit nicht möglich, den eigenkapitalersetzenden Charakter eines Darlehens aus den ohnehin im Jahresabschluß enthaltenden Angaben zu schlußfolgern.

bb) Unklarer Informationsgehalt als Argument gegen eine Kennzeichnung?

Der Forderung nach einer besonderen Kennzeichnung eigenkapitalersetzender Darlehen kann nicht mit dem Argument entgegentreten werden, der Informationsgehalt eines solchen Hinweises sei unklar, da zwar einerseits Kreditwürdigkeit signalisiert, die Warnfunktion aber andererseits durch ein erhöhtes Haftkapital abgeschwächt werde.[298] Zwar stellt sich die Lage bei der Kennzeichnung eigenkapitalersetzender Darlehen als haftendes Kapital besser dar als beim Fehlen eines derartigen Hinweises, wodurch die Warnfunktion eines nach § 289 HGB notwendigen Ausweises der Kreditunwürdigkeit relativiert werden könnte. Wegen der überdies bestehenden Pflicht, auf die fehlende Kreditwürdigkeit hinzuweisen, kommt der gesonderten Ausweisung des Eigenkapitalersatzes nur insofern eine eigenständige Funktion zu, als sie die Nachrangigkeit – und bei einer gesonderten Ausweisung der Rechtsprechungsdarlehen auch die Auszahlungssperre – bestimmter Verbindlichkeiten deutlich macht. Hierdurch wird aber die wirtschaftliche Situation der Gesellschaft nicht geschönt, sondern den tatsächlichen Verhältnissen entsprechend dargestellt. Hätten die Darlehen keinen eigenkapitalersetzenden Charakter, so könnten sie jederzeit abgezogen werden und damit gegebenenfalls das Ende der Gesellschaft besiegeln. Diese Gefahr besteht beim Eigenkapitalersatz nur bedingt. Selbst wenn der Gesellschafterfremdfinanzierung der Hauch der Unseriosität anhaften mag, so dokumentiert sie doch, daß die Gesellschafter zumindest eine gewisse Bereitschaft zur Fortführung haben. Das unterscheidet sie von solchen Anteilseignern, die überhaupt kein Kapital mehr zur Verfügung stellen.[299] Mit anderen Worten: Für eine kreditunwürdige Gesellschaft, der Eigenkapitalersatz zugeführt wurde, wird nicht nur der Schein erweckt, sie

---

296 So spricht *Klatte*, in: Jahrbuch für Controlling, S. 170 von „unzumutbare[n] Analyseschwierigkeiten". Auch *Lutter/Hommelhoff*, GmbHG, § 42, Rdnr. 39 weisen darauf hin, daß nicht den Adressaten der Rechnungslegung der Schluß darüber überlassen werden darf, ob das Darlehen eigenkapitalersetzend ist oder nicht.

297 Zu den nur eingeschränkten Möglichkeiten, die Kreditunwürdigkeit an der Bilanz zu erkennen, vergl. *Bachem*, Bilanzierung, S. 9; *Hock*, Gesellschafter-Fremdfinanzierung, S. 47; *Claussen*, in: Fachtagung 1985 des IDW, S. 156; *Gschwendtner*, DStR, Beihefter zu Heft 32/1999, S. 10.

298 So aber A/D/S, § 42 GmbHG, Rdnr. 35; *Klaus*, Gesellschafterfremdfinanzierung, S. 458; *Duske*, DStR 1993, 925, 925; *Klaus*, BB 1994, 680, 686.

299 Vergl. bereits *Lutter/Hommelhoff*, ZGR 1979, 31, 57.

stünde besser da als eine Gesellschaft, der kein Kapital zugeführt wurde, vielmehr steht sie faktisch besser da. Das gilt jedenfalls dann, wenn sich alle Beteiligten über den besonderen Charakter der Darlehen bewußt sind.

Insofern kann nicht argumentiert werden, der Verzicht auf einen gesonderten Ausweis würde dem Gläubigerschutz dienen, da in diesem Fall kein zusätzliches Haftkapital ausgewiesen und damit die Warnfunktion aufgrund der damit schlechteren Bilanzrelation für die Gläubiger größer sei. Zum einen würde ein derartiger Jahresabschluß nicht dem true-and-fair-view entsprechen, und zum anderen kommt der Kennzeichnung als Eigenkapitalersatz in der Bilanz allgemein eine höhere Warnfunktion zu als bei der ungekennzeichneten Ausweisung als Verbindlichkeit, bei der die Kreditunwürdigkeit zumindest nicht zwangsläufig aus der Bilanz selbst deutlich wird.[300] Zudem wird den externen Gläubigern die Ausübung einer Anfechtung nach § 6 AnfG erst durch die Außenpublizität ermöglicht, denn anders als der Insolvenzverwalter haben sie zu den internen Buchhaltungsunterlagen regelmäßig keinen Zugang. Daher genügt die Dokumentationsfunktion, die auf die Binnenpublizität beschränkt werden kann, nicht den Belangen der Gläubiger.

Ebensowenig kann der Hinweis verfangen, es würde das (nicht immer berechtigte) Vertrauen der Gläubiger darauf gefördert, daß die Gesellschaft das Darlehen nicht mehr als echte Verbindlichkeit ansehe.[301] Dahinter steht der Gedanke, daß beim Bilanzleser der Eindruck erweckt werde, das Kapital unterliege einer dauerhaften Bindung. Dem ist jedoch entgegenzuhalten, daß diese Vorstellung nicht auf dem Ausweis per se, sondern vielmehr auf einem fehlenden oder verfehlten Verständnis vom Eigenkapitalersatzrecht beruht. Zudem könnte dieser Gefahr durch eine entsprechende Ausgestaltung des Hinweises begegnet werden.

Von anderer Seite[302] wird ein gesonderter Ausweis verneint, weil die Gesellschaft durch eine entsprechend späte Veröffentlichung der Bilanz erreichen könne, daß für die als Eigenkapitalersatz ausgewiesenen Darlehen im Veröffentlichungszeitpunkt bereits die Anfechtungsfrist abgelaufen sei, womit zurückgezahlte Darlehen vorbehaltlich der Rechtsprechungsregeln für die Gläubiger als Haftungsmasse verloren seien. Diese Argumentation ist eher geeignet, die Unzulänglichkeit der Novellenregelung offenzulegen, denn einen Anhaltspunkt zum Bestehen oder Nichtbestehen einer besonderen Ausweispflicht zu geben. Zunächst handelt es sich hierbei um ein übliches Problem der Stichtagsbilanz: Weder gibt es eine Garantie, daß sich der bilanzierte Sachverhalt nach dem Stichtag nicht geändert hat, noch wären derartige Änderungen bei

---
300 Vergl. auch *Fleischer*, Finanzplankredite, S. 310f.
301 So Roth/*Altmeppen,* GmbHG, § 42, Rdnr. 37; Scholz/*Crezelius*, GmbHG, Anh. § 42a, Rdnr. 221; *Klaus*, Gesellschafterfremdfinanzierung, S. 456; *Küting/Kessler*, BB 1994, 2103, 2107; E. *Weber*, WPg 1986, 37, 40. I.E. ablehnend jetzt auch *Kleindiek*, in: Handbuch, Teil 7, Rdnr. 7.10.
302 *Klaus*, Gesellschafterfremdfinanzierung, S. 456f.; *ders.*, BB 1994, 680, 686.

der Bilanzierung zu berücksichtigen.[303] Auch ist das Risiko, daß in der Bilanz als haftendes Kapital ausgewiesene Mittel im Zeitpunkt der Bilanzveröffentlichung nicht mehr vorhanden sind, kein spezifisches des Eigenkapitalersatzrechts, namentlich der Novellendarlehen. So sind etwa „andere Gewinnrücklagen" nach § 29 Abs. 4 S. 2 GmbHG gesondert zu kennzeichnen, können aber ohne Sperrfrist wieder an die Gesellschafter ausgezahlt werden. Die sonstigen Gewinnrücklagen können – obwohl sie nach § 266 Abs. 3 A. III. HGB im Eigenkapital gesondert auszuweisen sind – ohne ein formalisiertes Verfahren an die Gesellschafter ausgekehrt werden. Zudem scheint in einer solchen Konstellation – zumindest bei planhaftem Vorgehen – eine deliktische Gläubigergefährdung nicht fernliegend.

Letztlich kann einer besonderen Ausweispflicht nicht entgegengehalten werden, sie würde zu einer bilanziellen Vorwegnahme gesellschaftsrechtlicher Folgen[304] und damit zu einem unzutreffenden Bild führen. Was die Rechtsprechungsdarlehen anbelangt, sind die gesellschaftsrechtlichen Folgen bereits eingetreten, so daß von einer Vorwegnahme keine Rede sein kann. Ähnlich verhält es sich bei den Novellendarlehen, denn aufgrund des Anfechtungsrechts nach einer Rückzahlung sind bei diesen die gesellschaftsrechtlichen Folgen zumindest angelegt.

Im Ergebnis kann eine besondere Hinweispflicht nicht mit dem Argument abgelehnt werden, der Informationsgehalt eines derartigen Hinweises sei unklar und damit von nur geringem Nutzen.

cc) Zwischenergebnis

Ein den tatsächlichen Verhältnissen der Gesellschaft entsprechendes Bild wird nur vermittelt, wenn auf den eigenkapitalersetzenden Charakter der Darlehen hingewiesen wird.

b) Beeinträchtigung des Gläubigerschutzes als Argument
   gegen eine Erläuterungspflicht?

In der Literatur[305] wird indes der Nutzen eines gesonderten Ausweises für den Gläubigerschutz in Frage gestellt. Insbesondere mächtige Gläubiger würden auf Rückzahlung ihrer Kredite drängen und damit den Niedergang der

---

303 *Baetge*, Bilanzen, S. 81 f. U.U. kann jedoch im Lagebericht ein Hinweis auf eine spätere Änderung angebracht sein.
304 So aber zumindest im Ansatz BGH, Urt. vom 06.12.1993, BB 1994, 392, 393 f. = BGHZ 124, 282, 285 = NJW 1994, 724; *K. Schmidt*, Gesellschaftsrecht, § 18 III 5. b), S. 535; *Hüttemann*, HdJ Abt. III/8, Rdnr. 17. Ebenso für die Bilanz nach § 30 GmbHG *Kleffner*, Erhaltung, S. 41.
305 *Beine*, Gesellschafterleistungen, S. 194 f. (sofern die Ausweisung den eigenkapitalersetzenden Charakter und nicht nur die Nachrangigkeit erkennen läßt); *Klaus*, Gesellschafterfremdfinanzierung, S. 458; *Groh*, BB 1993, 1882, 1888; *Hill*, in: GmbH-Rechnungslegung, S. 15 f.; *Klaus*, BB 1994, 680, 686. Diesen Aspekt sehen

Gesellschaft beschleunigen oder gar erst verursachen. Die gesonderte Ausweisung der eigenkapitalersetzenden Darlehen sei eine Plakatierung der eigenen Kreditunwürdigkeit und habe die Wirkung einer „self fulfilling prophecy". Die Möglichkeiten einer „stillen" Sanierung würden verloren gehen.

Dieser Einwand richtet sich weniger gegen den Ausweis des Eigenkapitalersatzes als solchen, sondern vielmehr gegen die Proklamation der eigenen Kreditunwürdigkeit. Das gilt um so mehr, als nach der hier vertretenen Ansicht auf die Kreditunwürdigkeit unabhängig von der Gewährung eigenkapitalersetzender Gesellschafterdarlehen hinzuweisen ist. Der Hinweis auf den eigenkapitalersetzenden Charakter bestimmter Darlehen verbessert demzufolge das Erscheinungsbild der Gesellschaft. Deshalb scheint es geboten, an dieser Stelle die hinsichtlich einer Hinweispflicht auf die Krise der Gesellschaft vertretene Ansicht zu überprüfen.

Die gegen sie vorgebrachte Kritik kann nicht verfangen. Zwar würde es – wenn eine Gesellschaft durch die Proklamation ihrer Kreditunwürdigkeit in die Insolvenz getrieben würde – in erster Linie bei den Kleingläubigern zu Forderungsausfällen kommen. Die Gefahren eines Hinweises auf eine Gefährdung der Kreditwürdigkeit im Sinne einer „self fulfilling prophecy" für die Praxis werden allerdings von den Kritikern einer solchen Hinweispflicht weit überschätzt. So haben Studien, die von der Europäischen Kommission[306] aufgegriffen wurden, bestätigt, daß hinsichtlich der Überlebensquote von Unternehmen mit ausdrücklich vermerkter Bestandsgefährdung und bestandsgefährdeten Gesellschaften ohne einen solchen Hinweis keine Unterschiede bestehen.[307]

Weiterhin können die potentiellen Gläubiger, deren Position der EuGH in seinen jüngsten Urteilen zur deutschen Publizitätspflicht[308] ausdrücklich gestärkt hat, allein durch eine Bekanntmachung der Krise geschützt werden. Darüber hinaus mag zwar ein Schutz gerade der Kleingläubiger rechtspolitisch wünschenswert sein, ihre Bevorzugung gegenüber den Großgläubigern ist aber weder durch die Bilanzrichtlinie noch durch das deutsche Bilanzrecht vorgegeben. Zudem ist aufgrund der internationalen Tendenzen mit einer steigenden Bedeutung der Publizität im Verhältnis zur nominellen Kapitalerhaltung zu rechnen. Soll aber die Publizität als Korrelat der Haftungsbeschränkung überhaupt einen Sinn haben, so kann nicht darauf verzichtet werden, eine Krise der Gesellschaft bekanntzumachen.[309] Das ist insbesondere deshalb erforderlich, weil ansonsten – da die Kre-

---

auch *Hommelhoff*, WPg 1984, 629, 634 und *Klatte*, in: Jahrbuch für Controlling, S. 166.
306 Grünbuch, WPK-Mitt. 1996, 279, 284 Rz. 3.19.
307 Vergl. auch *Baetge/Schulze*, DB 1998, 937, 943; *Escher-Weingart*, NZG 1999, 909, 918.
308 Urt. vom 04.12.1997, EuGHE 1997, I-6843, 6864 f, Ziff. 20 ff. („Daihatsu") = NJW 1998, 129; Urt. vom 29.09.1998, BB 1998, 2200, 2204 = EuGHE 1998, I-5449, 5504, Ziff. 67.
309 Ähnlich *Baetge/Schulze*, DB 1998, 937, 943.

ditunwürdigkeit nicht zwangsläufig aus dem Jahresabschluß ersichtlich ist[310] – ein unzutreffendes Bild von der Lage der Gesellschaft gezeichnet werden würde.[311] Für eine Ausweispflicht spricht weiterhin, daß dem geltenden Bilanzrecht eine dem § 160 Abs. 4 S. 2 AktG 1965 vergleichbare Schutzklausel fremd ist.[312] Auch die Änderungen durch das KonTraG[313] lassen sich für eine derartige Hinweispflicht ins Feld führen.[314] So wurde § 289 Abs. 1 HGB in der Weise ergänzt, daß nunmehr besonders auf die Risiken der künftigen Entwicklung einzugehen ist. Darunter sind jedenfalls bestandsgefährdende Risiken zu verstehen, wodurch zugleich ein Zusammenhang zum § 252 Abs. 1 Nr. 2 HGB hergestellt wird.[315] Besteht aber hinsichtlich künftiger Krisen eine (gesetzlich angeordnete) Berichtspflicht, so kann für aktuelle Krisen nichts anderes gelten. Sollte der Zusammenbruch bei Bekanntwerden der Schwierigkeiten unvermeindlich sein, sind aber erfolgversprechende Sanierungsbemühungen im Gange, so wird im Einzelfall die Vorlage des Lageberichts verschoben werden können.[316] Zur Verringerung der sog. „Erwartungslücke"[317] wurden weiterhin die Anforderungen an die Darstellung der Unternehmenslage gesteigert. Namentlich sind die Abschlußprüfer nach § 321 Abs. 1 S. 2 und 3 HGB verpflichtet, im Prüfungsbericht auf mögliche Bestandsgefährdungen einzugehen (sog. „große Redepflicht"), so daß spätestens hier die Krise offengelegt wird.[318] Im übrigen kann die Pflicht zur Publika-

---

310 *Bachem*, Bilanzierung, S. 9; *Hock*, Gesellschafter-Fremdfinanzierung, S. 47; *Gschwendtner*, DStR, Beihefter zu Heft 32/1999, S. 10. Vergl. auch *Claussen*, in: Fachtagung 1985 des IDW, S. 156.
311 Entgegen *Beine*, Gesellschafterleistungen, S. 195 wird deshalb den Adressaten nicht das Ergebnis ihrer Analyse mitgeliefert, sondern ihnen diese vielmehr erst ermöglicht.
312 *Lück*, in: Küting/C.-P. Weber, Bd. Ia, § 289, Rdnr. 27. *Reittinger*, HdJ Abt. IV/3, Rdnr. 24 nimmt sogar auf die Schutzklausel des AktG 1937 Bezug.
313 Gesetz zur Kontrolle und Transparenz im Unternehmensbereich (KonTraG) vom 27. April 1998, BGBl. I 1998, 786 ff.
314 Vergl. auch *Lutter/Hommelhoff*, GmbHG, Vor § 41, Rdnr. 3, die insoweit davon sprechen, daß mit den Änderungen des KonTraGs eine Stärkung des Instruments Rechnungslegung für die Risikovorsorge und Risikotransparenz bezweckt war.
315 *Ellrott*, in: Beck'scher Bilanzkommentar, § 289, Rdnr. 29; *Dörner/Bischof*, WPg 1999, 445, 448 f.; IDW RS HFA 1, WPg 1998, 653, 657 f. Tz. 29 ff. (insbes. Tz. 32). Ausführlich zur Neufassung des § 289 HGB *Küting/Hütten*, AG 1997, 250, 251 ff.; *Selch*, WPg 2000, 357, 362 f.
316 *Lück*, in: Küting/C.-P. Weber, Bd. Ia, § 289 HGB, Rdnr. 28; *Kropff*, BFuP 1980, 514, 522. Für Abstriche beim Konkretisierungsgrad der Darstellung demgegenüber *Gelhausen*, AG S/1997, 73, 74 (allerdings für den Prüfungsbericht); ähnlich A/D/S, § 289 HGB, Rdnr. 54. Für eine selektive Heranziehung von § 286 HGB aber gegen eine Einschränkung der Publizitätspflicht in der Krise *Lange*, BB 1999, 2447, 2451 ff.
317 Zum Begriff siehe WP-Handbuch/*Grewe*, Abschnitt O, Rdnr. 286 ff.; *Dörner*, DB 1998, 1, 1; *Escher-Weingart*, NZG 1999, 909, 911.
318 Zwar ist der Prüfungsbericht nicht zwangsweise zu veröffentlichen, besonders Banken werden ihn sich jedoch regelmäßig – unter Berufung auf § 18 KWG – vorle-

tion der Krise zur Folge haben, daß die Gesellschafter bereit sind, das erforderliche Eigenkapital zur Verfügung zu stellen, um so dem Ausweis einer Krise entgehen zu können[319] – was ein durchaus erfreulicher Nebeneffekt wäre. Bei der Pflicht, unabhängig von einer Gesellschafterfremdfinanzierung im Lagebericht auf die Krise hinzuweisen, kommt es nicht zu der teilweise[320] befürchteten Ungleichbehandlung solcher Gesellschaften mit und solcher ohne Gesellschafterfremdfinanzierung.[321] Problematisch könnte allein sein, daß kleine Kapitalgesellschaften nicht zur Veröffentlichung des Lageberichts verpflichtet sind.[322] Sonach ist darüber nachzudenken, bei den Gesellschaften, die keinen Lagebericht aufzustellen haben, Erleichterungen zuzulassen.[323] Der Notwendigkeit eines besonderen Hinweises auf den eigenkapitalersetzenden Charakter kann aber nicht entgegengehalten werden, hierdurch würde der Gläubigerschutz beeinträchtigt, denn die Außenpublizität kann ihren Zweck nur erfüllen, wenn sie einen Hinweis auf die Kreditunwürdigkeit einschließt. Dies ergibt sich mit Ausnahme der kleinen Gesellschaften bereits aus den Aufstellungspflichten bezüglich des Lageberichtes.

c) Keine Erläuterungspflicht aufgrund gesetzlicher Wertung?

Teilweise[324] wird versucht, § 42 Abs. 3 GmbHG, nach dem Verbindlichkeiten gegenüber Gesellschaftern gesondert auszuweisen sind, die Wertung zu ent-

---

gen lassen; KK-AktG/*Claussen/Korth*, § 321 HGB, Rdnr. 3; *Dörner*, DB 1998, 1, 3. Zu berücksichtigen ist weiterhin, daß gerade Großgläubiger andere Informationsquellen haben, so daß der Lagebericht für sie kaum etwas Neues enthalten wird, vergl. auch *Reittinger*, HdJ Abt. IV/3, Rdnr. 26 m.w.N. Zur „großen Redepflicht" vergl. *Dörner*, DB 1998, 1, 3 f.; *Gelhausen*, AG S/1997, 73, 73 f.; *Mattheus*, ZGR 1999, 682, 698 ff. Zu den strafrechtlichen Konsequenzen bei einem Verstoß gegen die Redepflicht vergl. *Reck*, ZInsO 2000, 121, 124 f. Nach *Bordt*, HdJ Abt. III/1, Rdnr. 297 soll der Abschlußprüfer verpflichtet sein, im Prüfungsbericht auf den (möglicherweise) eigenkapitalersetzenden Charakter der Darlehen hinzuweisen.

319 *Apelt*, Publizität, S. 84; ähnlich *Hommelhoff*, WPg 1984, 629, 633.
320 *Beine*, Gesellschafterleistungen, S. 195.
321 Insofern ist die Aussage, bei der Kenntlichmachung der Krise handele es sich nur um die bilanzrechtliche Folge der Ausübung der Finanzierungsfreiheit in Form der Darlehensfinanzierung (so *Lutter/Hommelhoff*, GmbHG, § 42, Rdnr. 38; *Fleischer*, Finanzplankredite, S. 311; *K. Schmidt*, FS Goedeler, S. 509) in ihrer Pauschalität unzutreffend.
322 Einen Hinweis auf die fehlende Kreditwürdigkeit im Anhang wird man demgegenüber kaum verlangen können, denn dieser gibt Erläuterungen zu einzelnen Bilanzposten und nicht zur Gesamtlage der Gesellschaft. Unklar *Scholz/Crezelius*, GmbHG, Anh. § 42a, Rdnr. 211, nach dem im Lagebericht oder Anhang auf die Kreditschwierigkeiten der Gesellschaft hingewiesen werden soll.
323 Für eine derartige größenabhängige Abstufung der Informationspflicht *v. Gerkan/Hommelhoff*, Kapitalersatz, Rdnr. 6.13; ausführlich hierzu unten S. 225 ff.

nehmen, ein Hinweis auf den eigenkapitalersetzenden Charakter der Darlehen sei nicht nötig. Dem kann nicht gefolgt werden.[325]

So kann sich die vorgenannte Ansicht entgegen ihrem Selbstverständnis bereits deshalb nicht auf die historische Auslegung berufen, weil in § 251 Abs. 3 Nr. 4 des Vorentwurfs zum Bilanzrichtlinien-Gesetz vom 05.02.1980[326] eine Ausweisung des Eigenkapitalersatzes unter dem Eigenkapital vorgesehen war. Das Eigenkapitalersatzrecht wurde vom Gesetzgeber somit als Ansatzproblem, nicht aber als ein solches der Erläuterungspflicht i.S.d. § 42 Abs. 3 GmbHG behandelt, zumal die Ausweisung entsprechend des Vorentwurfes einen Hinweis impliziert hätte, da eine Aufschlüsselung der einzelnen Posten der Kapitalrücklage nahe gelegen hätte. Im übrigen ist der Anwendungsbereich des § 42 Abs. 3 GmbHG nicht mit dem des Eigenkapitalersatzrechts identisch. So ist etwa die Gesellschafterstellung des Darlehensgebers keine zwangsläufige Voraussetzung des Eigenkapitalersatzrechts, wohl aber des § 42 Abs. 3 GmbHG. Zudem besteht insbesondere für Aktiengesellschaften, auf die das Kapitalersatzrecht nach inzwischen gefestigter Rechtsprechung und Literatur unter bestimmten Voraussetzungen ebenfalls anwendbar ist,[327] keine dem § 42 Abs. 3 GmbHG vergleichbare Norm.[328]

Von anderer Seite[329] wurde die Ablehnung einer besonderen Kennzeichnungspflicht für eigenkapitalersetzende Gesellschafterdarlehen auf den Grundsatz des „going-concern" gestützt. Dem Ausgangspunkt dieser Erwägungen ist zwar zuzustimmen, denn aufgrund des „going-concern" ist weiterhin von einer Schuld auszugehen und nicht von einer Passivierung abzusehen. Das schließt aber einen Hinweis auf den besonderen Charakter nicht aus, zumal die §§ 30, 31 GmbHG bereits vor Eröffnung des Insolvenzverfahrens Wirkung entfalten. Zudem befreit der „going-concern"-Grundsatz nicht von der Pflicht, genaue Aussagen über den gegenwärtigen rechtlichen Status der Passiva zu treffen.[330]

Eine gesetzliche Wertung, die der Pflicht, auf den eigenkapitalersetzenden Charakter der Darlehen hinzuweisen, entgegensteht, ist nicht ersichtlich.

---

324 So etwa *Duske*, DStR 1993, 925, 926. Ähnlich auch BGH, Urt. vom 06.12.1993, BB 1994, 392, 393 = BGHZ 124, 282, 285 = NJW 1994, 724; A/D/S, § 42 GmbHG, Rdnr. 35; *Hock*, Gesellschafter-Fremdfinanzierung, S. 48. Sympathisierend Scholz/*Crezelius*, GmbHG, Anh. § 42a, Rdnr. 221.
325 Ausführlich hierzu *Beine*, Gesellschafterleistungen, S. 178 ff. I.E. ebenso *v. Gerkan/Hommelhoff*, Kapitalersatz, Rdnr. 6.6.
326 Der Text des Entwurfes ist oben auf S. 81 in Fn. 46 abgedruckt.
327 Ausführlich hierzu unten S. 233 ff.
328 *Claussen*, in: Fachtagung 1985 des IDW, S. 162 folgert hieraus, daß es aus diesem Grunde auch bei der GmbH keines Hinweises auf den eigenkapitalersetzenden Charakter bedürfe.
329 *Bareis/Brönner*, Bilanz, IV – Rdnr. 355.
330 So schon zutreffend *Fleischer*, Finanzplankredite, S. 310.

d) Rechtliche und tatsächliche Unsicherheiten als Grund,
von der Erläuterungspflicht abzusehen?

Als Hauptargument gegen eine Kennzeichnungspflicht wird letztlich die tatsächliche und rechtliche Unsicherheit darüber, ob ein Darlehen eigenkapitalersetzend ist oder nicht, ins Feld geführt.[331] Durch die Kennzeichnung eines nicht dem Kapitalersatzrecht unterworfenen Darlehens als eigenkapitalersetzend werde die Lage der Gesellschaft zu Lasten der Gläubiger geschönt, und die Geschäftsführer kleiner und mittelgroßer Gesellschaften seien mit der Einordnung eines Darlehens als Eigenkapitalersatz überfordert.[332]

aa) Verzicht auf die Kennzeichnungspflicht unter Berufung
auf das Vorsichtsprinzip?

Das Vorsichtsprinzip als Ausfluß des Gläubigerschutzes steht einer Kennzeichnung eigenkapitalersetzender Darlehen nicht entgegen. Richtig ist zwar, daß es eher hinzunehmen ist, ein eigenkapitalersetzendes Gesellschafterdarlehen fehlerhaft als normale Darlehensverbindlichkeit auszuweisen als umgekehrt.[333] Durch die Einordnung des Darlehens als haftendes Kapital wird ein besseres Bild von der Lage der Gesellschaft vermittelt. Das ist jedoch nach dem Vorsichtsprinzip, welches auch im Rahmen des § 264 Abs. 2 S. 1 HGB und den daraus resultierenden besonderen Ausweispflichten Anwendung findet, erst zulässig, wenn die Einordnung als haftendes Kapital hinreichend sicher ist. Ansonsten würde das Bild von der Vermögens- und Finanzlage der Gesellschaft nicht den tatsächlichen Verhältnissen entsprechen, sondern zu gut ausfallen.

Wird trotz einer gewissenhaften Prüfung durch die Geschäftsführung und – im Fall des § 316 Abs. 1 S. 1 HGB – durch den Abschlußprüfer ein Darlehen fälschlich als Eigenkapitalersatz ausgewiesen, so hat dies indes nicht zwangsläufig zur Folge, daß ein geschöntes, nicht zutreffendes Bild von der Finanzlage der Gesellschaft entsteht. Das wäre nur der Fall, wenn der eigenkapitalersetzende Charakter und damit die Haftungsqualität des Darlehens später – bezogen auf den Bilanzstichtag – bestritten werden könnte. Das ist jedoch insoweit nicht möglich, als der Kapitalgeber den Jahresabschluß selbst mit festgestellt – also für den vorgeschlagenen Bilanzentwurf gestimmt – hat. In der Feststellung, die sich zugleich auf die Kennzeichnung des Darlehens als Eigenkapitalersatz bezieht, ist regelmäßig ein konkludenter Rangrücktritt, zu-

---

331 A/D/S, § 42 GmbHG, Rdnr. 35; *Hock*, Gesellschafter-Fremdfinanzierung, S. 47; *Klaus*, Gesellschafterfremdfinanzierung, S. 456; *ders.*, BB 1994, 680, 685. Kritisch unter diesem Aspekt auch *Bordt*, HdJ Abt. III/1, Rdnr. 296.
332 Scholz/*Crezelius*, GmbHG, Anh. § 42a, Rdnr. 221; *W. Müller*, WPg 1988, 572, 573.
333 So auch schon *Bordt*, HdJ Abt. III/1, Rdnr. 296; *E. Weber*, WPg 1986, 37, 40. Ähnlich *Häuselmann*/Rümker/Westermann, Finanzierung, S. 100; *Hock*, Gesellschafter-Fremdfinanzierung, S. 48.

mindest aber ein Indiz für einen solchen zu sehen.[334] Ist der Darlehensgeber demgegenüber Minderheitsgesellschafter und hat der Kennzeichnung als Eigenkapitalersatz widersprochen, so kann kein Rangrücktritt angenommen werden; die Feststellung durch die Gesellschaftermehrheit kann – ähnlich wie ein Vertrag zu Lasten Dritter ohne Zustimmung des Dritten unwirksam ist – nicht zu Lasten des darlehensgebenden Gesellschafters gehen.[335] Allerdings kommt selbst in dieser Konstellation der Ausweisung im Jahresabschluß eine gewisse Indizwirkung für den eigenkapitalersetzenden Charakter des Darlehens zu, sofern der Minderheitsgesellschafter nicht alleiniger Darlehensgeber war und ein Mitdarlehensgeber für die Feststellung des Abschlusses gestimmt hat. Gleichwohl hat der Minderheitsgesellschafter, dessen Darlehen gegen seinen Willen im Jahresabschluß als Eigenkapitalersatz gekennzeichnet wird, die Möglichkeit, die Gesellschaft auf Feststellung, daß kein Eigenkapitalersatz vorliegt, oder auf Auszahlung des Darlehensbetrages zu verklagen.[336] Verzichtet der Gesellschafter auf eine solche Klage, so kann dies zwar nicht unbedingt als konkludenter Rangrücktritt angesehen werden, dürfte dem Gesellschafter aber den Beweis, das Darlehen habe keinen eigenkapitalersetzenden Charakter gehabt, nahezu gänzlich abschneiden.[337]

Wenn auch die Feststellung des eigenkapitalersetzenden Charakters mit Schwierigkeiten verbunden ist, so ergibt sich aus einer fehlerhaften Feststellung doch keine übermäßige Gefahr für die Gläubiger. Wird ein Darlehen fälschlich als eigenkapitalersetzend ausgewiesen, so führt dieser Ausweis in der Regel zu einer vertraglichen Gleichstellung mit dem Eigenkapitalersatz. Wird demgegenüber ein eigenkapitalersetzendes Darlehen entgegen seiner wahren Rechtsnatur als normale Verbindlichkeit passiviert, entspricht das vermittelte Bild nicht dem true-and-fair-view, führt aber – da die Vermögens- und Finanzlage der Gesellschaft schlechter dargestellt wird, als sie tatsächlich ist – ebenfalls nicht zu einer unmittelbaren Gefährdung der Gläubiger.[338]

---

334 *Fleck*, GmbHR 1989, 313, 321 („Indiz für einen Rangrücktritt"). Ähnlich *Richter*, GmbHR 1984, 137, 141 und *Wolf*, DB 1995, 2277, 2281, nach denen auf die Ausweisung in der Überschuldungsbilanz verzichtet werden kann, wenn die Darlehen im Schulze-Osterloh, FS Goerdeler, S. 547 f., in der Zustimmung zu einem Jahresabschluß, in dem Vorbelastungshaftungsansprüche aktiviert sind, ein Anerkenntnis nach § 208 BGB sieht. Nach *Klaus*, Gesellschafterfremdfinanzierung, S. 456 kann durch die Ausweisung im Jahresabschluß keine Präklusion erfolgen, ähnlich *Beintmann*, Gesellschafterdarlehen, S. 167 f.; beide übersehen dabei die Möglichkeit eines konkludenten Rücktritts. Siehe hierzu auch unten S. 322 f.
335 Vergl. auch *Lutter/Hommelhoff*, GmbHG, § 42, Rdnr. 44.
336 Vergl. hierzu *v. Gerkan/Hommelhoff*, Kapitalersatz, Rdnr. 6.19 ff. Für eine Anfechtungsklage nach § 257 Abs. 2 S. 2 AktG analog *Lutter/Hommelhoff*, GmbHG, § 42, Rdnr. 44; *Fleck*, GmbHR 1989, 313, 321.
337 Ähnlich *Beintmann*, Gesellschafterdarlehen, S. 168.
338 Vergl. auch *Kußmaul*, StuW 1988, 46, 55, der im Zusammenhang mit der Bilanzierung von Nutzungsrechten betont, daß sich ein als begrenzt fehlerhaft herausstell-

bb) Überforderung der Geschäftsführer bei der Einordnung der Darlehen?

Das Argument, die Geschäftsführer kleiner und mittlerer Kapitalgesellschaften seien mit der Einordnung von Darlehen als eigenkapitalersetzend überfordert, kann ebenfalls nicht überzeugen. Denn nach § 41 GmbHG sind die Geschäftsführer verpflichtet, für eine ordnungsgemäße Buchführung der Gesellschaft und für eine ordnungsgemäße Bilanzierung und Jahresabschlußpublizität zu sorgen. Insbesondere ist nicht von Bedeutung, ob der Geschäftsführer die erforderlichen Buchführungskenntnisse tatsächlich hat oder nicht. Aufgrund des öffentlich-rechtlichen Charakters dieser Pflicht gilt ein objektiver Maßstab.[339] Hat ein Geschäftsführer Zweifel an der Richtigkeit seiner eigenen Einschätzung oder der seiner Mitarbeiter, so mag er zur Vermeidung einer Schadensersatzpflicht nach § 43 Abs. 2 GmbHG fachlichen Rat suchen.[340] Im übrigen sind die Geschäftsführer im Falle eines Auszahlungsverlangens seitens des Gesellschafters verpflichtet, sich Klarheit über den eigenkapitalersetzenden Charakter eines Darlehens zu verschaffen.[341] Argumente, weshalb ihnen eine derartige Einordnung im Zusammenhang mit der Aufstellung des Jahresabschlusses nicht zuzumuten sein sollte, sind indes nicht ersichtlich.[342]

Die Feststellung des eigenkapitalersetzenden Charakters eines Darlehens stellt keine Überforderung der Geschäftsführer dar und ist ihnen zuzumuten.

cc) Zwischenergebnis

Die mit der Einordnung als Eigenkapitalersatz verbundenen Schwierigkeiten stellen keinen Grund dar, von einer besonderen Kennzeichnungspflicht abzusehen.

e) Zwischenergebnis

Ein den tatsächlichen Verhältnissen der Gesellschaft entsprechendes Bild von der Vermögens- und Finanzlage der Gesellschaft kann nur vermittelt werden,

---

lender Wert immer noch bessere Informationen liefere als der Verzicht auf einen Wertansatz.
339 Scholz/*Crezelius*, GmbHG, § 41, Rdnr. 7. I.E. ebenso Baumbach/Hueck/*Schulze-Osterloh*, GmbHG, § 41, Rdnr. 20; Rowedder/*Wiedmann*, GmbHG, § 41, Rdnr. 3. Vergl. auch *Lutter/Hommelhoff*, GmbHG, § 42, Rdnr. 43.
340 Ebenso für die Überschuldungsbilanz BGH, Urt. vom 06.06.1994, BB 1994, 1657, 1662 = BGHZ 126, 181, 199 = NJW 1994, 2220; BAG, Urt. vom 10.02.1999, NJW 1999, 2299, 2300; *Lutter*, DB 1994, 129, 135.
341 *Thiele*, Eigenkapital, S. 232; *Fleck*, GmbHR 1989, 313, 319f.; *Fleischer*, ZIP 1996, 773, 776; *Priester*; DB 1991, 1921, 1924. A.A. *Haas*, NZI 1999, 209, 214; *ders.*, Geschäftsführerhaftung, S. 66, der die Geschäftsführer von der Prüfungspflicht nach § 30 Abs. 1 GmbHG und der Haftung nach § 43 Abs. 3 GmbHG freistellen will, sofern kein ausdrücklicher Rangrücktritt vorliegt.
342 Dennoch halten Scholz/*Crezelius*, GmbHG, Anh. § 42a, Rdnr. 221 und *Duske*, DStR 1993, 925, 926 die Prüfung beim Auszahlungsverlangen für nicht vergleichbar.

wenn gegenüber den außenstehenden Jahresabschlußadressaten auf den eigenkapitalersetzenden Charakter der Darlehen hingewiesen wird. Dem steht weder der Gläubigerschutz als solcher noch eine gesetzliche Wertung oder gar die mit der Ermittlung des eigenkapitalersetzenden Charakters verbundenen Schwierigkeiten entgegen.

3. Gesteigerte Anforderungen an das Ausmaß der Krise als Voraussetzung der Erläuterungspflicht?

Aufgrund der tatsächlichen Unsicherheiten bei der Ermittlung des eigenkapitalersetzenden Charakters einzelner Darlehen werden teilweise zusätzlich zur Einordnung als Eigenkapitalersatz weitere Voraussetzungen zur Annahme einer Kennzeichnungspflicht verlangt. So soll eine Kennzeichnungspflicht ausschließlich für den Fall erforderlich sein, daß ein Rangrücktritt erklärt wurde.[343] Nach anderer Ansicht muß für eine Ausweispflicht wenigstens eine Unterbilanz[344] bzw. eine bilanzielle Überschuldung[345] vorliegen, da diese eindeutig feststellbar seien.[346] In diesem Fall sei das gesamte Darlehen auszuweisen, unabhängig davon, ob es den Rechtsprechungs- oder den Novellenregeln unterliege.

Ausschlaggebend ist somit, wann mit einer hinreichenden Sicherheit vom eigenkapitalersetzenden Charakter ausgegangen werden kann. Das ist jedenfalls beim Vorliegen eines Rangrücktritts der Fall. Wird demgegenüber für eine Ausweispflicht verlangt, daß aus der Hingabe bereits rechtliche Folgen erwachsen oder in Kürze zu erwarten sind,[347] wobei tendenziell auf das Vorliegen einer Unterbilanz oder Überschuldung abzustellen sei, und sollen dann sämtliche Darlehen einheitlich ausgewiesen werden, so birgt dies eine Inkonsequenz in sich. Das Vorliegen einer Unterbilanz ist lediglich Tatbestandsmerkmal der

---

343 So etwa *Clemm/Erle*, in: Beck'scher Bilanzkommentar, § 266, Rdnr. 255; *Bilsdorfer*, BddW 1998, Nr. 114, S. 5.
344 *Lutter/Hommelhoff*, GmbHG (14. Aufl.), § 42, Rdnr. 36 („wenigstens dann"); *Bachem*, Bilanzierung, S. 9; *Bachem*, DB 1994, 1055, 1056; *Fleck*, FS Döllerer, S. 114; *Fleck*, GmbHR 1989, 313, 317f.; *Küffner*, DStR 1993, 180, 181; *Priester*, DB 1991, 1917, 1923; *Weisang*, WM 1997, 245, 248. Ähnlich für Österreich *Berger*, ÖBA 1996, 837, 843; *Klatte*, in: Jahrbuch für Controlling, S. 171.
345 *Küting/Kessler* in Küting/C.-P. Weber, Bd. Ia, § 272, Rdnr. 184; *Küting/Kessler*, BB 1994, 2103, 2108. *Thiele*, Eigenkapital, S. 231f. will darauf abstellen, ob ohne den gewährten Kapitalersatz die Insolvenztatbestände der Zahlungsunfähigkeit oder der Überschuldung erfüllt wären und läßt damit die bilanzielle Überschuldung nicht ausreichen.
346 Kritisch hierzu *Duske*, DStR 1993, 925, 926, nach dem nicht einmal Einigkeit darüber herrsche, welche Bewertungsgrundsätze bei der Feststellung, ob das Stammkapital angegriffen ist, im einzelnen anzuwenden sind. Größere Probleme als die Bewertungsmethode scheint jedoch die Frage nach den Grenzen der bilanziellen Betrachtung (siehe hierzu oben S. 115ff.) zu bereiten; dieser Frage kommt jedoch auf Basis der h.M. im Kapitalersatzrecht nur geringe Bedeutung zu.
347 *Lutter/Hommelhoff*, GmbHG (14. Aufl.), § 42, Rdnr. 36; *Fleck*, GmbHR 1989, 313, 317; *Kleindiek*, in: Handbuch, Teil 7, Rdnr. 7.16; *Priester*, DB 1991, 1917, 1923.

Rechtsprechungs-, nicht aber der Novellendarlehen – nur für die erstgenannten sind rechtliche Folgen eingetreten.[348] Für die Novellendarlehen besteht „allein" die Gefahr, daß sie in Rechtsprechungsdarlehen umschlagen, künftig also aufgrund einer sich ausweitenden Unterbilanz ebenfalls gesperrt sind. In der Krise der Gesellschaft besteht aber jederzeit die Möglichkeit, daß eine Unterbilanz eintritt, insofern unterscheiden sich die Situationen vor und nach Eintritt der Unterbilanz hinsichtlich der Novellendarlehen nicht wesentlich.

Die Unterbilanz ist aber auch nicht Voraussetzung für das Vorliegen einer Krise.[349] Zum einen können Fälle auftreten, in denen trotz einer Unterbilanz die Kreditwürdigkeit aufgrund stiller Reserven (etwa entstanden durch steuerrechtlich intendierte Abschreibungen) noch gegeben ist,[350] womit Konstellationen erfaßt würden, in denen trotz Unterbilanz keine Kreditunwürdigkeit besteht. Zum anderen hinge bei einer ausschließlichen Orientierung an einer Unterbilanz die Einstufung, ob eine Gesellschaft kreditwürdig ist oder nicht, allein davon ab, wie sich ihre Lage in dem – in der Regel bilanzpolitisch beeinflußten – Jahresabschluß darstellt. Aus dem Vorliegen einer Unterbilanz kann somit nicht zwingend auf den eigenkapitalersetzenden Charakter eines Darlehens geschlossen werden.[351] Aus diesem Grunde verbietet es sich, die besondere Ausweispflicht zwingend mit dem Bestehen einer Unterbilanz zu verknüpfen.

Bei einer bilanziell überschuldeten Gesellschaft ist es zwar wahrscheinlich, daß sie gleichermaßen kreditunwürdig ist, allerdings handelt es sich hierbei um einen relativ späten Zeitpunkt; die Gesellschaft wird in der Regel bereits zu einem früheren Zeitpunkt ihre Kreditwürdigkeit verloren haben. Auf die verlorene Kreditwürdigkeit ist indes nach allgemeinen Grundsätzen unabhängig vom Eintritt einer bilanziellen Überschuldung im Lagebericht hinzuweisen. Würden der Zeitpunkt, ab dem eine Hinweispflicht auf die allgemeine Kreditunwürdigkeit erforderlich erscheint, und der, ab dem auf den eigenkapitalersetzenden Charakter des Darlehens hinzuweisen ist, grundsätzlich auseinanderfallen, so entstünde ein Wertungswiderspruch. Insbesondere bliebe unberücksichtigt, daß die Auszahlungssperre für die Rechtsprechungsdarlehen nachgeordnet dem Bestandsschutz der Gesellschaft dient. Damit ist ein Hinweis jedenfalls angebracht, wenn die Gesellschaft bilanziell überschuldet ist.

---

348 Vergl. auch BGH, Urt. vom 12.07.1999, BB 1999, 1887, 1888 = NJW 1999, 3120, 3121.
349 So aber OLG Brandenburg, Urt. vom 26.11.1997, NZG 1998, 306, 307.
350 *Bachem*, Bilanzierung, S. 9 und *ders.*, DB 1994, 1055, 1056 hält das für einen eher theoretischen Fall; vergl. aber BGH, Urt. vom 12.07.1999, BB 1999, 1887, 1888 = NJW 1999, 3120, 3120 f.
351 BGH, Urt. vom 12.07.1999, BB 1999, 1887, 1888 = NJW 1999, 3120, 3121; OLG Dresden, Urt. vom 03.12.1998 (n. rkr.), NZG 1999, 347, 348; OLG Hamm, Urt. vom 23.02.1999 (n.rkr.), NZG 1999, 597 (LS); Baumbach/Hueck/*HueckFastrich*, GmbHG, § 32a, Rdnr. 46; Hachenburg/*Ulmer*, GmbHG, § 32a, b, Rdnr. 60; Rowedder/*Rowedder*, GmbHG, § 32a, Rdnr. 19 jeweils m.w.N. auch zur Gegenansicht.

Unabhängig hiervon ist eine Kennzeichnung als Eigenkapitalersatz aber bereits dann erforderlich, wenn sich für den Geschäftsführer die Kreditunwürdigkeit[352] aus den Gesamtumständen des Einzelfalles in hinreichender Deutlichkeit ergibt.[353] Ein Hinzutreten weiterer Tatbestandsmerkmale neben die Voraussetzungen des Kapitalersatzrechts, um eine besondere Hinweispflicht fordern zu können, ist nicht erforderlich.

Den bisherigen Ausführungen steht es nicht entgegen, das Vorliegen einer Krise als Grundvoraussetzung des Eigenkapitalersatzrechts widerlegbar zu vermuten, sofern eine Unterbilanz oder bilanzielle Überschuldung vorliegt.[354]

4. Ergebnis

Das im Jahresabschluß von der Vermögens- und Finanzlage gezeichnete Bild entspricht nur dann den tatsächlichen Verhältnissen, wenn der eigenkapitalersetzende Charakter der Darlehen deutlich wird. Aufgrund des Vorsichtsprinzips ist eine restriktive Ausweisung geboten, um zu vermeiden, daß eine zu breite Haftungsmasse suggeriert wird. Da die Gesellschafter durch die Feststellung des Jahresabschlusses eine Präklusion herbeiführen können – womit das Kapital faktisch nachrangig wird –, bezieht sich das Gebot der restriktiven Kennzeichnung („in dubio contra Kennzeichnung"[355]) in erster Linie auf die Aufstellung des Jahresabschlusses durch die Geschäftsführer und nicht so sehr auf die Feststellung durch die Gesellschafter. Die aus Gläubigerschutzgesichtspunkten notwendige Objektivierung des Jahresabschlusses[356] wird hierbei insbesondere durch die in der Regel widerstreitenden Interessen der Gesellschafter, die eine Präklusion verhindern wollen, und der Geschäftsführer, die eine möglichst breite Haftungsbasis abbilden wollen, erreicht.[357]

---

352 Zur Feststellung der Kreditwürdigkeit vergl. Hachenburg/*Ulmer*, GmbHG, § 32a, b, Rdnr. 49 ff.; *Jaeger/Henckel*, KO, § 32a, Rdnr. 46; *Beine*, Gesellschafterleistungen, S. 132 ff.; *Gehde*, Gesellschafterleistungen, S. 91 ff.; *Braun*, WPg 1990, 553 ff. und 593 ff.; *Mayer*, BB 1990, 1935, 1937 f.
353 Ebenso Baumbach/*Hopt*, HGB, § 266, Rdnr. 17; Baumbach/Hueck/*Schulze-Osterloh*, GmbHG, § 42, Rdnr. 226; *Beine*, Gesellschafterleistungen, S. 193; *Schulze-Osterloh*, WPg 1996, 97, 105 tendenziell auch *Lutter/Hommelhoff*, GmbHG, § 42, Rdnr. 36; *v. Gerkan/Hommelhoff*, Kapitalersatz, Rdnr. 6.6.
354 In diesem Sinne wohl *Bachem*, Bilanzierung, S. 9 und *ders.*, DB 1994, 1055, 1056 („Unterbilanz als wichtigstes Indiz der Kreditwürdigkeit"). Vergl. auch BGH, Urt. vom 11.12.1995, BB 1996, 340, 340 f. = NJW 1996, 722, 722; Urt. vom 18.12.2000, GmbHR 2001, 197, 198; OLG Düsseldorf, Urt. vom 17.12.1998, NZG 1999, 668, 669; *Bormann*, GmbHR 2001, 198, 199.
355 Vergl. *Thiele*, Eigenkapital, S. 231.
356 *Baegte*, Bilanzen, S. 65; *Baetge/Commandeur*, in: Küting/C.-P. Weber, Bd. Ia, § 264 HGB, Rdnr. 29; *Fleck*, GmbHR 1989, 313, 314.
357 Nach *Klaus*, Gesellschafterfremdfinanzierung, S. 456; *Klaus*, BB 1994, 680, 685 soll es demgegenüber aufgrund der widerstreitenden Interessen zu Streitigkeiten und zur Rechtsunsicherheit kommen.

III. Konkretisierung der Ausweispflicht

Nachdem nunmehr deutlich geworden ist, daß eigenkapitalersetzende Gesellschafterdarlehen bilanzrechtlich nicht ignoriert werden dürfen,[358] stellt sich die Frage, wo und wie ihr besonderer Charakter kenntlich zu machen ist. Hierzu ist zunächst auf die Frage einzugehen, ob die unterschiedliche bilanzielle Einordnung der Darlehen als Verbindlichkeit bzw. Rückstellung auf ihre konkrete Ausweisung durchschlägt oder ob nicht aufgrund übergeordneter Gesichtspunkte eine gemeinsame Ausweisung zulässig erscheint. Anschließend ist festzulegen, an welcher Stelle – im Lagebericht oder im Jahresabschluß – der Hinweis zu erfolgen hat.

1. Gemeinsamer Bilanzposten für Rechtsprechungs- und Novellendarlehen bei seperater Erläuterungspflicht

Die bisherige Untersuchung scheint zunächst für eine gesonderte Bilanzierung von Rechtsprechungs- und Novellendarlehen unter verschiedenen Posten zu sprechen. Denn nach der Prüfung der tatbestandlichen Voraussetzungen des Fremdkapitals wären die Rechtsprechungsdarlehen nicht unter den Verbindlichkeiten, sondern unter den Rückstellungen einzuordnen, während die Novellendarlehen eindeutig Verbindlichkeiten darstellen. Dieser Unterschied muß aber nicht zwangsläufig zu einer getrennten Ausweisung führen, denn die Rückstellung ist mit dem vollen Wert des Darlehens anzusetzen, so daß eine gemeinsame Ausweisung unter den Verbindlichkeiten vertretbar erscheinen könnte.[359] Eine solche gemeinsame Ausweisung der kapitalersetzenden Darlehen – wie sie von der Literatur[360] nahezu einheitlich gefordert wird – setzt jedoch voraus, daß eine gesetzliche Regelung vorhanden ist, die über das Subsumtionsergebnis einer getrennten Ausweisung hinweg helfen könnte und daß der hiermit verbundene Informationsverlust anderweitig ausgeglichen wird.

---

358 A.A. offenbar *Claussen*, in: Fachtagung 1985 des IDW, S. 162: „Kapitalersatzrecht ist Gläubigerschutzrecht und kein Bilanzrecht."
359 Vergl. auch *Wassermeyer*, ZGR 1992, 639, 652. *Beine*, Gesellschafterleistungen kommt grds. zu dem Ergebnis, daß eine Verbindlichkeit anzusetzen sei, spricht aber a.a.O., S. 163 trotzdem vom Ausweis „als Verbindlichkeit oder Rückstellung" und geht damit ebenfalls von einer gewissen Austauschbarkeit der Posten aus.
360 *Lutter/Hommelhoff*, GmbHG, § 42, Rdnr. 37; Scholz/*Crezelius*, GmbHG, Anh. § 42a, Rdnr. 221; *Fleischer*, Finanzplankredite, S. 324; v. *Gerkan/Hommelhoff*, Kapitalersatz, Rdnr. 6.8.; *Kleindiek*, in: Handbuch, Teil 7, Rdnr. 7.15. Vergl. auch BGH, Urt. vom 06.12.1993, BB 1994, 392, 393 = BGHZ 124, 282, 285 = NJW 1994, 724; *Klaus*, Gesellschafterfremdfinanzierung, S. 450; *K. Schmidt*, Gesellschaftsrecht, § 18 III. 5. b), S. 535; *Klaus*, BB 1994, 680, 682.

a) Zulässigkeit der Ausweisung von Rechtsprechungs- und Novellendarlehen in einem Bilanzposten

Die bilanzielle Einordnung hat ergeben, daß es sich aufgrund der Unsicherheit bezüglich der Dauerhaftigkeit des Rückzahlungsverbotes bei den Rechtsprechungsdarlehen um eine Rückstellung handelt, während die Novellendarlehen als Verbindlichkeiten auszuweisen sind. Die praktische Umsetzung dieser Differenzierung kann indes im Einzelfall zu einem Verlust an Klarheit führen, weil beide Darlehensgruppen zwar in unterschiedlichen Bilanzposten auszuweisen wären, für beide aber parallele Erläuterungspflichten nicht nur hinsichtlich ihres besonderen Charakters, sondern auch hinsichtlich möglicher „Davon-Vermerke" oder Anhangsangaben etwa nach § 265 Abs. 3 S. 1 HGB bestünden. Durch eine solche Ausweisung und Erläuterung der Darlehen an unterschiedlichen Stellen in der Bilanz ginge zudem der innere Zusammenhang zwischen Rechtsprechungs- und Novellendarlehen verloren. Aufgrund dieser beiden Aspekte würde die Übersichtlichkeit und Klarheit des Jahresabschlusses beeinträchtigt. Ein unübersichtlicher Jahresabschluß verstieße aber gegen das Gebot des § 243 Abs. 2 HGB. Das wirft die Frage auf, ob es den Bilanzierenden nicht zumindest gestattet werden muß, die Rechtsprechungsdarlehen weiterhin unter den Verbindlichkeiten auszuweisen.

Ein Informationsverlust für die Abschlußadressaten wäre mit einer derartigen gemeinsamen Ausweisung der Darlehen unter den Verbindlichkeiten nicht verbunden, denn die entsprechende Erklärungen müssen nach hier vertretener Ansicht ohnehin mittels eines „Davon-Vermerks" oder im Anhang geliefert werden. Allerdings ist keine gesetzliche Regelung ersichtlich, die *ausdrücklich* zu einer solchen Bilanzierung berechtigte. Insbesondere kann nicht auf § 264 Abs. 2 S. 1 HGB zurückgegriffen werden: Selbst wenn dieser als „overriding-principal" verstanden werden sollte,[361] würde er vorliegend nicht eingreifen, da der true-and-fair-view durch eine getrennte Ausweisung nicht tangiert wird.

Allerdings läßt sich eine derartige gemeinsame Ausweisung mit einem Rückgriff auf den Rechtsgedanken des § 265 Abs. 6 und 7 Nr. 2 HGB, der auf Art. 4 Abs. 3 lit. b) der Bilanzrichtlinie zurückgeht, begründen. Hiernach können in Abweichung vom ansonsten zwingenden Gliederungsschema des § 266 HGB mit arabischen Zahlen versehene Posten zusammengefaßt werden, wenn dadurch die Klarheit der Darstellung vergrößert wird. Eine Zusammenfassung wird insbesondere dann empfohlen, wenn über die Zusammenfassung in der Bilanz die Möglichkeit eröffnet wird, Zusatzangaben im Zusammenhang mit sachlich korrespondierenden Informationen im Anhang zu präsentieren.[362]

---
361 Vergl. hierzu *Budde/Karing*, in: Beck'scher Bilanzkommentar, § 264, Rdnr. 25 ff.; *Habersack*, Gesellschaftsrecht, Rdnr. 283 ff. Ausführlich zum Art. 2 Abs. 3 der Bilanzrichtlinie, welcher dem § 264 Abs. 2 S. 1 HGB zugrunde liegt, *Back*, Richtlinienkonforme Interpretation, S. 69 ff.
362 Vergl. *Emmerich*, WPg 1986, 698, 700.

Eine vergleichbare Situation besteht hier. Damit wird allerdings noch nicht über die Tatsache hinweggeholfen, daß vorliegend die Zusammenfassung zweier Posten, die unter verschiedenen römischer Ziffern auszuweisen sind, in Rede steht. Diese Konstellation ist vom direkten Anwendungsbereich des § 265 Abs. 6 und 7 HGB nicht erfaßt.[363] Zwar ist damit das für die analoge Anwendung einer Norm notwendige Vorliegen einer Regelungslücke problematisch, denn Posten unterschiedlicher römischer Ziffern sollten gerade nicht zusammengefaßt werden können. Dennoch scheint es in der hier relevanten Fallkonstellation zulässig, wenn nicht gar geboten, mit Blick auf das Gebot der Bilanzklarheit und Übersichtlichkeit (§ 243 Abs. 2 HGB) trotz des Fehlens einer ausdrücklichen Ermächtigung die den Rückstellungen zuzuordnenden Rechtsprechungsdarlehen unter den Verbindlichkeiten auszuweisen. Ansonsten würde der Abschluß durch die Ausweisung der einzelnen Elemente des einheitlichen Rechtsinstituts Eigenkapitalersatz einschließlich der notwendigen Erläuterungen eine kaum noch überschaubare Gestalt annehmen. Dieses Ergebnis entspricht nicht nur den Bedürfnissen der Praxis nach einem übersichtlichen Abschluß, sondern wird auch durch eine vergleichbare Rechtsfortbildung bei dem ebenfalls auf § 265 Abs. 7 Nr. 2 HGB gestützten Verbindlichkeitenspiegel getragen.[364]

b) Notwendigkeit seperater Erläuterungspflichten

Von der Frage nach der Ausweisung eigenkapitalersetzender Gesellschafterdarlehen unter einem Bilanzposten ist die nach den Erläuterungspflichten zu unterscheiden. Bei letzter geht es allein darum, ob der einheitlich unter den Verbindlichkeiten ausgewiesene Eigenkapitalersatz im Wege einer gesonderten Kennzeichnung nach Rechtsprechungs- und Novellendarlehen aufgeschlüsselt werden muß, nicht aber darum, ob der Ansatz unter den Verbindlichkeiten oder den Rückstellungen zu erfolgen hat. In Betracht käme allein noch die Bildung eines Sonderpostens zwischen Eigen- und Fremdkapital.

aa) Ableitung aus den Bilanzzwecken

Im Rahmen der Rechnungslegungszwecke besteht hinsichtlich der Selbst- und Gesellschafterinformation ebenso wie hinsichtlich des Dokumentationszweckes ein erhebliches Interesse daran, deutlich werden zu lassen, ob und in welchem Umfang die Darlehen zum Bilanzstichtag einer Auszahlungssperre unterliegen. Enthält der Jahresabschluß oder Lagebericht allein einen Hinweis darauf, daß das Darlehen in der Krise gewährt oder stehengelassen wurde, so erhalten die Gesellschafter keine Informationen über die Einbringlichkeit ihrer Forderungen. Die Pflicht der Geschäftsführer, mögliche Rückforderungs- oder Schadensersatzansprüche geltend zu machen (§ 31 Abs. 1 und 3 GmbHG), bliebe den Gesellschaftern ebenso wie das der Gesellschaftergesamtheit (§ 46

---
363 *Budde/Geißler*, in: Beck'scher Bilanzkommentar, § 265, Rdnr. 17.
364 Zum Verbindlichkeitenspiegel siehe unten S. 167 f.

Nr. 8 GmbHG) zustehende Recht zur Durchsetzung von Schadensersatzansprüchen aus § 43 Abs. 3 GmbHG verborgen. Sie könnten ihrer Überwachungsaufgabe nur ungenügend nachkommen und wären der Gefahr von Rückgriffsansprüchen nach § 31 Abs. 3 GmbHG ausgesetzt. Dies gilt um so mehr, als es den Gesellschaftern allein bei einer getrennten Ausweisung der Darlehen ermöglicht wird, in der Folgebilanz zu kontrollieren, ob verbotswidrig zurückgezahlte Darlehen entsprechend bilanziert wurden.[365] Der Insolvenzverwalter kann zudem vor der Frage stehen, ob eine Rückzahlung noch zulässig war und deshalb innerhalb der Zweijahresfrist des § 146 Abs. 1 InsO angefochten werden muß, oder ob sie wegen eines Verstoßes gegen § 30 Abs. 1 GmbHG innerhalb von fünf Jahren rückforderbar ist. Würde ein Darlehen im Jahresabschluß als Rechtsprechungsdarlehen ausgewiesen, so könnte davon ausgegangen werden, daß eine Auszahlung, die zwischen Bilanzstichtag und Insolvenzverfahren erfolgte, gegen § 30 Abs. 1 GmbHG verstieß. Insofern könnte ähnlich wie beim Novellendarlehen eine Beweiserleichterung zugunsten des Insolvenzverwalters und damit zum Vorteil der Gläubiger erreicht werden.

Aber auch die Drittgläubiger haben ein Interesse daran, über die Zuordnung zu den Rechtsprechungs- und zu den Novellendarlehen informiert zu werden. Eine Differenzierung zwischen den bereits eingetretenen Rechtsfolgenanordnungen ist nicht etwa deshalb unnötig, weil die „Gesellschafterdarlehen, die die Tatbestandsmerkmale des Eigenkapitalersatzes erfüllen, im Zweifel in ihrer Gesamtheit zur Verfügung"[366] stehen. Zwar kann das Eigenkapitalersatzrecht als einheitliches Rechtsinstitut aufgefaßt werden, wobei die Zuordnung zu den Rechtsprechungs- oder Novellenregeln allein über die konkreten Rechtsfolgen entscheidet.[367] Das könnte für eine gemeinsame Erläuterung sprechen. Allerdings sind selbst dann, wenn von einem einheitlichen Rechtsinstitut ausgegangen wird, die Unterschiede insbesondere im Bereich der Bindung[368] und der Verjährung nicht zu leugnen. Aufgrund der unterschiedlichen Verjährungsfristen kann im Zeitpunkt der Bilanzveröffentlichung nicht uneingeschränkt davon ausgegangen werden, daß der Eigenkapitalersatz in voller Höhe als Haftungskapital zur Verfügung steht.[369] Das Ausmaß der Kapitalbin-

---

365 Zur Ausweisung verbotswidrig zurückgezahlter Darlehen vergl. unten S. 174 ff.
366 *Beine*, Gesellschafterleistungen, S. 192 f.
367 *Beine*, Gesellschafterleistungen, S. 192; *Klaus*, Gesellschafterfremdfinanzierung, S. 450; *K. Schmidt*, FS Goerdeler, S. 508; *Priester*, FS Döllerer, S. 483; *Sieker*, ZGR 1995, 250, 254. Hiermit stimmt insofern auch das oben (vergl. S. 49) verwendete Bild der unter zwei alternativen Bedingungen stehenden Rechtsfolgen überein.
368 *Priester*, FS Döllerer, S. 483 (zustimmend *Hommelhoff*, ZGR 1988, 460, 481) spricht insofern zutreffend von zwei Schutzzonen; *Häuselmann/Rümker/Westermann*, Finanzierung, S. 7 lehnt eine Aufteilung in zwei unterschiedliche Zonen unzutreffend ab; ähnlich *Voßbeck*, Ausweis, S. 206.
369 Vergl. hierzu ausführlich *Klaus*, Gesellschafterfremdfinanzierung, S. 456 f.; *ders.*, BB 1994, 680, 686.

dung ermöglicht es demgegenüber festzustellen, in welchem Maße der Gesellschaft Liquidität entzogen werden kann. Aufgrund der mit einer solchen getrennten Bilanzierung verbundenen Beweiserleichterung kann nicht die Rede davon sein, die Bilanzadressaten erhielten eine Scheininformation.[370] Im übrigen würde es sich hierbei um ein übliches Problem der Stichtagsbilanz handeln.[371]

Eine an den Bilanzzwecken orientierte Rechnungslegung erfordert somit eine seperate Erläuterung für Rechtsprechungs- und Novellendarlehen.[372] Ist aber eine gesonderte Erläuterung erforderlich, so führt die Bildung eines gemeinsamen Bilanzpostens für Rechtsprechungs- und Novellendarlehen nicht zu Informationsverlusten. Selbst der Vorentwurf zum Bilanzrichtlinien-Gesetz ging in § 251 Abs. 3 Nr. 4[373] von einer besonderen Erläuterungspflicht für Novellendarlehen aus, denn es sollte ein Vermerk erforderlich sein, sofern die Darlehen jederzeit entnommen werden können, was allein für die Novellendarlehen zutrifft.[374]

bb) Einwände gegen eine seperate Erläuterung aufgrund praktischer Probleme?

Eine seperate Erläuterung von Rechtsprechungs- und Novellendarlehen wird demgegenüber in der Literatur[375] überwiegend mit der Begründung abgelehnt, sie sei in der Praxis nur sehr schwer zu bewerkstelligen. So seien die Gesellschafter, Geschäftsführer und Abschlußprüfer kleiner und mittelgroßer Gesellschaften überfordert, wenn sie die Darlehen exakt den Rechtspre-

---

370 So aber *Klaus*, Gesellschafterfremdfinanzierung, S. 450.
371 Zutreffend *Priester*, DB 1991, 1917, 1923 f.; vergl. auch *Voßbeck*, Ausweis, S. 206 f.
372 Ebenso *Priester*, DB 1991, 1917, 1923 f. Im Ausgangspunkt ähnlich *Lutter/Hommelhoff*, GmbHG, § 42, Rdnr. 37; *Beine*, Gesellschafterleistungen, S. 192; *Fleischer*, Finanzplankredite, S. 324; *v. Gerkan/Hommelhoff*, Kapitalersatz, Rdnr. 6.8.
373 Der Text des Entwurfes ist oben auf S. 81 in Fn. 46 abgedruckt.
374 Zwar trifft es zu, daß sich für den Gesetzgeber im Jahre 1980 das Nebeneinander von Rechtsprechungs- und Novellendarlehen noch nicht stellte, das spricht aber nicht gegen die hier vertretene Ansicht. Denn im Vorentwurf stellen Darlehen, die jederzeit entnommen werden können, eine Teilmenge der Darlehen dar, die im Konkursverfahren zur Abwendung des Konkurses nicht geltend gemacht werden dürfen. Wenn auch der Gesetzgeber bei den übrigen Darlehen nicht die an die Rechtsprechungsdarlehen, sondern an vertraglich subordinierte gedacht haben dürfte, so verlangte er doch nur für die Novellendarlehen einen gesonderten Hinweis.
375 *Lutter/Hommelhoff*, GmbHG, § 42, Rdnr. 37; *Scholz/Crezelius*, GmbHG, Anh. § 42a, Rdnr. 221; *Fleischer*, Finanzplankredite, S. 324; *v. Gerkan/Hommelhoff*, Kapitalersatz, Rdnr. 6.8. Vergl. auch BGH, Urt. vom 06.12.1993, BB 1994, 392, 393 = BGHZ 124, 282, 285 = NJW 1994, 724; *Klaus*, Gesellschafterfremdfinanzierung, S. 450; *K. Schmidt*, Gesellschaftsrecht, § 18 III. 5. b), S. 535; *Klaus*, BB 1994, 680, 682.

chungs- oder Novellenregeln zuordnen müßten. Zusätzliche Probleme sollen sich daraus ergeben, daß sich die Einordnung der Darlehen täglich ändern könne. Mit dem letzten Argument korrespondiert zunächst die Feststellung, daß die Praxis aus Einfachheitsgründen häufig erst dann auf die §§ 32a, 32b GmbHG zurückgreift, wenn das fragliche Darlehen von §§ 30, 31 GmbHG analog nicht mehr erfaßt wird.[376] Überzeugen können aber letztlich beide Einwände nicht.

Gegen die These, die Gesellschaftsorgane seien mit der konkreten Zuweisung der Darlehen überfordert, läßt sich zunächst einwenden, daß sie diesem Problem auch dann nicht entgehen können, wenn es im Kleide eines Auszahlungsverlangens auf sie zukommt. Diesem Einwand folgend wäre es nur konsequent, kleine und mittlere Gesellschaften gänzlich von den Rechtsprechungsregeln auszunehmen[377] oder Sonderregeln für sie zu schaffen. Weiterhin werden die Rechtsprechungs- und die Novellendarlehen bei der Prüfung der Zahlungsunfähigkeit unterschiedlich behandelt: Während die Novellendarlehen aufgrund ihrer Auszahlbarkeit als Verbindlichkeiten zu berücksichtigen sind, bleiben die gesperrten Rechtsprechungsdarlehen außer Acht.[378] Müssen die Organe aber die Qualität des Darlehens prüfen (können), wenn der Gesellschafter die Rückzahlung verlangt oder es gilt, die Zahlungsunfähigkeit fest-

---

376 Vergl. *Hollenbeck*, Gesellschafterleistungen, S. 78; *Küting/Kessler*, BB 1994, 2103, 2107; *Timm*, JuS 1991, 652, 654 m.w.N.

377 Erste Ansätze hierzu finden sich etwa bei *Haas*, NZI 1999, 209, 214, der die Geschäftsführerhaftung nach § 43 Abs. 3 GmbHG nur noch für die Fälle bejahen will, in denen der ausgezahlten Forderung ein Rangrücktritt zugrunde lag. An anderer Stelle, *ders.*, Geschäftsführerhaftung, S. 66 ff., begründet er dies indes nicht mit den Unsicherheiten bei der Feststellung, sondern mit den unterschiedlichen Schutzrichtungen des direkten Anwendungsbereichs des § 30 GmbHG und den Kapitalersatzregeln.

378 Zur Rechtslage unter der Konkursordnung vergl.: OLG Düsseldorf, Urt. vom 17.10.1991, DStR 1993, 175, 176; Baumbach/Hueck/*Schulze-Osterloh*, GmbHG (16. Aufl.), § 63, Rdnr. 5; Hachenburg/*Ulmer*, GmbHG, § 63, Rdnr. 20; Scholz/ *K. Schmidt*, GmbHG (8. Aufl.), § 63, Rdnr. 6; *Goette*, GmbH, § 4, Rdnr. 14 (m.w.N. zur Rspr.); Hock, Gesellschafter-Fremdfinanzierung, S. 27f.; *Schäfer*, GmbHR 1993, 780, 783; *K. Schmidt*, AG 1978, 334, 340; *Mayer*, WPg 1994, 129, 132; *Weisang*, WM 1997, 245, 252. Auch der RegE. im Jahre 1971 ging in § 49 Abs. 1 S. 2 davon aus, daß mit einem eigenkapitalersetzenden Darlehen die Zahlungsunfähigkeit beseitigt werden kann, vergl. BR-Drcks. 595/71. Für eine Berücksichtigung auch schon unter der Konkursordnung demgegenüber Roth/*Altmeppen*, GmbHG, § 63, Rdnr. 7; *Hartung*, wistra 1997, 1, 6f. Zwar setzt § 17 Abs. 2 S. 1 InsO weiterhin die Fälligkeit der Forderung voraus, allerdings werden die ersten Stimmen laut, die unter der Insolvenzordnung für eine Berücksichtigung eigenkapitalersetzender Darlehen bei der Zahlungsfähigkeit plädieren, so etwa *Burger/Schellberg*, BB 1995, 261, 263; *Haas*, NZI 1999, 209, 214; *Möhlmann*, WPg 1998, 947, 950. Vorzugswürdig für eine Beibehaltung der bisher h.M. demgegenüber etwa GroßKomm-AktG/*Habersack*, § 92, Rdnr. 37; *Gschwendtner*, DStR, Beihefter zu Heft 32/1999, S. 10.

zustellen, so bedürfte es einer stichhaltigen Begründung, weshalb ihnen gleiches bei der Aufstellung des Jahresabschlusses unzumutbar sein sollte. Im übrigen können es weder die fehlenden Qualifikationen des Gesellschaftsorgans noch die besonderen Schwierigkeiten, den Bilanzierungssachverhalt aufzuklären, rechtfertigen, von den objektiven Erfordernissen des Bilanzrechts abzuweichen. Die These, daß kleine und mittlere Gesellschaften mit den Anforderungen an eine gesonderte Ausweisung überfordert seien, ist denn auch in der Literatur nicht unumstritten. So wird teilweise[379] eine gesonderte Ausweisung erst gefordert, sobald eine Unterbilanz vorliegt – da diese (selbst für die Geschäftsführer kleiner und mittlerer Gesellschaften) relativ leicht festzustellen sei.[380] Ist indes eine Unterbilanz leicht feststellbar, so ist die Zuordnung der Darlehen zu den Rechtsprechungsregeln ebenfalls ohne weiteres möglich.[381] Namentlich die Ermittlung des unter die Rechtsprechungsregeln fallenden Teils der eigenkapitalersetzenden Darlehen stellt eine einfach zu bewältigende Rechenaufgabe dar.[382] Das Ausmaß der nach § 30 Abs. 1 GmbHG beachtlichen Unterbilanz ergibt sich regelmäßig[383] aus der Jahresbilanz,[384] die Summe der eigenkapitalersetzenden Darlehen muß eh ermittelt werden. Diese Einfachheit der Berechnung stellt die Gesellschaft nicht von der Verpflichtung frei, die Aufteilung der Darlehensanteile auf die Rechtsprechungs- und die Novellenregeln selbst vorzunehmen. Die Einordnung den Rechnungslegungsadressaten zu überlassen, würde der Informations- und Dokumentationsfunktion des Jahresabschlusses widersprechen.

Unklar bleibt, weshalb die möglicherweise täglich wechselnde Zuordnung der Darlehen zu den Rechtsprechungs- oder Novellenregeln zu Abgrenzungsschwierigkeiten führen soll. Ob ein Darlehen im Jahresabschluß als Rechtsprechungs- oder Novellendarlehen auszuweisen ist, hängt ausschließlich da-

---

379 *Bachem*, Bilanzierung, S. 9; ders., DB 1994, 1055, 1056; *Fleck*, FS Döllerer, S. 114; *Fleck*, GmbHR 1989, 313, 317f.; *Küffner*, DStR 1993, 180, 181; *Priester*, DB 1991, 1917, 1923; *Weisang*, WM 1997, 245, 248. Ähnlich für Österreich *Berger*, ÖBA 1996, 837, 843; *Klatte*, in: Jahrbuch für Controlling, S. 171.
380 Siehe hierzu schon ausführlich oben S. 140ff.
381 Insofern bewegen sich *Lutter/Hommelhoff* in der 14. Aufl. an der Grenze zum Widerspruch, wenn sie einerseits aufgrund der Ermittlungsprobleme auf eine gesonderte Ausweisung der Rechtsprechungsdarlehen verzichten wollen (GmbHG, § 42, Rdnr. 39), andererseits aber zumindest beim Vorliegen einer Unterbilanz einen einheitlichen Ausweis eigenkapitalersetzender Darlehen verlangen (a.a.O. Rdnr. 36).
382 Vergl. hierzu oben S. 119 mit einem Berechnungsbeispiel in Fn. 239.
383 Ausnahmen ergeben sich allein, wenn der Bestand der Gesellschaft durch die Auszahlung bedroht würde, vergl. hierzu bereits oben S. 34.
384 Zwar ist der Umfang, in dem die Darlehen den Rechtsprechungsregeln unterliegen, nicht mit dem „Nicht durch Eigenkapital gedeckten Fehlbetrag" identisch (so aber *Döllerer*, FS Forster, S. 207 in den dort aufgeführten Beispielen), jedoch ist der Bilanz durchaus zu entnehmen, in welchem Maße die offenen Rücklagen nicht mehr zur Abdeckung der kumulierten Verluste ausreichen, vergl. auch *Baetge*, Bilanzen, S. 438f. und dort Fn. 302.

von ab, ob und in welchem Umfang sich aus der für den Jahresabschluß ermittelten Datenbasis eine Unterbilanz ergibt oder nicht. Aufgrund des Stichtagsprinzips können sich keine Abgrenzungsprobleme ergeben. Der möglicherweise schnelle Wechsel zwischen Rechtsprechungs- und Novellendarlehen kann zwar dazu führen, daß die Zuordnung im Zeitpunkt der Veröffentlichung nicht mehr mit der zum Bilanzstichtag übereinstimmt; Zuordnungsprobleme ergeben sich hieraus jedoch nur schwerlich.

Von anderer Seite[385] wird gegen eine getrennte Erläuterung vorgebracht, oftmals sei es nicht möglich, einzelne Darlehen den jeweiligen Schutzbereichen zuzuordnen. Hätten mehrere Gesellschafter Eigenkapitalersatz gegeben, übersteige aber die kumulierte Darlehenssumme die Unterbilanz, so könne grundsätzlich jeder Gesellschafter die Rückzahlung seines Darlehens verlangen, sofern die restliche Summe aller Gesellschafterdarlehen den zur Deckung des Stammkapitals notwendigen Betrag nicht unterschreite. Aufgrund der gesellschaftsrechtlichen Treuepflicht erstrecke sich hingegen die Bindungswirkung anteilig auf die verschiedenen Darlehen. Bei dieser Argumentation bleibt allerdings verborgen, woraus sich die Einwände gegen eine getrennte Ausweisung ergeben sollen. Steht fest, in welchem Umfang eine Unterbilanz besteht und welchen Umfang die eigenkapitalersetzenden Darlehen haben, so kann den einzelnen Darlehen ohne größere Probleme ihr Anteil an der Unterbilanzdeckung zugewiesen werden.[386] Dieser Teil wäre sodann als Rechtsprechungsdarlehen zu kennzeichnen, der Rest demgegenüber als Novellendarlehen.[387]

Auch wenn die Zuordnung zu den Rechtsprechungs- und zu den Novellendarlehen in der Praxis mit Problemen behaftet sein mag, erscheint eine gesonderte Ausweisung notwendig. Der hierfür notwendige Aufwand steht nicht außer Verhältnis zum Nutzen, denn wie gezeigt, ist eine getrennte Erläuterung für alle Beteiligten – Geschäftsführer, Gesellschafter und Gläubiger – von erheblichem Nutzen.

---

385 *Fleck*, GmbHR 1989, 313, 318.

386 Haben die Gesellschafter A und B in Anlehnung an das Berechnungsbeispiel oben auf S. 119 in Fn. 239 „ihrer" Gesellschaft (Stammkapital 100 TDM, Reinvermögen 70 TDM) Darlehen in Höhe von 20 bzw. 40 TDM zur Verfügung gestellt, so ist das Darlehen des A in Höhe von 10 TDM verhaftet, das von B hingegen in Höhe von 20 TDM.

387 Es mag zwar komisch anmuten, eine einheitliche Forderung in zwei unterschiedlich zu erläuternde Teile aufzuteilen, eine Besonderheit des Eigenkapitalersatzrechts wäre es indes nicht. So ist es etwa durchaus übliche Praxis, eine einheitliche Verbindlichkeit auf die Positionen „Rückstellungen" und „Verbindlichkeiten" aufzuteilen, sofern sie nur teilweise mit Unsicherheiten belastet ist; vergl. A/D/S, § 249 HGB, Rdnr. 77.

c) Zwischenergebnis

Nach alledem sind eigenkapitalersetzende Gesellschafterdarlehen gemeinsam unter den Verbindlichkeiten auszuweisen. Im Rahmen der Erläuterungspflicht ist indes – obwohl es sich um ein einheitliches Rechtsinstitut handelt – danach zu differenzieren, ob sie unter die Rechtsprechungs- oder die Novellendarlehen fallen. Hierbei steht zwar zu befürchten, daß die Gesellschafterversammlung als für die Feststellung des Jahresabschlusses zuständiges Organ eher zu einer Zuordnung unter die Novellen- denn unter die Rechtsprechungsregeln neigen wird, um so der oben genannten Beweiserleichterung zu Lasten der Gesellschafter und der Auszahlungssperre zu entgehen. Zu berücksichtigen ist jedoch, daß rechtmäßig handelnden Gesellschaftern kein Spielraum bleibt, da die Zuordnung durch das Ausmaß der Unterbilanz, die anhand der Ansätze im Jahresabschluß zu ermitteln ist, vorgegeben ist. Zudem ist die Ausweisung eines Rechtsprechungsdarlehens insofern günstiger für die Gläubiger, als sie einer stärkeren Auszahlungssperre unterliegen.[388] Ein Ausweis unter den Novellen- statt den Rechtsprechungsdarlehen stünde mithin im Einklang mit dem Vorsichtsprinzip.

2. Art und Weise der Ausweispflicht

Ausgangspunkt der folgenden Überlegungen müssen die bisherigen Untersuchungen sein, die sich wie folgt zusammenfassen lassen: Rechtsprechungs- und Novellendarlehen können trotz ihrer unterschiedlichen bilanziellen Einordnung gemeinsam unter den Verbindlichkeiten ausgewiesen werden. Die Bilanzzwecke erfordern indes, daß auf den eigenkapitalersetzenden Charakter der Darlehen getrennt hingewiesen wird. Ist die Gesellschaft verpflichtet, einen Lagebericht aufzustellen, so muß sie in diesem ohnehin auf ihre angespannte Finanzsituation aufmerksam machen. In diesem Fall führt der Hinweis auf ein eigenkapitalersetzendes Darlehen zu einer Verbesserung des Bildes von der Lage, da der Gesellschaft zusätzliches haftendes Kapital zur Verfügung steht. Besteht keine Pflicht zur Erstellung eines Lageberichts, so beinhaltet der Hinweis auf den eigenkapitalersetzenden Charakter der Darlehen gleichzeitig die Proklamation der eigenen Kreditunwürdigkeit.

Zu klären bleibt, an welcher Stelle der Hinweis zu erfolgen hat. In Betracht kommen insoweit der Lagebericht,[389] der Anhang[390] und die Bilanz selbst.

---

388 *Klaus*, Gesellschafterfremdfinanzierung, S. 450.
389 Einen Hinweis auf den eigenkapitalersetzenden Charakter im Lagebericht wollen ausreichen lassen: Roth/*Altmeppen,* GmbHG, § 42, Rdnr. 37; Scholz/*Crezelius*, GmbHG, Anh. § 42a, Rdnr. 221; *Häuselmann*/Rümker/Westermann, Finanzierung, S. 100; *K. Schmidt*, Gesellschaftsrecht, S. 535; wohl auch *Knobbe-Keuk*, Bilanz- und Unternehmenssteuerrecht, S. 111.
390 Mindestens einen Hinweis im Anhang fordern: *Lutter/Hommelhoff*, GmbHG, § 42, Rdnr. 40; *Beine*, Gesellschafterleistungen, S. 191 f. (allerdings in einem Posten mit

Bei einem Hinweis in der Bilanz selbst ist zwischen einem „Davon-Vermerk"[391] und der Bildung eines neuen Bilanzpostens[392] zu unterscheiden. Für das weitere Vorgehen folgt dabei aus dem Grundsatz der Verhältnismäßigkeit, daß zunächst zu fragen ist, ob die Erläuterungspflicht im Jahresabschluß vorzunehmen ist oder ob sie nicht in den Lagebericht verschoben werden kann. Zum einen hat die Gesellschaft bei der Erstellung des Lageberichts – anders als beim Jahresabschluß – erheblichen materiellen und formellen Gestaltungsspielraum,[393] zum anderen wäre eine Erläuterungspflicht im Lagebericht insoweit für eine Vielzahl von Gesellschaften von Vorteil, als sie nicht zu seiner Aufstellung oder zumindest nicht zu seiner Veröffentlichung verpflichtet sind.

a) Zwingende Notwendigkeit der Erläuterung im Jahresabschluß – kein Ausweichen auf den Lagebericht

Ungeachtet der Tatsache, daß die Zulässigkeit, den eigenkapitalerseteznden Charakter im Lagebericht zu erläutern, für einen Großteil der Gesellschaften von Vorteil wäre, ist dieser Weg nur eröffnet, wenn er mit der Funktion des Lageberichts vereinbar ist.

Anknüpfungspunkt dafür, den eigenkapitalersetzenden Charakter bestimmter Gesellschafterleistungen im Lagebericht offenzulegen, könnte sein, daß die Kapitalgesellschaften ohnehin verpflichtet sind, im Lagebericht auf ihre wirtschaftliche Situation und eine gegebenenfalls bestehende Krise hinzuweisen. Da die besondere Qualität eigenkapitalersetzender Gesellschafterdarlehen inhaltlich mit der Krise verknüpft ist, könnte der Hinweis auf den Eigenkapitalersatz als Bestandteil einer einheitlichen Krisenerläuterungspflicht verstanden werden.[394]

---

vertraglich nachrangigen Positionen); *v. Gerkan/Hommelhoff*, Kapitalersatz, Rdnr. 6.17; *Maser*, ZIP 1995, 1319, 1322; *Weisang*, WM 1997, 245, 248. Teilweise lassen die Genannten auch einen Vermerk in der Bilanz zu.
391 *Fleischer*, Finanzplankredite, S. 325; *Hirte*, Kapitalgesellschaftsrecht, Rdnr. 729; *ders.*, DStR 2000, 1829, 1829; *Fleck*, FS Döllerer, S. 116 f. (bei akuten Auswirkungen der Kapitalersatzfunktion); *Schulze-Osterloh*, WPg 1996, 97, 105.
392 Für einen besonderen Bilanzposten *Voßbeck*, Ausweis, S. 202 f.; *Beine*, Gesellschafterleistungen, S. 203 (alternativ zum „Davon-Vermerk" in der Bilanz oder zu Angaben im Anhang, allerdings für eine Sammelposition „nachrangige Verbindlichkeiten"); *Bordt*, HdJ Abt. III/1 (Stand 1990), Rdnr. 255 (alternativ zum „Davon-Vermerk" in der Bilanz), nunmehr für eine Ausweisung als Verbindlichkeit *Bordt*, HdJ Abt. III/1, Rdnr. 295.
393 A/D/S, § 289, Rdnr. 29; *Ellrott*, in: Beck'scher Bilanzkommentar, § 289, Rdnr. 6.
394 In diesem Sinne denn auch Roth/*Altmeppen*, GmbHG, § 42, Rdnr. 37; *Scholz/Crezelius*, GmbHG, Anh. § 42 a, Rdnr. 221; *Häuselmann/Rümker/Westermann*, Finanzierung, S. 100; *K. Schmidt*, Gesellschaftsrecht, S. 535; *Fleck*, FS Döllerer, S. 116; *Fleck*, GmbHR 1989, 313, 317; wohl auch *Knobbe-Keuk*, Bilanz- und Unternehmenssteuerrecht, S. 111.

aa) Erläuterungspflichten zum Zeitpunkt der Krise

Befindet sich die Gesellschaft in einer wirtschaftlichen Krise, so hat sie hierauf gemäß § 289 Abs. 1 HGB im Lagebericht hinzuweisen.[395] Namentlich hat der Lagebericht einen Vermerk darüber zu enthalten, ob die Gesellschaft weiterhin kreditwürdig ist oder nicht. Allein so kann ein den tatsächlichen Verhältnissen entsprechendes Bild von der Vermögens- und Finanzlage der Gesellschaft vermittelt werden.

Eine weitere Erläuterungspflicht ergibt sich in Krisenzeiten aus § 268 Abs. 3 HGB. Auch wenn die Pflicht, einen „Nicht durch Eigenkapital gedeckten Fehlbetrag" auszuweisen, als Warnsignal an Gläubiger und Gesellschafter bezeichnet wird,[396] so bezieht sich das bilanzrechtliche Interesse im Zusammenhang mit § 268 Abs. 3 HGB doch auf die Frage der darüber hinausgehenden Ausweispflichten. Bei diesen ist hinsichtlich der Ursachen für den Fehlbetrag und der Begründung dafür, weshalb weiterhin von der Unternehmensfortführung ausgegangen wird, zu differenzieren. Eine Pflicht zur Erläuterung des „going-concern" im Anhang kann nicht auf § 284 Abs. 2 Nr. 1 HGB gestützt werden,[397] denn dort ist allein von einer Angabe- nicht aber einer Erläuterungspflicht die Rede.[398] Aus § 264 Abs. 2 S. 2 HGB kann hingegen maximal eine Erläuterungspflicht hinsichtlich der Ursachen des Fehlbetrages, nicht aber hinsichtlich der Beibehaltung des „going-concern" hergeleitet werden,[399] denn § 252 Abs. 2 Nr. 2 HGB enthält eine Vermutungsregel für die Fälle, in denen Zweifel über die Annahme des „going-concern" bestehen.[400] Bei der Begründung des „going-concern" handelt es sich vielmehr um ein „dynamisches" Element, das dem zukunftsorientierten Lagebericht näher steht als dem vergangenheitsbezogenen Anhang;[401] im Anhang genügt nach § 284 Abs. 2 Nr. 1 HGB der Hinweis, daß bei der Bewertung entspre-

---

395 Ausführlich hierzu oben S. 132 ff.
396 *Hommelhoff*, JbFStR 1986/87, 456, 456; vergl. auch *Apelt*, Publizität, S. 111; *Fleck*, FS Döllerer, S. 120.
397 So aber wohl *Hommelhoff*, JbFStR 1986/87, 456, 457; ähnlich *Häuselmann*, BB 1993, 1552, 1554 f.
398 *Harald Herrmann*, ZGR 1989, 273, 288. Vergl. auch *Reck*, ZInsO 2000, 121, 124.
399 A. A. Scholz/*Crezelius*, GmbHG, Anh. § 42a, Rdnr. 240; Meyer-Landrut/Miller/ *Niehus*/Scholz, GmbHG, §§ 238–335 HGB, Rdnr. 510; in engen Grenzen auch *Harald Herrmann*, ZGR 1989, 273, 288 (bei erheblichem Fehlbetrag), die für eine Erläuterungspflicht des „going-concern" im Anhang eintreten.
400 A/D/S, § 264, Rdnr. 118; KK-AktG/*Claussen/Korth*, § 264 HGB, Rdnr. 47. I. E. ebenso Baumbach/*Hopt*, HGB, § 264, Rdnr. 20; Baumbach/Hueck/*Schulze-Osterloh*, GmbHG, § 42, Rdnr. 244 (da das Bild von der wirtschaftlichen Lage nicht verfälscht werde); WP-Handbuch/*Gelhausen*, Bd. I, Abschnitt F, Rdnr. 653.
401 Nach A/D/S, § 289, Rdnr. 85; Meyer-Landrut/Miller/*Niehus*/Scholz, GmbHG, §§ 238–335 HGB, Rdnr. 925; IDW RS HFA 1, WPg 1998, 653, 657 f.; *Kropff*, BFuP 1980, 514, 520 und 523 gehört zur Lage des Unternehmens als Ganzes auch die Fähigkeit der Gesellschaft, sich als "going-concern" am Markt zu behaupten. Kritisch KK-AktG/*Claussen/Korth*, § 289 HGB, Rdnr. 18.

chend § 252 Abs. 2 Nr. 2 HGB vom „going-conern" ausgegangen wird. Weiterhin spricht für die Ausweisung im Lagebericht, daß, anders als bei den sonstigen Angaben im Anhang, kein Bezug zu einem einzelnen Bilanzposten hergestellt wird, sondern vielmehr die Gesamtlage des Unternehmens in Rede steht.[402] Aus diesem Grunde hat die Begründung des „going-concern" grundsätzlich im Lagebericht und nicht im Anhang zu erfolgen.[403] Aufgrund der unterschiedlichen Funktionen von Lagebericht und Anhang sind Erläuterungen zum „going-concern" jedenfalls dann dem Lagebericht vorbehalten, wenn ein solcher aufgestellt wird. Muß kein Lagebericht aufgestellt werden, ist der Gesellschaft zu gestatten, den ungedeckten Fehlbetrag im Rahmen einer freiwilligen Anhangsangabe[404] besonders zu erläutern.[405]

bb) Schlußfolgerungen für die Erläuterung von eigenkapitalersetzenden Gesellschafterleistungen

Sollte die Kennzeichnungspflicht für eigenkapitalersetzende Gesellschafterdarlehen als Bestandteil der Krisenerläuterungspflicht verstanden und deshalb dem Lagebericht zugewiesen werden, so müßte sie sich – wie insbesondere die Untersuchung zu § 268 Abs. 3 HGB ergeben hat – auf die Erläuterung der Unternehmenssituation als ganzer, und nicht auf die eines bestimmten Bilanzpostens beziehen. Der Hinweis auf den eigenkapitalersetzenden Charakter bestimmter Darlehen ist jedoch – wie die Gründe für das Entstehen eines Fehlbetrages im Sinne des § 268 Abs. 3 HGB – mit einem konkreten Bilanzposten verbunden. Sonach dient er nicht wie der Lagebericht der Erläuterung der Unternehmenssituation als ganzer, sondern der eines bestimmten Bilanzpostens. Die Erläuterung von Einzelposten übernimmt demgegenüber der Anhang und nicht der Lagebericht,[406] so daß sich unter diesem Aspekt eine Erläuterungs-

---

402 Vergl. hierzu A/D/S, § 289, Rdnr. 12; *Glade*, Rechnungslegung, Vorbemerkung zu § 289 HGB, Rdnr. 1; *Kropff*, BFuP 1980, 514, 521; *Reittinger*, HdJ Abt. IV/3, Rdnr. 4. So auch schon die EG-Kommission bei ihrem Vorschlag für eine 4. Richtlinie in der Begründung zu Art. 43, abgedruckt bei *Schruff*, Entwicklung, S. 206.
403 Baumbach/Hueck/*Schulze-Osterloh*, GmbHG, § 42, Rdnr. 245. Aufgrund der besonderen Bedeutung des Postens für einen zwingenden Ausweis im Anhang demgegenüber KK-AktG/*Claussen/Korth*, § 268 HGB, Rdnr. 31; *Glade*, Rechnungslegung, § 268 HGB, Rdnr. 7.
404 Freiwillige Angaben im Anhang sind so lange zulässig, als sie das den tatsächlichen Verhältnissen entsprechende Bild nicht beeinträchtigen, *Baetge*, Bilanzen, S. 622. Nach A/D/S, § 284, Rdnr. 31; *Kupsch*, HdJ Abt. IV/4, Rdnr. 23 dürfen in den Anhang nur solche Angaben eingestellt werden, die nicht dem Lagebericht zugewiesen sind. Das ist zumindest für den vorliegenden Fall fraglich.
405 Nach *Baetge*, Bilanzen, S. 439; *Knop* in: Küting/C.-P. Weber, Bd. Ia, § 268, Rdnr. 195, sollte grds. eine Erläuterung erfolgen. Alternativ hierzu kommt eine Aufnahme in die „freiwillige Berichterstattung" in Betracht, hierbei dürfte es sich um einen gedruckten Geschäftsbericht handeln, vergl. hierzu A/D/S, § 284, Rdnr. 32.
406 Ähnlich *Lutter/Hommelhoff*, GmbHG, § 42, Rdnr. 40; *Maser*, ZIP 1995, 1319, 1322.

pflicht für den Lagebericht verbietet. Eine Darstellung im Lagebericht kann weiterhin nicht mit der Begründung verlangt werden, die Hinweispflicht beziehe sich – wie etwa beim „going-concern" – auf die künftige Entwicklung des Unternehmens. Die Einordnung als Eigenkapitalersatz knüpft an die Kreditwürdigkeit und Unterbilanz am Bilanzstichtag und nicht an die künftige Entwicklung und die damit verbundene Möglichkeit der Entsperrung an. Ein Hinweis auf den eigenkapitalersetzenden Charakter im Lagebericht ist mit dessen Funktion im Rechnungslegungssystem der Bilanzrichtlinie und des HGB nicht vereinbar.

Aus der Tatsache, daß kleine Gesellschaften nach § 264 Abs. 1 S. 3 HGB[407] keinen Lagebericht aufstellen und mittelgroße Gesellschaften ihn nach § 325 Abs. 1 HGB zwar beim zuständigen Handelsregister hinterlegen, nicht aber im Bundesanzeiger veröffentlichen müssen, kann weder ein Argument für[408] noch gegen[409] eine Ausweisung im Lagebericht abgeleitet werden. Ort und Art des Hinweises haben sich nach den Funktionen der in Frage kommenden Instrumente zu richten. Sollen kleine Gesellschaften privilegiert werden, so kann dies ebenfalls bei einer Ausweispflicht im Anhang erfolgen.[410] Hierfür ist es nicht erforderlich, den Ausweis an einem systematisch unzutreffenden Ort vorzunehmen.

Eine Erläuterungspflicht für den Lagebericht scheidet somit aus, ihr ist vielmehr zwingend im Jahresabschluß nachzukommen.

b) Bestimmung des Erläuterungsortes im Jahresabschluß

Ist nunmehr klargestellt, daß eigenkapitalersetzende Gesellschafterleistungen im Jahresabschluß selbst zu erläutern sind, so ist noch unklar, in welcher Form dies zu geschehen hat. Als Alternativen kommen insoweit unter Rückgriff auf § 265 Abs. 5 HGB (ggf. i.V. m. §§ 4 Abs. 1 RechKredV, 22 RechVersV[411]) die Bildung eines Sonderpostens zwischen Eigen- und Fremdkapital und eine Anknüpfung an § 42 Abs. 3 GmbHG in Betracht.

---

407 Diese Ausnahme für kleine Kapitalgesellschaften geht auf Art. 46 Abs. 3 der Jahresabschlußrichtlinie zurück. Dieser Art. wurde durch Art. 6 der sog. Mittelstandsrichtlinie (90/605/EWG) vom 08.11.1990, Abl. EG Nr. L 317 vom 16.11.1990 eingefügt.
408 So aber Roth/*Altmeppen*, GmbHG, § 42, Rdnr. 37; *Fleck*, FS Döller, S. 116; *Fleck*, GmbHR 1989, 313, 317.
409 So aber *Lutter/Hommelhoff*, GmbHG, § 42, Rdnr. 40; *Maser*, ZIP 1995, 1319, 1322.
410 Vergl. hierzu den Ansatz von *v. Gerkan/Hommelhoff*, Kapitalersatz, Rdnr. 6.13; ausführlich hierzu unten S. 225 ff.
411 RechVersV (Verordnung über die Rechnungslegung von Versicherungsunternehmen) vom 08.11.1994, BGBl. 1994 Teil I, S. 3378. Diese VO dient wie auch das VersRiLiG vom 24.06.1994, BGBl. 1994 Teil I, S. 1377 der Umsetzung der Versicherungsbilanzrichtlinie – RL 91/674/EWG vom 19.12.1991, AblEG Nr. L 374, S. 7 vom 31.12.1991. Vergl. auch § 10 Abs. 5 S. 1 Nr. 2, Abs. 5a KWG; § 53c Abs. 3 Nr. 3b i.V.m. Abs. 3a, 3b VAG.

aa) Bildung eines Sonderpostens zwischen Eigen- und Fremdkapital?

Eigenkapitalersetzende Gesellschafterdarlehen stehen der Gesellschaft als nachrangiges Haftkapital zur Verfügung und sind damit zeitlich befristet und partiell dem Eigenkapital gleichgestellt. Gleichzeitig handelt es sich bei ihnen weiterhin um bilanzielle Schulden. Diese Zwitterstellung könnte dafür sprechen, für eigenkapitalersetzende Gesellschafterdarlehen nach § 265 Abs. 5 S. 2 HGB einen eigenen Posten zwischen dem Eigen- und dem Fremdkapital zu bilden.[412] Durch die Vermittlung eines differenzierten Bildes von der Finanzlage der Gesellschaft – einschließlich der Kennzeichnung von „Grauzonen" als solchen – würde der Einblick für die Bilanzadressaten erhöht. Gesetzlicher Anknüpfungspunkt für die Bildung eines Sonderpostens für nachrangige Verbindlichkeiten ist § 265 Abs. 5 HGB, der die Voraussetzungen für die Aufnahme neuer Posten regelt. Zwar handelt es sich bei beiden Alternativen des § 265 Abs. 5 HGB um Wahlrechte, deren Ausübung dem Bilanzierenden freisteht, aus § 264 Abs. 2 S. 1 HGB kann sich allerdings eine Pflicht zur Erweiterung ergeben.[413] Diese Ausweisform könnte sich zudem auf die Ausweispflichten für Banken und Versicherungen nach §§ 4 Abs. 1 RechKredV, 22 RechVersV berufen, denn diese sehen für nachrangiges Haftkapital die Bildung eines Sonderpostens vor.

Nach § 4 Abs. 1 RechKredV i.V.m. dem Formblatt 1 für den Jahresabschluß von Kreditinstituten sind nachrangige Verbindlichkeiten in der Bankbilanz auf der Passivseite unter „9. Nachrangige Verbindlichkeiten" nach den Sonderposten mit Rücklagenanteil und vor dem Genußrechtskapital auszuweisen und gem. § 35 Abs. 3 RechKredV[414] im Anhang gesondert zu erläutern. Anders als nach § 10 KWG, welcher der Bestimmung der aufsichtsrechtlichen Eigenmittelausstattung dient, scheidet hier eine Zurechnung der nachrangigen Verbindlichkeiten zum Eigenkapital unabhängig von der Restlaufzeit aus. Dennoch läßt sich eine gewisse Parallelität der Regelungsgegenstände – nicht zuletzt wegen § 10 Abs. 7 KWG, der bestimmt, daß der Jahresabschluß für das Aufsichtsrecht entscheidend ist – nicht von der Hand weisen.[415] Hintergrund

---

412 So denn auch *Bordt*, HdJ Abt. III/1 (Stand 1990), Rdnr. 255; *Hommelhoff*, JbFStR 1994/95, 584; *Lutter/Hommelhoff*, ZGR 1979, 31, 53 f.; wohl auch *Müller*, FS Budde, S. 461. Unklar *Beine*, Gesellschafterleistungen, S. 203, der auf § 4 RechKredV Bezug nimmt und für einen Sonderposten „Nachrangige Verbindlichkeiten", aber nicht ausdrücklich für dessen Ansiedlung zwischen Eigen- und Fremdkapital eintritt.
413 A/D/S, § 265, Rdnr. 68; *H. Weber*, in Küting/C.-P. Weber, Bd. Ia, § 265, Rdnr. 43; *Voßbeck*, Ausweis, S. 135 ff.; WP-Handbuch/*Gelhausen*, Bd. I, Abschnitt F, Rdnr. 18. Enger wohl *Glade*, Rechnungslegung, § 265 HGB, Rdnr. 36.
414 Zurückgehend auf Art. 40 Abs. 2 der Bankbilanzrichtlinie. Zu Einzelheiten der Erläuterungspflicht siehe *Krumnow/Sprißler/Bellavite-Hövermann/Kemmer/Steinbrücker*, Rechnungslegung, § 4 RechKredV, Rdnr. 10 ff.
415 Ausführlich zu den Zusammenhängen von Bankenaufsichts- und Bankenbilanzrecht *Schwarzte*, Bankenrechnungslegung, S. 134 ff. Vergl. auch *Beine*, Gesellschafterleistungen, S. 197 f. m.w.N.

dieser besonderen Ausweispflicht ist, daß die Nachrangigkeit für den Bilanzleser ein wesentlicher Beurteilungspunkt ist, der ihm nicht verborgen bleiben soll.[416] Diese Intention geht mit der hier vertretenen Ansicht zur Ausweispflicht von nachrangigen Verbindlichkeiten im allgemeinen und eigenkapitalersetzenden Gesellschafterleistungen im besonderen konform.[417]

Da § 4 Abs. 1 RechKredV entgegen Art. 21 der Bankbilanzrichtlinie nicht darauf abstellt, ob die Nachrangigkeit auf einer vertraglichen Abrede beruht oder nicht, sollen hiervon eigenkapitalersetzende Gesellschafterdarlehen ebenfalls erfaßt werden.[418] Vor dem Hintergrund einer richtlinienkonformen Auslegung erscheint diese Ansicht zweifelhaft. Hierdurch würde die internationale Vergleichbarkeit beeinträchtigt, da die gläubigerschützende Wirkung bei den in Deutschland bekannten, gesetzlich nachrangigen Verbindlichkeiten geringer ist als bei vertraglich nachrangigen. Das beruht darauf, daß ungewiß ist, wann der Kapitalersatz wieder abgezogen werden kann.[419] Allerdings ist nach § 35 Abs. 3 Nr. 2 a) und b) RechKredV auf die Fälligkeit, darauf, ob eine vorzeitige Rückzahlungsverpflichtung entstehen kann, sowie auf die Bedingungen der Nachrangigkeit hinzuweisen. Aufgrund dieser Informationen könnte der Unterschied zu vertraglichen Nachrangforderungen gegebenenfalls hinreichend deutlich werden.

Für die Versicherungsbranche besteht mit § 22 RechVersV i.V.m. Formblatt 1 für den Jahresabschluß von Versicherungsunternehmen eine vergleichbare Regelung. Hiernach sind „C. Nachrangige Verbindlichkeiten" hinter dem Genußrechtskapital und vor dem Sonderposten mit Rücklagenanteil auszuweisen. Auch hier wird – in Abweichung von Art. 21 der Versicherungsbilanzrichtlinie – nicht darauf abgestellt, ob der Nachrang der Verbindlichkeit vertraglich oder gesetzlich begründet wurde. Im Unterschied zur RechkredV werden allerdings keine gesonderten Angaben zu den Kreditbedingungen im Anhang gefordert.[420] Zudem bezieht sich die Ausweispflicht anders als bei § 4 Abs. 1 RechkredV ausschließlich auf die Verbindlichkeiten und nicht zugleich auf die Forderungen.

Gegen die Bildung eines Postens zwischen Eigen- und Fremdkapital wurde indes vorgebracht, sie würde gegen die formelle und materielle Bilanzkontinui-

---

416 Vorschlag einer Bankbilanzrichtlinie, BT-Drcks. 9/376, S. 16.
417 I.E. ähnlich *Beine*, Gesellschafterleistungen, S. 198; *Schwarzte*, Bankenrechnungslegung, S. 186.
418 *Beine*, Gesellschafterleistungen, S. 197 ff.; *Lutter*, Unternehmensrecht, S. 110; auch *Weisang*, WM 1997, 245, 248 Fn. 215 scheint hiervon auszugehen. *Krumnow/Sprißler/Bellavite-Hövermann/Kemmer/Steinbrücker*, Rechnungslegung, § 4 RechKredV, Rdnr. 3 stellen demgegenüber – in Übereinstimmung mit der Richtlinie – auf eine vertragliche Bindung des Schuldners ab.
419 Insoweit hilft auch der Hinweis „davon befristet" nicht weiter (so aber *Beine*, Gesellschafterleistungen, S. 203), denn die Nachrangigkeit ist bedingt (auf das Ende der Krise) und nicht befristet.
420 WP-Handbuch/*Horst Richter*, Bd. I, Abschnitt K, Rdnr. 313.

tät verstoßen.[421] Dieser Einwand beruht jedoch auf einer Verkennung dieses bilanzrechtlichen Grundsatzes. Die Bilanzkontinuität bezieht sich allein auf den Wechsel von Bewertungs- und Gliederungsmethoden bei gleichbleibenden Sachverhalten. Ändert sich hingegen der Sachverhalt, so ist die Bilanzierung ebenso zu ändern.[422] Die Bildung eines Zwischenpostens wäre hiernach davon abhängig, ob die Darlehen eigenkapitalersetzenden Charakter haben oder nicht und damit von einem sich ändernden Sachverhalt. Daß sich dieser Sachverhalt nach dem Bilanzstichtag oder zum nächsten Bilanzstichtag geändert haben mag, liegt in der Natur von Stichtagsbilanzen.[423]

Von anderer Seite wurde die Ablehnung der Bilanzierung als Sonderposten mit praktischen Problemen begründet. So wurde argumentiert, die Bilanzanalyse hinsichtlich aller Kennzahlen, die an das Eigenkapital anknüpfen, würde erschwert oder verzerrt.[424] Es bliebe unklar, wie die auf den „Zwischenposten" gezahlten „Zinsen" zu behandeln seien und wie die Posten bei der Errechnung des Fehlbetrages nach § 268 Abs. 3 HGB einzubeziehen seien.[425] Auch solle die Bildung eines Sonderpostens aufgrund des Maßgeblichkeitsprinzips steuerrechtliche Probleme mit sich bringen.[426] Letztlich laufen alle vorgenannten Einwände darauf hinaus, daß die klare Trennung zwischen Eigen- und Fremdkapital verwischt würde.[427] Eine solche strikte Trennung wird im HGB nicht konsequent durchgehalten. Unter den Schulden sind nach dem Bilanzschema des § 266 HGB mit den „Sonderposten mit Rücklagenanteil" (§§ 247 Abs. 3, 273 HGB) und den Aufwandsrückstellungen (§ 249 Abs. 2 HGB) Posten auszuweisen, die betriebswirtschaftlich und bilanzrechtlich teilweise Eigenkapitalcharakter haben,[428] wenn auch zuzugestehen ist, daß sich bei den vorgenannten (steuerrechtlich intendierten) Beispielen zumindest theoretisch ein Eigen- und ein Fremdkapitalanteil ermitteln ließe.[429]

---

421 *Knobbe-Keuk*, Bilanz- und Unternehmenssteuerrecht, S. 111; *Fleck*, FS Döllerer, S. 114.
422 *Harald Herrmann*, Quasi-Eigenkapital, S. 131, allerdings bezogen auf Darlehen mit Rangrücktritt. Zur Bilanzkontinuität vergl. *Baetge*, Bilanzen, S. 80 f.; *Großfeld*, Bilanzrecht, Rdnr. 79.
423 *Voßbeck*, Ausweis, S. 206; vergl. auch *Priester*, DB 1991, 1917, 1923 f.
424 *Thiele*, Eigenkapital, S. 89 f.; *Küting/Kessler/Harth*, Beilage Nr. 4 BB 1996, S. 16 ff.
425 *Hense*, Stille Gesellschaft, S. 271; *Thiele*, Eigenkapital, S. 90.
426 *Fleck*, FS Döllerer, S. 114.
427 So ausdrücklich *Küting/Kessler/Harth*, Beilage Nr. 4 BB 1996, S. 16; *Priester*, DB 1991, 1917, 1923; *ders.*, ZGR 1999, 533, 544.
428 *W. Müller*, FS Budde, S. 454 f.; ebenso für den Sonderposten mit Rücklagenanteil *Küting/Kessler*, in: Küting/C.-P. Weber, Bd. Ia, § 272 Rdnr. 163; *Knobbe-Keuk*, Bilanz- und Unternehmenssteuerrecht, S. 108.
429 So sind denn auch nach *Thiele*, Eigenkapital, S. 87; *Küting/Kessler*, BB 1994, 2103, 2104 diese Beispiele mit der vorliegenden Konstellation nicht vergleichbar, weil sie zumindest theoretisch in Eigen- und Fremdkapital unterteilt werden könnten und steuerrechtlich indiziert seien.

Die Einzelargumente können ebenfalls nicht überzeugen, denn das Gliederungsschema für den Bereich der Banken und Versicherungen ist mit dem des § 266 HGB nicht vergleichbar und differenziert nicht in der gleichen Weise zwischen Eigen- und Fremdkapital, wie es in § 266 HGB vorgeschrieben ist. Dennoch konnten die hiermit verbundenen Probleme mit einer am Normzweck orientierten Auslegung bewältigt werden. Anzumerken ist insbesondere, daß die Errechenbarkeit von Bilanzkennzahlen kein Selbstzweck ist, sondern bei der Interpretation vorhandener Rechenwerke helfen soll. Insofern könnten Auswirkungen der Bilanzierung auf bestimmte Kennzahlen allein dann berücksichtigt werden, wenn hierdurch zugleich gegen das Einblicksgebot verstoßen werden würde. Das ist jedoch bei einer weiteren Aufgliederung in der Regel nicht der Fall.

Bezüglich der Frage, ob eine derartige Ausweisung dem hier vertretenen Konzept entsprechen würde, ist danach zu unterscheiden, ob aus der Bezeichnung des Postens bereits der eigenkapitalersetzende Charakter deutlich werden soll[430] oder nicht.[431] Wird der besondere Charakter deutlich, so ist den Bilanzzwecken – insbesondere den Informationszwecken – hinreichend Rechnung getragen. Die Integration des Eigenkapitalersatzes in einen Sonderposten „Nachrangige Verbindlichkeiten" zusammen mit anderen Posten wie etwa Besserungsverpflichtungen und Genußrechten[432] würde zu Fehlinformationen über die Finanzsituation der Gesellschaft führen.[433] Aufgrund der Zusatzangaben nach § 35 Abs. 3 RechKredV mag für den Bankenbereich etwas anderes gelten. Da dort in Nr. 2 a) und b) Aussagen zur Fälligkeit, zur vorzeitigen Rückzahlungsverpflichtung und zu den Bedingungen der Nachrangigkeit verlangt werden, sind die Gesellschaften gezwungen, den eigenkapitalersetzenden Charakter der Darlehen offenzulegen – gegebenenfalls ist hier aufgrund der Verordnungsvorschriften sogar eine Differenzierung zwischen Rechtsprechungs- und Novellendarlehen notwendig. In der RechVersV werden demgegenüber ebenso wie im hier diskutierten Ansatz derartige Angaben nicht verlangt. Damit wird dem Bilanzleser die Möglichkeit genommen, den Posten „Nachrangige Verbindlichkeiten" hinreichend genau zu bewerten. Dem kann nicht dadurch entgangen werden, daß für den Eigenkapitalersatz ein Vermerk „davon befristet" aufgenommen wird.[434] Denn der Auszahlungsanspruch ist nicht befristet, sondern aufschiebend bedingt. Ein Hinweis „davon

---

430 So nach dem Ansatz von *Bordt*, HdJ Abt. III/1 (Stand 1990), Rdnr. 255, der von einem Posten „Eigenkapitalersetzendes Darlehen" spricht; wohl auch *W. Müller*, FS Budde, S. 461 ff., der auf S. 463 von „Neuen Posten" spricht.
431 So nach dem Ansatz von *Beine*, Gesellschafterleistungen, S. 203.
432 Für einen derartigen gemeinsamen Posten (ohne die Genußrechte zu nennen) *Beine*, Gesellschafterleistungen, S. 203. Für den Ansatz von Genußrechten als Zwischenposten *W. Müller*, FS Budde, S. 460 f.; gegen einen Zwischenposten demgegenüber A/D/S, § 265 HGB, Rdnr. 66; HFA 1/1994, WPg 1994, 419, 421.
433 Vergl. hierzu oben den Text nach Fn. 418.
434 So aber *Beine*, Gesellschafterleistungen, S. 203.

befristet" wäre sachlich unrichtig und würde ein grob falsches Bild von der Finanzlage liefern. Dem hier vertretenen Konzept entspräche der Ausweis in einem Zwischenposten nur dann, wenn dieser hinsichtlich seiner Bestandteile weiter aufzugliedern wäre.

Damit ist aber noch nicht entschieden, ob die tatbestandlichen Voraussetzungen des § 265 Abs. 5 HGB erfüllt werden. Würde allein unter Verweisung auf die Sinnhaftigkeit einer weiteren Aufgliederung der Passiva oder mit Blick auf die Sonderregeln für Banken und Versicherungen ein neuer Posten zwischen Eigen- und Fremdkapital eingefügt, würde diese gesetzliche Regelung faktisch außer Kraft gesetzt. Ein neuer Posten kann nach § 265 Abs. 5 HGB allein dann hinzugefügt werden, wenn sein Inhalt von keinem vorgeschriebenen Posten gedeckt wird und es nicht zu einer bloßen Untergliederung käme.[435] Die Bilanzierung als Zwischenposten verlangt somit, daß weder Eigen- noch Fremdkapital vorliegt.[436] Die bilanzielle Einordnung hat jedoch ergeben, daß es sich sowohl bei den Rechtsprechungs- als auch bei den Novellendarlehen um Fremdkapital handelt. Ein Sonderposten zwischen Eigen- und Fremdkapital ist somit nicht zulässig.

Das Ergebnis stimmt mit dem Willen des Gesetzgebers überein. Denn während die Regelung für nachrangige Vermögensgegenstände anfangs in § 340b Abs. 2 RefE HGB vorgesehen war, befindet sie sich nun in der Formblattverordnung. Hieraus folgt, daß der Gesetzgeber jedenfalls vermeiden wollte, daß aus den besonderen Regeln für die Banken Rückschlüsse auf das allgemeine Bilanzrecht gezogen werden.[437]

bb) Hinweis auf den eigenkapitalersetzenden Charakter als Zusatzinformation zu § 42 Abs. 3 GmbHG

Letztlich verbleiben als Erläuterungsalternativen für den eigenkapitalersetzenden Charakter der Darlehen die Bilanz in Form einer weiteren Untergliederung oder eines „Davon-Vermerks" sowie der Anhang. Dies sind exakt die Alternativen, die der Gesellschaft nach § 42 Abs. 3 GmbHG zur Verfügung stehen, um auf Verbindlichkeiten gegenüber ihren Gesellschaftern hinzuweisen.

---

435 A/D/S, § 265, Rdnr. 65; *Budde/Geißler*, in: Beck'scher Bilanzkommentar, § 265, Rdnr. 15; *Hense*, Stille Gesellschaft, S. 270; *Thiele*, Eigenkapital, S. 88; W. *Müller*, FS Budde, S. 459.
436 *Hense*, Stille Gesellschaft, S. 270; *Thiele*, Eigenkapital, S. 88.
437 Vergl. auch *Stellungnahme des IDW zum Referentenentwurf eines Bankbilanzrichtlinien-Gesetzes*, WPg 1989, 377, 377. Diese Gefahr hat sich etwa bei der Bilanzierung von Pensionsgeschäften realisiert, die sich auch für Nicht-Kreditinstitute nach § 340b Abs. 4 HGB richtet, vergl. *Häuselmann/Rümker/Westermann*, Finanzierung, S. 42.

(1) Konkretisierung der Erläuterungspflichten nach § 42 Abs. 3 GmbHG

Nach § 42 Abs. 3 GmbHG hat die Gesellschaft Ausleihungen, Forderungen und Verbindlichkeiten gegenüber Gesellschaftern gesondert auszuweisen.[438] Ratio dieser Norm – die dem Regelungsinteresse des nationalen Gesetzgebers entsprang und keinen europarechtlichen Hintergrund hat[439] – ist es, durch eine gesonderte Ausweisung der geschäftlichen Beziehungen mit Gesellschaftern die Transparenz zu erhöhen.[440] Ein Informationsinteresse wird angenommen, weil Rechtsbeziehungen zu Gesellschaftern unter Umständen anders zu beurteilen sind, als solche zu Dritten.[441] Insofern kann die Ausweispflicht nach § 42 Abs. 3 GmbHG nicht auf solche Gesellschafter beschränkt werden, die von einigem Gewicht sind,[442] denn die Gesellschafterstellung sagt nichts über die Bedeutung der schuldrechtlichen Beziehungen für die Gesellschaft aus.

Nach – soweit ersichtlich – einhelliger Ansicht[443] sollen von der Pflicht zur gesonderten Ausweisung allein Verbindlichkeiten i.S.d. § 266 Abs. 3 C HGB erfaßt werden. Somit wäre im Zusammenhang mit Rückstellungen nach § 266 Abs. 3 B HGB kein besonderer Hinweis erforderlich. Dieses Ergebnis erscheint nicht interessengerecht, da statt des mit der Einführung des § 42

---

438 Im folgenden wird sich auf die Ausweispflicht bezüglich der Verbindlichkeiten gegenüber den Gesellschaftern beschränkt.
439 Vergl. A/D/S, § 42 GmbHG, Rdnr. 27; Meyer-Landrut/Miller/*Niehus/Scholz*, GmbHG, §§ 41, 42 GmbHG, Rdnr. 119; *Bohl*, in: Küting/C.-P. Weber (3. Aufl.), § 42 GmbHG, Rdnr. 48.
440 A/D/S, § 42 GmbHG, Rdnr. 27; *Lutter/Hommelhoff*, GmbHG, § 42, Rdnr. 26; *Bohl*, in: Küting/C.-P. Weber (3. Aufl.), § 42 GmbHG, Rdnr. 57. Vergl. auch Begr. RegE., BT-Drcks. 10/317, S. 110. Vom IDW wurde im Rahmen der Diskussion um die Umsetzung der GmbH & Co.-Richtlinie angeregt, eine vergleichbare Vorschrift auch für Personengesellschaften ohne eine natürliche Person als Vollhafter aufzunehmen, vergl. WPg 1999, 433, 434.
441 Scholz/*Crezelius*, GmbHG, § 42, Rdnr. 18. Vergl. auch *Apelt*, Publizität, S. 120 f.; *Baetge*, Bilanzen, S. 345.
442 Ausführlich hierzu *Voßbeck*, Ausweis, S. 16 ff. I.E. ebenso A/D/S, § 42 GmbHG, Rdnr. 43; Scholz/*Crezelius*, GmbHG, § 42, Rdnr. 25; *Bohl*, in: Küting/C.-P. Weber (3. Aufl.), § 42 GmbHG, Rdnr. 57 unter Hinweis auf die frühere Diskussion, Kleingesellschafter vom Eigenkapitalersatzrecht auszunehmen. Auch aus der Einführung des „Kleingesellschafterprivilegs" (§ 32 a Abs. 3 S. 2 GmbHG) kann nichts Gegenteiliges geschlossen werden, wenn auch teilweise eine ausufernde Auslegung dieser Neuerung vertreten wird; vergl. etwa *Gaiser*, GmbHR 1999, 210, 211 ff., die bereits versucht, § 32 a Abs. 3 S. 2 GmbHG im Anwendungsbereich des § 24 GmbHG fruchtbar zu machen.
443 A/D/S, § 42 GmbHG, Rdnr. 38; *Ellrott*, in: Beck'scher Bilanzkommentar, § 285, Rdnr. 58; Meyer-Landrut/Miller/*Niehus/Scholz*, GmbHG, §§ 41, 42 GmbHG, Rdnr. 124; Rowedder/*Wiedmann*, GmbHG, § 42, Rdnr. 14; Scholz/*Crezelius*, GmbHG, § 42, Rdnr. 32; *Bohl*, in: Küting/C.-P. Weber (3. Aufl.), § 42 GmbHG, Rdnr. 67.

Abs. 3 GmbHG bezweckten „Mehr an Information" ein „Weniger" gewährt werden würde. Dieser Aspekt spricht dafür, § 42 Abs. 3 GmbHG generell auf Rückstellungen zu erstrecken.

Als Ausweisalternativen i.R.d. § 42 Abs. 3 GmbHG kommen in Betracht:[444] Ein neuer Gliederungsposten „Verbindlichkeiten gegenüber Gesellschaftern" im Sinne eines § 266 Abs. 3 C Nr. 7a HGB[445] (§ 42 Abs. 3 1. HS 1. Alt. GmbHG), eine Ausweisung im Anhang (§ 42 Abs. 3 1. HS 2. Alt. GmbHG) und ein „Davon-Vermerk" bei den einzelnen Bilanzposten (§ 42 Abs. 3 2. HS GmbHG). Die nachfolgende Tabelle gibt einen Überblick über die in Betracht kommenden Ausweisalternativen.

Tabelle 3: Ausweisalternativen i.R.d. § 42 Abs. 3 GmbHG

Norm	Gesetzliche Umschreibung	Bilanzrechtliche Umsetzung
§ 42 Abs. 3 1. HS 1. Alt. GmbHG	„sind [...] als solche gesondert auszuweisen"	Bildung eines Bilanzposten „Verbindlichkeiten gegenüber Gesellschaftern" im Sinne eines § 266 Abs. 3 C Nr. 7a HGB
§ 42 Abs. 3 1. HS 2. Alt. GmbHG	„sind [...] im Anhang anzugeben"	Angabe im Anhang
§ 42 Abs. 3 2. HS GmbHG	„muß diese Eigenschaft vermerkt werden"	„Davon-Vermerk" unter dem jeweiligen Posten

In welchem Verhältnis diese Varianten zueinander stehen, ist umstritten. Teilweise[446] wird der Gesellschaft ein freies Wahlrecht zwischen den drei genannten Alternativen zugestanden. Überwiegend wird indes an die Formulierung des § 42 Abs. 3 GmbHG angeknüpft und versucht, aus dieser eine Reihenfolge abzuleiten. Wird der Wortlaut dabei so verstanden, daß sich das „in der Regel" allein auf die Forderung nach einer gesonderten Ausweisung, nicht aber auf die Anhangangabe bezieht, folgt hieraus, daß die Bildung eines

---

444 *Lutter/Hommelhoff*, GmbHG, § 42, Rdnr. 28; Meyer-Landrut/Miller/*Niehus/Scholz*, GmbHG, §§ 41, 42 GmbHG, Rdnr. 126; Roth/*Altmeppen*, GmbHG, § 42, Rdnr. 34; *Heuser*, in: GmbH-Handbuch II, Rdnr. II.551.1.

445 In der Literatur wird demgegenüber dafür plädiert, den Posten unter der fortlaufenden Nummer 6 (so Meyer-Landrut/Miller/*Niehus/Scholz*, GmbHG, §§ 41, 42 GmbHG, Rdnr. 126) oder Nummer 8 (so *Lutter/Hommelhoff*, GmbHG, § 42, Rdnr. 28; *Heuser*, in: GmbH-Handbuch II, Rdnr. II.551.2) aufzunehmen. Das hätte im Gegensatz zu der hier vertretenen Auffassung zur Folge, daß sich die nachfolgende Numerierung ändern müßte, was die Vergleichbarkeit der Jahresabschlüsse beeinträchtigen würde.

446 So wohl *Ellrott*, in: Beck'scher Bilanzkommentar, § 285, Rdnr. 58.

eigenen Postens der Anhangsangabe und dem „Davon-Vermerk" vorgeht.[447] Einer anderen Auffassung[448] zufolge ist das „in der Regel" dem kompletten 1. Hauptsatz des § 42 Abs. 3 GmbHG vorangestellt, womit die Bildung eines eigenen Postens und die Anhangsangabe gleichberechtigt dem „Davon-Vermerk" vorgehen. Nach einer weiteren Ansicht[449] ist die Ausweisung in der Bilanz (eigener Posten oder „Davon-Vermerk") die Regel, eine Anhangsangabe hingegen nur ausnahmsweise zulässig.

Eine am Wortlaut orientierte Auslegung ist wenig aufschlußreich, denn dieser ist nicht eindeutig.[450] Die Formulierung „in der Regel" kann sich grammatikalisch sowohl auf den gesamten ersten Hauptsatz des § 42 Abs. 3 GmbHG als auch allein auf dessen erste Alternative beziehen. Die Gesetzgebungsgeschichte bringt ebenfalls keine hinreichende Klarheit.[451] Für ein gleichberechtigtes Nebeneinander von eigenem Posten und Anhangsangabe mag zwar sprechen, daß die Möglichkeit einer Anhangsangabe erst seitens des Rechtsausschusses eingeführt wurde.[452] Zwingend ist dies aufgrund der mehrdeutigen Wortlautauslegung indes nicht. Ebensowenig vermag ein Vergleich mit der Auslegung des § 265 Abs. 3 S. 1 HGB zu überzeugen. Für diesen wird von der Literatur[453] nahezu einhellig davon ausgegangen, daß „Davon-Ver-

---

[447] So etwa *Baetge*, Bilanzen, S. 345, der nur dann einen Ausweis im Anhang zulassen will, wenn der Betrag der Verbindlichkeit für die Gesellschaft unbedeutend ist. Ähnlich wohl *Budde/Geißler*, in: Beck'scher Bilanzkommentar, § 265, Rdnr. 15, die davon sprechen, daß Gesellschafterdarlehen „stets gesondert ausgewiesen werden [sollten], statt sie als „Sonstige" zu bilanzieren"; die Möglichkeit einer Anhangsangabe oder eines „Davon-Vermerk" eröffnet sich indes nur, wenn sie als „Sonstige" bilanziert werden.

[448] A/D/S, § 42 GmbHG, Rdnr. 48; Baumbach/Hueck/*Schulze-Osterloh*, GmbHG, § 42, Rdnr. 52 i.V.m. Rdnr. 51; Scholz/*Crezelius*, GmbHG, § 42, Rdnr. 19; *Wiedmann*, Bilanzrecht, § 265, Rdnr. 15; *Heuser* in: GmbH-Handbuch II, Rdnr. II.551.1; *Bohl*, in: Küting/C.-P. Weber (3. Aufl.), § 42 GmbHG, Rdnr. 61; wohl auch *H. Weber*, in: in: Küting/C.-P. Weber, Bd. Ia, § 265, Rdnr. 29.

[449] *Lutter/Hommelhoff*, GmbHG, § 42, Rdnr. 29; *Voßbeck*, Ausweis, S. 18; *Kleindiek*, in: Handbuch, Teil 7, Rdnr. 7.13.

[450] Ebenso *Roth/Altmeppen*, GmbHG, § 42, Rdnr. 34; *Heuser* in: GmbH-Handbuch II, Rdnr. II.551.1.

[451] Ebenso A/D/S, § 42 GmbHG, Rdnr. 48.

[452] § 42 Abs. 5 des Regierungsentwurfs lautet insoweit noch: „[...] gegenüber Gesellschaftern sind in der Regel als solche gesondert auszuweisen; werden sie unter anderen Posten ausgewiesen [...]"; vergl. BT-Drcks. 10/317, S. 36. Beim Rechtsausschluß (BT-Drcks. 10/4268 S. 130) ist die Rede davon, daß „eine entsprechende Angabe im Anhang zugelassen" wird.

[453] A/D/S, § 265, Rdnr. 39; *Budde/Geißler*, in: Beck'scher Bilanzkommentar, § 265, Rdnr. 7; *Heuser*, in: GmbH-Handbuch II, Rdnr. II.546; *H. Weber*, in: Küting/C.-P. Weber, Bd. Ia, § 265, Rdnr. 28; WP-Handbuch/*Gelhausen*, Bd. I, Abschnitt F, Rdnr. 14. A.A. indes KK-AktG/*Claussen/Korth*, § 265 HGB, Rdnr. 15, nach denen regelmäßig der Anhangsangabe der Vorrang gebührt, weil durch den Zugehörigkeitsvermerk die Bilanzklarheit leide.

merk" und Anhangsangabe hinsichtlich eines Zugehörigkeitsvermerks ebenbürtig nebeneinander stünden. Der Nachsatz „wenn dies zur Aufstellung eines klaren und übersichtlichen Jahresabschlusses erforderlich ist" wird so verstanden, daß er eine Einschränkung im Sinne des Grundsatzes der Wesentlichkeit enthält[454] – unwesentliche Vermögensposten sollen nicht zu vermerken sein. Da der Nachsatz des § 265 Abs. 3 S. 1 HGB auf die Aufstellung eines klaren und übersichtlichen Jahresabschlusses abstellt, scheint es näherliegend, ihn allein auf die Anhangsangabe zu beziehen. Eine Anhangsangabe darf nur erfolgen, wenn der „Davon-Vermerk" die Übersichtlichkeit der Bilanz beeinträchtigen würde.[455]

Entscheidend für das Rangverhältnis der Ausweisalternativen des § 42 Abs. 3 GmbHG muß damit letztlich die Funktion der in Betracht kommenden Rechnungslegungsbestandteile sein. Dabei kommt dem Anhang eine Erklärungsfunktion zur Bilanz zu; er soll das Zahlenwerk (Bilanz und GuV) ergänzen und erläutern. Daraus folgt, daß der Anhang keine Ausweichstelle für Versäumnisse in der Bilanz ist[456] – Angaben haben so lange in der Bilanz zu erfolgen, wie dies möglich ist, ohne der Übersichtlichkeit und Klarheit der Darstellung zu schaden. Für die Rangfolge der in § 42 Abs. 3 GmbHG genannten Ausweisalternativen bedeutet dies, daß die Anhangsangabe gegenüber der Bildung eines eigenen Gliederungspostens subsidiär ist.[457] Der „Davon-Vermerk" führt ebenfalls zu einer bilanziellen Abbildung und muß deshalb nach den ebigen Erwägungen der Anhangsangabe vorgehen. Sofern gegen diese Lösung eingewandt wird, sie scheine mit dem Wortlaut des § 42 Abs. 3 GmbHG nur schwer vereinbar, ist darauf zu verweisen, daß die am Telos des Anhanges orientierte Auslegung der am Wortlaut der Norm ausgerichteten Auslegung vorzugehen hat. Schwerer wiegt das Argument, daß „Davon-Vermerke" regelmäßig zu Lasten der Bilanzklarheit gingen,[458] weshalb aufgrund der Forderung nach Klarheit und Übersichtlichkeit in § 243 Abs. 2 HGB – welcher letztlich im Einzelfall den Ausschlag geben sollte[459] – ein „Davon-Vermerk" trotz seines systematischen Vorranges vor der Anhangsangabe hinter diese wird zurücktreten müssen. Damit hat der Hinweis nach § 42 Abs. 3

---

454 A/D/S, § 265, Rdnr. 40; *Heuser*, in: GmbH-Handbuch II, Rdnr. II.547.
455 Diese Auslegung könnte nicht nur den Wortlaut für sich in Anspruch nehmen, sondern auch, daß der Anhang nicht zur Ausweichstelle der Bilanz wird. Zuzugestehen ist allerdings, daß die hier vorgeschlagene Lesart des § 265 Abs. 3 HGB sich nicht auf den Wortlaut des zugrundeliegenden Art. 13 Abs. 1 der Bilanzrichtlinie stützen kann.
456 *Fleischer*, Finanzplankredite, S. 325; *Großfeld*, Bilanzrecht, Rdnr. 398. Vergl. auch A/D/S, § 284 HGB, Rdnr. 15.
457 Diese Feststellung korrespondiert zugleich mit der Aussage von Roth/*Altmeppen*, GmbHG, § 42, Rdnr. 34, daß es nicht zu überzeugen vermag, die Angabe im Anhang als Regellösung anzusehen, den „Davon-Vermerk" indes nicht.
458 Vergl. etwa KK-AktG/*Claussen/Korth*, § 265 HGB, Rdnr. 15.
459 Vergl. auch A/D/S, § 42 GmbHG, Rdnr. 48; *Bohl*, in: Küting/C.-P. Weber (3. Aufl.), § 42 GmbHG, Rdnr. 61.

GmbHG für gewöhnlich mittels eines eigenständigen Bilanzpostens im Sinne eines § 266 Abs. 3 C. Nr. 7a HGB zu erfolgen. Als Ausnahme kommen ein Anhangsvermerk und ein „Davon-Vermerk" in Betracht. Damit wird für kleine Gesellschaften, die nur eine verkürzte Bilanz aufstellen, der „Davon-Vermerk" – vorbehaltlich der Übersichtlichkeit der Bilanz – nahezu zwingend sein.[460]

Handelt es sich bei dem Gesellschafter gleichzeitig um ein verbundenes Unternehmen (§ 266 Abs. 3 C. Nr. 6 HGB) oder ein solches, mit dem ein Beteiligungsverhältnis besteht (§ 266 Abs. 3 C. Nr. 7 HGB), so kann kein Vorrang des § 42 GmbHG vor dem § 266 HGB angenommen werden.[461] Zwar mag § 42 Abs. 3 GmbHG die speziellere Regel sein, was dafür sprechen könnte, daß sie vorgeht. Eine derartige Auslegung würde allerdings zu Widersprüchen mit der Bilanzrichtlinie führen. Dort wird ein gesonderter Ausweis der Verbindlichkeiten gegenüber verbundenen Unternehmen und solchen, mit denen ein Beteiligungsverhältnis besteht, in Art. 9 Passiva C. Nr. 6 und 7 ausdrücklich verlangt. Die richtlinienkonforme Auslegung verlangt somit, das § 266 Abs. 3 C. Nr. 6 und 7 HGB der Vorrang vor § 42 Abs. 3 GmbHG einzuräumen ist. Damit scheidet in diesen Fällen die Bildung eines Postens „Verbindlichkeiten gegenüber Gesellschaftern" i.S.e. § 266 Abs. 3 C. Nr. 7a HGB aus; die Pflicht aus § 42 Abs. 3 GmbHG ist mittels eines „Davon-Vermerks" nach § 265 Abs. 3 S. 1 HGB zu erfüllen.[462]

Wenn an anderer Stelle gefordert wird, die Rückzahlung von Gesellschafterdarlehen, die nach dem Bilanzstichtag, aber vor der Bilanzveröffentlichung erfolgt sind, generell und unabhängig von ihrem eigenkapitalersetzenden Charakter in der Bilanz oder dem Anhang auszuweisen,[463] so wird die Funktion dieser Instrumente verkannt. Sie sind rein vergangenheitsorientiert, in ihnen können nach dem Bilanzstichtag eingetretene Tatsachen nicht berücksichtigt werden.[464] In Betracht kommt höchstens ein Hinweis im Lagebericht nach § 289 Abs. 1 i.V.m. Abs. 2 Nr. 1 HGB. Hiernach ist einerseits über die Exi-

---

460 Ebenso A/D/S, § 42 GmbHG, Rdnr. 54; *Lutter/Hommelhoff*, GmbHG, § 42, Rdnr. 28; *Schnell*, Gesellschafterleistungen, S. 168; *Voßbeck*, Ausweis, S. 18.
461 So aber A/D/S, § 42 GmbHG, Rdnr. 50; Meyer-Landrut/Miller/*Niehus/Scholz*, GmbHG, §§ 41, 42, Rdnr. 126; Scholz/*Crezelius*, GmbHG, § 42, Rdnr. 20; *Schnell*, Gesellschafterleistungen, S. 167. Einige der vorgenannten Autoren treten zudem für einen „Davon-Vermerk" bezüglich des § 42 Abs. 3 GmbHG ein.
462 Im Ergebnis ebenso *Ellrott*, in: Beck'scher Bilanzkommentar, § 285, Rdnr. 59; vergl. auch *Lutter/Hommelhoff*, GmbHG, § 42, Rdnr. 30. Für eine Orientierung an der Aussagekraft im Einzelfall demgegenüber Rowedder/*Wiedmann*, GmbHG, § 42, Rdnr. 16; *Bohl*, in: Küting/C.-P. Weber (3. Aufl.), § 42 GmbHG, Rdnr. 58; *Fleck*, FS Döllerer, S. 121.
463 *Klaus*, Gesellschafterfremdfinanzierung, S. 460.
464 Siehe nur *Baetge*, Bilanzen, S. 181 f. Großzügiger für aufschiebend bedingte Verbindlichkeiten A/D/S, § 246 HGB, Rdnr. 121.

stenzfähigkeit der Gesellschaft[465] und andererseits über Vorgänge von besonderer Bedeutung nach Abschluß des Geschäftsjahres zu berichten. Einem dieser beiden Punkte dürfte ein wesentliches Gesellschafterdarlehen regelmäßig unterfallen.

(2) Schlußfolgerungen für eigenkapitalersetzende Gesellschafterleistungen

Nach alledem hat die Gesellschaft ihrer Pflicht aus § 42 Abs. 3 GmbHG regelmäßig durch die Bildung eines eigenen Bilanzposten für die Verbindlichkeiten gegenüber ihren Gesellschaftern im Sinne eines § 266 Abs. 3 C. Nr. 7a HGB nachzukommen. Gleichzeitig ist ein Hinweis auf den eigenkapitalersetzenden Charakter erforderlich. Aufgrund dieser insoweit parallel verlaufenden Informationspflicht und aufgrund der Tatsache, daß die Gesellschaftereigenschaft außerhalb des Umgehungsschutzes nach § 32a Abs. 3 S. 1 GmbHG konstitutiv für eine Umqualifizierung ist, bietet es sich an, die Pflicht, auf den eigenkapitalersetzenden Charakter der Darlehen hinzuweisen, als Zusatzinformation zu den von § 42 Abs. 3 GmbHG geforderten Angaben zu verstehen. Aus dem Charakter als Zusatzinformation folgt, daß für eigenkapitalersetzende Leistungen die Bildung eines (weiteren) eigenen Bilanzpostens ausscheidet, vielmehr ist sie an den Hinweis nach § 42 Abs. 3 GmbHG „anzuhängen". Das hat zur Folge, daß der Gesellschaft bezüglich des eigenkapitalersetzenden Charakters kein freies Wahlrecht des Ausweisungsortes zusteht. Dieser ist vielmehr durch die Ausweisung nach § 42 Abs. 3 GmbHG, hinsichtlich deren Wahl die Gesellschaft eingeschränkt ist, präjudiziert. Das hat den Vorteil der Übersichtlichkeit, denn so wird das Nebeneinander vieler unterschiedlicher Kennzeichnungen in der Bilanz und damit deren Zerfaserung vermieden.[466] Gleichzeitig wird durch eine Vereinheitlichung der Ausweispflicht das Auffinden der relevanten Informationen und damit die Vergleichbarkeit der Abschlüsse erhöht. Wird der Hinweis auf den eigenkapitalersetzenden Charakter als Zusatzinformation zum Hinweis nach § 42 Abs. 3 GmbHG verstanden, so bietet sich der Ausweis eine Hierarchieebene unterhalb des § 42 Abs. 3 GmbHG-Ausweises an. Konkret bedeutet dies: Bildet die Gesellschaft für Verbindlichkeiten gegenüber ihren Gesellschaftern einen neuen Gliederungsposten im Sinne eines § 266 Abs. 3 C Nr. 7a HGB („Verbindlichkeiten gegenüber Gesellschaftern"), so sind die hiervon eigenkapitalersetzenden Elemente getrennt nach Rechtsprechungs- und Novellendarlehen mittels eines „Davon-Vermerks" kenntlich zu machen.[467]

---

465 A/D/S, § 289, Rdnr. 101; Meyer-Landrut/Miller/*Niehus*/*Scholz*, GmbHG, §§ 238–335 HGB, Rdnr. 937; *Kropff*, BFuP 1980, 514, 530.

466 Vergl. auch schon *Schnell*, Gesellschafterleistungen, S. 182f., der einen „doppelten" „Davon-Vermerk" mit der Begründung ablehnt, er würde dem Grundsatz der Übersichtlichkeit zuwiderlaufen; ähnlich *Krumnow/Spriβler/Bellavite-Hövermann/Kemmer/Steinbrücker*, Rechnungslegung, § 4 RechKredV, Rdnr. 7 für die Ausweisung nachrangiger Forderungen nach § 4 RechKredV.

467 Werden die Rechtsprechungsdarlehen entsprechend ihrer bilanziellen Einordnung als Rückstellung bilanziert, so ist bei den Rückstellungen analog zu den Ausfüh-

Eine Anhangsangabe muß so lange ausscheiden, wie ein „Davon-Vermerk" nicht auf Kosten der Klarheit und Übersichtlichkeit des Jahresabschlusses (§ 243 Abs. 2 HGB) geht. Dies folgt nicht nur aus dem Grundsatz, daß einer Ausweisung in der Bilanz grundsätzlich der Vorrang vor einer Anhangsangabe gebührt, sondern auch aus der Parallelwertung in § 268 Abs. 5 S. 1 HGB.[468] Nach dieser Norm sind Verbindlichkeiten mit einer Restlaufzeit von weniger als einem Jahr bei jedem gesondert ausgewiesenen Posten zu vermerken. Entscheidet sich die Gesellschaft dafür, den Anforderungen des § 42 Abs. 3 GmbHG durch einen „Davon-Vermerk" zu genügen, so ist im Anhang auf den eigenkapitalersetzenden Charakter einzugehen. Ist es der Gesellschaft ausnahmsweise gestattet, allein im Anhang auf die Verbindlichkeiten gegenüber den Gesellschaftern hinzuweisen, so haben sich an gleicher Stelle die Vermerke des eigenkapitalersetzenden Charakters zu finden.

Nachstehende Tabelle verdeutlicht die Zusammenhänge zwischen den Ausweispflichten für Verbindlichkeiten gegenüber Gesellschaftern und für eigenkapitalersetzende Leistungen.

Tabelle 4: Ausweispflichten für Verbindlichkeiten gegenüber Gesellschaftern und für eigenkapitalersetzende Gesellschafterleistungen

Ausweispflicht nach § 42 Abs. 3 GmbHG	Folgen für die Ausweisung eigenkapitalersetzender Gesellschafterdarlehen
Eigener Bilanzposten im Sinne eines § 266 Abs. 3 C. Nr. 7a HGB (Regelfall – Ausnahme: Posten nach § 266 Abs. 3 C. Nr. 6 oder 7 HGB sind zu bilden)	Ausweisung von Rechtsprechungs- und Novellendarlehen mittels „Davon-Vermerk"
Ausweisung mittels „Davon-Vermerk"	Hinweis im Anhang
Hinweis im Anhang	Hinweis im Anhang

Diese Art der Ausweisung ist gleichwohl nur so lange zwingend, wie die Gesellschaft keinen sog. Verbindlichkeitenspiegel aufstellt. In diesem sog. Verbindlichkeitenspiegel kann die Gesellschaft zur Erhöhung der Klarheit und Übersichtlichkeit des Jahresabschlusses die in § 268 Abs. 5 S. 1 und § 285 S. 1 Nr. 1, 2 HGB geforderten Angaben zusammenfassen und als Bestandteil

---

rungen bei den Verbindlichkeiten ebenfalls ein eigener Bilanzposten für Rückstellungen für ungewisse Verbindlichkeiten gegenüber Gesellschaftern" im Sinne eines § 266 Abs. 3 B. Nr. 4 HGB zu bilden. Die nachfolgenden Ausführungen gelten entsprechend.

468 § 268 Abs. 5 S. 1 HGB geht zurück auf Art. 9 Passiva C. der Bilanzrichtlinie.

der Bilanz oder des Anhanges veröffentlichen. Die Zulässigkeit eines solchen Verbindlichkeitenspiegels läßt sich aus § 265 Abs. 7 Nr. 2 HGB ableiten. Hierbei spielt es keine Rolle, daß § 268 Abs. 5 S. 1 HGB grundsätzlich keine Verlagerung der Angabe in den Anhang zuläßt und regelmäßig nicht alle Voraussetzungen des § 265 Abs. 7 Nr. 2 HGB vorliegen werden[469] – der Klarheit der Darstellung wird insoweit Vorrang eingeräumt.[470]

Die Notwendigkeit, die Klarheit und Übersichtlichkeit des Jahresabschlusses zu erhöhen, besteht indes nicht nur im Zusammenhang mit den Angabepflichten nach § 268 Abs. 5 S. 1 und § 285 S. 1 Nr. 1, 2 HGB, sondern auch mit den im Rahmen dieser Arbeit untersuchten Angabepflichten. So sind bei der Bildung eines eigenen Bilanzpostens für die Verbindlichkeiten gegenüber Gesellschaftern nicht nur der eigenkapitalersetzende Charakter, sondern auch die Angaben nach § 268 Abs. 5 S. 1 und § 285 S. 1 Nr. 1, 2 HGB zu vermerken.[471] Weitere, die Übersichtlichkeit des Jahresabschlusses beeinträchtigenden Hinweispflichten ergeben sich aus § 265 Abs. 3 S. 1 HGB, nach dem die Mitzugehörigkeit zu anderen Bilanzposten anzugeben ist. Hieraus folgt etwa die Pflicht, im Rahmen der Ausweispflichten nach § 266 Abs. 3 C. Nr. 6 und 7 HGB bzw. im Rahmen des aufgrund von § 42 Abs. 3 1. HS 1. Alt. GmbHG zu bildenden Sonderpostens mittels „Davon-Vermerk" auf den Anteil der Verbindlichkeiten aus Lieferung und Leistung (§ 266 Abs. 3 C. Nr. 4 HGB) hinzuweisen. Liegen neben § 42 Abs. 3 GmbHG die Voraussetzungen der Nr. 6 oder 7 des § 266 Abs. 3 C. HGB vor, so häufen sich die „Davon-Vermerke" – neben den im vorstehenden Absatz genannten Hinweisen ist auch für § 42 Abs. 3 GmbHG ein „Davon-Vermerk" erforderlich.[472]

Die durch die besonderen Ausweispflichten im Zusammenhang mit § 42 Abs. 3 GmbHG und dem eigenkapitalersetzenden Charakter der Darlehen steigende Unübersichtlichkeit des Jahresabschlusses kann durch eine Aufnahme dieser Ausweispflichten in den Verbindlichkeitenspiegel gemindert werden. Den Gesellschaften die Aufnahme der Ausweispflichten nach § 42 Abs. 3 GmbHG und den Hinweis auf den eigenkapitalersetzenden Charakter in den Verbindlichkeitenspiegel zu verwehren, weil die Bilanz bereits durch die Verlagerung der Angaben nach § 268 Abs. 5 S. 1 und § 285 S. 1 Nr. 1, 2 HGB in den Verbindlichkeitenspiegel hinreichend entlastet werde, kann nicht

---

469 Regelmäßig wird es an der Zusammenfassung der mit arabischen Zahlen versehenen Posten fehlen, denn § 268 Abs. 5 S. 1 HGB spricht insoweit von „Davon-Vermerken".
470 Vergl. A/D/S, § 285, Rdnr. 26 f. (mit Gestaltungsbeispiel); *Ellrott*, in: Beck'scher Bilanzkommentar, § 285, Rdnr. 18; KK-AktG/*Claussen/Korth*, §§ 284–288 HGB, 160 AktG, Rdnr. 62; *Knop*, in: Küting/C.-P. Weber, Bd. Ia, § 268, Rdnr. 211; WP-Handbuch/*Gelhausen*, Bd. I, Abschnitt F, Rdnr. 519; *Kupsch*, HdJ Abt. IV/4, Rdnr. 62, 162; IDW, SABI 3/1986, WPg 1986, 670, 670.
471 A/D/S, § 42 GmbHG, Rdnr. 39; *Ellrott*, in: Beck'scher Bilanzkommentar, § 285, Rdnr. 58; *Voßbeck*, Ausweis, S. 20 f.
472 Vergl. hierzu oben S. 165.

überzeugen. Die durch den Verbindlichkeitenspiegel geschaffene Klarheit und Übersichtlichkeit des Jahresabschlusses resultiert insbesondere daraus, daß sich die zusammengehörenden und sich ergänzenden Angaben an einer Stelle im Jahresabschluß befinden.[473] Dieses Ziel läßt sich jedoch nicht erreichen, wenn die Angaben zu den Schulden, zu welchen auch die Hinweise auf den eigenkapitalersetzenden Charakter der Darlehen gehören, zerrissen werden. Aus diesem Grunde erscheint es notwendig, den Hinweis auf den eigenkapitalersetzenden Charakter – sofern ein Verbindlichkeitenspiegel aufgestellt wird – ebenfalls in diesen mit aufzunehmen. Die Hinweispflicht nach § 42 Abs. 3 GmbHG bleibt aufgrund der Notwendigkeit, einen eigenen Bilanzposten zu bilden, so lange unberührt, wie nicht die Voraussetzungen der Nr. 6 oder 7 des § 266 Abs. 3 C. HGB vorliegen. Es der Gesellschaft zu gestatten, den Hinweis auf den eigenkapitalersetzenden Charakter der Leistungen im Verbindlichkeitenspiegel vorzunehmen, widerspricht auch nicht der oben aufgestellten Forderung, daß dieser Hinweis aus Gründen der Klarheit „eine Stufe unterhalb der Ausweisung nach § 42 Abs. 3 GmbHG" und damit i.d.R. als „Davon-Vermerk" oder im Anhang zu erfolgen habe. Bei der Aufnahme des Hinweises auf den eigenkapitalersetzenden Charakter der Darlehen in den Verbindlichkeitenspiegel handelt es sich vielmehr allein um eine andere technische Umsetzung dieser Ausweisung, durch die die Übersichtlichkeit gewahrt wird. Denn der Verbindlichkeitenspiegel faßt nur die sonst an verschiedenen Stellen im Jahresabschluß anzubringenden „Davon-Vermerke" und Anhangsangaben an zentraler Stelle zusammen. Da die Erstellung eines Verbindlichkeitenspiegels aber freiwillig ist, kann der Hinweis auf den Eigenkapitalersatz nicht regelmäßig in diesem erfolgen, sondern nur, wenn ohnehin ein Verbindlichkeitenspiegel aufgestellt wird. Zudem ergeben sich der Sache nach keine großen Unterschiede. Wenn es auch grundsätzlich zulässig sein sollte, den Verbindlichkeitenspiegel in der Bilanz anzusiedeln,[474] so spricht doch der Gesichtspunkt der Übersichtlichkeit dafür, ihn im Anhang abzudrucken.[475] Ist der Verbindlichkeitenspiegel aber Bestandteil des Anhanges, so ändert sich im Verhältnis zur hier aufgestellten Forderung nach einem Ausweis „eine Stufe unterhalb der Ausweisung nach § 42 Abs. 3 GmbHG" nur dann der Darstellungsort, wenn ansonsten ein „Davon-Vermerk" erforderlich wäre, weil die Gesellschaft einen Posten „Verbindlichkeiten gegenüber Gesellschaftern" zu bilden hat. Bei dieser Änderung handelt es sich indes nicht um eine Besonderheit des Kapitalersatzrechts, sondern um eine des Verbindlichkeitenspiegels.

---

473 Vergl. auch *Ellrott*, in: Beck'scher Bilanzkommentar, § 285, Rdnr. 18.
474 So *Ellrott*, in: Beck'scher Bilanzkommentar, § 285, Rdnr. 18. Für ein solches Wahlrecht spricht auch § 268 Abs. 2 HGB, der ein solches für das Anlagegitter vorsieht.
475 So wird denn auch das Anlagengitter nach § 268 Abs. 2 HGB in der Praxis überwiegend im Anhang dargestellt, vergl. *Hoyos/Schmidt-Wendt*, in: Beck'scher Bilanzkommentar, § 268, Rdnr. 12.

cc) Zwischenergebnis

Auf den besonderen Charakter der Rechtsprechungs- und Novellendarlehen ist grundsätzlich – getrennt – eine Hierarchieebene unterhalb des Hinweises nach § 42 Abs. 3 GmbHG hinzuweisen. Kommt aus Gründen der Klarheit und Übersichtlichkeit des Jahresabschlusses bzw. aufgrund des Vorranges der Nr. 6 oder 7 des § 266 Abs. 3 C. HGB keine bilanzielle Abbildung in Betracht, so sind die Hinweise nach § 42 Abs. 3 GmbHG im Wege eines „Davon-Vermerks" und die auf den eigenkapitalersetzenden Charakter im Anhang vorzunehmen. Stellt die Gesellschaft einen Verbindlichkeitenspiegel auf, so sind die Hinweise auf den eigenkapitalersetzenden Charakter hierin aufzunehmen.

c) Ergebnis

Obwohl Rechtsprechungs- und Novellendarlehen bilanziell unterschiedlich einzuordnen sind, können sie im Hinblick auf die Klarheit und Übersichtlichkeit des Jahresabschlusses unter demselben Bilanzposten (Verbindlichkeiten) ausgewiesen werden. Aufgrund der mit der Zuordnung zu den Rechtsprechungs- und den Novellenregeln verbundenen unterschiedlichen Rechtsfolgen sind sie aber gesondert zu erläutern. Beachtenswerte praktische Probleme stehen dem nicht entgegen. Zur Wahrung der Übersichtlichkeit hat die Ausweisung eine Stufe unterhalb der Ausweisung nach § 42 Abs. 3 GmbHG oder in einem gesonderten Verbindlichkeitenspiegel zu erfolgen.

3. Ergebnis

Die unterschiedliche bilanzielle Einordnung der Rechtsprechungs- und Novellendarlehen schlägt nicht auf die konkrete Ausweisung durch. Der Hinweis auf den eigenkapitalersetzenden Charakter hat zwingend im Jahresabschluß und nicht im Lagebericht zu erfolgen.

IV. Gesamtergebnis

Weder Rechtsprechungs- noch Novellendarlehen lassen sich dem bilanziellen Eigenkapitalbegriff zuordnen, obwohl sie temporär bestimmte seiner Voraussetzungen erfüllen. Während es aus systematischen Gesichtspunkten geboten erscheint, die Rechtsprechungsdarlehen den Rückstellungen zu unterwerfen, sind Novellendarlehen unzweifelhaft Verbindlichkeiten, dennoch ist ihre gemeinsame Ausweisung gestattet. Auf beide Darlehensarten ist gesondert hinzuweisen.

C. Zinsansprüche auf eigenkapitalersetzende Darlehen

I. Gesellschaftsrechtliche Grundlagen

Im Grundlagenteil[476] wurde festgestellt, daß der eigenkapitalersetzende Charakter der Gesellschafterdarlehen die Entstehung der Zinsansprüche nicht hindert. Allerdings besteht eine Auszahlungssperre, sofern und soweit die Zinsen in der Krise für ein eigenkapitalersetzendes Darlehen entstanden sind oder selbst in der Krise stehengelassen wurden *und* ihre Auszahlung vorgenommen werden soll, wenn eine Unterbilanz besteht.

II. Bilanzielle Behandlung

Grundlegend neue Probleme sind mit der bilanziellen Abbildung der Zinsen auf eigenkapitalersetzende Darlehen nicht verbunden.[477] Da der eigenkapitalersetzende Charakter der Entstehung des Zinsanspruchs nicht entgegensteht, sind die Zinsen weiterhin zu passivieren und stellen damit für die Gesellschaft einen Aufwand („Zinsaufwand an Verbindlichkeiten gegenüber Gesellschaftern") dar.[478] Unabhängig davon, ob die Zinszahlungen erst im nächsten Geschäftsjahr fällig sind oder nicht, müssen sie – sofern sie dem abgelaufenen Geschäftsjahr zuzurechnen sind – als sonstige Verbindlichkeiten passiviert werden; einem Ausweis als Rechnungsabgrenzungsposten steht § 250 Abs 2 HGB entgegen.[479] Der jüngst[480] aufgestellten Forderung, Zinsansprüche, die dem Auszahlungsverbot nach § 30 Abs. 1 GmbHG unterliegen, nicht zu passivieren, sondern im Anhang nach § 285 Nr. 3 HGB als gewinnabhängige künftige Verbindlichkeiten zu vermerken, kann nicht gefolgt werden. Auf diese Weise würde für die Zinsen durch die Hintertür zu dem oben[481] bereits für unzulässig erkannten Passivierungsverzicht zurückgekehrt. Im übrigen steht

---

476 Siehe oben S. 44 ff.
477 Ausführlich zur Bilanzierung der Zinsen auf eigenkapitalersetzende Darlehen *Beine*, Gesellschafterleistungen, S. 229 ff.; *Hock*, Gesellschafter-Fremdfinanzierung, S. 68 ff. (insbes. unter steuerrechtlichen Aspekten); *Döllerer*, FS Forster, S. 209 ff.
478 BFH, Urt. vom 05.02.1992, BB 1992, 676, 677 f. = BFHE 166, 352 = NJW 1992, 2309; *Beine*, Gesellschafterleistungen, S. 230; *Häuselmann/Rümker/Westermann*, Finanzierung, S. 101; *Hock*, Gesellschafter-Fremdfinanzierung, S. 69; *Döllerer*, FS Forster, S. 210; *Hoffmann*, BB 1992, 680, 681; *Kleindiek*, in: Handbuch, Teil 7, Rdnr. 7.7; *Maser*, ZIP 1995, 1319, 1322; *Weisang*, WM 1997, 245, 249. Zurückhaltender wohl *Priester*, DB 1991, 1917, 1922: „Eine Passivierung [...] ist zulässig und im Hinblick auf eine mögliche Überwindung der Krise sogar erforderlich".
479 So zutreffend *Beine*, Gesellschafterleistungen, S. 230 f. unter Berufung auf Art. 20 S. 2 der Bilanzrichtlinie. Allgemein zu antizipierten Rechnungsabgrenzungsposten *Baetge*, Bilanzen, S. 328 f. und 447 ff.
480 *Lutter/Hommelhoff*, GmbHG, §§ 32 a/b, Rdnr. 104.
481 Siehe oben S. 109 f.

einem Verzicht auf die Passivierung das Periodisierungsgebot des § 252 Abs. 1 Nr. 5 HGB entgegen.[482]

Ist eine Auszahlung von in der Krise für eigenkapitalersetzende Darlehen entstandenen Zinsen unzulässig, weil sie gegen § 30 Abs. 1 GmbHG verstoßen würde, so sind die Zinsen gleich den Rechtsprechungsdarlehen zu kennzeichnen. Werden die Zinsen stehengelassen, so werden sie selbst zu Eigenkapitalersatz; ihre Bilanzierung richtet sich danach, ob sie den Rechtsprechungs- oder den Novellenregeln unterliegen.[483] Wird trotz des Verbotes eine Auszahlung vorgenommen, so zieht dies die gleichen bilanziellen Folgen nach sich wie die Rückgewähr eines Darlehens.[484]

Interessanter ist demgegenüber die Frage, welche besonderen Ausweispflichten im Zusammenhang mit den Zinsen auf eigenkapitalersetzende Darlehen verbunden sind. Zunächst ist festzustellen, daß nach § 275 Abs. 2 Nr. 13 bzw. Abs. 3 Nr. 12 HGB Zinsen und ähnliche Aufwendungen, die verbundene Unternehmen betreffen, in der GuV mittels eines „Davon-Vermerks" anzugeben sind. Darüber hinaus wird in der Literatur – gestützt auf die Bilanzzwecke der Information und der Dokumentation sowie in Anlehnung an § 35 Abs. 3 Nr. 1 RechKredV – ein „Davon-Vermerk" in der GuV oder eine Anhangsangabe darüber gefordert, „welche Beträge an die Gläubiger der als ‚nachrangige Darlehen' ausgewiesenen Finanzierungsmittel geflossen sind".[485] Grundsätzlich ist dieser Forderung zuzustimmen, denn wenn den Gläubigern und vor allem dem Insolvenzverwalter bekannt ist, daß auf die eigenkapitalersetzenden Darlehen Zinsen gezahlt wurden, kann diese Zahlung später wesentlich leichter zurückgefordert werden. Erforderlich ist ein solcher Hinweis weiterhin nur dann, wenn die Zinszahlung direkt bei der Auszahlung („Zinsaufwand an Bank") gebucht wurde, nicht aber, wenn die Zinsen zuvor als Verbindlichkeiten gebucht wurden (1. „Zinsaufwand an Verbindlichkeiten gegenüber Gesellschaftern" und 2. „Verbindlichkeiten gegenüber Gesellschaftern an Bank"). Im letztgenannten Fall bekommen die Zinsverbindlichkeiten selbst eigenkapitalersetzenden Charakter, so daß bereits nach den allgemeinen Grundsätzen ein Hinweis notwendig und im Falle einer Auszahlung an den Gesellschafter der Rückforderungsanspruch aus § 31 Abs. 1 GmbHG zu aktivieren ist. Allerdings erscheint der vorgeschlagene Ort des besonderen Hinweises fraglich, denn die Tatsache, daß die Zinsen ausgezahlt wurden, weist keinen direkten Bezug zur GuV auf. Insoweit muß bezweifelt werden, ob es sinnvoll ist, einen „Davon-Vermerk" in der GuV oder einen Anhangsvermerk

---

482 *Beine*, Gesellschafterleistungen, S. 230.
483 Für eine Ausweisung entsprechend den Regeln des zugrundeliegenden Darlehensbetrages demgegenüber *Beine*, Gesellschafterleistungen, S. 230.
484 *Häuselmann*/Rümker/Westermann, Finanzierung, S. 101; *Hock*, Gesellschafter-Fremdfinanzierung, S. 72; *Döllerer*, FS Forster, S. 210. Zu den Ausweispflichten nach der Rückgewähr eines Darlehens siehe unten S. 178 ff.
485 *Beine*, Gesellschafterleistungen, S. 229.

zur GuV[486] zu verlangen. Näherliegend ist es vielmehr, im Rahmen der Angaben zu den eigenkapitalersetzenden Darlehen darauf hinzuweisen, daß auf diese Darlehen Zinsen gezahlt worden sind, die ihrerseits den Kapitalersatzregeln unterliegen. Als Ort bietet sich insoweit ein Vermerk im Anhang als Zusatzangabe zum Hinweis auf den eigenkapitaersetzenden Charakter oder ein Vermerk unter dem Verbindlichkeitenspiegel an. Eine Stütze findet diese Forderung in § 35 Abs. 3 Nr. 1 RechKredV, der eine Anhangangabe zu der entsprechenden Bilanz- und nicht zum GuV-Posten verlangt. Offenbar ging auch der Vorentwurf eines Bilanzrichtlinien-Gesetzes vom 05.02.1980 von einer entsprechenden Hinweispflicht zur Bilanz und nicht zur GuV aus, denn nach seinem § 251 Abs. 3 Nr. 4[487] sollte vermerkt werden, ob die Darlehen zu verzinsen sind.

Teilweise[488] wird über die hier geforderten Angaben zu geleisteten Zinszahlungen auf eigenkapitalersetzende Darlehen hinaus verlangt, solche Zinsen gesondert auszuweisen, die generell auf Gesellschafterdarlehen entfallen sind. Nur so könne ein effektiver Schutz gegen überhöhte Zinsansprüche der Gesellschafter im Sinne einer „bilanzkürzende[n] und fremdfinanzierte[n] Ausschüttung"[489] sichergestellt werden. Für eine derartige Ausweitung der Publizitätspflichten spricht insbesondere eine Erweiterung des Gläubigerschutzes durch Drittinformation.[490] Zwingend erforderlich scheint sie auf Basis des geltenden Rechts indes nicht; namentlich fehlt es an einer entsprechenden gesetzlichen Grundlage oder Analogiebasis. So knüpft § 42 Abs. 3 GmbHG an den Begriff der Verbindlichkeit i.S.d. § 266 Abs. 3 C. HGB an und läßt damit keinen Raum für eine Ausweitung auf die GuV.[491] Auch sind i.R.d. § 42 Abs. 3 GmbHG keine näheren Angaben zu der Art der Verbindlichkeiten zu machen. Selbst § 35 Abs. 3 Nr. 2a) RechKredV, der für bestimmte Verbindlichkeiten die Angabe des Zinssatzes und der Fälligkeit verlangt, beschränkt sich auf bedeutende nachrangige Verbindlichkeiten. Die in § 251 Abs. 3 Nr. 4

---

486 Zu den Gliederungsmöglichkeiten des Anhangs vergl. die Übersicht bei *Kupsch*, HdJ Abt. IV/4, Rdnr. 66.
487 Der Text dieser Norm ist insoweit auf S. 81 in Fn. 46 abgedruckt.
488 *Klaus*, Gesellschafterfremdfinanzierung, S. 456f.; *Klaus*, BB 1994, 680, 686. Für die Angaben der Konditionen von Gesellschafterdarlehen im Anhang zur Feststellung der Kreditwürdigkeit *Klatte*, in: Jahrbuch für Controlling, S. 174 (für Österreich). Vergl. auch IDW, WPg 1999, 433, 434.
489 *Klaus*, Gesellschafterfremdfinanzierung, S. 456.
490 Ein gesellschaftsrechtlicher Schutz könnte sich daraus ergeben, in der Gewährung überhöhter Zinsen eine verdeckte Gewinnausschüttung zu sehen. Allerdings sind die Voraussetzungen, unter denen eine verdeckte Gewinnausschüttung zur Rückforderung berechtigt, noch nicht hinreichend geklärt, vergl. etwa *Lutter/Hommelhoff*, GmbHG, § 29, Rdnr. 50; *K. Schmidt*, Gesellschaftsrecht, § 37 III. 2. b), S. 1138ff.; *Ulmer*, 100 Jahre GmbHG, S. 366.
491 Wohlwollender offenbar *Ellrott*, in: Beck'scher Bilanzkommentar, § 285, Rdnr. 58, der feststellt: „Nach dem Wortlaut [...] sind in der GuV enthaltene Erträge und Aufwendungen aus Beziehungen mit Gesellschaftern nicht gesondert anzugeben."

HGB des Vorentwurfs zum Bilanzrichtlinien-Gesetz vom 05.02.1980[492] vorgesehenen Angabepflichten bezogen sich ebenfalls allein auf eigenkapitalersetzende Darlehen. Im Ergebnis kann somit nicht generell verlangt werden, die Konditionen der Gesellschafterdarlehen offenzulegen.

Letztlich kommt für solche Zinsen, die wirtschaftlich dem abgelaufenen Geschäftsjahr zuzurechnen, aber erst im darauffolgenden Jahr fällig sind, eine Hinweispflicht nach § 268 Abs. 5 S. 3 HGB in Betracht.[493] Zwar lassen sich die hier in Rede stehenden Verbindlichkeiten nicht unter den Wortlaut dieser Norm subsumieren, denn dieser verlangt, daß die Verbindlichkeiten erst im darauffolgenden Jahr entstehen. Allerdings gebietet Art. 21 S. 2 der Bilanzrichtlinie eine Auslegung dahingehend, daß § 268 Abs. 5 S. 3 HGB solche antizipativen passiven Rechnungsabgrenzungsposten mit einschließt, die erst im kommenden Geschäftsjahr fällig sind.[494] Erreichen die Verbindlichkeiten für Zinsen auf eigenkapitalersetzende Darlehen somit einen für die Gesellschaft bedeutenden Umfang, so sind sie nicht nur als Eigenkapitalersatz auszuweisen, sondern zudem nach § 268 Abs. 5 S. 3 HGB zu erläutern.

D. Rückgewähr eigenkapitalersetzender Gesellschafterdarlehen unter Verstoß gegen § 30 Abs. 1 GmbHG

Bilanzielle Besonderheiten weist die Rückgewähr eigenkapitalersetzender Gesellschafterdarlehen unter Verstoß gegen § 30 Abs. 1 GmbHG auf, denn die Rückgewähr führt per se zu einem Erstattungsanspruch der Gesellschaft nach § 31 Abs. 1 GmbHG, was zum Wiederaufleben des Auszahlungsanspruches des Gesellschafters führt. Vor einer Erörterung der bilanziellen Folgen einer derartigen Auszahlung ist eine kurze Darstellung der gesellschaftsrechtlichen Grundlagen erforderlich.

I. Gesellschaftsrechtliche Grundlagen

Wird ein unter die Rechtsprechungsdarlehen fallendes Darlehen an den Darlehensgeber zurückgezahlt – und damit gegen § 30 Abs. 1 GmbHG verstoßen – muß diese Zahlung der Gesellschaft nach § 31 Abs. 1 GmbHG erstattet werden. Die hier zu behandelnde Fallgruppe beschränkt sich auf die Rechtsprechungsdarlehen, Novellendarlehen können ohne unmittelbare gesellschafts-

---
492 Der Text dieser Norm ist insoweit auf S. 81 in Fn. 46 abgedruckt.
493 *Beine*, Gesellschafterleistungen, S. 231 f.
494 *Beine*, Gesellschafterleistungen, S. 231; *Knop/S. Hayn*, in: Küting/C.-P. Weber, Bd. Ia, § 268, Rdnr. 217. A. A. demgegenüber A/D/S, § 268, Rdnr. 118; *Hoyos/Bartels-Hetzler*, in: Beck'scher Bilanzkommentar, § 268, Rdnr. 108; *Hüttemann*, HdJ Abt. III/8, Rdnr. 214 f. mit der Begründung, die bilanzierten Verbindlichkeiten seien *regelmäßig* erst im nächsten Jahr fällig. Damit lassen sie jedoch unberücksichtigt, daß die europarechtlichen Vorgaben zusätzliche Angaben allein bezüglich der antizipativen passiven Rechnungsabgrenzungsposten *von größeren Umfang* verlangen.

rechtliche Folgen ausgekehrt werden. Im Zusammenhang hiermit sind an dieser Stelle zunächst zwei Fragen zu klären: Welche zivilrechtlichen Haftungsfolgen hat die verbotswidrige Rückgewähr von Rechtsprechungsdarlehen, und unter welchen Voraussetzungen erlischt der Erstattungsanspruch wieder?

Nach der ständigen Rechtsprechung[495] und einem Großteil der Literatur[496] soll selbst einer Rückzahlung unter Verstoß gegen § 30 Abs. 1 GmbHG die zivilrechtliche Wirksamkeit nicht verwehrt werden. Das hat zur Folge, daß der Anspruch des Gesellschafters auf Rückzahlung des Darlehens erlischt. Dafür entsteht bei der Gesellschaft ein Erstattungsanspruch nach § 31 Abs. 1 GmbHG in Höhe des zurückgezahlten Betrages. Nach der Gegenansicht[497] soll jede Auszahlung unter Verstoß gegen § 30 Abs. 1 GmbHG die Nichtigkeit der Erfüllungshandlung (§ 134 BGB) zur Folge haben, womit der Gesellschaft ein Anspruch aus § 812 BGB zusteht und der Rückzahlungsanspruch des Gesellschafters aus § 607 Abs. 1 BGB bestehen bleibt. Diese Ansicht ignoriert, daß mit § 31 GmbHG eine spezialgesetzliche Sanktion für einen Verstoß gegen das Auszahlungsverbot vorliegt.[498] In einem solchen Fall kann nicht auf § 134 BGB zurückgegriffen werden.[499] Aus diesem Grunde ist der erstgenannten Ansicht zu folgen, womit einer gegen § 30 Abs. 1 GmbHG verstoßenden Auszahlung Tilgungswirkung zukommt.[500]

---

[495] Vergl. nur BGH, Urt. vom 11.05.1987, BB 1987, 1553, 1554 = NJW 1988, 139, 140; zuletzt bestätigt in BGH, Urt. vom 23.06.1997, BB 1997, 1807, 1808 = BGHZ 136, 125, 129 = NJW 1997, 2599. Ausnahmen sollten allein bei einem bewußten Verstoß gegen das Auszahlungsverbot gelten, BGH, Urt. vom 28.09.1981, BB 1981, 2088, 2089 = BGHZ 81, 365, 367f.; Urt. vom 08.07.1985, BB 1985, 1814, 1815 = BGHZ 95, 188, 192 = NJW 1985, 2947. Diese Rechtsprechung wurde nunmehr aufgegeben, BGH, Urt. vom 23.06.1997, BB 1997, 1807, 1808 = BGHZ 136, 125, 129f. = NJW 1997, 2599. Bereits vorher zu Recht kritisch zu dieser Ausnahme Rowedder/*Rowedder*, GmbHG, § 30, Rdnr. 28; *Beine*, Gesellschafterleistungen, S. 266; *Joost*, ZHR 148 (1984), 27, 30f. Fn. 12. *Henze*, GmbHR 2000, 1069, 1073 weist darauf hin, daß die neue Rechtsprechung des BGH nunmehr mit den Anforderungen an die verdeckte Sacheinlage abgestimmt ist.

[496] Hachenburg/*Goerdeler/W. Müller*, GmbHG, § 30, Rdnr. 77f. m.w.N. in Fn. 124; *Meyer-Landrut*/Miller/Niehus, GmbHG, § 30, Rdnr. 10; Rowedder/*Rowedder*, GmbHG, § 30, Rdnr. 28; *Bachem*, Bilanzierung, S. 11; *Raiser*, Kapitalgesellschaften, § 37, Rdnr. 16; *Thiel*, GmbHR 1992, 20, 24. Kritisch unter bilanziellen Aspekten demgegenüber *Wassermeyer*, ZGR 1992, 639, 659f.

[497] *Knobbe-Keuk*, Bilanz- und Unternehmenssteuerrecht, S. 587; *Wiedemann*, Gesellschaftsrecht, S. 442; *Röhrkasten*, GmbHR 1974, 36, 37.

[498] Baumbach/Hueck/*Fastrich*, GmbHG, § 30, Rdnr. 21; *Beine*, Gesellschafterleistungen, S. 267; *Joost*, ZHR 148 (1984), 27, 33f.

[499] Erman/*Palm*, BGB, § 134, Rdnr. 2; MüKo/*Mayer-Maly*, BGB, § 134, Rdnr. 3; Soergel/*Hefermehl*, BGB, § 134, Rdnr. 3; vergl. auch Palandt/*Heinrichs*, BGB, § 134, Rdnr. 6.

[500] Das muß mit dem BGH, Urt. vom 23.06.1997, BB 1997, 1807, 1808 = BGHZ 136, 125, 129 = NJW 1997, 2599; auch in den Fällen gelten, in denen das Kapitalerhaltungsrecht bewußt umgangen werden sollte.

Entfallen soll der Erstattungsanspruch nach der früheren Ansicht des BGH[501] in Übereinstimmung mit einem Großteil der Literatur,[502] „sobald und soweit das angegriffene Gesellschaftskapital bis zur Höhe der Stammkapitalziffer zeitlich nach der Auszahlung auf andere Weise nachhaltig wiederhergestellt ist". Nach der vorzugswürdigen Gegenansicht[503] bleibt der Erstattungsanspruch der Gesellschaft so lange bestehen, bis er durch Erfüllung, Aufrechnung oder anderweitige Regelung[504] seine Erledigung gefunden hat. Gegen das Entfallen des Anspruches mit nachträglicher Wiederherstellung des Stammkapitals ist zunächst einzuwenden, daß die Zweckerreichung nach allgemeinen zivilrechtlichen Grundsätzen – die hier ebenfalls gelten – keinen Grund für das Erlöschen einer Forderung darstellt.[505] In summa besteht hier auch keine Parallele zu den Fällen, in denen die Auszahlungssperre des § 30 Abs. 1 GmbHG aufgrund der Wiederauffüllung des Stammkapitals entfällt. Denn dort ist im Gegensatz zu hier noch kein Anspruch entstanden; die wirtschaftlich ggf. vergleichbaren Fälle folgen unterschiedlichen rechtlichen Regeln. So ist in § 31 Abs. 1 GmbHG nicht von der Wiederherstellung des Stammkapitals, sondern von der Rückzahlungspflicht verbotswidrig erhaltener Zahlungen die Rede, womit die Auffüllung des Stammkapitals bei einer rein tatbestandlichen Orientierung unbeachtlich ist.[506] Insoweit hat § 31 Abs. 1 GmbHG für die Erfüllung des Anspruchs andere Voraussetzungen als § 30 Abs. 1 GmbHB für seine Entstehung.

Weiterhin würde die Privilegierung in § 31 Abs. 2 GmbHG ihren Sinn verlieren.[507] Nicht zu verkennen ist zudem, daß eine Unterbilanz auch aufgrund

---

501 BGH, Urt. vom 11.05.1987, BB 1987, 1553, 1554 = NJW 1988, 139, 140; anders nunmehr Urt. vom 29.05.2000, BB 2000, 1483 = NJW 2000, 2577, 2578. Siehe hierzu auch *Bennecke*, ZIP 2000, 1969, 1969 ff.; *Bormann/Halaczinsky*, GmbHR 1022, 1025; *Henze*, GmbHR 2000, 1069, 1074; *Servatius*, GmbHR 2000, 1028, 1029 ff. Speziell zu den Auswirkungen dieses Urteils auf eigenkapitalersetzende Darlehen *Bormann*, DB 2001, 907, 907 ff.; *Kurth/Delhaes*, DB 2000, 2577, 2577 ff.
502 Hachenburg/*Goerdeler/W. Müller*, GmbHG, § 31, Rdnr. 24; Meyer-Landrut/*Miller/ Niehus*, GmbHG, § 31, Rdnr. 2; K. *Schmidt*, Gesellschaftsrecht, § 37 III 2. b), S. 1136 f.; *Meister*, WM 1980, 390, 395 f.
503 Baumbach/*Hueck/Fastrich*, GmbHG (16. Aufl.), § 31, Rdnr. 6; Roth/*Altmeppen*, GmbHG, § 31, Rdnr. 8; Rowedder/*Rowedder*, GmbHG, § 31, Rdnr. 10; *Hommelhoff*, FS Kellermann, S. 166 ff.; *Ulmer*, 100 Jahre GmbHG, S. 387. So jetzt auch BGH, Urt. vom 29.05.2000, BB 2000, 1483 = NJW 2000, 2577, 2578.
504 Einem Verzicht der Gesellschaft den Erstattungsanspruch steht jedoch § 31 Abs. 4 GmbHG entgegen.
505 Baumbach/*Hueck/Fastrich*, GmbHG, § 31, Rdnr. 6; Rowedder/*Rowedder*, GmbHG, § 31, Rdnr. 10; Scholz/*Westermann*, GmbHG, § 31, Rdnr. 7; *Brandner*, FS Fleck, S. 30 ff.
506 *Brandner*, FS Fleck, S. 32 f.; vergl. auch *Hommelhoff*, FS Kellermann, S. 169. Ähnlich jetzt auch BGH, Urt. vom 29.05.2000, BB 2000, 1483 = NJW 2000, 2577, 2578.
507 Rowedder/*Rowedder*, GmbHG, § 31, Rdnr. 10; *Ulmer*, 100 Jahre GmbHG, S. 387. So jetzt auch BGH, Urt. vom 29.05.2000, BB 2000, 1483 = NJW 2000, 2577, 2578.

von bilanzpolitischen Maßnahmen beseitigt werden kann, was zwar den Erstattungsanspruch entfallen lassen, aber nicht mit der ratio der Kapitalerhaltungsvorschriften in Übereinstimmung stehen würde.[508] Auch würde das unwiderbringliche Erlöschen des Anspruchs bei späterer Wiederauffüllung des Stammkapitals zu einer Ungleichbehandlung zwischen den einzelnen Gesellschaftern führen. Ein erzielter Gewinn würde zur Deckung des Stammkapitals verwendet werden und damit nur noch dem Zahlungsempfänger und nicht der Gesellschaft bzw. den Gesellschaftern insgesamt zugute kommen.[509] In seiner jüngsten Entscheidung hat der BGH[510] zu guter Letzt noch darauf hingewiesen, daß es einer Verwertung des Rückforderungsanspruches durch Veräußerung an Dritte entgegenstehen würde, wenn der Anspruch vom Vorliegen einer Unterbilanz im Zeitpunkt der Rückforderung abhängen würde, denn dieses Risiko hätte der Erwerber zu tragen.

Allerdings wird vertreten, diese Rechtsprechung zum direkten Anwendungsbereich der §§ 30, 31 GmbHG ließe sich nicht auf das Eigenkapitalersatzrecht übertragen.[511] Entscheidend sei vielmehr, daß die Rechtsprechungsregeln keine Anwendung mehr fänden, wenn das Stammkapital wieder hergestellt ist; aus diesem Grunde müsse zugleich der Erstattungsanspruch entfallen. Diese Ansicht kann weder unter systematischen noch unter Wertungsgesichtspunkten überzeugen. Sie setzt fälschlich voraus, daß ein (rechtlich entstandener) Anspruch wieder entfällt, sobald seine tatbestandlichen Voraussetzungen zu einem späteren Zeitpunkt nicht mehr vorliegen. Konsequent weitergedacht müßte dies bedeuten, daß der Erstattungsanspruch erlischt, wenn die Kreditwürdigkeit zu einem späteren Zeitpunkt wieder hergestellt wird, denn auch in diesem Fall finden die Rechtsprechungsregeln keine Anwendung mehr; auf die (anderweitige) Wiederherstellung des Stammkapitals käme es nicht an. Kommt es aber nicht darauf an, ob im Zeitpunkt der Geltendmachung des Anspruchs aus § 31 Abs. 1 GmbHG weitere Zahlungen an die Gesellschafter gegen § 30 Abs. 1 GmbHG verstoßen würden oder nicht, bedeutet dies zugleich, daß auch eine anderweitige Auffüllung des Stammkapitals nicht zum Fortfall der bereits vorher entstandenen Erstattungsansprüche nach § 31 GmbHG führt.

---

508 *Hommelhoff*, FS Kellermann, S. 169 ff.
509 Vergl. *Bormann/Halaczinsky*, GmbHR 1022, 1025. Ähnlich bereits *Lutter/Hommelhoff*, GmbHG (14. Aufl.), § 31, Rdnr. 11; *Hommelhoff*, FS Kellermann, S. 173 f. Der BGH weist darauf hin, daß es den Gesellschaftern vorbehalten ist, „über die Verwendung der Rückzahlung [...] zu entscheiden", Urt. vom 29.05.2000, BB 2000, 1483 = NJW 2000, 2577, 2578. Allerdings könnte – unter Rückgriff auf das Urt. des BGH vom 05.06.1975, BB 1975, 1450, 1450 f. = BGHZ 65, 15 ff. = NJW 1976, 191 – daran gedacht werden, den die Rückzahlung erlangenden Gesellschafter zum Schadensersatz zu verpflichten. *K. Schmidt*, NJW 2000, 2927, 2933 hält den Schutz der Mitgesellschafter nicht für einen entscheidenden Aspekt.
510 Urt. vom 29.05.2000, BB 2000, 1483 = NJW 2000, 2577, 2578.
511 *v. Gerkan/Hommelhoff*, Kapitalersatz, Rdnr. 3.56; *v. Gerkan*, GmbHR 1990, 384, 388; wohl auch *Beine*, Gesellschafterleistungen, S. 273.

II. Bilanzielle Behandlung

Die bilanzielle Behandlung von Leistungen, die unter Verstoß gegen § 30 Abs. 1 GmbHG an den Gesellschafter zurückgezahlt wurden, ist nicht abschließend geklärt. Teilweise[512] wird davon ausgegangen, daß der Rückzahlungsanspruch der Gesellschaft aus § 31 Abs. 1 GmbHG sofort nach der Auskehr zu aktivieren und der wieder auflebende Rückzahlungsanspruch des Gesellschafters gleichzeitig zu passivieren sei. Die Gegenansicht[513] fordert demgegenüber, eine derartige Rückzahlung bilanziell zu ignorieren: Es handele sich insoweit – gleich einem Darlehensversprechen – um ein schwebendes Geschäft, welches grundsätzlich keinen Niederschlag in der Bilanz finde. Aufgrund des Informationsinteresses der Bilanzadressaten wird allerdings vereinzelt[514] ein gesonderter Hinweis gefordert, wobei jedoch unklar bleibt, wie dieser auszusehen hat.

Unabhängig davon, ob die vorliegende Konstellation mit der eines schwebenden Geschäfts vergleichbar ist,[515] wäre der Verzicht auf eine Ausweisung von der ratio, die der Behandlung schwebender Geschäfte zugrunde liegt, nicht gedeckt. Ein schwebendes Geschäft liegt vor, wenn der Vertrag von keiner Vertragspartei oder von einer Seite nur teilweise erfüllt wurde.[516] Da regelmäßig davon auszugehen ist, daß sich Leistung und Gegenleistung kompensieren, soll in diesem Fall auf eine Passivierung verzichtet werden (können).[517] Zwar gleichen sich der Erstattungsanspruch der Gesellschaft aus § 31 Abs. 1 GmbHG und der Anspruch des Gesellschafters aus § 607 Abs. 1 BGB nominell aus, da sie beide mit dem Nennbetrag anzusetzen sind. Sollte dies aber für eine Kompensation ausreichen, so bliebe unberücksichtigt, daß der Rückzahlungsanspruch des Gesellschafters wegen § 30 Abs. 1 GmbHG gesperrt und mit der Unsicherheit bezüglich einer späteren Rückzahlbarkeit belastet ist, während der Anspruch der Gesellschaft sofort fällig ist[518] und nach hier vertretener Ansicht auch später nicht mehr entfallen kann.

---

512 *Bachem*, Bilanzierung, S. 12; *Hock*, Gesellschafter-Fremdfinanzierung, S. 63; *Döllerer*, FS Forster, S. 204; *Groh*, BB 1993, 1882, 1888; *Kleindiek*, in: Handbuch, Teil 7, Rdnr. 7.17; *Küffner*, DStR 1993, 180, 182; *Wolf*, DB 1995, 2277, 2279.
513 *Häuselmann*/Rümker/Westermann, Finanzierung, S. 101; *Fleck*, FS Döllerer, S. 114; *Fleck*, GmbHR 1989, 313, 316; *Weisang*, WM 1997, 245, 249; vergl. auch *Hemmelrath*, DStR 1991, 626, 630.
514 *Weisang*, WM 1997, 245, 249. Vergl. auch § 285 Nr. 3 HGB.
515 Siehe hierzu *Beine*, Gesellschafterleistungen, S. 278.
516 *Baetge*, Bilanzen, S. 355; *Bieg*, Schwebende Geschäfte, S. 27f.; *Großfeld*, Bilanzrecht, Rdnr. 120; *Wöhe*, Bilanzierung, S. 577f. Zu Streitigkeiten bei der Begriffsdefinition vergl. BFH, Urt. vom 20.01.1993, BB 1993, 895, 896 m.w.N.
517 Baumbach/*Hopt*, HGB, § 252, Rdnr. 16; *Clemm*/Erle, in: Beck'scher Bilanzkommentar, § 249, Rdnr. 52; *Baetge*, Bilanzen, S. 355.
518 BGH, Urt. vom 08.12.1986, NJW 1987, 779, 779; Baumbach/Hueck/*Hueck*, GmbHG, § 31, Rdnr. 6; *Lutter/Hommelhoff*, GmbHG, § 31, Rdnr. 10; Roth/*Altmeppen*, GmbHG, § 31, Rdnr. 4.

Diese Erwägungen werden durch weitere Überlegungen zum Bilanzierungsverbot von schwebenden Geschäften gestützt. Grundlage für ein mögliches Bilanzierungsverbot[519] eines schwebenden Geschäfts ist einerseits das Realisationsprinzip und andererseits der Gedanke, Bilanzverlängerungen aus Gründen der Übersichtlichkeit zu verhindern.[520] Auf die Bilanzierung soll verzichtet werden, weil vor Bewirkung der Hauptleistungen noch keine hinreichende Sicherheit über die Erfüllung der Ansprüche besteht.[521] In der vorliegenden Fallgestaltung wirkt sich eine bilanzielle Erfassung der Vorgänge jedenfalls nicht positiv auf den Erfolg aus, so daß das Realisationsprinzip nicht tangiert wird. Für ein Bilanzierungsverbot könnte insofern allein die hieraus resultierende Bilanzverkürzung und die damit einhergehende Vereinfachung ins Feld geführt werden. In diesem Fall kann sich aber aus den übrigen Bilanzzwecken die Pflicht ergeben, dem schwebenden Geschäft ähnliche Erscheinungsbilder zu bilanzieren.[522] Im Zusammenhang mit der Bilanzierung eigenkapitalersetzender Gesellschafterdarlehen wurde festgestellt, daß die Bilanzzwecke der Dritt- und Selbstinformation sowie der Dokumentation zwingend einen gesonderten Ausweis eigenkapitalersetzender Gesellschafterdarlehen verlangen. Würde nunmehr nach einer Rückzahlung auf jeglichen Ausweis des sofort fälligen Anspruches aus § 31 Abs. 1 GmbHG in der Bilanz verzichtet werden, könnten die vorgenannten Bilanzzwecke beeinträchtigt, wenn nicht sogar unterlaufen werden. Namentlich würde der Insolvenzverwalter bei der Rückforderung möglicher Auszahlungen erschwert werden; die Gesellschafter könnten nur schwerlich kontrollieren, ob der Geschäftsführer Ansprüche aus § 31 Abs. 1 GmbHG ordnungsgemäß eingefordert oder sich nach § 43 Abs. 3 S. 1 GmbHG schadenersatzpflichtig gemacht hat. Letztlich ist zu beachten, daß die Gesellschafter ein Informationsinteresse haben, da sie sich dem Mithaftungsrisiko nach § 31 Abs. 3 GmbHG ausgesetzt sehen.[523]

---

519 Ob dem schwebenden Geschäft die Bilanzierungsfähigkeit (so BFH, Urt vom 20.01.1993, BB 1993, 895, 896 m. w. N.; Baumbach/*Hopt*, § 252, Rdnr. 16; *Kußmaul*, in: Küting/C.-P. Weber, Bd. Ia, § 246, Rdnr. 11; wohl auch A/D/S, § 246, Rdnr. 183) oder nur die Bilanzierungspflichtigkeit (so *Reinhard*, in: Küting/C.-P. Weber, Bd. Ia, § 247, Rdnr. 115; WP-Handbuch/*Gelhausen*, Bd. I, Abschnitt E, Rdnr. 22) fehlt, kann nicht einheitlich, sondern immer nur anhand der Umstände des Einzelfalls und den Bilanzzwecken festgestellt werden.
520 *Beine*, Gesellschafterleistungen, S. 256; *Knobbe-Keuk*, Bilanz- und Unternehmenssteuerrecht, S. 141; vergl. auch *Baetge*, Bilanzen, S. 355.
521 *Bieg*, Schwebende Geschäfte, S. 322; *Baetge*, Bilanzen, S. 355; *Kußmaul*, in: Küting/C.-P. Weber, Bd. Ia, § 246, Rdnr. 11. Vergl. auch A/D/S, § 246, Rdnr. 183; Baumbach/*Hopt*, HGB, § 252, Rdnr. 16.
522 *Beine*, Gesellschafterleistungen, S. 257; *Bieg*, Schwebende Geschäfte, S. 38 ff.
523 Vergl. auch *Beine*, Gesellschafterleistungen, S. 278 f.; *Kleindiek*, in: Handbuch, Teil 7, Rdnr. 7.17. Aufgrund eines gesteigerten Informationsinteresses für eine grundsätzliche Bilanzierung schwebender Geschäfte *Bieg*, Schwebende Geschäfte, S. 356 ff.; *Kußmaul*, BB 1987, 2053, 2057. *Budde/Raff*, in: Beck'scher Bilanzkommentar, § 243, Rdnr. 14 melden vor Hintergrund fehlender Dokumentation

Für das Ergebnis, den Erstattungsanspruch der Gesellschaft und den Rückzahlungsanspruch des Gesellschafters zu bilanzieren, streitet zudem, daß so nicht gegen das Saldierungsverbot des § 246 Abs. 2 HGB verstoßen wird.[524] Weiterhin entspricht ein derartiges Vorgehen spiegelbildlich dem vorherigen Rückzahlungsvorgang. Während es bei der Rückzahlung zu einer Bilanzverkürzung kommt („Verbindlichkeiten gegenüber Gesellschaftern an Bank"),[525] führt die Rückforderung zu einer Bilanzverlängerung („Erstattungsanspruch an Verbindlichkeiten gegenüber Gesellschaftern").[526] Hierdurch würde der wirtschaftliche Vorgang – Rückgängigmachung der Rückzahlung – in systematisch vergleichbarer Weise abgebildet[527] und liefe mit der Bilanzierung auf seiten des Zahlungsempfängers parallel. Letztlich spricht eine gewisse Affinität der nach § 31 Abs. 1 GmbHG zurückgeforderten Auszahlungen mit den eingeforderten Nachschüssen ebenfalls für die hier vorgeschlagene Lösung.[528] Diese sind nämlich nach §§ 42 Abs. 2 S. 1 GmbHG, 272 Abs. 1 S. 3 HGB gesondert auszuweisen.

Konsequenz der hier vertretenen Auffassung ist, daß der Erstattungsanspruch der Gesellschaft unter dem Posten § 266 Abs. 2 B. II. Nr. 3a HGB „Forderungen gegenüber Gesellschaftern" auszuweisen ist. Da diesen Forderungen nachrangige Gegenansprüche des Gesellschafters gegenüberstehen, sollte der Jahresabschluß einen Hinweis darauf enthalten, daß ein Teil der Forderungen gegenüber Gesellschaftern aus der Rückzahlung eigenkapitalersetzender Gesellschafterdarlehen resultiert.[529] Aufgrund der nicht unerheblichen Bedeutung einer derartigen Information wäre ein Hinweis in der Bilanz selbst wünschenswert. Das scheint allerdings aus Gründen der Übersichtlichkeit nur

---

Zweifel an, ob nicht zumindest schwebende Finanzgeschäfte bilanziert werden sollten.

524 *Döllerer*, FS Forster, S. 204; ähnlich *Beine*, Gesellschafterleistungen, S. 278. Vergl. auch *Bordt*, HdJ Abt. III/1, Rdnr. 109. Auf § 246 Abs. 1 HGB abstellend demgegenüber *Hock*, Gesellschafter-Fremdfinanzierung, S. 63.

525 Wies das Bankkonto demgegenüber einen Debitsaldo auf, so könnte es zu einem Passivtausch zwischen den Positionen „Verbindlichkeiten gegenüber Gesellschaftern" und „Verbindlichkeiten gegenüber Banken" kommen. In der Praxis werden indes auch debitorische Bankkonten weiterhin als Aktiva und nicht als Passiva geführt, so daß der Buchungssatz der gleiche bleibt; die Wirkung des Passivtausches beschränkt sich damit auf die Bilanz. Damit fehlt es auch hier nicht an der Spiegelbildlichkeit.

526 Ebenso *Döllerer*, ZGR 1993, 567, 578; für eine Verbuchung der Erfüllung des Anspruchs der Gesellschaft aus § 31 Abs. 3 GmbHG unter dem Satz: „Erstattungsanspruch an Erlöse" demgegenüber *Wassermeyer*, ZGR 1992, 639, 660.

527 Vergl. auch schon *Tries*, Gewinnausschüttungen, S. 57 und *Döllerer*, ZGR 1993, 567, 578.

528 So auch schon *Beine*, Gesellschafterleistungen, S. 279.

529 A.A. wohl *Bordt*, HdJ Abt. III/1, Rdnr. 110, der betont, daß der Gesetzgeber allein in § 312 Abs. 3 AktG einen Hinweis auf eine verbotene Einlagenrückgewähr verlangt.

schwer realisierbar, so daß regelmäßig nur eine Anhangsangabe zu fordern sein wird. Die Bildung eines Postens mit eigenem Buchstaben[530] ist demgegenüber nicht notwendig, da insoweit keine weitere Information vermittelt würde.[531]

Auf der Passivseite ist der Anspruch des Gesellschafters auf neuerliche Rückzahlung des Darlehens zu passivieren. Insofern ergeben sich aus dem Umstand, daß der Anspruch des Gesellschafters erst wieder auflebt, sobald er seiner Erstattungspflicht nachgekommen ist, keine bilanziellen Besonderheiten.[532]

E. Gesellschafterbesicherte Drittdarlehen

I. Gesellschaftsrechtliche Grundlagen

Zur Absicherung des Eigenkapitalersatzrechts gegen Umgehung werden seine Regeln auf solche Sachverhalte erstreckt, in denen der Gesellschaft von dritter Seite ein Darlehen gewährt wird, für welches ein Gesellschafter eine Sicherheit bestellt. Das gilt wegen § 32a Abs. 2 GmbHG für die Novellen-, aber auch für die Rechtsprechungsregeln. Grundvoraussetzung für das Vorliegen von Eigenkapitalersatz in derartigen Konstellationen ist, daß der Dritte der kreditunwürdigen Gesellschaft aufgrund der Gesellschaftersicherheit ein Darlehen zur Verfügung stellt.[533] Die Voraussetzungen des Eigenkapitalersatzes müssen dabei hinsichtlich des Darlehens und hinsichtlich der Sicherheit gegeben sein, wobei unter den Begriff der Sicherheit Personal- und Realsicherheiten fallen.[534]

Bezüglich der Rechtsfolgen ist zwischen der Zeit vor und nach Verfahrenseröffnung ebenso zu unterscheiden wie zwischen den jeweilig beteiligten Parteien (Gesellschaft/Dritter, Dritter/Gesellschafter und Gesellschaft/Gesellschafter). *Vor Verfahrenseröffnung* kann der Darlehensgeber seinen Rückzahlungsanspruch der Gesellschaft gegenüber uneingeschränkt geltend machen. Die Gesellschaft kann jedoch von ihrem Gesellschafter verlangen, bei Fälligkeit der Verbindlichkeit bis zur Höhe der Sicherheit freigestellt zu werden.[535]

---

530 Hierfür Baumbach/Hueck/*Schulze-Osterloh*, GmbHG, § 42, Rdnr. 93; *Schnell*, Gesellschafterleistungen, S. 149.
531 Vergl. auch *Bordt*, HdJ Abt. III/1, Rdnr. 110.
532 Vergl. aber *Bachem*, Bilanzierung, S. 12 einerseits und *Beine*, Gesellschafterleistungen, S. 280 andererseits.
533 Hachenburg/*Ulmer*, GmbHG, § 32a, b, Rdnr. 133; *v. Gerkan/Hommelhoff*, Kapitalersatz, Rdnr. 5.7.
534 Vergl. etwa die Aufzählungen bei Scholz/K. *Schmidt*, GmbHG, §§ 32a, 32b, Rdnr. 148 und *Beine*, Gesellschafterleistungen, S. 233 jeweils m.w.N. auch zur Rspr.
535 BGH, Urt. vom 09.12.1991, BB 1992, 592, 592f. = NJW 1992, 1166, 1166 (für die Bürgschaft); Scholz/K. *Schmidt*, GmbHG, §§ 32a, 32b, Rdnr. 165; *K. Schmidt*, ZIP 1999, 1821, 1823f.

Das gilt wegen §§ 670, 774, 775, 1143 Abs. 1, 1225 BGB und dem dahinterstehenden Rechtsgedanken generell und beschränkt sich nicht auf die Sicherheiten, bei denen ein gesetzlicher Freistellungs- oder Erstattungsanspruch besteht.[536] Bei der Gestellung dinglicher Sicherheiten wird dem Gesellschafter derweil zuzugestehen sein, sich entsprechend § 32b S. 3 GmbHG dadurch von seiner Verpflichtung zu befreien, daß er der Gesellschaft die Sicherheiten zu ihrer Befriedigung überläßt. Da dieser Freistellungsanspruch vor Eröffnung des Insolvenzverfahrens Ausfluß des § 30 Abs. 1 GmbHG ist, greift er allein in dem Umfang, indem er notwendig ist, um eine Unterbilanz oder bilanzielle Überschuldung abzudecken.[537] Droht der Gesellschafter vom Darlehensgeber in Anspruch genommen zu werden, so hat er in den Grenzen des § 30 Abs. 1 GmbHG einen Freistellungsanspruch aus § 670 BGB gegen die Gesellschaft. Nach der Inanspruchnahme wandelt sich dieser Freistellungsanspruch in einen Erstattungsanspruch.[538]

Nach Eröffnung des Insolvenzverfahrens kann der Darlehensgeber gem. § 32a Abs. 2 GmbHG nur in dem Umfang am Verfahren teilnehmen, in dem er bei der Befriedigung aus der Gesellschaftersicherheit ausgefallen ist.[539] Wurden für das Darlehen sowohl seitens der Gesellschaft als auch seitens des Gesellschafters Sicherheiten bestellt, so steht es dem Dritten grundsätzlich frei, welche Sicherheit er zuerst verwerten will.[540] In diesem Fall hat die Gesellschaft ohne ausdrückliche Vereinbarung keinen Anspruch auf Herausgabe der Gesellschaftersicherheit,[541] wohl aber einen Erstattungsanspruch aus § 30 Abs 1

---

536 Scholz/*K. Schmidt*, GmbHG, §§ 32a, 32b, Rdnr. 166; *Weisang*, WM 1997, 245, 251. I.E. ebenso *v. Gerkan/Hommelhoff*, Kapitalersatz, Rdnr. 5.32.
537 Rowedder/*Rowedder*, § 32a, Rdnr. 66; Scholz/*K. Schmidt*, §§ 32a, 32b, Rdnr. 165; *v. Gerkan/Hommelhoff*, Kapitalersatz, Rdnr. 5.32, 5.36.
538 Hachenburg/*Ulmer*, GmbHG, § 32a, b, Rdnr. 146; *v. Gerkan/Hommelhoff*, Kapitalersatz, Rdnr. 5.46f. Die Grenze des § 30 Abs. 1 GmbHG ist allerdings bloße Auszahlungsgrenze und wirkt sich nicht auf das Entstehen des Anspruchs aus.
539 Ob der Gläubiger, sofern er sich gegenüber dem Gesellschafter nicht vollständig befriedigen kann, im Insolvenzverfahren der Gesellschaft die Quote auf den ursprünglichen Betrag oder auf den Ausfallbetrag erhält, ist umstritten und hängt letztlich davon ab, welche Folgen die Gewährung von Gesellschaftersicherheiten generell haben, vergl. ausführlich *K. Schmidt/Bitter*, ZIP 2000, 1077, 1077ff., insbes. 1087f. m.w.N.
540 BGH, Urt. vom 19.11.1984, BB 1985, 424, 425 = NJW 1985, 858, 858f.; Urt. vom 14.10.1985, BB 1986, 17, 18f. = NJW 1986, 429, 430; Urt. vom 09.12.1991, BB 1992, 592, 592 = NJW 1992, 1166; Hachenburg/*Ulmer*, GmbHG, § 32a, b, Rdnr. 144; *v. Gerkan/Hommelhoff*, Kapitalersatz, Rdnr. 5.26; *Lauer*, Kundeninsolvenz, Rdnr. 647; *Wolf*, DB 1995, 2277, 2281. Für eine Pflicht, zuerst die Sicherheiten der Gesellschaft zu verwerten demgegenüber Scholz/*K. Schmidt*, GmbHG, §§ 32a, 32b, Rdnr. 163; *Beine*, Gesellschafterleistungen, S. 234; *Horst Herrmann*, in: 50 Jahre WP-Beruf, S. 176f. Siehe hierzu jüngst *K. Schmidt*, ZIP 1999, 1821, 1827f.
541 BGH, Urt. vom 14.10.1985, BB 1986, 17 18f. = NJW 1986, 429, 430; *Wolf*, DB 1995, 2277, 2281.

GmbHG bzw. § 32b S. 3 GmbHG.[542] Über die Ansprüche aus § 31 Abs. 1 GmbHG hinaus ist der Gesellschafter in der Insolvenz nach § 32b GmbHG zur Erstattung verpflichtet, sofern und soweit die Gesellschaft die von ihm besicherte Verbindlichkeit beglichen hat. Dies gilt spätestens nach der Neufassung des § 32b S. 1 GmbHG durch das EGInsO auch für die Fälle, in denen es dadurch zu einer Befriedigung des Dritten kam, daß dieser die ihm von der Gesellschaft gewährte Sicherheit im Insolvenzverfahren aufgrund eines Aus- oder Absonderungsrechts verwertet.[543]

II. Bilanzielle Behandlung

Vom Gesellschafter gegebene Sicherheiten lassen sowohl den Bestand als auch die Durchsetzbarkeit der Darlehensverbindlichkeit unberührt. Hieraus folgt, daß die Verbindlichkeit auf seiten der Gesellschaft weiterhin zu passivieren ist.[544] Gleichzeitig ist vor der Zahlung durch die Gesellschaft an den Drittgläubiger der Freistellungsanspruch gegenüber dem Gesellschafter und nach der Zahlung durch die Gesellschaft an den Drittgläubiger der Erstattungsanspruch der Gesellschaft gegenüber dem Gesellschafter zu aktivieren.[545] Soweit eine Aktivierung des Freistellungsanspruch abgelehnt wird, weil dieser mangels Mehrung des Schuldnervermögens nicht aktivierungsfähig sei,[546] kann dies nicht überzeugen. Der Freistellungsanspruch beschränkt sich nicht auf das Verhältnis Gesellschaft–Gesellschafter,[547] sondern kann durchaus an den Gläubiger abgetreten werden.[548] Zudem stehen dem Gesellschafter verschiedene Möglichkeiten offen, seine Pflicht zur Freistellung zu erfüllen. Namentlich kann er die Schuld der Gesellschaft übernehmen (§ 414 BGB) und Zahlung an den Gläubiger (§ 267 BGB) oder an die Gesellschaft leisten. Bliebe dem Gesellschafter allein die letztgenannte Alternative, so läge jedenfalls eine Vermehrung des Aktivvermögens vor. Das Hinzutreten weite-

---

542 BGH, Urt. vom 19.11.1984, BB 1985, 424, 425 = NJW 1985, 858, 859; Hachenburg/*Ulmer*, GmbHG, § 32a, b, Rdnr. 144; *v. Gerkan/Hommelhoff*, Kapitalersatz, Rdnr. 5.35; *Lauer*, Kundeninsolvenz, Rdnr. 648.
543 I.E. ebenso *Noack*, Gesellschaftsrecht, Rdnr. 200; *Fleischer*, in: Handbuch, Teil 6, Rdnr. 6.55. Zur alten Rechtslage vergl. OLG Düsseldorf, Urt. vom 23.09.1994, ZIP 1995, 465, 465 f.
544 Röhricht/v. Westphalen/*v. Gerkan*, HGB, § 172a, Rdnr. 40; *v. Gerkan/Hommelhoff*, Kapitalersatz, Rdnr. 6.34; *Hock*, Gesellschafter-Fremdfinanzierung, S. 73; *Schnell*, Gesellschafterleistungen, S. 192; *Winnefeld*, Bilanz-Handbuch, Abschnitt M, Rdnr. 934; *Kurth/Delhaes*, DB 2000, 2577, 2584.
545 Röhricht/v. Westphalen/*v. Gerkan*, HGB, § 172a, Rdnr. 40; *v. Gerkan/Hommelhoff*, Kapitalersatz, Rdnr. 6.35; *Winnefeld*, Bilanz-Handbuch, Abschnitt M, Rdnr. 935; *Kleindiek*, in: Handbuch, Teil 7, Rdnr. 7.56; *Kurth/Delhaes*, DB 2000, 2577, 2584.
546 *Hock*, Gesellschafter-Fremdfinanzierung, S. 73 ff.; kritisch auch *Pape*, ZIP 1996, 1409, 1413 (für die Überschuldungsbilanz).
547 So aber *Hock*, Gesellschafter-Fremdfinanzierung, S. 75.
548 Vergl. BGH, Urt. vom 14.01.1975, DB 1975, 445, 445; Palandt/*Heinrichs*, BGB, § 399, Rdnr. 4.

rer Wahlmöglichkeiten kann hieran bei einer an der ratio orientierten Auslegung nichts ändern.[549] Ebenfalls für die Aktivierung des Freistellungsanspruchs spricht die Parallele zu § 268 Abs. 4 S. 2 HGB, nach dem rechtlich noch nicht entstandene Forderungen aktiviert werden dürfen, sofern sie hinreichend konkretisiert sind.[550]

Würde man es bei der Passivierung der Verbindlichkeit gegenüber dem Dritten und der Aktivierung des Anspruchs gegenüber dem Gesellschafter belassen, so hätte dies zur Folge, daß die Gesellschaft in Höhe des Anspruches gegen den Gesellschafter von einer Verbindlichkeit entlastet würde, da die Drittverbindlichkeit insoweit durch den Anspruch gegen den Gesellschafter kompensiert werden würde.[551] Dem steht jedoch entgegen, daß die Begleichung der Verbindlichkeit gegenüber dem Drittschuldner einer Rückzahlung entgegen § 30 Abs. 1 GmbHG vergleichbar ist[552] und dem Gesellschafter ein unter dem Vorbehalt der §§ 30 Abs. 1, 32a, b GmbHG stehender Erstattungsanspruch zusteht. Korrespondierend mit dem Anspruch der Gesellschaft auf Freistellung bzw. Erstattung ist deshalb der Erstattungsanspruch des Gesellschafters zu bilanzieren. Damit kommt es aufgrund der Aktivierung des Anspruches der Gesellschaft gegenüber dem Gesellschafter und der Passivierung des Erstattungsanspruches des Gesellschafters allein zu einer Aktiv-/Passivmehrung,[553] das Vermögen der Gesellschaft wird weiterhin in Höhe der Verbindlichkeit belastet. Bei einer Bilanzverlängerung wird die Erfolgsrechnung nicht tangiert, weshalb die hier vorgeschlagene Bilanzierung nicht gegen das Realisationsprinzip verstoßen kann. Die Ansprüche der Gesellschaft und des Gesellschafters sind vielmehr in der gleichen Weise zu bilanzieren wie die Ansprüche der Gesellschaft und des Gesellschafters nach einer Darlehensrückgewährung entgegen § 30 Abs. 1 GmbHG. Besonderes Augenmerk ist bei der Aktivierung der Ansprüche auf Werthaltigkeit zu legen,[554] wodurch allerdings dem Geschäftsführer die undankbare Aufgabe zufällt, die Bonität der Gesellschafter zu prüfen.[555]

Steht der Gesellschaft kein Freistellungs- oder Erstattungsanspruch gegen ihren Gesellschafter zu, weil der Anwendungsbereich des § 30 Abs. 1 GmbHG

---

549 A.A. *Hock*, Gesellschafter-Fremdfinanzierung, S. 75.
550 Siehe hierzu A/D/S, § 246, Rdnr. 72 ff.
551 *K. Schmidt*, ZIP 1999, 1821, 1825 schlußfolgert hieraus, daß der Freistellungsanspruch nicht aktiviert werden dürfe – eine Passivierung des Gesellschafteranspruchs erwägt er nicht.
552 Vergl. auch Scholz/*K. Schmidt*, GmbHG (8. Aufl.), §§ 32a, 32b, Rdnr. 158.
553 *Beine*, Gesellschafterleistungen, S. 237. Vgl. auch *Hock*, Gesellschafter-Fremdfinanzierung, S. 74; *Winnefeld*, Bilanz-Handbuch, Abschnitt M, Rdnr. 936.
554 *Beine*, Gesellschafterleistungen, S. 237. Ebenso im Hinblick auf die Überschuldungsprüfung BGH, Urt. vom 09.02.1987, BB 1987, 728, 728 f. = NJW 1987, 1697, 1698; Hanseatisches OLG, Urt. vom 18.07.1986, BB 1986, 1817, 1818 f.; *Weisang*, WM 1997, 245, 251; *Wolf*, DB 1995, 2277, 2281.
555 *Ahrenkiel/Lork*, DB 1987, 823, 824.

nicht tangiert ist und damit nur die Novellenregeln greifen,[556] stellt sich die Frage, auf welche Art der besondere Charakter des Darlehens deutlich zu machen ist. Mangels Bestehen eines aktuellen Freistellungsanspruchs gegenüber dem Gesellschafter steht diesem auch kein Erstattungsanspruch zu, welcher direkt als Eigenkapitalersatz ausgewiesen werden könnte. Grundsätzlich stellt sich die Situation aber nicht anders dar als bei den Novellendarlehen beim direkten Eigenkapitalersatz. Damit fordern die Rechnungslegungszwecke weiterhin einen gesonderten Hinweis auf das Vorliegen von Eigenkapitalersatz.[557]

Zunächst könnte daran gedacht werden, eine Anhangsangabe gem. § 285 Nr. 1 b), 2 HGB zu verlangen, nach dem die Verbindlichkeiten anzugeben sind, „die durch Pfandrechte oder ähnliche Rechte gesichert sind". Sowohl vom Wortlaut des § 285 Nr. 1 b), 2 HGB als auch von dem des zugrundeliegenden Art. 43 Abs. 1 Nr. 6 der Bilanzrichtlinie werden Drittsicherheiten für Verbindlichkeiten der Gesellschaft erfaßt. Entgegen dieser Wortlautauslegung sollen sich die Angabepflichten in § 285 Nr. 1 b), 2 HGB nach einhelliger Auffassung in der Literatur[558] dennoch bloß auf eigene Sicherheiten der Gesellschaft und nicht auch auf Gesellschaftersicherheiten erstrecken. Diese Auslegung steht im Einklang mit der Richtlinie, denn in den nicht deutschsprachigen Fassungen ist regelmäßig von den durch die Gesellschaft gestellten Sicherheiten die Rede.[559] Auch ist in der deutschen Fassung des insoweit vergleichbaren Art. 38 Abs. 2 des Vorentwurfs zur Richtlinie[560] noch von den gewährten Sicherheiten die Rede. Die Gesellschaftersicherheiten stellen indes keine Belastung des Gesellschaftsvermögens dar und unterfallen damit nicht der ratio dieser Angabepflicht. Sollte die Angabe von Drittsicherheiten im Anhang unter den Posten nach § 285 Nr. 1 b), 2 HGB zwar nicht zwingend, wohl aber zulässig sein,[561] scheint hier dennoch nicht der rechte Ort für einen Hinweis auf den eigenkapitalersetzenden Charakter des Darlehens bzw. der Sicherheiten zu sein. Selbst der kundige Bilanzleser erwartet einen derartigen Hinweis nicht an dieser Stelle.[562]

Als Alternative verbleibt allein der Ausweis entsprechend den oben entwickelten Grundsätzen zur Ausweisung der direkt unter das Eigenkapitalersatzrecht

---

556 Nach dem hier vertretenen Haftungskonzept greifen die Rechtsprechungsregeln in dem Umfang ein, in dem zum Zeitpunkt der Auszahlung eine Unterbilanz oder Überschuldung vorliegt, vergl. auch das Bsp. bei *Lutter/Hommelhoff*, GmbHG, §§ 32 a/b, Rdnr. 134.
557 *Beine*, Gesellschafterleistungen, S. 235; *Schnell*, Gesellschafterleistungen, S. 194 f.
558 *Ellrott*, in: Beck'scher Bilanzkommentar, § 285, Rdnr. 9; KK-AktG/*Claussen/Korth*, §§ 284–288 HGB, 160 AktG, Rdnr. 69; *Kupsch*, HdJ Abt. IV/4, Rdnr. 158.
559 Vergl. etwa die englische Fassung, in der es insoweit heißt: „furnished by the company".
560 Abgedruckt bei *Schruff*, Entwicklung, S. 190.
561 So etwa A/D/S, § 285, Rdnr. 14 („müssen nicht angegeben werden").
562 *Beine*, Gesellschafterleistungen, S. 236.

fallenden Novellendarlehen.[563] Für diese wurde festgestellt, daß sie als Annex zum Hinweis nach § 42 Abs. 3 GmbHG auszuweisen sind, was regelmäßig zu einem „Davon-Vermerk" zu führen hat. Analog hierzu ist unter den Drittdarlehen ein Hinweis vorzunehmen: „Davon gesellschafterbesichert i. S. d. § 32a Abs. 2 GmbHG".[564] Alternativ hierzu kann diese Angabe in den Verbindlichkeitenspiegel aufgenommen werden.

F. Nutzungsüberlassungen

I. Gesellschaftsrechtliche Grundlagen

Trotz der Uneinigkeit in der Literatur darüber, ob es sich bei der Gebrauchsüberlassung um einen mit der Hingabe eines Darlehens vergleichbaren Fall (§ 32a Abs. 3 S. 1 GmbHG) handelt oder nicht,[565] ist die Anwendbarkeit der Kapitalersatzregeln auf die Gebrauchsüberlassung durch die ständige Rechtsprechung[566] zumindest für die Praxis geklärt.[567]

---

563 Vergl. auch *Beine*, Gesellschafterleistungen, S. 237; *Horst Herrmann*, in: 50 Jahre WP-Beruf, S. 177.

564 Ähnlich *Schnell*, Gesellschafterleistungen, S. 195, der der Gesellschaft ohne Einschränkungen die Verlagerung des Hinweises in den Anhang gestatten will. Für einen Hinweis im Anhang oder Lagebericht *Häuselmann*/Rümker/Westermann, Finanzierung, S. 102; *Fleck,* GmbHR 1989, 313, 319.

565 Gegen eine Vergleichbarkeit und damit gegen eine Anwendbarkeit der Kapitalersatzregeln auf Gebrauchsüberlassungen jüngst noch: Roth/*Altmeppen*, GmbHG, § 32a, Rdnr. 87f. und *K. Schmidt*, Gesellschaftsrecht, § 37 IV 3. b), S. 1157ff., welche die hierunter subsumierten Fälle zum Anwendungsbereich der materiellen Unterkapitalisierung rechnen; früher ebenfalls kritisch: *Knobbe-Keuk*, BB 1984, 1, 4; *Ulmer*, ZIP 1984, 1163, 1171 ff. (aufgegeben in FS Kellermann, S. 489 ff. – mit ausführlicher Auseinandersetzung der Position von *K. Schmidt*); vergl. auch die umfangreichen Nachweise bei *Schnell*, Gesellschafterleistungen, S. 40 Fn. 147. Ausführlich hierzu *Fabritius*, Überlassung, S. 54 ff.; *Ziegler*, Gebrauchsüberlassungsverhältnisse, S. 47 ff.

566 BGH, Urt. vom 16.10.1989, BB 1989, 2350 ff. = BGHZ 109, 55 ff. = NJW 1990, 516 ff. („Lagergrundstück I"); Urt. vom 14.12.1992, BB 1993, 240 ff. = BGHZ 121, 31 ff. = NJW 1993, 392 ff.; Urt. vom 11.07.1994, BB 1994, 2020 ff. = BGHZ 127, 1 ff. = NJW 1994, 2349 ff. („Lagergrundstück III"); Urt. vom 11.07.1994, BGHZ 127, 17 ff. = NJW 1994, 2760 („Lagergrundstück IV"); Urt. vom 16.06.1997, BB 1997, 1601 f. = NJW 1997, 3026, 3026 ff. („Lagergrundstück V"); sowie jüngst Urt. vom 07.12.1998, BB 1999, 173 ff. = BGHZ 140, 147, 147 ff. = NJW 1999, 577. Grds. zustimmend Baumbach/Hueck/ *Hueck/Fastrich*, GmbHG, § 32a, Rdnr. 32 ff.; *Lutter/Hommelhoff*, GmbHG, §§ 32a/ b, Rdnr. 138 ff.; Rowedder/*Rowedder*, GmbHG, § 32a, Rdnr. 57; *Ulmer*, FS Kellermann, S. 489 ff.

567 Selbst *K. Schmidt*, Gesellschaftsrecht, § 37 IV 3. b), S. 1160 erkennt an, daß die Frage für die Praxis geklärt ist: „[...] hat es nicht mehr viel Sinn, dieser weithin gebilligten Fortbildung des § 32a GmbHG noch mit Grundsatzbedenken entgegenzutreten. Sie ist Bestandteil des praktizierten Rechts." Vergl. aber auch *K. Schmidt*,

Grundvoraussetzung für die Annahme einer eigenkapitalersetzenden Gebrauchsüberlassung ist, daß ein Gesellschafter der Gesellschaft einen Gegenstand zur Nutzung überlassen hat. Die weiteren Anforderungen unterscheiden sich indes aufgrund der spezifischen Besonderheiten bei der Gebrauchsüberlassung von denen bei der Darlehenshingabe. Würde allein auf das Kriterium der Kreditunwürdigkeit der Gesellschaft abgestellt, bliebe unberücksichtigt, daß die Gesellschaft die überlassenen Gegenstände nicht zu Eigentum erwerben, sondern allein zur Nutzung überlassen bekommen möchte. Hierfür sind in der Regel weniger liquide Mittel als für den Eigentumserwerb notwendig. Für die Umqualifizierung ist somit entscheidend, ob ein außenstehender Dritter noch bereit gewesen wäre, der Gesellschaft den Gegenstand entgeltlich zur Nutzung zu überlassen („Überlassungsunwürdigkeit").[568] Hinsichtlich der Frage, unter welchen Voraussetzungen Überlassungsunwürdigkeit vorliegt, ist zwischen Standard- und Individualwirtschaftsgütern zu unterscheiden.[569] Da Standardwirtschaftsgüter noch anderweitig vermietet werden können, wäre ein Dritter so lange zur Überlassung bereit, wie die Gesellschaft liquide genug erscheint, die laufenden Nutzungsentgelte zu tragen. Ist sie hierzu nicht mehr in der Lage, muß eine Überlassungsunwürdigkeit angenommen werden.[570] Anders sieht es demgegenüber bei solchen Gegenständen aus, die auf die individuellen Bedürfnisse des Kunden abgestimmt sind und deshalb von Dritten nicht oder nur schwerlich genutzt werden können (Individualwirtschaftsgüter). Zwar ist auch hier auf die Überlassungsunwürdigkeit abzustellen. Diese wird aber regelmäßig mit der Kreditunwürdigkeit zusammenfallen, da die Überlassung auf dem Prinzip der Vollamortisierung beruht.[571] Ebenfalls ein Fall der eigenkapitalersetzenden Nutzungsüberlassung liegt vor, wenn der Gesellschafter die zur Nutzung überlassenen Gegenstände im Moment der Krise nicht abgezogen hat. Da in der Regel kein Kündigungsrecht besteht, wird es entscheidend darauf ankommen, ob sich der Gesellschafter um eine Liquidation bemüht hat oder nicht.[572]

---

in: Insolvenzrecht 1998, S. 292 f., wo er versucht, aus § 39 InsO Argumente gegen die Erstreckung des Kapitalersatzrechts auf die Nutzungsüberlassung abzuleiten.
568 BGH, Urt. vom 16.10.1989, BB 1989, 2350, 2351 f. = BGHZ 109, 55, 62 ff. = NJW 1990, 516; Urt. vom 14.12.1992, BB 1993, 240, 241 f. = BGHZ 121, 31, 38 ff. = NJW 1993, 392; *Lauer*, Kundeninsolvenz, Rdnr. 307; *Ulmer*, FS Kellermann, S. 494 ff. Ausführlich *Ziegler*, Gebrauchsüberlassungsverhältnisse, S. 60 ff.
569 *v. Gerkan/Hommelhoff*, Kapitalersatz, Rdnr. 8.7; *Michalski*, NZG 1998, 41, 41; *Oppenländer*, GmbHR 1998, 505, 506.
570 BGH, Urt. vom 16.10.1989, BB 1989, 2350, 2352 f. = BGHZ 109, 55, 63 = NJW 1990, 516; *v. Gerkan/Hommelhoff*, Kapitalersatz, Rdnr. 8.7; *Ulmer*, FS Kellermann, S. 495.
571 BGH, Urt. vom 14.12.1992, BB 1993, 240, 242 = BGHZ 121, 31, 38 f. = NJW 1993, 392; *Lutter/Hommelhoff*, GmbHG, §§ 32a/b, Rdnr. 142; *Ulmer*, FS Kellermann, S. 495 f.
572 *Michalski*, NZG 1998, 41, 41; *Oppenländer*, GmbHR 1998, 505, 506 f.

Im Rahmen der Rechtsfolgen der eigenkapitalersetzenden Nutzungsüberlassung ist zwischen dem Anspruch auf Zahlung des Mietzinses, dem Nutzungsgegenstand und dem Nutzungsrecht zu unterscheiden.[573]

Nach gefestigter Rechtsprechung[574] und nahezu unumstrittener Lehre[575] kann der Gesellschafter das vereinbarte Nutzungsentgelt nicht verlangen, wenn und soweit die Auszahlung gegen § 30 Abs. 1 GmbHG verstieße.[576] Entgegen diesem Verbot erhaltene Zahlungen sind nach § 31 Abs. 1 GmbHG zurückzugewähren. Nach der Eröffnung des Insolvenzverfahrens unterliegt der Anspruch auf das Nutzungsentgelt den Einschränkungen der §§ 32a GmbHG und 39 Abs. 1 Nr. 5 InsO, das heißt auch oberhalb der Stammkapitalziffer dürfen keine Zahlungen mehr geleistet werden. Wider dieses Verbot vorgenommene Zahlungen sind nach §§ 135, 143 InsO anfechtbar.

Entgegen anderslautenden Stimmen in der Literatur[577] hat der BGH[578] inzwischen unter Zustimmung weiter Teile der Lehre[579] entschieden, daß sich an der dinglichen Zuordnung der überlassenen Gegenstände nichts ändert; das Eigentum verbleibt weiterhin beim Gesellschafter. Damit kommt dem Insolvenzverwalter weder ein Verwertungsrecht bezüglich der Sachsubstanz noch ein Wertersatzanspruch in Höhe des aktuellen Substanzwertes des überlassenen Gegenstandes zu.[580]

---

573 Zu den diskutierten Ansätzen vergl. ausführlich *Fabritius*, Überlassung, S. 123 ff.; *Ziegler*, Gebrauchsüberlassungsverhältnisse, S. 88 ff.
574 BGH, Urt. vom 16.10.1989, BB 1989, 2350, 2353 = BGHZ 109, 55, 66 = NJW 1990, 516; Urt. vom 14.12.1992, BB 1993, 240, 243 = BGHZ 121, 31, 43 = NJW 1993, 392; Urt. vom 11.07.1994, BB 1994, 2020, 2021 = BGHZ 127, 1, 7 ff. = NJW 1994, 2349; Urt. vom 15.06.1998, ZIP 1998, 1352, 1353 = NJW 1998, 3200; Urt. vom 07.12.1998, BB 1999, 173, 173 f. = BGHZ 140, 147, 147 ff. = NJW 1999, 577. Unklar demgegenüber Urt. vom 14.06.1993, DB 1993, 1662, 1663, nach dem das Nutzungsentgelt bereits dann nicht mehr gefordert werden kann, „sobald und solange die Überlassung kapitalersetzenden Charakter hat"; auf den Eintritt einer Unterbilanz käme es hiernach nicht mehr an.
575 Statt vieler *Oppenländer*, GmbHR 1998, 505, 507; *Weisang*, WM 1997, 197, 208. So auch bereits *Hommelhoff/Kleindiek*, 100 Jahre GmbHG, S. 434 ff.
576 Nach dem hier zugrunde gelegten Verständnis der Rechtsprechungsregeln ist eine Auszahlung dann untersagt, wenn und soweit eine Unterbilanz besteht.
577 So etwa *Drygala*, BB 1992, 80, 81 f. (sofern die überlassenen Gegenstände einem Werteverzehr unterliegen).
578 Urt. vom 14.12.1992, BB 1993, 240, 243 f. = BGHZ 121, 31, 45 f. = NJW 1993, 392; Urt. vom 11.07.1994, BB 1994, 2020, 2021 = BGHZ 127, 1, 8 = NJW 1994, 2349.
579 *Lutter/Hommelhoff*, GmbHG, §§ 32a/b, Rdnr. 146; Hachenburg/*Ulmer*, GmbHG, § 32a, b, Rdnr. 113; Rowedder/*Rowedder*, GmbHG, § 32a, Rdnr. 57. *K. Schmidt*, Gesellschaftsrecht, § 37 IV 3. b), S. 1159, der die Ausweitung des Kapitalersatzrechts auf die Nutzungsüberlassung ablehnt, hält die Rechtsfolgen für „jedenfalls konsequent".
580 Für einen Wertersatzanspruch demgegenüber *Bäcker*, GmbHR 1994, 766, 774; *Drygala*, BB 1992, 80, 81 f. (sofern die überlassenen Gegenstände keinem Werteverzehr unterliegen); *Vonnemann*, DB 1990, 261, 263.

Inzwischen ist anerkannt, daß sich die Rechtsfolgen der eigenkapitalersetzenden Nutzungsüberlassung nicht allein auf das Nutzungsentgelt beschränken, sondern sich zudem auf das Nutzungsrecht am überlassenen Gegenstand beziehen. So kann der Insolvenzverwalter verlangen, daß ihm der überlassene Gegenstand für die vereinbarte oder – im Falle nicht hinnehmbar kurzen, den Gepflogenheiten auf dem entsprechenden Markt widersprechenden Fristen – für die übliche Zeit[581] überlassen bleibt. Während dieser Zeit kann der Insolvenzverwalter den Gegenstand entweder selbst nutzen oder aber das Nutzungsrecht entgeltlich einem Dritten übertragen.[582] Einer Einschränkung unterliegt das Nutzungsrecht des Insolvenzverwalters, wenn an einem vom Gesellschafter überlassenen Grundstück Grundpfandrechte bestellt wurden. Das Nutzungsrecht der Gesellschaft bzw. ihres Insolvenzverwalters endet nach dem BGH[583] dann in entsprechender Anwendung der §§ 146 ff. ZVG, 1123, 1124 Abs. 2 BGB mit dem Wirksamwerden des Beschlagnahmebeschlusses. Im Gegenzug steht der Gesellschaft ein Erstattungsanspruch gegen den Gesellschafter zu.[584] Dieser wird allerdings regelmäßig wertlos sein, an-

---

[581] Nicht geklärt ist indes, was für ein Zeitraum hierunter zu verstehen ist. Die Vorschläge reichen von einer Überlassung bis zum Ende der Krise bzw. bis zur Befriedigung aller Gläubiger (vergl. *Schäfer*, ZHR 162 (1998), 232, 233) über einen zehn Jahre als mittlere Nutzungsdauer (Hachenburg/*Ulmer*, GmbHG, § 32a, b, Rdnr. 116) bis hin zu einer Nutzungsdauer von fünf Jahren (*Beine*, Gesellschafterleistungen, S. 243 f. – mit der systematisch wenig überzeugenden Verweisung auf § 158 HGB – und *Oppenländer*, GmbHR 1998, 505, 510 f., der für Finanzplanüberlassungen auf §§ 134 Abs. 3 i.V.m. 133 Abs. 3 UmwG zurückgreifen will). Ausgangspunkt bei der Ermittlung des Überlassungszeitraums wird jedenfalls der hypothetische Parteiwille sein müssen.
[582] BGH, Urt. vom 11.07.1994, BB 1994, 2020, 2021 = BGHZ 127, 1, 12 = NJW 1994, 2349; Urt. vom 11.07.1994, BGHZ 127, 17, 24 f. = NJW 1994, 2760; Urt. vom 07.12.1998, WM 1999, 173, 174 = BGHZ 140, 147, 147 ff. = NJW 1999, 577. Ebenso *Lutter*/*Hommelhoff*, GmbHG, §§ 32a/b, Rdnr. 147; *Ulmer*, FS Kellermann, S. 498 ff. Kritisch gegenüber der Befugnis, das Nutzungsrecht Dritten zu überlassen Rowedder/*Rowedder*, GmbHG, § 32a, Rdnr. 57.
[583] BGH, Urt. vom 07.12.1998, BB 1999, 173, 174 f. = BGHZ 140, 147, 147 ff. = NJW 1999, 577 (mit ausführlicher Darstellung des Streitstandes); bestätigt mit Urt. vom 31.01.2000, ZIP 2000, 455, 456. Zustimmend *Jungmann*, ZIP 1999, 601, 603 ff. Kritisch *Wahlers*, GmbHR 1999, 157, 159 ff. (ebenfalls mit ausführlicher Darstellung des Streitstandes). Vergl. auch *Michalski*/*Barth*, NZG 1999, 277, 281. Für einen Vorrang des Eigenkapitalersatzrechts indes BGH, Urt. vom 16.10.1989, BB 1989, 2350, 2353 = BGHZ 109, 55, 66 f. = NJW 1990, 516; OLG Karlsruhe, Urt. vom 03.09.1997; NZG 1998, 77, 78 f.; LG München, Urt. vom 13.02.1996, ZIP 1996, 762, 762 f. Dem Grundpfandrecht wollten demgegenüber OLG München, Urt. vom 10.10.1996, WM 1997, 440, 442; *Lauer*, WM 1990, 11693, 1694 f.; *Michalski*, NZG 1998, 41, 42 den Vorrang geben. Für ein Sonderkündigungsrecht des Zwangsverwalters OLG Köln, Urt. vom 04.03.1998, ZIP 1998, 1914, 1915 ff.
[584] *Jungmann*, ZIP 1999, 601, 607; *Lauer*, WM 1990, 1693, 1695; *Michalski*, NZG 1998, 41, 42.

sonsten wäre kaum eine Zwangsvollstreckung in das Grundstück notwendig gewesen.[585]

II. Bilanzielle Behandlung

1. Bilanzielle Behandlung des Nutzungsentgelts

Für die Bilanzierung der gegen eine Auszahlung gesperrten Nutzungsentgelte ergeben sich im Verhältnis zur Bilanzierung der auf eigenkapitalersetzende Darlehen entfallenden Zinsen keine Unterschiede. Auch für sie gilt, daß sie bei der Gesellschaft weiterhin als Aufwand in die GuV einzustellen und als Verbindlichkeiten zu passivieren sind.[586] Darüber hinaus gelten für sie die für die Bilanzierung der Zinsen auf eigenkapitalersetzende Gesellschafterdarlehen aufgestellten Ausweispflichten.[587]

2. Bilanzielle Behandlung des Substanzwertes

Im Rahmen der gesellschaftsrechtlichen Grundlagen wurde festgestellt, daß der Gesellschafter im Falle einer Umqualifizierung in Eigenkapitalersatz zivilrechtlicher Eigentümer des überlassenen Gegenstandes bleibt. Insofern liegt es auf der Hand, das Wirtschaftsgut weiterhin beim Gesellschafter zu bilanzieren.[588] Allerdings ist zu beachten, daß für die Zuordnung der zu bilanzierenden Vermögensgegenstände – wie aus den §§ 246 Abs. 1 S. 2 HGB und 39 AO folgt – letztlich nicht das zivilrechtliche, sondern das wirtschaftliche Eigentum entscheidend ist.[589] Fällt dieses also nach den nachfolgend dargestellten Grundsätzen der Gesellschaft zu, hat diese den überlassenen Vermögensgegenstand zu aktivieren.[590]

Formelhaft zusammengefaßt soll derjenige wirtschaftliches Eigentum haben, bei dem für die wirtschaftliche Nutzungsdauer Besitz und Gefahr sowie Nutzen und Lasten der Sache liegen.[591] Entscheidend ist somit, ob dem Anspruch des

---

585 *Goette*, DStR 1999, 37, 38; *Michalski/Barth*, NZG 1999, 277, 280.
586 *Döllerer*, FS Forster, S. 212; *Hemmelrath*, DStR 1991, 626, 630; *Real*, GmbHR 1994, 777, 781. Vergl. auch *Beine*, Gesellschafterleistungen, S. 265; *Häuselmann/Rümker/Westermann*, Finanzierung, S. 134 f. und *Schnell*, Gesellschafterleistungen, S. 198; letzterer übersieht indes, daß auch die §§ 30, 31 GmbHG auf die eigenkapitalersetzende Nutzungsüberlassung anzuwenden ist und verneint deshalb fälschlich für die Zeit vor der Eröffnung des Insolvenzverfahrens jeden Erstattungsanspruch.
587 Siehe oben S. 172 f.
588 *Hemmelrath*, DStR 1991, 626, 629.
589 BGH, Urt. vom 06.11.1995, BB 1996, 155, 155 f.; A/D/S, § 246, Rdnr. 262; *Budde/Karig*, in: Beck'scher Bilanzkommentar, § 246, Rdnr. 4; KK-AktG/*Claussen/Korth*, § 246 HGB, Rdnr. 6; *Baetge*, Bilanzen, S. 155. Kritisch *Großfeld*, Bilanzrecht, Rdnr. 108 f.
590 Ausführlich hierzu *Beine*, Gesellschafterleistungen, S. 246 ff.
591 A/D/S, § 246, Rdnr. 263; *Budde/Karig*, in: Beck'scher Bilanzkommentar, § 246, Rdnr. 6; *Baetge*, Bilanzen, S. 156. Vergl. auch BGH, Urt. vom 06.11.1995, BB

zivilrechtlichen Eigentümers auf Herausgabe noch eine praktische Bedeutung zukommt oder nicht.[592] Insoweit ist zu differenzieren:[593] Nicht abnutzbare Vermögensgegenstände sind hiernach regelmäßig beim Gesellschafter zu aktivieren, abnutzbare indes bei der Gesellschaft, sofern der verbleibende Restwert am Ende des üblichen Überlassungszeitraumes gegen Null tendiert.[594] Die hiergegen aus dem Grundsatz des „going-concern" hergeleiteten Bedenken[595] können nicht überzeugen. Die hier in Rede stehenden Rechtsfolgen treten nicht erst ein, wenn die Fortführung der Gesellschaft ernsthaften Zweifeln ausgesetzt ist, sondern bereits dann, wenn sich die Gesellschaft im Stadium der Überlassungsunwürdigkeit befindet. Ebenso kann der Vorbehalt,[596] wirtschaftliches Eigentum könne nur angenommen werden, wenn es sich um ein unentgeltliches Nutzungsrecht handelt, nicht überzeugen. Begründet wird dies damit, ansonsten würde ein schwebendes Geschäft vorliegen. Dem stehen systematische Einwände entgegen. Ist der Bilanzierende zivilrechtlicher Eigentümer, so kommt es nicht darauf an, ob er das Eigentum entgeltlich oder unentgeltlich erworben hat. Weshalb für den Fall des wirtschaftlichen Eigentums – als Ausnahme von der grundsätzlich relevanten zivilrechtlichen Betrachtungsweise[597] – etwas anderes gelten sollte, wird nicht dargelegt. Zudem kann die Zahlung in Form wiederkehrender Entgelte als bloße Zahlungsmodalität betrachtet werden.[598]

Die Ansicht, nach der „Sachleihen" in Höhe des Verkehrswertes des Wirtschaftsgutes zu aktivieren sind und gleichzeitig in derselben Höhe ein gesonderter Eigenkapitalposten zu bilden ist,[599] muß nicht nur aufgrund der hier vertretenen bilanzrechtlichen Sichtweise, sondern auch aufgrund der gesellschaftsrechtlichen Grundlagen abgelehnt werden.

1996, 155, 155 f. Die a. A. (*Knapp*, DB 1971, 1121, 1123; *Leffson*, DB 1976, 685, 686 f. ähnlich wohl *Wassermeyer*, ZGR 1992, 639, 648) stellt auf die Schuldendeckungsaufgabe der Bilanz ab und verlangt die Berechtigung, das Nutzungsobjekt in jeglicher Hinsicht verwerten zu können. Auch wenn der Begriff des wirtschaftlichen Eigentums eng auszulegen ist, so würde doch durch ein derartiges Verständnis die Grenzen zum zivilrechtlichen Eigentum verwischt.
592 BGH, Urt. vom 06.11.1995, BB 1996, 155, 156; A/D/S, § 246, Rdnr. 402; Tipke/Kruse, AO, § 39 AO, Rdnr. 27; *Beine*, Gesellschafterleistungen, S. 249 f.
593 Vergl. auch *Beine*, Gesellschafterleistungen, S. 249 f.; *Winnefeld*, Bilanz-Handbuch, Abschnitt M, Rdnr. 957. Undifferenziert demgegenüber *Häuselmann*/Rümker/Westermann, Finanzierung , S. 131 f.
594 Nach den für das Handelsrecht übernommenen steuerrechtlichen Leasingerlassen liegt wirtschaftliches Eigentum des Nutzungsberechtigten vor, wenn der verbleibende Restwert etwa 10% des Gesamtwertes beträgt, vergl. A/D/S, § 246, Rdnr. 385 ff.; WP-Handbuch/*Gelhausen*, Abschnitt E, Rdnr. 25 ff.
595 *Beine*, Gesellschafterleistungen, S. 250.
596 BGH, Urt. vom 06.11.1995, BB 1996, 155, 156; A/D/S, § 246, Rdnr. 400. Vergl. auch *Thiel*, GmbHR 1992, 20, 25.
597 So auch BGH, Urt. vom 06.11.1995, BB 1996, 155, 156.
598 Vergl. *Beine*, Gesellschafterleistungen, S. 254 f. m. w. N. in Fn. 160.
599 *Lutter/Hommelhoff*, ZGR 1979, 31, 54

Damit scheidet im Ergebnis eine Aktivierung des überlassenen Gegenstandes auf seiten der Gesellschaft in den Fällen aus, in denen dem Gesellschafter noch ein wirtschaftlich relevanter Rückforderungsanspruch zusteht; das wird bei einer Grundstücksüberlassung regelmäßig der Fall sein. Verbleibt dem Gesellschafter allein ein wertloser Rückforderungsanspruch, liegt das wirtschaftliche Eigentum bei der Gesellschaft, welche dann den Vermögensgegenstand zu aktivieren hat.

3. Bilanzielle Behandlung des Nutzungsrechts

Liegt das wirtschaftliche Eigentum beim Gesellschafter, ist das Recht der Gesellschaft, den überlassenen Gegenstand weiterhin zu nutzen, zu aktiveren, wenn ein solches Nutzungsrecht grundsätzlich aktivierungsfähig ist und wenn der Grundsatz des Nichtausweises schwebender Geschäfte dem nicht entgegensteht.[600]

a) Anforderungen an die Aktivierungsfähigkeit

Welche Voraussetzungen ein Gegenstand erfüllen muß, um aktivierungsfähig zu sein, ist weder durch die Wissenschaft noch durch die zivilrechtliche Rechtsprechung[601] geklärt.[602] Abgestellt wird insoweit auf die konkrete oder abstrakte Einzelveräußerbarkeit, die selbständige Verwertbarkeit und auf die Einzelvollstreckbarkeit.[603]

Eine konkrete Einzelveräußerbarkeit und damit Aktivierungsfähigkeit soll vorliegen, wenn der Vermögensgegenstand selbständig veräußerbar ist, also allein im Rechtsverkehr übertragen werden kann.[604] Vorliegend steht das Recht zur Nutzung des überlassenen Gegenstandes und nicht das Eigentum an ihm als gegebenenfalls aktivierbarer Gegenstand in Rede. Der Insolvenzverwalter ist jedoch aufgrund der Rechtsfolgenanordnung des Kapitalersatzrechts grundsätzlich befugt, den fraglichen Gegenstand durch die Überlassung an Dritte zu

---

600 Im Ergebnis gegen eine bilanzielle Abbildung des Nutzungsrechts *Häuselmann/Rümker/Westermann*, Finanzierung, S. 132 f.; *Hemmelrath*, DStR 1991, 626, 630; *Thiel*, GmbHR 1992, 20, 25. Für eine Ausweisung demgegenüber *Beine*, Gesellschafterleistungen, S. 251 ff.

601 Auf die vom BFH zugrunde gelegte steuerrechtliche Aktivierungskonzeption (vergl. hierzu *Baetge*, Bilanzen, S. 152 ff.; *Hock*, Gesellschafter-Fremdfinanzierung, S. 75 jeweils m. N. zur Rspr.) soll an dieser Stelle nicht eingegangen werden. Im hier diskutierten Zusammenhang auf die steuerrechtliche Konzeption eingehend *Beine*, Gesellschafterleistungen, S. 254.

602 Der Versuch einer abschließenden Würdigung der Aktivierungsfähigkeit von Nutzungsrechten im Rahmen dieser Arbeit wäre vermessen. Vorliegend soll allein der Versuch unternommen werden, die Vielschichtigkeit dieser Problematik aufzuzeigen.

603 Vergl. *Baetge*, Bilanzen, S. 149 f. Ähnlich die Unterscheidungen bei A/D/S, § 246, Rdnr. 15 ff.; *Fabri*, Nutzungsverhältnisse, S. 36 ff.

604 So mit Unterschieden im Detail Staub/*Brüggemann*, HGB, § 39, Anm. 7; *Großfeld*, Bilanzrecht, Rdnr. 86; *Knapp*, DB 1971, 1121, 1122; IDW, WPg 1967, 666, 666 f. Vergl. auch die Nachweise bei *Fabri*, Nutzungsverhältnisse, S. 37 in Fn. 2.

nutzen. Konkrete Einzelveräußerbarkeit und damit Aktivierungsfähigkeit läge vor. Dem steht nicht entgegen, daß das Recht zur entgeltfreien Nutzung vor Insolvenzeröffnung allein im Rahmen des § 30 Abs. 1 GmbHG gilt, denn das Kriterium der konkreten Einzelveräußerbarkeit stellt auf den Zeitpunkt der Zerschlagung ab, so daß nur diese zu betrachten ist.[605]

Nach einer weiteren Ansicht soll es auf die abstrakte Einzelveräußerbarkeit ankommen. Sie soll gegeben sein, wenn das Gut seiner Natur nach veräußerbar ist, wenn auch im konkreten Fall eine gesetzliche oder vertragliche Veräußerungsbeschränkung besteht.[606] Da diese Ansicht die tatbestandlichen Voraussetzungen im Vergleich zur vorgenannten weiter zieht, ist das Nutzungsrecht nach ihr ebenfalls aktivierungsfähig.[607]

Sofern die selbständige Verwertbarkeit als entscheidendes Kriterium für eine Aktivierbarkeit angesehen wird,[608] soll entscheidend sein, ob der in Rede stehende Vermögensgegenstand in irgendeiner Weise außerhalb des Unternehmens verwertet werden kann. Als Beispiele für eine Verwertung werden die Veräußerung, die Einräumung eines Nutzungsrechts und Verwertungen im Wege der Zwangsvollstreckung genannt. Auch nach diesem Ansatz wären eigenkapitalersetzende Gebrauchsüberlassungen aktivierungsfähig.[609]

Letztlich wird vertreten, daß es notwendiges Merkmal der Aktivierungsfähigkeit sei, daß auf das in Rede stehende Gut im Wege der Einzelvollstreckung (Pfändung) zugegriffen werden könne.[610] Zwar handelt es sich bei den Nutzungsrechten aus Miete und Pacht um personengebundene Rechte, so daß sie an sich nicht der Pfändung unterworfen wären. Hiervon wird aber in § 857 Abs. 3 ZPO eine Ausnahme gemacht, sofern die Überlassung nicht nur im Einzelfall gestattet ist.[611] Dem Insolvenzverwalter ist es freigestellt, das überlassene Gut in der Weise zu nutzen, daß er es einem Dritten zur Nutzung überläßt. Folglich ist dieser Anspruch aufgrund seiner aus dem eigenkapitalersetzenden Charakter resultierenden Besonderheiten pfändbar. Damit liegen nach dieser Ansicht ebenfalls die Voraussetzungen für eine Aktivierung vor.

---

605 So auch *Beine*, Gesellschafterleistungen, S. 251 f.
606 A/D/S, § 246, Rdnr. 19; *Hoyos/Schmidt-Wendt*, in: Beck'scher Bilanzkommentar, § 247, Rdnr. 390; Geßler/Hefermehl/Eckardt/*Kropff*, AktG, § 149 a.F., Rdnr. 47; Scholz/*Crezelius*, GmbHG, Anh. § 42a, Rdnr. 114; *Großfeld*, Bilanzrecht, Rdnr. 85.
607 Ebenso *Beine*, Gesellschafterleistungen, S. 252. Für eine Aktivierbarkeit sämtlicher obligatorischer Nutzungsrechte unter diesem Begriff *Kußmaul*, BB 1987, 2053, 2058.
608 *Baetge*, Bilanzen, S. 150 ff., *Fabri*, Nutzungsverhältnisse, S. 48 ff.; *Lamers*, Aktivierungsfähigkeit, S. 205 ff.; *Kußmaul*, in Küting/C.-P. Weber, Bd. Ia, I. Kapitel, Rdnr. 391.
609 Ebenso *Beine*, Gesellschafterleistungen, S. 253.
610 Baumbach/Hueck/*Schulze-Osterloh*, GmbHG, § 42, Rdnr. 70; *Tiedchen*, Vermögensgegenstand, S. 44 ff.
611 Musielak/*Becker*, ZPO, § 857, Rdnr. 15.

Als Zwischenergebnis läßt sich festhalten, daß ein eigenkapitalersetzend zur Nutzung überlassenes Gut den Aktivierungsvoraussetzungen mit Eingreifen des Kapitalersatzrechts unabhängig davon entspricht, welcher Ansicht im Hinblick auf die Verkehrsfähigkeit gefolgt wird.

b) Ausweisung eines schwebenden Geschäfts

Einer Aktivierung des Nutzungsrechts an dem überlassenen Gegenstand könnte entgegenstehen, daß es sich um ein schwebendes Geschäft handelt. Wie bereits festgestellt,[612] beruht die Zurückhaltung bei der Bilanzierung schwebender Geschäfte einerseits auf dem Realisationsprinzip und andererseits auf dem Gedanken, Bilanzverlängerungen zu vermeiden. Wie bei der Bilanzierung nach der Rückgewähr eines eigenkapitalersetzenden Darlehens an den Gesellschafter könnten in der vorliegenden Konstellation allein die Vereinfachungsüberlegungen einen Verzicht auf die Ausweisung des Überlassungsverhältnisses rechtfertigen.[613] Dem stehen jedoch die Bilanzzwecke entgegen, denn die Informations- und die Dokumentationsfunktion des Jahresabschlusses fordern eine Ausweisung des Geschäfts. Ansonsten würde es dem Insolvenzverwalter wesentlich erschwert, von der Gesellschaft wieder freigegebene Gegenstände zur Nutzung zurückzufordern oder entgegen § 30 Abs. 1 GmbHG gezahlte Vergütungen einzuklagen. Im Gegenzug zur Aktivierung des Nutzungsrechts hat die Gesellschaft in gleicher Höhe eine Verbindlichkeit für ihre Verpflichtung zur Zahlung der künftigen Nutzungsentgelte zu passivieren.[614] Diese Nutzungsentgelte sind entsprechend den aufgestellten Regeln als eigenkapitalersetzend auszuweisen.

4. Ergebnis

Das Recht der Gesellschaft, einen eigenkapitalersetzend überlassenen Gebrauchsgegenstand nutzen können, ist in der Bilanz zu aktivieren. Um eine Gewinnrealisierung zu vermeiden und weil diese Ansprüche trotz des Vorliegens einer Auszahlungssperre weiterhin entstehen, sind in gleicher Höhe die künftigen Verpflichtungen zur Zahlung des Nutzungsentgeltes zu passivieren. Auf die Bilanzierung als solche wirkt sich die Beendigung der eigenkapitalersetzenden Verhaftung eines Grundstücks aufgrund der Bekanntgabe eines Beschlagnahmebeschlusses auf Betreiben eines Gesellschaftergläubigers grundsätzlich nicht aus. Allerdings ist zu berücksichtigen, daß auf diesem Wege die Dauer, für die die Gesellschaft zur Nutzung berechtigt ist, erheblich verkürzt wird. Dies ist bei der Berechnung des Nutzungswertes zu berücksichtigen.

---

612 Vergl. hierzu oben S. 178 f.
613 Ebenso *Beine*, Gesellschafterleistungen, S. 257. Vergl. auch *Kussmaul*, StuW 1988, 46, 59 f.
614 *Beine*, Gesellschafterleistungen, S. 258, der auf S. 260 ff. ausführlich auf die Berechnung des Nutzungswertes und die notwendigen Buchungssätze eingeht. Zur Bewertung von Nutzungsrechten siehe auch *Kußmaul*, StuW 1988, 46, 53 f.

Sollte entgegen dem hier vertretenen Ansatz eine Bilanzierung des Nutzungswertes abgelehnt werden, so sind entsprechende Angaben nach § 285 Nr. 3 HGB im Anhang erforderlich.[615] Hierbei wäre zugleich auf den eigenkapitalersetzenden Charakter hinzuweisen.

III. Gesamtergebnis

Eine Aktivierung des Substanzwertes auf seiten der Gesellschaft scheidet regelmäßig aus. Etwas anderes gilt allein in den seltenen Fällen, in denen die Gesellschaft den Gesellschafter dauerhaft von der Nutzung ausschließen kann und letzterem insbesondere kein werthaltiger Rückgabeanspruch mehr zusteht. In der Regel kommt deshalb allein eine Aktivierung des Nutzungswertes bei der Gesellschaft in Betracht. Gegen eine solche liegen keine grundlegenden Bedenken vor. Zu beachten ist jedoch, daß dem aktivierten Nutzungswert eine Verbindlichkeit in gleicher Höhe für die zukünftigen Zahlungsverpflichtungen gegenüberzustehen hat. Die Nutzungsentgelte sind entsprechend den zu den Darlehenszinsen aufgestellten Grundsätzen zu bilanzieren.

§ 5: Ausweisung verwandter Rechtsinstitute bei der leistungsempfangenden GmbH

A. Finanzplankredite

In der jüngeren Diskussion um die Gesellschafterfinanzierung bildet das von der Rechtsprechung entwickelte Institut der sogenannten Finanzplankredite einen Schwerpunkt. Namentlich ihre dogmatische und systematische Einordnung in das System der Haftmittel ist noch weitestgehend ungeklärt,[616] was nicht zuletzt auf der Wechselwirkung zwischen seinen Voraussetzungen und Rechtsfolgen beruht.[617]

---

615 *Beine*, Gesellschafterleistungen, S. 258. Vergl. auch A/D/S, § 285, Rdnr. 32; *Ellrott*, in: Beck'scher Bilanzkommentar, § 285, Rdnr. 23 nach denen unter § 285 Nr. 3 HGB abgeschlossene aber noch nicht beiderseitig erfüllte Dauerschuldverhältnisse fallen.

616 Hieran konnte auch das letzte Urteil des BGH zum Finanzplankredit vom 28.06.1999, BB 1999, 1672, 1672 ff. = BGHZ, 142, 116, 116 ff. = NJW 1999, 2809 nur wenig ändern; ebenso *Altmeppen*, NJW 1999, 2812, 2812; *Buciek*, Stbg 2000, 109, 111; *Dauner-Lieb*, in: Handbuch, Teil 9, Rdnr. 9.5; optimistischer demgegenüber *Fleischer*, DStR 1999, 1774, 1774, der von einer „grundsätzlichen Stellungnahme" des BGH spricht; ähnlich *Kleindiek*, in: Handbuch, Teil 7, Rdnr. 7.60. Während *Kurth/Delhaes*, DB 2000, 2577, 2585 von einer „Abschaffung" des Finanzplankredites sprechen, hat der BGH nach *K. Schmidt*, NJW 2000, 2927, 2933 ganz eigene Regeln enwickelt.

617 So auch *Fleischer*, Finanzplankredite, S. 71 ff.; *K. Schmidt*, ZIP 1999, 1241, 1248. Vergl. auch *Altmeppen*, NJW 1999, 2812, 2812 f.

I. Gesellschaftsrechtliche Grundlagen

1. Abgrenzung von eigenkapitalersetzenden Gesellschafterdarlehen

Sowohl die gesetzlichen als auch die von der Rechtsprechung entwickelten Regeln zum Eigenkapitalersatz greifen allein dann ein, wenn die Darlehen der Gesellschaft bereits zugeflossen sind. Steht die Erfüllung einer gegebenen Darlehenszusage noch aus, so finden die Kapitalersatzregeln keine Anwendung. Dies hat zur Folge, daß die Darlehenszusage im Zeitpunkt der Krise grundsätzlich noch nach § 610 BGB mit der Konsequenz widerrufen werden kann, daß das zugesagte Darlehenskapital der Gesellschaft nicht zur Verfügung steht, obwohl sie es gerade in diesem Zeitpunkt am dringensten benötigt.[618] Weiterhin ist es nach den Kapitalersatzregeln für den Fall des Stehenlassens erforderlich, daß der Gesellschafter mit Eintritt der Krise eine Finanzierungsentscheidung getroffen hat.[619] Kann dem Gesellschafter eine solche Entscheidung nicht nachgewiesen werden oder hat er eine solche nicht getroffen, kommt es zu keiner eigenkapitalersatzrechtlichen Umqualifizierung der Darlehensmittel.

Vor diesem Hintergrund hat sich die Rechtsprechung, ausgehend von der gesplitteten Einlage bei der Publikums-KG,[620] die später auf die „normale" GmbH (& Co. KG) ausgedehnt wurde,[621] zum sog. Finanzplankredit entwickelt. Mit ihm sollte eine zusätzliche Möglichkeit geschaffen werden, die Gesellschafter an ihrer Darlehenszusage festzuhalten und eine Verhaftung der Mittel unabhängig von den Voraussetzungen des Stehenlassens zu schaffen. Die Einordnung als Finanzplankredit bewirkt deshalb einerseits, daß noch nicht ausbezahlte Beiträge selbst in der Krise noch zu leisten sind – eine Berufung auf § 610 BGB (analog) scheidet aus.[622] Andererseits hat die Qualifizierung als Finanzplankredit zur Folge, daß der Gesellschafter die Forderung

---

618 *Lutter/Hommelhoff*, GmbHG (14. Aufl.), §§ 32 a/b, Rdnr. 169; *Dauner-Lieb*, in: Handbuch, Teil 9, Rdnr. 9.1.
619 Ob sich der Gesellschafter darauf verweisen lassen muß, die Liquidation der Gesellschaft nicht betrieben zu haben, ist umstritten; vergl. *Habersack*, ZHR 161 (1997), 457, 471 ff. (Gesellschafter, die nicht über einen hinreichenden Stimmenanteil verfügen, um die Liquidation selbst herbeizuführen, müssen einen Beschluß über die Liquidation herbeiführen und gegen diesen ggf. gerichtlich vorgehen) einerseits und *K. Schmidt*, ZIP 1999, 1241, 1246 (stehengelassenen Darlehen liegt keine kollektive Zurechnung zugrunde, die Liquidationskompetenz des Gesellschafters ist unbeachtlich) andererseits. Der BGH scheint demgegenüber darauf abzustellen, ob der darlehensgebende Gesellschafter von sich aus eine Liquidationsmöglichkeit hatte, vergl. *Goette*, GmbH, § 4, Rdnr. 32 f.
620 Hierzu ausführlich *Kuhr*, Eigenkapitalersatz, S. 19 ff.; *Zanner*, Rechtsfolgen, S. 148 ff.
621 Vergl. *Gehde*, Gesellschafterleistungen, S. 108; *Kuhr*, Eigenkapitalersatz, S. 78.
622 BGH, Urt. vom 21.03.1988, BB 1988, 1084, 1084 f. = BGHZ 104, 33, 38 f. = NJW 1988, 1844; Urt. vom 28.06.1999, BB 1999, 1672, 1673 = BGHZ, 142, 116, 121 = NJW 1999, 2809; *Hommelhoff/Kleindiek*, 100 Jahre GmbHG, S. 441; vergl. auch *Wilken*, ZIP 1996, 61, 62.

in der Insolvenz unabhängig von den Voraussetzungen des Stehenlassens nicht geltend machen kann, da sie insoweit den §§ 30, 31 GmbHG,[623] einschließlich des Erstattungsanspruchs nach § 31 Abs. 3 GmbHG,[624] unterliegt.[625] Damit gehen die Rechtsfolgen über die des Eigenkapitalersatzrechts hinaus und dokumentieren die Nähe der Finanzplankredite zu den Einlagen.[626]

2. Voraussetzungen und Möglichkeiten der Aufhebung

a) Voraussetzungen

Entscheidend für die Einordnung als Finanzplankredit ist mit der h.M. im Schrifttum[627] die materielle Eigenkapitalfunktion der hingegebenen Mittel. Es muß folglich sichergestellt sein, daß die Überlassung unbefristet erfolgt, die zur Verfügung gestellten Mittel im Falle der Liquidation oder der Insolvenz nur nachrangig geltend gemacht werden können, am laufenden Verlust teilnehmen und daß bei ihrer Rückzahlung die Vermögensbindungsvorschriften (hier § 30 Abs. 2 GmbHG[628]) einzuhalten sind.[629] Das ist bei einer ausdrück-

---

623 BGH, Urt. vom 10.12.1984, BGHZ 93, 159, 161 ff. = NJW 1985, 858; Urt. vom 21.03.1988, BB 1988, 1084, 1085 = BGHZ 104, 33, 38 ff. = NJW 1988, 1844; *Fleischer*, Finanzplankredite, S. 156 f.; *v. Gerkan/Hommelhoff*, Kapitalersatz, Rdnr. 9.13; *Wilken*, ZIP 1996, 61, 61 (alle zur Rechtslage unter der Konkursordnung). Nach *Noack*, Gesellschaftsrecht, Rdnr. 203 und *Fleischer*, DStR 1999, 1774, 1777; ähnlich *Altmeppen*, NJW 1999, 2812, 2812 f. sollen sie unter der Insolvenzordnung demgegenüber – mit eigenkapitalersetzenden Gesellschafterdarlehen gleichgestellt – als nachrangige Verbindlichkeiten geltend gemacht werden können. Dem steht jedoch entgegen, daß es sich bei den Finanzplankrediten um materielles Eigenkapital und nicht um Fremdkapital handelt. Ihre Berücksichtigung unter den Verbindlichkeiten wäre insoweit systemwidrig. In diese Richtung auch *Dauner-Lieb*, in: Handbuch, Teil 9, Rdnr. 9.13.
624 *Fleischer*, Finanzplankredite, S. 160 f.; *Habersack*, ZHR 161 (1997) 457, 490; a.A. *Lutter/Hommelhoff*, § 32 a/b GmbHG, Rdnr. 181; einschränkend Baumbach/Hueck/*Hueck/Fastrich*, GmbHG, § 32 a, Rdnr. 46 b: Beschränkung der Ausfallhaftung auf an der Finanzierung beteiligte Gesellschafter.
625 Teilweise wird als Rechtsgrundlage für die Bindung der Mittel neben §§ 30, 31 GmbHG noch § 19 Abs. 2 GmbHG genannt, vergl. etwa *Lutter/Hommelhoff*, §§ 32 a/b GmbHG, Rdnr. 181. In erster Linie auf die gesetzlichen Regeln zur nicht vollständig erbrachten Einlage (§ 19 Abs. 2 und 3 GmbHG) abstellend BGH, Urt. vom 28.06.1999, BB 1999, 1672, 1673 = BGHZ, 142, 116, 121 = NJW 1999, 2809.
626 Ähnlich auch Roth/*Altmeppen*, GmbHG, § 32 a, Rdnr. 28; *Habersack*, ZHR 161 (1997) 457, 464; *Koppensteiner*, AG 1998, 308, 312. Kritisch hierzu *K. Schmidt*, ZIP 1999, 1241, 1249.
627 *Fleischer*, Finanzplankredite, S. 128 ff.; *v. Gerkan/Hommelhoff*, Kapitalersatz, Rdnr. 9.11; *v. Gerkan*, ZGR 1997, 173, 193 f.; *Habersack*, ZHR 161 (1997), 457, 480 ff.; *Michalski/de Vries*, NZG 1999, 181, 183; *Priester*, DB 1991, 1917, 1921. Vergl. auch BGH, Urt. vom 21.03.1988, BB 1988, 1084, 1084 = BGHZ 104, 33, 39 = NJW 1988, 1844; *Noack*, Gesellschaftsrecht, Rdnr. 203.
628 Vergl. unten S. 200 ff.
629 Zu den Anforderungen an das bilanzielle Eigenkapital vergl. oben S. 87 ff.

lichen Vereinbarung der vorgenannten Kriterien[630] unproblematisch. Fehlt es an einer ausdrücklichen Regelung der vorgenannten Merkmale, kann der materielle Eigenkapitalcharakter aus einer Gesamtschau des Vertrages folgen. Wichtigstes, aber nicht einziges Auslegungskriterium für die Bejahung materiellen Eigenkapitals ist der Ausschluß des Kündigungsrechts, welchem Indizwirkung für die Zuordnung zum materiellen Eigenkapital zukommt. Weitere Merkmale können sein:[631] Die Beteiligungsproportionalität, die Rückforderbarkeit nur als Abfindungs- oder Liquidationsguthaben, die Unentbehrlichkeit für den Gesellschaftszweck und die Zinskonditionen.[632] Aus den vorgenannten Punkten folgt, daß es nicht entscheidend darauf ankommt, ob die Gesellschafter die Darlehen als Eigenkapital behandelt haben (Ex-post-Sicht),[633] sondern ob sie es bei der Verpflichtung zur Hingabe als solches behandeln wollten (Ex-ante-Sicht).[634]

Der BGH[635] verlangt(e) darüber hinaus die Vereinbarung einer echten gesellschaftsvertraglichen Pflicht zur Mittelüberlassung. Obwohl zwischenzeitlich gemutmaßt wurde, die Rechtsprechung habe dieses Erfordernis aufgegeben,[636]

---

630 Zur ausdrücklichen Vereinbarung siehe *Gschwendtner,* DStR, Beihefter zu Heft 32/1999, S. 15; *Michalski/de Vries,* NZG 1999, 181, 183.
631 Vergl. BGH, Urt. vom 21.03.1988, BB 1988, 1084, 1084 f. = BGHZ 104, 33, 41 = NJW 1988, 1844; *Altmeppen,* ZIP 1996, 909, 911; *Koppensteiner,* AG 1998, 308, 312; *Oppenländer,* GmbHR 1998, 505, 509; *Priester,* DB 1991, 1917, 1921. Zu Recht vermißt *Fleischer,* Finanzplankredite, S. 112 ff. eine wertende Reihenfolge bezüglich der einzelnen Merkmale. Kritisch zu den genannten Merkmalen *Habersack,* ZHR 161 (1997) 457, 481 ff., der in erster Linie auf die Kündigungsmöglichkeit abstellen will, da allein ihr Ausschluß zur Bindung und damit zur Gleichstellung mit Eigenkapital führe.
632 Sollte sich aus der Auslegung ausnahmsweise ergeben, daß zwar das Widerrufsrecht nach § 610 BGB ausgeschlossen ist, es sich aber der Sache nach dennoch um materielles Fremd- und nicht um Eigenkapital handelt, kann die Auszahlung des Darlehens weiterhin in der Krise verlangt werden, vergl. *Beine,* Gesellschafterleistungen, S. 306 ff. und *Altmeppen,* NJW 1999, 2812, 2812 f., nach denen freilich die Annahme von Fremdkapital der Regelfall ist. In diesem Fall sollte aus Gründen der begrifflichen Klarheit allerdings nicht von Finanzplankrediten gesprochen werden.
633 So aber offenbar BGH, Urt. vom 21.03.1988, BB 1988, 1084, 1084 = BGHZ 104, 33, 40 = NJW 1988, 1844: „wenn die Gesellschafter die Gesellschafterdarlehen im übrigen in der Sache wie Einlagen *behandelt haben*" (Hervorhebung vom Verf.). Dem BGH insoweit zustimmend *Gschwendtner,* DStR, Beihefter zu Heft 32/1999, S. 17; *K. Schmidt,* ZIP 1999, 1241, 1249.
634 Ebenso *Buciek,* Stbg 2000, 109, 111; wohl auch *Sieger/Aleth,* GmbHR 2000, 462, 463 f.
635 BGH, Urt. vom 21.03.1988, BB 1988, 1084, 1084 = BGHZ 104, 33, 40 = NJW 1988, 1844 unter Verweisung auf *K. Schmidt,* FS Goerdeler, S. 496 f.; ebenso OLG Karlsruhe, Urt. vom 29.03.1996, ZIP 1996, 918, 923.
636 Ob der BGH dieses Kriterium im Urt. vom 14.12.1992, BB 1993, 240, 241 f. = BGHZ 121, 31, 41 f. = NJW 1993, 392 aufgegeben hat, ist str.; für eine Aufgabe

muß davon ausgegangen werden, daß der BGH zumindest die Überlassung „causa societatis" für notwendig hält. Im Urteil vom 28.06.1999[637] verlangt er „eine unter den Gesellschaftern selbst oder zwischen den Gesellschaftern und der Gesellschaft getroffene Abrede [...], nach der das [...] Versprechen so behandelt werden soll wie Einlagepflichten". Zwar stellt eine Abrede zwischen Gesellschaft und Gesellschaftern u.U. eine auf „gesellschaftsrechtlicher Ebene getroffene[n] Abrede"[638] dar und entspricht damit dem „causa societatis". Sie kann aber nicht zu einer gesellschaftsvertraglichen Pflicht führen, denn der Gesellschaftsvertrag wird allein zwischen den Gesellschaftern selbst geschlossen. Obwohl dieses Ergebnis durch die nachfolgenden Ausführungen, bei denen zwischen mitgliedschaftsrechtlichen und nur schuldrechtlich begründeten Verpflichtungen unterschieden wird, relativiert wird, sollte ihm gefolgt werden.[639] Wird nicht die formelle Verbindung mit dem Gesellschaftsvertrag, sondern die Auslegung als solche für entscheidend gehalten,[640] so wäre es widersprüchlich, dennoch auf die formelle Bindung abzustellen. Dies würde auf der einen Seite zu Umgehungsmöglichkeiten und zu Ungleichbehandlungen je nach der in Rede stehenden Vertragsausgestaltung führen,[641] und auf der anderen Seite würde das Kriterium der gesellschaftsvertraglichen Verpflichtung ausgehöhlt. Damit ist allein entscheidend, ob die Mittelüberlassung bei einer Gesamtbetrachtung „causa societatis" erfolgte, nicht aber ob sie im Gesellschaftsvertrag festgeschrieben wurde.[642]

Gehde, Gesellschafterleistungen, S. 110 Fn. 282; *v. Gerkan/Hommelhoff*, Kapitalersatz, Rdnr. 9.17; *Gschwendtner*, DStR, Beihefter zu Heft 32/1999, S. 15; gegen eine Aufgabe OLG Karlsruhe, Urt. vom 29.03.1996, ZIP 1996, 918, 923; *Habersack*, ZIIR 161 (1997) 457, 485.
637 NJW 1999, 2809, 2811 f.
638 BB 1999, 1672, 1673 = BGH, Urt. vom 28.06.1999, BB 1999, 1672, 1673 = BGHZ, 142, 116, 123 = NJW 1999, 2809.
639 Vergl. auch *Gehde*, Gesellschafterleistungen, S. 110 f.; *Bordt*, HdJ Abt. III/1, Rdnr. 299; *v. Gerkan*, ZGR 1997, 173, 193; *Gschwendtner*, DStR, Beihefter zu Heft 32/1999, S. 17; *Habersack*, ZHR 161 (1997) 457, 485 f. sowie BGH, Urt. vom 21.03.1988, BB 1988, 1084, 1084 = BGHZ 104, 33, 39 = NJW 1988, 1844, wonach der „tragende Gesichtspunkt letztlich allein die materielle Eigenkapitalfunktion der als Darlehen oder stille Beteiligung bezeichneten Gesellschafterleistungen ist".
640 So BGH, Urt. vom 28.11.1977, BGHZ 70, 61, 63. Zustimmend *K. Schmidt*, Gesellschaftsrecht, § 20 II 2 e), S. 572; *Sieker*, Eigenkapital, S. 48 ff. Ablehnend *Fleischer*, Finanzplankredite, S. 57 f.; *Joost*, ZGR 1987, 370, 396.
641 *Fleischer*, Finanzplankredite, S. 129.
642 Ob die vorgenannten Grundsätze auch auf Nutzungsüberlassungen angewandt werden können (sog. „finanzplanmäßige Nutzungsüberlassungen"), ist in der Literatur umstritten. Vergl. hierzu OLG Karlsruhe, Urt. vom 29.03.1996, GmbHR 1996, 524 (bejahend); *Altmeppen*, ZIP 1996, 909 ff. (zweifelnd); *Drygala*, GmbHR 1996, 481 ff. (ablehnend); *Oppenländer*, GmbHR 1998, 505 ff. (bejahend). Siehe auch *Ziegler*, Gebrauchsüberlassungsverhältnisse, S. 72 ff.

b) Möglichkeiten der Aufhebung

Nicht abschließend geklärt ist, in welcher Weise dem Finanzplankredit unterfallende Finanzmittel wieder freigestellt werden können. Daß eine derartige Freistellung möglich sein muß, folgt bereits aus einem Vergleich mit Nachschüssen und Kapitalerhöhungen, welche unter bestimmten Voraussetzungen ebenfalls zurückgezahlt werden können.[643] Allerdings wird hierbei nicht darauf abzustellen sein, ob die Gesellschaft auf den Verbleib der Mittel angewiesen ist – was selbst jenseits der Grenze der §§ 30, 31 GmbHG der Fall sein könnte[644] –, denn hierdurch würden die Grenzen zur materiellen Unterkapitalisierung verwischt.[645]

Hinsichtlich der Freistellung wird weithin danach unterschieden, ob sich die Gesellschaft bereits in der Krise befindet oder nicht. Befindet sich die Gesellschaft bereits in der Krise, soll sich nach dem BGH aus einer sinnentsprechenden Heranziehung der gesetzlichen Regeln, die das GmbH-Gesetz für die Befreiung von eingegangenen, aber nicht vollständig erfüllten Einlagepflichten enthält, eine Auszahlungssperre ergeben. Insofern scheint der BGH[646] dazu zu tendieren,[647] für den Erlaß der Einlagepflicht eine Kapitalherabsetzung nach § 58 GmbHG zu fordern, wenn er auch an einer anderen Stelle des Urteils[648] nur noch auf einen satzungsändernden Beschluß abstellt. Nach allgemeiner Ansicht ist dagegen eine Kapitalherabsetzung für den Erlaß von Nachschüssen nicht erforderlich – § 19 Abs. 2 und 5 GmbHG soll keine Anwendung finden.[649] Insbesondere wenn der Grund für die Unterstellung der von den Gesellschaftern gegebenen Mittel unter die §§ 30, 31 GmbHG im Parteiwillen gesehen wird,[650] scheint dieser Ansatz der Rechtsprechung zu weitgehend. Eine derartig strenge Kapitalbindung, die sich zudem nur bei einer Mitwirkung der Gläubiger aufheben ließe, wird von den Gesellschaftern

---

643 So auch *Fleischer*, Finanzplankredite, S. 163 f.; *v. Gerkan/Hommelhoff*, Kapitalersatz, Rdnr. 9.16; *Oppenländer*, GmbHR 1998, 505, 509; i. E. auch *Ulmer*, FS Kellermann, S. 496 f.
644 So aber *Hommelhoff/Kleindiek*, 100 Jahre GmbHG, S. 442; zustimmend *Kuhr*, Eigenkapitalersatz, S. 80.
645 Kritisch auch *v. Gerkan*, ZGR 1997, 173, 194; vergl. auch *Habersack*, ZHR 161 (1997) 457, 480.
646 BGH, Urt. vom 28.06.1999, BB 1999, 1672, 1673 = BGHZ, 142, 116, 121 = NJW 1999, 2809.
647 Der BGH weist darauf hin, daß die Überlegungen zur Herleitung der Sperrwirkung angestellt würden, „ohne daß der vorliegende Fall eine abschließende Stellungnahme des Senats erfordere". Vergl. auch *Goette*, DStR 1999, 1201, 1202. Wie hier *Fleischer*, DStR 1999, 1774, 1777 f. Kritisch zu diesem obiter dictum *Henze*, GmbHR 2000, 1069, 1077.
648 BB 1999, 1672, 1973 f. = BGHZ, 142, 116, 116 ff. = NJW 1999, 2809 unter 3. b) aa).
649 Hachenburg/*W. Müller*, GmbHG, § 26, Rdnr. 60; Rowedder/*Rowedder*, GmbHG, § 26, Rdnr. 21; Scholz/*Emmerich*, GmbHG, § 26, Rdnr. 26.
650 Siehe hierzu unten S. 202 f.

regelmäßig nicht gewollt und ist für den Gläubigerschutz nicht notwendig.[651] Naheliegender erscheint es, die Rückzahlung von Finanzplankrediten von den gleichen Voraussetzungen abhängig zu machen wie die von gesellschaftsvertraglichen Nebenleistungen im Sinne des § 3 Abs. 2 GmbHG[652] und die von Nachschüssen. Zu beiden weisen die Finanzplankredite eine sachliche und funktionelle Nähe auf. Konsequenz hieraus ist, daß die Zulässigkeit der Rückzahlung von Finanzplankrediten in der Krise von der Einhaltung des § 30 Abs. 2 GmbHG abhängt.[653] In der Praxis führt dies freilich zu einem faktischen Auszahlungsverbot, denn eine Auszahlung ist nach § 30 Abs. 2 S. 1 GmbHG nur dann gestattet, wenn die Nachschüsse nicht zur Deckung eines Verlustes des Stammkapitals erforderlich sind. Gerade in der Krise wird jedoch nach dem Ablauf der Dreimonatsfrist des § 30 Abs. 2 GmbHG das Stammkapital soweit angegriffen sein, daß eine Auszahlung ohne Verstoß gegen § 30 Abs. 1 GmbHG ausgeschlossen scheint.

Entgegen der nahezu einhelligen Meinung in der Literatur[654] scheint die Einhaltung des § 30 Abs. 2 GmbHG auch in der Zeit vor der Unternehmenskrise erforderlich. Insbesondere wurde keine überzeugende Begründung dafür geliefert, weshalb seine Anwendbarkeit von der Krise der Gesellschaft abhängig sein sollte,[655] insbesondere weil die Krise nicht Tatbestandsvoraussetzung der Finanzplankredite ist.[656] Für § 30 Abs. 2 GmbHG spricht vor allem, daß die sachliche Nähe zu den Nachschüssen, mit denen seine analoge Anwendung begründet wurde, nicht nur in der Krise, sondern auch außerhalb derselben

---

651 Ebenfalls kritisch *Fleischer*, DStR 1999, 1774, 1778f.; *K. Schmidt*, ZIP 1999, 1241, 1250; *Sieger/Aleth*, GmbHR 2000, 462, 471. *Bieder*, WM 2000, 2533, 2535f. weist darauf hin, daß sich die formellen Anforderungen an die Kapitalherabsetzung aus der beim Finanzplankredit nicht gegebenen – Publizitätswirkung der Stammkapitalziffer rechtfertigen.
652 Diese erfüllen die gleiche Funktion wie Nachschüsse, *Kleffner*, Erhaltung, S. 100f.; vergl. auch Hachenburg/*Müller*, § 26, Rdnr. 25f.
653 *Fleischer*, Finanzplankredite, S. 159f.; *ders.*, DStR 1999, 1774, 1778f.; *Steinbeck*, ZGR 2000, 503, 518. Vergl. auch *Habersack* bei Schäfer, ZHR 162 (1998), 232, 233.
654 *Bieder*, WM 2000, 2533, 2534; *Fleischer*, Finanzplankredite, S. 163; *ders.*, DStR 1999, 1774, 1779; *Oppenländer*, GmbHR 1998, 505, 509; ebenso BGH, Urt. vom 28.06.1999, BB 1999, 1672, 1673 = BGHZ, 142, 116, 121 = NJW 1999, 2809. Generell gegen Abzugsschranken *Altmeppen*, NJW 1999, 2812, 2813. Unklar *Habersack*, ZHR 161 (1997), 457, 490, der von einer „generellen" Unterstellung der Finanzplankredite unter die §§ 30, 31 GmbHG spricht, andererseits aber auf *Fleischer* verweist. Vergl. auch *Henze*, GmbHR 2000, 1069, 1077.
655 Ebenso jetzt Steinbeck, ZGR 2000, 503, 518f. Vergl. aber den Ansatz von *Fleischer*, Finanzplankredite, S. 163, der aufgrund des „going-concern" der Finanzierungsfreiheit der Gesellschafter Vorrang einräumt – die unterschiedliche Behandlung von Nachschüssen und Finanzplankrediten vermag diese an den Bedürfnissen der Gesellschafter ausgerichtete Argumentation nicht zu erklären.
656 Vergl. auch *Dauner-Lieb*, in: Handbuch, Teil 9, Rdnr. 9.15, der zunächst irritierend erscheint, daß auf den Moment der Krise abgestellt wird.

besteht.[657] Jedenfalls ist außerhalb der Krise die Auszahlungssperre des § 30 Abs. 1 GmbHG zu beachten, denn diese gilt für alle auf dem Gesellschaftsverhältnis beruhenden Leistungen.[658] Um eine solche handelt es sich aufgrund des materiellen Eigenkapitalcharakters beim Finanzplankredit.

3. Systematische Einordnung im Verhältnis zum Eigenkapitalersatzrecht[659]

Bei der systematischen Einordnung der Finanzplankredite sind zwei Fragenkreise zu unterscheiden, die sich durchaus überschneiden: Zum einen geht es darum, ob es sich bei den Finanzplankrediten um eine eigenständige Finanzierungsform oder eine bloße Untergruppe der eigenkapitalersetzenden Gesellschafterleistungen handelt. Hierzu ist ein Vergleich zwischen den jeweiligen Tatbestandsvoraussetzungen und Rechtsfolgen sowie den dogmatischen Grundlagen anzustellen. Zum anderen ist der Frage nachzugehen, ob und inwieweit Finanzplankredite dem Eigenkapitalersatzrecht unterliegen können.

a) Gegenüberstellung von Finanzplankrediten und eigenkapitalersetzenden Gesellschafterdarlehen

Der entscheidende Unterschied zwischen eigenkapitalersetzenden Gesellschafterleistungen und Finanzplankrediten im Bereich der Tatbestandsvoraussetzungen liegt darin, daß der Finanzplankredit zeitlich vor der Krise und auch nicht im Hinblick auf eine solche[660] gegeben wurde. Da die Gesellschafter bei der Darlehenshingabe den Kriseneintritt nicht konkret vor Augen hatten, kann von einer vorweggenommenen Finanzierungsabrede im Sinne des Eigenkapitalersatzrechts keine Rede sein.[661] Weiter ist im Bereich der Rechtsfolgen von Bedeutung, daß die Einordnung als Finanzplankredit nicht nur ein Abwehrrecht hinsichtlich der Rückforderungsansprüche des Gesellschafters, sondern darüber hinaus ein Einforderungsrecht bezüglich noch nicht geleisteter Mittel zuerkennt.

---

657 Vergl. auch den Bericht von *Schäfer*, ZHR 162 (1998), 232, 233.
658 BGH, Urt. vom 24.03.1954, BB 1954, 360, 360 = BGHZ 13, 49, 54 = NJW 1954, 1157; Baumbach/Hueck/*Hueck/Fastrich*, GmbHG, § 30, Rdnr. 13; Rowedder/*Rowedder*, GmbHG, § 30, Rdnr. 17.
659 Siehe hierzu schon die Versuche einer Systematisierung bei *Fleischer*, DStR 1999, 1774, 1774 ff.; *K. Schmidt*, ZIP 1999, 1241, 1241 ff. und *Steinbeck*, ZGR 2000, 503, 507 ff.
660 Zum sog. „Krisendarlehen" vergl. BGH, Urt. vom 09.12.1996, DStR 1997, 505, 505 f.; Röhricht/v. Westphalen/v. *Gerkan*, HGB, § 172a, Rdnr. 36 f.; *Fleischer*, Finanzplankredite, S. 298 ff. Vergl. auch *K. Schmidt*, ZIP 1999, 1241, 1241. Für die Annahme eines Rangrücktritts in einer derartigen Konstellation: BGH, Urt. vom 09.03.1992, BB 1992, 1026, 1027 = NJW 1992, 1763, 1764; vergl. hierzu BGH, Urt. vom 21.03.1988, BB 1988, 1084, 1085 f. = BGHZ 104, 33, 38 = NJW 1988, 1844. Für einen Finanzplankredit etwa *Habersack*, ZHR 161 (1997), 457, 466 m.w.N. in Fn. 39.
661 In diesem Sinne aber Schlegelberger/*K. Schmidt*, HGB, § 172a, Rdnr. 25; *Goette*, GmbH, § 4, Rdnr. 24.

Differenzen ergeben sich weiterhin bei den – umstrittenen – dogmatischen Grundlagen der Finanzplankredite. So wurde versucht, die Finanzplankredite ebenso wie die Gesellschafterdarlehen darauf zurückzuführen, daß durch sie die Fortführung ermöglicht und damit der Rechtsschein einer liquiden Gesellschaft hervorgerufen werde.[662] Dem stehen an dieser Stelle nicht nur die bereits oben ausgeführten Argumente[663] entgegen. Bei den Finanzplankrediten wird oftmals bereits das „abstrakte" Vertrauen der Verkehrskreise fehlen, weil sich die Rechtsfolgen auch auf noch nicht geleistete, sondern lediglich versprochene Einlagen erstrecken. Hinsichtlich dieser kann aber noch kein schutzwürdiges Vertrauen entstanden sein, da der Beschluß über die Zusage von Finanzplankrediten nicht zu publizieren ist.[664] Aus den gleichen Erwägungen kann der Rechtsgrund nicht wie bei den eigenkapitalersetzenden Gesellschafterleistungen auf der Wahrung der Symmetrie zwischen Risiken und Chancen gesehen werden.[665] Zwar spricht einiges dafür, daß die Gesellschaft beim Finanzplankredit[666] bereits aufgrund der mit der Kapitalzusage verbundenen Stärkung der Kapitalbasis fortgeführt werden kann[667] und sich die Gesellschafter dadurch neue Chancen eröffnen, wenn die Gesellschaft auch regelmäßig erst mit der Gewährung der Mittel praktischen Nutzen aus dieser Zusage ziehen kann. Entscheidend ist jedoch, daß die Auslegung der zugrundeliegenden Abrede und damit die Parteivereinbarung Anknüpfungspunkt für die Einordnung als Finanzplankredit ist. Damit ist die Behandlung der Mittel als Finanzplankredit nicht in erster Linie auf objektives Recht, sondern vielmehr auf die dem Parteiwillen unterliegende geplante Behandlung der Mittel durch die Gesellschafter zurückzuführen.[668] Eine Begrenzung auf Mehrpersonengesellschaften läßt sich hiermit indes nicht begründen.[669]

---

662 *Zanner*, Rechtsfolgen, S. 164; *Lutter/Hommelhoff*, ZGR 1979, 31, 40.
663 Siehe hierzu bereits oben S. 61 ff.
664 So jetzt auch *Bieder*, WM 2000, 2533, 2536.
665 So aber *Fleischer*, Finanzplankredite, S. 88 f.
666 Etwas anderes gilt im Anwendungsbereich der eigenkapitalersetzenden Gesellschafterdarlehen, da bei diesen die bloße Darlehenszusage wegen § 610 BGB keine Rechtsfolgen zeitigt, vielmehr kann dort die Auskehrung der Mittel an den Gesellschafter noch verweigert werden.
667 BGH, Urt. vom 19.09.1996, BB 1996, 2316, 2317 = BGHZ 133, 298, 302 f. = NJW 1996, 3203. Vergl. aber auch *Goette*, DStR 1999, 1201, 1201.
668 BGH, Urt. vom 28.06.1999, BB 1999, 1672, 1673 f. = BGHZ, 142, 116, 122 = NJW 1999, 2809; Baumbach/Hueck/*Hueck*, GmbHG, § 32a, Rdnr. 46a; *Bachem*, Maßnahmen, S. 17; *Beine*, Gesellschafterleistungen, S. 306 ff.; *Drygala*, GmbHR 1996, 481, 481; *Fleischer*, DStR 1999, 1774, 1775; *Goette*, ZHR 162 (1998), 223, 229; *Habersack*, ZHR 161 (1997) 457, 478; *Hommelhoff/Kleindiek*, 100 Jahre GmbHG, S. 438 f.; *Michalski/de Vries*, NZG 1999, 181, 183; *Ulmer*, FS Kellermann, S. 496 f. A. A. etwa *Harald Herrmann*, Quasi-Eigenkapital, S. 61; *Joost*, ZGR 1987, 370, 397; *Schön*, ZGR 1990, 220, 241 ff.; *Steinbeck*, ZGR 2000, 503, 510 f.; wohl auch *Gschwendtner*, DStR, Beiheft zu Heft 32/1999, S. 16.
669 So aber *Kallmeyer*, GmbHR 1996, 530, 530 f. unter Bezugnahme auf OLG Karlsruhe, Urt. vom 29.03.1996, GmbHR 1996, 524 ff.

b) Schlußfolgerungen für das Verhältnis von Eigenkapitalersatz und Finanzplankrediten

Die vorangegangenen Untersuchungen haben gezeigt, daß hinsichtlich des Tatbestandes, der Rechtsfolgen und der dogmatischen Grundlagen erhebliche Unterschiede zwischen dem Eigenkapitalersatzrecht und den Finanzplankrediten bestehen. Dies rechtfertigt es, sie als eigenständige Finanzierungsform zu bezeichnen.[670] Die Gegenansicht,[671] die die Finanzplankredite als Untergruppe des Eigenkapitalersatzrechts ansieht, ignoriert die vorgenannten Unterschiede und ist namentlich mit dem materiellen Eigenkapitalcharakter der Finanzplankredite nicht vereinbar.

Ob indes so weit gegangen werden kann zu sagen, „das Institut des Finanzplankredites [habe] nichts mit dem Eigenkapitalersatzrecht und auch primär nichts mit Gläubigerschutz zu tun",[672] muß bezweifelt werden. Mit der systematischen Unterscheidung zwischen Eigenkapitalersatz auf der einen und Finanzplankrediten auf der anderen Seite ist noch nicht darüber entschieden, inwiefern die Regeln über den Eigenkapitalersatz im Rahmen der Finanzplankredite anzuwenden sind. Weiterhin kann das Rechtsinstitut der Finanzplankredite dort dem Schutz der Gläubiger dienen, wo das Eigenkapitalersatzrecht nicht anwendbar ist, also bei Aktionären mit einer nicht unternehmerischen Beteiligung, bei Gesellschaftern einer GmbH mit einer Beteiligung unterhalb von 10%, bei GmbH-Gesellschaftern, die vom Sanierungsprivileg erfaßt werden und bei der Einforderung noch ausstehender Leistungen.[673]

Handelt es sich bei den Finanzplankrediten um ein eigenständiges Institut und nicht um einen Ableger des Kapitalersatzrechts – Finanzplankredite sind Eigenkapital und nicht bloß Ersatz für solches[674] –, so ist nicht ersichtlich,

---

670 *v. Gerkan/Hommelhoff*, Kapitalersatz, Rdnr. 9.10; *Fleischer*, DStR 1999, 1774, 1775; *v. Gerkan*, ZGR 1997, 173, 193; *Habersack*, ZHR 161 (1997), 457, 477 ff.; *K. Schmidt*, ZIP 1999, 1821, 1825; *Wilken*, ZIP 1996, 61, 62. Jetzt auch der BGH, Urt. vom 28.06.1999, BB 1999, 1672, 1673 = BGHZ, 142, 116, 122 = NJW 1999, 2809.
671 KG, Urt. vom 17.06.1998, NZG 1999, 71, 73; Hachenburg/*Ulmer*, GmbHG, § 32a, b, Rdnr. 61; *Goette*, GmbH, § 4, Rdnr. 24. Unklar *Altmeppen*, ZIP 1996, 909, 911, der von einer Fallgruppe des Kapitalersatzrechts spricht. Vergl. auch die verwirrende Begrifflichkeit bei *Drygala*, GmbHR 1996, 481, 481 („eigenkapitalersetzende Finanzplan-Nutzungsüberlassungen").
672 *Kallmeyer*, GmbHR 1996, 530, 530.
673 Ebenfalls gegen eine Erstreckung der § 32a Abs. 2 S. 2 und 3 GmbHG auf die Finanzplankredite Baumbach/Hueck/*Hueck/Fastrich*, GmbHG, § 32a, Rdnr. 46b; *Fleischer*, DStR 1999, 1774, 1780; *Habersack*, ZHR 161 (1997) 457, 476f.; *Sieger/Aleth*, GmbHR 2000, 462, 468. Zurückhaltender demgegenüber *Goette*, ZHR 162 (1998), 223, 229; a. A. *Lutter/Hommelhoff*, GmbHG, §§ 32a/b, Rdnr. 180 für das Sanierungsprivileg. Vergl. auch *Dauner-Lieb*, in: Handbuch, Teil 9, Rdnr. 9.14; *Bieder*, WM 2000, 2533, 2537f.
674 *Lutter/Hommelhoff*, GmbHG (14. Aufl.), § 32 a/b, Rdnr. 14; *Fleischer*, Finanzplankredite, S. 96; *v. Gerkan*, GmbHR 1990, 384, 385; vergl. auch Roth/*Altmeppen*,

weshalb Finanzplankredite den §§ 32a, 32b GmbHG unterliegen sollten. Zudem würden Finanzplankredite damit einer stärkeren Bindung als das sonstige Eigenkapital unterliegen. Während dieses nach Maßgabe des § 30 Abs. 2 GmbHG unter dem Vorbehalt der Stammkapitalerhaltung zurückgezahlt werden kann, würde diese Möglichkeit für die Finanzplankredite ausscheiden. Vielmehr könnten alle Zahlungen – zusätzlich zu der Grenze des § 30 GmbHG –, die innerhalb eines Jahres vor dem Antrag auf Eröffnung des Insolvenzverfahrens geleistet wurden, angefochten werden.[675] Auch wurde mit der Ergänzung des § 32a Abs. 1 GmbHG um den Klammerzusatz „Krise der Gesellschaft" klargestellt, daß das Gesetz keine Kredite kennt, die krisenunabhängig den §§ 32a, 32b GmbHG unterworfen sind.[676] Das gesetzliche Wertungssystem legt somit nahe, die Eigenkapitalersatzvorschriften nicht anzuwenden.[677]

Von der Ansicht,[678] die die Finanzplankredite als eine Untergruppe des Eigenkapitalersatzes ansieht, wird angeführt, daß die Finanzplankredite die Summe des sonstigen Eigenkapitals, namentlich des Stammkapitals, regelmäßig überschreiten würden. Da die Finanzplankredite bei der Feststellung der Unterbilanz im Sinne des § 30 GmbHG nicht dem zu erhaltenden Stammkapital zugeschlagen werden können,[679] wäre die Verhaftung der Finanzplankredite relativ wirkungslos. Zudem sei es ein Wertungswiderspruch, wenn die Verhaftung der Finanzplankredite, welche von Anfang an als Haftmittel gegeben wurden, geringer wäre als bei den in der Krise gewährten eigenkapitalersetzenden Gesellschafterleistungen.[680] Aus diesem Grunde seien die gesetzlichen Vorschriften zum Eigenkapitalersatz auf Finanzplankredite anzuwenden.[681]

GmbHG, § 32a, Rdnr. 28. A.A. *Drygala*, GmbHR 1996, 481, 481; *K. Schmidt*, ZIP 1999, 1241, 1249, nach denen es sich bei den Finanzplankrediten um Fremdkapital handelt.
675 *Wilken*, ZIP 1996, 61, 63f.; großzügiger demgegenüber *Fleischer*, Finanzplankredite, S. 163f.
676 *K. Schmidt*, ZIP 1999, 1241, 1248; zustimmend *Fleischer*, DStR 1999, 1774, 1775.
677 *Wolter*, Gesellschafterfremdfinanzierung, S. 22; *Fleischer*, Finanzplankredite, S. 96f.; *v. Gerkan*, GmbHR 1990, 384, 385; *ders.*, GmbHR 1997, 677, 681f. – anders hingegen *ders.*, ZGR 1997, 173, 195; *Habersack*, ZHR 162 (1998), 201, 212; so offenbar auch *K. Schmidt*, ZIP 1996, 1586, 1589.
678 *Wilken*, ZBB 1995, 422, 422; *ders.*, ZIP 1996, 61, 63.
679 Vergl. hierzu oben S. 32 Fn. 46.
680 So *v. Gerkan*, ZGR 1997, 173, 195 (anders noch *ders.*, GmbHR 1997, 677, 681f.); vergl. auch *Habersack*, ZHR 161 (1997), 457, 483.
681 Hachenburg/*Ulmer*, § 32a, b, Rdnr. 61; *Kuhr*, Eigenkapitalersatz, S. 79f.; *Ziegler*, Gebrauchsüberlassungsverhältnisse, S. 86; *Hommelhoff/Kleindiek*, 100 Jahre GmbHG, S. 442f.; *Oppenländer*, GmbHR 1998, 505, 509 (unter fälschlicher Berufung auf *Fleischer*, Finanzplankredite, S. 164 in Fn. 67); *Wilken*, ZIP 1996, 61, 62ff. Der BGH scheint ebenfalls eine Anwendung des Kapitalersatzrechts auf Finanzplankredite für zulässig zu halten, vergl. BGH, Urt. vom 28.06.1999, BB 1999, 1672, 1673 = BGHZ, 142, 116, 122 = NJW 1999, 2809 („soweit das Darlehensversprechen erfüllt, die Gesellschafterhilfe aber bei Eintritt der Krise ‚stehen-

Diese Argumente können nicht dazu führen, die Finanzplankredite als Variante des Kapitalersatzes anzuerkennen. Zunächst ist festzustellen, daß die für die Umqualifizierung von Darlehen in haftenden Eigenkapitalersatz vorgetragenen Gründe nach den bisherigen Feststellungen auf den Finanzplankredit nicht zu übertragen sind,[682] was gegen eine Anwendung der §§ 32a, 32 b GmbHG spricht. Aber auch der im Vergleich zum Eigenkapitalersatz vermeintlicherweise[683] geringere Haftungsumfang kann eine Anwendung der §§ 32a, 32b GmbHG nicht rechtfertigen. Dies beruht darauf, daß die vermeintliche Haftungslücke nicht das behauptete Ausmaß einnimmt. Die Finanzplankredite sind nach § 30 Abs. 2 GmbHG nicht nur im Umfang des Stammkapitals gebunden, sondern darüber hinaus insoweit, als sie zur Deckung einer Überschuldung benötigt werden – eine Gläubigergefährdung aufgrund unzureichender Mittelbindung dürfte damit ausgeschlossen sein. Selbst bei der GmbH & Co. KG wird die Haftungslücke nicht über Gebühr ausgeweitet, denn die Vermögenslage der KG ist auf der Passivseite der GmbH zu berücksichtigen.[684] Weiterhin unterliegen die Finanzplankredite der Sperrfrist des § 30 Abs. 2 GmbHG, so daß im Krisenfall eine hinreichende Sicherung gewährleistet ist. Ob eine Rückzahlung zulässig oder wegen § 30 Abs. 1 i.V.m. Abs. 2 S. 1 GmbHG ausgeschlossen ist, bestimmt sich in erster Linie nach dem Zeitpunkt der Rückzahlung.[685] Aus diesem Grunde kann den Gesellschaftern die Aufhebung der Vereinbarung in der Krise der Gesellschaft gestattet werden, eine Rückzahlung ist ohnehin unzulässig.[686]

Finden die Kapitalersatzregeln auf Finanzplankredite keine Anwendung, ist grundsätzlich unbeachtlich, ob der Gesellschafter nach dem Kriseneintritt eine Finanzierungsentscheidung (etwa im Sinne des „Stehenlassens") getroffen hat. Hinzu kommt, daß eine derartige Finanzierungsentscheidung ausgeschlossen sein dürfte, weil dem Gesellschafter aufgrund der Finanzplan-

---

gelassen' und die Gesellschaft nicht der Liquidation zugeführt worden ist, finden die Eigenkapitalersatzregeln ohne weiteres Anwendung") zustimmend Baumbach/Hueck/*Fastrich*, GmbHG, § 32a, Rdnr. 46a und 46b; *K. Schmidt*, ZIP 1999, 1241, 1245f.
682 Vergl. auch *Fleischer*, Finanzplankredite, S. 37.
683 Zwar können Rückzahlungen nach § 30 Abs. 2 GmbHG nicht angefochten werden, dafür unterliegen sie einer Sperrfrist und der Auszahlungskontrolle nach § 30 Abs. 1 GmbHG, insofern ist bereits zweifelhaft, ob der Schutz über § 30 Abs. 2 GmbHG schwächer ist als der nach den Kapitalersatzregeln.
684 Indes dürfte bereits mit Eintritt der Krise von einer Passivierungspflicht auszugehen sein; vergl. auch die Meinungsübersicht bei *Nieskens*, WPg 1988, 493, 498f. Für den Überschuldungsstatus teilweise abweichend Hachenburg/*Ulmer*, GmbHG, § 63, Rdnr. 131; Scholz/*K. Schmidt*, GmbHG (8. Aufl.), § 63, Rdnr. 97; *Uhlenbruck*, GmbH & Co. KG, S. 317.
685 Hachenburg/*Ulmer*, GmbHG, § 30, Rdnr. 97; Rowedder/*Rowedder*, GmbHG, § 30, Rdnr. 34; Scholz/*Westermann*, GmbHG, § 30, Rdnr. 47.
686 A.A. *Ebenroth*, AG 1992, 102, 102, der unter einem anderen Konzept für eine Anfechtung nach § 32a KO eintrat.

abrede regelmäßig kein Kündigungsrecht zusteht. Sollen für den Fall, daß das Verhalten des Gesellschafters ausnahmsweise dennoch als Finanzierungsentscheidung ausgelegt werden kann, Ausführungen zum Finanzplan obsolet sein, weil bereits nach dem Kapitalersatzrecht keine Rückzahlung der Mittel zulässig ist,[687] kann es sich allein um eine Beweiserleichterung handeln.[688] Möglich scheint eine solche Beweiserleichterung in dem Sinne, daß es zu einer Alternativverurteilung (entweder nach den Grundsätzen zum Finanzplankredit oder nach dem Kapitalersatzrecht) kommt, wenn die Beweissituation oder die Auslegung der Finanzierungsvereinbarung nicht eindeutig sind und somit nicht festgestellt werden kann, ob der Gesellschafter eine Kündigungsmöglichkeit hatte oder nicht. In diesen Fällen, in denen Zweifel über das Vorliegen der Voraussetzungen für den Finanzplankredit bestehen, kann das Rückzahlungsverbot statt auf die Finanzplanregeln ersatzweise auf das Kapitalersatzrecht gestützt werden. Dieser praktische Vorrang des Eigenkapitalersatzrechts vor dem Finanzplankredit kann sich jedoch allein auf die jeweilige Beweissituation und nicht auf die dogmatische Einordnung beziehen. Letzteres ergibt sich schon deshalb, weil allein im Rahmen der Finanzplankredite, nicht aber beim Eigenkapitalersatzrecht ausstehende Beträge eingefordert werden können.[689]

Im Ergebnis besteht daher keine Notwendigkeit, die eigenkapitalersatzrechtlichen Vorschriften auf Finanzplankredite anzuwenden.

4. Zwischenergebnis

Grundvoraussetzung der Finanzplankredite ist die Erfüllung der materiellen Eigenkapitalvoraussetzungen. Hierbei handelt es sich um einen elementaren Unterschied zu den Rechtsprechungs- und Novellendarlehen, der mit Differenzen bei den Rechtsfolgen und der dogmatischen Begründung der Rechtsfigur einhergeht. Insofern stellen die Finanzplankredite eine eigene Gruppe von Finanzmitteln dar, für welche nicht die §§ 32a, 32b GmbHG gelten, sondern § 30 Abs. 2 GmbHG angewendet wird.

II. Bilanzielle Behandlung

Mit der Feststellung, daß Finanzplankredite den Anforderungen des Eigenkapitals entsprechen, ist ihre Bilanzierung unter dem Eigenkapital (§ 266 Abs. 3 A. HGB) bereits vorgegeben.[690] Entscheidend ist insoweit ihr materieller

---

687 So BGH, Urt. vom 21.03.1988, BB 1988, 1084, 1085 = BGHZ 104, 33, 37 ff. = NJW 1988, 1844; OLG Karlsruhe, Urt. vom 29.03.1996, ZIP 1996, 918, 918; *Habersack*, ZHR 161 (1997) 457, 469.
688 So wohl auch *Sieger/Aleth*, GmbHR 2000, 462, 467.
689 A.A. wohl KG, Urt. vom 17.06.1998, NZG 1999, 71, 71 ff. Vergl. aber auch BGH, Urt. vom 09.12.1996, DStR 1997, 505 505 f.
690 A.A., d.h. für den Ansatz unter den Verbindlichkeiten demgegenüber Scholz/ *K. Schmidt*, GmbHG, §§ 32a, 32b, Rdnr. 95; *Küting*, in: Küting/C.-P. Weber, Bd. I

Eigenkapitalcharakter und nicht die formelle Gewährung als Fremdkapital.[691] Hiergegen kann nicht eingewandt werden, es werde so ein unberechtigtes Vertrauen in die Solvenz des Unternehmens geschaffen, denn dieses Vertrauen ist aufgrund der dauerhaften Bindung gerechtfertigt.[692]

Uneinigkeit besteht indes darüber, ob der Ausweis innerhalb der Kapitalrücklagen[693] oder als Sonderposten im Eigenkapital[694] erfolgen soll.[695] Die besseren Argumente sprechen letztlich für eine gesonderte Ausweisung in den Kapitalrücklagen (§ 266 Abs. 3 A. II. HGB) mittels einer weiteren Untergliederung oder eines „Davon-Vermerks". Gegen eine Passivierung hinter den Gewinnrücklagen läßt sich insbesondere anführen, daß hierdurch eine sachliche Nähe zu den Gewinnrücklagen nach Posten § 266 Abs. 3 A. III. HGB suggeriert würde. Eine solche ist nicht vorhanden. Die Mittel der Finanzplankredite stammen – anders als die in die Gewinnrücklage einzustellenden – aus Gesellschafterhand (Außenfinanzierung) und nicht aus einer Gewinnthesaurierung (Innenfinanzierung).[696]

Die diesseits bevorzugte Ausweisung in den Kapitalrücklagen steht mit den Wertungen des Gesetzes im Einklang. Zwar könnte versucht werden, einen Ansatz in der Kapitalrücklage mit der Begründung zu verneinen, der Gesellschafter habe nicht den erforderlichen Willen zur Leistung in die Rücklage.[697] Nach der hier vertretenen Ansicht[698] kann es bei der Zuordnung zur Kapitalrücklage nach § 272 Abs. 2 Nr. 4 HGB entgegen großen Teilen der Literatur[699] nicht auf den Willen des einzahlenden Gesellschafters ankom-

---

(3. Aufl.), § 272, Rdnr. 28 a.E.; *Hollenbeck*, Gesellschafterleistungen, S. 102; *Sieger/Aleth*, GmbHR 2000, 462, 463.

691 A.A. *Sieger/Aleth*, GmbHR 2000, 462, 463 und 469, die zwar die Einzahlungspflicht auf den materiellen Eigenkapitalcharakter der Finanzplankredite stützen (a.a.O., 465) und § 20 GmbHG auf diese entsprechend anwenden wollen (a.a.O., 467), für die Bilanzierung aber die formelle Einordnung für entscheidend halten.

692 *Fleischer*, Finanzplankredite, S. 310.

693 *Küting/Kessler*, in: Küting/C.-P. Weber, Bd. Ia, § 272, Rdnr. 176; *Fleischer*, Finanzplankredite, S. 317; *Winnefeld*, Bilanz-Handbuch, Abschnitt D, Rdnr. 1707. *Priester*, DB 1991, 1917, 1923 Fn. 94. Ebenso *Bachem*, Bilanzierung, S. 34f. für die gesplittete Einlage.

694 *K. Schmidt*, FS Goerdeler, S. 499 (Sonderposten nach den Gewinnrücklagen) – anders jetzt Scholz/*K. Schmidt*, GmbHG, §§ 32a, 32b, Rdnr. 95: Ausweis unter den Verbindlichkeiten; *Beine*, Gesellschafterleistungen, S. 316 (Sonderposten nach dem gezeichneten Kapital oder den Rücklagen).

695 Für eine Bilanzierung im Eigenkapital, ohne sich hinsichtlich des genauen Ortes näher festzulegen, *Bordt*, HdJ Abt. III/1, Rdnr. 300.

696 Diese Differenzierung wird bereits durch § 272 Abs. 3 HGB vorgegeben. Zur Unterscheidung von Kapital- und Gewinnrücklagen siehe *Baetge*, Bilanzen, S. 423; *Fleischer*, Finanzplankredite, S. 318; *Farr*, HdJ Abt. III/2, Rdnr. 15.

697 Vergl. *K. Schmidt*, FS Goerdeler, S. 497.

698 Siehe oben S. 112f.

699 Mit Unterschieden im Detail A/D/S, § 272 HGB, Rdnr. 137; *Hense*, Stille Gesellschaft, S. 261; *Winnefeld*, Bilanz-Handbuch, Abschnitt D, Rdnr. 1804; *Küting/Kess-*

men. Fehlt es somit bereits an einer gesetzlichen Wertung dahingehend, daß ein Wille zur Leistung in das Eigenkapital erforderlich ist, kann hieraus auch kein Argument gegen die hier vorgeschlagene Bilanzierung abgeleitet werden. Gleiches gilt, wenn ein Wille zur Leistung in die Rücklage gefordert wird. Das wird insbesondere deutlich, wenn auf das entscheidende Begriffspaar „Leistung in das Eigenkapital" kontra „Leistung in das Ergebnis" abgestellt wird, denn eine Leistung in das Ergebnis ist bei der Gewährung von Finanzplankrediten regelmäßig nicht gewollt.[700]

Gegen eine Ausweisung unter den Kapitalrücklagen wurde weiterhin eingewandt, sie würde den Einblick in die Ertragslage verzerren.[701] Als Begründung wird vorgebracht, daß nicht mehr ersichtlich wäre, für welche der in den Kapitalrücklagen enthaltenen Beträge Gegenleistungen zu erbringen seien, sofern festverzinsliche oder aus dem Gewinn zu bedienende, einlagengleiche Gegenleistungen ebenfalls in die Posten der Kapitalrücklage nach § 272 Abs. 2 Nr. 4 HGB eingingen. Unabhängig davon, ob aus derartigen Überlegungen der auf den ersten Blick überzeugende Schluß gezogen werden kann, daß sich § 272 Abs. 2 Nr. 4 HGB allein auf Zuzahlungen bezieht, die ohne Gegenleistungen erbracht wurden,[702] sprechen sie nicht gegen einen Ansatz der Finanzplankredite in der Kapitalrücklage. Denn gleichgültig, ob die Finanzplankredite in den Kapitalrücklagen oder an einer anderen Stelle im Eigenkapital ausgewiesen werden, erscheint eine Erläuterung im Anhang erforderlich.[703] Damit wird in jedem Fall der besondere Charakter der Mittel deutlich.

Für eine Ausweisung der Finanzplankredite in den Kapitalrücklagen spricht letztlich auch die sachliche Nähe zu den Nachschüssen.[704] Diese sind nach vorzugswürdiger Ansicht[705] ab Leistung der Mittel als Sonderposten inner-

---

ler, BB 1989, 25, 30; HFA, Stellungnahme 2/1996, WPg 1996, 709, 712. Vergl. auch den Ausschußbericht zu § 272 HGB, BT-Drcks. 10/4268, S. 107.
700 *Fleischer*, Finanzplankredite, S. 320. Vergl. auch *Bachem*, Bilanzierung, S. 34 f. (für die gesplittete Einlage); *Beine*, Gesellschafterleistungen, S. 316.
701 *Beine*, Gesellschafterleistungen, S. 316 f.
702 So *Beine*, Gesellschafterleistungen, S. 316 f. I.E. ebenso *Förschle/Kofahl*, in: Beck'scher Bilanzkommentar, § 272, Rdnr. 67; WP-Handbuch/*Gelhausen*, Bd. I, Abschnitt F, Rdnr. 173; *Farr*, HdJ Abt. III/2, Rdnr. 26. Unklar ist indes, ob die vorgenannten Autoren ebenso wie *Beine* keinerlei Gegenleistungen gestatten wollen oder nur solche Leistungen nicht, die mit den § 272 Abs. 2 Nr. 1–3 HGB genannten in Zusammenhang stehen, so ausdrücklich A/D/S, § 272, Rdnr. 134.
703 Ebenso *Bordt*, HdJ Abt. III/1, Rdnr. 300.
704 So auch schon *Fleischer*, Finanzplankredite, S. 320.
705 A/D/S, § 42 GmbHG, Rdnr. 25; Rowedder/*Wiedmann*, GmbHG, § 42, Rdnr. 12; Scholz/*Crezelius*, GmbHG, § 42, Rdnr. 17. I.E. ebenso Roth/*Altmeppen*, GmbHG, § 42, Rdnr. 32; *Farr*, HdJ Abt. III/2, Rdnr. 81; wohl auch *Förschle/Kofahl*, in: Beck'scher Bilanzkommentar, § 272, Rdnr. 77.

halb der Kapitalrücklagen zu bilanzieren. Die Gegenansicht,[706] die für eine Umgruppierung der Nachschüsse in die Kapitalrücklagen nach § 272 Abs. 2 Nr. 4 HGB eintritt, kann nicht überzeugen. Bei ihr wird der besondere Charakter des geleisteten Nachschußkapitals und die nur begrenzte Rückzahlbarkeit nicht hinreichend deutlich. Damit sind Finanzplankredite in den Kapitalrücklagen (§ 266 Abs. 3 A II. HGB) mittels einer weiteren Untergliederung oder eines „Davon-Vermerks" auszuweisen.

B. Verbindlichkeiten mit Rangrücktrittsvereinbarung

I. Gesellschaftsrechtliche Grundlagen

1. Definitorische Eingrenzung

Verbindlichkeiten mit Rangrücktritt sowie solche, die mit Besserungsabreden oder Forderungsverzichten versehen sind, lassen sich zunächst nach dem Zeitpunkt der Vereinbarung unterscheiden. Unter einer Besserungsabrede sind allein solche Erklärungen zu verstehen, die im Rahmen eines Insolvenzverfahrens gegeben wurden.[707] Ziel der Vereinbarung ist es hierbei, auf einen Teil der Verbindlichkeiten zu „verzichten",[708] welcher im Falle der Besserung (partiell) wieder aufleben soll.[709] Da diese Vereinbarungen erst nach Eröffnung des Insolvenzverfahrens getroffen werden, sollen sie nicht Gegenstand der weiteren Untersuchungen sein.

Die Differenzierung zwischen solchen Verbindlichkeiten, die mit einem Rangrücktritt versehen sind, und solchen, für die ein Forderungsverzicht erklärt wurde, gestaltet sich demgegenüber diffiziler. Eine am Wortlaut orientierte Abgrenzung würde zwar zu klaren Ergebnissen führen – während ein Forderungsverzicht nach § 397 Abs. 1 BGB zum Erlöschen der Forderung führt, bleibt bei

---

706 *Lutter/Hommelhoff*, GmbHG, § 42, Rdnr. 25; *Küting*, in: Küting/C.-P. Weber, Bd. I a, § 272, Rdnr. 111.
707 So auch *Herlinghaus*, Forderungsverzichte, S. 94; *Groh*, BB 1993, 1882, 1883; i. E. auch *Teller*, Rangrücktrittsvereinbarungen, S. 154 f. Unklar demgegenüber BGH, Urt. vom 12.12.1991, BGHZ 116, 319, 320, wo von einem „Rangrücktritt gegen Besserungsschein" die Rede ist; vergl. auch § 39 Abs. 2 InsO.
708 Ob es sich hierbei um einen auflösend bedingten Forderungsverzicht handelt, bei dem die Forderung für die Dauer der Krise erlischt und anschließend wieder auflebt (so die h. M., vergl. etwa A/D/S, § 246, Rdnr. 65; *Döllerer*, FS Forster, S. 203; *Knobbe-Keuk*, StuW 1991, 306, 310; *Priester*, DB 1991, 1917, 1921; *Rautenberg/ Schaufenberg*, DB 1995, 1345, 1346; *Thiel*, GmbHR 1992, 20, 26), ob der Parteiwille bei der Auslegung als Stundungsabrede gebietet (so etwa *Herlinghaus*, Forderungsverzichte, S. 125, m. w. N. in Fn. 171; vergl. aber auch *Teller*, Rangrücktrittsvereinbarungen, S. 153) oder ob die erlassene Forderung als Naturalobligation bestehen bleibt und als solche erfüllbar und besicherungsfähig ist (so *Groh*, BB 1993, 1882, 1883), mag an dieser Stelle dahinstehen.
709 Vergl. *Herlinghaus*, Forderungsverzichte, S. 108 f. m. w. N.; *Teller*, Rangrücktrittsvereinbarungen, S. 156 f.; *Wöhe*, Bilanzierung, S. 675; *Wittig*, NZI 1998, 49, 53 f.

einem Rangrücktritt im herkömmlichen Sinne die Forderung bestehen, ist aber erst nach den erstrangigen Forderungen zu begleichen. Allerdings bliebe hierbei die wirtschaftliche Intention der Gläubiger bei der Erklärung des Rangrücktritts bzw. Forderungsverzichts unbeachtet. Hauptziel des Rangrücktritts ist es, den Eintritt der Überschuldung zu verhindern oder eine eingetretene Überschuldung zu beseitigen, wozu eine langfristige Bindung der Mittel an die Gesellschaft erforderlich ist.[710] Ausweislich der Regierungsbegründung zum § 23 des Entwurfes einer Insolvenzordnung sollen künftig auch nachrangige Verbindlichkeiten im Überschuldungsstatus berücksichtigt werden. Weiter heißt es wörtlich: „Dem Bedürfnis der Praxis, durch den Rangrücktritt eines Gläubigers den Eintritt einer Überschuldung zu vermeiden oder eine bereits eingetretene Überschuldung wieder zu beseitigen, kann in der Weise Rechnung getragen werden, daß die Forderung des Gläubigers für den Fall der Eröffnung eines Insolvenzverfahrens erlassen wird (...)."[711] Diese Formulierung legt den Schluß nahe, daß der Gesetzgeber einen auf die Eröffnung des Insolvenzverfahrens aufschiebend bedingten Forderungserlaß vor Augen hatte.[712] Damit wird der zwischenzeitlich als weitestgehend geklärt angesehenen Frage, ob ein „Rangrücktritt zur Vermeidung der Überschuldung" mit einem (bedingten) Forderungsverzicht verbunden sein muß,[713] neuer Auftrieb gegeben.[714] Gleichzeitig wird die Unterscheidung zwischen dem Forderungsverzicht und dem Rangrücktritt im herkömmlichen Sinne verwischt. Wie noch gezeigt werden wird,[715] hat sich jedoch durch die Einführung der InsO hinsichtlich der Anforderungen an einen Passivierungsverzicht nichts geändert. Insofern ist es auch nicht erforderlich, neue Rangrücktrittsvereinbarungen zu verlangen, weshalb denn der folgenden Untersuchung auch das unter der Konkursordnung entstandene Bild vom Rangrücktritt zugrunde gelegt werden kann.

Unabhängig von den Problemen bei der Ausgestaltung einer Rangrücktrittsvereinbarung im einzelnen genügt eine einseitige Erklärung seitens des Gläubigers indes nicht. Erforderlich ist in jedem Fall eine vertragliche Einigung über den

---

710 *Herlinghaus*, Forderungsverzichte, S. 87 f.; *Teller*, Rangrücktrittsvereinbarungen, S. 1; *Livonius*, ZInsO 1998, 309, 310; *Priester*, DB 1991, 1917, 1920; *K. Schmidt*, FS Goerdeler, S. 500; *Schulze-Osterloh*, WPg 1996, 97, 97.
711 BT-Drcks. 12/2443, S. 115.
712 Kübler/Prütting/*Holzer*, InsO, § 39, Rdnr. 22 b; Rowedder/*Rowedder*, GmbHG, § 63, Rdnr. 14; *Janssen*, NWB 1998, 1405, 1407 halten einen solchen denn auch für erforderlich und ausreichend.
713 So etwa Hess/*Pape*, InsO, Rdnr. 109 für die Rechtslage nach der Insolvenzordnung. Noch unschlüssig Rowedder/*Rowedder*, GmbHG, § 63, Rdnr. 14, der „jedenfalls" bis zur Einführung der Insolvenzordnung den bekannten Rangrücktritt ausreichen lassen will. *Hartung*, NJW 1995, 1186, 1187 befürwortet grds. einen Erlaßvertrag. Für die Rechtslage nach der Insolvenzordnung für einen Forderungsverzicht etwa *Priester*, DB 1977, 2429, 2433 (aufgegeben in DB 1991, 1917, 1920); ähnlich *Serick*, ZIP 1980, 9, 15 f. („modifizierter Erlaß").
714 *K. Schmidt*, ZGR 1998, 633, 660.
715 Siehe hierzu unten S. 333 ff.

„Nachrang" der Verbindlichkeit. Diese muß allerdings nicht ausdrücklich erfolgen, namentlich kann die Annahme (in der Regel durch die Gesellschaft) konkludent erfolgen.[716] Letztlich wird man auch keine schriftliche Regelung fordern müssen, wenn sich diese freilich aus Beweiszwecken empfiehlt.[717]

Ebenfalls ohne Rücksicht auf die konkrete Ausgestaltung lassen sich die Rangrücktrittsvereinbarungen danach unterscheiden, ob sie bereits bei Begründung der Forderung oder erst vor dem Hintergrund einer konkreten Krise beschlossen wurden.[718] Ob diese – oft übersehene[719] – Unterscheidung Auswirkungen auf die Einordnung im Rahmen des nachrangigen Haftkapitals hat, wird zu untersuchen sein.

2. Ausgestaltung von Rangrücktrittsvereinbarungen

Für die Rechtslage unter der Konkursordnung – welche sich nach hier vertretener Ansicht durch die Einführung der Insolvenzordnung insoweit nicht geändert hat – war anerkannt, daß in der Überschuldungsbilanz auf der Passivseite nur solche Posten anzusetzen sind, die Konkursforderungen[720] begründen können. Damit war von einer Passivierung abzusehen, wenn der Gesellschafter seinen Rücktritt in der Weise erklärt hat, daß er mit seiner Forderung das Gesellschaftsvermögen nicht mehr belastet.[721] Unklarheit herrscht jedoch über den genauen Inhalt der erforderlichen Erklärung und damit über die zivilrechtliche Einordnung.

---

716 *Fleck*, FS Döllerer, S. 126; *Häuselmann*, BB 1993, 1552, 1557; *Kamprad*, FS Meilicke, S. 62; *Kroppen*, DB 1977, 663, 666; *K. Schmidt*, FS Goerdeler, S. 505; *Ulmer*, GmbH-Recht, S. 68; a.A. *Priester*, DB 1977, 2429, 2432 (ausdrückliche Erklärung); *Vollmer/Maurer*, DB 1993, 2315, 2318 f. (gesellschaftsrechtliche Grundlage in Form eines Gesellschafterbeschlusses). Zur Abschlußkompetenz siehe unten S. 217 f.
717 Zu den Konsequenzen, die sich aus den vorgenannten Anforderungen für die Behandlung im Überschuldungsstatus ergeben, siehe unten S. 333 ff.
718 *Häuselmann*/Rümker/Westermann, Finanzierung der GmbH, S. 186; *Haack*, Konkursgrund, S. 159 ff.; *ders.*, KTS 1980, 309, 310 ff.; *Peters, WM 1988, 685*, 685 f.; *K. Schmidt*, FS Goerdeler, S. 499 f.
719 *Fleischer*, Finanzplankredite, S. 280 Fn. 996.
720 Im folgenden wird von der Begrifflichkeit unter der Konkursordnung ausgegangen. Die Ausführungen gelten selbstverständlich auch für die Rechtslage unter der Insolvenzordnung.
721 BGH, Urt. vom 09.02.1987, BB 1987, 728, 728 = NJW 1987, 1697, 1698; OLG Düsseldorf (StrafR), Beschl. vom 25.11.1996, BB 1997, 517, 517 f. = NJW 1997, 1455; OLG Stuttgart, Beschl. vom 17.12.1991, BB 1992, 531, 531; LG München, Urt. vom 19.06.1986, GmbHR 1987, 101, 102; Hachenburg/*Ulmer*, GmbHG, § 63, Rdnr. 46; *Meyer-Landrut*/Miller/Niehus, GmbHG, § 63, Rdnr. 6; *Auler*, DB 1976, 2169, 2170; *Dahl*, GmbHR 1964, 112, 115; *Menger*, GmbHR 1982, 221, 227. Teilweise a.A. *Vollmer/Maurer*, DB 1993, 2315, 2318, die auch „nachrangiges Haftkapital" im Überschuldungsstatus ansetzen und von einer Passivierung nur absehen wollen, ohne eine Umqualifizierung in materielles Eigenkapital erfolgt ist.

Aus dem Erfordernis, das Gesellschaftsvermögen nicht mehr zu belasten, folgt zunächst, daß die Forderungen für den Konkursfall nicht mit denen der erstrangigen Gläubiger in Konkurrenz treten dürfen. Doch selbst wenn dies gewährleistet wird, könnte der Gesellschafter seine Forderung im Vorfeld des Konkursverfahrens durchsetzen, was die Haftungsmasse schmälern und ebenfalls zu einer Gläubigergefährdung führen würde.[722] In diesen Fällen kann eine Anfechtung nach § 32a KO bzw. § 135 InsO analog nicht helfen,[723] denn damit würde der Rechtsschutz auf die Zeit von einem Jahr nach Konkurseröffnung bzw. Stellung des Insolvenzantrages beschränkt. Zudem wäre beim Rangrücktritt eines Dritten eine doppelt analoge Anwendung notwendig.[724] Zu guter Letzt ist sicherzustellen, daß das Gesellschaftsvermögen nicht durch eine der Rangrücktrittsvereinbarung widersprechende Auszahlung belastet werden kann. Eine derartige Umgehung steht zu befürchten, wenn eine abredewidrig geleistete Zahlung nicht nach Bereicherungsrecht zurückverlangt werden kann.[725]

In der Literatur[726] wurde vorgeschlagen, den Rangrücktritt als aufschiebend bedingten Forderungserlaß zu konstruieren. Hiernach soll der Erlaß mit Eintritt der Bedingung – in der Regel die Eröffnung des Konkurses – wirken, wodurch sich die Forderung in eine auflösend bedingte verwandeln würde. Zivilrechtlich wäre eine solche Abmachung als verfügender Schuldänderungsvertrag sui generis einzuordnen. Eine derartige Vereinbarung bezog sich allein auf den Eintritt des Konkursverfahrens, in der Zeit vor der Krise sind die Gläubiger nicht geschützt. Hinzu kommt, daß der Erlaß erst mit der Konkurseröffnung wirken würde. Dies ist jedoch zu spät, um den Eintritt des Konkursgrundes selbst noch zu verhindern.[727] Damit ist eine solche Konstruktion nicht geeignet, den Eintritt der Überschuldung abzuwenden.

Auch die Vereinbarung eines auf die Gesundung der Gesellschaft auflösend bedingten Erlasses in Form eines Schuldänderungsvertrages[728] führt nicht zu

---

722 Scholz/*Tiedemann*, GmbHG (8. Aufl.), § 84, Rdnr. 52; *Temme*, Eröffnungsgründe, S. 193; *Groh*, BB 1993, 1882, 1883; *Knobbe-Keuk*, ZIP 1983, 127, 129; *Priester*, DB 1977, 2429, 2430.
723 *Temme*, Eröffnungsgründe, S. 193; *Teller*, Rangrücktritt, S. 99.
724 Vergl. auch *Teller*, Rangrücktrittsvereinbarungen, S. 100.
725 *Fleischer*, Finanzplankredite, S. 286 f.; *Serick*, ZIP 1980, 9, 13; *K. Schmidt*, FS Goerdeler, S. 500; *Schulze-Osterloh*, WPg 1996, 97, 98 f.
726 *Markus Duss*, Rangrücktritt, S. 35 f. (für die Schweiz); *Uhlenbruck*, GmbH & Co. KG (1. Aufl.), S. 102 (anders in der 2. Aufl., S. 306); *Marco Duss*, AG 1974, 133, 133 f.; *Haug/Letters*, JbFStR 1983/84, 311, 336; *Janka/Löwenstein*, DB 1992, 1648, 1652.
727 So zutreffend *Peters*, WM 1988, 685, 686; vergl. auch Budde/*Forster/Gelhausen*, DMBilG, § 16, Rdnr. 41. Anders für die InsO etwa *Eisolt/Engeler*, NZI 1999, 306, 307.
728 So *Priester*, DB 1977, 2429, 2433 (aufgegeben in DB 1991, 1917, 1920); ähnlich *Serick*, ZIP 1980, 9, 15 f. („modifizierter Erlaß") zustimmend *Meyer-Landrut*/Mil-

befriedigenden Ergebnissen. Zwar entstünde hierdurch eine aufschiebend bedingte Forderung, die erst wieder auflebt, wenn die Situation sich verbessert hat, wenn also bei der Auszahlung keine Unterbilanz, Überschuldung oder Zahlungsunfähigkeit mehr besteht. Diese belastet wegen der Nichtberücksichtigung in der Schlußverteilung nach § 154 Abs. 2 KO im Konkursfalle bzw. § 191 Abs. 2 InsO im Insolvenzfalle nicht das Vermögen der Gesellschaft.[729] Da inzwischen die Vorbehalte gegen einen auflösend bedingten Forderungserlaß als überwunden gelten können,[730] bestehen gegen diese Konstruktion keine grundsätzlichen Bedenken. Allerdings gehen dem Gesellschafter für die Zeit der Krise die Zinsansprüche verloren, und bestehende Sicherheiten werden gefährdet,[731] was nicht seinen Interessen entspricht. Zudem läßt sich die Vermeidung der Überschuldung durch weniger einschneidende Maßnahmen erreichen. Denn die Gläubigerinteressen werden bereits gewahrt, wenn eine Konkurrenz mit den Ansprüchen der Gläubiger durch einen entsprechenden Nachrang vermieden wird. Hierzu bedarf es keines Forderungsverzichts.[732] Dieses Konzept muß als nicht geeignet abgelehnt werden.

Gemessen an den genannten Anforderungen kann eine Vereinbarung darüber, die Forderung erst dann *geltend zu machen*, wenn diese aus künftigen Bilanzgewinnen oder aus sonstigem, die Schulden der Gesellschaft übersteigendem Vermögen erfüllt werden kann,[733] ebenfalls nicht zur Abwendung der Passivierungspflicht im Überschuldungsstatus führen. Zwar wird durch die Bezug-

---

ler/Niehus, GmbHG, § 63, Rdnr. 6; vergl. hierzu auch BFH, Urt. vom 30.05.1990, BB 1990, 1960, 1961 ff. *Haack*, Konkursgrund, S. 162 ff.; ders., KTS 1980, 309, 314 f. will auch die Eröffnung des Konkurseintritts als Bedingungseintritt genügen lassen. Das kann bereits aus Gläubigerschutzgesichtspunkten nicht überzeugen, vergl. hierzu auch *Temme*, Eröffnungsgründe, S. 194 ff.

729 Ausführlich *Teller*, Rangrücktrittsvereinbarungen, S. 104 f.; kritisch demgegenüber *Peters*, WM 1988, 685, 688.

730 Vergl. *Teller*, Rangrücktrittsvereinbarungen, S. 106 m.w.N. in Fn. 46 und 47; *Priester*, DB 1977, 2429, 2433 m.w.N. in Fn. 58; zweifelnd aber jetzt wieder *Fleischer*, Finanzplankredite, S. 285.

731 Vergl. nur *Früh*, GmbHR 1999, 842, 846; *Groh*, BB 1993, 1882, 1883 Fn. 4; *Habersack*, ZGR 2000, 384, 403; *Janka/Löwenstein*, DB 1992, 1648, 1651; *K. Schmidt*, GmbHR 1999, 9, 11.

732 *Küting/Kessler*, in: Küting/C.-P. Weber, Bd. Ia, § 272, Rdnr. 187; *Fleck*, GmbHR 1989, 313, 315 f.; *Knobbe-Keuk*, ZIP 1983, 127, 130; *Küting/Kessler*, BB 1994, 2103, 2108; *Peters*, WM 1988, 685, 688; *Schulze-Osterloh*, WPg 1996, 97, 98.

733 So der Vorschlag für einen Rangrücktritt von *Herget*, AG 1974, 137, 140 f.; zustimmend *Bachem*, Maßnahmen, S. 23. Ähnlich auch A/D/S (5. Aufl.), § 246, Rdnr. 86 („Leistungsverweigerungsrecht"); *Beintmann*, Gesellschafterdarlehen, S. 146 (unter fälschlicher Bezugnahme auf *Peters*, WM 1988, 685, 685 – anders S. 160); *Häuselmann*, BB 1993, 1552, 1553 (anders S. 1557); tendenziell auch *Häuselmann/Rümker/Westermann*, Finanzierung der GmbH, S. 188 f. Widersprüchlich *Altmeppen*, ZIP 1997, 1173, 1176, der einerseits von „geltend machen" andererseits aber auch von einem verfügenden Schuldänderungsvertrag spricht. Jüngst wieder in diese Richtung *Crezelius*, in: Handbuch, Teil 13, Rdnr. 13.20.

nahme auf die Vermögenssituation der Gesellschaft versucht sicherzustellen, daß eine Belastung des Gesellschaftsvermögens sowohl innerhalb als auch außerhalb des Insolvenzverfahrens vermieden wird. Eine derartige Vereinbarung führt aber faktisch nur zu einem pactum de non petendo. Wird das Darlehen trotz der Vereinbarung zurückgezahlt, so basiert die Leistung immer noch auf einem Rechtsgrund. Die Gesellschaft kann die Leistung nicht nach §§ 812 ff. BGB zurückverlangen.[734] Diese mögliche Aushöhlung des Gläubigerschutzes hat selbst der Gesetzgeber nicht immer hinreichend beachtet. So sollte nach § 32a Abs. 1 S. 5 des Regierungsentwurfs zum GmbHG von 1980[735] die Passivierungspflicht entfallen, sofern sich der Gesellschafter verpflichtet hatte, im Konkurs- oder Vergleichsverfahren auf die *Geltendmachung* zu verzichten. Nach § 88 Abs. 3 S. 4 2. HS II. WoBauG soll von einer Passivierung abgesehen werden können, wenn die Verbindlichkeit nur unter den genannten Voraussetzungen bedient zu werden *braucht*. Nach § 16 Abs. 3 DMBilG sind Verbindlichkeiten, für die der Schuldner erklärt hat, Zahlung nur zu *verlangen*, soweit die Erfüllung aus dem Jahresüberschuß möglich ist, nicht mit in die DM-Eröffnungsbilanz aufzunehmen.[736]

Entscheidend ist somit, daß der Schuldinhalt derart geändert wird, daß die Forderung nicht mehr beglichen werden darf.[737] Kommt es dann zu einer verbotswidrigen Auszahlung, so steht der Gesellschaft ein Bereicherungsanspruch gegen den Empfänger zu. Die Passivierung kann somit unterbleiben, wenn der Gesellschafter hinter die übrigen Gläubiger zurücktritt und eine Zahlung allein aus künftigen Jahresüberschüssen, aus einem Liquidationsüber-

---

734 *Fleischer*, Finanzplankredite, S. 286 f.; *Serick*, ZIP 1980, 9, 13; *K. Schmidt*, FS Goerdeler, S. 500; *Schulze-Osterloh*, WPg 1996, 97, 98 f.; a. A. *Teller*, Rangrücktrittsvereinbarungen, S. 125, der für den Fall des pactum de non petendo einen Bereicherungsanspruch bejaht, allerdings anerkennt, daß Probleme auftreten, wenn der Geschäftsführer Kenntnis von der Einrede hatte. Vergl. auch *Habersack*, ZGR 2000, 384, 404 f.
735 BT-Drcks. 8/1347, S. 9
736 Nach der Regierungsbegründung BT-Drcks. 11/7817, S. 80 sollten durch die Aufnahme in das Gesetz insbesondere Zweifel über die Formulierung einer entsprechenden Vereinbarung beseitigt werden. Daß § 88 Abs. 3 S. 4 2. HS II. WoBauG bereits eine – abweichende – „Klarstellung" enthält, ist dem Gesetzgeber offenbar entgangen. Zutreffend halten Budde/*Forster*/Gelhausen, DMBilG, § 16, Rdnr. 41 den Vorschlag nur für bedingt geeignet; *Herlinghaus*, BB 1998, 1789, 1789 spricht von einer unglücklichen Formulierung. Letzteres trifft insbesondere deshalb zu, weil das „und" zwischen § 16 Abs. 3 Nr. 1 und Nr. 2 DMBilG teilweise fälschlich als kumulatives „und" aufgefaßt wird, was zu einer Vermengung von Rangrücktritt und Besserungsvereinbarung führt, so etwa bei OFD Cottbus, BB 1998, 1581, 1581; wohl auch *Küting*/Pfuhl, DStR 1990, 623, 628.
737 Roth/*Altmeppen*, GmbHG, § 42, Rdnr. 38; *Herlinghaus*, Forderungsverzichte, S. 92; *Hock*, Gesellschafter-Fremdfinanzierung, S. 87; *Fleischer*, Finanzplankredite, S. 280; *Knobbe-Keuk*, Bilanz- und Unternehmenssteuerrecht, S. 108; *Schnell*, Gesellschafterleistungen, S. 99; *Peters*, WM 1988, 685, 686; *Priester*, DB 1991, 1917, 1920.

schuß oder aus weiterem, die sonstigen Schulden der Gesellschaft übersteigenden Vermögen – also ohne Überschuldungseintritt – *zulässig* ist.[738, 739]

3. Systematische Einordnung im Rahmen des nachrangigen Haftkapitals

Die Einordnung der Rangrücktritte in das System des nachrangigen Haftkapitals ist derzeit noch im Fluß. Ihr kommt im Rahmen dieser Arbeit aufgrund möglicher Auswirkungen auf die bilanzielle Behandlung der Rangrücktrittsvereinbarungen allerdings hohe Bedeutung zu. Deshalb ist zu klären, ob es sich bei den Rangrücktritten um eine Erscheinungsform des Finanzplankredites handelt[740] oder ob nicht vielmehr die vertragliche Unterstellung unter das Kapitalersatzrecht bezweckt war.[741] Ausgangspunkt der systematischen Einordnung der Rangrücktrittsvereinbarungen müssen neben den verfolgten Zielen die Gemeinsamkeiten und Unterschiede im Hinblick auf die Voraussetzungen und die Rechtsfolgen sein.

Hinsichtlich der verfolgten Ziele ist zwischen den Erklärungen innerhalb der Krise und den antizipierten Rücktritten zu unterscheiden. Die Rangrücktritte in der Krise werden mit Blickrichtung auf einen konkret drohenden Insolvenztatbestand erteilt und stellen insofern – ähnlich dem Kapitalersatzrecht – eine Folge der Unternehmenssituation dar. Die krisenunabhängig vereinbarten Rangrücktrittsvereinbarungen dienen demgegenüber in erster Linie der langfristigen

---

738 *Budde/*Förschle/*Scheffels*, Sonderbilanzen, Abschnitt Q, Rdnr. 54; WP-Handbuch/ *W. Müller*, Bd. I, Abschnitt T, Rdnr. 37; *Knobbe-Keuk*, ZIP 1983, 127, 128; *Kupsch*, BB 1984, 159, 164; *Peters*, WM 1988, 685, 685; *Zilias*, WPg 1977, 445, 449. Ähnlich *K. Schmidt*, FS Goerdeler, S. 500.
739 Vergl. zudem die Bemühungen von *Schulze-Osterloh*, WPg 1996, 97, 98 ff. zur Präzisierung der einzelnen Merkmale. Zu denken wäre weiterhin daran, die speziellen Ausschüttungsverbote des HGB (§§ 269 S. 2, 272 Abs. 4 und 274 Abs. 2 S. 3) sowie satzungsmäßige Ausschüttungssperren mit einzubeziehen, so etwa HFA 1/ 1994, WPg 1994, 419, 420; zustimmend *Küting/Kessler/Harth*, Beilage Nr. 4 BB 1996, S. 9. Siehe jetzt auch BGH, Urt. vom 08.01.2001, BB 2001, 430, 432, wo allerdings eine Gleichstellung mit den Ansprüchen nach § 199 InsO verlangt wird.
740 So *Hommelhoff/Kleindiek*, 100 Jahre GmbHG, S. 444 („besondere Erscheinungsform des Finanzplankredits"); auch *Ostheim*, GesRZ 1989, 123, 129 ordnet Darlehen mit Rangrücktrittsvereinbarungen den Finanzplankrediten zu. Vergl. auch *v. Gerkan/Hommelhoff*, Kapitalersatz, Rdnr. 9.16; *Habersack*, ZHR 162 (1998), 201, 212. So wohl auch *Voßbeck*, Ausweis, S. 102 (ihm folgend *Beintmann*, Gesellschafterdarlehen, S. 148), der von einer Gleichstellung mit Eigenkapital spricht.
741 So BGH, Urt. vom 08.03.1982, BB 1982, 1014, 1014 f. = NJW 1983, 120, 121; Urt. vom 09.02.1987, BB 1987, 728, 728 f. = NJW 1987, 1697, 1698 (anders jetzt aber BGH, Urt. vom 08.01.2001, BB 2001, 430, 432); *Küting/Kessler*, in: Küting/ C.-P. Weber, Bd. Ia, § 272, Rdnr. 187; *Herlinghaus*, Forderungsverzichte, S. 88 f.; *Hock*, Gesellschafter-Fremdfinanzierung, S. 87; *Janka/Löwenstein*, DB 1992, 1648, 1649 f.; *Richter*, GmbHR 1984, 137, 141; *K. Schmidt*, GmbHR 1999, 9, 12; *Wittig*, NZI 1998, 49, 54. Vergl. auch Begr. RegE. zu § 32a Abs. 1 S. 5 GmbHG, BT-Drcks. 8/1347, S. 40.

Bindung der Mittel an das Unternehmen, etwa im Falle der Anschubfinanzierung u. ä., und sind damit hinsichtlich ihrer wirtschaftlichen Funktion mit den Finanzplankrediten vergleichbar.[742] Bei den Voraussetzungen ist zunächst auf den tragenden Grund der Verhaftung der Mittel abzustellen. Bei Rangrücktritten und Finanzplankrediten begründen sich die Rechtsfolgen jeweils rechtsgeschäftlich, wenn auch für die Aufnahme von Finanzplankrediten keine gesellschaftsvertragliche Verpflichtung, wohl aber ein Gesellschafterbeschluß zu fordern ist – die Besonderheit des Finanzplankredites besteht gerade in der kollektiven Bindung.[743] Demgegenüber beruht die Mittelverhaftung beim Eigenkapitalersatz auf dem Gesetz bzw. auf Richterrecht. Während insoweit Gemeinsamkeiten zwischen Rangrücktritten und Finanzplankrediten bestehen, stehen die Rangrücktritte hinsichtlich der Abschlußkompetenz dem Eigenkapitalersatz näher. Denn eigenkapitalersetzende Gesellschafterdarlehen können durch den Geschäftsführer aufgenommen werden, ohne daß er der Mitwirkung der Gesellschafterversammlung bedürfte.[744] Bei den Rangrücktrittsvereinbarungen folgt schon aus dem Gleichlauf mit Vereinbarungen mit Nichtgesellschaftern, daß die Vertretungsmacht des Geschäftsführers den Abschluß derartiger Vereinbarungen mit umfaßt;[745] beim Rangrücktritt handelt es sich somit um eine Vereinbarung zwischen Gesellschafter oder Drittem und der Gesellschaft. Demgegenüber können an der Finanzplanabrede auch allein die Gesellschafter beteiligt sein,[746] womit hinsichtlich der Abschlußkompetenz und den an der Vereinba-

---

742 Vergl. auch – freilich unter einem anderen systematischen Ansatz – *Fleischer*, Finanzplankredite, S. 282.
743 So auch *Habersack*, ZGR 2000, 384, 411; *K. Schmidt*, ZIP 1999, 1241, 1249 f. Für eine interne Vorlagepflicht des Geschäftsführers gegenüber den Gesellschaftern Scholz/*K. Schmidt*, GmbHG, §§ 32a, 32b, Rdnr. 104; *Fleischer*, Finanzplankredite, S. 212 f.
744 Vergl. *Lutter/Hommelhoff*, GmbHG, § 26, Rdnr. 5. Das gilt auch für umzuqualifizierende Darlehen, ebenso Hachenburg/*Ulmer*, GmbHG, § 32a, b, Rdnr. 177 f.; Scholz/*K. Schmidt*, §§ 32a, 32b, Rdnr. 104; *Priester*, DB 1917, 1921 f., allerdings wird teilweise eine interne Zustimmung der Gesellschafter verlangt. A.A. *Horst Herrmann*, in: 50 Jahre WP-Beruf, S. 169; *Lutter/Hommelhoff*, ZGR 1979, 31, 43 f.: Beschluß der Gesellschafterversammlung.
745 Hachenburg/*Ulmer*, GmbHG, § 63, Rdnr. 46a („Gesellschafter mit der GmbH"); *K. Schmidt*, ZIP 1999, 1241, 1246; wohl auch Rowedder/*Rowedder*, GmbHG, § 30, Rdnr. 87. A.A. *Vollmer/Maurer*, DB 1993, 2315, 2318 f., die einen Gesellschafterbeschluß verlangen und damit für Rangrücktritte mit Gesellschaftern und Dritten unterschiedliche Anforderungen aufstellen. *Marco Duss*, AG 1974, 133, 134 fordert beim Rangrücktritt nach schweizerischem Recht seitens der Gesellschaft eine Zustimmung des Verwaltungsrats.
746 Vergl. BGH, Urt. vom 28.06.1999, BB 1999, 1672, 1674 = BGHZ, 142, 116, 122 = NJW 1999, 2809 („eine unter den Gesellschaftern selbst oder zwischen den Gesellschaftern und der Gesellschaft getroffene Abrede"). A.A. *K. Schmidt*, ZIP 1999, 1241, 1249 f.

rung beteiligten Personen grundlegende Unterschiede zwischen Rangrücktritt und Finanzplankrediten bestehen. Zudem sind die materiellen Anforderungen an die Qualifizierung der Finanzierungsinstrumente in die Betrachtung einzubeziehen. Auch hier stehen die Rangrücktritte dem Eigenkapitalersatz näher als den Finanzplankrediten. Während letztere per definitionem den an das materielle Eigenkapital zu stellenden Anforderungen genügen müssen, handelt es sich beim Eigenkapitalersatz weiterhin um Fremdkapital. Bei der Vereinbarung eines Rangrücktritts kommt es jedenfalls im Rahmen der Voraussetzungen nicht auf die Anforderungen des materiellen Eigenkapitals an; eine Zuordnung zum Eigenkapital kann sich höchstens als Folge der Auslegung der Vereinbarung ergeben.

Was die Rechtsfolgen von Rangrücktritt, Finanzplankrediten und Eigenkapitalersatz angeht, läßt sich zunächst eine Gemeinsamkeit zwischen allen vorgenannten Instituten feststellen. Ist eine Zahlung wie beim Rangrücktritt allein aus künftigen Jahresüberschüssen, aus einem Liquidationsüberschuß oder aus weiterem, die sonstigen Schulden der Gesellschaft übersteigendem Vermögen zulässig, so ähnelt dies einer Auszahlungssperre nach §§ 30, 31 GmbHG. An diese knüpfen aber nicht nur die Rechtsprechungsregeln zum Eigenkapitalersatz, sondern auch die Finanzplankredite an. Entscheidender Berührungspunkt zwischen Eigenkapitalersatz und Rangrücktritt ist jedoch, daß die betroffenen Darlehen unabhängig von einer Gesellschafterentscheidung nach der Krise wieder zurückgezahlt werden können, bei den Finanzplankrediten bedarf es demgegenüber zusätzlich der Prozedur nach § 30 Abs. 2 GmbHG. Zudem ist der Wille bei der Vereinbarung eines Rangrücktritts regelmäßig darauf gerichtet, nach den erstrangigen Gläubigern, aber vor den Eigenkapitalgebern befriedigt zu werden. Finanzplankredite können demgegenüber aufgrund ihres Eigenkapitalcharakters auch nicht als nachrangige Verbindlichkeiten geltend gemacht werden.[747] Damit besteht wiederum ein Unterschied zwischen Rangrücktritt und Finanzplankredit, aber eine Gemeinsamkeit des Rangrücktritts mit dem Eigenkapitalersatzrecht. Die Tabelle auf der nächsten Seite zeigt die Gemeinsamkeiten von und Unterschiede zwischen Rangrücktritt, Eigenkapitalersatz und Finanzplankrediten.

Die Ausführungen haben gezeigt, daß Rangrücktrittsvereinbarungen dem Eigenkapitalersatzrecht näher stehen als den Finanzplankrediten. Deshalb scheint es näherliegend, den Rangrücktritt als freiwillige Unterstellung unter die Rechtsfolgen des Eigenkapitalersatzes als eine Form der Finanzplankredite zu betrachten. Da die Formulierungen hinsichtlich der Auszahlbarkeit besondere Bedingungen aufstellen, werden sie regelmäßig so auszulegen sein, daß eine Unterstellung unter die Rechtsprechungs-, nicht aber unter die Novellenregeln bezweckt ist.[748] Eine Zuordnung von Rangrücktrittsvereinbarungen zu den Finanzplankrediten kommt indes nur in Betracht, wenn die Auslegung der

---

747 Vergl. hierzu den Text und die Nachweise in Fn. 623 auf S. 197.
748 Ähnlich bereits *Schnell*, Gesellschafterleistungen, S. 143.

Tabelle 5: Gemeinsamkeiten von und Unterschiede zwischen Rangrücktritt, Eigenkapitalersatz und Finanzplankrediten

Kriterien	Rangrücktritt	Eigenkapitalersatz	Finanzplankredite
Ziele	bei Erklärung in Krise → Abwendung Insolvenz *wenn antizipiert → langfristige Kapitalbindung*	Gläubigerschutz in Krise	*Langfristige Kapitalbindung*
tragender Grund	*Parteiwille*	Gesetz bzw. Rechtsfortbildung	*Parteiwille*
Abschlußkompetenz	*Geschäftsführer ohne Gesellschafterversammlung*	*Geschäftsführer ohne Gesellschafterversammlung*	ggf. nur Gesellschafter
Rechtsfolge	*§ 30 Abs. 1 GmbHG § 39 InsO*	*§ 30 Abs. 1 GmbHG § 39 InsO*	§ 30 Abs. 2 GmbHG § 199 InsO
bilanzielle Einordnung	*Eigenkapitalanforderungen jedenfalls nicht Voraussetzung*	*Fremdkapital*	Eigenkapitalanforderungen Tatbestandsvoraussetzung

Vereinbarung ergibt, daß die an das materielle Eigenkapital zu stellenden Anforderungen eingehalten wurden.

Aus dieser systematischen Einordnung können Rückschlüsse auf die Aufhebbarkeit des Rangrücktrittes gezogen werden.[749] Außerhalb der Krise können Rangrücktritte – sofern ihnen keine gesellschaftsrechtliche Vereinbarung zugrunde lag – durch einfachen Vertrag zwischen der Gesellschaft, vertreten durch die Geschäftsführer und den Gesellschafter, wieder aufgehoben werden. Ob ein Rangrücktritt vor dem Ende der Krise zurückgenommen werden kann oder nicht, ist demgegenüber noch nicht abschließend geklärt. Während teilweise[750] die Aufhebung vor Ende der Krise ausgeschlossen werden soll, wollen andere[751] eine Aufhebung gestatten, aber die Haftung nach den Regeln

---

749 Ausführlich zur Aufhebung von Rangrücktrittsvereinbarungen *Habersack*, ZGR 2000, 384, 405 ff.
750 Mit unterschiedlichen bzw. ohne Begründungen: BGH, Urt. vom 08.03.1982, BB 1982, 1014, 1014 f. = NJW 1983, 120, 121; *Fleischer*, Finanzplankredite, S. 289; *v. Gerkan/Hommelhoff*, Kapitalersatz, Rdnr. 1.33 ff.; *Teller*, Rangrücktrittsvereinbarungen, S. 144 ff.
751 *Kamprad*, Gesellschafterdarlehen, S. 41; *K. Schmidt*, ZIP 1999, 1241, 1247.

über den Eigenkapitalersatz wieder aufleben lassen. Viel spricht dafür, in dem Rangrücktritt einen (bedingten) Vertrag zugunsten Dritter zu sehen und deshalb eine Aufhebung in der Krise zu versagen. Diese Konstruktion hat insbesondere den Vorteil, daß sie auf Abreden mit Nichtgesellschaftern übertragen werden kann.[752]

Im Konkurs bzw. der Insolvenz können die mit einem Rangrücktritt versehenen Darlehen bereits aufgrund der vertraglichen Vereinbarung nicht geltend gemacht werden. Eines Rückgriffs auf eine objektiv-rechtliche Anordnung bedarf es nicht.

4. Behandlung der auf zurückgetretene Darlehen entfallenden Zinsen

Kaum ausdrücklich angesprochen wurde in der Literatur bisher die Frage, welche Auswirkungen die Vereinbarung eines Rangrücktritts auf die Zinsansprüche des Kreditgebers hat.[753]

Nach dem hier vertretenen Verständnis des Rangrücktritts als vertragliche Unterstellung des Darlehens unter die Rechtsprechungsregeln zum Eigenkapitalersatz sind die Zinsen auf Verbindlichkeiten, die mit einem Rangrücktritt versehen sind, ebenso zu behandeln wie Zinsen auf eigenkapitalsetzende Darlehen. Die Rangrücktrittsvereinbarung hindert zwar nicht ihre Entstehung – weshalb sie weiterhin zu passivieren sind –, eine Auszahlung ist indes nur zulässig, wenn mit ihr nicht gegen § 30 Abs. 1 GmbHG verstoßen würde.[754]

Eine hiervon abweichende Vereinbarung, nach der die Zinsen nach wie vor zu zahlen sind,[755] ist nach der hier vertretenen Ansicht unzulässig. Dies folgt aus der Übertragung der Voraussetzungen für ein Auszahlungsverbot für die auf eigenkapitalsetzende Darlehen entfallenden Zinsen. Für diese wurde festgestellt,[756] daß es für ein Auszahlungsverbot genügt, daß die Zinsen in der Krise für ein eigenkapitalsetzendes Darlehen entstanden sind *und* ihre Aus-

---

752 *Markus Duss*, Rangrücktritt, S. 53 f. (für das schweizerische Recht); *Fleischer*, Finanzplankredite, S. 291 f.; *Marco Duss*, AG 1974, 133, 134; hiergegen *Herlinghaus*, Forderungsverzichte, S. 91; *Teller*, Rangrücktrittvereinbarungen, S. 128; *Haack*, KTS 1980, 309, 311; *Habersack*, ZGR 2000, 384, 406 f.; *Herget*, AG 1974, 137, 141.
753 Vergl. aber Budde/*Forster*/H. F.Gelhausen, DMBilG, § 16, Rdnr. 42; *Hock*, Gesellschafter-Fremdfinanzierung, S. 189; *Teller*, Rangrücktrittvereinbarungen, S. 119 ff.; BMF, Schreiben vom 01.07.1997, VIZ 1997, 682.
754 I.E. ebenso *Hock*, Gesellschafter-Fremdfinanzierung, S. 189; *Janssen*, NWB 1998, 1405, 1406; wohl auch *Haug/Letters*, JbFStR 1983/84, 311, 336. A/D/S, § 246, Rdnr. 135 und *Teller*, Rangrücktrittvereinbarungen, S. 120 kommen im Wege der Auslegung zu ähnlichen Ergebnissen.
755 Für eine die Zulässigkeit und regelmäßige Vereinbarung einer solchen Zahlungspflicht *Peters*, WM 1988, 641, 642. Grenzen für derartige Vereinbarungen ergeben sich freilich aus dem zwingenden Kapitalsatzrecht.
756 Vergl. hierzu oben S. 44 ff.

zahlung zum Zeitpunkt einer Unterbilanz erfolgen würde. Kommt es durch den Rangrücktritt zu einer vertraglichen Unterstellung unter die Rechtsprechungsregeln, müssen diese Ausführungen für die auf die Darlehen mit Rangrücktritt entfallenden Zinsen ebenfalls gelten.

Soll nicht nur die Auszahlung der Zinsen, sondern auch ihre Passivierung vermieden werden, was einen Verzicht auf ihre Entstehung impliziert, so stellt dies eine Abweichung vom Regelfall dar,[757] weshalb für eine derartige Auslegung der Vereinbarung Anhaltspunkte im Rangrücktritt selbst zu fordern sind. Eine derartige Vereinbarung wird sich insbesondere dann als sinnvoll erweisen, wenn die Fortführungsprognose ansonsten aufgrund der weiterhin zu passivierenden Darlehenszinsen negativ ausfallen sollte.[758]

5. Zwischenergebnis

Durch den Abschluß einer Rangrücktrittsvereinbarung werden die betroffenen Forderungen rechtsgeschäftlich den Kapitalerhaltungsvorschriften nach §§ 30, 31 GmbHG unterstellt.

II. Bilanzielle Behandlung

Die bilanzrechtliche Behandlung von Darlehen, für die ein Rangrücktritt vereinbart wurde, ist seit langem umstritten – wenn sich inzwischen auch eine Tendenz hin zum Ausweis unter den Verbindlichkeiten abzeichnen mag. Das Meinungsbild reicht – jenseits eines Ansatzes als Verbindlichkeit[759] – von einem Verzicht auf die Passivierung[760] über die Annahme eines Passivie-

---

[757] *Gassner*, in: *Haug/Letters*, JbFStR 1983/84, 311, 341 hält dies offenbar für den Regelfall, wenn er feststellt: „Zinsen dürfen nicht verbucht werden". Ähnlich BMF, Schreiben vom 01.07.1997, VIZ 1997, 682.
[758] Zu der Frage, inwieweit Zinsen auf eigenkapitalersetzende und vertraglich nachrangige Darlehen bei der Aufstellung der Fortführungsprognose zu berücksichtigen sind, siehe unten S. 271 ff.
[759] A/D/S, § 246 HGB, Rdnr. 140; *Clemm/Erle*, in: Beck'scher Bilanzkommentar, § 247, Rdnr. 232; GK-HGB/*Marsch-Barner*, § 267, Rdnr. 69; Scholz/*Crezelius*, Anh. § 42a GmbHG, Rdnr. 220; *Budde/Förschle/Scheffels*, Sonderbilanzen, Abschnitt Q, Rdnr. 57; *Markus Duss*, Rangrücktritt, S. 86; *Fleischer*, Finanzplankredite, S. 329; *Wolf*, Überschuldung, S. 152; *Bordt*, HdJ Abt. III/1, Rdnr. 274; *Fleck*, FS Döllerer, S. 119f.; *Häuselmann*, BB 1993, 1552, 1554f.; *Kleindiek*, in: Handbuch, Teil 7, Rdnr. 7.22; *Weisang*, WM 1997, 245, 249; *Wittig*, NZI 1998, 49, 54. Mit Einschränkung auf „gewöhnliche" Rangrücktrittsvereinbarungen auch *Schulze-Osterloh*, WPg 1996, 97, 99 ff.
[760] *Fassnacht*, Fremdfinanzierung, S. 151 ff.; *Haug/Letters*, JbFStR 1983/84, 311, 336; *Priester*, DB 1977, 2429, 2434 (anders nunmehr *ders.*, DB 1991, 1917, 1920); BT-Drcks. 11/7817, S. 80; unklar *Kling*, NZG 2000, 872, 873. So auch *Schulze-Osterloh*, WPg 1996, 97, 99 ff. für einen „qualifizierten" Rangrücktritt, wobei der nachrangige Betrag allerdings nicht als Gewinn vereinnahmt, sondern in die Rücklagen nach § 272 Abs 2 Nr 4 HGB umgebucht werden soll.

rungswahlrechts[761] und den zwingenden Ausweis eines Eigenkapitalpostens[762] bis hin zur Bildung eines Sonderpostens zwischen Eigen- und Fremdkapital.[763] Aus der zivilrechtlichen Rechtsprechung[764] hat, soweit ersichtlich, bisher allein das OLG Naumburg zu der Bilanzierung von Verbindlichkeiten mit Rangrücktritt im Jahresabschluß Stellung genommen. In seinem Urteil vom 13.11.1998[765] geht es davon aus, daß derartige Verbindlichkeiten in die Kapitalrücklage einzustellen oder ertragswirksam aufzulösen seien.

Ausgangspunkt der Überlegungen zur bilanziellen Behandlung von Verbindlichkeiten mit Rangrücktritt ist die obige Feststellung, daß mit dem Rangrücktritt eine vertragliche Unterstellung der Darlehen unter die §§ 30, 31 GmbHG bezweckt wird. Hierdurch wird die Frage nach der Bilanzierung präjudiziert, denn der Sache nach kann es für die Bilanzierung keinen Unterschied machen, ob der Nachrang auf Gesetz oder Vertrag beruht.[766]

Analog zu den Ausführungen zu den Novellendarlehen liegen damit für zurückgetretene Verbindlichkeiten *vor dem Eintritt der Krise* unzweifelhaft alle Voraussetzungen der bilanziellen Schulden vor; die Verpflichtung ist erzwingbar, quantifizierbar und belastet die Gesellschaft. Allerdings besteht – ebenso wie bei den Novellendarlehen – noch kein Rückzahlungsverbot, dieses ist allein angelegt, hat sich aber noch nicht realisiert. Daraus resultiert aber: Wird mit der hier vertretenen Ansicht für die Novellendarlehen ein gesonderter Ausweis gefordert, so muß dies auch für Verbindlichkeiten mit Rangrücktritt gelten, daß noch keine Krise vorliegt, steht dem nicht entgegen. Die Information darüber, daß bestimmte Verbindlichkeiten im Falle der Krise zu haftendem Kapital werden, ist auch in guten Zeiten für die Gläubiger von Belang. Regelmäßig wird eine Kennzeichnung bereits im Eigeninteresse der Gesellschaft liegen, denn diese weist dadurch ein größeres Haftvermögen aus.

Nach dem Eintritt der Krise läßt sich hinsichtlich der Rechtsfolgen – mit Ausnahme der Behandlung der Zinsen – kein Unterschied mehr zwischen den

---

761 Budde/*Forster*/Gelhausen, DMBilG, § 16, Rdnr. 40 i.V.m. Rdnr. 46; *Beisse*, in: Haug/Letters, JbFStR 1983/84, 311, 340.
762 *Fassnacht*, Fremdfinanzierung, S. 160; *Harald Herrmann*, Quasi-Eigenkapital, S. 133 ff.
763 *Knobbe-Keuk*, Bilanz- und Unternehmenssteuerrecht, S. 111; *Hommelhoff*, JbFStR 1994/95, 583 f.; *Peters*, WM 1988, 685, 692; *K. Schmidt*, FS Goerdeler, S. 501 f.; so wohl auch Roth/*Altmeppen*, GmbHG, § 42, Rdnr. 38. Für einen Ausweis als gesonderten Posten oder wenigstens für einen Hinweis *Fleck*, bei: Haug/Letters, JbFStR 1983/84, 311, 338. Ebenso *Rid-Niebler*, Genußrechte, S. 33 für befristetes Genußkapital.
764 Der BFH hat in seinem Urt. vom 30.03.1993, DB 1993, 1266, 1266 f. = BFHE 170, 449 = NJW 1994, 406 bereits festgestellt, daß die Rangrücktrittsvereinbarung an der Passivierungspflicht nichts ändere.
765 NZG 1999, 316, 316.
766 *Bachem*, Bilanzierung, S. 35 f.; *Herlinghaus*, Forderungsverzichte, S. 145; *Schnell*, Gesellschafterleistungen, S. 144.

Rechtsprechungsdarlehen und den Verbindlichkeiten mit Rangrücktritt feststellen. Namentlich besteht für beide Darlehen eine Rückzahlungssperre, über deren Dauer Unsicherheit besteht. Damit sind die Verbindlichkeiten mit Rangrücktritt ab Eintritt der Krise als Rückstellungen zu passivieren; zugleich unterliegen sie der gleichen besonderen Kennzeichnungspflicht wie die Rechtsprechungsdarlehen.[767] Allerdings muß bei der Kennzeichnung klargestellt werden, daß es sich um eine vertragliche Nachrangigkeit handelt.

Dieses Ergebnis wird durch eine Untersuchung der vorgenannten Auffassungen gestützt, denn die Ansichten, die nicht den Ansatz einer Verbindlichkeit für geboten halten, können nicht überzeugen.

So muß ein Verzicht auf die Bilanzierung von Verbindlichkeiten mit Rangrücktritt nach der hier vertretenen Auffassung[768] bereits ausscheiden, weil unabhängig davon, ob die Verbindlichkeit allein aus künftigen Gewinnen zu begleichen ist oder nicht, selbst in der Krise noch eine wirtschaftliche Belastung vorliegt.[769] Darüber hinaus wird gegen den Verzicht auf eine Bilanzierung eingewandt,[770] daß die Ertragslage verfälscht würde und gegebenenfalls ausschüttbare Gewinne entstünden, denn aufgrund des Passivierungsverzichts bezüglich eines Teils der Verbindlichkeiten könnte das Stammkapital bilanziell wieder hergestellt und ein Auszahlung damit zulässig werden. Beides liefe der Zielsetzung der Qualifizierung entgegen. Von anderer Seite[771] wird darauf verwiesen, wenn selbst Zuzahlungen nach § 272 Abs. 2 Nr. 4 HGB auszuweisen seien, so könne für Verbindlichkeiten mit Rangrücktritt nichts anderes gelten – ein Argument, das nicht zwischen der bilanziellen Einordnung als Rücklagen bzw. Verbindlichkeiten differenziert und bereits deshalb nicht zu überzeugen vermag. Weiterhin würde die Auflösung einer so zurückgestellten Verbindlichkeit jedenfalls dann gegen das Vollständigkeits- und Vorsichtsprinzip verstoßen, wenn es zu Gewinnausweisungen käme.[772]

---

767 Ebenfalls für einen Ausweis als Fremdkapital, verbunden mit einem Hinweis auf den besonderen Charakter des Darlehens etwa: *Fleischer*, Finanzplankredite, S. 329; *Hock*, Gesellschafter-Fremdfinanzierung, S. 185; *Bordt*, HdJ Abt. III/1, Rdnr. 276 (jeweils m.w.N.). A/D/S, § 246 HGB, Rdnr. 144 halten einen besonderen Hinweis nicht für zwingend.
768 Vergl. hierzu oben S. 104 und 109 f.
769 So auch *Küting/Kessler*, BB 1994, 2103, 2109; *Priester*, DB 1991, 1917, 1923; *Thiel*, GmbHR 1992, 20, 22.
770 *Knobbe-Keuk*, StuW 1991, 306, 309. Ähnlich *Beine*, Gesellschafterleistungen, S. 173; *Klaus*, Gesellschafterfremdfinanzierung, S. 452; *Klaus*, BB 1994, 680, 683 f; *Küting/Kessler*, BB 1994, 2103, 2109 für die Ausbuchung eigenkapitalersetzender Gesellschafterdarlehen.
771 Scholz/*Crezelius*, GmbHG, Anh. § 42a, Rdnr. 220; *Fleischer*, Finanzplankredite, S. 328; *Hill*, in: GmbH-Rechnungslegung, S. 18; *K. Schmidt*, FS Goerdeler, S. 502.
772 BFH, Urt. vom 30.03.1993, DB 1993, 1266, 1267 = BFHE 170, 449, = NJW 1994, 406. Ebenfalls auf das Vollständigkeitsgebot abstellend *Hock*, Gesellschafter-Fremdfinanzierung, S. 184.

Letztlich kann auch ein Vergleich mit dem bedingten Forderungsverzicht zu keinem anderen Ergebnis führen. Zwar wird oftmals nicht eindeutig zu erkennen sein, ob ein Rangrücktritt oder ein bedingter Forderungsverzicht vorliegen soll. Diese Zweifel sollen jedoch überwiegend dazu führen, daß bedingte Forderungsverzichte genauso wie Verbindlichkeiten mit Rangrücktritt zu passivieren seien.[773] Wurde das Absehen von einer Passivierung als unzulässig abgelehnt, so kann für die Annahme eines Passivierungswahlrechts nichts anderes gelten: Ein Wahlrecht kann dem Bilanzierungspflichtigen nur dann zugestanden werden, wenn ihm zwei rechtlich zulässige Alternativen zur Auswahl stehen. Das ist jedoch vorliegend gerade nicht der Fall.

Eine Bilanzierung der mit einem Rangrücktritt versehenen Verbindlichkeiten unter dem Eigenkapital muß mangels Erfüllung der Voraussetzungen ebenfalls ausscheiden. Zwar unterliegt die mit einem Rangrücktritt versehene Verbindlichkeit nicht nur für die Dauer der Krise der Auszahlungsbeschränkung nach § 30 Abs. 1 GmbHG, doch kann die Rangrücktrittsvereinbarung vor Eintritt der Krise jederzeit aufgehoben und das Darlehen zurückgezahlt werden. Da die Darlehen regelmäßig keinen Eigenkapitalcharakter haben, ist es insbesondere nicht erforderlich, die strengen Anforderungen des § 30 Abs. 2 GmbHG einzuhalten. Damit fehlt es am Merkmal der Nachhaltigkeit der Vermögenszuführung, denn es ist kein Gesellschafterbeschluß über die Mittelauskehrung erforderlich. Auch gilt es zu berücksichtigen, daß der Nachrang zwischen Schuldner (Gesellschaft vertreten durch den/die Geschäftsführer) und Gläubiger (Gesellschafter) vereinbart wird, für die Aufnahme von Eigenkapital fehlt demgegenüber der Geschäftsführung die Kompetenz.[774] Sollte die Nachrangvereinbarung im Einzelfall dazu führen, daß den Anforderungen des materiellen Eigenkapitals Genüge getan und die Kompetenzordnung eingehalten wird, so sollten die zugeführten Mittel in der gleichen Weise wie die Finanzplankredite bilanziert werden.[775]

---

773 *Eppler*, DB 1991, 195, 195; *Groh*, BB 1993, 1882, 1884 f.; *Knobbe-Keuk*, StuW 1991, 306, 310; tendenziell auch BFH, Urt. vom 30.03.1993, DB 1993, 1266, 1267= BFHE 170, 449, = NJW 1994, 406. Für die Vereinnahmung von Besserungsscheinen als außerordentlichen Ertrag demgegenüber die wohl h.M. vergl. *Clemm/Erle*, in: Beck'scher Bilanzkommentar, § 249, Rdnr. 237 m.w.N.

774 An dieser Stelle könnte durchaus fraglich sein, ob die Kompetenz zur Aufnahme von Eigenkapital grundsätzlich den Anteilseignern obliegt oder nur, wenn sie mit der Gewährung von mitgliedschaftlichen oder mitgliedschaftsähnlichen Rechten verbunden ist; zu einer möglichen Differenzierung zwischen Außen- und Innenverhältnis vergl. *Fleischer*, Finanzplankredite, S. 212 f. Doch selbst wenn die Aufnahme von Eigenkapital in Ausnahmefällen der Geschäftsführung obliegen sollte, ändert dies nichts an der Einordnung als Fremdkapital.

775 Nach *Habersack*, ZHR 162 (1998), 201, 212 stehen durch Rangrücktrittserklärungen subordinierte Mittel den Finanzplankrediten grundsätzlich gleich. Nach *Horst Herrmann*, in: 50 Jahre WP-Beruf, S. 165 „schaffen [die Gesellschafter] durch den Rangrücktritt Eigenkapital".

Der Ansatz eines Postens zwischen Eigen- und Fremdkapital kommt nach der hier vertretenen Ansicht[776] allein dann in Betracht, wenn die zu bilanzierenden Mittel weder unter das Eigen- noch unter das Fremdkapital fallen. Das ist im Hinblick auf die vertraglich subordinierten Verbindlichkeiten aber ebenso wie bei den Rechtsprechungsdarlehen nicht der Fall. Zwar handelt es sich nicht um Eigen-, wohl aber um Fremdkapital.

Im Ergebnis sind vertraglich nachrangige Verbindlichkeiten vor Eintritt der Krise wie die Novellendarlehen unter den Verbindlichkeiten und nach Eintritt der Krise wie die Rechtsprehungsdarlehen unter den Rückstellungen auszuweisen; ein entsprechender Hinweis auf den vertraglichen Nachrang ist in beiden Fällen erforderlich.[777]

§ 6: Rechtsformspezifische Besonderheiten auf seiten des Leistungsempfängers

A. Kleine und mittelgroße Kapitalgesellschaften

Bei kleinen und mittelgroßen Kapitalgesellschaften besteht die Besonderheit, daß sie nur eine Kurzform der Bilanz aufstellen bzw. veröffentlichen müssen.[778] Insofern stellt sich die Frage, ob dem Gesetz aufgrund dieser und weiterer Erleichterungen die Wertung entnommen werden kann, daß diese Gesellschaften von der Ausweispflicht für eigenkapitalersetzende Darlehen freizustellen sind. Wird diese Frage verneint, ist zu klären, in welcher Weise die Gesellschaften auf den eigenkapitalersetzenden Charakter hinzuweisen haben.

I. Erleichterungen bei der Ausweispflicht?

In der Literatur[779] wurde vorgeschlagen, kleine und mittelgroße Kapitalgesellschaften von der Pflicht zum Hinweis auf eigenkapitalersetzende Gesellschafterleistungen auszunehmen. Begründet wurde dies damit, daß kleine Gesellschaften von der Aufstellung eines Lageberichts und von zahlreichen Angabe-

---

776 Ausführlich hierzu oben S. 160.
777 Sofern in der Literatur für die InsO eine mit einem aufschiebend bedingtem Erlaß versehene Rangrücktrittserklärung verlangt wird, soll dies nichts an der Passivierungspflicht ändern, *Bordt*, HdJ Abt. III/1, Rdnr. 274; *Eisolt/Engeler*, NZI 1999, 306, 307. Etwas anderes soll allein gelten, wenn der Eintritt des Insolvenzverfahrens so gut wie sicher ist.
778 Vergl. hierzu die Übersicht oben auf S. 75 f. Ausführlich zur Publizitätspflicht bei der kleinen bzw. mittelgroßen GmbH *Jansen*, Publizitätsverweigerung, S. 97 ff.; *Farr*, GmbHR 1996, 92, 92 ff.; *ders.*, GmbHR 185, 185 ff.; *E.M. Wimmer*, Bilanzpublizität, S. 31 ff. Zur Publizitätspflicht bei der kleinen bzw. mittelgroßen AG siehe *Farr*, AG 1996, 145, 145 ff.
779 v. *Gerkan/Hommelhoff*, Kapitalersatz, Rdnr. 6.13. Vergl. auch Roth/*Altmeppen*, GmbHG, § 42, Rdnr. 37; *Fleck*, FS Döllerer, S. 116; *ders.*, GmbHR 1989, 313, 317.

pflichten für den Anhang befreit sind. Da sie keinen Lagebericht aufstellen müssen, kann die fehlende Kreditwürdigkeit auf diesem Weg nicht publik werden. Mit der gesonderten Ausweisung des Eigenkapitalersatzes würde sie indes bekannt. Auf der anderen Seite sprechen die Jahresabschlußzwecke eindeutig für eine Ausweispflicht auch bei kleinen Gesellschaften.[780] Zwischen diesen beiden Gegenpolen ist eine Abwägung erforderlich. Dabei kann allein die Außenpublizität in Rede stehen, denn nur diese könnte die Wirkung einer „self fulfilling prophecy" haben. Zwar sollen die Erleichterungen nicht nur die Gesellschaft vor den Nachteilen einer unbegrenzten Publizität schützen, sondern zudem den Arbeitsaufwand bei der Bilanzerstellung begrenzen,[781] da sich die Geschäftsführer aber ohnehin über den Charakter der einzelnen Darlehen klar werden müssen, scheint dieser Zweck im vorliegenden Zusammenhang zu vernachlässigen zu sein. Zudem würde der Abschluß bei Beibehaltung der Binnenpublizität weiterhin der Selbstinformation und dem Dokumentationszweck gerecht werden.[782] Entscheidende Bedeutung bekommen in diesem Zusammenhang die aktuellen Tendenzen im Bereich der Publizität und die strukturelle Vergleichbarkeit der gesetzlich vorgesehenen mit den hier in Rede stehenden Erleichterungen.

Was die jüngste Entwicklung der Abschlußpublizität anbelangt, so läßt sich keine eindeutige Tendenz ausmachen. Einerseits wurden kleine Kapitalgesellschaften im Jahre 1998 durch das Kapitalaufnahmeerleichterungsgesetz von der Pflicht, einen Lagebericht aufzustellen, befreit. Auch sollen die in Artt. 11 und 12 der Bilanzrichtlinie genannten Größenkriterien angehoben werden.[783] Hierbei handelt es sich jedoch allein um eine Anpassung an die wirtschaftliche und monetäre Entwicklung in der Europäischen Gemeinschaft i.S.d. Art. 53 Abs. 2 der Bilanzrichtlinie.[784] Zweck ist es also nicht, aus rechtspolitischen Gründen eine größere Zahl von Unternehmen von der Publizitätspflicht zu freizustellen. Andererseits wird sich die Publizitätspflicht künftig auch auf Personengesellschaften ohne eine natürliche Person als Vollhafter erstrecken und somit ausgeweitet.[785] Nicht zu vergessen sind die geplanten Änderungen der §§ 328 Abs. 4, 335 HGB, mit denen die Offenlegung

---

780 *Fleischer*, Finanzplankredite, S. 314 f., der allerdings systematisch fraglich die Privilegierung kleiner Kapitalgesellschaften prüft, bevor er die Bilanzierungsfrage geklärt hat; *Winnefeld*, Bilanz-Handbuch, Abschnitt M, Rdnr. 944.
781 *Kupsch*, HdJ Abt. IV/4, Rdnr. 33; vergl. auch *Apelt*, Publizität, S. 98 ff.
782 *v. Gerkan/Hommelhoff*, Kapitalersatz, Rdnr. 6.12, die zu Recht betonen, daß die Binneninformation unverzichtbar ist. Vergl. auch *Beine*, Gesellschafterleistungen, S. 183 zur Dokumentationsfunktion.
783 Vergl. BR-Drcks. 458/99, S. 5.
784 Vergl. *Luttermann*, ZIP 2000, 517, 521; *Strobel*, DB 2000, 53, 57.
785 Diese Änderung geht auf die – bis zum 01.01.1993 umzusetzende – Kapitalgesellschaften & Co-Richtlinie (90/605/EWG) vom 08.11.1990, Abl EG Nr. L 317, S. 57, umgesetzt durch KapCoRiLiG vom 24.02.2000, BGBl. I, S. 154 ff. zurück. Siehe hierzu *Ernst*, DStR 1999, 903, 903 ff.; *Klein/Pötzsch*, DB 1999, 1509, 1509 ff.; *Kusterer/Kirnberger/Fleischmann*, DStR 2000, 606, 606 ff.; *Luttermann*,

der Abschlüsse erzwungen werden soll.[786] Fortan werden sich insbesondere kleine Gesellschaften nicht mehr wie bisher ihrer Publizitätspflicht entziehen können.[787] Ob damit allerdings den Gläubigern wirklich in der erhofften Weise gedient ist, bleibt abzuwarten, denn nach wie vor beträgt die Offenlegungsfrist für kleine Gesellschaften zwölf Monate.

Der Vergleich der nachgelassenen mit den weiterhin zu machenden Anhangsangaben führt ebenfalls nicht zu eindeutigen Ergebnissen.[788] Zwar können kleine Gesellschaften darauf verzichten, Verbindlichkeiten mit einer Restlaufzeit von mehr als fünf Jahren und Sicherheiten für Verbindlichkeiten bei jedem Posten gesondert auszuweisen (§ 285 Nr. 2 HGB), obwohl hierdurch die Vermögensbelastung und Fristigkeit dargestellt werden sollen.[789] Nicht befreit sind sie demgegenüber von der Pflicht, die Gesamtsummen der vorgenannten Posten[790] und die Verbindlichkeiten mit einer Restlaufzeit bis zu einem Jahr gem. § 268 Abs. 5 S. 1 HGB anzugeben. Von den Erläuterungen nach § 285 Nr. 3 HGB können sie absehen, obwohl dadurch die Beurteilung der Finanzlage verzerrt werden kann. Die Pflicht aus § 251 HGB bleibt demgegenüber bestehen, so daß sich die Auswirkungen auf den Einblick in die Finanzlage der Gesellschaft in Grenzen halten. Eindeutige Beeinträchtigungen des Einblicks bringt demgegenüber die Freistellung von § 285 Nr. 4 HGB mit sich, nach dem die Umsatzerlöse aufzugliedern sind, um Aufschluß über die Ertragslage und mögliche Risiken zu geben.[791] Gleiches gilt für die Befreiung von § 285 Nr. 12 HGB, nach dem für sonstige Rückstellungen von nicht unerheblichem Umfang Angaben zu ihrer Art, ihrem Grund und ihrer Größenordnung zu machen sind.[792] Gegen eine Befreiung kleiner Gesellschaften spricht indes, daß sie nach § 42 Abs. 3 GmbHG ohne Einschränkungen zur gesonderten Ausweisung von Rechtsbeziehungen zu ihren Gesellschaftern verpflichtet sind.[793]

ZIP 2000, 517, 518 ff.; *Strobel*, GmbHR 1999, 583, 583 ff.; *ders.*, DB 2000, 53, 53 ff. Zur Geschichte der Richtlinie siehe *Jansen*, Publizitätsverweigerung, S. 23 ff.
786 Vergl. hierzu *Luttermann*, ZIP 2000, 517, 522 ff.; *Strobel*, DB 2000, 53, 58 f.
787 Es wurde vermutet, daß bisher allein etwa 10% der Gesellschaften ihrer Einreichungspflicht nachgekommen sind, vergl. *Blaurock*, ZEuP 1998, 460, 468 f. Vergl. auch das Datenmaterial bei *Jansen*, Publizitätsverweigerung, S. 127 f.
788 Vergl. auch *Jansen*, Publizitätsverweigerung, S. 102 ff., die ausdrücklich auf den Wert der Anhangsangaben hinweist.
789 A/D/S, § 285 HGB, Rdnr. 8.
790 A/D/S, § 285 HGB, Rdnr. 7; KK-AktG/*Claussen/Korth*, §§ 284–288 HGB, 160 AktG, Rdnr. 61; *Dörner/Wirth*, in: Küting/C.-P. Weber, Bd. Ia, §§ 284–288, Rdnr. 146.
791 A/D/S, § 285 HGB, Rdnr. 83; Baumbach/Hueck/*Schulze-Osterloh*, GmbHG, § 42, Rdnr. 412; KK-AktG/*Claussen/Korth*, §§ 284–288 HGB, 160 AktG, Rdnr. 779.
792 A/D/S, § 285 HGB, Rdnr. 242 f.; KK-AktG/*Claussen/Korth*, §§ 284–288 HGB, 160 AktG, Rdnr. 131 f.; *Dörner/Wirth*, in: Küting/C.-P. Weber, Bd. Ia, §§ 284–288, Rdnr. 288; WP-Handbuch/*Gelhausen*, Bd. I, Abschnitt F, Rdnr. 507.
793 So auch *Lutter/Hommelhoff*, GmbHG, § 42, Rdnr. 38; *Fleischer*, Finanzplankredite, S. 315.

Da weder eine Orientierung an allgemeinen Tendenzen noch die Analyse der Erleichterungen für die kleinen Gesellschaften ein eindeutiges Ergebnis gestatten, ist die Lösung über allgemeine Wertungsgesichtspunkte zu suchen. Dabei kann die Bedeutung der kleinen Kapitalgesellschaften für die deutsche Volkswirtschaft nicht unterschätzt werden. Doch gerade der Mittelstand ist am stärksten von Insolvenzverfahren betroffen.[794] Daraus folgt, daß in diesem Bereich eine Großzahl von Gläubigern in Mitleidenschaft gezogen werden kann. Sollten nunmehr kleine Gesellschaften von der Pflicht, auf den eigenkapitalersetzenden Charakter bestimmter Darlehen hinzuweisen, ausgenommen werden, so würde das Kapitalersatzrecht in seinem Hauptanwendungsbereich auf die reaktive Wirkung beschränkt. Ein Selbstschutz der Gläubiger wäre nicht möglich. Diese Gefahr wird dadurch verstärkt, daß der Gesellschafterfremdfinanzierung gerade im Mittelstand große Bedeutung zukommt.[795] Damit besteht zunächst ein praktisches Bedürfnis nach einem Vorrang des Gläubigerschutzes vor den Motiven, mit denen Erleichterungen im Bereich der Publizität von kleinen und mittelgroßen Gesellschaften zugelassen werden.

Weiterhin ist anerkannt, daß es die Erleichterungen des § 326 HGB nicht gestatten, von den Anforderungen des § 264 Abs. 2 HGB abzuweichen.[796] Ohne den Hinweis auf den eigenkapitalersetzenden Charakter und damit auf den Nachrang einerseits und die Auszahlungssperre andererseits wird aber kein zutreffendes Bild von der Finanzlage der Gesellschaft gezeichnet. Letztlich muß die Bilanz um so stärker untergliedert werden, je kritischer die Unternehmenslage ist,[797] was ebenfalls für einen gesonderten Ausweis bei Kleingesellschaften spricht.[798]

Die gegen eine Ausweispflicht bei Kleingesellschaften geäußerten verfassungsrechtlichen Bedenken aufgrund einer möglichen Ungleichbehandlung[799] – nur solche Gesellschaften mit, nicht aber solche ohne Gesellschafterfremdfinanzierung müßten auf ihre Kreditunwürdigkeit aufmerksam machen – sind unberechtigt. Diesen Gesellschaften wird die Proklamation ihrer eigenen Kreditunwürdigkeit allein insoweit abverlangt, als sich ihre Gesellschafter ihrer Finanzierungsverantwortung durch die Einbringung von Fremdkapital zu ent-

---

794 *Bretz,* BFuP 1998, 263, 263 f.; vergl. auch *Braunschweig/Zdrowomyslaw/Saß/ Kasch,* BuW 1998, 41, 41. Siehe auch FAZ vom 30.12.1998, S. 11 und 12 („Die Insolvenzwelle erfaßt vor allem den Mittelstand").
795 Vergl. etwa *Krink/Maertins,* DB 1998, 833, 833.
796 *E. Müller,* in: Küting/C.-P. Weber, (3. Aufl.), § 326, Rdnr. 2; *Fleischer,* Finanzplankredite, S. 315; *Jansen,* Publizitätsverweigerung, S. 103 f.
797 *Moxter,* FS Goerdeler, S. 370 unter ausdrücklicher Bezugnahme auf den Beschl. des BVerfG vom 15.03.1978, BB 1976, 572, 572 f. = BVerfGE 48, 48, 61, nach dem in der Krise des Bilanzierungspflichtigen eine besonders zeitnahe Bilanzierung geboten ist.
798 So bereits *Fleischer,* Finanzplankredite, S. 315; *Kleindiek,* in: Handbuch, Teil 7, Rdnr. 7.14.
799 *Beine,* Gesellschafterleistungen, S. 195.

ziehen suchten.[800] Wird entgegen der hier vertretenen Ansicht gar generell eine Hinweispflicht bezüglich der Begründung des „going-concern" im Anhang gefordert,[801] entfällt bereits die Ungleichbehandlung. Die Verpflichtung, auf die Krise hinzuweisen, ergibt sich dann bereits aus den für alle Kapitalgesellschaften geltenden Vorschriften. Unabhängig von dieser Streitfrage ergibt sich ein Hinweis auf die Krise der Gesellschaft jedenfalls dann, wenn ein Fehlbetrag i. S. d. § 268 Abs. 3 GmbHG auszuweisen ist.[802] Eine Ausnahme für kleine und mittelgroße Gesellschaften von der Pflicht, auf den eigenkapitalersetzenden Charakter der Darlehen hinzuweisen, ist abzulehnen.

II. Konkretisierung der Ausweispflicht

Probleme hinsichtlich des Ausweises bei kleinen und mittelgroßen Gesellschaften könnten insofern auftauchen, als daß diese nach § 266 Abs. 1 S. 3 bzw. § 327 HGB nur zur Aufstellung bzw. Veröffentlichung einer verkürzten Bilanz verpflichtet sind. Machen die Gesellschaften von diesem Recht Gebrauch, so können sie nicht verpflichtet werden, einen Sonderposten für die Verbindlichkeiten gegenüber Gesellschaftern (i. S. e. § 266 Abs. 3 C. Nr. 7a HGB) zu bilden. In diesem Fall hat der Hinweis nach § 42 Abs. 3 GmbHG mittels eines „Davon-Vermerks" zu erfolgen. Bei der kleinen GmbH ist dieser Vermerk nach den Verbindlichkeiten (§ 266 Abs. 3 C. HGB), die nicht weiter aufzugliedern sind, anzusiedeln. Gleiches muß für die mittelgroße GmbH gelten, welche nach § 327 Nr. 1 HGB ohnehin weitere Angaben zu machen hat. Damit ist sowohl der kleinen als auch der mittelgroßen GmbH regelmäßig eine Ausweisung der „Verbindlichkeiten gegenüber Gesellschaftern" im Anhang zu verwehren.[803] Nach der hier vertretenen Lösung, nach der der Hinweis auf den eigenkapitalersetzenden Charakter der Leistungen eine Ebene unterhalb des Vermerks nach § 42 Abs. 3 GmbHG zu erfolgen hat, sind kleine und mittelgroße GmbHs bezüglich des eigenkapitalersetzenden Charakters somit zu einer Anhangsangabe verpflichtet.[804]

B. GmbH & Co. KG

In engem Zusammenhang mit dem vorbeschriebenen Problemkreis steht die bilanzielle Behandlung eigenkapitalersetzender Gesellschafterleistungen bei der GmbH & Co. KG. Denn die KG unterlag vor der Einführung des § 264a HGB als solche nicht den handelsbilanziellen Publizitätspflichten.

---

800 Vergl. *Lutter/Hommelhoff*, GmbHG, § 42, Rdnr. 38; *Kleindiek*, in: Handbuch, Teil 7, Rdnr. 7.10; *Priester*, DB 1991, 1917, 1923 Fn. 99; *K. Schmidt*, FS Goerdeler, S. 509. Hiergegen *Beine*, Gesellschafterleistungen, S. 194.
801 Vergl. hierzu oben S. 153 f.
802 Vergl. bereits *Jansen*, Publizitätsverweigerung, S. 104.
803 Vergl. hierzu auch *Voßbeck*, Ausweis, S. 18 ff.
804 So i. E. auch *Schnell*, Gesellschafterleistungen, S. 182 f.; *Voßbeck*, Ausweis, S. 165.

I. Gesellschaftsrechtliche Grundlagen

Nach § 172a S. 1 HGB finden bei einer KG, bei der keine natürliche Person Kommanditist ist, die §§ 32a, 32b GmbHG mit der Maßgabe sinngemäß Anwendung, daß die Gesellschafter oder Mitglieder des Komplementärs zusammen mit den Kommanditisten an die Stelle der GmbH-Gesellschafter treten. Hieraus folgt für die GmbH & Co. KG, daß die §§ 32a, 32b GmbHG anzuwenden sind, wenn der KG von den Gesellschaftern der Komplementär-GmbH oder von ihren Kommanditisten ein Darlehen gewährt wird. Gleiches soll nach h. M.[805] gelten, wenn die Nur-Kommanditisten der Komplementär-GmbH ein Darlehen gewähren. Ob § 172a HGB auch die Fälle umfaßt, in denen der KG seitens der Komplementär-GmbH ein Darlehen zur Verfügung gestellt wurde, war für die Rechtslage unter der Konkursordnung umstritten.[806] Aufgrund von § 93 InsO dürfte diese Streitfrage zumindest an praktischer Bedeutung verlieren, denn nunmehr kann der Komplementär die Darlehen nicht mehr zum Verfahren anmelden und die Gläubiger auf § 128 HGB verweisen.

Neben § 172a HGB finden bei der GmbH & Co. KG die Rechtsprechungsregeln Anwendung. Voraussetzung für einen Verstoß gegen §§ 30, 31 GmbHG ist insoweit, daß das Stammkapital der GmbH angegriffen ist.[807] Hierzu kommt es regelmäßig nur in zwei Konstellationen: Zum einen, wenn die KG überschuldet oder zahlungsunfähig ist (womit der Freistellungsanspruch der GmbH gegen die KG nicht mehr vollwertig ist) und die GmbH keine über das Stammkapital hinausgehenden Vermögenswerte hat, mit denen sie ihre Haftung abfangen könnte.[808] Zum anderen, wenn die GmbH ihr Stammkapital bei der KG als Einlage eingebracht hat und die Kapitalbeteiligung bei der KG durch Verluste soweit aufgezehrt ist, daß das Stammkapital der GmbH angegriffen wird.[809]

---

805 Hachenburg/*Ulmer*, GmbHG, § 32a, b, Rdnr. 190; Heymann/*Horn*, HGB, § 172a, Rdnr. 9; Staub/*Schilling*, HGB, § 172a, Rdnr. 5. Bekommt die GmbH von ihren Gesellschaftern ein Darlehen gewährt, so greifen die §§ 32a, 32b GmbHG unmittelbar.
806 Verneinend unter Verweisung auf den eindeutigen Wortlaut: GK-HGB/*Fahse*, § 172a, Rdnr. 1; Heymann/*Horn*, HGB, § 172a, Rdnr. 14; Röhricht/v. Westphalen/*v. Gerkan*, HGB, § 172a, Rdnr. 17; Staub/*Schilling*, HGB, § 172a, Rdnr. 6. Bejahend: Schlegelberger/*K. Schmidt*, HGB, § 172a, Rdnr. 19; *Michel*, Gesellschafterleistungen, S. 44ff.; *Noack*, Gesellschaftsrecht, Rdnr. 579; *Uhlenbruck*, GmbH & Co. KG, S. 703f.; *Habersack*, ZHR 162 (1998), 201, 212f.
807 Zu weitergehenden Überlegungen siehe *Zacher*, Kapitalsicherung, S. 197ff.; *Zanner*, Rechtsfolgen, S. 125ff.
808 BGH, Urt. vom 24.03.1980, BB 1980, 797, 799 = BGHZ 76, 326, 336f. = NJW 1980, 1524; Urt. vom 20.09.1993, BB 1993, 2326, 2327 = NJW 1993, 3265, 3266; Baumbach/*Hopt*, HGB, § 172a, Rdnr. 33; Hachenburg/*Ulmer*, GmbHG, § 32a, b, Rdnr. 194; Staub/*Schilling*, HGB, § 172a, Rdnr. 17, *Schnell*, Gesellschafterleistungen, S. 72.
809 BGH, Urt. vom 29.03.1973, BB 1973, 580, 580 = BGHZ 60, 324, 328f. = NJW 1973, 1036; Urt. vom 24.03.1980, BB 1980, 797, 799 = BGHZ 76, 326, 336f. = NJW 1980, 1524; OLG Hamm, Urt. vom 05.01.1994, NJW-RR 1995, 489, 490; Baumbach/*Hopt*, HGB, § 172a, Rdnr. 33; GK-HGB/*Fahse*, § 172a, Rdnr. 35; Ha-

Liegt eine der vorgenannten Situationen vor, so darf auf ein kapitalersetzendes Darlehen keine Rückzahlung mehr vorgenommen werden. Für die Anwendbarkeit der §§ 30, 31 GmbHG ist es entgegen der früher h. M.[810] nicht erforderlich, daß der die Zahlung empfangende Kommanditist zugleich der GmbH angehört.[811] Allerdings gehört der Anspruch der GmbH aus § 31 Abs. 1 GmbHG zum Gesamthandsvermögen der KG[812] und nicht zur GmbH. Eine Ausfallhaftung der Nur-Kommanditisten kommt demgegenüber nicht in Betracht.[813]

II. Bilanzielle Behandlung

Bilanzielle Besonderheiten auf seiten der GmbH & Co. KG bestanden in erster Linie so lange, wie die Kapitalgesellschaften- & Co.-Richtlinie[814] noch nicht umgesetzt war. Nach der Umsetzung ist die GmbH & Co. KG nunmehr den Rechnungslegungsvorschriften für die Kapitalgesellschaften unterworfen. Damit haben die GmbH & Co. KGs die §§ 264 ff. HGB zu beachten und sind verpflichtet, im Abschluß der KG ein den tatsächlichen Verhältnissen entsprechendes Bild nach § 264 Abs. 2 HGB zu vermitteln.[815] In konsequenter Fortführung des Grundsatzes, daß Haftungsbeschränkungen durch Publizität kompensiert werden müssen, unterliegen auch Personengesellschaften ohne eine natürliche Person als Vollhafter der Pflicht, ihre Jahresabschlüsse zu veröffentlichen.[816] Dadurch wird es den aktuellen und potentiellen Gläubigern ermöglicht, sich ein eigenes Bild von der wirtschaftlichen Lage der Gesellschaft zu machen. Die Forderung nach einem Hinweis auf den eigenkapitalersetzenden Charakter der Darlehen in der Bilanz ist bereits deshalb keinen Einwänden mehr ausgesetzt. Bezüglich der Art des Ausweises gelten die Ausführungen zur GmbH

---

chenburg/*Ulmer*, GmbHG, § 32a, b, Rdnr. 194, *Schnell*, Gesellschafterleistungen, S. 71f. Zur Bewertung von Beteiligungen an Personengesellschaften siehe *Nieskens*, WPg 1988, 493, 495ff.
810 BGH, Urt. vom 29.03.1973, BB 1973, 580, 580 = BGHZ 60, 324, 328f. = NJW 1973, 1036; Baumbach/*Hopt*, HGB, § 172a, Rdnr. 33; Staub/*Schilling*, HGB, § 172a, Rdnr. 17. Vergl. auch *K. Schmidt*, GmbHR 1986, 337, 337ff. m.w.N. zur Rspr. der Obergerichte.
811 BGH, Urt. vom 19.02.1990, BB 1990, 802, 805f. = BGHZ 110, 342, 355f. = NJW 1990, 1725; Hachenburg/*Ulmer*, GmbHG, § 32a, b, Rdnr. 195; Heymann/*Horn*, HGB, § 172a, Rdnr. 38; Röhricht/v. Westphalen/*v. Gerkan*, HGB, § 172a, Rdnr. 117; *Michel*, Gesellschafterleistungen, S. 172ff.; *Uhlenbruck*, GmbH & Co. KG, S. 677.
812 BGH, Urt. vom 29.03.1973, BB 1973, 580, 581 = BGHZ 60, 324, 330 = NJW 1973, 1036; Urt. vom 27.09.1976, BB 1976, 1528, 1529 = BGHZ 67, 171, 176; Urt. vom 29.09.1977, BB 1977, 1730, 1731f. = BGHZ 69, 274, 281; Baumbach/*Hopt*, HGB, § 172a, Rdnr. 35; Heymann/*Horn*, HGB, § 172a, Rdnr. 37; *Schnell*, Gesellschafterleistungen, S. 72.
813 Hachenburg/*Ulmer*, GmbHG, § 32a, b, Rdnr. 196; Schlegelberger/*K. Schmidt*, HGB, § 172a, Rdnr. 51; *v. Gerkan*, ZGR 1997, 173, 187f.
814 Siehe hierzu bereits oben Fn. 785 auf S. 226.
815 *Klein/Pötzsch*, DB 1999, 1509, 1509.
816 *Ernst*, DStR 1999, 903, 904.

entsprechend, denn mit § 264c HGB hat sich das IDW mit seiner Forderung nach einer besonderen Kennzeichnung von Verbindlichkeiten gegenüber Gesellschaftern ähnlich dem § 42 Abs. 3 GmbHG[817] durchsetzen können.

Unklar ist demgegenüber, ob die KG bereits unter der Rechtslage vor der Umsetzung der Kapitalgesellschaften- & Co.-Richtlinie zu einer gesonderten Ausweisung eigenkapitalersetzender Leistungen verpflichtet war.[818] Teilweise wurde unter Hinweis darauf, daß die KG nur eine Rumpfbilanz aufzustellen und den Jahresabschluß insbesondere nicht um einen Anhang zu erweitern hat, geschlossen, daß der Verzicht auf eine besondere Kennzeichnung des Eigenkapitalersatzes gesetzeskonform sei.[819] Dem kann bei einer an den Rechnungslegungszwecken orientierten Lösung nicht gefolgt werden.[820] Zwar kann zur Begründung der besonderen Hinweispflicht regelmäßig nicht auf § 264 Abs. 2 HGB zurückgegriffen werden, denn dieser findet bei Personengesellschaften lediglich Anwendung, wenn dies im Gesellschaftsvertrag festgelegt wurde. Doch auch bei den Personengesellschaften hat der Jahresabschluß nach § 238 Abs. 1 S. 1 HGB die Aufgabe, die Lage ihres Vermögens und damit den aktuellen Verschuldungsgrad erkennen zu lassen.[821] Mithin kommt dem Jahresabschluß der Personengesellschaft die Informations-, Kapitalerhaltungs- und die Dokumentationsfunktion – zugestandenermaßen in anderer Art als bei den Kapitalgesellschaften[822] – zu.[823] Diese Funktionen des Jahresabschlusses erfordern indes einen Hinweis auf den eigenkapitalersetzenden Charakter. Für dieses Ergebnis streitet bereits die aufgrund der beschränkten Publizität vergleichbare Situation bei der kleinen GmbH; für diese steht freilich die Binnenpublizität bezüglich des Eigenkapitalersatzes nicht in Frage.[824] Zudem stellt der Jahresabschluß – wie § 166 Abs. 1 und 3 HGB erhellt – nach dem Gesetz das wichtigste Kontrollinstrument der Kommanditisten dar. Diese Bedeutung

---

817 Das IDW hat die Aufnahme einer entsprechenden Regelung in seiner Stellungnahme zum Gesetzgebungsvorhaben vorgeschlagen, IDW, WPg 1999, 433, 434; vergl. auch *Klein/Pötzsch*, DB 1999, 1509, 1509.
818 Eine – wie auch immer geartete – unmittelbare Anwendung der Richtlinie ist nicht möglich, ausführlich hierzu *Hennrichs*, ZGR 1997, 66, 84 ff.
819 *Schnell*, Gesellschafterleistungen, S. 184.
820 Ebenfalls für einen Hinweis auf den eigenkapitalersetzenden Charakter auch bei der GmbH & Co. KG *Fleischer*, Finanzplankredite, S. 333 f.; wohl auch *K. Schmidt*, FS Goerdeler, S. 496.
821 Ausführlich hierzu *Leffson*, FS Goerdeler, S. 319 ff. Nach der Auffassung einiger Autoren soll aus dem Grundsatz der Bilanzwahrheit dem § 264 Abs. 2 HGB „ähnliches" gefolgert werden können, vergl. *Hennrichs*, ZGR 1997, 66, 80 ff. m. w. N.
822 Bei den Abschlüssen der Personengesellschaften beschränkt sich die Informationsfunktion auf die Eigeninformation. Die Kapitalerhaltung wird mangels gesetzlichem Mindestkapital ebenfalls im Wege der Information verwirklicht. Vergl. hierzu schon oben S. 74 ff.
823 *Budde/Kunz*, in: Beck'scher Bilanzkommentar, § 238, Rdnr. 67; *Baetge*, Bilanzen, S. 50 ff. Ausführlich *Rückle/Klatte*, in: Handwörterbuch, S. 118 ff.
824 Vergl. die Nachweise in Fn. 782 auf S. 226.

des Jahresabschlusses wird weiterhin dadurch betont, daß die Kommanditisten wegen § 166 Abs. 3 HGB, der die Informationsrechte aus § 118 Abs. 1 HGB ausschließt, anders als die GmbH-Gesellschafter kein dem § 51a GmbHG vergleichbares allgemeines Einsichtsrecht haben. Insofern müssen sie alle für sie relevanten Informationen – und zu diesen gehört auch die Verhaftung ihrer Darlehen – aus dem Jahresabschluß entnehmen können, denn eine eigene Recherche anhand der Geschäftsunterlagen ist ihnen verwehrt. Ist die GmbH & Co. KG aufgrund von § 264b HGB[825] von der Pflicht zur Aufstellung eines Abschlusses nach den §§ 264 ff. HGB freigestellt, gelten die Ausführungen zur Rechtslage vor der Gesetzesänderung ensprechend.

Im Ergebnis ist damit in jedem Fall ein Hinweis auf den eigenkapitalersetzenden Charakter der Darlehen erforderlich. Da bei einer Mittelrückgewähr unter Verstoß gegen § 30 Abs. 1 GmbHG der Anspruch aus § 31 Abs. 1 GmbHG nicht der GmbH, sondern der KG als solcher zusteht, ist der Anspruch auch bei der KG zu aktivieren.[826]

C. Aktiengesellschaften

I. Gesellschaftsrechtliche Grundlagen

Nach anfänglichen Zweifeln, ob das Rechtsinstitut des Eigenkapitalersatzrechts auch bei der Aktiengesellschaft Anwendung findet,[827] wird seine Anwendbarkeit nunmehr von der h. M.[828] im Anschluß an die Rechtsprechung[829] bejaht. Jüngst erkannte der Gesetzgeber die Existenz „eigenkapitalersetzender Aktionärsdarlehen" in verschiedenen Gesetzesbegründungen an.[830] Dem ist zuzu-

---

825 Zu den Voraussetzungen des § 264b HGB vergl. *Luttermann*, ZIP 2000, 517, 519; *Strobel*, DB 2000, 53, 56 f.
826 *Schnell*, Gesellschafterleistungen, S. 169.
827 Bejahend etwa: *Immenga*, ZIP 1983, 1405, 1405 ff.; *K. Schmidt*, ZHR 147 (1983), 165, 171 ff. Verneinend etwa: OLG Düsseldorf, Urt. vom 30.06.1983; NJW 1983, 2887; LG Düsseldorf, Urt. vom 27.05.1981, ZIP 1981, 601, 603; *Westermann*, ZIP 1982, 379, 388.
828 *Hüffer*, AktG, § 57, Rdnr. 16; KK-AktG/*Lutter*, § 57, Rdnr. 87; *v. Gerkan/Hommelhoff*, Kapitalersatz, Rdnr. 11.1 ff.; *Habersack*, ZHR 162 (1998), 201, 215 ff. Ausführlich zu eigenkapitalersetzenden Aktionärsdarlehen *Farrenkopf*, Gesellschafterdarlehen, 28 ff.; *Ketzer*, Aktionärsdarlehen, S. 1 ff.; *Bayer*, in: Handbuch, Teil 11, Rdnr. 11.5 ff.; *Veil*, ZGR 2000, 223, 226 ff. Zur Vereinbarkeit der Eigenkapitalersatzregeln bei der AG mit der EG-Kapitalrichtlinie siehe die knappe – aber bisher wohl einzige – Stellungnahme bei *Habersack*, Gesellschaftsrecht, Rdnr. 166.
829 BGH Urt. vom 26.03.1984, BGHZ 90, 381, 385 ff. = NJW 1984, 1893; OLG Düsseldorf, Urt. vom 06.11.1986, AG 1987, 181, 183. Siehe auch schon RG, Urt. vom 03.12.1938, JW 1939, 355, 355.
830 Vergl. Begr. RegE zu § 150 InsO, BT-Drcks. 12/2443, S. 161; sowie Begr. RegE. zur Ergänzung des § 32a Abs. 3 GmbHG um S. 2, BT-Drcks. 13/7141, S. 11 f. Auf die Gesetzesbegründung verweisend *Johlke*, in: Handbuch, Teil 5, Rdnr. 5.3.

stimmen. Auch wenn der Gesetzgeber keine den §§ 32a, 32b GmbHG vergleichbare Regelung geschaffen hat und diese nicht entsprechend auf die AG angewandt werden können,[831] so wurden die Rechtsprechungsgrundsätze doch durch die Einfügung der §§ 32a, 32b GmbHG nicht außer Kraft gesetzt. Dieses für die GmbH nahezu unstrittige Ergebnis muß auf die AG übertragen werden, so daß bei ihr das Fehlen einer den Novellenregeln entsprechenden Regelung der Anwendung der Rechtsprechungsregeln nicht entgegensteht.[832]

Bei den an die §§ 57, 62 AktG anknüpfenden Rechtsprechungsregeln gilt es allerdings, einigen aus der Struktur des Aktienrechts herrührenden Besonderheiten Rechnung zu tragen. So stellt die Rechtsprechung[833] insofern an die Person des Darlehensgebers besondere Anforderungen, als dieser an der Darlehensempfängerin unternehmerisch beteiligt sein soll. Eine Beteiligung soll eine unternehmerische sein, wenn sie mehr als 25 % des Grundkapitals ausmacht. Diese Rechtsprechung stieß in der Literatur nicht nur auf Zustimmung,[834] sondern auch auf Kritik. So wird teilweise[835] unter Berufung auf § 271 Abs. 1 S. 3 HGB gefordert, ein unternehmerisches Engagement bereits ab einer 20 %igen Beteiligung anzunehmen. Von anderen Autoren[836] wird das Kriterium der un-

---

831 BGH Urt. vom 26.03.1984, BGHZ 90, 381, 385 = NJW 1984, 1893; *Farrenkopf*, Gesellschafterdarlehen, S. 29ff.; *Ketzer*, Aktionärsdarlehen, S. 28ff.; *Immenga*, ZIP 1983, 1405, 1405f.; *K. Schmidt*, AG 1984, 12, 15. Für eine analoge Anwendung der §§ 32a, 32b GmbHG demgegenüber *Fastnacht*, Fremdfinanzierung, S. 145; *Hommelhoff*, WM 1984, 1105, 1118. Ausführlich hierzu jüngst *Veil*, ZGR 2000, 223, 251 ff.
832 Ebenso *Kreis*, Finanzierungsverantwortung, S. 25; vergl. auch *Schmidt*, AG 1984, 12, 14. A.A. etwa OLG Düsseldorf, Urt. vom 30.06.1983; NJW 1983, 2887; LG Düsseldorf, Urt. vom 27.05.1981, ZIP 1981, 601, 603.
833 BGH Urt. vom 26.03.1984, BGHZ 90, 381, 390ff. = NJW 1984, 1893. Im Zusammenhang mit dem Zusammenbruch der Holzmann AG wurde in Bankenkreisen gemutmaßt, daß die Darlehen der Deutschen Bank aufgrund ihrer 15 %-igen Beteiligung und ihrer starken Stellung im Aufsichtsrat der Holzmann AG eigenkapitalersetzenden Charakter hätten, vergl. Handelsblatt vom 18.11.1999, S. 1. Aufgrund der in erster Linie politisch motivierten „Sanierung" der Holzmann AG steht dennoch nicht zu erwarten, daß sich die Rechtsprechung in diesem Fall mit dem Eigenkapitalersatzrecht in der Aktiengesellschaft wird beschäftigen können.
834 Grundsätzlich zustimmend etwa KK-AktG/*Lutter*, § 57, Rdnr. 93; *Ketzer*, Aktionärsdarlehen, S. 77ff. *Hess*/Pape, InsO, Rdnr. 1149 versucht die Grenze von 25 % mit § 138 Abs. 2 Nr. 1 InsO zu begründen: Da es bei der Anfechtung auf diese Grenze ankomme, müsse sie bei der Zurechnung im Rahmen des Eigenkapitalersatzrechts ebenfalls entscheidend sein; ablehnend hierzu *Noack*, Gesellschaftsrecht, Rdnr. 198 Fn. 25.
835 Baumbach/*Hopt*, HGB, § 172a, Rdnr. 18; i.E. ähnlich *v. Gerkan/Hommelhoff*, Kapitalersatz, Rdnr. 11.5. Für eine Differenzierung nach Aktiengesellschaft„typen" *Veil*, ZGR 2000, 223, 237ff.
836 *Farrenkopf*, Gesellschafterdarlehens, S. 93ff.; *Habersack*, ZHR 162 (1998), 201, 217ff.

ternehmerischen Beteiligung gänzlich für untauglich gehalten. Dem ist aufgrund der hier vertretenen dogmatischen Begründung des Kapitalersatzrechts[837] zu folgen. Konsequenz hieraus ist jedoch nicht, daß auf die Erkennbarkeit der Krise durch den Aktionär abzustellen wäre,[838] entscheidend ist vielmehr, ob und inwieweit sich der Aktionär durch die Kapitalzufuhr neue Chancen in relevantem Ausmaß eröffnet hat.

Zwei weitere Besonderheiten sollen sich aus den aktienrechtlichen Kapitalerhaltungsregeln ergeben. So werden nach der vorzugswürdigen h. M.[839] nicht nur das Grundkapital, sondern darüber hinaus die tatsächlich gebildeten gesetzlichen Rücklagen nach § 150 Abs. 1 und 2 AktG mit in die Kapitalbindung einbezogen. Nach den Gegenansichten soll sich die Bindung auf das Grundkapital beschränken[840] bzw. auf das gesamte Gesellschaftsvermögen mit Ausnahme des Bilanzgewinns erstrecken.[841]

Von entscheidender Bedeutung für die bilanzielle Behandlung von Rückzahlungen an den Aktionär unter Verstoß gegen die Kapitalersatzregeln ist die Frage, welche Rechtsfolgen eine derartige Rückzahlung zeitigt. Von der wohl noch h. M.[842] wird für den direkten Anwendungsbereich des § 57 AktG vertreten, daß sowohl das schuldrechtliche als auch das dingliche Geschäft nach § 134 BGB nichtig seien. Entsprechendes hätte bei einer Rückzahlung unter Verstoß gegen die Kapitalersatzregeln zu gelten. Diese Auffassung ist grundlegenden Bedenken ausgesetzt. Zum einen widerspricht sie dem Grundsatz,[843] daß § 134 BGB keine Anwendung finden kann, wenn eine spezialgesetzliche Rechtsfolgenregelung für einen Gesetzesverstoß besteht. Damit hat die h. M., die aus einer Zeit herrührt, in der das AktG noch keine Rechtsfolgen für einen Verstoß gegen die Kapitalerhaltungsvorschriften vorsah, mit Einführung des § 62 AktG ihre dogmatische Grundlage verloren.[844] Zum anderen ist die aktienrechtliche Vermögensbindung eine rechnerische und keine gegenständli-

---

837 Siehe hierzu oben S. 66 ff.
838 So aber *Habersack*, ZHR 162 (1998), 201, 217 ff.
839 *Hüffer*, AktG, § 57, Rdnr. 19; KK-AktG/*Lutter*, § 57, Rdnr. 94; *Farrenkopf*, Gesellschafterdarlehen, S. 75 ff.; *v. Gerkan/Hommelhoff*, Kapitalersatz, Rdnr. 2.44.
840 *Immenga*, ZIP 1983, 1404, 1411; *K. Schmidt*, AG 1984, 12, 15; *Veil*, ZGR 2000, 223, 249.
841 *Horst Herrmann*, in: 50 Jahre WP-Beruf, S. 178. Wohl auch *Westermann*, ZIP 1982, 379, 387, der allerdings der Rechtsfigur der eigenkapitalersetzenden Aktionärsdarlehen insgesamt kritisch gegenübersteht.
842 RG, Urt. vom 13.12.1935, RGZ 149, 385, 400; Geßler/*Hefermehl*/Eckardt/Kropff/ *Bungeroth*, AktG, § 57, Rdnr. 71; *Hüffer*, AktG, § 57, Rdnr. 23; KK-AktG/*Lutter*, § 57, Rdnr. 62 f.; *v. Gerkan/Hommelhoff*, Kapitalersatz, Rdnr. 11.6 (jeweils m. w. N.).
843 Vergl. hierzu Erman/*Palm*, BGB, § 134, Rdnr. 2; MüKo/*Mayer-Maly*, BGB, § 134, Rdnr. 3; Palandt/*Heinrichs*, BGB, § 134, Rdnr. 7; Soergel/*Hefermehl*, BGB, § 134, Rdnr. 3. Mit dieser Begründung wird denn auch i. R. d. § 30 Abs. 1 GmbHG überwiegend eine Nichtigkeit der Rückgewährgeschäfte verneint, vergl. oben S. 175.
844 Ausführlich hierzu *Joost*, ZHR 149 (1985), 419, 423 ff.

che.[845] Mit dieser Erkenntnis ist indes ein dinglicher Herausgabeanspruch nach § 985 BGB, zu dem eine Anwendung des § 134 BGB zwangsläufig führen muß, nur schwer vereinbar. Im Ergebnis spricht damit viel dafür, gegen die Kapitalerhaltungsvorschriften verstoßende Rückgewährhandlungen im Aktienrecht ebenso wie im GmbH-Recht für wirksam zu halten.[846]

II. Bilanzielle Behandlung

Besonderheiten ergeben sich bei der Bilanzierung von Eigenkapitalersatz bei einer darlehensempfangenden AG allein für den Fall, daß – entgegen der hier vertretenen Ansicht – davon ausgegangen wird, daß ein Verstoß gegen § 57 AktG die Nichtigkeit der rückgewährenden Leistung zur Folge hat.[847] Im übrigen sind die Darlehen ebenso wie bei der GmbH gesondert auszuweisen, wobei mangels einer dem § 42 Abs. 3 GmbHG vergleichbaren Regelung der „Davon-Vermerk" unter dem jeweiligen Posten (§ 266 Abs. 3 C. Nr. 6, 7, 8 HGB) zu erfolgen hat.

Sollte die Leistungsrückgewähr unter Verstoß gegen § 57 AktG nach § 134 BGB nichtig sein, so kommt der Rückgewähr keine Tilgungswirkung zu. Die Verbindlichkeit der AG gegenüber ihrem Aktionär bleibt weiterhin bestehen und muß dementsprechend passiviert werden.[848] Aufgrund dessen kann der Zahlungsvorgang nicht wie bei der GmbH mit dem Buchungssatz „Verbindlichkeiten gegenüber Gesellschaftern an Bank" verbucht werden, denn das Konto „Verbindlichkeiten gegenüber Gesellschaftern" darf nicht angesprochen werden. Da der Abgang liquider Mittel buchungstechnisch erfaßt werden muß, stellt sich die Frage nach dem Gegenkonto. Da es an einem ansprechbaren Bestandskonto fehlt, muß auf ein Erfolgskonto ausgewichen werden.[849] Entgegen einer in der Literatur vertretenen Ansicht[850] bieten sich hierfür nicht die sonstigen betrieblichen Aufwendungen, sondern die außerordentlichen Aufwendungen an. Hierfür spricht schon die Legaldefinition der außerordentlichen Erträge und Aufwendungen in § 277 Abs. 4 S. 1 HGB, bei denen

---

845 KK-AktG/*Lutter*, § 57, Rdnr. 2; *Beine*, Gesellschafterleistungen, S. 268; *Joost*, ZHR 149 (1985), 419, 420.
846 Für eine regelmäßige Wirksamkeit denn auch etwa *Beine*, Gesellschafterleistungen, S. 267 ff.; *K. Schmidt*, Gesellschaftsrecht, S. 898; *Joost*, ZHR 149 (1985), 419, 434 ff. (jeweils m.w.N.).
847 Zur Bilanzierung speziell bei der darlehensempfangenden AG siehe *Ketzer*, Aktionärsdarlehen, S. 186 ff., der allerdings von einem hier abgelehnten Ansatz ausgeht.
848 *Bachem*, Bilanzierung, S. 11; *Beine*, Gesellschafterleistungen, S. 276; *Wassermeyer*, ZGR 1992, 639, 659.
849 *Beine*, Gesellschafterleistungen, S. 276; *Wassermeyer*, ZGR 1992, 639, 658 f. *Döllerer*, ZGR 1993, 567, 577 f. wendet sich zwar gegen eine erfolgswirksame Verbuchung, allerdings mit dem Argument, daß diese nur in Frage komme, wenn – wie vorliegend unterstellt – die Rückgewähr nichtig sei.
850 *Beine*, Gesellschafterleistungen, S. 276. Vergl. auch *Tries*, Gewinnausschüttungen, S. 57.

es sich um solche handelt, die außerhalb der gewöhnlichen Geschäftstätigkeit anfallen. Das ist in der vorliegenden Konstellation der Fall. Zudem ist das Eigenkapitalersatzrecht bedingt mit Forderungsverzichten von Gesellschafterseite vergleichbar; für diese ist anerkannt, daß sie zu einem außerordentlichen Ertrag führen.[851] Insofern ist die Rückgewähr unter dem Satz „außerordentliche Aufwendungen an Bank" und der Erstattungsanspruch unter dem Satz „Erstattungsanspruch an außerordentliche Erträge" zu verbuchen. Letztlich kommt es bei einer ergebniswirksamen wie bei einer erfolgsneutralen Verbuchung der Rückgewähr zu einem bloßen Aktivtausch.[852] Entsteht demgegenüber ein außerordentlicher Verlust, weil der Erstattungsanspruch der AG gegen den Aktionär nicht vollwertig ist, so ist die AG i.R.d. § 277 Abs. 4 S. 2 HGB zur Erläuterung verpflichtet.

---

[851] A/D/S, § 277, Rdnr. 80; Baumbach/Hueck/*Schulze-Osterloh*, GmbHG (16. Aufl.), § 42, Rdnr. 365 a.E.; KK-AktG/*Claussen/Korth*, §§ 275–277 HGB, 158 AktG, Rdnr. 109; *Förschle*, in: Beck'scher Bilanzkommentar, § 275, Rdnr. 222.
[852] So auch *Beine*, Gesellschafterleistungen, S. 276.

Abschnitt 3: Ausweisung im Jahresabschluß des Leistungsgebers und im Konzernabschluß

§ 7: Ausweisung im Jahresabschluß des Leistungsgebers

Bilanzierungspflichtig ist der Darlehensgeber nach § 238 Abs. 1 S. 1 HGB nur, wenn er Kaufmann ist. Zudem kann sich die Pflicht zur Aufstellung einer Bilanz aus § 141 AO ergeben. Auch wenn somit nicht nur für Kapitalgesellschaften, sondern gleichermaßen für Personengesellschaften und Einzelkaufleute eine Bilanzierungspflicht besteht, beschränken sich die folgenden Ausführungen doch zunächst auf die Kapitalgesellschaften. Ergeben sich für diese bereits keine spezifischen Besonderheiten bei der Bilanzierung eigenkapitalersetzender Leistungen, so ist es nicht notwendig, Erleichterungen für Nicht-Kapitalgesellschaften zu erwägen.[1]

A. Ausweisung bei der darlehensgewährenden GmbH vor der Rückgewähr

Hinsichtlich der Ausweisung des Darlehens beim Gesellschafter sind drei Fragenkreise zu unterscheiden. Zunächst ist festzustellen, unter welchen Bilanzposten das Darlehen anzusetzen ist, um sodann zu klären, mit welchem Wert der Ansatz zu erfolgen hat. Dabei wird insbesondere zu erörtern sein, ob der endgültige Ausfall mit dem Rückzahlungsanspruch auf eigenkapitalersetzende Gesellschafterdarlehen handelsbilanziell als nachträgliche Anschaffungskosten bzw. als Herstellungskosten der Beteiligung berücksichtigt werden kann. Ein solches Vorgehen könnte in Betracht kommen, weil der BFH[2] in ständiger Rechtsprechung davon ausgeht, daß „durch das Gesellschaftsverhältnis veranlaßte" Darlehen im Verlustfalle beim Gesellschafter nachträgliche Anschaffungskosten der Beteiligung i. S. d. § 17 Abs. 2 EStG darstellen. Untechnisch gesprochen fingiert damit der BFH einen höheren Anschaffungspreis für die Beteiligung und eröffnet damit dem Gesellschafter den Weg zu höheren Abschreibungen. Letztlich muß entschieden werden, ob und welche besonderen Hinweispflichten den Eigenkapitalersatzgeber treffen.

I. Ort der Ausweisung

Ebenso wie auf seiten des Darlehensnehmers ist für den Darlehensgeber umstritten, unter welchem Posten der Ausweis zu erfolgen hat. Die Vorschläge

---

[1] Vergl. auch *Beine*, Gesellschafterleistungen, S. 204.
[2] BFH, Urt. vom 07.07.1992, BB 1992, 2067 (LS) = BFHE 168, 424 ff.; Urt. vom 24.04.1997, DB 1997, 2408, 2408 f.; Urt. vom 04.11.1997, DStR 1998, 73, 73 ff.

reichen von einem Verzicht auf die Aktivierung[3] über einen Posten im Umlaufvermögen (§ 266 Abs. 2 B. II Nr. 2–4 HGB)[4] bis hin zum Ansatz in den Finanzanlagen (§ 266 Abs. 2 A III HGB). Sofern die Autoren eine Bilanzierung unter den Finanzanlagen präferieren, werden als Posten die Finanzanlagen allgemein mit Ausnahme der Beteiligungen,[5] die Beteiligungen[6] und die Ausleihungen[7] vorgeschlagen.

Von den vorgeschlagenen Alternativen müssen der Verzicht auf eine Aktivierung und die Ausweisung unter den Beteiligungen jedenfalls ausscheiden. Zwar könnte versucht werden, aus § 13 Abs. 4 DMBilG – wie es auch für § 16 Abs. 3 DMBilG unternommen wurde[8] – einen allgemeinen Grundsatz herzuleiten, daß die dort genannten Forderungen nicht verbucht werden dürfen.[9] Sollte dieses Ergebnis richtig sein, so müßte es aufgrund des Vollständigkeitsgrundsatzes nach § 246 Abs. 1 S. 1 HGB rechtstechnisch jedenfalls über eine Abschreibung der Darlehensforderung erreicht werden. Das muß insbesondere gelten, wenn das Darlehen nicht von Anfang an eigenkapitalersetzenden Charakter hatte.[10] Wird der Grund für den Nichtansatz der Forderung darin gesehen, daß das Ausfallrisiko so groß ist, daß mit einer Realisierbarkeit nicht mehr gerechnet werden kann,[11] so muß der gleiche Weg beschritten werden. Die Zulässigkeit eines Ausweises unter den Beteiligungen (§ 266 Abs. 2 A. III. Nr. 1 oder 3 HGB) hängt von den Anforderungen ab, die an den Begriff der Beteiligungen i. S. d. § 271 Abs. 1 HGB zu stellen sind. Würde die

---

3 *Hommelhoff*, in: Handwörterbuch, S. 140 Fn. 14.
4 *Bachem*, Bilanzierung, S. 21; *Schnell*, Gesellschafterleistungen, S. 211, *E. Weber*, WPg 1986, 1, 6.
5 *Jung*, in: Beck'sches Handbuch der GmbH, § 7, Rdnr. 274.
6 *Hoyos/Gutike*, in: Beck'scher Bilanzkommentar, § 266, Rdnr. 78.
7 *Hock*, Gesellschafter-Fremdfinanzierung, S. 50.
8 Vergl. Budde/*Forster*/Gelhausen, DMBilG, § 16, Rdnr. 35; *Scherrer*, Konzeption, S. 25.
9 Darauf scheint die Amtliche Begründung zu § 16 Abs. 3 DMBilG hinzudeuten, in der es heißt: „[...] dem Grundsatz [...], daß Verbindlichkeiten, die nur aus künftigen Jahresüberschüssen zu tilgen sind, in der Bilanz nicht als Verbindlichkeiten ausgewiesen werden dürfen [...,] entspricht auf der Gläubigerseite ein Aktivierungsverbot (§ 13 Abs. 4)", vergl. BT-Drcks. 11/7817, S. 80. Nach Budde/*Forster*/Gelhausen, DMBilG, § 13, Rdnr. 46 entspricht § 13 Abs. 4 DMBilG denn auch allgemeinen Grundsätzen. *Schnell*, Gesellschafterleistungen, S. 209 Fn. 5 hält ihn demgegenüber für einen Ausnahmetatbestand.
10 Da es bei der DM-Eröffnungsbilanz an entsprechenden Vorbilanzen fehlte, spielte diese rechtstechnische Frage im direkten Anwendungsbereich des § 13 Abs. 4 DMBilG keine Rolle; bereits hieraus erhellt der Ausnahmecharakter der Norm.
11 So die Amtliche Begründung zu § 13 Abs. 4 DMBilG, vergl. BT-Drcks. 11/7817, S. 79, die insofern der Begründung zu § 16 Abs. 3 DMBilG (siehe hierzu Fn. 9) widerspricht. Wie die Amtliche Begründung auch *Scherrer*, Konzeption, S. 22. Insofern kann in der gesetzlichen Regelung eine gesetzlich abstrahierte Bewertungsvorschrift (= Abschreibung auf Null) gesehen werden.

Verlustteilnahme für die Bejahung einer Beteiligung genügen,[12] so könnte der Beteiligungscharakter bei eigenkapitalersetzenden Gesellschafterleistungen erwogen werden.[13] § 271 Abs. 1 S. 3 HGB – zurückgehend auf Art. 17 S. 2 der Bilanzrichtlinie –, nach dem bei Anteilen an einer Kapitalgesellschaft von mehr als 20 % des Nennkapitals eine Beteiligung vermutet wird, spricht ebenso wie die historische Entwicklung des Art. 17 der Bilanzrichtlinie[14] dafür, daß durch den Sonderausweis von Beteiligungen auf die Möglichkeiten einer Einflußnahme hingedeutet werden soll. Die bloße Verlustteilnahme genügt damit nicht zur Bejahung einer Beteiligung.[15] Ein Ausweis eigenkapitalersetzender Gesellschafterdarlehen als Beteiligung kommt damit nicht in Betracht. Er scheitert allerdings nicht an der Möglichkeit, daß die Forderung wieder erstarken kann,[16] sondern daran, daß die Umqualifizierung in Eigenkapitalersatz keine Mitgliedschaftsrechte nach sich zieht.[17] Im übrigen wäre durch eine Ausweisung als Beteiligung nichts an Klarheit gewonnen,[18] denn sie hätte eine Verwässerung der Beteiligungsrenditen zur Folge.

Damit kommen als Ausweisalternativen noch die Posten § 266 Abs. 2 A. III. Nr. 2, 4 bzw. 6 HGB im Anlagevermögen und § 266 Abs. 2 B. II. Nr. 2, 3 bzw. 4 HGB im Umlaufvermögen in Betracht.[19] Diese Unterscheidung hat entgegen

---

12 So wohl *Hoyos/Gutike*, in: Beck'scher Bilanzkommentar, § 271, Rdnr. 15, nach denen – insofern konsequent – für kapitalersetzende Ausleihungen oder Forderungen ein Ausweis bei den Beteiligungen in Betracht kommen kann, a.a.O. § 266, Rdnr. 78.
13 Zu beachten ist jedoch, daß die Verlustteilnahme bei den eigenkapitalersetzenden Darlehen nicht dauerhaft ist, vergl. hierzu für die Rechtsprechungsdarlehen oben S. 99 f. und für die Novelledarlehen S. 101.
14 Vergl. Art. 12 des Vorentwurfs der Richtlinie, abgedruckt bei *Schruff*, Entwicklung, S. 88, der ausdrücklich auf die in Kapitalanteilen verkörperten Gesellschaftsrechte abgestellt wurde.
15 So auch die h. M., vergl. A/D/S, § 271, Rdnr. 6 f.; Baumbach/*Hopt*, HGB, § 271, Rdnr. 2; Baumbach/Hueck/*Schulze-Osterloh*, GmbHG, § 42, Rdnr. 125; KK-AktG/ *Claussen/Korth*, § 271 HGB, Rdnr. 3; *Bieg*, in: Küting/C.-P. Weber, Bd. Ia, § 271, Rdnr. 10; WP-Handbuch/*Gelhausen*, Bd. I, Abschnitt F, Rdnr. 86.
16 So aber *Schnell*, Gesellschafterleistungen, S. 210.
17 So zutreffend BFH, Urt. vom 19.05.1992, DB 1992, 1964, 1965 = BFHE 168, 170; *Beine*, Gesellschafterleistungen, S. 204; *Wolf*, BBK Fach 12, S. 6240. So wird denn auch eine Ausweisung von Genußrechtskapital unter den Beteiligungen unabhängig davon, ob sie beim Genußrechtsnehmer als Eigenkapital zu qualifizieren sind oder nicht, abgelehnt, weil an einer mitgliedschaftsrechtlichen Stellung fehle, vergl. HFA 1/1994, WPg 1994, 419, 422. I. E. ebenfalls gegen eine Ausweisung unter den Beteiligungen *Scheffler*, in: Beck'sches HdR, B 213, Rdnr. 188.
18 *Beine*, Gesellschafterleistungen, S. 204 f.; *E. Weber*, WPg 1986, 1, 6.
19 Die Positionen „sonstige Ausleihungen" (§ 266 Abs. 2 A. III. Nr. 6 HGB) und „sonstige Vermögensgegenstände" (§ 266 Abs. 2 B. II. Nr. 4 HGB) werden allein in Ausnahmefällen Bedeutung haben, etwa wenn es sich beim Darlehensgeber um einen dem Gesellschafter gleichgestellten Dritten handelt oder die Gesellschafterstellung nach der Umqualifizierung aufgegeben wurde.

dem ersten Eindruck nicht nur untergeordnete Bedeutung: Sie wirkt sich sowohl auf die Darstellung der Vermögens- und Finanzlage als auch auf die Bewertung der Forderung aus.[20] Da weder für Finanzierungsleistungen noch für eigenkapitalersetzende Gesellschafterdarlehen eine Sonderregelung besteht, muß sich die Zuordnung zum Anlage- bzw. Umlaufvermögen gem. § 247 Abs. 2 HGB danach richten, ob das Darlehen dauerhaft überlassen wurde oder nicht.[21] Damit verbietet sich freilich eine pauschale Zuordnung zum Anlage- oder Umlaufvermögen.[22] Von einer dauerhaften Überlassung wird in Anlehnung an § 151 Abs. 1 AktG 1965 zweifelsfrei bei einer vertraglichen Überlassungsdauer von mehr als vier Jahren auszugehen sein, während bei einer Dauer von weniger als einem Jahr die Dauerhaftigkeit zweifelsohne verneint werden muß. Beträgt die vertragliche Überlassungsdauer demgegenüber mehr als ein aber weniger als vier Jahre, so soll es entscheidend auf die subjektiven Absichten des Bilanzierungspflichtigen ankommen, den Vermögenswert als Anlage- oder als Umlaufvermögen zu halten.[23] Daraus folgt, daß Darlehen, die unbefristet oder für einen Zeitraum von mehr als vier Jahren überlassen wurden, jedenfalls dem Anlagevermögen zuzuordnen sind. Unklar ist indes, ob die Umqualifizierung dazu führen kann, daß zuvor im Umlaufvermögen geführte Darlehen nunmehr im Anlagevermögen auszuweisen sind. Ist abzusehen, daß das Darlehen über eine Dauer von vier Jahren einer Auszahlungssperre unterliegen wird, so kommt es auf die subjektive Absicht des Darlehensgebers nicht mehr an; in diesem Fall wäre eine Ausweisung unter dem Anlagevermögen geboten.[24] In den übrigen Fällen könnte für eine Dauerhaftigkeit der Überlassung sprechen, daß das in Rede stehende Darlehen mit der Zweckbestimmung der Deckung eines längerfristigen Kapitalbedarfs gegeben wurde. Insofern könnte aus der Finanzierungsentscheidung des Darlehensgebers auf den Willen zur Dauerhaftigkeit der Überlassung geschlossen werden.[25] Es ist jedoch kaum

---

20 *Krink/Maertins*, DB 1998, 833, 833. Vergl. auch A/D/S, § 247, Rdnr. 102; Baumbach/*Hopt*, HGB, § 247, Rdnr. 4; Heymann/*Jung*, HGB, § 247, Rdnr. 66; *Reinhard*, in: Küting/C.-P. Weber, Bd. Ia, § 247, Rdnr. 20.
21 *Beine*, Gesellschafterleistungen, S. 207; *Wolf*, BBK Fach 12, S. 6240. So wohl auch E. *Weber*, WPg 1986, 1, 7, der von vier verschiedenen Ansatzmöglichkeiten spricht. Ebenso für Genußrechtskapital HFA 1/1994, WPg 1994, 419, 422.
22 Vergl. aber *Bachem*, Bilanzierung, S. 21 und *Schnell*, Gesellschafterleistungen, S. 211, die allein einen Ausweis unter dem Umlaufvermögen für zulässig halten. Nach *Jung*, in: Beck'sches Handbuch der GmbH, § 7, Rdnr. 274 handelt es sich „regelmäßig" um Ausleihungen.
23 *Hoyos/Schmidt-Wendt*, in: Beck'scher Bilanzkommentar, § 247, Rdnr. 357 ähnlich KK-AktG/*Claussen/Korth*, § 266, Rdnr. 49; *Reinhard*, in: Küting/C.-P. Weber, Bd. Ia, § 247, Rdnr. 22 i.V.m. 63; wohl auch A/D/S, § 247, Rdnr. 116.
24 Dieser Fall dürfte eher theoretischen Charakter haben, denn wenn auf die nächsten vier Jahre mit einer Unterbilanz in Höhe des Darlehens zu rechnen ist, so muß die Forderung wohl so oder so auf den Erinnerungswert von 1,– DM abgeschrieben werden.
25 In diesem Sinne könnte *Hock*, Gesellschafter-Fremdfinanzierung, S. 50 verstanden werden, anders hingegen *ders.*, a.a.O. S. 59f., wo er betont, daß die Auszahlungs-

davon auszugehen, daß sich der Darlehensgeber vor der Umqualifizierung qua zwingendem Recht derartige Gedanken macht und die Forderung nunmehr im Anlagevermögen halten will. Damit richtet sich die Zuordnung zum Anlage- oder zum Umlaufvermögen unabhängig von der Umqualifizierung nach den vereinbarten Darlehensbedingungen:[26] Darlehen mit einer Gesamtlaufzeit von einem Jahr sind im Umlaufvermögen und Darlehen mit einer Gesamtlaufzeit von vier Jahren im Anlagevermögen zu halten; bei einer Gesamtlaufzeit zwischen einem und vier Jahren ist der Wille des bilanzierenden Darlehensgebers bei der erstmaligen Darlehensgewährung, nicht aber im Zeitpunkt der Umqualifizierung entscheidend. Gleich welchem Posten die Forderung zuzuordnen ist, bleibt ein Hinweis nach § 42 Abs. 3 GmbHG erforderlich.

II. Bewertungsfragen

Unzweifelhaft kann die Darlehensforderung in der Krise des Darlehensnehmers nicht mehr mit ihrem Nennwert angesetzt werden; dem steht das Niederstwertprinzip (§ 253 Abs. 2 S. 3 bzw. Abs. 3 S. 2 HGB) entgegen. Fraglich ist jedoch, ob die Abwertung der Darlehensforderung auf seiten des Darlehensgebers erfolgswirksam vollzogen werden muß oder ob nicht die Möglichkeit besteht, die Abwertung durch eine Umbuchung des Wertverlustes auf das Beteiligungskonto vorzunehmen.[27]

1. Aktivierung als nachträgliche Anschaffungs- bzw. Herstellungskosten?

Bei der Abschreibung auf eigenkapitalersetzende Gesellschafterdarlehen ließen sich Auswirkungen auf den Erfolg vermeiden, wenn der Wert der Beteiligungen um den Betrag des beim Darlehen eingetretenen Wertverlustes erhöht werden könnte. Das wäre möglich, wenn der Wertverlust des Darlehens gleichzeitig nachträgliche Anschaffungs- bzw. Herstellungskosten der Beteiligung darstellt. In diesem Fall könnte der Wertverlust entweder direkt auf das Beteiligungskonto umgebucht werden,[28] oder die Abschreibungen auf die

---

sperre nach § 30 Abs. 1 GmbHG nicht zur Umbuchung ins Anlagevermögen führen darf.
26 *Beine*, Gesellschafterleistungen, S. 207; *E. Weber*, WPg 1986, 1, 6. Dieses Ergebnis hält auch einer Kontrolle auf der Wertungsebene stand: Käme es aufgrund der Umqualifizierung nach den Rechtsprechungsregeln zu einer Umgliederung in das Anlagevermögen, so hätte der Darlehensgeber aufgrund des dort geltenden gemilderten Niederstwertprinzips (§§ 253 Abs. 2 S. 3, 279 Abs. 1 S. 2 HGB) u. U. hinsichtlich der Abwertung ein Wahlrecht, bei Vermögensgegenständen des Umlaufvermögens besteht in jedem Fall die Pflicht zur Abwertung (§ 253 Abs. 3 S. 2 HGB).
27 Vergl. hierzu BGH, Urt. vom 31.10.1979, NJW 1980, 183, 184; *Ellrott/Schmidt-Wendt*, in: Beck'scher Bilanzkommentar, § 255, Rdnr. 405; *Beine*, Gesellschafterleistungen, S. 218; *Knobbe-Keuk*, Bilanz- und Unternehmenssteuerrecht, S. 213 f.; *Eilers/Wienands*, GmbHR 1998, 618, 620; *Goerdeler/W. Müller*, WPg 1980, 313, 319 f.; *Groh*, BB 1993, 1882, 1885.
28 So etwa *Groh*, BB 1993, 1882, 1885 f.

Darlehensforderung würden durch eine erfolgswirksame Zuschreibung bei den Beteiligungen kompensiert.[29]

Ausgangspunkt dieser Erwägungen ist die ständige Rechtsprechung des BFH[30] zu § 17 Abs. 2 und 4 EStG, nach der der Verlust aus „durch das Gesellschaftsverhältnis veranlaßten" Darlehen als nachträgliche Anschaffungskosten angesehen wird und sich damit bei der Ermittlung des zu versteuernden Veräußerungsgewinns i. S. d. § 17 Abs. 2 EStG gewinnmindernd bzw. verlusterhöhend auswirken kann.[31] Der zu berücksichtigende Wert soll von den Umständen der Darlehensgewährung abhängen. Wurde das Darlehen nicht von vornherein mit Blick auf die Krise gegeben, sondern nur stehengelassen, komme es allein zu einer Erhöhung des Beteiligungs-Ansatzes um den Wert, den das Darlehen im Moment des Eintritts der Krise hatte; in den sonstigen Fällen sei grundsätzlich auf den Nennbetrag des Darlehens abzustellen.[32] Auch wenn sich diese Rechtsprechung aufgrund des Anwendungsbereiches des § 17 EStG bisher ausschließlich auf Beteiligungen bezieht, die im Privatvermögen gehalten werden, wird in der Literatur[33] befürwortet, den Verlust von „durch das Gesellschaftsverhältnis veranlaßten" Darlehen handelsbilanziell als nachträgliche Anschaffungskosten i. S. d. § 255 Abs. 1 S. 2 HGB anzuerkennen. Ob diese Steuerrechtsprechung indes für die Handelsbilanz übernommen werden kann, erscheint zweifelhaft.[34]

---

29 So wohl *Döllerer*, FR 1992, 233, 235; *Eilers/Wienands*, GmbHR 1998, 618, 620.
30 BFH, Urt. vom 07.07.1992, BB 1992, 2067 (LS) = BFHE 168, 424 ff.; Urt. vom 24.04.1997, DB 1997, 2408, 2408 f.; Urt. vom 04.11.1997, DStR 1998, 73, 73 ff. Siehe hierzu auch Blümich/*Ebling*, § 17 EStG, Rdnr. 223; *Bachem*, Bilanzierung, S. 23 ff. (jeweils m.w.N.); *Crezelius*, in: Handbuch, Teil 13, Rdnr. 13.50 ff.; *Buciek*, Stbg 2000, 109, 112 ff.; *Gschwendtner*, NJW 1999, 2165, 2165 ff.; *ders.*, DStR, Beihefter zu Heft 32/1999, S. 1 ff.; *Krink/Maertins*, DB 1998, 833, 835 ff.; *Watermeyer*, BB 1993, 403, 403 ff.; *K. Weber*, BB 1992, 525, 530.
31 Diese gewinnmindernde bzw. verlusterhöhende Wirkung resultiert daraus, daß sich der nach § 17 Abs. 1 EStG zu versteuernde Veräußerungsgewinn gem. Abs. 2 aus der Differenz zwischen dem Veräußerungspreis abzüglich der Veräußerungskosten und der Anschaffungskosten ergibt. Eine Erhöhung der Anschaffungskosten hat somit eine Verringerung des Gewinns bzw. eine Erhöhung des Verlustes zur Folge.
32 Zur Bewertung der Darlehen siehe das Schreiben des BMF vom 14.04.1994, DB 1994, 811, 811 sowie *Gschwendtner*, DStR, Beihefter zu Heft 32/1999, S. 17 ff.
33 *Groh*, BB 1993, 1882, 1888; *Gschwendtner*, NJW 1999, 2165, 2165, der allerdings an anderer Stelle, DStR, Beihefter zu Heft 32/1999, S. 3, von einer „auf den spezifischen Normzweck des § 17 EStG zugeschnittene[n] Inhaltsbestimmung des Anschaffungskostenbegriffs" spricht. Wohl auch *Döllerer*, FR 1992, 233, 234. An anderer Stelle wird darauf hingewiesen, daß – wenn überhaupt – die Annahme von Herstellungskosten näher liegen würde, vergl. *Beine*, Gesellschafterleistungen, S. 217; *Goerdeler/W. Müller*, WPg 1980, 313, 318 f.; *Watermeyer*, BB 1993, 403, 405 f.
34 Ablehnend denn auch *Beine*, Gesellschafterleistungen, S. 211 ff.; *Hock*, Gesellschafter-Fremdfinanzierung, S. 54 f.; *Krink/Maertins*, DB 1998, 833, 834; *Wolf*, BBK Fach 12, S. 6241 ff.

Das Maßgeblichkeitsprinzip (§ 5 Abs. 1 S. 2 EstG) und die umgekehrte Maßgeblichkeit spielen in diesem Zusammenhang keine Rolle, denn sie setzen jeweils voraus, daß sowohl eine steuerrechtliche als auch eine handelsrechtliche Bilanzierungspflicht besteht. Das ist jedoch im Anwendungsbereich des § 17 EStG regelmäßig nicht der Fall, denn er findet allein auf solche Beteiligungen Anwendung, die im Privatvermögen gehalten werden.[35]

Der erste Einwand gegen eine Übertragung der steuerrechtlichen Rechtsprechung auf die Handelsbilanz läßt sich aus einem Vergleich der Rechtsfolgen ableiten. Während es die – ergebnisorientierte[36] – Finanzrechtsprechung den Steuerpflichtigen durch die Anerkennung der Darlehen als nachträgliche Anschaffungskosten ermöglicht, ihre Steuerlast zu mindern, würde den Rechnungslegungspflichtigen bei einer handelsbilanziellen Anerkennung der Darlehen als nachträgliche Anschaffungskosten u. U. ein Instrument an die Hand gegeben, ihre Vermögens- und Finanzlage zu schönen.

Darüber hinaus ergeben sich hinsichtlich der Erfüllung der tatbestandlichen Voraussetzungen und der systematischen Richtigkeit eines solchen Vorgehens Zweifel. Auch nachträgliche Anschaffungskosten i. S. d. § 255 Abs. 1 S. 2 HGB müssen grundsätzlich den an die Anschaffungskosten in § 255 Abs. 1 S. 1 HGB gestellten Anforderungen genügen. Da weder die Darlehensgewährung noch der Darlehensverlust[37] dem Erwerb der Beteiligung dient, sind die Anforderungen des § 255 Abs. 1 S. 1 HGB nur erfüllt, wenn dadurch die Beteiligung „in einen betriebsbereiten Zustand" versetzt würde. Für den Bereich des Sachanlagevermögens wird insoweit gefordert, daß die Aufwendungen final auf die Herstellung eines betriebsbereiten Zustandes gerichtet sein müssen.[38] Ein entsprechender finaler Zusammenhang ist auch bei der Zurechnung von nachträglichen Anschaffungskosten zu einer Beteiligung zu fordern. Dieser könnte höchstens in den Fällen des § 32a Abs. 3 S. 3 GmbHG und bei den Finanzplankrediten vorliegen, im Anwendungsbereich des Eigenkapitalersatzrechts wird er indes regelmäßig fehlen.[39]

---

35 *Beine*, Gesellschafterleistungen, S. 210; *Hock*, Gesellschafter-Fremdfinanzierung, S. 191; *Crezelius*, in: Handbuch, Teil 13, Rdnr. 13.3 und 13.50 ff.
36 *Beine*, Gesellschafterleistungen, S. 215; *Watermeyer*, DB 1993, 403, 404. Vergl. auch *K. Weber*, BB 1992, 525, 530. Buciek, Stbg 2000, 109, 112 f. stellt fest, daß die BFH-Rechtsprechung „in sehr günstiger Weise von den allgemeinen Regeln abweicht".
37 Vergl. zu der Frage, ob an den Verlust oder die Gewährung anzuknüpfen ist *Beine*, Gesellschafterleistungen, S. 212 f.
38 *Ellrott/Schmidt-Wendt*, in: Beck'scher Bilanzkommentar, § 255, Rdnr. 26. Nach A/D/S, § 255, Rdnr. 14 ist demgegenüber auf die subjektive Betriebsbereitschaft abzustellen.
39 Ebenso *Krink/Maertins*, DB 1998, 833, 833. Vergl. auch *Beine*, Gesellschafterleistungen, S. 220; *Goerdeler/W. Müller*, WPg 1980, 313, 318 f. Ebenfalls kritisch zum Vorliegen der Voraussetzungen der Anschaffungskosten *Buciek*, Stbg 2000, 109, 113.

Ein weiteres Argument dagegen, eigenkapitalersetzende Gesellschafterdarlehen als nachträgliche Anschaffungskosten zu betrachten, ergibt sich aus der Abgrenzung zu den nachträglichen Herstellungskosten. Grundsätzlich wird danach differenziert, ob es sich um einen Erwerb von einem Dritten – dann nachträgliche Anschaffungskosten – oder um eine eigene Leistung handelt – dann nachträgliche Herstellungskosten.[40] Können bestimmte Vermögensgegenstände, wie etwa Beteiligungen, aufgrund ihrer Eigenart nur erworben, nicht aber hergestellt werden, so sollen nur Anschaffungskosten in Betracht kommen.[41] Würde es sich der grundsätzlichen Abgrenzung nach um nachträgliche Herstellungskosten handeln, welche aufgrund der Eigenart des Bewertungsgegenstandes als nachträgliche Anschaffungskosten behandelt werden sollen, so tritt ein Wertungswiderspruch auf. Anders als bei den nachträglichen Anschaffungskosten ist für die nachträglichen Herstellungskosten eine Wertsteigerung hinsichtlich des zu bilanzierenden Gegenstandes erforderlich.[42] Aus diesem Grunde wird für die Berücksichtigung von Zuschüssen u. ä. als nachträgliche Anschaffungs- oder Herstellungskosten unabhängig von der systematischen Einordnung vielfach[43] eine entsprechende Vermögensmehrung gefordert. Umstritten ist allerdings die Verbuchung, sofern es an einer solchen Vermögensmehrung fehlt. Einerseits besteht die Möglichkeit, den Wertverlust als nachträgliche Anschaffungs- bzw. Herstellungskosten auf die Beteiligung zu verbuchen und dann bei dieser eine Abschreibung – gegebenenfalls bis hin zum Erinnerungswert – vorzunehmen. Andererseits könnte es bei der Abschreibung auf die Darlehensforderungen belassen werden, was teilweise als Saldierung der nachträglichen Anschaffungs- bzw. Herstellungskosten mit den Abschreibungen angesehen wird.[44] Da es sich vorliegend sachlich eher um nachträgliche Herstellungskosten handelt – die Darlehen

---

40 A/D/S, § 255, Rdnr. 14; *Wohlgemuth*, HdJ Abt. I/9, Rdnr. 39. Wohl auch KK-AktG/ *Claussen/Korth*, § 255 HGB, Rdnr. 24.

41 *Nieskens*, WPg 1988, 493, 495 und 497 f.; *Knarrenbauer*, in: Küting/C.-P. Weber, Bd. Ia, § 253, Rdnr. 30; wohl auch *Knop/Küting*, in: Küting/C.-P. Weber, Bd. Ia, § 255, Rdnr. 13.

42 Vergl. zu den nachträglichen Anschaffungskosten einerseits *Knop/Küting*, in: Küting/C.-P. Weber, Bd. Ia, § 255, Rdnr. 44; *Beine*, Gesellschafterleistungen, S. 212; *Döllerer*, FR 1992, 233, 234; *Nieskens*, WPg 1988, 493, 497 und den nachträglichen Herstellungskosten andererseits *Ellrott/Schmidt-Wendt*, in: Beck'scher Bilanzkommentar, § 255, Rdnr. 405; *Beine*, Gesellschafterleistungen, S. 219, *Knobbe-Keuk*, Bilanz- und Unternehmenssteuerrecht, S. 213; *Wolf*, BBK Fach 12, S. 6241. Ausführlich zur Notwendigkeit einer Wertsteigerung *Gschwendtner*, DStR, Beihefter zu Heft 32/1999, S. 2 ff.

43 BGH, Urt. vom 31.10.1979, NJW 1980, 183, 184; *Ellrott/Schmidt-Wendt*, in: Beck'scher Bilanzkommentar, § 255, Rdnr. 405; *Beine*, Gesellschafterleistungen, S. 218; *Knobbe-Keuk*, Bilanz- und Unternehmenssteuerrecht, S. 213 f.; *Goerdeler/W. Müller*, WPg 1980, 313, 319 f.; *Wolf*, BBK Fach 12, S. 6241.

44 Vergl. *Knarrenbauer*, in: Küting/C.-P. Weber, Bd. Ia, § 253, Rdnr. 30; *Knobbe-Keuk*, Bilanz- und Unternehmenssteuerrecht, S. 213 f.

dienen dem Erhalt und nicht dem Erwerb der Beteiligung[45] –, spricht mehr für die zweite Lösung. Die nachträglichen Herstellungskosten grenzen sich von verlorenem Erhaltungsaufwand dadurch ab, daß sie gem. § 255 Abs. 2 S. 1 HGB zu einer nachhaltigen Wertsteigerung beim „hergestellten" Vermögensgegenstand führen müssen. Fehlt es somit an einer entsprechenden Wertsteigerung, so ist auf den Ansatz zu verzichten[46] und nicht etwa eine später durch Abschreibungen zu korrigierende Aktivierung als nachträgliche Herstellungskosten vorzunehmen. Insofern kann der Vorwurf, der Verzicht auf die Aktivierung stelle einen Verstoß gegen die Bilanzklarheit dar,[47] im Zusammenhang mit den eigenkapitalersetzenden Darlehen nicht verfangen. Damit steht fest, daß eine Aktivierung des Wertverlustes beim Darlehensgeber als nachträgliche Herstellungskosten nur in Betracht kommt, wenn er mit einer nachhaltigen Steigerung des Beteiligungswertes verbunden ist.[48] An einer solchen wird es indes bei der Umqualifizierung in Eigenkapitalersatz regelmäßig fehlen, denn diese setzt eine Krise der darlehensempfangenden Gesellschaft und damit einen bei der darleihenden Gesellschaft zu Abschreibungen führenden Sachverhalt voraus.[49] Hinzu kommt, daß sich im Falle der Gesellschaftsauflösung nach der jüngsten Rechtsprechung des BFH[50] zum § 17 Abs. 4 EStG der Auflösungsverlust regelmäßig erst mit Abschluß des Konkurs- bzw. Insolvenzverfahrens realisiert hat – mit Abschluß des Verfahrens kommt aber eine Wertsteigerung der Beteiligung nicht mehr in Betracht, vielmehr ist die Beteiligung ebenfalls abzuschreiben. Das vorgenannte Urteil bezog sich zwar auf den Fall der Auflösung und nicht auf den der Veräußerung nach § 17 Abs. 2 EStG, allerdings wäre es nur konsequent, es hierauf zu übertragen. Denn mit Aufgabe der Gesellschafterstellung geht nicht zwangsläufig der Ver-

---

45 Ebenso etwa *Beine*, Gesellschafterleistungen, S. 217; *Goerdeler/W. Müller*, WPg 1980, 313, 318f.; *Watermeyer*, BB 1993, 403, 405f. Dem steht nicht entgegen, daß es am von § 252 Abs. 2 S. 1 HGB geforderten Verbrauch von Gütern bzw. der Inanspruchnahme von Diensten fehlt, denn eine vergleichbare Restriktion ist im zugrundeliegenden Art. 35 Abs. 3 lit. a der Jahresabschlußrichtlinie nicht enthalten, vergl. *Beine*, Gesellschafterleistungen, S. 217; *Wolf*, BBK Fach 12, S. 6241.
46 In diesem Fall handelt es sich um laufenden Aufwand: Baumbach/Hueck/*Schulze-Osterloh*, GmbHG, § 42, Rdnr. 288; *Ellrott/Schmidt-Wendt*, in: Beck'scher Bilanzkommentar, § 255, Rdnr. 405. Vergl. auch *Baetge*, Bilanzen, S. 225.
47 So für freiwillige Zuschüsse etwa *Knarrenbauer*, in: Küting/C.-P. Weber, Bd. Ia, § 253, Rdnr. 30; *Knobbe-Keuk*, Bilanz- und Unternehmenssteuerrecht, S. 214 (ausdrücklich anders aber für eigenkapitalersetzende Darlehen, a.a.O., S. 215).
48 Allgemein wird unter einer Steigerung des Beteiligungswertes eine Steigerung des Ertragswertes verstanden, *Ellrott/Schmidt-Wendt*, in: Beck'scher Bilanzkommentar, § 255, Rdnr. 405; *Beine*, Gesellschafterleistungen, S. 219, *Knobbe-Keuk*, Bilanz- und Unternehmenssteuerrecht, S. 213 (anders hingegen auf S. 215, wo sie auf eine bilanzielle Vermögensmehrung abstellt); *Wolf*, BBK Fach 12, S. 6241.
49 Vergl. *Beine*, Gesellschafterleistungen, S. 218ff.; *Knobbe-Keuk*, Bilanz- und Unternehmenssteuerrecht, S. 215; *Wolf*, BBK Fach 12, S. 6242. Vergl. auch *Goerdeler/ W. Müller*, WPg 1980, 313, 319f.
50 Urt. vom 25.01.2000, DStR 2000, 1003, 1004.

zicht auf den Rückzahlungsanspruch aus dem Gesellschafterdarlehen einher. Ob aber der seinen Anteil veräußernde Gesellschafter mit seinem Darlehen endgültig ausfällt, läßt sich auch in dieser Konstellation erst mit Sicherheit sagen, wenn ein Insolvenzverfahren über die darlehensnehmende Gesellschaft eröffnet und abgeschlossen wurde; erst dann kann davon gesprochen werde, daß sich der Verlust realisiert hat. Aufgrund der vorstehenden Ausführungen erscheint es durchaus konsequent, daß der BFH von einem „normspezifischen Anschaffungskostenbegriff" spricht;[51] dieses normspezische (steuerrechtliche) Verständnis des Anschaffungskostenbegriffs kann freilich schon aus diesem Grunde nicht auf die Handelsbilanz übertragen werden.

Dieses Ergebnis – regelmäßig keine Aktivierung des Wertverlustes als nachträgliche Anschaffungs- bzw. Herstellungskosten auf die Beteiligung – kann durch weitere Erwägungen gestützt werden: Bei den eigenkapitalersetzenden Gesellschafterdarlehen handelt es sich um einen eigenständigen Vermögensgegenstand. Würde der Wertverlust auf eigenkapitalersetzende Darlehen nun als nachträgliche Anschaffungs- bzw. Herstellungskosten auf die Beteiligung aktiviert, so würden Beteiligung und Forderung zu einem Vermögensgegenstand verschmelzen.[52] Damit würden zwei – unterschiedlichen Maßstäben unterliegende[53] – Vermögensgegenstände zu einem zusammengefaßt, was einen Verstoß gegen den Einzelbewertungsgrundsatz nahelegt.[54] Verwundern muß die Zuschreibung bei den Beteiligungen aber auch unter systematischen Gesichtspunkten. Während eine Umbuchung der eigenkapitalersetzenden Darlehen in die Beteiligungen überwiegend und aus guten Gründen verneint wird, würde über eine Ausweisung als nachträgliche Anschaffungskosten das gleiche Ergebnis erzielt werden.[55]

---

51 BFH, Urt. vom 13.07.1999, BStBl. 1999 II, 724, 725. Vergl. auch *Buciek*, Stbg 2000, 109, 113; *Gschwendter*, DStR, Beihefter zu Heft 32/1999, S. 3.
52 *Beine*, Gesellschafterleistungen, S. 216. Vergl. auch *Groh*, BB 1992, 1882, 1885 f. und *K. Weber*, BB 1992, 525, 530. Dieses Argument verfängt freilich nicht in den Fällen, in denen der Darlehensgeber einen unbedingten Forderungsverzicht erklärt hat, denn dann entfällt die Forderung bereits aus diesem Grunde als eigenständiger Vermögensgegenstand. Ist der Forderungsverzicht bedingt und ist die Bedingung noch nicht eingetreten, sieht die Situation wiederum genauso aus wie bei den eigenkapitalersetzenden Gesellschafterdarlehen, denn die Forderung bleibt per se erhalten und ist zu bewerten.
53 Beim Darlehen wird es sich regelmäßig um einen Gegenstand des Umlaufvermögens handeln, während die Beteiligung dem Anlagevermögen unterliegt; vergl. hierzu und zu den Auswirkungen auf die Bewertung oben S. 240 ff. und S. 249.
54 *Beine*, Gesellschafterleistungen, S. 215; *Hock*, Gesellschafter-Fremdfinanzierung, S. 54 f.; *Wolf*, BBK Fach 12, S. 6245. Vergl. auch *Knobbe-Keuk*, Bilanz- und Unternehmenssteuerrecht, S. 215.
55 *Beine*, Gesellschafterleistungen, S. 215 nennt ein derartiges Vorgehen „systematisch inkonsistent"; vergl. auch *Wolf*, BBK Fach 12, S. 6244.

2. Ab- und Zuschreibungen

Hat eine Forderung eigenkapitalersetzenden Charakter, wirkt sich das auch auf das mit ihr verbundene Risiko aus. So indiziert die Krise als Tatbestandsvoraussetzung des Eigenkapitalersatzes, daß sich der Schuldner in wirtschaftlichen Schwierigkeiten befindet. Selbst wenn bereits erste Sanierungsversuche unternommen wurden – und diese bei der Bewertung berücksichtigt werden können – kann kaum die Vollwertigkeit der Forderung unterstellt werden, denn die Überwindung der Krise wird sich nicht mit hinreichender Sicherheit voraussagen lassen.[56] Während es sich hierbei noch um ein Forderungsrisiko handelt, das die Gläubiger einer nicht eigenkapitalersetzenden Forderung ebenfalls zu tragen haben, wenn sich ihr Schuldner in einer Krise befindet, erhöht die Umqualifizierung in Eigenkapitalersatz das Ausfallrisiko weiter.[57] Das findet seinen Grund darin, daß die Forderung nunmehr im Rang den übrigen Forderungen nachgeht, die Fälligkeit über ihren eigentlichen Termin hinaus – gegebenenfalls sogar in das Insolvenzverfahren hinein – verschoben wird und die für sie bestellten Sicherheiten – ansonsten Untergrenze einer Abwertung[58] – nicht mehr in Anspruch genommen werden können. Aus diesen Feststellungen in Verbindung mit dem Vorsichtsprinzip folgt, daß zwar nicht die bloße Möglichkeit,[59] wohl aber die objektive Wahrscheinlichkeit,[60] daß die Forderung dem Eigenkapitalersatzrecht unterliegt, zu einer Berücksichtigung der aufgezeigten Risikoerhöhung verpflichtet. Eine Abwertung erst vorzunehmen, wenn mit der Stellung eines Konkurs- oder Vergleichsantrages, sprich: Insolvenzantrages zu rechnen ist,[61] würde demgegenüber den aufgezeigten Besonderheiten des Eigenkapitalersatzes und dem Vorsichtsprinzip nicht gerecht.

Kriterien für die Ermittlung des Abwertungsumfanges sind u.a. die wirtschaftliche Entwicklung des Darlehensnehmers, der Umfang der Fremdverbindlichkeiten und das Ausmaß, in dem weitere Gesellschafter Eigenkapitalersatz zur Verfügung gestellt haben.[62] Da die Umqualifizierung der Forderung in Eigenkapitalersatz zu einer Erhöhung des Ausfallrisikos führt, wirkt sich auch die Zuordnung zu den Rechtsprechungs- oder Novellendarlehen auf den Abschreibungsbedarf aus. Die Rechtsprechungsdarlehen sind bereits aktuell

---

56 *E. Weber*, WPg 1986, 37, 38; zustimmend *Beine*, Gesellschafterleistungen, S. 224.
57 So ist denn auch in der Literatur von einer besonders gravierenden Wertminderung aufgrund des eigenkapitalersetzenden Charakters die Rede; vergl. *Hoyos/Gutike*, in: Beck'scher Bilanzkommentar, § 253, Rdnr. 409; *Beine*, Gesellschafterleistungen, S. 222; *Scheffler*, in: Beck'sches HdR, B 213, Rdnr. 189; *Krink/Maertins*, DB 1998, 833, 834; *E. Weber*, WPg 1986, 37, 37; *Wolf*, BBK Fach 12, S. 6245.
58 *Beine*, Gesellschafterleistungen, S. 221; *Wolf*, BBK Fach 12, S. 6246. Vergl. auch A/D/S, § 253, Rdnr. 534; *Döring*, in: Küting/C.-P. Weber, Bd. Ia, § 253, Rdnr. 175.
59 So aber wohl *Häuselmann*/Rümker/Westermann, Finanzierung, S. 104, der Zweifel, ob Eigenkapitalersatz vorliegt, genügen lassen will.
60 *E. Weber*, WPg 1986, 37, 37f.; zustimmend *Beine*, Gesellschafterleistungen, S. 222.
61 *Bachem*, Bilanzierung, S. 23.
62 *Bachem*, Bilanzierung, S. 22; *E. Weber*, WPg 1986, 37, 38.

gegen eine Rückzahlung gesperrt und damit mit einem größeren Ausfallrisiko belegt. Dementsprechend sind sie stärker abzuwerten.[63] Insofern bestätigt der Informationsbedarf des bilanzierenden Gesellschafters nicht nur das Bedürfnis nach einer gesonderten Ausweisung des Eigenkapitalersatzes,[64] sondern darüber hinaus die diesseits vertretene Unterscheidung zwischen Rechtsprechungs- und Novellendarlehen. Kann der Eigenkapitalersatzgeber gegenüber seinen Mitgesellschaftern ausnahmsweise Ausgleichsansprüche geltend machen,[65] so sind diese ebenfalls bei der Bewertung der Forderung zu berücksichtigen.[66] Aufgrund von § 252 Abs. 1 Nr. 4 2. TS HGB sind dabei auch solche Tatsachen zu berücksichtigen, die im Zeitraum zwischen Bilanzstichtag und -aufstellung bekannt werden und Rückschlüsse auf die Verhältnisse am Bilanzstichtag zulassen (sog. „wertaufhellende Tatsache").

Inwieweit Sanierungsmaßnahmen im Rahmen der Bewertung zu berücksichtigen sind, hängt davon ab, ob die zu bewertende Forderung dem Anlage- oder dem Umlaufvermögen zuzurechnen ist.[67] Nach § 253 Abs. 3 S. 2 HGB ist der im Umlaufvermögen angesiedelten Forderung der Wert beizulegen, den sie am Abschlußstichtag hat. Erst mittelfristig wirkende Sanierungsmaßnahmen können damit bei der Bewertung nicht berücksichtigt werden. Anders sieht es bei Forderungen im Anlagevermögen (Ausleihungen) aus. Für diese besteht nach §§ 253 Abs. 2 S. 3, 279 Abs. 1 HGB ein Abschreibungswahlrecht, wenn die Wertminderung nur vorübergehend ist. Hier können somit Sanierungsmaßnahmen, von deren mittelfristigem Erfolg auszugehen ist, in die Bewertung einfließen. Als Ausfluß des Vorsichtsprinzips ist jedoch in Zweifelsfällen von einer dauerhaften Wertminderung auszugehen,[68] weshalb im Ergebnis bei den Ausleihungen ebenfalls nur in Einzelfällen die Sanierungsaussichten berücksichtigt werden können.[69]

Verliert eine Forderung ihren eigenkapitalersetzenden Charakter wieder, weil die Gesellschaft ihre Kreditwürdigkeit zurückgewonnen hat, oder befindet

---

63 Ebenso bereits *Hock*, Gesellschafter-Fremdfinanzierung, S. 51.
64 Darauf stellt *Beine*, Gesellschafterleistungen, S. 223 ab.
65 Zu Ausgleichsansprüchen gegenüber Mitgesellschaftern aufgrund der Hingabe von Eigenkapitalersatz siehe *Ensthaler*, DB 1991, 1761, 1764f.; *Picot*, BB 1991, 1360, 1360ff.; *Schmidt-Wendt/Ziche*, BB 1991, 2235, 2235ff.
66 *Beine*, Gesellschafterleistungen, S. 223; *Hock*, Gesellschafter-Fremdfinanzierung, S. 52; *E. Weber*, WPg 1979, 37, 38. Korrespondierend hiermit sind freilich Rückstellungen zu bilden, sofern der Bilanzierende seinerseits in Anspruch genommen zu werden droht (etwa aufgrund der vorgenannten Ausgleichsansprüche oder aufgrund von § 31 Abs. 3 GmbHG).
67 Vergl. auch *Beine*, Gesellschafterleistungen, S. 223f.; *Wolf*, BBK Fach 12, S. 6246.
68 A/D/S, § 253, Rdnr. 476; *Hoyos/Schramm/Ring*, in: Beck'scher Bilanzkommentar, § 253, Rdnr. 296; KK-AktG/*Claussen/Korth*, § 253 HGB, Rdnr. 70. Für eine enge Auslegung des Begriffs der vorübergehenden Wertminderung auch Baumbach/Hueck/*Schulze-Osterloh*, GmbHG, § 42, Rdnr. 309.
69 So auch *Wolf*, BBK Fach 12, S. 6246. Vergl. auch *Hock*, Gesellschafter-Fremdfinanzierung, S. 53.

sich die Gesellschaft auf dem Wege der Besserung, so wirkt sich dies gleichermaßen auf die Bewertung aus.[70] Zwar besteht nach § 253 Abs. 5 HGB grundsätzlich das Recht, den niedrigeren Ansatz beizubehalten, obwohl die Gründe dafür nicht mehr bestehen. Davon macht aber § 280 Abs. 1 HGB für die Kapitalgesellschaften insoweit eine Ausnahme, als daß für diese eine Zuschreibungspflicht besteht, sofern die Gründe, die zur Abschreibung geführt haben, in einem späteren Geschäftsjahr entfallen sind. Allerdings enthält § 280 Abs. 2 HGB eine Rückausnahme; die Zuschreibung kann unterbleiben, sofern ein steuerrechtliches Wahlrecht besteht und von diesem Gebrauch gemacht wurde. Diese Regelung hat indes mit der Einführung des steuerrechtlichen Wertaufholungsgebotes in § 6 Abs. 1 Nr. 1 und 2 EStG Anfang 1999 ihren Sinn verloren, denn nunmehr existiert kein steuerrechtliches Wahlrecht mehr.[71] Damit bleibt es im Ergebnis für die Kapitalgesellschaften beim Wertaufholungsgebot nach § 280 Abs. 1 HGB.

III. Eigenkapitalersatz-spezifische Erläuterungspflichten?

Letztlich verbleibt die Frage, ob der eigenkapitalersetzende Charakter bestimmter Forderungen gesondert zu erläutern ist. Für einen derartigen Sonderausweis ließe sich ins Feld führen, daß er das Spiegelbild zur Bilanzierung beim Darlehensempfänger wäre. Dieserart könnte auf die Gefahr einer Verhaftung als Eigenkapitalersatz und damit auf den drohenden Forderungsausfall hingewiesen werden.[72]

Überzeugen können diese Überlegungen zu einer eigenkapitalersatz-spezifischen Hinweispflicht letztlich nicht.[73] Sofern an die Vermerkpflicht für bestimmte Haftungsverhältnisse (§§ 251, 268 Abs. 7 HGB) oder für finanzielle Verpflichtungen (§ 285 Nr. 3 HGB) angeknüpft werden sollte,[74] so liefe dies auf eine Doppelberücksichtigung hinaus. Das Ausfallrisiko wurde bereits im Wege der Abschreibung berücksichtigt.[75] Unabhängig von den übrigen Tatbestandsmerkmalen kommt damit ein gesonderter Hinweis nach diesen Normen nicht in Betracht.

---

70 Vergl. schon *Hock*, Gesellschafter-Fremdfinanzierung, S. 59; *Schnell*, Gesellschafterleistungen, S. 215 f.
71 *Budde/Karig*, in: Beck'scher Bilanzkommentar, § 280, Rdnr. 32 a; *Güntzel/Fenzl*, DStR 1999, 649, 653.
72 Vergl. *Bachem*, Bilanzierung, S. 22; *Beine*, Gesellschafterleistungen, S. 208 f.
73 Im Ergebnis ebenfalls gegen eine besondere Hinweispflicht *Hock*, Gesellschafter-Fremdfinanzierung, S. 60; *Jung*, in: Beck'sches Handbuch der GmbH, § 7, Rdnr. 274; *Beine*, Gesellschafterleistungen, S. 205 f.; *E. Weber*, WPg 1986, 1, 5; *Weisang*, WM 1997, 245, 249. Für eine Hinweispflicht indes für den Fall, daß eine nicht unerhebliche Summe an eigenkapitalersetzenden Darlehen nicht wertberichtigt wurde, *Maser*, ZIP 1995, 1319, 1322; ähnlich *E. Weber*, WPg 1986, 37, 39.
74 In diesem Sinne *Bordt*, HdJ Abt. III/9, Rdnr. 51; *Feik*, WPg 1979, 299, 299 f. für vertragliche Rangrücktrittsvereinbarungen.
75 Besonders deutlich *Beine*, Gesellschafterleistungen, S. 209; ähnlich A/D/S, § 251, Rdnr. 73; *Ellrott*, in: Beck'scher Bilanzkommentar, § 251, Rdnr. 35.

Weiterhin könnte versucht werden, eine besondere Hinweispflicht aus § 264 Abs. 2 HGB und dem Rechtsgedanken des § 4 RechKredV, nach dem nachrangige Forderungen – unter die auch solche mit eigenkapitalersetzendem Charakter fallen[76] – gesondert auszuweisen sind, abzuleiten. Allerdings besteht kein Anlaß, die genannten Normen zu bemühen; durch einen gesonderten Ausweis könnte kein Informationsgewinn erzielt werden.[77] Bei Darlehen, die kraft zwingenden Rechts den Kapitalersatzregeln unterworfen sind, kommt ein Ausweis erst mit Eintritt der Krise in Betracht, ab diesem Zeitpunkt ist die Forderung aber bereits abzuwerten. Da diese Abwertung im Wege einer außerplanmäßigen Abschreibung (§§ 253 Abs. 2 S. 3 bzw. Abs. 3 S. 2 HGB) zu erfolgen hat, ergeben sich bereits hieraus besondere Hinweispflichten.[78] Für die Abschreibungen auf Ausleihungen resultiert dies unmittelbar aus § 277 Abs. 3 S. 1 HGB, während es für die Abschreibungen auf Forderungen aus dem Umlaufvermögen aus § 284 Abs. 2 Nr. 1 HGB geschlossen wird.[79] Ein Mehr an Information könnte ein gesonderter Hinweis auf den eigenkapitalersetzender Charakter bestimmter Forderungen nicht liefern.[80]

Da die eigenkapitalersatz-spezifischen Ausfallrisiken aufgrund des Vorsichtsprinzips bereits zu berücksichtigen sind, wenn mit einiger Wahrscheinlichkeit Eigenkapitalersatz vorliegt und nicht erst, sobald keine Zweifel mehr bestehen, kann in der Berücksichtigung dieses Risikos bei der Ermittlung des Abschreibungsbedarfs kein Präjudiz für die Einordnung als Eigenkapitalersatz gesehen werden.[81] Anders stellt sich demgegenüber die Lage dar, wenn der Darlehensgeber in seinem Jahresabschluß freiwillig auf den eigenkapitalersetzenden Charakter aufmerksam macht; hierin wird ein konkludentes Angebot

---

76 Ebenso *Beine*, Gesellschafterleistungen, S. 205.
77 *Beine*, Gesellschafterleistungen, S. 206. Vergl. auch *Bachem*, Bilanzierung, S. 22; *Häuselmann*/Rümker/Westermann, Finanzierung, S. 103. Das beinhaltet aber zugleich, daß durch einen Sonderausweis kein zu schlechtes Bild von der Vermögenslage der Gesellschaft gezeichnet werden kann, das befürchtet indes *E. Weber*, WPg 1986, 1, 5; vergl. auch *Häuselmann*/Rümker/Westermann, Finanzierung, S. 102 f.
78 Vergl. bereits *Schnell*, Gesellschafterleistungen, S. 211 f. und *E. Weber*, WPg 1986, 37, 39.
79 Bei außerplanmäßigen Abschreibungen nach § 253 Abs. 3 S. 2 HGB sollen aufgrund von § 284 Abs. 2 Nr. 1 HGB der Grund und die Art der Abschreibung anzugeben sein, A/D/S, § 284, Rdnr. 81; *Ellrott*, in: Beck'scher Bilanzkommentar, § 284, Rdnr. 117; *Kupsch*, HdJ Abt. IV/4, Rdnr. 88; vergl. auch WP-Handbuch/*Gelhausen*, Bd. I, Abschnitt F, Rdnr. 470.
80 So wird denn auch der Sinn des § 4 RechKredV in Frage gestellt; vergl. *Krumnow*/Sprißler/Bellavite-Hövermann/Kemmer/Steinbrücker, Rechnungslegung, § 4 RechKredV, Rdnr. 1, wo es heißt: „Demgegenüber ist das Erfordernis für einen gesonderten Ausweis der nachrangigen Vermögensgegenstände auf der Aktivseite [...] nicht unmittelbar ersichtlich; pauschale Aussagen über die Werthaltigkeit solcher Vermögensgegenstände lassen sich aus dem Nachrangvermerk allein sicherlich nicht ableiten." In § 22 RechVersV wird denn auch auf ein solches Ausweiserfordernis verzichtet.
81 *Schnell*, Gesellschafterleistungen, S. 213; *E. Weber*, WPg 1986, 37, 38.

auf Abschluß eines Rangrücktritts zu sehen sein, welches die Gesellschaft regelmäßig nach § 151 BGB annimmt.[82] Insofern kann ihm ein derartiger Ausweis selbst in den Fällen gestattet werden, in denen eine Einstufung als Eigenkapitalersatz nicht mit hoher Wahrscheinlichkeit zutreffend wäre.[83]

B. Sachverhaltsvarianten und rechtsformspezifische Besonderheiten

Aus dieser Behandlung der eigenkapitalersetzenden Darlehen vor ihrer Rückzahlung erschließen sich relativ problemlos die Antworten auf die Fragen nach der Bilanzierung in den Sachverhaltsvarianten.

So sind die *Zinsansprüche* des Darlehensgebers weiterhin ertragswirksam einzubuchen, anschließend aber aufwandswirksam wertzuberichtigen.[84] Damit werden die Darlehen faktisch zinslos.

Wurde die *Darlehensforderung beglichen*, führt dies zum Erlöschen der Forderung. War die Forderung bereits wertberichtigt und liegt der Erfüllungsbetrag oberhalb des Buchwertes, so kommt es zu einem (außerordentlichen) Ertrag.[85] Aufgrund der Gefahr einer Anfechtung nach § 135 InsO ist allerdings gegebenenfalls eine Rückstellung zu bilden oder eine Eventualverbindlichkeit auszuweisen. Verstieß die Rückzahlung gegen § 30 Abs. 1 GmbHG, ist bei der darlehensgebenden GmbH eine Verbindlichkeit in Höhe des Rückzahlungsbetrages bzw. bei Zweifeln eine Rückstellung zu passivieren und zugleich in derselben Höhe der Rückzahlungsanspruch aus § 607 Abs. 1 BGB gegenüber dem Darlehensnehmer zu aktivieren.[86] Dieser Rückzahlungsanspruch ist dann entsprechend abzuschreiben.

Sofern der Gesellschafter nicht Darlehensgläubiger ist, sondern nur ein *Drittdarlehen* besichert hat, ist bei der Bilanzierung danach zu unterscheiden, ob der Dritte bereits eine Rückzahlung erhalten hat oder nicht. Hat eine Rückgewähr noch nicht stattgefunden, so ist allein nach §§ 251, 268 Abs. 7 HGB auf die Möglichkeit einer Inanspruchnahme hinzuweisen. Nach erfolgter Rück-

---

82 Insofern liegt eine ähnliche Sachlage wie in den Fällen vor, in denen der Darlehensgeber der Einordnung seines Darlehens als Eigenkapitalersatz in der Bilanz des Darlehensnehmers zugestimmt hat, vergl. hierzu oben S. 137 f.
83 A.A. *E. Weber*, WPg 1986, 37, 40, nach dem eine solche Ausweisung nur zulässig ist, „wenn mit hoher Wahrscheinlichkeit nach den bisherigen Kriterien der Rechtsprechung eine solche Einstufung zutreffend wäre".
84 *Beine*, Gesellschafterleistungen, S. 221 und 232; *Häuselmann*/Rümker/Westermann, Finanzierung, S. 104; *E. Weber*, WPg 1986, 37, 38. Vergl. auch *Real*, GmbHR 1994, 777, 781 zu Pachtrückzahlungsverbindlichkeiten.
85 *Hock*, Gesellschafter-Fremdfinanzierung, S. 67.
86 *Beine*, Gesellschafterleistungen, S. 280; *Hock*, Gesellschafter-Fremdfinanzierung, S. 67, *Schnell*, Gesellschafterleistungen, S. 214. Vergl. auch *E. Weber*, WPg 1986, 37, 38 f.

zahlung hat der Sicherungsgeber demgegenüber eine Verbindlichkeit oder Rückstellung zu bilden.[87]

Im Fall der eigenkapitalersetzenden *Nutzungsüberlassung* ist auf Gläubigerseite zwischen dem Gegenstandswert, dem Nutzungswert und den Miet- bzw. Pachtzinsen zu unterscheiden. Bezüglich der überlassenen Gegenstände ergibt sich eine spiegelbildliche Bilanzierung zum Schuldner: Verbleibt das wirtschaftliche Eigentum – wie regelmäßig – beim Überlasser, hat dieser den Gegenstand weiterhin zu bilanzieren; geht das wirtschaftliche Eigentum ausnahmsweise auf die Gesellschaft über,[88] muß der Überlasser den Sachwert komplett abschreiben. Wenn indes die Bildung einer Rückstellung für die Erstattung des Nutzungswertes vorgeschlagen wird,[89] so scheint das zweifelhaft. Grundsätzlich besteht für den Überlasser keine Pflicht, den Nutzungswert zu erstatten. Er kann der Gesellschaft den Gegenstand weiterhin zur Nutzung überlassen. Aus diesem Grunde scheint die Annahme eines Abschreibungswahlrechts nach § 253 Abs. 2 S. 3 HGB näherliegend. Für die Miet- und Pachtzinsforderungen gilt das gleiche wie für die Darlehenszinsen: Sie sind zu aktivieren und anschließend wieder abzuschreiben.[90]

Hat der Gesellschafter einen *Finanzplankredit* gewährt, so ist die hieraus resultierende Forderung unter Ausleihungen gem. § 266 Abs. 2 A. III. Nr. 2, 4 oder 6 HGB auszuweisen.[91] Die insoweit erforderliche Dauerhaftigkeit i. S. d. § 247 Abs. 2 HGB folgt aus dem Eigenkapitalcharakter des Finanzplankredites. Eine Ausweisung unter den Beteiligungen scheitert demgegenüber an den fehlenden gesellschaftsrechtlichen Kontroll- und Mitspracherechten.

Da der *Rangrücktritt* eine vertragliche Unterstellung unter die Kapitalersatzregeln bewirkt, kann bezüglich der Bewertung insoweit nach oben verwiesen werden.[92] Fraglich ist jedoch, ob vor Eintritt der Krise auf die Nachrangigkeit aufmerksam zu machen ist. So könnte versucht werden, durch die Subsumtion der Rangrücktrittsvereinbarung unter den Begriff des Gewährleistungsvertrages[93] oder den der Sicherheiten[94] eine Ausweispflicht nach § 251 HGB zu begrün-

---

87 *Beine*, Gesellschafterleistungen, S. 238; *Schnell*, Gesellschafterleistungen, S. 214; *E. Weber*, WPg 1986, 1, 7.
88 Das ist dann der Fall, wenn dem Nutzungsüberlasser nach Überlassungsende kein Restwert mehr verbleibt; vergl. oben S. 190 ff.
89 *Schnell*, Gesellschafterleistungen, S. 214. Vergl. auch *Beine*, Gesellschafterleistungen, S. 264. Für eine Drohverlustrückstellung demgegenüber *Real*, GmbHR 1994, 777, 781.
90 *Beine*, Gesellschafterleistungen, S. 264. Vergl. auch *Real*, GmbHR 1994, 777, 781.
91 Ebenso *Beine*, Gesellschafterleistungen, S. 317.
92 Vergl. auch *Hock*, Gesellschafter-Fremdfinanzierung, S. 185.
93 So kann nach *Beine*, Gesellschafterleistungen, S. 208, der vertragliche Rangrücktritt unter den Begriff des Garantievertrages, der weit auszulegen sei, subsumiert werden; ähnlich wohl auch *E. Weber*, WPg 1986, 1, 6 f. (noch für § 151 AktG). Hiergegen *Ellrott*, in: Beck'scher Bilanzkommentar, § 251, Rdnr. 35; *Häuselmann*, BB 1993, 1552, 1555.
94 Für eine Hinweispflicht als Sicherheit nach § 251 HGB *Bordt*, HdJ Abt. III/9, Rdnr. 51; *Feik*, WPg 1979, 299, 299 f.

den. Zwar spricht die ratio des § 251 HGB – der auf Art. 14 der Bilanzrichtlinie zurückgeht – für eine weite Auslegung, zumal in der englischen Fassung der Richtlinie eine Ausweispflicht für „commitments by way of guarantee of any kind" postuliert wird. Das mit der Nachrangigkeit der Forderung verbundene Ausfallrisiko ist jedoch bereits im Rahmen der Bewertung zu berücksichtigen. Eine zusätzliche Ausweisung nach § 251 HGB würde zu einer Doppelberücksichtigung führen. Aus dem gleichen Grunde muß eine Pflichtangabe nach § 285 Nr. 3 HGB ausscheiden.[95]

Eine Hinweispflicht könnte allerdings auf die vorgenannten Normen i.V.m. § 264 Abs. 2 HGB gestützt werden, da nachrangige Forderungen mit einem erheblich höheren Ausfallrisiko als die sonstigen Forderungen verbunden sind. Bestehen indes für eine Krise keine Anhaltspunkte, so kann dieses Risiko noch nicht im Wege der Bewertung berücksichtigt werden.[96] Letztlich sind aber auch diese Erwägungen zu verwerfen. Zum einen ist fraglich, ob das Ausfallrisiko vor dem Zeitpunkt, ab dem eine Abwertung geboten ist, um so viel höher ist, daß ein besonderer Hinweis erforderlich wäre.[97] Zum anderen beziehen sich die §§ 251 und 285 Nr. 3 HGB ausschließlich auf die Passiva, bei einer mit einem Rangrücktritt versehenen Forderung handelt es sich hingegen um einen Aktivposten. Bei diesen geht aber – mit Ausnahme von Sonderregelungen[98] – die Bewertung der Hinweispflicht vor.[99] Ein besonderer Hinweis auf den Rangrücktritt ist somit nicht erforderlich.

Besonderheiten für bestimmte *Rechtsformen* ergeben sich kaum. Hinzuweisen ist darauf, daß bei *Personengesellschaftern als Darlehensgebern* das Wertaufholungsgebot des § 280 Abs. 1 HGB nicht gilt, so daß bei diesen gem. § 253 Abs. 5 HGB auch nach dem Wegfall des Abschreibungsgrundes der niedrigere Wert beibehalten werden kann.[100]

Bei der *Aktiengesellschaft* ergeben sich allein für den Fall Besonderheiten, daß von der Nichtigkeit einer unter Verstoß gegen § 57 AktG vorgenommen

---

95 *Beine*, Gesellschafterleistungen, S. 209; a.A. wohl *E. Weber*, WPg 1986, 1, 6f. (noch für § 151 AktG).
96 So wird denn in der Literatur auch für die Fälle eine Hinweispflicht verlangt, in denen Eigenkapitalersatz vorliegt, aber noch keine Abwertung vorgenommen wurde, vergl. *Maser*, ZIP 1995, 1319, 1322; ähnlich *Scheffler*, in: Beck'sches HdR, B 213, Rdnr. 188; *E. Weber*, WPg 1986, 37, 39.
97 *E. Weber*, WPg 1986, 37, 39 verneint diese Frage.
98 Eine solche Sonderregelung findet sich z.B. in § 4 RechKredV; für das Versicherungswesen besteht demgegenüber – wie in der zugrundeliegenden Richtlinie – allein eine besondere Ausweispflicht für nachrangige Verbindlichkeiten (§ 22 RechVersV), nicht aber für nachrangige Forderungen.
99 A/D/S, § 251, Rdnr. 73; *Ellrott*, in: Beck'scher Bilanzkommentar, § 251, Rdnr. 35. Vergl. auch *Beine*, Gesellschafterleistungen, S. 209; *E. Weber*, WPg 1986, 37, 39f.
100 *Budde/Karig*, in: Beck'scher Bilanzkommentar, § 280, Rdnr. 32a; *Güntzel/Fenzl*, DStR 1999, 649, 653.

Rückzahlung ausgegangen wird. Das hat zur Folge, daß die Forderung durch den Erhalt der Zahlung nicht erlischt. Es kommt zu einer Aktiv-/Passivmehrung (bei den Bankguthaben einerseits und den Rückgewährverpflichtungen andererseits).[101]

§ 8: Ausweisung im Konzernabschluß

Zur Abrundung der handelsbilanziellen Behandlung des Eigenkapitalersatzes ist zu untersuchen, in welcher Weise sich die konzerninterne Vergabe eigenkapitalersetzender Mittel auf die Konzernbilanz auswirkt.[102]

A. Gesellschaftsrechtliche Grundlagen

Hierzu ist es zunächst erforderlich, die Anwendbarkeitsvoraussetzungen des Eigenkapitalersatzrechtes im Konzern zu konkretisieren. Namentlich ist darauf einzugehen, wie sich der konzernspezifische Gläubigerschutz auf die Kapitalersatzregeln auswirkt und unter welchen Voraussetzungen die Darlehensgewährung durch konzernierte, aber nicht direkt am Darlehensnehmer beteiligte Gesellschaften eigenkapitalersetzend sein kann.[103]

I. Anwendbarkeit des Kapitalersatzrechts neben den konzernrechtlichen Gläubigerschutzvorschriften

Insbesondere für den Vertragskonzern könnte die Anwendbarkeit des Kapitalersatzrechts ausgeschlossen sein, weil dort nach § 302 Abs. 1 AktG die herrschende Gesellschaft zur Verlustübernahme verpflichtet ist.[104] So wird vertreten, daß der Anspruch aus § 302 AktG dem Eigenkapitalersatzrecht zumindest

---

101 *Beine*, Gesellschafterleistungen, S. 276 f.; *E. Weber*, 37, 38.
102 Wenn es auch regelmäßig so sein wird, daß die Muttergesellschaft als Darlehengeberin auftritt, so ist dies doch nicht zwangsläufig. Dementsprechend beziehen sich die nachfolgenden Ausführungen auch nicht nur auf die Fälle, in denen das Darlehen von der Muttergesellschaft stammt, sondern für jedwede Bilanzierung konzerninterner eigenkapitalersetzender Darlehen entsprechend.
103 Ausführlich zum Eigenkapitalersatz im Konzern Roth/*Altmeppen*, GmbHG, § 32 a, Rdnr. 59 ff.; Ketzer, Aktionärsdarlehen, S. 93 ff.; *Fleischer*, in: Handbuch, Teil 12, Rdnr. 12.1 ff.; *Hommelhoff*, WM 1984, 1105, 1105 ff.; *Karollus*, FS Claussen, S. 200 ff.; *Noack*, GmbHR 1996, 153, 153 ff. *U. H. Schneider*, in: Konzern, S. 270 weist darauf hin, daß das Thema Eigenkapitalersatz im Konzernrecht noch weiterer Klärung bedarf.
104 Die Anwendung des § 302 AktG auf GmbH-Konzerne und qualifiziert faktische Konzerne ist heute nahezu allgemein anerkannt, vergl. etwa BGH, Urt. vom 23.05.1985, BGHZ 95, 330, 345 f.; Urt. vom 11.11.1991, BB 1992, 14, 14 ff. = BGHZ 116, 37, 41 ff.; *Lutter/Hommelhoff*, GmbHG, Anh. § 13, Rdnr. 25; Emmrich/*Habersack*, Aktienkonzernrecht, § 302, Rdnr. 26.

gleichwertig, wenn nicht gar überlegen sei und es insofern der Kapitalersatzregeln nicht bedürfe.[105] An anderer Stelle wird das Merkmal der Kreditunwürdigkeit verneint, sofern der Anspruch aus § 302 AktG vollwertig ist. In diesem Falle würde ein Dritter auch dann noch ein Darlehen gewähren, wenn die Tochtergesellschaft als konzernfreie Gesellschaft kreditunwürdig wäre, da er aufgrund des Anspruchs aus § 302 AktG keinen Ausfall befürchten müsse.[106] Diese Einwände – die in der Sache auf die gleiche Argumentation hinauslaufen dürften[107] – können nicht dazu führen, die Anwendbarkeit des Kapitalersatzrechts abzulehnen. Dies beruht darauf, daß der Anspruch der abhängigen Gesellschaft auf Verlustübernahme unter dem Vorbehalt der Bilanzerstellung steht und sich somit im Vergleich zum sofort fälligen Rückgewähranspruch aus § 31 Abs. 1 GmbHG beim Eigenkapitalersatz erst zeitlich später realisieren läßt. Hinzu kommt, daß § 302 AktG keinerlei Bezug zur Liquiditätssituation der Gesellschaft aufweist – die Kreditunwürdigkeit kann somit gleichwohl aus fehlender Liquidität folgen. Diese beiden Unterschiede verdeutlichen, daß es sich bei § 302 AktG um keine dem Kapitalersatzrecht gleichwertige Regelung handelt, weshalb er der Anwendbarkeit des Kapitalersatzrechts nicht grundsätzlich entgegenstehen kann.[108]

Ein weiterer – bisher kaum erwogener[109] – Einwand gegen die Anwendung des Kapitalersatzrechts im Vertragskonzern könnte sich aus systematischen Erwägungen ableiten lassen. Die Rechtsprechungsregeln zum Eigenkapitalersatz beruhen auf einer analogen Anwendung der gesellschaftsrechtlichen Kapitalerhaltungsvorschriften. Für den Vertragskonzern setzt jedoch § 291 Abs. 3 AktG deren Anwendbarkeit aus.[110] Soll nun das Kapitalersatzrecht Geltung bean-

---

105 *Hommelhoff*, WM 1984, 1105, 1110 ff. (mit ausführlicher Begründung); *Jula/Breitbarth*, AG 1997, 256, 265.
106 KK-AktG/*Lutter*, § 57, Rdnr. 101; *Kezter*, Aktionärsdarlehen, S. 96 f. Vergl. auch OLG Hamburg, Urt. vom 24.07.1987, ZIP 1987, 977, 984 f. Nach Hachenburg/*Ulmer*, GmbHG, § 32a, 32b, Rdnr. 49; *Hommelhoff*, WM 1984, 1105, 1107; *Rümker*, ZGR 1988, 494, 499 f. soll bei der Ermittlung der Kreditwürdigkeit auf eine fingiert unkonzernierte Tochtergesellschaft abgestellt werden, da den Gläubigern allein der Zugriff auf das Tochtervermögen bleibt.
107 *v. Gerkan/Hommelhoff*, Kapitalersatz, Rdnr. 11.29.
108 BGH, Urt. vom 19.09.1988, BB 1988, 2054, 2056 f. = BGHZ 105, 168, 182 ff. = NJW 1988, 3143; *Fleck*, 100 Jahre GmbHG, S. 397; *Fleischer*, in: Handbuch, Teil 12, Rdnr. 12.31 ff.; *Rümker*, ZGR 1988, 494, 499 f. Vergl. auch *Braun*, WPg 1990, 553 ff., 593 ff. Ausführlich zu den genannten Unterschieden auch *Hommelhoff*, WM 1984, 1105, 1110, der vorschlägt, den konzernrechtlichen Schutz durch eine unternehmensvertragliche Liquiditätssicherung auszubauen.
109 Vergl. aber *Ketzer*, Aktionärsdarlehen, S. 99 ff. und nunmehr auch *Fleischer*, in: Handbuch, Teil 12, Rdnr. 12.32.
110 Für den Aktienkonzern folgt dies unmittelbar aus dem Gesetz, nach einer verbreiteten Literaturansicht soll dies aber auch für den vertraglichen GmbH-Konzern gelten; so etwa *Jula/Breitbarth*, AG 1997, 256, 263; *Hommelhoff*, WM 1984, 1105, 1110; a. A. etwa Hachenburg/*Goerdeler/W. Müller*, GmbHG, § 30, Rdnr. 72.

spruchen können, so führt dies zu dem Ergebnis, daß der Anwendungsbereich dieser Rechtsfigur weiter reicht als der der ihr zugrundeliegende Analogiebasis.[111] Letztlich können auch diese Erwägungen nicht gegen die Anwendbarkeit der Kapitalersatzregeln sprechen. Zum einen hat sich das Kapitalersatzrecht zwischenzeitlich derart zu einem eigenständigen Rechtsinstitut verselbständigt, daß es teilweise[112] sogar für Gewohnheitsrecht gehalten wird. Als solches wäre es nicht mehr an den Anwendungsbereich der Kapitalerhaltungsvorschriften gebunden. Zum anderen sollten die Gläubiger durch die Freistellung von den Kapitalerhaltungsregeln nach § 302 AktG, der nicht explizit durch die Kapitalrichtlinie legitimiert ist,[113] nicht schutzlos gestellt werden.[114] Damit bietet sich eine teleologische Reduktion dahingehend an, daß die Kapitalersatzvorschriften von der Freistellung nach § 291 Abs. 3 AktG ausgenommen sind.

Im Ergebnis steht damit der Anwendbarkeit der Kapitalersatzregeln im Vertragskonzern nichts im Wege. Dies impliziert, daß das Kapitalersatzrecht ebenso im qualifiziert-faktischen und im faktischen Konzern Anwendung finden muß. In diesen Konstellationen reicht der konzernrechtsspezifische Gläubigerschutz nicht über den im Vertragskonzern gewährten hinaus, sondern bleibt hinter ihm zurück.[115] Beim Eingliederungskonzern besteht demgegenüber für eine Anwendung des Kapitalersatzrechts kein Bedarf; hier haften Hauptgesellschaft und eingegliederte Gesellschaft nach § 322 AktG gesamtschuldnerisch.[116]

II. „Finanzierungsverantwortung" im Konzern

Noch kein klares Meinungsbild hat sich in der Literatur zu der Frage gebildet, ob und wenn ja welche Anforderungen an die Umqualifizierung von Leistungen durch konzernierte Gesellschaften zu stellen sind, die selbst nicht an der darlehensempfangenden Gesellschaft beteiligt sind.[117] Eine gesetzliche

---

111 Eine Parallelproblematik zeigt sich bei den Privilegien nach § 32a Abs. 3 S. 2 und 3 GmbHG. Beziehen sich diese zugleich auf die Rechtsprechungsdarlehen, so folgen diese anderen Regeln als die ihnen zugrundeliegenden Kapitalerhaltungsvorschriften; siehe hierzu oben S. 42 ff.
112 So *Bachem*, Maßnahmen, S. 2; *Ullrich*, GmbHR 1983, 133, 146. *Hommelhoff*, ZGR 1988, 460, 478 stellte fest, daß sich die Rechtsprechung allgemeiner Rechtsüberzeugung erfreue.
113 Zur Vereinbarkeit des § 291 Abs. 3 AktG mit der Kapitalrichtlinie siehe *Habersack*, Gesellschaftsrecht, Rdnr. 171.
114 Vergl. *Ketzter*, Aktionärsdarlehen, S. 99 ff.
115 I. E. ebenso *Ketzter*, Aktionärsdarlehen, S. 106 ff.; *Hommelhoff*, WM 1984, 1105, 1106 ff. und 1113 f.; *Rümker*, ZGR 1988, 494, 499 f. A. A. für den qualifiziert-faktischen Konzern KK-AktG/*Lutter*, § 57, Rdnr. 102, der sich allerdings insoweit auf die gleichen Argumente wie zum Vertragskonzern stützt.
116 Emmerich/*Habersack*, Aktienkonzernrecht, § 324, Rdnr. 4; *Ketzter*, Aktionärsdarlehen, S. 112 ff.; *Hommelhoff*, WM 1984, 1105, 1117; *Rümker*, ZGR 1988, 494, 500.
117 Eine solche Konstellation liegt etwa vor, wenn es sich beim Darlehensgeber um eine Schwestergesellschaft des Darlehensempfängers handelt, die Mutter ein Darle-

Regelung für derartige Sachverhalte war in § 32 a Abs. 5 S. 1 des Regierungsentwurfs zur GmbH-Novelle 1980[118] vorgesehen. Hiernach sollten Forderungen eines mit einem Gesellschafter oder mit der Gesellschaft verbundenen Unternehmens (vgl. §§ 15 ff. AktG) für die Behandlung als Eigenkapitalersatz den eigenen Forderungen eines Gesellschafters gleichstehen. Dem haben sich ein Teil der Literatur[119] und die Rechtsprechung[120] angeschlossen, diese hat jüngst[121] bestätigt, daß für die Gleichstellung des Darlehensgebers mit einem Gesellschafter eine Beteiligung von mehr als 50% an der dazwischengeschalteten Gesellschaft genügt. Auch wenn der Schutz gegen Umgehungen des Kapitalersatzrechts für eine derart weite Auslegung sprechen mag,[122] so ist doch der Rückgriff auf die Entstehungsgeschichte eines Gesetzes nicht zulässig, sofern sich der gesetzgeberische Wille nicht im Gesetzestext niedergeschlagen hat.[123] Eine Bezugnahme auf die Begründung des Gesetzentwurfes ist allein insoweit legitim, als sie sich auf die Überzeugungskraft der dort genannten Argumente und nicht auf die Behauptung stützt, daß dem Willen des Gesetzgebers zur Durchsetzung verholfen werde. Für den vorliegenden Komplex ist somit zu fragen, ob eine derartige Auslegung mit den Grundwertungen des Kapitalersatzrechts übereinstimmt.[124] Sieht man mit der hier vertretenen Auffassung den Grund für die Kapitalersatzregeln im Gleichlauf von Risiken und Chancen, so kann die Rechtsprechung zumindest in den Fällen nicht überzeugen, in denen das Darlehen von einer Tochter- oder Schwestergesellschaft gewährt wird. Diese Gesellschaften profitieren weder von den Gewinnen noch leiden sie unter den Verlusten des Darlehensempfängers.[125] Entgegen dem Regierungsentwurf zur Insolvenzordnung wurde aus ähnlichen Erwägungen heraus in der Gesetz gewordenen Fassung

---

hen von der Tochter empfängt oder die Muttergesellschaft einer Enkelgesellschaft ein Darlehen gewährt.
118 BT-Drcks. 8/1347, S. 9.
119 Baumbach/*Hueck*/*Fastrich*, GmbHG, § 32a, Rdnr. 24; Hachenburg/*Ulmer*, GmbHG, § 32a, b, Rdnr. 121; *Kallmeyer*, in: GmbH-Handbuch I, Rdnr. 382; *v. Gerkan*, GmbHR 1986, 218, 223.
120 BGH, Urt. vom 21.09.1981, BB 1981, 2026, 2027 = BGHZ 81, 311, 315 f.; Urt. vom 28.09.1981, BB 1981, 2088, 2089 = BGHZ 81, 365, 368; Urt. vom 21.06.1999, BB 1999, 1675, 1676 = NJW 1999, 2822, 2822 f.; vergl. auch OLG Düsseldorf, Urt. vom 23.09.1994, ZIP 1995, 465, 466. A.A. ThürOLG Jena, Beschl. vom 07.04.1998, NZG 1998, 858, 858 f.
121 BGH, Urt. vom 21.06.1999, BB 1999, 1675, 1676 = NJW 1999, 2822, 2822 f.
122 Baumbach/Hueck/*Hueck*, GmbHG, § 32a, Rdnr. 24.
123 BVerfG, Urt. vom 17.05.1960, BB 1960, 795, 795 f. = BVerfGE 11, 126, 130; BFH, Urt. vom 14.05.1991, BFHE 164, 516, 525 f.; BGH, Urt. vom 29.01.1998, NJW 1237, 1238.
124 Vergl. auch Rowedder/*Rowedder*, GmbHG, § 32a, Rdnr. 37; *Fleischer*, in: Handbuch, Teil 12, Rdnr. 12.8; *Hommelhoff*, WM 1984, 1105, 1118.
125 Roth/*Altmeppen*, GmbHG, § 32a, Rdnr. 67 f.; *Fleischer*, in: Handbuch, Teil 12, Rdnr. 12.19 und 12.24. Für eine ähnliche Differenzierung Rowedder/*Rowedder*, GmbHG, § 32a, Rdnr. 37. A.A. wohl *Hommelhoff*, WM 1984, 1105, 1117.

nicht jede Konzerngesellschaft zu den nahestehenden Personen i.S.d. § 138 Abs. 2 InsO gerechnet.[126] Insofern spricht viel dafür, entfernte Konzerngesellschaften nur dann den Gesellschaftern gleichzustellen, wenn die darlehensgewährende Gesellschaft als Treugeber oder Zahlungsmittler des jeweils direkt Beteiligten auftritt. Zur Beweiserleichterung kann eine solche Stellung aufgrund der Konzernierung vermutet werden.[127] Hierfür spricht auch, daß die konzernierten Gesellschaften häufig unter dem Gesichtspunkt des „Konzerninteresses" an einer Finanzierung einer mit ihnen konzernrechtlich verbundenen Gesellschaft interessiert sein werden. Unter einem anderen systematischen Ansatz kommt der Vorschlag, wonach im Vertragskonzern und qualifiziert-faktischen Konzern die Finanzierungsverantwortung unwiderlegbar, ansonsten hingegen widerlegbar vermutet werden soll,[128] zu ähnlichen Ergebnissen. Die Abweichung dieser Lösung von dem ursprünglichen Regierungsvorschlag zur GmbH-Novelle 1980 ist auch nicht so groß, wie es zunächst scheinen mag: Auch danach sollte eine Vermutungsregelung, die der Einzelfallprüfung unterliegt, eingeführt werden.[129]

Im Ergebnis sind damit nicht sämtliche konzernierten Gesellschaften dem Gesellschafter gleichgestellt, sondern allein solche, bei denen ein eigenes wirtschaftliches Interesse besteht. Bei den übrigen kann die vermutete Finanzierungsverantwortung widerlegt werden.

B. Bilanzielle Behandlung

Die Pflicht zur Aufstellung von Konzernbilanzen folgt aus den – auf die Siebente Richtlinie[130] zurückgehenden – §§ 290ff. HGB. Der Konzernabschluß hat zwar nach §§ 297 Abs. 1, 290 Abs. 1 HGB und Art. 16 Abs. 1, 36 der Konzernbilanzrichtlinie die gleichen Bestandteile wie der Einzelabschluß, ihm liegt jedoch eine andere Zielrichtung zugrunde. Er soll den Jahresabschluß ergänzen, insbesondere Informationsdefizite aus dem Bereich der Vermögens-, Finanz- und Ertragslage ausgleichen (Kompensationsfunktion).[131] Von den

---

126 Vergl. *Noack*, Gesellschaftsrecht, Rdnr. 26.
127 *Fleischer*, in: Handbuch, Teil 12, Rdnr. 12.25; *Noack*, GmbHR 1996, 153, 155 ff.; zumindest sympathiesierend *Karollus*, FS Claussen, S. 205. Vergl. auch schon Hachenburg/*Ulmer*, GmbHG, § 32a, b, Rdnr. 121.
128 *Lutter/Hommelhoff*, GmbHG, §§ 32a/b, Rdnr. 64. Grds. nur für eine widerlegbare Vermutung Rowedder/*Rowedder*, GmbHG, § 32a, Rdnr. 37; i.E. wohl auch Scholz/ *K. Schmidt*, §§ 32a, 32b, Rdnr. 136.
129 Das ergibt sich aus der Verweisung auf die §§ 15–19 AktG, sinngemäße Anwendung finden sollen, vergl. BT-Drcks. 8/137, S. 10, diese arbeiten indes mit Vermutungen.
130 Konzernbilanzrichtlinie – Siebente Richtlinie vom 13. Juni 1983, RL 83/349/ EWG, ABl. EG Nr. L 193 vom 18.07.1983, S. 1ff. ebenfalls abgedruckt bei *Lutter*, Unternehmensrecht, S. 211 ff.; *Habersack*, Gesellschaftsrecht, Rdnr. 316.
131 *Baetge*, Konzernbilanzen, S. 29 ff.; *Bormann*, RIW 1996, 35, 38.

Funktionen des Einzelabschlusses – Information, Kapitalerhaltung und Dokumentation – erfüllt der Konzernabschluß somit nur die Informationsfunktion.[132] Dementsprechend sind an den Konzernabschluß keine rechtlichen Konsequenzen, wie beispielsweise Besteuerung oder Gewinnausschüttungsbemessung gebunden.[133]

Im Mittelpunkt des Konzernabschlusses steht der in § 297 Abs. 1 HGB und Art. 26 Abs. 1 S. 1 der Konzernbilanzrichtlinie kodifizierte Einheitsgrundsatz, nach dem die Vermögens-, Finanz- und Ertragslage der einbezogenen Unternehmen so darzustellen ist, als ob es sich um ein Unternehmen handeln würde. Bilanztechnisches Rüstzeug zur Umsetzung des Einheitsgrundsatzes ist die sog. Kapital- und Schuldenkonsolidierung.[134] Abgestuft nach dem Ausmaß der Konzernbindung lassen sich vier Konsolidierungskreise unterscheiden:[135] Für den Bereich der Tochtergesellschaften gilt nach § 300 HGB der Vollkonsolidierungsgrundsatz, d.h. die Jahresabschlüsse der Muttergesellschaft und die der Tochtergesellschaften werden zu einem Abschluß der wirtschaftlichen Einheit Konzern zusammengefaßt.[136] Hierzu werden die wechselseitig bestehenden Beteiligungen und Forderungen bzw. Verbindlichkeiten in vollem Umfang eliminiert (§ 303 Abs. 1 HGB). Bei Gemeinschaftsunternehmen kommt es demgegenüber nach § 310 HGB zu einer Quotenkonsolidierung in Form einer dem Anteil entsprechenden Eliminierung der gegenseitigen Verpflichtungen. Handelt es sich um ein assoziiertes Unternehmen, so kann nach §§ 311, 312 HGB die Beteiligung unter Fortschreibung der Eigenkapitalentwicklung angesetzt werden (Equity-Methode). Fehlt es am maßgeblichen Einfluß, ist die Beteiligung mit den Anschaffungskosten im Konzernabschluß anzusetzen.[137]

---

132 A/D/S, Vorbemerkungen zu §§ 290–315, Rdnr. 16; Heymann/*Niehus/Scholz*, Vor § 290, Rdnr. 2; *Großfeld*, Bilanzrecht, Rdnr. 564; *Habersack*, Gesellschaftsrecht, Rdnr. 291; *Trützschler*, in: Küting/C.-P. Weber, Bd. II, Abschn. II, Rdnr. 1000; *Kropff*, FS Claussen, S. 662 ff. Siehe auch schon BT-Drcks. 4/171, S. 241. Weitergehend demgegenüber *Baetge*, Konzernbilanzen, S. 23 ff., allerdings aufgrund einer sehr technischen Betrachtungsweise.
133 Die (noch) nachrangige Bedeutung des Konzernabschlusses erhellt zudem ein Blick auf § 18 KWG: Die Überprüfung der wirtschaftlichen Verhältnisse eines Kreditnehmers hat anhand des Einzelabschlusses und nicht anhand des Konzernabschlusses zu erfolgen. Nach *Kropff*, FS Claussen, S. 670 ist der Konzernabschluß bereits jetzt ein eigenständiges und wichtiges Instrument der gesellschaftsrechtlichen Publizität. Diese praktische Bedeutung des Konzernabschlusses spiegelt sich jedoch nicht im Gesetz wider.
134 Vergl. *Baetge*, Konzernbilanzen, S. 10 f.; *Habersack*, Gesellschaftsrecht, Rdnr. 306.
135 Ausführlich zur Abgrenzung der Konsolidierungskreise *Baetge*, Konzernbilanzen, S. 115 ff.; *Scherrer*, Konzernrechnungslegung, S. 91 ff.
136 *Baetge*, Konzernbilanzen, S. 195 ff.; *Scherrer*, Konzernrechnungslegung, S. 176 ff.
137 Die Komplexität des Konzernbilanzrechts verbietet es, an dieser Stelle den Versuch zu unternehmen, es in seiner Gänze darzustellen. Das impliziert zugleich, daß die Ausführungen zur Behandlung eigenkapitalersetzender Gesellschafterdarlehen

Bezüglich der bilanziellen Wirkung, die die Hingabe von Eigenkapitalersatz im Konzern hat, ist zwischen den Konsolidierungskreisen zu unterscheiden. So findet die Schuldenkonsolidierung allein i.R.d. Voll- und der Quotenkonsolidierung Anwendung,[138] bei der Equity-Methode und dem Ansatz der Beteiligung mit den Anschaffungskosten werden hingegen die Forderungen und Verbindlichkeiten gegenüber den in den Abschluß einbezogenen Unternehmen weiterhin ausgewiesen. Daraus folgt, daß sich für die beiden letztgenannten Fallgruppen keinerlei Besonderheiten ergeben – kapitalersetzende Darlehen sind in der gleichen Weise wie im Jahresabschluß auszuweisen und in der gleichen Weise kenntlich zu machen.

Ist für den Konzernabschluß eine Schuldenkonsolidierung vorgeschrieben, sind die gegenseitigen Forderungen und Verbindlichkeiten zu eliminieren. Probleme wirft dies insoweit auf, als sich Forderung und Verbindlichkeit betragsmäßig nicht decken, etwa weil die Forderung seitens der Muttergesellschaft aufgrund der finanziellen Schwierigkeiten bei der Tochtergesellschaft abgeschrieben werden mußte, während die Verbindlichkeit weiterhin mit dem Nennbetrag zu bilanzieren ist. In diesem Fall kommt es zu einer sog. „echten" Aufrechnungsdifferenz.[139] Da der bei der Muttergesellschaft abgeschriebene Betrag für den Konzern keinen Aufwand darstellt, ist der Konzernabschluß entsprechend zu korrigieren. Hierzu ist der Jahreserfolg auf Konzernebene im Abschreibungsjahr um den Abschreibungsbetrag zu erhöhen.[140] In den Folgejahren verbietet sich demgegenüber eine neuerliche Ergebniskorrektur; ansonsten käme es zu einer Doppelberücksichtigung. Abschreibungen aus den Vorjahren sind erfolgsneutral im Eigenkapital zu verrechnen.[141]

Im Falle der Quotenkonsolidierung findet § 303 HGB ausweislich § 310 Abs. 2 HGB entsprechend Anwendung. Damit erfolgt eine Eliminierung der Forderungen und Verbindlichkeiten entsprechend der Beteiligungsquote an dem Gemeinschaftsunternehmen.[142] Die nach der quotalen Eliminierung verbleibenden Restbeträge sind unter den „Forderungen/Verbindlichkeiten gegen(über) Unternehmen, mit denen ein Beteiligungsverhältnis besteht" auszu-

---

nicht erschöpfend sein können. Vorliegend wird vielmehr eine erste Übersicht gewagt.
138 A/D/S, § 303, Rdnr. 4; *Harms*, in: Küting/C.-P. Weber, Bd. II, § 303, Rdnr. 5 f.
139 Vergl. *Harms*, in: Küting/C.-P. Weber, Bd. II, § 303, Rdnr. 31 ff.; *Baetge*, Konzernbilanzen, S. 313 ff.; *Wohlgemuth*, HdJ Abt. V/4, Rdnr. 20 f.
140 *Budde/Dreissig*, in: Beck'scher Bilanzkommentar, § 303, Rdnr. 15; *Baetge*, Konzernbilanzen, S. 315 f.; *Wohlgemuth*, HdJ Abt. V/4, Rdnr. 24 f. (mit Beispielsrechnung in Rdnr. 42 ff.).
141 A/D/S, § 303, Rdnr. 42; *Budde/Dreissig*, in: Beck'scher Bilanzkommentar, § 303, Rdnr. 15. Zu den Unterschieden im Detail vergl. *Baetge*, Konzernbilanzen, S. 316 ff.; *Wohlgemuth*, HdJ Abt. V/4, Rdnr. 32 ff.
142 A/D/S, § 310, Rdnr. 37; *Sigle*, in: Küting/C.-P. Weber, Bd. II, § 310, Rdnr. 85; *Baetge*, Konzernbilanzen, S. 419; *Wohlgemuth*, HdJ Abt. V/4, Rdnr. 125.

weisen.[143] Da diese Anteile nicht in die Schuldenkonsolidierung einbezogen werden, müssen für sie weiterhin die Besonderheiten des Kapitalersatzrechts gelten, d.h. sie müssen in der gleichen Weise gekennzeichnet werden wie im Einzelabschluß. Gleiches gilt für die nicht der Konsolidierung unterworfenen Darlehen außenstehender Eigenkapitalersatzgeber.

---

143 A/D/S, § 310, Rdnr. 38; *Sigle*, in: Küting/C.-P. Weber, Bd. II, § 310, Rdnr. 86; *Baetge*, Konzernbilanzen, S. 419. A.A. wohl *Budde/Suhrbier*, in: Beck'scher Bilanzkommentar, § 310, Rdnr. 63: Ausweisung als Forderungen oder Schulden an Dritte.

Abschnitt 4:
Behandlung bei der Überschuldungsprüfung

§ 9: Grundlagen zur Überschuldungsprüfung und Einfluß eigenkapitalersetzender Gesellschafterleistungen auf die Fortführungsprognose

Die Anforderungen an den Überschuldungsstatus erschließen sich in erster Linie aus dem Sinn und Zweck des Insolvenztatbestandes der Überschuldung. Seine Besonderheit besteht darin, daß er sich – anders als die Zahlungsunfähigkeit – ausschließlich auf die Konstellationen bezieht, in denen die Haftung des Schuldners beschränkt ist. Das ist namentlich bei juristischen Personen und bei Gesellschaften ohne eigene Rechtspersönlichkeit, bei denen kein persönlich haftender Gesellschafter eine natürliche Person ist, der Fall (§ 19 Abs. 1 und 3 InsO). In diesen Fällen hat der Gläubiger mit Abschluß des Insolvenzverfahrens keine Befriedigungsmöglichkeit mehr. Als Ausgleich dafür, daß den Gläubigern lediglich ein beschränkter Haftungsfond zur Verfügung steht, soll der Insolvenzfall eintreten, sobald dieser Fond aufgebraucht ist und damit eine Verletzung der Gläubigerinteressen droht. Zusätzlich aufgenommenes Fremdkapital würde ansonsten zu Haftkapital.[1] Der Insolvenzgrund der Überschuldung dient mithin dem Gläubigerschutz. Diese gläubigerschützende Wirkung resultiert daraus, daß das Insolvenzverfahren zu einem früheren Zeitpunkt eröffnet werden kann, als dies allein bei dem Eröffnungsgrund der Zahlungsunfähigkeit der Fall wäre.[2] Zwar sind theoretisch Fälle denkbar, in denen die Zahlungsunfähigkeit vor der Überschuldung eintritt,[3] praktisch wird jedoch die Überschuldung regelmäßig vor der Zahlungsunfähigkeit erreicht sein.[4]

---

1 Hachenburg/*Ulmer*, GmbHG, § 63, Rdnr. 26; *Bork*, Einführung, Rdnr. 91; *Priester*, DB 1977, 2429, 2430; *Schüppen*, DB 1994, 197, 198; *Serick*, ZIP 1980, 9, 12. Vergl. auch *Teller*, Rangrücktrittsvereinbarungen, S. 27 unter Verweisung auf die Motive des historischen Gesetzgebers. Vergl. auch schon *Pribilla*, KTS 1958, 1, 1.
2 Hachenburg/*Ulmer*, GmbHG, § 63, Rdnr. 26; *Bork*, Einführung, Rdnr. 94; *Teller*, Rangrücktrittsvereinbarungen, S. 31 f.; *Hommel*, ZfB 1998, 297, 303; *Kupsch*, BB 1984, 159, 160; *K. Schmidt*, AG 1978, 334, 338; *IDW-FAR* 1/1996, WPg 1997, 22, 23; Insolvenzrechtskommission, S. 111.
3 So etwa wenn vorhandene Mittel langfristig gebunden sind und es deshalb zur Zahlungsunfähigkeit, nicht aber zur Überschuldung kommt; vergl. *Bork*, Einführung, Rdnr. 94; *Fischer*, Überschuldungsbilanz, S. 8 f.; *Höfner*, Überschuldung, S. 92.
4 Rowedder/*Rowedder*, GmbHG, § 63, Rdnr. 15 („regelmäßig"); *Haack*, Konkursgrund, S. 49 f.; *Teller*, Rangrücktrittsvereinbarungen, S. 32 („in aller Regel"); *K. Schmidt*, JZ 1982, 165, 171. *Drukarczyk*, ZGR 1979, 553, 559; *ders.*, FS Moxter, S. 1233 f. geht davon aus, daß die Überschuldung der Zahlungsunfähigkeit systembedingt vorgelagert ist.

A. Insolvenzordnung als maßgebliche Rechtsgrundlage der Überschuldungsprüfung

I. Eröffnungsgründe des Insolvenzverfahrens

Eines der Hauptziele bei Erlaß der Insolvenzordnung war es, das Insolvenzverfahren zeitlich früher als bisher einzuleiten und den Gläubigern eine breitere Masse als bei den Verfahren nach der Konkursordnung zur Verfügung stellen zu können.[5] Zur Verwirklichung dieses Ziels wurde u.a. der neue Eröffnungsgrund der drohenden Zahlungsunfähigkeit in die Insolvenzordnung aufgenommen. Da dieses Verfahren nach § 18 Abs. 1 InsO ausschließlich auf Antrag des Schuldners eröffnet werden kann, wird die praktische Bedeutung dieser Änderung freilich gering bleiben.[6] Der Schwerpunkt des Interesses liegt weiterhin auf dem Überschuldungstatbestand. Für diesen wurden unter der Konkursordnung zahlreiche Schwächen erkannt, die für die hohe Zahl der masselosen Konkurse verantwortlich sein sollten. Namentlich sollte der Überschuldungstatbestand seine Vorverlagerungsfunktion nicht hinreichend erfüllt haben, weil verbindliche und praktikable Regeln für seine Feststellung gefehlt hätten.[7] So enthielt die Rechtslage unter der Konkursordnung keine eindeutige Definition der Überschuldung, sondern lieferte mit den §§ 92 Abs. 2 AktG, 64 Abs. 1 S. 2 GmbHG, 98 Abs. 1 GenG lediglich Anhaltspunkte für ihre Voraussetzungen. Überschuldung sollte vorliegen, wenn das Unternehmensvermögen die Schulden nicht mehr deckt. Lange Zeit war heftig umstritten, auf welche Art diese Unterdeckung festzustellen ist. Die hierzu vertretenen Meinungen[8] reichten von einem alleinigen Ansatz von Liquidationswerten bis hin zur extremen Gegenansicht, die ausschließlich Fortführungswerte ansetzen wollte. Auch wurde vertreten, eine Überschuldung liege vor, sofern sich entweder beim Ansatz von Liquidations- oder von Fortführungswerten eine rechnerische Überschuldung ergäbe. Die Formulierung eines eindeutigen Überschuldungstatbestandes wäre somit ein großer Schritt zur Steigerung der Effektivität des Insolvenzrechts. Vor diesem Hintergrund sind die Voraussetzungen für die Überschuldung in § 19 Abs. 2 InsO geregelt worden.[9] Ob es

---

5 Begr. RegE, BT-Drcks. 12/2443, S. 80 f.; *Burger/Schellberg*, KTS 1995, 563, 564; *Uhlenbruck*, WiB 1994, 849, 849; *Vonnemann*, BB 1991, 867, 867. Vergl. auch *Haarmeyer/Wutzke/Förster*, Insolvenzordnung, S. 13.
6 Ebenso Hess/*Pape*, InsO, Rdnr. 101; *Temme*, Eröffnungsgründe, S. 123; kritisch auch *K. Schmidt*, Wege, S. 15 f. Diese Prognose wird durch erste Erfahrungen mit der Insolvenzordnung gestützt.
7 *Lütkemeyer*, Überschuldung, S. 12 und 307; *Schlosser*, Insolvenzrecht im Umbruch, S. 17; *Uhlenbruck*, GmbH & Co KG, S. 276 f.; *Vonnemann*, Feststellung, Rdnr. 53; *Vormbaum/Baumanns*, DB 1984, 1971, 1972.
8 Vergl. hierzu *K. Schmidt*, Wege, S. 48 f.; *Teller*, Rangrücktrittsvereinbarungen, S. 40 ff.; *Temme*, Eröffnungsgründe, S. 113 f.; *Drukarczyk*, ZGR 1979, 553, 561 ff.; *Kupsch*, BB 1984, 159, 161 f. (mit anschaulichen Graphiken).
9 Ausführlich hierzu unten S. 268 ff.

dem Gesetzgeber hierdurch gelungen ist, für mehr Klarheit zu sorgen, muß indes bezweifelt werden.[10]

II. Gesellschaftergläubiger im Insolvenzverfahren

Nicht nur die Eröffnungsgründe, auch die Stellung des Gesellschaftergläubigers im Verfahren hat sich – sofern seine Gläubigerstellung auf einer eigenkapitalersetzenden Gesellschafterleistung beruht – geändert. Nach der Rechtslage unter der Konkursordnung war der Gesellschafter von der Teilnahme am Insolvenzverfahren ausgeschlossen, § 32a Abs. 1 S. 1 GmbHG a.F. Durch Art. 48 Nr. 2 EGInsO wurde diese Norm neu gefaßt. Der Gesellschafter kann seine Forderung nunmehr als nachrangiger Insolvenzgläubiger geltend machen (§ 39 Abs. 1 Nr. 5 InsO). Grund für diese Neufassung ist ausweislich der Gesetzesbegründung[11] die Erwägung, daß eine Tilgung der in § 39 Abs. 1 InsO genannten Verbindlichkeiten sachgerechter erscheint als die Ausschüttung des verbliebenen Überschusses an die Gesellschafter. Da die nachrangigen Verbindlichkeiten erst zu befriedigen sind, nachdem die Forderungen der übrigen Insolvenzgläubiger beglichen wurden, wird dieser Regelung in praxi kaum Bedeutung zukommen.[12] Um eine Überlastung des Insolvenzverfahrens in der Mehrzahl der Fälle zu vermeiden, in denen die Masse absehbar nicht für die Befriedigung der nachrangigen Gläubiger reichen wird,[13] sind die Forderungen gemäß § 174 Abs. 3 InsO nur dann beim Insolvenzverwalter anzumelden, wenn das Insolvenzgericht explizit hierzu aufgefordert hat. Mit einer solchen Aufforderung wird derweil nur in den seltenen Fällen zu rechnen sein, in denen eine hinreichende Masse vorhanden ist oder im Insolvenzplan ausdrücklich eine Befriedigung nachrangiger Verbindlichkeiten vereinbart wurde.[14]

---

10 Ebenso *Klar*, DB 1990, 2077, 2077; WP-Handbuch/*W. Müller*, Bd. II, Abschnitt L, Rdnr. 56; *Wolf*, DStR 1995, 859, 859; in diese Richtung auch *Drukarczyk*, FS Moxter, S. 1233; *Schlosser*, in: Insolvenzrecht im Umbruch, S. 9; *Uhlenbruck*, GmbHR 1995, 195, 198. *Obermüller*, ZBB 1992, 202, 203 stellt fest, daß die Ursachen für den angeblichen Funktionsverlust des Insolvenzrechts keinesfalls beseitigt werden.
11 Begr. RegE, BT-Drcks. 12/2443, S. 123; kritisch hierzu *Loritz*, in: Insolvenzrecht im Umbruch, S. 96 f. Es steht allerdings zu vermuten, daß der Gesetzgeber auf diesem Wege versuchen wollte, die systematische Grundlage dafür zu legen, daß eigenkapitalersetzende Gesellschafterleistungen künftig bei der Überschuldungsfeststellung zu berücksichtigen seien. Nach der Begr. RegE, BT-Drcks. 12/2443, S. 115 sollen denn auch nachrangige Verbindlichkeiten bei der Überschuldungsfeststellung berücksichtigt werden.
12 Begr. RegE, BT-Drcks. 12/2443, S. 123; *Häsemeyer*, Insolvenzrecht, Rdnr. 17.16; *Noak*, in: Insolvenzrecht, S. 206; *ders.* FS Claussen, S. 309.
13 Begr. RegE, BT-Drcks. 12/2443, S. 184.
14 Einer ausdrücklichen Vereinbarung im Insolvenzplan bedarf es deshalb, weil nach § 225 Abs. 1 InsO nachrangige Forderungen als erlassen gelten. Über den Insolvenzplan haben nachrangige Gläubiger aber allein in den Fällen des § 246 InsO zu befinden, wobei zudem ihre Zustimmung unter bestimmten Voraussetzungen als er-

Gemäß § 187 Abs. 2 S. 2 InsO sollen nachrangige Gläubiger bei Abschlagszahlungen nicht berücksichtigt werden. Dies folgt bereits aus der Natur der Sache: Da sie erst nach den übrigen Insolvenzgläubigern zu befriedigen sind und regelmäßig nicht abzusehen ist, ob die Masse zur Begleichung aller Verbindlichkeiten genügen wird, muß eine Vorabverteilung ausscheiden.[15]

Unter der Konkursordnung war der Eigenkapitalersatzgeber kein Konkursgläubiger, womit es ihm verwehrt war, Konkursantrag zu stellen.[16] Da der nachrangige Gläubiger nunmehr zumindest theoretisch nach §§ 39, 174 InsO am Verfahren teilnehmen kann, ist er Insolvenzgläubiger.[17] Als solcher wäre er nach § 13 Abs. 1 S. 2 InsO berechtigt, einen Antrag auf Eröffnung des Insolvenzverfahrens zu stellen. Allerdings wird die Antragsbefugnis in § 14 Abs. 1 InsO unter den Vorbehalt eines rechtlichen Interesses an der Verfahrenseröffnung gestellt.[18] Für die Konkursordnung wurde das Rechtsschutzbedürfnis von Gläubigern, deren Forderungen unter das Eigenkapitalersatzrecht zu subsumieren waren, verneint, da sie im Konkursfall definitiv keine Befriedigung erlangen konnten.[19] Nach der Insolvenzordnung besteht jedoch gemäß §§ 39, 174 die Möglichkeit, daß nachrangige Gläubiger im Verfahren Berücksichtigung finden, was ihnen das Rechtsschutzbedürfnis verschaffen könnte. Dieser Situation kommt indes selbst nach der Auffassung des Gesetzgebers[20] nur theoretische Bedeutung zu. Auch künftig wird der Kapitalersatzgeber regelmäßig leer ausgehen. Weiterhin liegt die Annahme nahe, daß das Insolvenzverfahren nicht der Befriedigung der nachrangigen Gläubiger dienen soll.[21] Damit ist diesem Personenkreis unter der Insolvenzordnung ein eigenes Antragsrecht gleichermaßen zu versagen.[22]

---

teilt gilt. Hess/*Pape*, InsO, Rdnr. 239 geht demgegenüber fälschlich davon aus, daß nachrangige Gläubiger grundsätzlich ausgeschlossen sind.
15 Insofern kann die Formulierung als Soll-Vorschrift nur gerechtfertigt werden, sofern man auf den – überaus theoretischen – Fall abstellt, daß bereits zum Zeitpunkt der Abschlagszahlungen klar ist, daß alle Gläubiger befriedigt werden.
16 LG Dortmund, Beschl. vom 11.06.1985, ZIP 1986, 855, 857; Baumbach/Hueck/*Schulze-Osterloh*, GmbHG (16. Aufl.), § 63, Rdnr. 25; *Hommelhoff*, FS Döllerer, S. 259; *Uhlenbruck*, in: Gottwald, § 13, Rdnr. 17. Nach a.A. fehlt nicht die Antragsberechtigung, sondern das Rechtsschutzbedürfnis, so etwa Hachenburg/*Ulmer*, GmbHG, § 63, Rdnr. 55.
17 Ebenso *Häsemeyer*, Insolvenzrecht, Rdnr. 17.13; *Bieneck*, StV 1999, 43, 45; *Loritz*, Insolvenzrecht im Umbruch, S. 93. Haarmeyer/Wutzke/*Förster*, Handbuch, Kapitel 7, Rdnr. 11 sehen demgegenüber fälschlich eigenkapitalersetzende Darlehen nicht als Insolvenzforderungen an.
18 Vergl. hierzu *Bork*, Einführung, Rdnr. 80; *Häsemeyer*, Insolvenzrecht, Rdnr. 7.08.
19 Hachenburg/*Ulmer*, GmbHG, § 63, Rdnr. 55. Selbst die Vertreter der Ansicht, die bereits die Antragsbefugnis verneint haben, stimmten diesem Argument – hilfsweise – zu, vergl. Kuhn/*Uhlenbruck*, KO, § 105, Rdnr. 6k; *Uhlenbruck*, in: Gottwald, § 13, Rdnr. 17.
20 Begr. RegE, BT-Drck. 12/2443, S. 123; *Häsemeyer*, Insolvenzrecht, Rdnr. 17.16.
21 *Haas*, NZI 1999, 209, 211; ausführlich hierzu unten S. 298 f.
22 So auch Baumbach/Hueck/*Schulze-Osterloh*, GmbHG, § 64, Rdnr. 30; zweifelnd Kübler/Prütting/*Pape*, InsO, § 14, Rdnr. 13; a.A. *Hess*, InsO, § 14, Rdnr. 5; Kübler/

Die Regeln zur Anfechtung von Kapitalersatzleistungen wurden in erster Linie hinsichtlich der Fristen geändert. So sind Sicherheiten nicht mehr bei Gewährung innerhalb von 30 Jahren (§ 41 Abs. 1 S. 3 KO), sondern gemäß § 135 Nr. 1 InsO nur noch bei Gewährung innerhalb von zehn Jahren vor Eintritt des Insolvenzfalls anfechtbar. Allerdings wurde der Fristbeginn von der Verfahrenseröffnung auf die Stellung des Antrags zurückverlagert. Auch verjährt das Anfechtungsrecht nicht mehr innerhalb eines Jahres (§ 41 KO), sondern gemäß § 146 Abs. 1 InsO innerhalb von zwei Jahren ab Verfahrenseröffnung.[23] Fraglich bleibt aber, welche Folgen es hat, daß bei den Anfechtungsregeln nicht mehr explizit auf die Normen des GmbH-Gesetzes Bezug genommen wird, wie dies noch bei der Konkursordnung der Fall war, sondern – wie in § 39 Abs. 1 Nr. 5 InsO – von eigenkapitalersetzenden Darlehen und gleichgestellten Forderungen die Rede ist. Unzweifelhaft werden die §§ 129 a, 172 a HGB von diesen Regeln erfaßt. Ebenso unstrittig können Drittdarlehen genauso wie bisher geltend gemacht werden. Das gilt sowohl hinsichtlich ihrer Rangstellung als auch ihrer Anfechtbarkeit.[24] Da bei Darlehen von Gesellschaftern mit einer Beteiligung unterhalb der 10%-Grenze die Voraussetzungen für die Umqualifizierung nach §§ 32a, 32b GmbHG fehlen, ergibt sich bereits aus der Systematik, daß sie nicht zu den nachrangigen Verbindlichkeiten nach § 39 Abs. 1 Nr. 5 InsO gehören und nicht dem Anfechtungsrecht nach § 135 InsO unterliegen.[25] Gleiches gilt selbstverständlich auch für die nach § 32a Abs. 3 S. 3 GmbHG vom Anwendungsbereich des Eigenkapitalersatzrechts ausgenommenen Sanierungsdarlehen. Problematisch ist allerdings, daß nach dem in der Gesetzesbegründung kundgetanen Willen des Gesetzgebers[26] die Rechtsprechungsfälle vom Anfechtungsrecht mit erfaßt sein sollen.[27] Dies würde dazu führen, daß der Gesetzgeber die Änderung von

---

Prütting/*Holzer*, InsO, § 39, Rdnr. 22 b; Smid/*Smid*, InsO, § 14, Rdnr. 5; *Noack*, Gesellschaftsrecht, Rdnr. 259. Für die Gegenansicht könnte sprechen, daß sich die Gesellschafter nur so die steuerrechtliche Anerkennung des Darlehens als nachträgliche Anschaffungskosten nach § 17 EStG sichern (siehe hierzu oben S. 243 mit Nachweisen zur Rspr.) und die theoretische Aussicht auf Befriedigung erhalten können.

23 Zur Anfechtung vergl. *Obermüller*, ZBB 1992, 202, 204 ff., insbes. die Übersicht auf S. 205 (dessen Ausführungen allerdings noch auf dem RegE basieren); *Holzer*, WiB 1997, 729, 729 ff.

24 Hess/*Pape*, InsO, Rdnr. 241; *Loritz*, Insolvenzrecht im Umbruch, S. 92; *Uhlenbruck*, GmbHR 1995, 195, 207.

25 Vergl. auch *Remme/Theile*, GmbHR 1998, 909, 914; *Uhlenbruck*, GmbHR 1998, R 241, R 242.

26 Begr. zu § 150 RegE, BT-Drcks. 12/2443, S. 161, wo auf die Aktionärsdarlehen und die sonstigen Fälle der von der Rechtsprechung anerkannten Fälle die Eigenkapitalersatzes die Rede ist; zustimmend Braun/*Uhlenbruck*, Unternehmensinsolvenz, S. 364; *Holzer*, WiB 1997, 729, 736; *Uhlenbruck*, GmbHR 1995, 195, 208; wohl auch *Obermüller*, ZBB 1992, 202, 209.

27 Ob das Anfechtungsrecht nach § 135 InsO neben die von der Rechtsprechung entwickelten Rechtsfolgen oder an deren Stelle treten soll, läßt die Gesetzesbegründung nicht erkennen.

Rechtsregeln bezweckt, die er nie selbst erlassen hat.[28] Große Bedeutung wird der Frage, ob ein derartiges Vorgehen des Gesetzgebers zulässig ist oder ob die gesetzliche Regulierung nicht ausdrücklich anerkannten Richterrechts per definitionem ausgeschlossen ist, nicht zukommen. Insbesondere wenn das Insolvenzverfahren eröffnet wird, werden regelmäßig die Voraussetzungen der Novellenregeln vorliegen.[29]

B. Überschuldungsprüfung nach der Insolvenzordnung

I. Überschuldungsbegriff

Nach § 19 Abs. 2 S. 1 InsO liegt eine Überschuldung vor, wenn das Vermögen des Schuldners die bestehenden Verbindlichkeiten nicht mehr deckt. Die Bewertung des Vermögens soll ausweislich § 19 Abs. 2 S. 2 InsO[30] davon abhängen, inwieweit die Fortführung des Unternehmens nach den Umständen überwiegend wahrscheinlich ist. Besteht eine entsprechende Wahrscheinlichkeit, ist das Vermögen nach Fortführungswerten zu bemessen. Im Umkehrschluß folgt daraus, daß bei einer negativen Fortführungsprognose Liquidationswerte anzusetzen sind. Damit kehrt der Gesetzgeber zur „einfachen" zweistufigen[31] Überschuldungsfeststellung[32] zurück.[33] Diese zeichnet sich dadurch aus, daß eine Überschuldung im Rechtssinne allein anhand einer Gegenüberstellung von Vermögen und Schulden festgestellt wird; die Prognose

---

28 So auch *Noack*, Gesellschaftsrecht, Rdnr. 220; *Noack*, in: Insolvenzrecht, S. 205 f.
29 Teilweise wurde vor der Einführung der Insolvenzordnung dafür plädiert, im Rahmen des Anfechtungsrechts bei der Feststellung des eigenkapitalersetzenden Charakters auf die §§ 30, 31 GmbHG zurückzugreifen, so etwa Kuhn/*Uhlenbruck*, KO (10. Aufl.), § 32a, Rdnr. 15a.
30 Satz 2 wurde erst vom Rechtsausschluß eingefügt, vergl. BT-Drcks. 12/7302, S. 157.
31 Die Zweistufigkeit dieses Überschuldungsbegriffs folgt daraus, daß im ersten Schritt eine Fortführungsprognose und im zweiten Schritt ein Vermögensstatus zu erstellen ist. Braun/*Uhlenbruck*, Unternehmensinsolvenz, S. 288 spricht im Zusammenhang mit § 19 Abs. 2 InsO fälschlich von zwei selbständigen Elementen und trägt damit zur Verwirrung um die Begrifflichkeiten bei.
32 Vergl. hierzu Braun/*Uhlenbruck*, Unternehmensinsolvenz, S. 288 ff.; Höfner, Überschuldung, S. 168 ff.; *Veit*, Konkursrechnungslegung, S. 27 f. Ablehnend gegenüber der zweistufigen Überschuldungsprüfung *Vonnemann*, Feststellung, Rdnr. 39 ff.; *Egner/Wolff*, AG 1978, 99, 99 ff.
33 Roth/Altmeppen, GmbHG, § 63, Rdnr. 12; Bork, Einführung, Rdnr. 93; Hess/*Pape*, InsO, Rdnr. 108; *K. Schmidt*, Gesellschaftsrecht, § 11 VI. 3. b), S. 333; *Teller*, Rangrücktrittsvereinbarungen, S. 67; WP-Handbuch/*W. Müller*, Bd. I, Abschnitt T, Rdnr. 24; *Götz/Hegerl*, DB 1997, 2365, 2366; *Uhlenbruck*, WiB 1994, 849, 851; *Wolf*, DStR 1995, 859, 859. Unklar demgegenüber *Balmes*, BiBu 1996, 97, 97 f. *Brüggemann*, NZG 1999, 811, 811, deren Ausführungen darauf schließen lassen könnten, der Gesetzgeber habe sich für die modifizierte zweistufige Überschuldensprüfung entschieden.

über die Lebensfähigkeit der Gesellschaft wirkt sich auf die Bewertung, nicht aber unmittelbar auf die Überschuldung aus.[34]

Die Insolvenzordnung schreibt hierfür mindestens zwei Prüfungsschritte vor. Zum einen ist eine Prognose darüber anzustellen, ob von einer Fortführung des Unternehmens ausgegangen werden kann oder nicht. Das Ergebnis dieser Prognose entscheidet sodann darüber, ob in der Überschuldungsrechnung Liquidations- oder Fortführungswerte anzusetzen sind. Ergibt sich bei dieser Rechnung eine Überschuldung, so ist ein Insolvenzantrag zu stellen – ein wahrlich widersprüchliches Ergebnis, sofern im Rahmen der Fortführungsprognose die Lebensfähigkeit des Unternehmens festgestellt wurde.[35] Dem könnte indes entgegengehalten werden, daß es den Gesellschaftern nicht verwehrt ist, in der Erwartung künftiger Erträge aus ihrem lebensfähigen Unternehmen Eigenkapital nachzuschießen und so die Überschuldung zu beseitigen.[36] Auf diese Weise könnte indirekt der oftmals beklagten materiellen Unterkapitalisierung entgegengewirkt werden.[37] Da es den Gesellschaftern unbenommen bleibt, statt Kapital einzubringen, das Insolvenzverfahren zu betreiben, stünde diesem Einwand die negative Finanzierungsfreiheit nicht entgegen.

Nach der sich unter der Konkursordnung durchsetzenden Rechtsprechung[38] und herrschenden Literaturmeinung[39] – für die sich auch die Kommission für

---

34 Begr. zu RegE § 23, BT-Drcks. 12/2443, S. 115; zustimmend Roth/*Altmeppen*, GmbHG, § 63, Rdnr. 12; *Häsemeyer*, Insolvenzrecht, Rdnr. 7.25. *Schlosser*, Insolvenzrecht im Umbruch, S. 13 bezeichnet diesen Ansatz treffend als „eine Flucht in die begriffliche Unverbindlichkeit".
35 Ähnlich *Drukarczyk*, ZGR 1979, 553, 562; *Haas*, in: Insolvenzrecht 1998, S. 18 f.; *Höfner*, Überschuldung, S. 182 f.; *Fenske*, AG 1997, 554, 558; K*lar*, DB 1990, 2077, 2077; *Kupsch*, BB 1984, 159, 163; *Nonnenmacher*, FS Moxter, S. 1321; *K. Schmidt*, AG 1978, 334, 337. Vergl. auch *Hundertmark/Herms*, BB 1972, 1118, 1119. A.A. *Vonnemann*, BB 1991, 867, 868, nach dem betriebswirtschaftliche Gesichtspunkte in den Hintergrund zu treten haben; ähnlich *Reck*, ZInsO 1999, 195, 200. Positiv zur Neuregelung auch *Höffner*, BB 1999, 252, 253 f.
36 So auch *Höffner*, BB 1999, 252, 254; vergl. auch *H.-P. Müller/Haas*, in: Kölner Schrift, Rdnr. 4.
37 So jetzt auch *Vollmer/Smerdka*, DB 2000, 757, 758.
38 BGH, Urt. vom 13.07.1992, BB 1992, 1898, 1900 = BGHZ 119, 201, 213 ff. = NJW 1992, 2891; Urt. vom 12.07.1999, BB 1999, 1887, 1887 f. = NJW 1999, 3120, 3121; BAG, Urt. vom 10.02.1999, NJW 1999, 2299, 2300.
39 Baumbach/Hueck/*Schulze-Osterloh*, GmbHG (16. Aufl.), § 63, Rdnr. 8; Hachenburg/*Ulmer*, GmbHG, § 63, Rdnr. 35 ff.; *Lutter/Hommelhoff*, GmbHG (14. Aufl.), § 63, Rdnr. 7; *Meyer-Landrut*/Miller/Niehus, GmbHG, § 63, Rdnr. 4; Rowedder/*Rowedder*, GmbHG, § 63, Rdnr. 10; Scholz/*K. Schmidt*, GmbHG (8. Aufl.), § 63, Rdnr. 63; *Goette*, GmbH, § 3, Rdnr. 17 (m.w.N. zur Rspr.); *Lutter*, in: Handwörterbuch unbestimmter Rechtsbegriffe, S. 189; *Kupsch*, BB 1984, 159, 163; *K. Schmidt*, AG 1978, 334, 337 f.; *Ulmer*, KTS 1981, 469, 475 ff. Ausführlich zur modifizierten zweistufigen Überschuldungsprüfung *K. Schmidt*, Wege, S. 50 ff.; WP-Handbuch/ *W. Müller*, Bd. I, Abschnitt T, Rdnr. 20 ff.; *Uhlenbruck*, KTS 1986, 27, 42 ff. Für

Insolvenzrecht im Vorfeld der Insolvenzordnung ausgesprochen hatte[40] –, sollte für die Überschuldung im Rechtssinne die Fortführungsprognose entscheidend sein, sofern sich beim Ansatz von Liquidationswerten eine rechnerische Überschuldung ergab. Rechnerische Überschuldung nach Liquidationswerten (exekutorisches Element) und negative Fortführungsprognose (Finanz- und Ertragsplanung = prognostisches Element) standen gleichberechtigt nebeneinander. Diesem Ansatz wurde vorgehalten, der Konkursantrag könnte durch eine zu optimistische Einschätzung der Lebensfähigkeit verzögert werden.[41] Dieser Einwand übersieht nicht nur, daß der Geschäftsführer bei bestehender rechnerischer Überschuldung zu einer besonders sorgfältigen Prognose angehalten ist,[42] und daß bei einer rechnerischen Überschuldung eine Beweislastumkehr zu Lasten der Geschäftsführung eintritt. Ebensowenig erkennt er die ähnlichen Probleme bei der „einfachen zweistufigen Prüfung".[43] Der zweistufige modifizierte Überschuldungsbegriff schafft keine Prognoseprobleme, er zieht vielmehr „die Prognose aus ihrem Versteck hervor".[44] Da sich die Fortführungsprognose nach dem eindeutigen Wortlaut des § 19 Abs. 2 S. 2 InsO allein auf die Vermögensbewertung auswirkt, erscheint es nicht möglich, an der bisher h.M. festzuhalten.[45]

Österreich siehe *Seicht,* JfB 1994, 264, 271 ff. Eine ausführliche Kritik findet sich bei *Drukarczyk,* FS Moxter, S. 1235 ff.; *ders.* (inhaltsgleich), WM 1994, 1737, 1737 ff. Kritisch auch *Fleck,* EWiR § 64 GmbHG, 4/97, 1997, 1093, 1093 f.
40 Insolvenzrechtskommission, S. 113. Vergl. auch *K. Schmidt,* ZGR 1986, 178, 191.
41 KK-AktG/*Mertens,* § 92, Rdnr. 30; *Hess/Pape,* InsO, Rdnr. 107 f.; *Bähner,* KTS 1988, 443, 445; *Drukarczyk,* WM 1994, 1737, 1738; *Vormbaum/Baumanns,* DB 1984, 1971, 1972.
42 Weshalb auch bei einer positiven Prognose nicht auf den Überschuldungsstatus nach Liquidationswerten verzichtet werden kann; vielmehr sind zuerst der Status und dann die Prognosen zu erstellen. So auch Rowedder/*Rowedder,* GmbHG, § 63, Rdnr. 16; *Teller,* Rangrücktrittsvereinbarungen, S. 60; *Fleck,* FS Döllerer, S. 122 f. *Hommelhoff,* FS Goerdeler, S. 248; *Mayer,* WPg 1994, 129, 133; *Schüppen,* DB 1994, 197, 200; *Vollmer/Maurer,* DB 1993, 2315, 2318, wohl auch BGH, Urt. vom 15.06.1998, NJW 1998, 3200, 3201. A. A. demgegenüber *Lutter/Hommelhoff,* GmbHG (14. Aufl.), § 63, Rdnr. 7; *K. Schmidt,* JZ 1982, 165, 170, Fn. 80 (unter Aufgabe der Gegenansicht aus AG 1978, 334, 338); *Ulmer,* KTS 1981, 469, 478.
43 KK-AktG/*Mertens,* § 92, Rdnr. 30; *Ulmer,* KTS 1981, 469, 474 f. Diesen Einwand erhoben denn auch *Egner/Wolff,* AG 1978, 99, 103 f. und *Kupsch* BB 1984, 159, 164 gegen die einfache zweistufige Prüfung; vergl. auch *Drukarczyk,* ZGR 1979, 553, 564 f.
44 *K. Schmidt,* Wege, S. 54.
45 Roth/*Altmeppen,* GmbHG, § 63, Rdnr. 13 und 15; *Häsemeyer,* Insolvenzrecht, Rdnr. 7.25; *Teller,* Rangrücktrittsvereinbarungen, S. 67; *Hess/Weis,* InVo 1999, 33, 33; *Uhlenbruck,* GmbHR 1995, 195, 198; wohl auch *Schlitt,* NZG 1998, 701, 704. Für eine Beibehaltung der bisherigen h.M. Scholz/*K. Schmidt,* GmbHG (8. Aufl.), § 63, Rdnr. 10; *K. Schmidt,* Gesellschaftsrecht, § 11 VI 3. b), S. 333; *K. Schmidt,* in: K. Schmidt/Uhlenbruck, Rdnr. 580; *Groth,* Überschuldung, S. 96 f.; *K. Schmidt,* ZGR 1998, 633, 653; *Schüppen,* ZHR 160 (1996), 205, 207 (a. A. noch *ders.* DB

Aus dieser Konzeption des Überschuldungsbegriffs folgt, daß die Frage nach der Behandlung eigenkapitalersetzender Gesellschafterleistungen i.R.d. Überschuldungsprüfung an zwei Stellen relevant wird: einerseits im Zusammenhang mit der Fortführungsprognose und andererseits im Überschuldungsstatus selbst. Da die Fortführungsprognose der Erstellung des Überschuldungsstatus zwangsläufig vorgelagert ist, wird sie auch hier zunächst im Mittelpunkt stehen.

II. Kriterien zur Erstellung einer Fortführungsprognose und Einfluß eigenkapitalersetzender Gesellschafterleistungen auf ihre Erstellung

Auch wenn die Erarbeitung geeigneter Instrumente zur Erstellung einer Fortführungsprognose aus juristischer Sicht zwangsläufig mit erheblichen Schwierigkeiten verbunden ist,[46] erscheint eine Auseinandersetzung mit den unterschiedlichen, zur Ausgestaltung der Fortführungsprognose vertretenen Auffassungen notwendig. Dies resultiert in erster Linie[47] daraus, daß allein auf diese Weise eine Aussage darüber möglich wird, wie eigenkapitalersetzende Gesellschafterleistungen im Rahmen der Fortführungsprognose zu behandeln sind.[48]

Maßstab für die Geeignetheit der in der Literatur vorgeschlagenen Instrumente zur Erstellung einer Fortführungsprognose ist § 19 Abs. 2 S. 2 InsO. Dieser stellt fest: „Bei der Bewertung des Vermögens des Schuldners ist *jedoch* die Fortführung des Unternehmens zugrunde zu legen, wenn dies nach den Umständen *überwiegend wahrscheinlich* ist."[49] Die Wortlautauslegung führt damit bereits zu dem Ergebnis, daß nicht grundsätzlich von der Fortfüh-

---

1994, 197, 199). Ebenso Hachenburg/*Ulmer*, GmbHG, § 63, Rdnr. 50 und *Mayer*, WPg 1994, 163, 169, allerdings beziehen sich ihre Ausführungen auf die Zeit vor der Ergänzung des § 19 Abs. 2 InsO um S. 2. *Niesert*, InVo 1998, 242, 243 geht von der Fortgeltung der bisherigen h.M. aus; WP-Handbuch/*W. Müller*, Bd. I, Abschnitt T, Rdnr. 24 hält sie zumindest für mit der Insolvenzordnung vereinbar; *Haas* in: Insolvenzrecht 1998, S. 18 überlegt, bei positiver Prognose, aber rechnerischer Überschuldung der Prognose den Vorrang einzuräumen und käme damit zu dem gleichen Ergebnis wie die bisher h.M. *Höffner*, BB 1999, 198, 205 spricht explizit die Möglichkeit an, daß das BVerfG einer Beibehaltung der zur Konkursordnung herausgebildeten Meinung Einhalt gebieten könnte.
46 Hachenburg/*Ulmer*, GmbHG, § 63, Rdnr. 37. *Drukarczyk*, FS Moxter, S. 1236 sieht in den hieraus resultierenden Unbestimmtheiten den Haupteinwand gegen die Notwendigkeit einer Prognose.
47 Weiterhin kann so der Versuch unternommen werden, der Betriebswirtschaft eine Richtung aufzuzeigen, an der sie sich bei der Erstellung der Fortführungsprognose orientieren kann.. Bei einem Rückzug der Juristen aus den Problemen der Insolvenzfeststellung bestünde die Gefahr, daß die Betriebswirtschaftslehre und namentlich die Wirtschaftsprüfer – ähnlich wie beim Bilanzrecht – eine kaum aufzuholende Vormachtstellung erlangen, erste Ansätze hierzu finden sich bei *Möhlmann*, WPg 1998, 947, 948; vergl. auch *Hommel*, ZfB 1998, 297, 298.
48 Eine Frage, deren Behandlung durch die Literatur bisher vermißt wird, vergl. *Schüppen*, ZHR 160 (1996), 205, 207.
49 Hervorhebungen vom Verfasser.

rung ausgegangen werden kann, sondern nur unter qualifizierten Voraussetzungen.[50] Diese auf dem Wort „jedoch" begründete Auslegung wird durch die Gesetzesbegründung bestätigt. Dort ist die Rede davon, eine positive Prognose über die Lebensfähigkeit werde leicht vorschnell zugrunde gelegt.[51] Zudem sollten durch die vom Rechtsausschuß gewählte Überschuldungsdefinition Überschneidungen mit dem Begriff der drohenden Zahlungsunfähigkeit vermieden werden.[52]

1. Rentabilität als Fortführungskriterium

Die engste Ansicht hält ein Unternehmen für lebensfähig, wenn es in der Lage ist, Gewinne zu erwirtschaften.[53] Erforderlich wäre hiernach nicht nur die künftige Deckung der „Kosten und laufenden Verbindlichkeiten",[54] sondern darüber hinaus die Erzielung einer (angemessenen) Eigenkapitalverzinsung. Nur künftige Gewinne könnten zur Sanierung beitragen und eine künftige Zahlungsunfähigkeit verhindern.

Eine besondere *Behandlung eigenkapitalersetzender Gesellschafterdarlehen* resultiert hieraus nicht. Da weder die Rechtsprechungs- noch die Novellenregeln die Entstehung der Zinsen hindern und diese weiterhin zu passivieren sind, müßten sie bei der Berechnung der künftigen Eigenkapitalverzinsung einbezogen werden. Gleiches muß für Zinsen auf Darlehen mit Rangrücktritt gelten, sofern nicht ausdrücklich auf die Entstehung der Zinsen verzichtet wurde. Das erhellt aus der Feststellung, daß keine Eigenkapitalverzinsung möglich ist, bevor nicht sämtliche Fremdkapitalzinsen berücksichtigt wurden. Weil durch die erzielten Erträge nicht nur die Kosten, sondern auch die laufenden Verbindlichkeiten gedeckt werden sollen, sind die vorgenannten Darlehen ebenfalls einzubeziehen. Für die Novellendarlehen ergibt sich das bereits aus der freien Rückforderbarkeit. Für die Rechtsprechungsdarlehen und die vertraglich nachrangigen Verbindlichkeiten folgt dies aus der Überlegung, daß

---

50 So auch *Möhlmann*, DStR 1998, 1843, 1843; *Spliedt*, DB 1999, 1941, 1945.
51 Vergl. Begr. RegE zu § 23, BT-Drcks. 12/2443, S. 115.
52 Vergl. Stellungnahme des Rechtsausschusses zum RegE, BT-Drcks. 12/2443, S. 157. Nach *Schüppen*, DB 1994, 197, 200 ist es demgegenüber Sinn und Zweck des Überschuldungstatbestandes, die drohende Zahlungsunfähigkeit tatbestandlich mitzuerfassen. Eindeutig *Noack*, Gesellschaftsrecht, Rdnr. 63: „Überschuldung ist eine zu erwartende Zahlungsunfähigkeit".
53 So *Bähner*, KTS 1988, 443, 447; *Egner/Wolff*, AG 1978, 99, 102 f. *Blumers*, BB 1976, 1441, 1442; *Herget*, AG 1974, 137, 138 und *Zilias*, WPg 1977, 445, 448 beziehen ebenfalls die Rentabilität mit in die Prognose ein. *Vormbaum/Baumanns*, DB 1984, 1971, 1974 f. fordern einen Insolvenztatbestand „mangelnde Leistungsfähigkeit".
54 *Bähner*, KTS 1988, 443, 446. Soweit auf die Erwirtschaftung von Gewinnen abgestellt wird, hätte die Orientierung an den Aufwendungen näher gelegen; das Element der Zahlungsfähigkeit kann allein durch eine Einbeziehung der Verbindlichkeiten berücksichtigt werden.

ein nachhaltiger – und damit auszahlbarer Gewinn – nur dann vorliegt, wenn zuvor die Unterbilanz beseitigt wurde. Ansonsten scheitert eine Gewinnauszahlung bereits an § 30 Abs. 1 GmbHG.[55] Finanzplankredite sind indes nicht zu berücksichtigen, denn sie stellen keine Verbindlichkeit dar.

Auch wenn eine Gewinnerzielungsabsicht oftmals vorliegen wird, kann es niemandem untersagt werden, sein Kapital so lange in ein Unternehmen zu investieren, indem es nicht hinreichend verzinst wird, wie die Gläubiger nicht gefährdet werden.[56] Weiterhin muß der Zweck einer am Markt tätigen Gesellschaft nicht zwangsläufig auf die Erzielung von Gewinnen gerichtet sein.[57] Insbesondere im Bereich der Daseinsvorsorge werden häufig öffentliche Aufgaben im privatrechtlichen Kleid wahrgenommen, ohne daß eine Gewinnerzielungsabsicht oder -möglichkeit besteht.[58] Ferner hat der Gesetzgeber die Wahrnehmung gemeinnütziger Aufgaben durch privatrechtliche Körperschaften steuerlich begünstigt (etwa in § 52 AO und § 12 Abs. 2 Nr. 8 UStG) und damit anerkannt. Diesen Unternehmen nunmehr die Möglichkeit einer positiven Fortführungsprognose zu verweigern, würde sie dazu zwingen, in der Überschuldungsbilanz regelmäßig Liquidationswerte anzusetzen, was die Insolvenzantragspflicht vorverlagert. Damit würden ohne Gewinnerzielungsabsicht betriebene Unternehmen ohne sachlichen Grund benachteiligt. Die Rentabilität ist als Kriterium zur Feststellung der Lebensfähigkeit einer Unternehmung zu eng gegriffen.

2. Gesamtbetrachtung als Fortführungskriterium

Im krassen Gegensatz zur vorgenannten Auffassung wurde erwogen,[59] die Fortführungsprognose ohne eine quantitative Analyse der Unternehmensdaten und Zukunftsaussichten vorzunehmen. Statt dessen sei auf eine („intuitive") Gesamtbetrachtung zurückzugreifen. Damit müßte immer dann von einer Fort-

---

55 Vergl. *Roth*/Altmeppen, GmbHG, § 29, Rdnr. 49; Baumbach/Hueck/*Hueck/Fastrich*, GmbHG, § 30, Rdnr. 13; Hachenburg/*Ulmer*, GmbHG, § 30, Rdnr. 59; Scholz/*Emmerich*, GmbHG, § 29, Rdnr. 85 f.
56 *Höfner*, Überschuldung, S. 187; *Teller*, Rangrücktrittsvereinbarungen, S. 50; *Bork*, ZIP 2000, 1709, 1709 f.; *Drukarczyk*, ZfbF 1986, 207, 217; *Fenske*, AG 1997, 554, 557.
57 Vergl. hierzu Baumbach/Hueck/*Hueck/Fastrich*, GmbHG, § 1, Rdnr. 10; Hachenburg/*Ulmer*, GmbHG, § 1, Rdnr. 19 ff.; sowie zur Beteiligung an einer Personengesellschaft *Bormann/Hellberg*, DB 1997, 2415, 2420.
58 Hachenburg/*Ulmer*, GmbHG, § 1, Rdnr. 21; *Püttner*, Unternehmen, S. 28 f., 51 f.
59 So namentlich *Burger/Schellberg*, BB 1995, 261, 266; dies., KTS 1995, 563, 571. Begründet wird diese Ansicht damit, bei einem Abstellen auf die Ertrags- oder Finanzlage würde das Ergebnis der Überschuldungsprüfung präjudiziert, da der Ansatz der Fortführungswerte allein eine Bestätigungsrechnung darstellen würde. *Höffner*, BB 1999, 198, 204 f. bringt einige Beispiele, die dafür sprechen, daß die Rechtsprechung teilweise ähnlich vorgegangen ist; vergl. auch die Nachweise bei Kübler/Prütting/*Pape*, InsO, § 19, Rdnr. 6.

führung ausgegangen werden, wenn keine konkrete Liquidation des Unternehmens geplant ist.[60]

Dem *Eigenkapitalersatz* wie dem Rangrücktritt und den Finanzplankrediten käme bei einer solchen Fortführungs„prüfung" keine eigenständige Bedeutung zu.

Nach dieser Auffassung würde die Fortführungsprognose zu einer allgemein gehaltenen Aussage über die Unternehmenszukunft degradiert, die keiner Kontrolle unterläge. Ein derartig pauschales Vorgehen ohne fundiertes Datenmaterial käme einem „wishful thinking"[61] gleich. Insbesondere widerspricht die Vorgehensweise der obigen Wortlautauslegung des § 19 Abs. 2 S. 2 InsO und der Begründung des Gesetzgebers.[62] Diese Art der Fortführungsprognose ist ungeeignet.[63]

3. Selbstfinanzierungsfähigkeit als Fortführungskriterium

Zur Ermittlung der Lebensfähigkeit der Gesellschaft könnte weiterhin darauf abzustellen sein, ob sich die Gesellschaft aus sich selbst heraus finanzieren kann.[64] Ein Unternehmen wäre hiernach lebensfähig, wenn es zumindest die

---

60 *Burger/Schellberg*, BB 1995, 261, 266; dies., KTS 1995, 563, 571. So wohl auch der BGH für die Fortführungsprognose i. R. d. Vorbelastungsbilanz, vergl. Urt. vom 29.09.1997, NJW 1998, 233, 234; kritisch hierzu *Habersack/Lüssow*, NZG 1999, 629, 632.

61 Vergl. im Rahmen der Fortführungsprognose hierzu etwa FK-InsO/*Schmerbach*, § 19, Rdnr. 19; *Fastrich*, FS Zöllner, Bd. I, S. 152; *Schüppen*, DB 1994, 197, 199; ähnlich auch *Hommel*, ZfB 1998, 297, 305; *Reck*, BuW 1998, 63, 66.

62 Der Widerspruch zur Begründung des Gesetzgebers relativiert sich jedoch, wenn man die Begründung zu § 155 InsO mit einbezieht. Hiernach sollen nach Eröffnung des Insolvenzverfahrens in der Handelsbilanz noch Fortführungswerte anzusetzen sein, wenn die Gläubigerversammlung sich für eine *vorläufige* Fortführung des Unternehmens ausgesprochen hat, Begr. RegE zu § 174, BT-Drcks. 12/2443, S. 172. In der Literatur wird die Bilanzierung nach Fortführungswerten für zulässig gehalten, solange keine Betriebseinstellung erfolgt ist, so *Weisang*, BB 1998, 1149, 1150. Zumindest die letztgenannte Auffassung steht im Widerspruch zur h. M. zum Prinzip des „going-concern" i. S. d. § 252 Abs. 1 Nr. 2 HGB, nach der bei Überschuldung und bei Eröffnung des Konkursverfahrens nach der Konkursordnung keine Fortführungswerte mehr anzusetzen sind; Baumbach/Hueck/*Schulze-Osterloh*, GmbHG, § 42, Rdnr. 244; *Selchert*, in: Küting/C.-P. Weber, Bd. Ia, § 252, Rdnr. 37; *Nonnenmacher*, FS Moxter, S. 1329f., 1331f.; vergl. auch *Brönner/Bareis*, Bilanz, II – Rdnr. 301.

63 Ebenso *Haas*, in: Insolvenzrecht 1998, S. 20f. *Fenske*, AG 1997, 554, 557 betont zutreffend, daß es dieser Methode an jeglicher ökonomischen Legitimation fehlt.

64 So Kuhn/Uhlenbruck, KO, § 102, Rdnr. 5h; *Höfner*, Überschuldung, S. 190f.; *Wolf*, DStR 1998, 126, 127; Insolvenzrechtskommission, S. 112. Ähnlich *Götker*, Geschäftsführer, Rdnr. 235 und *Drukarczyk*, FS Moxter, S. 1249f., die von einer ausgeglichenen „Plan-GuV-Rechnung" sprechen. Vergl. auch *Nonnenmacher*, FS Moxter, S. 1317.

Zinsen auf das Fremdkapital zu erwirtschaften vermag. Aufgrund der Möglichkeit, Umschuldungen vorzunehmen, soll es nicht darauf ankommen, ob die Gesellschaft fähig ist, die Schulden selbst zu tilgen.[65] Dies vermag allerdings allein dann zu überzeugen, wenn aufgrund der voraussichtlichen Unternehmenslage mit einer derartigen Umschuldungsmöglichkeit zu rechnen ist.[66] Als mögliche Instrumente zur Ermittlung der Selbstfinanzierungsfähigkeit werden die (zukünftig erwarteten) Gewinn- und Verlustrechnungen[67] und die Cash-flow-Rechnungen[68] genannt.

Hinsichtlich der *Behandlung der eigenkapitalersetzenden Darlehen* und ihrer Zinsen dürfte zu differenzieren sein. Wird auf eine ausgeglichene GuV abgestellt, müssen die Zinsen auf eigenkapitalersetzende und vertraglich nachrangige Verbindlichkeiten berücksichtigt werden, denn sie entstehen unabhängig von der haftungsrechtlichen Einordnung des zugrundeliegenden Kapitals und stellen im Jahresabschluß der Gesellschaft Aufwand dar. Gleiches gilt, wenn von einer Cash-flow-Rechnung ausgegangen wird, da diese auf die GuV aufbaut. Soll der cash-flow vor Zinsen ermittelt werden,[69] sind die Zinsen auf Eigenkapitalersatz sämtlich zum Jahresergebnis zu addieren. Wird demgegenüber allein auf die Zahlungswirksamkeit der Aufwendungen abgestellt,[70] sind nur die Zinsanteile hinzuzurechnen, die noch nicht ausgezahlt wurden, gleichgültig, ob die unterbliebene Auszahlung auf einem Zahlungsverbot nach § 30 Abs. 1 GmbHG oder auf fehlender Fälligkeit beruht. Da eine Umschuldung bei fehlender Kreditwürdigkeit regelmäßig ausgeschlossen ist, zumindest aber zweifelhaft scheint, müßten nach diesem Ansatz nicht nur die Fremdkapitalzinsen, sondern auch die künftig fälligen Verbindlichkeiten – namentlich eigenkapitalersetzende Darlehen nach § 32a GmbHG – als zu erwirtschaftende Masse berücksichtigt werden.

Bereits der Ansatzpunkt dieser Auffassung sieht sich der Kritik ausgesetzt. Die Lebensfähigkeit kann durch Innenfinanzierung, Außenfinanzierung oder Verlustübernahmen gesichert werden.[71] Zwar besteht im Falle der Außenfinanzierung grundsätzlich die Gefahr, daß sie nur gegen entsprechende Sicherheiten vorgenommen wird oder ganz ausbleibt.[72] Diese Gefahren sind bei Bestehen eines qualifizierten Konzernverhältnisses aber so lange gering zu schät-

---

65 So namentlich *Höfner*, Überschuldung, S. 190 ff.
66 Ähnlich Hachenburg/*Ulmer*, GmbHG, § 63, Rdnr. 37, der auf die Tilgung der in absehbarer Zeit fälligen Forderungen unter Berücksichtigung des Kreditspielraums und der Finanzierungsmöglichkeiten abstellt.
67 *Drukarczyk*, FS Moxter, S. 1249 f.
68 *Nonnenmacher*, FS Moxter, S. 1317; *Wolf*, DStR 1998, 126, 127.
69 Nach *HFA*, ES 1/1999, WPg 1999, 200, 212 Tz. 118 ist das Jahresergebnis regelmäßig um die Fremdkapitalzinsen zu bereinigen.
70 So etwa *Nonnenmacher*, FS Moxter, S. 1317; HFA 1/1995, WPg 1995, 210, 211.
71 *Temme*, Eröffnungsgründe, S. 120 f.; *Nonnenmacher*, FS Moxter, S. 1325 f.; vergl. auch *Drukarczyk*, ZfbF 1986, 207, 217.
72 Vergl. *Wolf*, DStR 1998, 126, 127.

zen, wie die Konzernmutter noch hinreichende Liquidität aufweist und der Gesellschaft ein nicht entziehbarer Anspruch zusteht.[73] Eine einschränkende Auslegung dahin, die Zufuhr finanzieller Mittel von außen nicht zu berücksichtigen, läßt sich obendrein nicht aus dem Wortlaut des § 19 Abs. 2 S. 2 InsO schließen. Dieser knüpft an die jeweiligen Umstände an, worunter aber auch Finanzhilfen von außen fallen.[74] Zudem wird die Ertragsfähigkeit im Anschluß an eine Sanierung nicht zwangsläufig innerhalb der ersten Jahre eintreten; mögliche Sanierungserfolge blieben weitestgehend unberücksichtigt.[75] Die Fähigkeit zur Selbstfinanzierung ist für sich genommen kein taugliches Kriterium zur Feststellung der Lebensfähigkeit einer Gesellschaft.

4. Zahlungsfähigkeit als Fortführungskriterium

Die Lebensfähigkeit eines Unternehmens könnte letztlich danach zu beurteilen sein, ob dieses nach überwiegender Wahrscheinlichkeit mittelfristig[76] seinen Zahlungsverpflichtungen wird nachkommen können.[77] Zum Zeitpunkt der

---

73 Das kann etwa nach § 302 Abs. 1 AktG beim Bestehen eines Beherrschungs- oder Gewinnabführungsvertrages der Fall sein. Gleiches gilt nach h.M. im qualifiziert faktischen Konzern, in dem § 302 Abs. 1 AktG analoge Anwendung findet, vergl. hierzu BGH, Urt. vom 29.03.1993, BB 1993, 814, 814ff. = BGHZ 122, 123ff. = NJW 1993, 1200; Hachenburg/*Ulmer*, GmbHG, Anh § 77; Rdnr. 125ff.; *Hüffer*, AktG, § 302, Rdnr. 7ff. (jeweils m.w.N.); *Stimpel*, ZGR 1991, 144, 145ff. Ähnlich verhält es sich in den Fällen der §§ 311 und 317 AktG. Im Ergebnis ebenso *Groth*, Überschuldung, S. 33 Fn. 56; vergl. auch GroßKomm-AktG/*Habersack*, § 92, Rdnr. 49.
74 *Bieneck*, StV 1999, 43, 44. I. E. ebenso *Bork*, ZIP 2000, 1709, 1710.
75 *Nonnenmacher*, FS Moxter, S. 1323 f.
76 Hierunter sollte ein Zeitraum von etwa zwei Jahren zu verstehen sein; vergl. etwa *Moxter*, WM 1994, 1737, 1741 (unter anderem systematischen Ansatz); ähnlich Hachenburg/*Ulmer*, GmbHG, § 63, Rdnr. 37 und *Weisang*, WM 1997, 245, 252 (beide zur Konkursordnung): mindestens das laufende und das nächste Geschäftsjahr; *Wimmer*, NJW 1996, 2546, 2547: zwei bis drei Jahre. *Möhlmann*, DStR 1998, 1843, 1844 tritt in Anlehnung an § 268 Abs. 1 Nr. 2 InsO für eine dreijährige Frist ein. WP-Handbuch/*W. Müller*, Bd. I, Abschnitt T, Rdnr. 25 betont zutreffend, daß der Zeitraum nicht viel länger sein sollte, da ansonsten die Prognosesicherheit leidet. Eine Analyse der vergangenen drei Monate (hierfür wohl *Reck*, BuW 1998, 63, 66) erhöht zwar die Planungssicherheit, ermöglicht allerdings keine Aussage über die künftige Entwicklung und ist deshalb abzulehnen.
77 Hierfür Baumbach/Hueck/*Schulze-Osterloh*, GmbHG, § 64, Rdnr. 12; GroßKomm-AktG/*Habersack*, § 92, Rdnr. 51; Hachenburg/*Ulmer*, GmbHG, § 63, Rdnr. 37; Nerlich/Römermann/*Mönning*, InsO, § 19, Rdnr. 20; Smid/*Smid*, InsO, § 19, Rdnr. 11; *Temme*, Eröffnungsgründe, S. 121 f.; *Bieneck*, StV 1999, 43, 44; *Buchholz*, in: AG-Handbuch, Teil 26, Abschnitt 3.2; *Hundertmark/Herms*, BB 1972, 1118, 1119; *Fenske*, AG 1997, 554, 557; *IDW-FAR 1/1996*, WPg 1997, 22, 24. In diesem Sinne auch BGH Urt. vom 13.07.1992, BB 1992, 1898, 1900 = BGHZ 119, 201, 214 = NJW 1992, 2891 zur Fortführungsprognose i.R.d. modifizierten zweistufigen Prüfung.

Aufstellung bereits eingeleitete Sanierungsmaßnahmen sind hierbei mit ihren wahrscheinlichen Auswirkungen zu berücksichtigen.[78] Geeignetes Prüfungselement zur Feststellung der Zahlungsfähigkeit wäre ein Finanzplan, der bei späteren Abweichungen von der ursprünglichen Prognose immer wieder zu korrigieren wäre, wodurch eine permanente Kontrolle der getroffenen Annahmen sichergestellt würde. Konsequenz dieser Sichtweise wäre, daß die (drohende) Zahlungsunfähigkeit – inzwischen nach § 18 InsO eigener Insolvenzgrund – mittelbar im Rahmen der Überschuldung eine Rolle spielen würde.[79]

Aus einer Gleichsetzung der Lebensfähigkeit des Unternehmens mit seiner künftigen Zahlungsfähigkeit würde folgen, daß die *eigenkapitalersetzenden Gesellschafterdarlehen* i.R.d. Fortführungsprognose ebenso zu behandeln sind wie bei der Ermittlung der Zahlungsunfähigkeit. Dort sind eigenkapitalersetzende Darlehen indes mit der bisher h.M.[80] nicht anzusetzen, sofern ihre Auszahlung nicht verlangt werden kann. Insofern wäre zwischen den Novel-

---

78 Ebenso für die Berechnung des Ertragswertes als Fortführungswert im Rahmen der Überschuldungsprüfung nach § 19 Abs. 2 S. 2 InsO *Temme*, Eröffnungsgründe, S. 139 f.
79 *Temme*, Eröffnungsgründe, S. 121 f.; *Haas*, in: Insolvenzrecht 1998, S. 22; ähnlich auch Braun/*Uhlenbruck*, Unternehmensinsolvenz, S. 292 f., der allerdings darauf hinweist, daß es bei der Prognose nicht nur auf die Zahlungspflichten ankommt. Auch *Groth*, Überschuldung, S. 35; *Höfner*, Überschuldung, S. 182 ff.; *Drukarczyk*, WM 1994, 1737, 1742 f. *Höffner*, BB 1999, 252, 253; *Plate,* DB 1980, 217, 222 und *Uhlenbruck*, KTS 1986, 27, 42 stellten bereits hinsichtlich der zweistufigen modifizierten Überschuldungsprüfung eine Nähe zur Zahlungsunfähigkeit fest. *K. Schmidt* (Wege, S. 45 f.) hält deshalb den Eröffnungsgrund der drohenden Zahlungsunfähigkeit für überflüssig.
80 So zur Rechtslage unter der Konkursordnung: OLG Düsseldorf, Urt. vom 17.10.1991, DStR 1993, 175, 176; Baumbach/Hueck/*Schulze-Osterloh*, GmbHG (16. Aufl.), § 63, Rdnr. 5; Hachenburg/*Ulmer*, GmbHG, § 63, Rdnr. 20; Scholz/ *K. Schmidt*, GmbHG (8. Aufl.), § 63, Rdnr. 6; *Goette*, GmbHG, § 4, Rdnr. 14 (m.w.N. zur Rspr.); *Hock*, Gesellschafter-Fremdfinanzierung, S. 27 f.; *Schäfer*, GmbHR 1993, 780, 783; *K. Schmidt*, AG 1978, 334, 340; *Mayer*, WPg 1994, 129, 132; *Weisang*, WM 1997, 245, 252. Der RegE aus dem Jahre 1971 ging in § 49 Abs. 1 S. 2 ebenfalls davon aus, daß mit einem eigenkapitalersetzenden Darlehen die Zahlungsunfähigkeit beseitigt werden kann, vergl. BR-Drcks. 595/71, S. 15 und 110 f. Vergl. auch BGH, Urt. vom 14.12.1959, BGHZ 31, 258, 279 = NJW 1960, 285 = BB 1960, 18 (insoweit nicht abgedruckt). Für eine Berücksichtigung auch schon unter der Konkursordnung demgegenüber Roth/*Altmeppen*, GmbHG, § 63, Rdnr. 7; *Hartung*, wistra 1997, 1, 6 f. Zwar setzt § 17 Abs. 2 S. 1 InsO weiterhin die Fälligkeit der Forderung voraus, allerdings werden die ersten Stimmen laut, die unter der Insolvenzordnung für eine Berücksichtigung eigenkapitalersetzender Darlehen bei der Zahlungsfähigkeit plädieren, so etwa *Burger/Schellberg*, BB 1995, 261, 263; *Haas*, NZI 1999, 209, 214; *Möhlmann*, WPg 1998, 947, 950. Vorzugswürdig für eine Beibehaltung der bisher h.M. demgegenüber etwa GroßKomm-AktG/*Habersack*, § 92, Rdnr. 37; *Götker*, Geschäftsführer, Rdnr. 55; *Buchholz* in: AG-Handbuch, Teil 26, Abschnitt 3.1.2.

len- und den Rechtsprechungsdarlehen zu differenzieren: Während die ersten weiterhin zu berücksichtigen – weil auszahlbar – sind, unterliegen die zweiten einer Auszahlungssperre und dürfen dementsprechend so lange nicht den fälligen Zahlungsverpflichtungen zugeschlagen werden, wie diese Sperre andauert. Entsprechend sind die Zinsen und die Verbindlichkeiten mit Rangrücktritt zu behandeln. Damit wirkt sich die Existenz von Novellendarlehen regelmäßig nachteilig auf die Fortführungsprognose aus, während die Rechtsprechungsdarlehen keinen Einfluß auf sie haben. Zu berücksichtigen ist allerdings, daß bei den Rechtsprechungsdarlehen ob der Unterbilanz ohnehin eine negative Prognose wahrscheinlicher ist als beim Fehlen einer Unterbilanz.

Die künftige Zahlungsfähigkeit als Kriterium für die Lebensfähigkeit eines Unternehmens kann nicht mit der Begründung abgelehnt werden, auf diese Weise werde die Fortführungsprognose in die Nähe des Insolvenztatbestandes der drohenden Zahlungsunfähigkeit gerückt, was zu einem Konkurrenzverhältnis zwischen den Insolvenztatbeständen führe.[81] Zwar war der Rechtsausschuß[82] der Ansicht, ein Konkurrenzverhältnis zwischen den Auslöseatbeständen vermieden zu haben, doch wäre das Konkurrenzverhältnis kein unauflösliches. Die drohende Zahlungsunfähigkeit berechtigt, verpflichtet aber nicht zur Stellung eines Insolvenzantrages. Als Tatbestandsmerkmal im Rahmen der Überschuldung könnte die drohende Zahlungsunfähigkeit nur für bestimmte Adressaten (juristische Personen und ihnen nach § 19 Abs. 3 InsO gleichgestellte Vereinigungen) die Pflicht zur Antragstellung zur Folge haben. Dieses Ergebnis wäre mit der Zielsetzung der Insolvenzordnung – Vorverlagerung der Verfahrenseröffnung – vereinbar. Letztlich entscheidend ist, daß die Prognose nur ein Bestandteil der Überschuldungsprüfung ist und das Abstellen auf die Zahlungsunfähigkeit mithin nicht zu einer vollständigen Identität der Insolvenzeröffnungsgründe führen würde. Schließlich erscheint es zwangsläufig, ein Unternehmen, dem mittelfristig die Zahlungsfähigkeit fehlt, nicht als fortführungsfähig anzusehen.

Dennoch wäre es zu kurz gegriffen, die Fortführungsfähigkeit begrifflich mit der Zahlungsfähigkeit gleichzusetzen. Denn der Sache nach handelt es sich um eine kombinierte Finanz-[83] und Ertragsplanung,[84] was auch aus der Bezeich-

---

81 So aber *Höfner*, Überschuldung, S. 182 ff.; *Drukarczyk*, WM 1994, 1737, 1742 f.; *ders.*, FS Moxter, S. 1246 ff.; a. A. zu Recht *Temme*, Eröffnungsgründe, S. 121 f. Die *Insolvenzrechtskommission*, S. 112 trat ebenfalls gegen eine Gleichsetzung des prognostischen Elements mit der bevorstehenden Zahlungsunfähigkeit ein.
82 BT-Drcks. 12/7302, S. 157.
83 Ausführlich zur Finanzplanung *Möhlmann*, WPg 1998, 947, 956 ff., kritisch zu *Möhlmanns* Ausführungen *Drukarczyk/Schüler*, DStR 1999, 646, 646 ff.
84 Im Ergebnis ebenfalls für eine Kombination aus den Kriterien Ertragsfähigkeit und Finanzlage *Möhlmann*, Berichterstattung, S. 95 ff.; *K. Schmidt*, Wege, S. 51, 53; *Knief* in: Beiträge, S. 92 (zur Feststellung des Tatbestandes der Zahlungsunfähigkeit); *Bork*, ZIP 2000, 1709, 1710; *Drukarczyk/Schüler*, DStR 1999, 646, 646; *Haas* in: Insolvenzrecht 1998, S. 22 (mit Hinweis aus § 229 InsO); *Kupsch*, BB 1984,

nung deutlich werden sollte. Die Notwendigkeit, die künftige Ertragslage i.R.d. Zahlungsfähigkeit zu berücksichtigen, resultiert daraus, daß eine Großzahl der Zahlungsströme von der künftigen Gewinnsituation abhängt. Als Beispiele für Verpflichtungen, die direkt von der Gewinnsituation abhängen, seien hier nur die Ertragsteuern und Verpflichtungen aus Besserungsscheinen genannt. Indirekt wirkt sich die Ertragslage auf die Möglichkeit aus, Kredite in Anspruch zu nehmen, da die Banken die Kreditvergabe von einer positiven Ertragsprognose abhängig machen werden.[85] Durch diese Kombination von Finanz- und Ertragsplanung kann auch der teilweise[86] für erforderlich gehaltene mittelfristig positive Fortführungswert Eingang in die Untersuchung finden.

5. Zwischenergebnis

Die Fortführungsprognose i.S.d. § 19 Abs. 2 S. 2 InsO basiert auf einer Prüfung der Zahlungsfähigkeit, hat aber – da eine Vielzahl der Zahlungsströme von der Ertragsentwicklung abhängig ist – die Ertragsfähigkeit im Blick zu behalten.

III. Überschuldungsprüfung bei negativer Fortführungsprognose

Fällt die Fortführungsprognose negativ aus, so sind auf der Aktivseite des Überschuldungsstatus Liquidationswerte anzusetzen. Bevor der Überschuldungsstatus erstellt werden kann, ist zu klären, welchen Regeln er folgt.

1. Grundkonzeption der Überschuldungsprüfung bei negativer Fortführungsprognose

Nach § 19 Abs. 2 S. 1 InsO ist den *bestehenden* Verbindlichkeiten das Vermögen gegenüberzustellen. Hiernach wäre entscheidend, welche Verbindlichkeiten bei Bilanzaufstellung bereits bestehen. Es käme nicht darauf an, welche Verbindlichkeiten im Zeitpunkt einer fiktiven Konkurseröffnung noch hinzukommen.[87] Ziel der Überschuldungsbilanz wäre es festzustellen, ob die Verbindlichkeiten durch das vorhandene Vermögen außerhalb des Insolvenzverfahrens befriedigt werden können oder nicht.[88]

159, 165; *H.-P. Müller/Haas*, in: Kölner Schrift, Rdnr. 16. *Höffner*, BB 1999, 198, 202 hält demgegenüber die Differenzierung zwischen Liquidität und Erfolg für betriebswirtschaftlich grundlegend.
85 Vergl. *Drukarczyk*, FS Moxter, S. 1245; *Nonnemacher*, FS Moxter, S. 1316 f.; vergl. auch *Knief*, in: Beiträge, S. 87 f.
86 *Nonnemacher*, FS Moxter, S. 1325 f.
87 Zu denken wäre hierbei an solche Verbindlichkeiten, die erst durch die Eröffnung des Insolvenzverfahrens ausgelöst werden, insbesondere an solche aus einem Sozialplan u. ä. So auch Insolvenzrechtskommission, S. 113.
88 So denn auch *Knobbe-Keuk*, ZIP 1983, 127, 129; ähnlich BGH, Urt. vom 06.12.1993, BB 1994, 392, 393 = BGHZ 124, 282, 286 = NJW 1994, 724; *Balmes*, BiBu 1996, 97, 98.

Die Begründung zum neuen Überschuldungstatbestand[89] enthält indes eine von den vorherigen, eng am Wortlaut orientierten Überlegungen abweichende Definition. Für den Vermögensvergleich sollen das Vermögen, „das im Falle einer Eröffnung des Insolvenzverfahrens als Insolvenzmasse zur Verfügung stände, und die Verbindlichkeiten, die im Falle der Verfahrenseröffnung gegenüber Insolvenzgläubigern beständen", maßgeblich sein. Vermögensgegenstände und Verbindlichkeiten, die erst durch die Verfahrenseröffnung selbst ausgelöst werden, wären zu berücksichtigen.[90] Unter Zugrundelegung dieser Definition wäre die Überschuldungsbilanz als fiktiv vorweggenommene Insolvenzeröffnung anzusehen.[91]

Ausgangspunkt für die Frage, welcher der beiden vorgenannten Auslegungsmöglichkeiten zu folgen ist, muß das mit der aufzustellenden Bilanz verfolgte Ziel sein. Dieses besteht darin, eine Entscheidung zwischen den Alternativen „Fortführung des Unternehmens" und „Eröffnung des Insolvenzverfahrens" zu treffen.[92] Würden bei dieser Entscheidung bereits solche Verbindlichkeiten berücksichtigt, die allein im Falle eines negativen Ergebnisses zum Tragen kommen, so wäre die Frage präjudiziert und die Antwort nicht mehr objektiv.[93] Für dieses Ergebnis – keine Berücksichtigung von eröffnungsabhängigen Posten – spricht im übrigen die Auslegung des Gesetzes unter Berücksichtigung der anerkannten Auslegungsregeln. „Der Wille des Gesetzgebers"[94] darf allein insoweit berücksichtigt werden, als er seinen Niederschlag unmißverständlich im Gesetzeswortlaut gefunden hat.[95] Vorliegend hat sich der Wille der Entwurfs-

---

89 Vergl. Begr. RegE zu § 23 Abs. 2, BT-Drcks. 12/2443, S. 115, der insoweit mit § 19 Abs. 2 S. 1 InsO identisch ist.
90 Zu denken ist hierbei etwa an Vermögensgegenstände aufgrund von Insolvenzanfechtungen (§§ 129 ff. InsO) und an Verbindlichkeiten aus Sozialplänen und solche nach § 39 Abs. 1 Nr. 1 und 2 InsO.
91 Für ein derartiges Verständnis der Überschuldungsbilanz KK-AktG/*Mertens*, § 92 AktG, Rdnr. 31 (allerdings unter einem anderen systematischen Ansatz); *v. Gerkan/Hommelhoff*, Kapitalersatz, Rdnr. 6.26; *Schnell*, Gesellschafterleistungen, S. 93; *Teller*, Rangrücktrittsvereinbarungen, S. 49; *Egner/Wolff*, AG 1978, 99, 101; *Hommelhoff*, FS Goerdeler, S. 256 f.; ähnlich Hess/*Pape*, InsO, Rdnr. 105; *Piltz*, Unternehmensbewertung, S. 89. An anderer Stelle ist von einer weitgehenden Übereinstimmung mit den auf die Konkurseröffnungsbilanz anzuwendenden Bewertungsgrundsätzen die Rede, so etwa Hachenburg/*Ulmer*, GmbHG, § 63, Rdnr. 38. Gegen eine Parallele demgegenüber *Blumers*, BB 1976, 1441, 1442; *Kühn*, DB 1970, 549, 550.
92 BGH, Urt. vom 06.12.1993, BB 1994, 392, 393 = BGHZ 124, 282, 286 = NJW 1994, 724; *Höfner*, Überschuldung, S. 141 f.; *K. Schmidt*, Wege, S. 48; *Fleischer*, ZIP 1996, 773, 777.
93 Ähnlich *Beintmann*, Gesellschafterdarlehen, S. 125; *Temme*, Eröffnungsgründe, S. 176 f.; *Bittmann*, wistra 1999, 10, 11 f.; *Möhlmann*, DStR 1998, 1843, 1846, der inkonsequenterweise trotzdem Sozialplansprüche u.ä. berücksichtigen will. Vergl. auch *Haarmeyer/Wutzke/Förster*, Handbuch, Kapitel 1, Rdnr. 93.
94 Vergl. hierzu *Larenz*, Methodenlehre, S. 328 ff.
95 BVerfG, Urt. vom 17.05.1960, BB 1960, 795, 795 f. = BVerfGE 11, 126, 130; BGH, Urt. vom 29.01.1998, NJW 1237, 1238; *Groth*, Überschuldung, S. 57;

verfasser nicht nur nicht im Gesetzestext niedergeschlagen, der Wortlaut weist sogar in die diametral entgegengesetzte Richtung. Damit können grundsätzlich allein solche Verbindlichkeiten berücksichtigt werden, die zum Zeitpunkt der (fiktiven) Insolvenzeröffnung bereits rechtlich entstanden sind. Da der „going-concern-Grundsatz" keine Berücksichtigung findet, sind die Maßstäbe der Jahresbilanz als Ertragsbilanz nur eingeschränkt anwendbar.[96] In erster Linie hat sich der Ansatz an der Sichtweise der Gläubiger zu orientieren.[97]

2. Ansatz und Bewertung der Passiva

Auf der Passivseite ist unstreitig von einer Ausweisung des Grund- bzw. Stammkapitals abzusehen.[98] Bei diesen handelt es sich um Haftungskapital, welches keine Insolvenzforderung begründen kann. Weiterhin sind nach dem Wortlaut des § 19 Abs. 2 S. 1 InsO die bestehenden „Verbindlichkeiten" aufzuführen;[99] unzweifelhaft ist der Begriff der Verbindlichkeiten hier nicht im Sinne des § 266 Abs. 3 C. HGB zu verstehen, sondern umfaßt die Rückstellungen mit. Dabei kommt es weder darauf an, ob die Forderungen zum Zeitpunkt der Bilanzaufstellung bereits fällig sind – sie gelten nach § 41 Abs. 1 InsO als fällig – noch darauf, ob sie auflösend bedingt sind – nach § 42 InsO werden auflösend bedingte Forderungen so lange als unbedingte behandelt, wie die Bedingung nicht eingetreten ist. Erst durch das Insolvenzverfahren

---

Temme, Eröffnungsgründe, S. 183; *Fleischer*, ZIP 1996, 773, 774f.; *Hommelhoff*, FS Döllerer, S. 251; *W. Müller*, FS Moxter, S. 86.

96 Vergl. BGH, Urt. vom 13.07.1992, BB 1992, 1898, 1900 = BGHZ 119, 201, 214 = NJW 1992, 2891; Baumbach/Hueck/*Schulze-Osterloh*, GmbHG, § 64, Rdnr. 13; Hachenburg/*Ulmer*, GmbHG, § 63, Rdnr. 41; HK-GmbHR/*Schulze*, § 63 GmbHG, Rdnr. 3; *Uhlenbruck*, in: K. Schmidt/Uhlenbruck (1. Aufl.), Rdnr. 504; *Deutler*, GmbHR 1977, 36, 38; *Egner/Wolff*, AG 1978, 99, 101; *Fleck*, GmbHR 1989, 313, 321; *Fleischer*, ZIP 1996, 773, 774; *Knobbe-Keuk*, ZIP 1983, 127, 128; *Kupsch*, BB 1984, 159, 164f.; *Menger*, GmbHR 1982, 221, 223; *Meyer-Landrut*, FS Quack, S. 341; *Wimmer*, NJW 1996, 2546, 2547. Das Urteil des OLG Düsseldorf vom 19.01.1995, BB 1996, 1428, 1428 und 1429, in dem hinsichtlich der rechnerischen Überschuldung auf die Handelsbilanz abgestellt wird, muß als „Ausrutscher" angesehen werden. Für eine Anwendung der Vorschriften über den Jahresabschluß – wenn auch im Rahmen eines anderen Überschuldungsbegriffs – KK-AktG/*Mertens*, § 92, Rdnr. 31; *Vonnemann*, Feststellung, Rdnr. 60ff.

97 *Groh*, BB 1993, 1882, 1882.

98 Hachenburg/*Ulmer*, GmbHG, § 63, Rdnr. 44; KK-AktG/*Mertens*, § 92 AktG, Rdnr. 31 (allerdings unter einem anderen systematischen Ansatz); Kuhn/*Uhlenbruck*, KO, § 102, Rdnr. 60; Rowedder/*Rowedder*, GmbHG, § 63, Rdnr. 13; *Temme*, Eröffnungsgründe, S. 161; *Fleischer*, ZIP 1996, 773, 774; *Herget*, AG 1974, 137, 138; *Kamprad*, FS Meilicke, S. 62; *Mayer*, BB 1990, 1935, 1943; *Hans Richter*, GmbHR 1984, 137, 141; *K. Schmidt*, FS Goerdeler, S. 492. Vergl. auch schon *Pribilla*, KTS 1958, 1, 2.

99 Die Begründung, die insoweit auf die im Falle der Eröffnung des Verfahrens bestehenden Verbindlichkeiten abstellt (vergl. Begr. RegE § 23, BT-Drcks. 12/2443, S. 115 l. Sp.), kann nach den obigen Ausführungen keine Berücksichtigung finden.

ausgelöste Verbindlichkeiten – namentlich die in § 39 Abs. 1 Nr. 1 und 2 InsO genannten – können demgegenüber nicht berücksichtigt werden.[100] Nicht angesetzt werden dürfen Rückstellungen für unterlassene Aufwendungen im Sinne des § 249 Abs. 1 Nr. 1 HGB und solche nach Abs. 2.[101] Insoweit fehlt es an der erforderlichen Drittverpflichtung, da die Gesellschaft im Insolvenzfalle nicht von einem Dritten in Anspruch genommen werden kann. Verbindlichkeiten sind selbst dann zu passivieren, wenn für sie eine Sicherheit bestellt wurde.[102] Die Sicherheit soll zum einen die Verbindlichkeit nicht ersetzen, zum anderen erhält ein Dritter als Sicherungsgeber regelmäßig einen Rückgriffsanspruch gegen den ursprünglichen Schuldner.

3. Ansatz und Bewertung der Aktiva

Bei den Aktiva sind alle im Falle der Insolvenzeröffnung verwertbaren Vermögensgegenstände zu ihren Liquidationswerten zu berücksichtigen; ob ein solcher Ansatz den §§ 246 ff. HGB widerspricht, ist nicht entscheidend.[103] Sachanlagen sind grundsätzlich mit ihrem „wahren Wert" unter Auflösung stiller Reserven anzusetzen.[104] Der „wahre Wert" ist nicht zwangsläufig mit dem Zerschlagungswert identisch, sondern hängt in erster Linie davon ab,

---

100 *Uhlenbruck*, in: K. Schmidt/Uhlenbruck, Rdnr. 608; *Temme*, Eröffnungsgründe, S. 176f.; *Haarmmeyer/Wutzke/Förster*, Handbuch, Kapitel 1, Rdnr. 93; Obermüller/*Hess*, InsO, Rdnr. 99; *Ehlers*, DStR 1998, 1756, 1757; *Uhlenbruck*, WiB 1994, 849, 852; *ders.*, GmbHR 1995, 195, 198; a.A. IDW-FAR 1/1996, WPg 1997, 22, 25 (bei negativer Fortführungsprognose). Gegen eine Berücksichtigung unter der Konkursordnung: *Blumers*, BB 1976, 1441, 1442; teilweise a.A. Hachenburg/*Ulmer*, GmbHG, § 63, Rdnr. 45; *Meyer-Landrut*/Miller/Niehus, GmbHG, § 63, Rdnr. 3; Budde/*Förschle*/Kofahl, Sonderbilanzen (1. Aufl.), Abschnitt I, Rdnr. 128; *Hommelhoff*, FS Döllerer, S. 255; *Mayer*, WPg 1994, 129, 134. *H.-P. Müller/Haas*, in: Kölner Schrift, Rdnr. 32 ff. wollen demgegenüber – ohne dies hinreichend zu konkretisieren – eine Ausnahme für solche Rückstellungen machen, die im Jahresabschluß anzusetzen sind, sobald nicht mehr vom „going-concern" ausgegangen werden kann.
101 Baumbach/Hueck/*Schulze-Osterloh*, GmbHG (16. Aufl.), § 63, Rdnr. 19; Kuhn/*Uhlenbruck*, KO, § 102, Rdnr. 6p; *Temme*, Eröffnungsgründe, S. 162f.
102 Kübler/Prütting/*Pape*, InsO, § 19, Rdnr. 11; a.A. Obermüller/*Hess*, InsO, Rdnr. 108: voll gesicherte Verbindlichkeiten sind nicht anzusetzen. Wie hier schon zur Konkursordnung Hachenburg/*Ulmer*, GmbHG, § 63, Rdnr. 47; Kuhn/*Uhlenbruck*, KO, § 102, Rdnr. 6s (anders noch *ders.*, ZIP 1980, 73, 80); *Temme*, Eröffnungsgründe, S. 175; *Bilo*, GmbHR, 1981, 104, 107; *Hemmelrath*, DStR 1991, 626, 626; *Ulmer*, KTS 1981, 469, 480. Ebenso OLG Köln, Urt. vom 03.03.2000, ZInsO 2000, 217 für die Zahlungsunfähigkeit.
103 BGH, Urt. vom 13.07.1992, BB 1992, 1898, 1900 = BGHZ 119, 201, 214 = NJW 1992, 2891; Rowedder/*Rowedder*, GmbHG, § 63, Rdnr. 12.
104 Hachenburg/*Ulmer*, GmbHG, § 63, Rdnr. 41; Kuhn/*Uhlenbruck*, KO, Rdnr. 6l; *Temme*, Eröffnungsgründe, S. 151; *Mayer*, WPg 1994, 129, 132f.; a.A. *Vonnemann*, Feststellung, Rdnr. 90 ff.

welche Verwertungsart nach den Umständen des Einzelfalls die wahrscheinlichste ist.[105] Dies schließt ein, daß bei einer hinreichenden Wahrscheinlichkeit ein durch die Veräußerung eines Betriebsteiles als Ganzes zu erzielender Mehrerlös insoweit zu berücksichtigen ist, als er die Summe der Einzelwerte übersteigt.[106] Sofern die immateriellen Vermögensgegenstände wie etwa Patente, Lizenzen, Warenzeichen, Geschäftsbezeichnungen und Firmen aller Wahrscheinlichkeit nach gesondert verwertet werden können, sind sie ebenfalls zu aktivieren.[107] Entscheidend muß sein, ob eine konkrete und hinreichend wahrscheinliche Verwertungsmöglichkeit besteht. Auf Grund dessen kann von einer einzelfallbezogenen Bewertung gesprochen werden.[108]

Forderungen sind grundsätzlich in dem Umfang anzusetzen, in dem sie durchsetzbar sind. Ist ihr Entstehen von der Eröffnung des Konkursverfahrens abhängig – so etwa Rückforderungsansprüche nach Anfechtung –, sind sie nicht anzusetzen.[109] Unter die zu aktivierenden Ansprüche fallen weiterhin solche gegen die Gesellschafter, etwa hinsichtlich beschlossener, aber noch nicht geleisteter Nachschüsse[110] oder solche aus § 31 GmbHG.[111] Richtig ist zwar, daß bei diesen Ansprüchen besondere Vorsicht im Hinblick auf ihre Realisierbarkeit geboten ist.[112] Dies führt aber nicht dazu, daß die genannten Ansprü-

---

105 Hachenburg/*Ulmer*, GmbHG, § 63, Rdnr. 39; *Dahl*, GmbHR 1964, 112, 114; *Kühn*, DB 1970, 549, 551; *Zilias*, WPg 1977, 445, 448.
106 So wohl auch Scholz/*K. Schmidt*, GmbHG (8. Aufl.), § 63, Rdnr. 18; a.A. *Kupsch*, BB 1984, 159, 165 unter Verweisung auf das Prinzip der Einzelbewertung.
107 Baumbach/Hueck/*Schulze-Osterloh*, GmbHG, § 64, Rdnr. 14; Geßler/*Hefermehl*/Eckardt/Kropff, AktG, § 92, Rdnr. 18; Hachenburg/*Ulmer*, GmbHG, § 63, Rdnr. 41; *Fischer*, Überschuldungsbilanz, S. 113; *Hommelhoff*, FS Döllerer, S. 254; *Hundertmark/Herms*, BB 1972, 1118, 1119; *Zilias*, WPg 1977, 445, 449; a.A. für den Geschäftswert *Haack*, Konkursgrund, S. 100; *Auler*, DB 1976, 2169, 2171; *Bilo*, GmbHR 1981, 104, 106; *Dahl*, GmbHR 1964, 112, 1144; *Kühn*, DB 1970, 549, 551 f.
108 Vergl. auch *Höffner*, BB 1999, 198, 199 f., der im Zusammenhang mit den Liquidationswerten zutreffend von einem „potentiellen Absatzmarktpreis" spricht. Ähnlich auch *H.-P. Müller/Haas*, in: Kölner Schrift, Rdnr. 12.
109 Kübler/Prütting/*Pape*, InsO, § 19, Rdnr. 10; *Noack*, Gesellschaftsrecht, Rdnr. 73; *Uhlenbruck*, in: K. Schmidt/Uhlenbruck, Rdnr. 606. So schon für die Konkursordnung: Baumbach/Hueck/*Schulze-Osterloh*, GmbHG, § 64, Rdnr. 16; Hachenburg/*Ulmer*, GmbHG, § 63, Rdnr. 42; Kuhn/*Uhlenbruck*, KO, § 102, Rdnr. 6k; *Fischer*, Überschuldungsbilanz, S. 47; *Temme*, Eröffnungsgründe, S. 153; *Veit*, Konkursrechnungslegung, S. 31. Vergl. hierzu auch *Hommelhoff*, FS Döllerer, S. 254 f.
110 Hachenburg/*Ulmer*, GmbHG, § 63, Rdnr. 41; Rowedder/*Rowedder*, GmbHG, § 63, Rdnr. 12; *Uhlenbruck*, GmbH & Co. KG, S. 289; *Möhlmann*, DStR 1998, 1843, 1846; *Reck*, BuW 1998, 63, 67.
111 Baumbach/Hueck/*Schulze-Osterloh*, GmbHG, § 64, Rdnr. 15; Scholz/*K. Schmidt*, GmbHG (8. Aufl.), § 63, Rdnr. 20; Budde/*Förschle/Kofahl*, Sonderbilanzen, Abschnitt P, Rdnr. 123.
112 So auch Baumbach/Hueck/*Schulze-Osterloh*, GmbHG, § 64, Rdnr. 15; Budde/*Förschle/Kofahl*, Sonderbilanzen (1. Aufl.), Abschnitt I, Rdnr. 121.

che nur dann aktiviert werden dürfen, „*wenn* sie durchsetzbar und vollwertig sind".[113] Sie dürfen vielmehr *soweit* aktiviert werden, als mit ihrer Erfüllung zu rechnen ist.[114]

IV. Überschuldungsprüfung bei positiver Fortführungsprognose

1. Grundkonzeption der Überschuldungsprüfung bei positiver Fortführungsprognose

Wurde dem Unternehmen im Rahmen der Fortführungsprognose die Lebensfähigkeit attestiert, so ist nach dem Wortlaut des § 19 Abs. 2 S. 2 InsO „bei der Bewertung des Vermögens [...] die Fortführung des Unternehmens zugrunde zu legen". Nach dem Rechtsausschuß[115] soll – da der Verzicht auf den Ansatz eines wertlosen Gegenstandes einer Bewertung mit Null entspreche – unter der Bewertung i.S.d. § 19 Abs. 2 InsO auch der Ansatz verstanden werden. Im Falle der positiven Fortführungsprognose erweist sich die Konzeption des § 19 Abs. 2 InsO allerdings als problematisch. Einerseits wird weiterhin auf die Fähigkeit abgestellt, die *bestehenden Schulden zu decken*. Insoweit scheint das Gesetz von einer zeitpunktbezogenen Betrachtung auszugehen.[116] Andererseits ist bei der Bewertung des Vermögens die Fortführung des Unternehmens zugrunde zu legen, womit eine zukunfts- und damit zeitraumbezogene Betrachtungsweise, wenn nicht geboten, so doch zumindest nicht offensichtlich ausgeschlossen ist. Hieraus resultiert für die Ermittlung des relevanten Wertes ein Konflikt zwischen der Orientierung am Schuldendeckungspotential einerseits und der Orientierung an der Vermögensbewertung andererseits.

2. Ansatz und Bewertung der Passiva

Nach dem Wortlaut des § 19 Abs. 2 S. 2 InsO, der allein von der Bewertung des Vermögens nach Fortführungswerten spricht, scheint sich im Vergleich zur negativen Fortführungsprognose hinsichtlich des Ansatzes und der Bewertung der Passiva kein Unterschied zu ergeben.[117] Zwar könnten die Verbindlichkeiten grundsätzlich unter den Vermögensbegriff subsumiert werden.

---

113 So Scholz/*K. Schmidt*, GmbHG (8. Aufl.), § 63, Rdnr. 20.
114 So auch Kübler/Prütting/*Pape*, InsO, § 19, Rdnr. 11.
115 BT-Drcks. 12/7302 S. 157.
116 Ebenso *Teller*, Rangrücktrittsvereinbarungen, S. 46 (für die Konkursordnung) und S. 47 (für die Insolvenzordnung); *Veit*, Konkursrechnungslegung, S. 25 Fn. 54 (für die Konkursordnung im Rahmen der „einfachen" zweistufigen Überschuldungsprüfung, die nach der Insolvenzordnung ebenfalls zur Anwendung kommen soll).
117 So dann auch GroßKomm-AktG/*Habersack*, § 92, Rdnr. 44; *Hirte*, Kapitalgesellschaftsrecht, Rdnr. 198; *Noack*, Gesellschaftsrecht, Rdnr. 74 ff.; *Haas*, in: Insolvenzrecht 1998, S. 24; wohl auch *Burger/Schellberg*, BB 1995, 261, 265; *Lutter*, ZIP 1999, 641, 642 f. *Möhlmann*, DStR 1998, 1843, 1848 sieht durch eine Änderung der Prognose keine Auswirkungen auf die Passiva.

Allerdings spricht gegen eine derartige Auslegung, daß § 19 Abs. 2 S. 2 InsO direkt an S. 1 anknüpft, in welchem von dem Begriffspaar „Vermögen und Verbindlichkeiten" die Rede ist.[118] Dennoch wird vertreten, bei einer positiven Fortführungsprognose müßten sich für die Passivseite Änderungen ergeben.[119]

Der Schlüssel zur Lösung dieses Problems liegt in der Frage, welche Passiva bei einer negativen Fortführungsprognose anzusetzen sind. Sind entgegen der hier vertretenen Ansicht – wenn auch nur in engen Grenzen – Rückstellungen für insolvenzbedingte Belastungen zu bilden, so sind diese im Falle einer positiven Fortführungsprognose regelmäßig niedriger als bei einer negativen Fortführungsprognose zu bewerten, da insoweit eine niedrigere Eintrittswahrscheinlichkeit der Inanspruchnahme besteht.[120] Wird die Bildung von Rückstellungen für insolvenzbedingte Belastungen für unzulässig erachtet, so kann sich die Prognose nicht in den Passiva widerspiegeln, denn der Wert der übrigen Passivposten wird nicht von der Frage nach Fortführung oder Liquidation beeinflußt.

3. Ansatz und Bewertung der Aktiva

Noch kein einheitliches Meinungsbild zeichnet sich für die Frage ab, mit welchen Werten die Aktiva im Falle einer positiven Fortführungsprognose zu belegen sind. Während einerseits versucht wird, dieses Bewertungsproblem in die Nähe der Wertermittlung im Rahmen einer Unternehmensbewertung an sich zu rücken,[121] soll andererseits auf die handelsbilanziellen Ansätze zurückgegriffen werden.[122] Im Ergebnis erscheint es sinnvoll, für die Überschuldungsbilanz die Werte der Handelsbilanz zu übernehmen und erkennbare und nachprüfbare stille Reserven aufzulösen. Besondere Bedeutung kommt der Frage nach der Bewertung der Aktiva i.R.d. Arbeit nicht zu, denn eigenkapitalersetzende Gesellschafterleistungen wirken sich in erster Linie auf der Passivseite der Bilanz aus – wird indes die Aktivseite tangiert, so i.d.R. durch den Ansatz einer Forderung, deren Bewertung jedoch von der Fortführungsprognose unabhängig ist.

---

118 Auch die Ausführungen des Rechtsausschusses, BT-Drcks. 12/7302, S. 157 legen ein derartiges Verständnis nahe.
119 *Hess*, InsO, § 19, Rdnr. 27; Budde/*Förschle/Kofahl*, Sonderbilanzen, Abschnitt P, Rdnr. 101; *H.-P. Müller/Haas*, in: Kölner Schrift, Rdnr. 9. So wohl auch *Früh/Wagner*, WPg 1998, 907, 911 f.
120 Dies begründet sich darin, daß insoweit auf die Pflicht zur Bildung von Rückstellungen im Jahresabschluß abgestellt wurde, diese reduziert sich indes bei einer positiven Fortführungsprognose.
121 *Höfner*, Überschuldung, S. 119 f.; *Temme*, Eröffnungsgründe, S. 128 f.; *Auler*, DB 1976, 2169, 2170; *Bähner*, KTS 1988, 443, 447; *Höffner*, BB 1999, 198, 201. A.A. *K. Schmidt*, JZ 1982, 165, 170.
122 So namentlich *Bittmann*, wistra 1999, 10, 12 ff.; *Höffner*, BB 1999, 252, 254; *Wimmer*, NJW 1996, 2546, 2547; *Wolf*, DStR 1995, 859, 861.

V. Reihenfolge von Statuserstellung und Fortführungsprognose

Ebenso wie im Rahmen der „modifizierten zweistufigen Überschuldungsprüfung" ist unter § 19 Abs. 2 InsO umstritten, ob vor der Fortführungsprognose ein Überschuldungsstatus nach Liquidationswerten aufzustellen ist. Teilweise wird es für ausreichend erachtet, die Überschuldungsprüfung mit der Fortführungsprognose zu beginnen und im Anschluß hieran den Status nach den jeweiligen Ansatzvorschriften im Sinne des § 19 Abs. 2 S. 2 InsO aufzustellen.[123] Auf diese Weise könne ein erhebliches Maß an Mehrarbeit gespart werden. Das Wegfallen der einer rechnerischen Überschuldung zukommenden Warnfunktion werde durch die straf- und schadensersatzrechtlichen Vorschriften hinreichend kompensiert. Die Gegenansicht[124] verlangt, daß zunächst ein Vermögensstatus nach Liquidationswerten aufgestellt und erst danach die Fortführung prognostiziert wird. Ergibt sich dabei eine positive Lebensfähigkeitsprognose, so ist eine neue Bilanz nach Fortführungsgrundsätzen aufzustellen. Dieser Ansatz wird auch als dreistufige Prüfung bezeichnet.[125]

Im Rahmen der Fortführungsprognose muß auf die künftige Gewinn- und Verlustsituation eingegangen werden, weil hiervon sowohl etliche Zahlungsverpflichtungen als auch die Kreditmöglichkeiten und damit die Zahlungsfähigkeit insgesamt abhängen. Gleichermaßen können im Rahmen der Fortführungsprognose möglicherweise durch die Verfahrenseröffnung entstehende Verbindlichkeiten nicht berücksichtigt werden. Damit kann der Status nach Liquidationswerten keine Informationen liefern, die für die Erstellung der Prognose zwingend notwendig wären. Zudem kommt der Fortführungsprognose im Rahmen der Überschuldungsfeststellung nach der Insolvenzordnung eine geringere Bedeutung zu als nach der alten Rechtslage, da sie nicht mehr allein über die rechtliche Überschuldung entscheidet. Diese Erwägungen lassen es zumindest vertretbar erscheinen, aus Praktikabilitätsgründen auf die Erstellung eines Status nach Liquidationsgrundsätzen zu verzichten.

---

123 *Hüffer*, AktG, § 92, Rdnr. 12; Nerlich/Römermann/*Mönning*, InsO, § 19, Rdnr. 17; *Temme*, Eröffnungsgründe, S. 112, 115 ff.; *Bittmann*, wistra 1999, 10, 11; *Drukarczyk/Schüler*, DStR 1999, 646, 646; *Haas*, in: Insolvenzrecht 1998, S. 19f.; *H.-P. Müller/Haas*, in: Kölner Schrift, Rdnr. 10; *Reck*, BuW 1998, 63, 69; *Reck*, ZInsO 1999, 195, 200; *K. Schmidt*, ZGR 1998, 633, 654; IDW-FAR 1/1996, WPg 1997, 22, 23. So bereits für die „einfache zweistufige Prüfung" vor Einführung der Insolvenzordnung: *Auler*, DB 1976, 2169, 2169 f.; *Deutler*, GmbHR 1977, 36, 38 f.
124 Kübler/Prütting/*Pape*, InsO, § 19, Rdnr. 7; *Bork*, Einführung, Rdnr. 92; *Breuer*, Insolvenzrecht, S. 44; *Häsemeyer*, Insolvenzrecht, Rdnr. 7.25; Hess/*Pape*, InsO, Rdnr. 108; *Burger/Schellberg*, KTS 1995, 563, 570; *Lutter*, ZIP 1999, 641, 644; *Schlitt*, NZG 1998, 701, 704; *Uhlenbruck*, KTS 1994, 169, 173; *ders.*, WiB 1994, 849, 851; *ders.*, GmbHR 1995, 195, 198; unklar indes *Balmes*, BiBu 1996, 97, 97. Bereits vor der Insolvenzordnung *Uhlenbruck*, GmbH & Co KG, S. 280.
125 So zutreffend *Bork*, Einführung, Rdnr. 93; ihm folgend FK-InsO/*Schmerbach*, § 19, Rdnr. 6a; *Noack*, FS Claussen, S. 314.

C. Ergebnis

Die Untersuchungen haben zu dem Ergebnis geführt, daß nach der Insolvenzordnung die Überschuldung im Wege einer zweistufigen Prüfung zu ermitteln ist. Zunächst ist die Überlebensfähigkeit der Unternehmung anhand einer Zahlungs- und Ertragsfähigkeitsprüfung zu ermitteln. Hierbei sind die Zinsen auf eigenkapitalersetzende Gesellschafterdarlehen unabhängig davon zu berücksichtigen, ob sie auf Rechtsprechungs- oder Novellendarlehen entfallen. Die Verpflichtung zur Darlehensrückzahlung ist allein insoweit in die Berechnung einzustellen, als sie sich auf die Novellendarlehen bezieht. Kommt die Prüfung zu einem negativen Ergebnis, so sind im Liquidationsstatus – wie unter der Konkursordnung – die Werte anzusetzen, die sich wahrscheinlich bei einer Verwertung des Vermögens ergeben werden. Auf der Passivseite sind die bestehenden Verbindlichkeiten zu berücksichtigen; Rückstellungen für Verbindlichkeiten, die im Zusammenhang mit der Verfahrenseröffnung entstehen werden, dürfen nicht gebildet werden. Ergibt die Prognose, daß das Unternehmen lebensfähig ist, so ist eine Überschuldungsbilanz aufzustellen, in der das Vermögen grundsätzlich mit den handelsbilanziellen Werten anzusetzen ist, wobei allerdings Modifikationen zur Berücksichtigung stiller Reserven erforderlich sind. Auf den Ansatz der Verbindlichkeiten wirkt sich das Ergebnis der Prognose regelmäßig nicht aus. Die Gliederung im Rahmen der Überschuldungsbilanz hat – unabhängig von der Fortführungsprognose – der der Handelsbilanz zu entsprechen; besondere Ansatzposten können zur Verdeutlichung hinzugenommen werden.[126]

Wie bereits angedeutet, führt die gesetzliche Neuregelung des Überschuldungstatbestandes nicht zu der rechtspolitisch wünschenswerten und rechtstatsächlich erforderlichen Klarheit. Die Überschuldungsprüfung ist weiterhin mit erheblicher Unsicherheit belegt. Diese Unsicherheit wird durch das in sich widersprüchliche Gesetz und die Widersprüche zwischen Gesetz und Begründung noch verstärkt; selbst die Begründung zum Gesetz ist in sich unschlüssig.[127] Vor diesem Hintergrund fallen die an anderer Stel-

---

126 Scholz/K. *Schmidt*, GmbHG (8. Aufl.), § 63, Rdnr. 15; Hachenburg/*Ulmer*, GmbHG, § 63, Rdnr. 40; Budde/*Förschle/Kofahl*, Sonderbilanzen, Abschnitt P, Rdnr. 105; *Veit*, Konkursrechnungslegung, S. 32; *Balmes*, BiBu 1996, 97, 98; *Wolf*, DStR 1998, 126, 127. *Herget*, AG 1974, 137, 137 will die äußere Gestaltung den verantwortlichen Organen überlassen.

127 *Smid*, DZWIR 1999, 372, 372 spricht von einer „dilettantisch geratenen Verwirklichung einer Insolvenzreform". In jüngster Zeit ist der Gesetzgeber verstärkt der Kritik ausgesetzt; vergl. *Dauner-Lieb*, DStR 1998, 1517, 1517 (die die Systemwidrigkeit des Sanierungsprivilegs nach § 32a Abs. 3 S. 2 GmbHG kritisiert); *Redeker*, NJW 1998, 2790, 2790 (der die 6. VwGO-Novelle ein klassisches Beispiel dafür nennt, wie man es nicht machen sollte); *Schneider*, NJW 1998, 2505, 2506 (der die unverständliche Ausgestaltung des Art. 16a Abs. 4 S. 1 GG bemängelt). Siehe auch bereits *K. Schmidt*, JZ 1984, 880, 880f. (zur gesetzlichen Regelung des Eigenkapitalersatzes). Die (berechtigte) Kritik an der Schuldrechts-Reform hat in-

le[128] monierten großen Mengen grammatikalischer, stilistischer und juristischer Fehler noch schwerer ins Gewicht.

§ 10: Behandlung eigenkapitalersetzender Gesellschafterleistungen im Überschuldungsstatus

A. Einführung und Meinungsstand

Die Behandlung eigenkapitalersetzender Gesellschafterleistungen belastet nicht erst seit Einführung der Insolvenzordnung die Überschuldungsprüfung, sie war bereits unter der Konkursordnung Gegenstand heftiger Auseinandersetzungen.[129]

Letztlich standen sich für die *Konkursordnung* zwei Lager gegenüber: Während die früher h.M.[130] von einer Passivierung nur absehen wollte, wenn die

---

zwischen von den juristischen Fachzeitschriften auf die Wirtschaftspresse übergegriffen, vergl. *Altmeppen*, Däubler-Gmelin droht das Bürgerliche Gesetzbuch zu verpfuschen, Handelsblatt vom 11.12.2000, S. 9; *Steinbeis*, „Schuldrechts-Reform verärgert Wirtschaft" und „Professoren wettern gegen ‚Gesetzgebungs-Pfusch'" jeweils Handelsblatt vom 27.12.2000, S. 6. *Ulmer*, ZGR 1999, 751, 761 stellte zutreffend fest, „daß die Rechtsentwicklung jedenfalls im Gesellschaftsrecht bei der höchstrichterlichen Rechtsprechung nicht selten in besseren Händen ist, als wenn der Gesetzgeber sich zum Eingreifen entschließt."

128 So *Rother*, ZRP 1998, 205, 206 ff.; vergl. auch *Heitmann*, NJW 1998, 2649, 2650.
129 Ausführlich zur Behandlung eigenkapitalersetzender Gesellschafterdarlehen im Überschuldungsstatus unter der Konkursordnung *Beintmann*, Gesellschafterdarlehen, S. 53 ff.; *Haack*, Konkursgrund, S. 126 ff.; *Schnell*, Gesellschafterleistungen, S. 88 ff.; *Beintmann*, BB 1999, 1543, 1543 ff.; *Fleischer*, ZIP 1996, 773, 773 ff.
130 OLG Düsseldorf, Urt. vom 19.01.1995, BB 1996, 1428, 1428 f.; Urt. vom 17.12.1998, NZG 1999, 668, 670; Urt. vom 18.02.1999, DStR 2000, 1833, 1834; Hanseatisches OLG, Urt. vom 18.07.1986, BB 1986, 1817, 1818 f.; LG Hildesheim (StrafR), Urt. vom 21.09.1990 – 22 KLs 94 Js 2034/89, S. 12 (unveröffentlicht); Roth/*Altmeppen*, GmbHG, § 63, Rdnr. 17; Baumbach/Hueck/*Schulze-Osterloh*, GmbHG (15. Aufl.), § 63, Rdnr. 15 (anders nunmehr seit der 16. Aufl., § 63, Rdnr. 15 und § 64, Rdnr. 18 – 17. Aufl.); *Hüffer*, AktG, § 92, Rdnr. 10; *Küting/Kessler*, in: Küting/C.-P. Weber, Bd. Ia, § 272, Rdnr. 185; Meyer-Landrut/Miller/*Niehus*, GmbHG, § 63, Rdnr. 3; Rowedder/*Rowedder*, GmbHG, § 63, Rdnr. 14 (anders in der Vorauflage); Scholz/K. *Schmidt*, GmbHG (8. Aufl.), § 63, Rdnr. 27; *Fischer*, Überschuldungsbilanz, S. 126 f.; *Haack*, Konkursgrund, S. 139; *Kamprad*, Gesellschafterdarlehen, S. 35; *Kreis*, Finanzierungsverantwortung, S. 30; *K. Schmidt*, Wege, S. 210; *Wolf*, Überschuldung, S. 129 (bei gleichzeitiger Aktivierung eines Freistellungsanspruchs); WP-Handbuch/*Müller*, Abschnitt T, Rdnr. 31; *Bilo*, GmbHR 1981, 104, 106 f.; *Bilsdorfer*, BddW 1998, Nr. 114, S. 5; *Bordt*, HdJ, Abt. III/1, Rdnr. 253; *Falkenhausen*, BB 1982, 550, 550; *Groh*, BB 1993, 1882, 1883; *Gummert*, WiB 1996, 741, 742; *Häuselmann*, BB 1993, 1552, 1552; *Hartung*, NJW 1996, 229, 230; *Horst Herrmann*, in: 50 Jahre WP-Beruf, S. 173; *Hill*, in: GmbH-Rechnungslegung,

Nachrangigkeit der Verbindlichkeit durch einen vertraglichen Rangrücktritt oder auf andere verbindliche Weise gesichert war, schlossen die Vertreter der Gegenansicht[131] bereits aus den Rechtsfolgen des Eigenkapitalersatzrechts auf die Nichtpassivierung. Die letztgenannte Ansicht hat in jüngster Zeit bei den Instanzgerichten zunehmend Anklang gefunden.[132] Eine Tendenz, die zur Beruhigung der wirtschaftlichen Praxis führen könnte, ist dennoch nicht abzusehen.[133] So haben jüngst die Bearbeiter zweier Kommentare ihre Ansicht bezüglich der Passivierung geändert,[134] und zwei Senate des OLG Düsseldorf entschieden rechtskräftig in entgegengesetzter Richtung.[135] Immerhin hat der

---

S. 18; *Kamprad*, GmbHR 1985, 352, 353; *Knobbe-Keuk*, ZIP 1983, 127, 129; *Küffner*, DStR 1993, 180, 181 Fn. 19a; *Küting/Kessler*, BB 1994, 2103, 2108; *Mayer*, WPg 1994, 129, 135; *Pape*, ZIP 1996, 1409, 1413; *Peters*,WM 1988, 685, 687; *Priester*, DB 1991, 1917, 1924; *ders.*, EWiR 1986, 901, 901; *Reck*, BuW 1998, 63, 67; *K. Schmidt*, FS Goerdeler, S. 505; *Ulmer*, GmbH-Recht, S. 67; *ders.*, KTS 1981, 469, 480 f. (anders jetzt in Hachenburg, GmbHG, § 63, Rdnr. 46); *Vonnemann*, GmbHR 1989, 145, 150 f.; *Weisang*,WM 1997, 245, 251.

131 Baumbach/Hueck/*Schulze-Osterloh*, GmbHG (16. Aufl.), § 63, Rdnr. 15; Hachenburg/*Ulmer*, GmbHG, § 63, Rdnr. 46 a; *Lutter/Hommelhoff*, GmbHG (14. Aufl.), § 63, Rdnr. 7; *Bachem*, Bilanzierung, S. 35 Fn. 170; *Fassnacht*, Fremdfinanzierung, S. 150; *v. Gerkan/Hommelhoff*, Kapitalersatz, Rdnr. 6.26; *Groth*, Überschuldung, S. 90; *Hirte*, Kapitalgesellschaftsrecht, Rdnr. 732; *Schnell*, Gesellschafterleistungen, S. 108 ff.; *Winnefeld*, Bilanz-Handbuch, Abschnitt M, Rdnr. 953; *Auler*, DB 1976, 2169, 2173; *Fleck*, GmbHR 1989, 313, 321; *ders.*, EWiR § 64 GmbHG, 4/97, 1997, 1093, 1094; *Fleischer*, ZIP 1996, 773, 777; *Heukamp*, WiB 1997, 1089, 1090; *Hirte*, NJW 1998, 3459, 3464; *ders.*, DStR 2000, 1829, 1829 f.; *Hommelhoff*, WPg 1984, 629, 632; *Jasper*, WiB 1994, 193, 193; *Joecks*, BB 1986, 1681, 1682; *Koch*, NJW 1989, 3130, 3131; *Kühn*, DB 1970, 549, 554 f.; *Kupsch*, BB 1984, 159, 164 (wenn eigenkapitalersetzender Charakter feststeht); *Mertens*, FS Forster, S. 425 (anders noch KK-AktG/*Mertens*, § 92, Rdnr. 31); *Muhler*, wistra 1994, 283, 288 f.; *Noack*, in: Insolvenzrecht, S. 209; *Schäfer*, GmbHR 1993, 780, 786 f.; *Schulze-Osterloh*,WPg 1996, 97, 106.
132 OLG Düsseldorf, Urt. vom 18.04.1997, WM 1997, 1866, 1868; OLG Köln, Urt. vom 23.05.2000, DB 2000, 2264, 2266 (allerdings nach hier vertretener Auffassung nicht überzeugend auf die Rechtsfolgen des § 32a GmbHG abstellend); OLG München (StrafR), Beschl. vom 08.07.1994, BB 1994, 2388, 2388 = NJW 1994, 3112; OLG Stuttgart, Urt. vom 05.11.1997, GmbHR 1998, 235; LG Waldshut-Tiengen, Urt. vom 28.07.1995, BB 1995, 2365. Ebenso bereits OLG München, Urt. vom 17.02.1966, NJW 1966, 2366, 2366.
133 Kritisch bezüglich einer Tendenz auch *Heukamp*, WiB 1997, 1089, 1089.
134 So ist Baumbach/Hueck/*Schulze-Osterloh*, GmbHG, § 64, Rdnr. 18 seit der 16. Aufl. gegen eine Passivierung (anders noch in der 15. Aufl., § 63, Rdnr. 15) während Rowedder/*Rowedder*, GmbHG, § 63, Rdnr. 14 (anders noch in der Vorauflage) jetzt für eine Passivierung plädiert.
135 Gegen eine Passivierung OLG Düsseldorf, Urt. vom 18.04.1997 (22 U 226/96), WM 1997, 1866, 1868; für eine Passivierung OLG Düsseldorf, Urt. vom 19.01.1995 (6 U 272/93), BB 1996, 1428, 1428 f.; Urt. vom 17.12.1998 (6 U 187/97), NZG 1999, 668, 670; Urt. vom 18.02.1999 (6 U 38/98) DStR 2000, 1833, 1834.

BGH in seinem Urt. vom 14.12.1959[136] zum Vorliegen eines Konkurstatbestandes im Zusammenhang mit der Hingabe eigenkapitalersetzender Gesellschafterdarlehen festgestellt: „Zahlungseinstellung oder Überschuldung können hier aber nicht [...] angenommen werden, da die Darlehen [...] wie haftendes Kapital zu behandeln sind". Dennoch wird in der Literatur[137] davon ausgegangen, daß die Behandlung eigenkapitalersetzender Gesellschafterleistungen für den Überschuldungsstatus noch nicht abschließend höchstrichterlich geklärt sei. Dies dürfte nicht zuletzt darauf beruhen, daß derselbe Senat in seinen jüngeren Urteilen[138] eine Stellungnahme zur Behandlung eigenkapitalersetzender Gesellschafterleistungen in der Überschuldungsbilanz ausdrücklich abgelehnt hat. Zwar hat der BGH[139] eine Passivierungspflicht für Eigenkapitalersatz in der Vorbelastungsbilanz bejaht. Hieraus können aber entgegen einem Teil der Literatur[140] keine Rückschlüsse auf die Behandlung im Überschuldungsstatus gezogen werden.[141] Der BGH stellte bei seiner Entscheidung namentlich auf die sachliche Nähe der Vorbelastungsbilanz zum Jahresabschluß ab. Eine solche besteht jedoch nach obigen Feststellungen hinsichtlich der Überschuldungsbilanz nur mit Einschränkungen. Nach der Annahme des Urteils des OLG Düsseldorf vom 18.02.1999[142] zur Revision[143] ist nunmehr allerdings mit einer zeitnahen höchstrichterlichen Entscheidung zu rechnen.

136 BGHZ 31, 258, 279 = NJW 1960, 285 = BB 1960, 18 (insoweit nicht abgedruckt); ähnlich das Urt. vom 15.11.1962, GmbHR 1963, 208, 208. Vergl. auch *Fastrich*, FS Zöllner, Bd. I, S. 151 f.
137 Vergl. nur *Beintmann*, Eigenkapitalersetzende Gesellschafterdarlehen, S. 55; *Haas*, NZI 1999, 209, 210.
138 BGH, Urt. vom 06.12.1993, BB 1994, 392, 393 = BGHZ 124, 282, 285 = NJW 1994, 724; Urt. vom 06.03.1995, DStR 1995, 1278, 1278; Urt. vom 30.03.1998, NJW 1998, 2667, 2669 = BGHZ 138, 211 = BB 1998, 969 (insoweit nicht abgedruckt) zur Aktivierung von Rückzahlungsansprüchen nach § 31 Abs. 1 GmbHG aufgrund der Rückzahlung eines Rechtsprechungsdarlehens. Welche Schlüsse aus dem Nichtannahmebeschluß vom 12.02.1996, DB 1996, 1226, 1226 zum OLG Düsseldorf, Urt. vom 19.01.1995, BB 1996, 1428, 1428 f. gezogen werden können, ist unklar; da das Gericht zu einer inhaltlichen Begründung nicht verpflichtet ist, vergl. Stein/Jonas/*Grunsky*, ZPO, § 554 b, Rdnr. 15, sind Rückschlüsse aus einem Nichtannahmebeschluß auf die Rechtsüberzeugung des Gerichts nur begrenzt möglich. *Gummert*, WiB 1996, 741, 741 zeigt sich über die Nichtannahme mangels grundsätzlicher Bedeutung zutreffend verwundert. Nach *Goette*, DStR 1995, 1278, 1279 legt das Urt. des BGH vom 09.02.1993, BB 1987, 728, 728 f. die Annahme nahe, daß der BGH grundsätzlich von einer Passivierungspflicht ausgeht; ebenso *Hartung*, NJW 1996, 229, 230.
139 BGH, Urt. vom 06.12.1993, BB 1994, 392, 393 f. = BGHZ 124, 282, 285 = NJW 1994, 724; sich dem anschließend Hanseat. OLG Bremen, Urt. vom 06.05.1997, GmbHR 1998, 40, 41.
140 So insbes. *Beintmann*, Gesellschafterdarlehen, S. 120 ff.
141 Ebenso *Fleischer*, ZIP 1996, 773, 774; *Haas*, NZI 1999, 209, 210.
142 DStR 2000, 1833, 1833.
143 Die Entscheidung wurde vom BGH unter dem 17.11.2000 zur Revision angenommen und wird unter dem Az. II ZR 88/99 geführt. Im Urteil vom 08.01.2001 hat sich der BGH für eine Passivierungspflicht ausgesprochen, BB 2001, 430, 432.

Da die Pflicht zur Passivierung oder Bildung einer Rückstellung jeweils mit der Unsicherheit darüber begründet wird, ob die in Rede stehende Verbindlichkeit tatsächlich nachrangig ist oder nicht, ist im Falle des vertraglichen Rangrücktritts nach einhelliger Ansicht[144] weder eine Passivierung noch eine Rückstellung erforderlich.

Im Vergleich zur Rechtslage unter der Konkursordnung gestaltete sich das Meinungsbild zur *Insolvenzordnung* wesentlich unübersichtlicher. Während unter der Konkursordnung unumstritten war, daß Verbindlichkeiten mit Rangrücktritt im Überschuldungsstatus nicht zu berücksichtigen sind,[145] hat der Gesetzgeber durch seine Äußerungen in der Regierungsbegründung für Verwirrung gesorgt. Dort heißt es: „Auf der Passivseite des Überschuldungsstatus sind auch die nachrangigen Verbindlichkeiten [...] zu berücksichtigen. Dem Bedürfnis der Praxis, durch den Rangrücktritt eines Gläubigers den Eintritt der Überschuldung zu vermeiden oder eine bereits eingetretene Überschuldung zu beseitigen, kann in der Weise Rechnung getragen werden, daß die Forderung des Gläubigers für den Fall der Eröffnung eines Insolvenzverfahrens erlassen wird [...]."[146] An anderer Stelle heißt es demgegenüber: „Wirksam ist auch eine Vereinbarung zwischen den Gesellschaftern, daß kapitalersetzende Darlehen im Innenverhältnis wie Eigenkapital behandelt werden sollen."[147] Welche Bedeutung diese Äußerung für das hier diskutierte Problem hat, erschließt sich dem Leser nicht sofort,[148] denn Zweifel an der Wirksamkeit einer solchen Vereinbarkeit dürften wohl auch bisher nicht bestanden haben. Eine eindeutige Aussage über die Behandlung im Überschuldungsstatus oder die Voraussetzungen, die an eine Behandlung als „Eigenkapital im Innenverhältnis" geknüpft sind, wird nicht getroffen.[149]

Siehe hierzu *Altmeppen*, ZIP 2001, 240, 240 ff.; *Felleisen*, GmbHR 2001, 195, 196 f.; *Goette*, DStR 2001, 179, 179; *Hasselbach/Wicke*, BB 2001, 435, 435 f.
144 BGH, Urt. vom 09.02.1987, BB 1987, 728, 728 = NJW 1987, 1697, 1698; OLG Düsseldorf (StrafR), Beschl. vom 25.11.1996, BB 1997, 517, 517 f. = NJW 1997, 1455; OLG Stuttgart, Beschl. vom 17.12.1991, BB 1992, 531, 531; LG München, Urt. vom 19.06.1986, GmbHR 1987, 101, 102; Hachenburg/*Ulmer*, GmbHG, § 63, Rdnr. 46; Meyer-Landrut/Miller/*Niehus*, GmbHG, § 63, Rdnr. 6; *Auler*, DB 1976, 2169, 2170; *Dahl*, GmbHR 1964, 112, 115; *Menger*, GmbHR 1982, 221, 227. Teilweise a.A. *Vollmer/Maurer*, DB 1993, 2315, 2318, die auch „nachrangiges Haftkapital" im Überschuldungsstatus ansetzen und von einer Passivierung nur absehen wollen, wenn eine Umqualifizierung in materielles Eigenkapital erfolgt ist.
145 Vergl. die Nachweise in Fn. 144.
146 Begr. RegE, BT-Drck. 12/2443, S. 115. *Lutter*, ZIP 1999, 641, 645 nennt diese Äußerung „laut, deutlich und irritierend".
147 Begr. RegE, BT-Drck. 12/2443, S. 123.
148 *Altmeppen* ZHR 164 (2000), 349, 360 f. bezeichnet diese Ausführungen als „gar nicht in allen Teilen durchdacht".
149 Teilweise a.A. *Holzapfel*, InVo 1999, 1, 2, nach dem der Gesetzgeber an dieser Stelle „ausdrücklich" erwähnt habe, daß eine solche Vereinbarung genüge, um auf eine Passivierung im Überschuldungsstatus zu verzichten.

Entsprechend unterschiedlich sind die Konsequenzen, die aus der Regierungsbegründung im Zusammenspiel mit dem Gesetzestext gezogen werden.[150] Ein Teil der Literatur[151] hat sich der Regierungsbegründung angeschlossen und verlangt, daß zusammen mit dem Rangrücktritt der Verzicht auf die Forderung verbindlich für den Fall der Eröffnung des Insolvenzverfahrens erklärt wird. Demgegenüber will die Gegenansicht[152] – insbesondere unter Berufung auf Sinn und Zweck der Überschuldungsprüfung – weiterhin einen (unwiderruflichen) Rangrücktritt alten Musters genügen lassen. Teilweise[153] wird nach dem Ergebnis der Fortführungsprognose unterschieden: Während bei einer negativen Fortführungsprognose die Rangrücktrittserklärung alten Musters genüge, um von einer Passivierung im Überschuldungsstatus abzusehen, sei bei einer positiven Prognose ein Erlaß erforderlich.

---

150 Ausführlich zu den Anforderungen an einen Rangrücktritt/Forderungsverzicht unter der Insolvenzordnung: *Temme*, Eröffnungsgründe, S. 191 ff.; *Hess/Weiss*, InVo 1999, 33, 33 ff.; *Holzapfel*, InVo 1999, 1, 1 ff.; *Lenz*, GmbHR 1999, 283, 283 ff.; *Livonius*, ZInsO 1998, 309, 310 f.; *Niesert*, InVo 1998, 242, 242 ff.; *K. Schmidt*, GmbHR 1999, 9, 11 ff.

151 *Hess*, InsO, § 19, Rdnr. 42; Kübler/Prütting/*Holzer*, InsO, § 39, Rdnr. 22 b; *Hess/Pape*, InsO, Rdnr. 109; *Bieneck*, StV 1999, 43, 46; *Herlinghaus*, BB 1999, 1789, 1789; *Hess/Weis*, InVo 1999, 33, 35; *Janssen*, NWB 1998, 1405, 1406 f. (mit Formulierungsvorschlag); *Mack/Schwedhelm/Olbing*, GmbHR 1998, 1145, 1155; *Wessel*, DZWIR 1999, 230, 234; *Wolf*, BBK Fach 12, S. 6242. So wohl auch Braun/*Uhlenbruck*, Unternehmensinsolvenz, S. 297 f.; *Moosmayer*, Einfluß, S. 164 f. Noch unschlüssig Rowedder/*Rowedder*, GmbHG, § 63, Rdnr. 14, der „jedenfalls" bis zur Einführung der Insolvenzordnung den bekannten Rangrücktritt ausreichen lassen will. *Hartung*, NJW 1995, 1186, 1187 befürwortet grundsätzlich einen Erlaßvertrag.

152 GroßKomm-AktG/*Habersack*, § 92, Rdnr. 59; *Hüffer*, AktG, § 92, Rdnr. 11; Lutter/Hommelhoff, GmbHG, § 64, Rdnr. 17 a; Roth/*Altmeppen*, GmbHG, § 63, Rdnr. 17 a f.; *Breuer*, Insolvenzrecht, S. 171; *Teller*, Rangrücktrittsvereinbarungen, S. 171; *Temme*, Eröffnungsgründe, S. 196 ff.; *Wolf*, Überschuldung, S. 155; WP-Handbuch/*W. Müller*, Bd. II, Abschnitt L, Rdnr. 68; *Balmes*, BiBu 1996, 97, 99; *Bittmann*, wistra 1999, 10, 15; *Ehlers*, DStR 1998, 1756, 1760; *Eisolt/Engeler*, NZI 1999, 306, 308; *Fischer*, GmbHR 2000, 66, 67 f.; *Götz/Hegerl*, DB 1997, 2365, 2366; *Groh*, BB 1993, 1882, 1883 Fn. 4; *Holzapfel*, InVo 1999, 1, 3; *Kling*, NZG 2000, 872, 873; *Lenz*, GmbHR 1999, 283, 284; *Livonius*, ZInsO 1998, 309, 311; *H.-P. Müller/Haas*, in: Kölner Schrift, Rdnr. 47; *Niesert*, InVo 1998, 242, 242 ff.; *Noack*, in: Insolvenzrecht, S. 209; *ders.*, FS Claussen, S. 315; *Schlitt*, NZG 1998, 701, 704 f.; *K. Schmidt*, GmbHR 1999, 9, 11 ff.; *Sieger/Aleth*, GmbHR 2000, 462, 469; *Uhlenbruck*, KTS 1994, 169, 173; *Wittig*, NZI 1998, 49, 54; Arbeitskreis Sanierung und Insolvenz des IDW, FN-IDW 1998, 568, 569 f.; wohl auch FK-InsO/*Schmerbach*, § 19, Rdnr. 18; *Obermüller*, Insolvenzrecht, Rdnr. 5.356; *Kurth/Delhaes*, DB 2000, 2577, 2585, letztere allerdings aufgrund unzutreffender Rückschlüsse aus dem Urt. des BGH vom 29.05.2000, BB 2000, 1483 = NJW 2000, 2577, 2578, siehe *Bormann*, DB 2001, 907, 907 ff.; vergl. auch *Bormann*, InVo 1999, 105, 105 ff.

153 So offenbar Budde/*Förschle/Kofahl*, Sonderbilanzen, Abschnitt P, Rdnr. 120 einerseits und Rdnr. 135 andererseits.

Liegen für ein eigenkapitalersetzendes Darlehen weder ein Rangrücktritt noch ein (bedingter) Forderungserlaß vor,[154] so soll dies nicht nur nach der Regierungsbegründung,[155] sondern auch nach weiten Teilen der Literatur[156] eine Passivierungspflicht nach sich ziehen. Begründet wird dies teilweise mit den Neuerungen durch die Insolvenzordnung und teilweise – wie unter der Konkursordnung – mit der Unsicherheit über die Nachrangigkeit. Davon ausgehend, daß die Insolvenzordnung keine grundlegende Veränderung gegenüber der Konkursordnung mit sich gebracht hat, wird unterdessen die Ansicht[157] vertreten, eine Passivierung eigenkapitalersetzender Gesellschafterdarlehen sei weder systematisch zwingend noch zum Schutze der Gläubiger erforderlich. Diesem Meinungsstand zum Trotz wird die Frage nach der Behandlung eigenkapitalersetzender Gesellschafterdarlehen vereinzelt[158] für die Praxis in-

---

154 Ausführlich zur Behandlung eigenkapitalersetzender Gesellschafterdarlehen unter der Insolvenzordnung: *Temme*, Eröffnungsgründe, S. 178 ff.; *Altmeppen*, ZHR 164 (2000), 349, 350 ff.; *Haas*, NZI 1999, 209, 210 ff.; *Lutter*, ZIP 1999, 641, 644 ff.; *Noack*, FS Claussen, S. 313 ff.; ders., in: Insolvenzrecht, S. 208 ff.
155 Begr. RegE, BT-Drck. 12/2443, S. 115.
156 Baumbach/Hueck/*Hueck/Fastrich*, GmbHG, § 32a, Rdnr. 12; FK-InsO/*Schmerbach*, § 19, Rdnr. 18; GroßKomm-AktG/*Habersack*, § 92, Rdnr. 57; *Hüffer*, AktG, § 92, Rdnr. 11; Kübler/Prütting/*Pape*, InsO, § 19, Rdnr. 14; Nerlich/Römermann/*Mönning*, InsO, § 19, Rdnr. 38; Roth/*Altmeppen*, GmbHG, § 63, Rdnr. 17; Rowedder/*Rowedder*, GmbHG, § 63, Rdnr. 14; *Beintmann*, Gesellschafterdarlehen, S. 225; Braun/*Uhlenbruck*, Unternehmensinsolvenz, S. 298; *Breuer*, Insolvenzrecht, S. 43; Hess/*Pape*, InsO, Rdnr. 109; *Moosmayer*, Einfluß, S. 164; *Temme*, Eröffnungsgründe, S. 188; *Wolf*, Überschuldung, S. 155; WP-Handbuch/*W. Müller*, Bd. II, Abschnitt L, Rdnr. 66; *Balmes*, BiBu 1996, 97, 99; *Bieneck*, StV 1999, 43, 46; *Bilsdorfer*, BddW 1998, Nr. 114, S. 5; *Bordt*, HdJ Abt. III/1, Rdnr. 298; *Burger/Schellberg*, KTS 1995, 563, 572; *Ehlers*, DStR 1998, 1756, 1760; *Fischer*, GmbHR 2000, 66, 67 f.; *Haas*, NZI 1999, 209, 214; *Hasselbach/Wicke*, BB 2001, 435, 435; *Holzapfel*, InVo 1999, 1, 3; *Kling*, NZG 2000, 872, 873; *Mack/Schwedhelm/Olbing*, GmbHR 1998, 1145, 1155; *H.-P. Müller/Haas*, in: Kölner Schrift, Rdnr. 44; *Reck*, ZInsO 1999, 195, 201; *K. Schmidt*, GmbHR 1999, 9, 11 ff.; *Sieger/Aleth*, GmbHR 2000, 462, 469; *Uhlenbruck*, KTS 1994, 169, 173; *Wessel*, DZWIR 1999, 230, 234. Offenbar auch *Schlitt*, NZG 1998, 701, 704 f.; *Wittig*, NZI 1998, 49, 54.
157 Baumbach/Hueck/*Schulze-Osterloh*, GmbHG, § 64, Rdnr. 18; Lutter/*Hommelhoff*, GmbHG, § 64, Rdnr. 17d; Tröndle/*Fischer*, StGB, Vor § 283, Rdnr. 9; *Götker*, Geschäftsführer, Rdnr. 296 ff.; *Groth*, Überschuldung, S. 97; *Haarmeyer/Wutzke/Förster*, Handbuch, Kapitel 1, Rdnr. 93; *Hirte*, Kapitalgesellschaftsrecht, Rdnr. 733; *Noack*, Gesellschaftsrecht, Rdnr. 80; *Obermüller*, Insolvenzrecht, Rdnr. 5.356; Obermüller/*Hess*, InsO, Rdnr. 108 (anders ders., InsO, § 19, Rdnr. 36); *Brüggemann*, NZG 1999, 811, 814; *Bittmann*, wistra 1999, 10, 15; *Buchholz*, in: AG-Handbuch, Teil 26, Abschnitt 3.2.2; *Hirte*, DStR 2000, 1829, 1831; *Lutter*, ZIP 1999, 641, 645 ff.; *Noack*, FS Claussen, S. 315. Wohl auch *Teller*, Rangrücktrittsvereinbarungen, S. 170 f.
158 Kübler/Prütting/*Pape*, InsO, § 19, Rdnr. 14; WP-Handbuch/*W. Müller*, Bd. II, Abschnitt L, Rdnr. 66; *Reck*, ZInsO 1999, 195, 201, der fälschlich davon spricht, daß die Insolvenzordnung und nicht die Regierungsbegründung eine entsprechende

soweit als gelöst angesehen, als daß eigenkapitalersetzende Gesellschafterdarlehen zu passivieren seien. Darüber hinaus sollen die einschlägigen Insolvenzstraftatbestände bejaht werden, ohne daß die Unklarheiten im Zusammenhang mit der Passivierung eigenkapitalersetzender Gesellschafterdarlehen bei der Bestimmung des normativen Tatbestandsmerkmals der Überschuldung zu beachten wären.[159] Auf Basis dieses Meinungsstandes ist zu untersuchen, wie eigenkapitalersetzende Gesellschafterleistungen im Überschuldungsstatus zu behandeln sind. Da sich jedoch – wie im Laufe der Untersuchung gezeigt werden wird – im Verhältnis zur Rechtslage unter der Konkursordnung keine grundlegenden Änderungen ergeben haben, werden immer wieder Vergleiche zur Rechtslage unter der Konkursordnung gezogen.

B. Eigenkapitalersetzende Gesellschafterdarlehen vor der Rückgewähr

I. Irrelevanz der Novellendarlehen für die Überschuldungsfeststellung

Aufgrund der tatsächlichen und dogmatischen Unterschiede zwischen Rechtsprechungs- und Novellendarlehen erscheint es angebracht, hinsichtlich der Behandlung im Überschuldungsstatus zwischen diesen zu differenzieren.[160] Bei Lichte betrachtet wird indes deutlich, daß Darlehen, die allein den Rechtsfolgen der Novellenregelung unterliegen, für die Überschuldungsfeststellung unbeachtlich sind und bei der Überschuldungsfeststellung außer Acht gelassen werden können.[161] Das beruht auf zweierlei Erwägungen: Zum einen bleibt kein Gläubiger unbefriedigt, in dessen Interesse ein Darlehen nach §§ 32a, b GmbHG, 135 InsO, 6 AnfG zurückverlangt werden könnte, sofern die Gesellschafter das gesamte Stammkapital mit „Rechtsprechungsdarlehen" abgedeckt haben.[162] Zum anderen kann es aufgrund der Passivierung eines Novellendarlehens nicht zur Überschuldung kommen. Letzteres beruht auf rechtstechni-

---

Bestimmung enthalte. Ähnlich *Moosmayer*, Einfluß, S. 164; *Bieneck*, StV 1999, 43, 46.
159 *Hess/Weiss*, InVo 1999, 33, 36. Diese Ansicht scheint bereits unter dem Gesichtspunkt des Art. 103 Abs. 2 GG mehr als zweifelhaft. Diese Zweifel können auch nicht mit einem Hinweis auf die ansonsten zu befürchtende Aushöhlung der Wirksamkeit der Insolvenzdelikte beseitigt werden. Wie hier *Fischer*, GmbHR 2000, 66, 70.
160 So denn auch *Schnell*, Gesellschafterleistungen, S. 103 ff., der hinsichtlich beider „Darlehensgruppen" zur Nichtpassivierung kommt. *Altmeppen*, ZIP 1997, 1173, 1176 hält eine solche Differenzierung für verfehlt.
161 Roth/*Altmeppen*, GmbHG, § 63, Rdnr. 17 stellt insoweit zutreffend fest, daß in Wirklichkeit nur der „Bereich" der Rechtsprechungsdarlehen eine Rolle spielt.
162 Vergl. Roth/*Altmeppen*, GmbHG, § 32a, Rdnr. 16 und 31; *Altmeppen*, ZIP 1997, 1173, 1176 Fn. 27. Der einzige in Betracht kommende unbefriedigte Gläubiger ist in diesem Fall der Darlehensgeber; in dessen Interesse ist das Verfahren jedoch nicht zu eröffnen, vergl. unten S. 298 f.

schen Erwägungen. Die Rechtsprechungsregeln greifen ein, sofern der Darlehensbetrag zur Deckung einer bestehenden Unterbilanz oder Überschuldung erforderlich ist. Für die Ermittlung des Ausmaßes, in dem die Darlehen der Auszahlungssperre unterliegen, ist zwar grundsätzlich die Handelsbilanz maßgeblich. Etwas anderes gilt jedoch, wenn die Existenz des Unternehmens durch die Auszahlung bedroht wird. In diesem Fall sind Liquidationswerte anzusetzen.[163] Da eine derartige Existenzbedrohung bei der Aufstellung des Überschuldungsstatus regelmäßig vorliegen wird, ist bei der Ermittlung des Bindungsumfanges nach den Rechtsprechungsregeln auf die Liquidationswerte abzustellen. Kommt es dann aber zu einer Überschuldung, so unterliegen die Darlehen im Umfang der Überschuldung den Rechtsprechungsregeln. Für die Novellenregeln bleibt im überschuldungsrelevanten Bereich kein Raum mehr.

Etwas anderes gilt in den Fällen, in denen der eigenkapitalersetzende Charakter eines Darlehens in Rede steht, welches vor der Aufstellung der Überschuldungsbilanz zurückgewährt wurde. Dann orientiert sich die Zuordnung zu den Rechtsprechungs- und den Novellenregeln nicht am Umfang der Unterbilanz bzw. Überschuldung im Zeitpunkt der Bilanzaufstellung, sondern im Zeitpunkt der Rückzahlung. Auf diesen kann aber kein Einfluß mehr genommen werden.

II. Systematische Erwägungen

1. Nachrangige Verbindlichkeiten als Verbindlichkeiten i.S.d. § 19 Abs. 2 S. 1 InsO?

In der Literatur wurde der Versuch unternommen, in § 19 Abs. 2 S. 1 i.V.m. § 39 Abs. 1 und 2 InsO einen Niederschlag des gesetzgeberischen Willens zu sehen und daraus einen Passivierungszwang für nachrangige Verbindlichkeiten abzuleiten.[164] Da bei der Feststellung der rechnerischen Überschuldung auf die bestehenden Verbindlichkeiten abzustellen sei, müßten die nachrangigen Verbindlichkeiten einbezogen werden. Sie sind lediglich in ihrer Durchsetzbarkeit gehemmt, bestehen aber weiterhin. Wäre diese Argumentation richtig, so bliebe auch kein Raum mehr dafür, die Passivierungspflicht eigenkapitalersetzender Darlehen durch einen Rangrücktritt abzuwenden, denn der Rangrücktritt läßt den Bestand der Forderung unberührt[165] – sowohl eigenka-

---

163 Vergl. hierzu oben S. 34.
164 In diesem Sinne Kübler/Prütting/*Holzer*, InsO, § 39, Rdnr. 22b; Hess/*Pape*, InsO, Rdnr. 109; *Uhlenbruck*, in: K. Schmidt/Uhlenbruck, Eröffnungsgründe, S. 187; *Temme*, Rdnr. 611; *Wolf*, Überschuldung, S. 134; *Beintmann*, BB 1999, 1543, 1548; *Bieneck*, StV 1999, 43, 46; *Janssen*, NWB 1998, 1405, 1406. Vergl. auch Roth/*Altmeppen*, GmbHG, § 63, Rdnr. 17; *Altmeppen*, ZIP 1997, 1173, 1176. So jetzt wohl auch BGH, Urt. vom 08.01.2001, BB 2001, 430, 433; *Goette*, DStR 2001, 179, 179.
165 Ebenso *K. Schmidt*, GmbHR 1999, 9, 10. Dennoch wird in der Literatur die Passivierung eigenkapitalersetzender Darlehen mit der Verfahrensteilnahme begründet,

pitalersetzende Darlehen mit als auch ohne Rangrücktrittsvereinbarung müßten passiviert werden.

Eine Gleichsetzung der im Insolvenvenzverfahren zu bedienenden Verbindlichkeiten mit denen, die im Überschuldungsstatus anzusetzen sind, verbietet sich bereits aus systematischen Gründen. Nach § 39 Abs. 1 Nr. 1 und 2 InsO nehmen auch solche Forderungen als nachrangige am Insolvenzverfahren teil, die erst nach bzw. durch die Verfahrenseröffnung entstehen. Diese fallen bereits begrifflich nicht unter die „bestehenden Verbindlichkeiten" im Sinne des § 19 Abs. 2 S. 1 InsO.[166] Darüber hinaus verbietet der Sinn und Zweck der Überschuldungsprüfung die Einbeziehung solcher Verbindlichkeiten, die erst durch die Verfahrenseröffnung entstehen.[167] Wird demgegenüber explizit vorgeschlagen, nur die nachrangigen Verbindlichkeiten im Überschuldungsstatus zu berücksichtigen, die vor der Stellung des Insolvenzantrages entstanden sind,[168] so kann die Passivierungspflicht jedenfalls nicht mit der Verfahrensteilnahme der nachrangigen Verbindlichkeiten begründet werden.

Diese Überlegungen werden durch die Gesamtsystematik der Insolvenzordnung gestützt. Die Insolvenzordnung folgt einem anderen Abwicklungsmodell als die Konkursordnung. Während das Konkursverfahren mit der Verwertung des Gesellschaftsvermögen beendet war und die restliche Abwicklung den Liquidatoren überließ,[169] liegt der Insolvenzordnung der Vollabwicklungsgrundsatz zugrunde. Zwar wurde § 1 Abs. 2 S. 3 des Regierungsentwurfs[170] durch den Rechtsausschuß zur redaktionellen Straffung gestrichen.[171] Damit hat sich aber das der Insolvenzordnung zugrundeliegende Konzept nicht geändert. Das folgt insbesondere aus der – praktisch unbedeutenden, systematisch aber um so wichtigeren – Anordnung des § 199 S. 2 InsO,[172] nach der ein möglicher Abwicklungsüberschuß an die Gesellschafter auszukehren ist. In diesem Kontext ist auch § 39 InsO zu sehen, der mit dem Ziel eingeführt wurde,

---

gleichzeitig aber (insofern inkonsequent) ein Rangrücktritt zur Abwendung der Passivierungspflicht für ausreichend gehalten; so etwa *Temme*, Eröffnungsgründe, S. 196 ff.; *Uhlenbruck*, in: K. Schmidt/Uhlenbruck, Rdnr. 611 und 613; *Wolf*, Überschuldung, S. 155. Das BGH Urt. vom 08.01.2001, BB 2001, 430, 432, verlangt deshalb einen Rücktritt in den Rang des § 199 InsO.
166 So jetzt auch *Götker*, Geschäftsführer, Rdnr. 302.
167 Siehe oben S. 281 f.
168 So etwa FK-InsO/*Schmerbach*, § 19, Rdnr. 18; *Holzapfel*, InVo 1999, 1, 3.
169 Vergl. hierzu Hachenburg/*Ulmer*, GmbHG, § 63, Rdnr. 107; Baumbach/Hueck/Schulze-Osterloh, GmbHG (16. Aufl.), § 63, Rdnr. 48; *K. Schmidt*, Wege, S. 160 f.
170 RegE. BT-Drcks. 12/2443, S. 10: „Bei juristischen Personen und Gesellschaften ohne Rechtspersönlichkeit tritt das Verfahren an die Stelle der gesellschafts- oder organisationsrechtlichen Abwicklung."
171 Vergl. Begr. RA, BT-Drcks. 12/7302, S. 155.
172 Ebenso *Noack*, Gesellschaftsrecht, Rdnr. 88; *Altmeppen* ZHR 164 (2000), 349, 351; *Niesert*, InVo 1998, 242, 243 f.; *K. Schmidt*, GmbHR 1999, 9, 11 f. A. A. Hess/*Pape*, InsO, Rdnr. 34, der im Gesetzestext keinen Anhaltspunkt für den Vollabwicklungsgrundsatz findet.

nach vollständiger Befriedigung aller erstrangigen Gläubiger die Auskehrung des Überschusses an den Schuldner zu verhindern; vorher sollen die in § 39 InsO genannten Forderungen bedient werden.[173] Damit ist die Berücksichtigung der nachrangigen Verbindlichkeiten im Insolvenzverfahren allein rechtstechnische Folge des in die Insolvenzordnung eingeflossenen Vollabwicklungsgrundsatzes[174] und stellt keine Aufwertung des Eigenkapitalersatzes dar.[175] Allein auf diese Weise konnte unter der Maxime der Vollabwicklung erreicht werden, daß die – im Konkursverfahren aufgrund von § 63 KO nicht zu berücksichtigenden[176] – in § 39 InsO genannten Verbindlichkeiten vor den Residualansprüchen der Gesellschafter befriedigt werden können. Namentlich wird hierdurch eine Auseinandersetzung aufgrund nachrangiger Verbindlichkeiten zwischen den Gesellschaftern vermieden. Beruht aber die Einbeziehung der nachrangigen Verbindlichkeiten ausschließlich auf rechtstechnischen Erwägungen, so kann hieraus nichts für ihre Behandlung im Überschuldungsstatus abgeleitet werden.

Damit hat sich der Wille des Gesetzgebers weder im Wortlaut noch in der Systematik der Insolvenzordnung niedergeschlagen.[177] Insofern spricht die Aufnahme nachrangiger Verbindlichkeiten in das Insolvenzverfahren nur vordergründig für eine Passivierungspflicht[178] – materiell-rechtlich bleibt die Rechtslage unter der Insolvenzordnung grundsätzlich die gleiche wie unter der Konkursordnung.[179]

---

173 Begr. RegE. BT-Drcks. 12/2443, S. 123. Bei Begr. RegE BT-Drcks. 12/2443, S. 83 f. heißt es denn auch: „Die Einbeziehung der Inhaber von nachrangigen Forderungen und von Eigentumstiteln in das Insolvenzverfahren gestattet es, die Vollabwicklung des Schuldnervermögens als insolvenzrechtliche Aufgabe zu bewältigen." Kritisch zu diesem Regelungsziel *Loritz*, Insolvenzrecht im Umbruch, S. 96 f.
174 *Götker*, Geschäftsführer, Rdnr. 286; *Fischer*, GmbHR 2000, 66, 67, *A. Früh*, GmbHR 1999, 842, 846; *Haas*, NZI 1999, 209, 210; *Kleindiek*, in: Handbuch, Teil 7, Rdnr. 7.38; *Lutter*, ZIP 1999, 641, 645; *K. Schmidt*, GmbHR 1999, 9, 11. Vergl. auch *Livonius*, ZInsO 1998, 309, 311, die von § 39 Abs. 2 InsO als „Verteilungsregelung" spricht. Siehe auch schon *Ulmer*, in: Neuordnung des Insolvenzrechts, S. 125.
175 Nach *Altmeppen* ZHR 164 (2000), 349, 351 f. spricht gerade § 199 S. 2 InsO dafür, eigenkapitalersetzende Gesellschafterdarlehen zu passivieren, da sie nicht mehr dem Eigenkapital zuzuschlagen seien.
176 *Lenz*, GmbHR 1999, 283, 284. Vergl. auch *Loritz*, Insolvenzrecht im Umbruch, S. 91.
177 *Kleindiek*, in: Handbuch, Teil 7, Rdnr. 7.43; *Noack*, in: Insolvenzrecht, S. 209; *ders.*, FS Claussen, S. 315. So auch *Temme*, Eröffnungsgründe, S. 179, anders aber auf S. 187 f. Vergl. auch GroßKomm-AktG/*Habersack*, § 92, Rdnr. 59; *K. Schmidt*, GmbHR 1999, 9, 11 ff.
178 *Haas*, NZI 1999, 209, 210; *Lutter*, ZIP 1999, 641, 645; *K. Schmidt*, in: Insolvenzrecht 1998, S. 297 f.
179 *Noack*, Gesellschaftsrecht, Rdnr. 79; *K. Schmidt*, GmbHR 1999, 9, 11; *ders.*, in: Insolvenzrecht 1998, S. 296. Vergl. auch *Brüggemann*, NZG 1999, 811, 811.

2. Verfahrenseröffnung zum Schutze nachrangiger Gläubiger?

Von dieser Argumentation schwer trennen läßt sich die Frage, ob das Insolvenzverfahren zum Schutze nachrangiger Gläubiger zu eröffnen ist. Nach einer Auffassung gründet die Notwendigkeit, das Insolvenzverfahren auch zum Schutz der nachrangigen Gläubiger zu eröffnen, auf der „Einsicht, daß der Konkursgrund der Überschuldung auch dann vorliegen muß, wenn bestimmte Gläubiger aus Gründen ihrer Nähe zur Gemeinschuldnerin im Konkurs nicht befriedigt werden sollen".[180] Die Gegenansicht stellt demgegenüber fest: „Um dieser Forderungen willen wird das Insolvenzverfahren bestimmt nicht betrieben, [...]. [...] Das hat niemand gewollt und kann auch niemand wollen, [...]. [...] Gewiss nicht!"[181] Diese Zitate verdeutlichen bereits, daß die vorliegende Diskussion weniger von Sachargumenten als vielmehr von Glaubensbekenntnissen bestimmt wird. Sie hat zwar bereits unter der Konkursordnung ihren Anfang genommen, erlangt aber unter der Insolvenzordnung besondere Bedeutung, weil die nachrangigen Gläubiger nunmehr am Insolvenzverfahren teilnehmen. Da diese Änderung jedoch allein rechtstechnisch bedingt ist, kann aus ihr für die vorliegende Frage nichts gewonnen werden; entscheidend muß vielmehr die Stellung der nachrangigen Gläubiger im Verfahren sein.

Die gesetzlich vorgegebene Stellung des nachrangigen Gläubigers im Insolvenzverfahren[182] spricht gegen eine Verfahrenseröffnung allein zu ihrem Schutze. Sie nehmen zwar am Verfahren teil, aber selbst der Gesetzgeber ging davon aus, daß regelmäßig nicht mit ihrer Befriedigung zu rechnen ist. Aus diesem Grunde ist regelmäßig die Anmeldung nachrangiger Verbindlichkeiten zum Verfahren erst nach ausdrücklicher Aufforderung durch das Insolvenzgericht zulässig, § 174 Abs. 3 S. 1 InsO. Sind die nachrangigen Gläubiger nur ausnahmsweise befugt, ihre Forderungen zum Verfahren anzumelden, so ist dies ein Indiz dafür, daß das Verfahren nicht ihrer Befriedigung dienen soll.[183] Für die Forderungen aus eigenkapitalersetzenden Darlehen, als der wichtigsten Gruppe der nachrangigen Verbindlichkeiten, folgt dies auch aus den §§ 32b GmbHG, 135 InsO, wonach zurückgewährte Leistungen angefochten werden können. Eine solche Regelung wäre mit dem Zweck, durch das Insolvenzverfahren auch die nachrangigen Gläubiger zu schützen, nur schwerlich vereinbar. Unterstrichen werden diese Erwägungen durch einen Blick auf § 225 Abs. 1 InsO, wonach die nachrangigen Forderungen im Insolvenzplanverfah-

---

180 Roth/*Altmeppen*, GmbHG, § 63, Rdnr. 17; *Altmeppen*, ZIP 1997, 1173, 1176.
181 *Lutter*, ZIP 1999, 641, 645; ähnlich *K. Schmidt*, GmbHR 1999, 9, 12: „[...] denn wer wollte nur um der nach § 32a GmbHG als Risikokapital zu behandelnden Forderung Willen ein Insolvenzverfahren eröffnen?"; zustimmend *Fischer*, GmbHR 2000, 66, 68. Im Ergebnis ebenso *Teller*, Rangrücktrittsvereinbarungen, S. 170; *Brüggemann*, NZG 1999, 811, 814; *A. Früh*, GmbHR 1999, 842, 846; *Noack*, FS Claussen, S. 315. So bereits zur Konkursordnung *Fleck*, GmbHR 1989, 313, 323; *Kühn*, DB 1970, 549, 554; *Serick*, ZIP 1980, 9, 15.
182 Ausführlich hierzu oben S. 265 ff.
183 Ebenso jüngst *Haas*, NZI 1999, 209, 211; *Hirte*, DStR 2000, 1829, 1829 f.

ren als erlassen gelten.[184] Nach der gesetzlichen Grundwertung werden die nachrangigen Gläubiger von diesem durch die Gläubigerautonomie geprägten Insolvenzinstrument[185] ebenso ausgeschlossen, wie ihre Verfahrensstellung ansonsten erheblichen Einschränkungen unterliegt.

Darüber hinaus kämen als zu schützende Personengruppen allein die in § 39 Abs. 1 Nr. 3–5 und Abs. 2 InsO genannten Gläubiger in Betracht. Die in § 39 Abs. 1 Nr. 1 und 2 InsO genannten Forderungen bestehen vor Verfahrenseröffnung noch nicht. Für sie fehlt es bereits am besonderen Schutzbedürfnis.[186] Namentlich eigenkapitalersetzende Gesellschafterdarlehen und Verbindlichkeiten mit vertraglichem Rangrücktritt sind jedoch haftungsrechtlich dem Eigenkapital gleichgestellt. Mit dieser materiellen Gleichstellung geht zwangsläufig die verfahrensmäßige einher; auch wenn ein Auskehrungsanspruch besteht, so kann doch das Insolvenzverfahren zur Durchsetzung derartiger Residualansprüche nicht betrieben werden.[187]

3. Liquidationspflicht beim Fehlen von Eigenkapital?

Ein anderer Begründungsansatz für eine Passivierungspflicht[188] geht davon aus, daß die Umqualifizierung in Eigenkapitalersatz das Fehlen von Eigenkapital dokumentiere. In einer solchen Lage sei die Gesellschaft zu liquidieren oder zu sanieren. Zu einer Wahl zwischen Liquidaiton und Sanierung lasse sich der Gesellschafter nur zwingen, wenn sein Darlehen im Überschuldungsstatus passiviert werde.

Diese Begründung der Passivierungspflicht steht und fällt mit der Richtigkeit der Annahme, daß beim Fehlen von Eigenkaital eine Pflicht zur Wahl zwischen Liquidation und Sanierung besteht. Da es um die Bestimmung des Überschuldungstatbestandes geht, kann eine solche nicht aus § 19 Abs. 2 InsO abgeleitet werden. Allerdings wird vereinzelt versucht, einen derartigen Entscheidungszwang aus §§ 49 Abs. 3 GmbHG, 92 Abs. 1 AktG zu folgern.[189] Eine derartige

---

184 Weiterhin sind die nachrangigen Gläubiger aufgrund von § 246 InsO weitgehend von der Mitwirkung am Insolvenzplan ausgeschlossen.
185 *Häsemeyer*, Insolvenzrecht, Rdnr. 28.01, 28.03. Vergl. auch Begr. RegE, BT-Drcks. 12/2443, S. 90 f.
186 Vergl. auch *Teller*, Rangrücktrittsvereinbarungen, S. 169; *K. Schmidt*, GmbHR 1999, 9, 12 f.
187 Vergl. auch *Harald Herrmann*, Quasi-Eigenkapital, S. 128, der es ablehnt, eine Passivierungspflicht darauf zu stützen, daß andere im Rang zurückgetretene Gläubiger zu schützen seien. *Kurth/Delhaes*, DB 2000, 2577, 2579 verneinen das wirtschaftliche Interesse der Gesellschafter an der Insolvenzeröffnung wegen einer nachrangigen Forderung.
188 Roth/*Altmeppen*, GmbHG, § 63, Rdnr. 17; *Altmeppen*, ZIP 1997, 1173, 1176; *Altmeppen* ZHR 164 (2000), 349, 366 ff. Vergl. auch BGH, Urt. vom 06.12.1993, BB 1994, 392, 393 f. = BGHZ 124, 282, 288 = NJW 1994, 724, in dem ähnliche Erwägungen zur Bilanzierung in der Vorbelastungsbilanz gemacht werden.
189 *Geßler*, ZIP 1981, 228, 231; *Horst Herrmann*, in: 50 Jahre WP-Beruf, S. 166.

Auslegung widerspricht indes nicht nur der h. M.,[190] die eine Information der Anteilseigner zur Beratung über mögliche Sanierungsmaßnahmen verlangt, sondern würde ebenfalls zu einer Aushöhlung der Insolvenzeröffnungstatbestände führen. Auf diese Weise würde es – durch ein gesellschaftsrechtliches Gesetz – zu einer indirekten Vorverlagerung der Insolvenzpflicht kommen: Da das Fehlen von Eigenkapital bereits durch das Vorliegen einer Unterbilanz dokumentiert wird, würde diese und nicht mehr die Überschuldung zur Stellung eines Insolvenzantrages verpflichten. Aus der Kapitalrichtlinie, die in Art. 17 eine Einberufung verlangt, „um zu prüfen, ob die Gesellschaft aufzulösen ist oder andere Maßnahmen zu ergreifen sind", kann nichts Gegenteiliges gefolgert werden. Denn jedenfalls zur Auslegung des § 49 Abs. 3 GmbHG kann sie nicht herangezogen werden; sie richtet sich nach ihrem Art. 1 ausschließlich an die Aktiengesellschaft. Außerdem scheint sie weniger eine Anpassung des Grundkapitals oder die Auflösung der Gesellschaft,[191] als vielmehr eine Beschlußfassung über die Notwendigkeit oder Entbehrlichkeit bestimmter Maßnahmen zu verlangen.[192] Damit besteht bereits keine Pflicht, beim bloßen „Fehlen" von Eigenkapital die Gesellschaft zu sanieren oder zu liquidieren.[193]

Doch selbst wenn §§ 49 Abs. 3 GmbHG, 92 Abs. 1 AktG eine Entscheidung zwischen Liquidation und Sanierung verlangen würden, ließe sich hiermit keine Passivierungspflicht begründen. Die vorgenannten Normen setzen eine qualifizierte Unterbilanz voraus, die Kapitalersatzregeln greifen demgegenüber bereits bei einer einfachen. Auch könnte ein Rangrücktritt die Passivierungspflicht nicht mehr abwenden, denn dieser führt nur zu einer Gleichstellung mit Eigenkapitalersatz, womit Verbindlichkeiten mit Rangrücktritt ebenso wie eigenkapitalersetzende Gesellschafterleistungen weiterhin zu passivieren wären – eine Rechtsfolge, die unzweifelhaft für die Konkursordnung nicht beabsichtigt ist.[194] Letztlich würde eine derartige Verpflichtung gegen die Finanzierungsfreiheit verstoßen.[195]

---

190 Rowedder/*Koppensteiner*, GmbHG, § 49, Rdnr. 1; Scholz/*K. Schmidt*, GmbHG (8. Aufl.), § 49, Rdnr. 21. Ebenso der BGH, Urt. vom 09.07.1979, BB 1979, 1629, 1629f. = NJW 1979, 1829, 1831 zur Parallelvorschrift im AktG. Ausführlich zur ratio der §§ 49 Abs. 3 GmbHG, 92 Abs. 1 AktG *W. Müller*, ZGR 1985, 191, 193 ff.; *Kühnberger*, DB 2000, 2077, 2077 ff.; *Priester*, ZGR 1999, 533, 536 ff.
191 So aber *Niessen*, AG 1970, 281, 291. Vergl. auch *Hommelhoff*, in: Handbuch, Teil 2, Rdnr. 2.32.
192 So denn auch *Ankele*, BB 1970, 988, 991.
193 Diese Feststellung steht nicht im Widerspruch zur Begründung des Eigenkapitalersatzrechts durch die Rechtsprechung (siehe hierzu ausführlich oben S. 58 ff.). Zwar geht diese grundsätzlich von einer Handlungspflicht aus, allerdings erst ab Vorliegen eines Konkurs-/Insolvenztatbestandes. Die Vorverlagerung auf den Zeitpunkt der Kreditunwürdigkeit ist demgegenüber eigenkapitalersatzspezifisch und kann nicht verallgemeinert werden. Vergl. auch *Eichele*, Reichweite, S. 63 f.
194 So läßt denn auch Roth/*Altmeppen*, GmbHG, § 63, Rdnr. 19 – insofern inkonsequent – einen Rangrücktritt für einen Verzicht auf die Passivierung ausreichen.
195 *K. Schmidt*, GmbHR 1999, 9, 13.

Die Umqualifzierung eines Darlehens in Eigenkapitalersatz dokumentiert das Fehlen von Eigenkapital, Rückschlüsse auf die Behandlung im Überschuldungsstatus können hieraus allerdings nicht gezogen werden.

4. Absehen von der Passivierung als insolvenzrechtliche Vorwegnahme gesellschaftsrechtlicher Folgen?

In Anlehnung an die Auffassung,[196] die für den Jahresabschluß eine besondere Hinweispflicht auf eigenkapitalersetzende Darlehen mit der Begründung ablehnt, sie würde zu einer bilanziellen Vorwegnahme der gesellschaftsrechtlichen Folgen führen, wird der Verzicht auf die Passivierung unter Berufung darauf abgelehnt, dies komme einer gedanklichen Vorwegnahme des Konkurs- bzw. Insolvenzeintrittes gleich.[197] Dem kann bereits im Ausgangspunkt nicht zugestimmt werden. Da für die den Rechtsprechungsregeln unterfallenden Darlehen bereits vor der Insolvenzeröffnung eine Rückzahlungssperre besteht, kann sich die vorgenannte Argumentation allein auf die den Novellenregeln unterliegenden Darlehen beziehen. Diese sind indes für die Überschuldungsfeststellung nicht von Bedeutung. Die insolvenzrechtliche Systematik stellt insofern kein Argument für die Passivierung dar.

5. Zwischenergebnis

Eine Betrachtung der Systematik von Kapitalersatz- und Insolvenzrecht konnte keine abschließende Klärung der Behandlung nachrangiger Verbindlichkeiten im Überschuldungsstatus bringen. Namentlich kann allein aus der Tatsache, daß derartige Verbindlichkeiten am Insolvenzverfahren teilnehmen, nicht auf ihre Passivierung geschlossen werden; insofern ist im Vergleich zur Rechtslage unter der Konkursordnung keine Änderung eingetreten.

III. Dogmatische Erwägungen

In jüngster Zeit hat sich die Erkenntnis durchgesetzt, daß nicht nur die Systematik, sondern auch die Dogmatik des Kapitalersatzrechts Einfluß auf ihre Behandlung im Überschuldungsstatus haben kann.[198] So könnte es „dysfunktional" sein, eigenkapitalersetzende Gesellschafterdarlehen im Überschuldungsstatus nicht anzusetzen, wenn diese ihre dogmatische Grundlage – entgegen der hier vertretenen Ansicht – darin fänden, daß die Liquidation durch die Darlehensgewährung zum Nachteil der Gläubiger hinausgeschoben

---

196 Siehe hierzu oben S. 132.
197 *Beintmann*, Gesellschafterdarlehen, S. 125; ähnlich *Tappmeier*, EWiR § 64 GmbHG, 4/95, 1995, 1203, 1204.
198 Zur dogmatischen Abstimmung von Eigenkapitalersatzrecht und Überschuldungsprüfung jüngst *Fastrich*, FS Zöllner, Bd. I, S. 151 ff.; *Haas*, NZI 1999, 209, 210 f. Einen ähnlichen Ansatz wählt *Gschwendtner*, DStR, Beihefter zu Heft 32/1999, S. 8 für das Steuerrecht.

wird.[199] Diese Argumentation übersieht jedoch, daß jede Finanzierung einer krisenbehafteten Gesellschaft deren Todeskampf verlängern kann; das gilt für Fremd- und Eigenkapital gleichermaßen.[200] Insofern müßte in der Krise zugeführtes Eigenkapital im Überschuldungsstatus ebenfalls passiviert werden. Dieser Ansatz kann nicht überzeugen.

Wird der Grund für die Umqualifizierung der Darlehen in Übereinstimmung mit der Rechtsprechung darin gesehen, daß die Gesellschafter sich bei der Wahl zwischen Nachschuß von Haftkapital und Liquidation für einen dritten Weg entschlossen haben, so spricht viel dafür, von der Passivierung abzusehen. Für Darlehen, die in der Krise neu zugeführt wurden, hat dies der BGH zumindest indirekt anerkannt.[201] Zwar kann in diesen Fällen ein konkludenter Rangrücktritt angenommen werden.[202] Sollte die Passivierungspflicht aufgrund der Unsicherheiten bei der Einordnung als Haftkapital indes vom Vorliegen eines Rangrücktritts abhängen, so könnte ein konkludenter oder formfreier Rangrücktritt nicht genügen. Mangels Beweisbarkeit trägt er nicht zur Rechtssicherheit bei.[203] Müßten derartige Darlehen aufgrund des Fehlens eines ausdrücklichen Rangrücktritts bzw. eines schriftlichen Rangrücktrittsangebots passiviert werden, so würde der Gesellschafter ohne sachliche Begründung doppelt belastet:[204] Sein Darlehen wird in Haftkapital umqualifiziert, und die Fortführung der Gesellschaft würde zudem für den Gesellschafter objektiv eine (Beihilfe bzw. Anstiftung zur) Insolvenzverschleppung mit all ihren zivil- und strafrechtlichen Konsequenzen darstellen.[205] Dieses Ergebnis ist widersprüchlich.[206] Wenn die Rechtsordnung die von den Gesellschaftern

---

199 Roth/*Altmeppen*, GmbHG, § 63, Rdnr. 17. Vergl. auch *Beintmann*, Gesellschafterdarlehen, S. 107f.; *Altmeppen* ZHR 164 (2000), 349, 366f.; *Haas*, NZI 1999, 209, 211.
200 Ebenso *Haas*, NZI 1999, 209, 211.
201 BGH, Urt. vom 14.12.1959, BGHZ 31, 258, 273 = NJW 1960, 285 = BB 1960, 18 (insoweit nicht abgedruckt); Urt. vom 15.11.1962, GmbHR 1963, 208, 208. Vergl. hierzu auch *Fastrich*, FS Zöllner, Bd. I, S. 151 ff. Im Zusammenhang mit § 251 Abs. 3 Nr. 4 des Vorentwurfes eines Bilanzrichtliniegesetzes schien der Gesetzgeber ebenfalls dieser Ansicht gewesen zu sein, denn dort ist von Darlehen die Rede, die „zur Abwendung des Konkurses" nicht geltend gemacht werden dürfen; in der Begründung findet indes der Rangrücktritt keine Erwähnung.
202 Vergl. etwa Hachenburg/*Ulmer*, GmbHG, § 32a, b, Rdnr. 19.
203 Ebenso *Peters*, WM 1988, 685, 691. A. A. aber *Priester*, DB 1977, 2429, 2432: ausdrücklich aber formfrei; *Fleck*, FS Döllerer, S. 126; *Kamprad*, FS Meilicke, S. 62; *Kroppen*, DB 1977, 663, 666; *K. Schmidt*, FS Goerdeler, S. 505; *Ulmer*, GmbH-Recht, S. 68: konkludent und formfrei. Vergl. hierzu auch *Beintmann*, Gesellschafterdarlehen, S. 165.
204 Vergl. auch die ähnlichen Erwägungen bei *Klaus*, Gesellschafterfremdfinanzierung, S. 459 für den Jahresabschluß.
205 Vergl. nur *Hartung*, NJW 1996, 229, 231; *Koppensteiner*, AG 1998, 308, 313; *K. Schmidt*, GmbHR 1999, 9, 12.
206 Ebenso *Lutter*, ZIP 1999, 641, 647, der dieses Ergebnis für unvertretbar hält.

gewählte Form (Fremdkapital) nicht akzeptiert, sondern durch eine andere (Haftkapital) ersetzt, muß sie die von ihr selbst gesetzte Form auch gegen sich gelten lassen. Mit anderen Worten: Begnügt sich die Rechtsordnung nicht damit, eine Insolvenzverschleppung aufgrund von Überschuldung anzunehmen, sondern stellt den Gesellschafter durch die Umqualifizierung des Darlehens in Haftmittel so, als hätte er die Gesellschaft in zulässiger Weise fortgeführt, so muß sie diese Umqualifizierung auch im Rahmen der Überschuldungsprüfung anerkennen. Gleiches gilt, wenn mit der hier vertretenen Ansicht der Grund für die Umqualifizierung von Fremd- in Haftkapital im Gleichlauf von Risiken und Chancen gesehen wird: Soll es sich um Haftkapital handeln, weil sich die Gesellschafter durch die Gewährung der Darlehen Chancen eröffnet haben, die ihnen nur zustehen sollen, wenn sie zugleich ein entsprechendes Risiko tragen, so müssen die Chancen, mit denen die Umqualifizierung begründet wird, auch gewährt werden. Dieser Argumentation kann nicht entgegengehalten werden, die Kapitalersatzregeln hätten nicht den Sinn, ein Insolvenzverfahren zu vereiteln, solange kein Rangrücktritt vorliegt.[207] Dieser Einwand läßt die historische Entwicklung des Eigenkapitalersatzrechts außer Acht und stellt darüber hinaus eine unbewiesene Behauptung dar.

Stellte die Fortführung der Gesellschaft aufgrund der mit der Darlehensgewährung verbundenen Passivierungspflicht objektiv regelmäßig eine Insolvenzverschleppung dar, so bestünde die Gefahr eines weiteren Widerspruchs. Denn die Haftung des Gesellschafters aufgrund der Gewährung von Eigenkapitalersatz wird auf den Betrag der gewährten Darlehen beschränkt; ein Durchgriff auf das Privatvermögen kommt nicht in Betracht.[208] Diese haftungsbegrenzende Wirkung des Kapitalersatzrechts droht indes unterlaufen zu werden, wenn in jeder Leistung von Kapitalersatz eine (Beihilfe zur) Insolvenzverschleppung[209] gesehen werden kann.

---

207 So aber ausdrücklich Roth/*Altmeppen*, GmbHG, § 63, Rdnr. 17. A.A. wohl *Brüggemann*, NZG 1999, 811, 813.
208 So auch schon *v. Gerkan/Hommelhoff*, Kapitalersatz, Rdnr. 1.32; *Hirte*, ZInsO 1998, 147, 154; zustimmend *Bormann*, NZI 1999, 389, 391. Vergl. auch *Hommelhoff*, in: Handbuch, Teil 2, Rdnr. 2.22.
209 So im Ansatz *Kallmeyer*, in: GmbH-Handbuch I, Rdnr. 372; *Reiner*, FS Boujong, S. 451 f.; vergl. auch *Karollus*, ZIP 1995, 269, 273. Allerdings ist zu berücksichtigen, daß die Gesellschafter keine eigene Insolvenzantragspflicht trifft, solange sie nicht „faktische Geschäftsführer" sind. Insofern trifft sie eine deliktische Haftung allein im Falle des § 826 BGB oder der Mittäter- bzw. Gehilfenschaft (§ 830 Abs. 2 BGB). Letztere kann zwar nach Mindermeinung auch bei nicht vorsätzlichen Konkursverschleppung durch den Geschäftsführer möglich sein (so etwa *Scholz/K. Schmidt*, GmbHG (8. Aufl.), § 64, Rdnr. 45 m.w.N.), setzt aber jedenfalls Vorsatz des Gesellschafters voraus (a.A. *Karollus*, ZIP 1995, 269, 273 Fn. 52). Das Vorliegen dieses weiteren Erfordernisses könnte die Aufhebung der haftungsbeschränkenden Wirkung des Kapitalersatzrechts begründen.

Von anderer Seite[210] wird mit dem Sinn und Zweck des Eigenkapitalersatzrechts argumentiert, welcher im Gläubigerschutz bei der Unternehmensfortführung in der Krise bestehe. Verwirklicht werden könne er indes nur, wenn Eigenkapitalersatz in der Überschuldungsbilanz als Fremdkapital anzusetzen sei. Die Kritik an dieser Argumentation setzt an ihrer Grundannahme an. So ist zwar für die Novellenregeln anerkannt, daß sie ausschließlich dem Gläubigerschutz dienen,[211] ob das allerdings auch für die Rechtsprechungsregeln gilt, ist zweifelhaft, denn im direkten Anwendungsbereich des § 30 GmbHG dient die Kapitalerhaltung zumindest auch den Interessen der Gesellschaft und Gesellschafter.[212] Diese Schutzrichtung muß dann aber – in Übereinstimmung mit dem hier vertretenen präventiven Charakter der Rechtsprechungsregeln – im Bereich des Kapitalersatzrechts ebenfalls gelten.[213] Hieraus könnte der Schluß gezogen werden, die Rechtsprechungsregeln würden der Ermöglichung des Fortbestandes der Gesellschaft dienen,[214] was nur durch einen Verzicht auf die Passivierung erreicht werden könnte.[215] Doch selbst wenn die Rechtsprechungsregeln nicht allein den Gläubigerschutz bezwecken,[216] so sollen sie diesem doch auch dienen. Das wird nicht zuletzt dadurch deutlich, daß der BGH[217] selbst die Fortgeltung seiner Regeln neben den Vorschriften des GmbH-Gesetzes damit begründet hat, daß ansonsten Schutzlücken entstünden. Aufgrund der mehrdeutigen Schutzrichtung kann somit aus der

---

210 Roth/*Altmeppen*, GmbHG, § 63, Rdnr. 17; *Altmeppen*, ZIP 1997, 1173, 1176; *Vonnemann*, GmbHR 1989, 145, 150 mit Zahlenbeispiel in Fn. 61. *Fastrich*, FS Zöllner, Bd. I, S. 160 hält aufgrund dieser Überlegungen den Verzicht auf eine Passivierung nicht für zwingend.
211 Kritisch aber nunmehr *Grunewald*, GmbHR 1997, 7, 8, die aus § 32a Abs. 3 S. 3 GmbHG schließt, daß das Eigenkapitalersatzrecht nicht dem Gläubigerschutz dienen könne. *Götz/Hegerl*, DB 1997, 2365, 2365 sprechen davon, daß sich das Gläubigerschutzargument scheinbar abgenutzt habe. Ähnlich auch *Harrer*, GesRZ 1998, 183, 184.
212 OLG Brandenburg, Urt. vom 26.11.1997, NZG 1998, 306, 307; *Lutter/Hommelhoff*, GmbHG, § 30, Rdnr. 1; *Kleffner*, Erhaltung, S. 24. *Fleck*, 100 Jahre GmbHG, S. 395 spricht vom „Erhaltungsinteresse der Gesellschaft", allerdings liege der Schwerpunkt des Kapitalerhaltungsrechts in der GmbH – anders als bei der AG – nicht auf dem Schutz der Gesellschaft, sondern auf dem mittelbaren Gläubigerschutz, a.a.O., S. 398.
213 Ebenso *Lutter/Hommelhoff*, GmbHG, §§ 32a/b, Rdnr. 12; *Fastrich*, FS Zöllner, Bd. I, S. 156; *Hommelhoff/Kleindiek*, 100 Jahre GmbHG, S. 429; *Reiner*, FS Boujong, S. 439.
214 Vergl. auch *Beine*, Gesellschafterleistungen, S. 220; *Fastrich*, FS Zöllner, Bd. I, S. 160 – beide freilich ablehnend.
215 Vergl. zu entsprechenden Überlegungen im Zusammenhang mit der Bilanzierung im Jahresabschluß vergl. oben S. 121 f.
216 Für eine Beschränkung der §§ 30, 31 GmbHG auf den Gläubigerschutz etwa *K. Schmidt*, Gesellschaftsrecht, S. 1135; *Ulmer*, 100 Jahre GmbHG, S. 365.
217 Urt. vom 26.03.1984, BB 1984, 1067, 1068 f. = BGHZ 90, 370, 380 = NJW 1984, 1891.

Funktion der Rechtsprechungsregeln kein verbindlicher Rückschluß auf ihre bilanzielle Behandlung gezogen werden,[218] wenn auch grundsätzlich anzuerkennen ist, daß die gläubigerschützende Wirkung des Kapitalersatzrechts für eine Passivierung spricht.

Die Untersuchung der dogmatischen Grundlagen des Kapitalersatzrechts hat zu keinem eindeutigen Ergebnis geführt. Während der hinter dem Rechtsinstitut stehende Gläubigerschutzgedanke tendenziell für eine Passivierung im Überschuldungsstatus spricht, wäre sie mit der dogmatischen Begründung der Umqualifizierung nur schwer vereinbar.

IV. Wille des Gesetzgebers – historische Auslegung

Die Vertreter der Ansicht, die eine Passivierungspflicht bejahen, berufen sich u. a. auf den Willen des Gesetzgebers. So folge aus § 32a Abs. Satz 5 des Regierungsentwurfs der GmbH-Novelle 1977[219] und aus § 39 Abs. 1 Nr. 5 InsO,[220] daß eigenkapitalersetzende Gesellschafterleistungen unter der Konkursordnung im Überschuldungsstatus anzusetzen seien. Ebenso wird unter der Insolvenzordnung der Wille des Gesetzgebers zur Begründung einer Passivierungspflicht herangezogen.[221]

1. § 32a Abs. 1 Satz 5 des Regierungsentwurfs der GmbH-Novelle 1977

Nach § 32a Abs. 1 Satz 5 des Regierungsentwurfs[222] sollten eigenkapitalersetzende Gesellschafterleistungen in der Überschuldungsbilanz grundsätzlich als Passiva berücksichtigt werden, es sei denn, daß sich der Gesellschafter verpflichtet hatte, seinen Rückzahlungsanspruch im Konkurs- oder Vergleichsverfahren nicht geltend zu machen. In der Regierungsbegründung zu § 32a Abs. 1 Satz 5 des Entwurfs einer GmbH-Novelle 1977[223] wird diese Regelung damit gerechtfertigt, daß die Überschuldung nicht davon abhängen soll, ob das Gesellschafterdarlehen eigenkapitalersetzenden Charakter hat oder nicht, weil diese Frage oftmals erst durch einen Rechtsstreit entschieden werden könne. Dieser Reformvorschlag wurde nicht Gesetz. Die letztlich verabschiedete Fassung des § 32a GmbHG enthielt keine Regelung mehr darüber, wie eigenkapitalersetzende Gesellschafterdarlehen im Überschuldungsstatus zu behandeln sind. Die Nichtaufnahme der Ergänzung beruhte zwar nur auf einer Straffung des Gesetzestextes, während eine inhaltliche Änderung nicht be-

---

218 I. E. ebenso *Fastrich*, FS Zöllner, Bd. I, S. 160.
219 Kuhn/*Uhlenbruck*, KO, § 102, Rdnr. 6w; *Peters*, WM 1988, 685, 688; *K. Schmidt*, FS Goerdeler, S. 505; *Ulmer*, KTS 1981, 469, 480 f.
220 Roth/*Altmeppen*, GmbHG, § 63, Rdnr. 17; Rowedder/*Rowedder*, GmbHG, § 63, Rdnr. 14.
221 Kübler/Prütting/*Pape*, InsO, § 19, Rdnr. 14. Vergl. auch die oben auf S. 293 in Fn. 158 Genannten.
222 Vergl. BT-Drcks. 8/1347, S. 39.
223 BT-Drcks. 8/1347, S. 40.

zweckt war.[224] Dennoch ist rechtsmethodisch ein Rückgriff auf die Entstehungsgeschichte eines Gesetzes nicht zulässig, sofern sich der gesetzgeberische Wille nicht im Gesetzestext niedergeschlagen hat.[225] Entscheidend können damit allein die vom Gesetzgeber vorgetragenen inhaltlichen Argumente sein, der hinter ihnen stehende gesetzgeberische Wille ist unbeachtlich. Somit ist näher zu untersuchen, ob die Unsicherheit über die Einordnung als Eigenkapitalersatz zur Passivierung führen muß:[226] Aus § 32a Abs. 1 Satz 5 des Regierungsentwurfs der GmbH-Novelle 1977 oder seiner Begründung selbst kann kein Argument für oder gegen die Passivierung eigenkapitalersetzender Gesellschafterdarlehen abgeleitet werden.

2. Begründung zu § 23 des Regierungsentwurfs zur Insolvenzordnung und § 39 Abs. 1 Nr. 5 InsO

Obwohl sich der Wille des Gesetzgebers zur Passivierung eigenkapitalersetzender Gesellschafterleistungen nicht ausdrücklich im Gesetzestext der Insolvenzordnung oder in ihrer Systematik niedergeschlagen hat, wird gefordert, dem in der Gesetzesbegründung deutlich gewordenen Willen des Gesetzgebers zu folgen. Begründet wird diese Forderung damit, daß mit der Neufassung des Überschuldungstatbestandes Rechtssicherheit geschaffen werden sollte. Ein Absehen von der Passivierung eigenkapitalersetzender Gesellschafterdarlehen stünde dem Streben nach Rechtssicherheit entgegen.[227] Diese Ansicht sieht sich berechtigter Kritik ausgesetzt.

Zwar verdient die Gesetzesbegründung namentlich bei jüngeren Gesetzen Beachtung durch die Rechtsanwender und kann auch dann, wenn sich der Sinn einer Regelung nicht ohne weiteres erschließt, zur Auslegung herangezogen werden, ohne daß sich im Gesetz selbst eine Andeutung findet. In diesem Fall hat jedoch die am Wortlaut, dem Normenzusammenhang, den Grundprinzipien und dem Zweck des Gesetzes orientierte Auslegung Vorrang vor dem gesetzgeberischen Willen.[228] Zudem erscheint es fraglich, ob der Gesetzgeber

---

224 Kuhn/*Uhlenbruck*, KO, § 102, Rdnr. 6w; *Falkenhausen*, BB 1982, 550, 550; *Peters*, WM 1988, 685, 688; *K. Schmidt*, FS Goerdeler, S. 505; *Ulmer*, KTS 1981, 469, 480f.
225 BVerfG, Urt. vom 17.05.1960, BB 1960, 795, 795f. = BVerfGE 11, 126, 130; BFH, Urt. vom 14.05.1991, BFHE 164, 516, 525f.; BGH, Urt. vom 26.03.1984, BB 1984, 1067, 1068f. = BGHZ 90, 370, 377 = NJW 1984, 1891; Urt. vom 29.01.1998, NJW 1998, 1237, 1238. Ebenso für das hier behandelte Problem *Groth*, Überschuldung, S. 57f.; *Temme*, Eröffnungsgründe, S. 183; *Beinert/Hennerkes/Binz*, GmbHR 1981, 10, 11; *Beintmann*, BB 1999, 1543, 1543f.; *Fleischer*, ZIP 1996, 773, 774f.; *Hommelhoff*, FS Döllerer, S. 251.
226 Vergl. hierzu unten S. 311 ff.
227 Kübler/Prütting/*Pape*, InsO, § 19, Rdnr. 14. Vergl. auch die oben auf S. 293 in Fn. 158 Genannten.
228 *Lutter/Hommelhoff*, GmbHG, § 64, Rdnr. 17b; *Götker*, Geschäftsführer, Rdnr. 284; *Noack*, FS Claussen, S. 314; *Lutter*, ZIP 1999, 641, 646 (unter Bezugnahme auf RG, Urt. vom 17.03.1879, RGZ 1, 247, 250f.).

tatsächlich die Absicht verfolgt hat, durch seine Ausführungen in der Gesetzesbegründung Rechtssicherheit zu schaffen.[229] Dem stehen nicht nur die bereits aufgezeigten Widersprüche in der Begründung selbst und zwischen Begründung und Gesetz entgegen, sondern auch, daß der Gesetzgeber – anders als hinsichtlich der Überschuldungsermittlung mit § 19 Abs. 2 S. 2 InsO geschehen und mit § 32a Abs. 1 Satz 5 des Regierungsentwurfs der GmbH-Novelle 1977 beabsichtigt – von einer eindeutigen Regelung im Gesetzestext selbst abgesehen hat. Zudem hat der Gesetzgeber den durchaus heftigen Streit in Literatur und Rechtsprechung um die korrekte Behandlung eigenkapitalersetzender Gesellschafterdarlehen im Überschuldungsstatus mit keinem Wort erwähnt, während der Rechtsausschuß[230] bei der Einfügung des Satzes 2 in § 19 Abs. 2 InsO auf die einschlägige Rechtsprechung verwies. Insofern spricht einiges dafür, daß der Gesetzgeber nach seinem eigenen Dafürhalten nicht Rechtssicherheit schaffen, sondern allein die (vermeintlich) unter der Konkursordnung allgemein anerkannte Rechtslage wiedergeben wollte.[231] Dies bedeutet jedoch, daß die Begründung eine (vermeintliche) Wissens- und keine Willensäußerung des Gesetzgebers enthält. Damit kann auch unter dem Aspekt der Rechtssicherheit keine Passivierungspflicht begründet werden.

3. § 88 Abs. 3 S. 4 2. HS II. WoBauG

Ebenfalls keine Rückschlüsse auf den Willen die Gesetzgebers bei der Bilanzierung eigenkapitalersetzender Darlehen können aus § 88 Abs. 3 S. 4 2. HS II. WoBauG gezogen werden. Zwar hat hier der Gesetzgeber – auf Vorschlag des Ausschusses Raumordnung, Bauwesen und Städtebau[232] – seine Vorstellungen von den Anforderungen an einen Rangrücktritt erstmals in ein Gesetz aufgenommen, um auf einen in der Praxis existierenden Weg, die Überschuldung zu vermeiden, hinzuweisen und so Rechtsklarheit und Rechtssicherheiten zu schaffen.[233] Dieser Versuch scheiterte jedoch an einer – gemessen an den von der Literatur aufgestellten Anforderungen – ungenügenden Formulierung. Damit muß auch eine nach § 88 Abs. 3 S. 4 2. HS II. WoBauG zurückgetretene Forderung passiviert werden.[234] Für die eigenkapitalersetzenden Gesellschafterdarlehen hilft ein Vergleich mit § 88 Abs. 3 S. 4 2. HS II. WoBauG indes bereits insofern nicht weiter, als die dort genannten Darlehen im Gegensatz zu den hier zu untersuchenden ohne Einschränkungen durchgesetzt werden können.

---

229 *Haas*, NZI 1999, 209, 210.
230 BT-Drcks. 12/7302, S. 157.
231 Ebenso *Haas*, NZI 1999, 209, 210. Vergl. auch *Bormann*, InVo 1999, 105, 106 (teilweise anders als hier) und *Niesert*, InVo 1998, 242, 243.
232 Vergl. BT-Drcks. 8/3403, S. 24.
233 Bericht der Abgeordneten *Paterna* und *Francke* (Hamburg) als Berichterstatter, BT-Drcks. 8/3403, S. 45.
234 Vergl. auch Smid/*Smid*, InsO, § 19, Rdnr. 23 mit einem Ansatz zur Differenzierung zwischen positiver und negativer Fortführungsprognose.

4. Zwischenergebnis

Aus dem Willen des Gesetzgebers können keine Schlußfolgerungen für die Frage nach der Behandlung eigenkapitalersetzender Gesellschafterleistungen im Überschuldungsstatus gezogen werden. Hinsichtlich des § 32a Abs. 1 Satz 5 des Regierungsentwurfs der GmbH-Novelle 1977 fehlt es an einem entsprechenden Niederschlag im Gesetz; bezüglich der Begründung zur Insolvenzordnung läßt sich zudem kein eindeutiger Willen zur Rechtsgestaltung feststellen.

V. Erwägungen zu Sinn und Zweck der Überschuldungsbilanz

Die Aufstellung einer Bilanz hat sich am Normzweck zu orientieren.[235] Dieser besteht bei einer Überschuldungsbilanz darin festzustellen, ob die Gesellschaft weiterhin am Markt tätig sein kann, ohne ihre Gläubiger zu gefährden.[236] Eine Gefährdung kann indes allein für solche Personenkreise eintreten, die vor oder nach Eintritt eines Insolvenztatbestandes einen (durchsetzbaren) Anspruch haben; ergibt sich weder für den Fall der Insolvenzeröffnung noch für den der Nichteröffnung ein (durchsetzbarer) Anspruch, so kann die Nichteröffnung zu keiner beachtlichen Beeinträchtigung der Gläubigerstellung führen. Unter die Rechtsprechungsregeln fallende Darlehen sind allerdings unabhängig vom Eintritt des Insolvenzfalles gesperrt. Hinsichtlich dieser Gläubiger kann somit keine Gefährdung eintreten.[237] Die erstrangigen Gläubiger stehen indes mit den Eigenkapitalersatzgläubigern im Falle einer gesetzeskonformen Abwicklung nicht im Konkurrenzverhältnis, so daß sie nicht unmittelbar gefährdet sind, sondern allein mittelbar durch eine mögliche Insolvenzverschleppung.

Für eine Passivierungspflicht könnte allerdings sprechen, daß es Sinn und Zweck des Überschuldungstatbestandes ist, die Eröffnung des Insolvenzverfahrens im Vergleich zur Zahlungsunfähigkeit vorzuverlagern. Mit der Insolvenzordnung wurde zudem die Vorverlagerung der Insolvenzeröffnung und die Be-

---

235 *Fleischer*, ZIP 1996, 773, 777; ähnlich Hachenburg/*Ulmer*, GmbHG, § 63, Rdnr. 46.
236 Vergl. *Kleindiek*, in: Handbuch, Teil 7, Rdnr. 7.34. *Haas*, NZI 1999, 209, 211 spricht für die Insolvenzordnung insofern von der ökonomischen Funktion der Insolvenzauslösetatbestände. Mit dieser ökonomischen Zielsetzung würde sich seiner (zutreffenden) Ansicht nach, der Ansatz eigenkapitalersetzender Darlehen nicht vertragen.
237 Das übersieht *Beintmann*, Gesellschafterdarlehen, S. 125 ff., wenn sie behauptet, die Nichtansetzung eigenkapitalersetzender Gesellschafterdarlehen im Überschuldungsstatus würde die konkursrechtlichen Auswirkungen vorwegnehmen. Ihre Aussage ist nur für die ausschließlich unter die Novellenregeln fallenden Darlehen richtig. *Fleischer*, Finanzplankredite, S. 337; *Hommelhoff*, FS Döllerer, S. 258; *Trapp*, WuB II C. § 63 GmbHG 1.96 lehnen demgegenüber eine Passivierung im Überschuldungsstatus ab, da es an der Belastung der Masse fehle, weil die Darlehen im Konkursfall keine Verbindlichkeit begründen. Dieser Aussage gegenüber ist die Kritik von *Beintmann*, a. a. O. gerechtfertigt.

hebung der Massearmut bezweckt.[238] Werden nunmehr eigenkapitalersetzende Gesellschafterdarlehen bei der Überschuldungsprüfung berücksichtigt, so würde der Insolvenzfall im Vergleich zu einer Nichtberücksichtigung früher eintreten und auch eine indirekte Schädigung der erstrangigen Gläubiger durch eine Insolvenzverschleppung vermieden. Diese Vorverlagerung der Insolvenz auf den Zeitpunkt einer drohenden Überschuldung wird teilweise für wünschenswert gehalten, weshalb eigenkapitalersetzende Gesellschafterdarlehen zu passivieren seien.[239] Diese Argumentationskette kann nicht überzeugen.

Zunächst kann es nicht das Ziel sein, die Definition des Überschuldungstatbestandes daran auszurichten, unter welchen Voraussetzungen eine möglichst weite Vorverlagerung der Insolvenzreife erzielt werden kann. Unter diesem Gesichtspunkt wäre es am effektivsten, die Überschuldungsprüfung frei von jeder Prognose anhand einer nach Liquidationswerten aufzustellenden Bilanz vorzunehmen. Dennoch wird diese Ansicht soweit ersichtlich – zu Recht – nicht mehr vertreten.[240] Zudem kann die mit der Passivierungspflicht angestrebte Verbreiterung der Insolvenzmasse kein Selbstzweck sein.[241] Ansonsten müßte sich der Gesetzgeber vorwerfen lassen, mit den kurz vor der Insolvenzordnung eingeführten Ausnahmen vom Kapitalersatzrecht, durch welche die Masse grundsätzlich geschmälert wird,[242] widersprüchlich gehandelt zu haben. Der optimale Eröffnungszeitpunkt fällt insofern auf den Moment, ab dem – nach betriebswirtschaftlichen Erkenntnissen – mit einer Gläubigergefährdung zu rechnen ist. Da die eigenkapitalersetzenden Gesellschafterdarlehen auch unter der Insolvenzordnung nicht mit den erstrangigen Verbindlichkeiten in Konkurrenz treten, besteht eine Gefährdung der erstrangigen Gläubiger so lange nicht, wie eine mögliche Überschuldung durch eigenkapitalersetzende Gesellschafterdarlehen ausgeglichen wird. Wird die Bilanzierung korrekt vorgenommen, so ist ein Risikopool in Form des (systemwidrigen) Ansatzes eigenkapitalersetzender Gesellschafterdarlehen nicht erforderlich.[243] Vielmehr

---

238 Begr. RegE, BT-Drcks. 12/2443, S. 80 f.; vergl. auch Hess/*Pape*, InsO, Rdnr. 23 ff., insbes. Rdnr. 29; *Burger/Schellberg*, BB 1995, 261, 261.
239 *Hess*, InsO, § 19, Rdnr. 40; *Temme*, Eröffnungsgründe, S. 188; *Hess/Weis*, InVo 1999, 33, 34. Ausführlich hierzu *Haas*, NZI 1999, 209, 211 f. Ebenso bereits für die Rechtslage unter der Konkursordnung Kuhn/*Uhlenbruck*, KO, § 102, Rdnr. 6u; *Beintmann*, Gesellschafterdarlehen, S. 105 f.; *Vollmer/Maurer*, DB 1993, 2315, 2318; *Vonnemann*, GmbHR 1989, 145, 150.
240 Vergl. zur historischen Entwicklung der Überschuldungsprüfung *Beintmann*, Gesellschafterdarlehen, S. 19 ff. und *Pribilla*, KTS 1958, 1, 4 f.
241 Vergl. auch *Teller*, Rangrücktrittsvereinbarungen, der vor einer Überwertung dieses Arguments warnt, und *Noack*, FS Claussen, S. 315, der insofern von einem „sehr allgemeinen Gesichtspunkt" spricht.
242 *Seibert*, DStR 1997, 35, 36 hält eine Zunahme der masselosen Konkurse indes nur dann für wahrscheinlich, wenn das „Kleingesellschafterprivileg" des § 32a Abs. 2 S. 2 GmbHG auf bis zu 25%ige Beteiligungen erstreckt worden wäre.
243 *Teller*, Rangrücktrittsvereinbarungen, S. 171; ihm folgend *Götker*, Geschäftsführer, Rdnr. 306.

würden durch die Aufnahme des Eigenkapitalersatzes in den Überschuldungsstatus solvente Gesellschaften in die Liquidation getrieben – im Zweifel zum Nachteil der regulären Gläubiger.[244] Gegen eine derart weite und betriebswirtschaftlich nicht gebotene Vorverlagerung des Insolvenzeröffnungstatbestandes sprechen zugleich die Auswirkungen auf die Möglichkeit stiller Sanierungen.[245] Durch eine Passivierungspflicht würden stille Sanierungen erheblich erschwert.[246] Auch die Verweisung auf den Gläubigerschutz kann in diesem Zusammenhang nicht überzeugen. So fehlt es etwa an Untersuchungen darüber, ob den Gläubigern eher mit einem frühestmöglichen Insolvenzeröffnungstermin zur Sicherung einer möglichst breiten Masse oder eher mit einem späteren Insolvenzantrag, aber vorangegangenen Sanierungsbemühungen gedient ist.[247] Weiter ist anerkannt, daß aus Sicht der Gläubiger „eine übereilte Konkurseinleitung ein zweischneidiges Schwert"[248] darstellen kann. Ob eine Vorverlagerung der Insolvenzantragspflicht somit im Sinne eines effektiven Gläubigerschutzes notwendig ist, muß zumindest bezweifelt werden. Ein Hinweis auf die anerkanntermaßen geringe Konkursquote in Deutschland von 5–10% kann diese Bedenken nicht ausräumen.[249] Die veröffentlichten Statistiken enthalten keinerlei Hinweise darauf, ob und wie viele Gesellschaften mit Hilfe eigenkapitalersetzender Gesellschafterdarlehen gerettet wurden. Da es somit an hinreichenden tatsächlichen Anhaltspunkten für die Sinnhaftigkeit einer Vorverlagerung im Wege einer Passivierungspflicht für eigenkapitalersetzende Gesellschafterdarlehen fehlt, kann die ratio des Überschuldungsstatus nicht als Argument für eine Passivierung angeführt werden.

Auch unter praktischen Gesichtspunkten erschien es jedenfalls für die Konkursordnung nicht sinnvoll, einen Konkursantrag wegen Überschuldung zu stellen, wenn sich der Konkurseröffnungsgrund allein aus dem Ansatz eigenkapitalersetzender Gesellschafterdarlehen ergibt. Stellte das Gericht im Rahmen der Prüfung der Konkursvoraussetzungen fest, daß die Darlehen eigenkapitalersetzenden Charakter haben und deshalb nicht berücksichtigt werden dürfen, so wäre der Antrag auf Verfahrenseröffnung abzulehnen. Es käme somit zu sinnlosen Konkursanträgen.[250] Die Folgen eines derartigen Antrages

---

244 *Lutter*, ZIP 1999, 641, 645; *Noack*, FS Claussen, S. 314 f.
245 Zu der weiterhin hohen Bedeutung der stillen Sanierungen siehe *Wittig*, NZI 1998, 49, 49 ff.
246 *Noack*, in: Insolvenzrecht, S. 209.
247 So schon *Schnell*, Gesellschafterdarlehen, S. 110 f. Vergl. auch *Grunewald*, GmbHR 1997, 7, 8 m. w. N. in Fn. 5.
248 BGH, Urt. vom 09.07.1979, BGHZ 75, 96, 108 = NJW 1979, 1823 = BB 1979, 1629 (insoweit nicht abgedruckt). Ähnlich *Fleischer*, ZIP 1996, 773, 778; *Kupsch*, BB 1984, 159, 160; *Ulmer*, KTS 1981, 469, 470.
249 So aber die Versuche von *Haas*, NZI 1999, 209, 214; *Wolf*, DStR 1995, 859, 859.
250 *Fleischer*, ZIP 1996, 773, 779; *Hommelhoff*, FS Döllerer, S. 258; *ders*. WPg 1984, 629, 630 f.; vergl. auch *Temme*, Eröffnungsgründe, S. 165 f. A. A. *Beintmann*, Gesellschafterdarlehen, S. 126 ff.

wären regelmäßig schwerwiegend. Der Einwand, derartigen Folgen könnte unter dem modifizierten zweistufigen Überschuldungsbegriff mittels einer positiven Prognose abgeholfen werden,[251] stellt – sofern er nicht davon ausgeht, daß eine Rangrücktrittsvereinbarung erforderlich ist – eine Aufforderung zur Rechtsbeugung dar und hat zudem mit der Neuregelung des Überschuldungsbegriffs in der Insolvenzordnung seine Grundlage verloren.

VI. Rechtliche und tatsächliche Unsicherheit als Passivierungsgrund?

Nach alledem läßt sich feststellen, daß der Streit um die Passivierung eigenkapitalersetzender Gesellschafterdarlehen grundsätzlich der gleiche wie unter der Konkursordnung ist.[252] Damit ist – wie auch schon unter der Konkursordnung – entscheidend, ob Unsicherheiten bei der Feststellung des eigenkapitalersetzenden Charakters bestehen, die eine Passivierung erforderlich erscheinen lassen. Als Hauptargument für eine Passivierung eigenkapitalersetzender Gesellschafterleistungen im Überschuldungsstatus wurde angeführt, das Risiko einer Fehlbeurteilung hinsichtlich des kapitalersetzenden Charakters dürfe nicht den Gläubigern aufgeladen werden,[253] nur so könne einer Manipulation durch die Geschäftsführer entgegengewirkt werden.[254] Das den Überschuldungsstatus beherrschende Vorsichtsprinzip gebiete es, das Darlehen zur Verhinderung einer Konkursverschleppung so lange als Verbindlichkeit zu betrachten, wie die Nachrangigkeit nicht zweifelsfrei festgestellt sei.[255] Neben der Vereinbarung eines Rangrücktritts soll die gerichtliche Feststellung des Nachrangs,[256] der konkludente Rücktritt in Form einer ausdrücklichen Hingabe zur Konkursabwendung[257] oder die unwidersprochene Ausweisung im

---

251 Baumbach/Hueck/*Schulze-Osterloh*, GmbHG (15. Aufl.), § 63, Anm. 15; *Schnell*, Gesellschafterdarlehen, S. 110; *Fleck*, GmbHR 1989, 313, 323 Fn. 109.
252 Besonders deutlich K. *Schmidt*, in: Insolvenzrecht 1998, S. 297 f.
253 *Mayer*, WPg 1994, 129, 135.
254 Kuhn/*Uhlenbruck*, KO, § 102, Rdnr. 6w; K. *Schmidt*, Gesellschaftsrecht, § 18 III 5. c), S. 536 und § 37 IV 5. b), S. 1165; *Beintmann*, Gesellschafterdarlehen, S. 99; *Falkenhausen*, BB 1982, 550, 550; *Küting/Kessler*, BB 1994, 2103, 2109; *Mayer*, BB 1990, 1935, 1943; *Priester*, ZIP 1994, 413, 416; *Wolf*, DB 1995, 2277, 2278; ähnlich *Schlitt*, NZG 1998, 701, 704.
255 OLG Düsseldorf, Urt. vom 19.01.1995, BB 1996, 1428, 1428 f.; Kuhn/*Uhlenbruck*, KO, § 102, Rdnr. 6w; K. *Schmidt*, Gesellschaftsrecht, § 18 III 5. c), S. 536; *Uhlenbruck*, in: K. Schmidt/Uhlenbruck, Rdnr. 610 (zur Insolvenzordnung); *Ahrenkiel/Lork*, DB 1987, 823, 823; *Fastrich*, FS Zöllner, Bd. I, S. 160; v. *Gerkan*, EWiR 1994, 275, 276; *Joecks*, BB 1986, 1681, 1681 f.; *Kamprad*, GmbHR 1985, 352, 353; *Knobbe-Keuk*, ZIP 1983, 127, 129; *Küting/Kessler*, BB 1994, 2103, 2108; *Mayer*, BB 1990, 1935, 1943; *Priester*, DB 1991, 1917, 1923; *Weisang*, WM 1997, 245, 250.
256 *Küting/Kessler*, in: Küting/C.-P. Weber, Bd. Ia, § 272, Rdnr. 185; *Küting/Kessler*, BB 1994, 2103, 2108; K. *Schmidt*, FS Goerdeler, S. 506.
257 *Fleck*, FS Döllerer, S. 126; *Kamprad*, FS Meilicke, S. 62; *Kroppen*, DB 1977, 663, 666; K. *Schmidt*, FS Goerdeler, S. 505; *Ulmer*, GmbH-Recht, S. 68; a. A. *Priester*, DB 1977, 2429, 2432: ausdrückliche Erklärung.

Jahresabschluß als Eigenkapitalersatz[258] der Rechtssicherheit genügen. Bei Rechtsblindheit der Gesellschafter soll der Geschäftsführer den Kredit als nachrangig betrachten dürfen, den Gesellschafter aber gleichzeitig auf Feststellung der Nachrangigkeit verklagen müssen.[259] Sollten in Übereinstimmung mit dieser Ansicht Schwierigkeiten hinsichtlich der Einordnung des Darlehens zur Passivierungspflicht führen, so muß zumindest das Angebot für den Rangrücktritt schriftlich dokumentiert werden. Ansonsten würde sich der Streit, ob eine nachrangige Verbindlichkeit vorliegt, allein verlagern. In Zweifel stünde nicht der eigenkapitalersetzende Charakter, sondern ob ein Rangrücktritt vereinbart wurde, womit nichts gewonnen wäre.[260]

Die beschriebenen Unsicherheiten können eine Passivierungspflicht indes nur begründen, wenn sie tatsächlich bestehen, praktisch schwer oder gar nicht zu überwinden sind und sich die Schlußfolgerung einer Ansatzpflicht in das Bilanzsystem des Überschuldungsstatus einfügt.

1. Tatsächliches Bestehen von Unsicherheiten

Die Schwierigkeit zu erkennen, ob Eigenkapitalersatz vorliegt oder nicht, knüpft zum einen – bei den Rechtsprechungsdarlehen – an die Unterbilanz bzw. Überschuldung im Zeitpunkt der Rückzahlung und zum anderen an die Tatbestandsmerkmale des Eigenkapitalersatzes – namentlich an die Kreditunwürdigkeit im Zeitpunkt der Hingabe bzw. des Stehenlassens – an. Die Feststellung der Unterbilanz dürfte indes allein in der Ex-post-Sicht Probleme bereiten, wenn das Darlehen zu einem früheren Zeitpunkt zurückgezahlt wurde und es in der Überschuldungsbilanz um die Frage der Aktivierung eines Anspruchs aus § 31 GmbHG analog geht. Da die Tatbestandsmerkmale des Eigenkapitalersatzes weitestgehend durch die Rechtsprechung geklärt sind,[261] werden in erster Linie noch praktische Probleme bestehen.[262] Diese Aussage ist zwar vor dem Hintergrund der gesetzgeberischen „Deregulierungsmaßnahmen" in § 32a Abs. 3 S. 2 und 3 GmbHG, die eine Fülle ungeklärter Rechtsprobleme aufgeworfen haben,[263] zu relativieren.[264] Hierbei handelt es sich jedoch um ein temporäres Problem, dessen praktische Bedeutung sich erst noch

---

258 So *Hans Richter*, GmbHR 1984, 137, 141; *Wolf*, DB 1995, 2277, 2281. Kritisch *Klaus*, Gesellschafterfremdfinanzierung, S. 456.
259 *K. Schmidt*, FS Goerdeler, S. 506 f.
260 *Peters*, WM 1988, 685, 691; a.A. *Priester*, DB 1977, 2429, 2432: grds. formfrei aber ausdrücklich.
261 So auch OLG Düsseldorf, Urt. vom 18.04.1997, WM 1997, 1866, 1868; Baumbach/Hueck/*Schulze-Osterloh*, GmbHG, § 64, Rdnr. 18; Hachenburg/*Ulmer*, GmbHG, § 63, Rdnr. 46; *Fleischer*, Finanzplankredite, S. 337; *v. Gerkan/Hommelhoff*, Kapitalersatz, Rdnr. 6.29; *Temme*, Eröffnungsgründe, S. 185; *Kleindiek*, in: Handbuch, Teil 7, Rdnr. 7.47; *Trapp*, WuB II C. § 63 GmbHG 1.96.
262 So zuletzt nochmals *K. Schmidt*, ZGR 1998, 633, 660.
263 Siehe hierzu oben S. 36 ff.
264 Hierauf weist *Haas*, NZI 1999, 209, 212 besonders hin.

zeigen muß.[265] Sofern befürchtet wird, insbesondere bei juristisch nicht vorgebildeten GmbH-Geschäftsführern würde die Feststellung des eigenkapitalersetzenden Charakters zu erheblichen Schwierigkeiten führen,[266] ist dem entgegenzutreten. Dem Geschäftsführer kann nicht gestattet werden, sich auf fehlendes Fachwissen zu berufen, insofern gilt – wie bereits hinsichtlich der Aufstellung der Jahresbilanz festgestellt[267] – ein objektiver Maßstab. Ist der Geschäftsführer diesen zu erfüllen nicht in der Lage, ist er verpflichtet, fachlichen juristischen Rat einzuholen.[268]

Von entscheidender Bedeutung ist somit, ob das Darlehen in der Krise gewährt oder stehengelassen wurde. Hiervon muß jedoch bei einem Darlehen, welches zum Zeitpunkt der Überschuldungsprüfung noch nicht wieder zurückgewährt wurde, nach den Regeln über das Stehenlassen regelmäßig ausgegangen werden.[269] Die für das Stehenlassen erforderliche konkludente Finanzierungsabrede liegt nämlich bereits dann vor, wenn der Gesellschafter das Darlehen im (stillen) Einvernehmen mit der Geschäftsführung in Kenntnis der Krise nicht abgezogen hat.[270] Die Grundsätze über das Stehenlassen greifen nach hier vertretener Ansicht in praxi allein dann nicht, wenn das Kündigungsrecht aus § 610 BGB ausgeschlossen wurde oder es mangels Kenntnis von der Krisensituation an einer konkludenten Finanzierungabrede fehlt und selbst § 242 BGB nicht hilft. Wurde das Kündigungsrecht indes ausgeschlossen, so spricht einiges dafür, daß es sich der Sache nach um einen Finanzplankredit handelt und die Regeln über das Stehenlassen insofern nicht entscheidend sind.[271] Der Fall, daß es dem Gesellschafter an der zur konkludenten

---

265 Vergl. auch *Westermann*, DZWIR 2000, 1, 9.
266 So *Gummert*, WiB 1996, 741, 742.
267 Vergl. oben S. 139.
268 So auch BGH, Urt. vom 06.06.1994, BB 1994, 1657, 1662 = BGHZ 126, 181, 199 = NJW 1994, 222; BAG, Urt. vom 10.02.1999, NJW 1999, 2299, 2300; *Lutter*, DB 1994, 129, 135; vergl. auch OLG München, Urt. vom 15.04.1996, GmbHR 1998, 281, 282. Kritisch hierzu aufgrund der kurzen Zeitspanne *Haas*, NZI 1999, 209, 213; ebenso *Wenzel*, NZI 1999, 294, 298 für „eigennützige Sanierungskredite". *Pribilla*, KTS 1958, 1, 6 geht davon aus, daß in einer derartig prekären Lage stets Wirtschaftsprüfer zu Rate gezogen werden. Auch *Altmeppen* ZHR 164 (2000), 349, 357 erkennt an, daß die Zuständigkeit des Geschäftsführers nicht von der Schwierigkeit der rechtliche Einordnung abhängen kann.
269 So auch schon *Lutter*, ZIP 1999, 641, 646: „Es geht um den Überschuldungsstatus; also ist die Gesellschaft ganz offenbar in der wirtschaftlichen Krise; dann aber bleibt nur noch die Frage, ob der Gläubiger zugleich Gesellschafter mit einer Beteiligung von mehr als 10% ist [...] – das ist alles." Ähnlich bereits *Priester*, ZIP 1994, 413, 416 und jetzt auch *Kleindiek*, in: Handbuch, Teil 7, Rdnr. 7.47. Vergl. aber auch *Beintmann*, BB 1999, 1543, 1545 f.
270 Baumbach/Hueck/*Hueck*/*Fastrich*, GmbHG, § 32a, Rdnr. 38 a.E.; Hachenburg/*Ulmer*, GmbHG, § 32a, b, Rdnr. 30; Scholz/K. *Schmidt*, GmbHG, §§ 32a, 32b, Rdnr. 49 ff.
271 Dies übersieht *Beintmann*, Gesellschafterdarlehen, S. 97; *dies.*, BB 1999, 1543, 1545.

Überlassungsabrede führenden Kenntnis über die Krise der Gesellschaft fehlen wird, dürfte eher selten sein.[272] Letztlich ist der Verbrauch des hälftigen Stammkapitals, über welchen die Gesellschafter regelmäßig nach § 49 Abs. 3 GmbHG zu informieren sind, als Indiz für die Kreditunwürdigkeit anzusehen.[273] Damit spricht die Vermutung gesetzeskonformen Verhaltens dafür, daß die Gesellschafter regelmäßig Kenntnis von der Krise haben.[274] Weiterhin wurde angeführt, die Umqualifizierung nach den Grundsätzen über das Stehenlassen könnte daran scheitern, daß zwischen Beginn der Krise und der Aufstellung des Überschuldungsstatus nur ein relativ kurzer Zeitraum liege, innerhalb dessen sich der Gesellschafter aber noch nicht entschieden haben müsse, ob er die Mittel in der Gesellschaft belassen oder abziehen will.[275] Ebenso wie bei den vorgenannten Konstellationen dürfte es sich bei der aus heiterem Himmel einbrechenden Krise doch um einen Ausnahmefall handeln. Damit kann festgehalten werden, daß Unsicherheiten bei der Feststellung des eigenkapitalersetzenden Charakters nicht die Regel sind und deshalb nicht überbewertet werden sollten.[276]

---

272 So auch BGH, Urt. vom 07.11.1994, BB 1995, 58, 60 = BGHZ 127, 336, 343 f. = NJW 1995, 326; *Beintmann*, Gesellschafterdarlehen, S. 97; *Mohr*, GmbH-Stb 1997, 193, 194. Zur Beweislast hinsichtlich der Kreditunwürdigkeit vergl. BGH, Urt. vom 02.06.1997, BB 1997, 2183, 2183 f. = NJW 3171; Urt. vom 17.11.1997, BB 1998, 555, 555 f. = NJW 1998, 1143, 1143 ff.; Urt. vom 15.06.1998, ZIP 1998, 1352, 1352 f. = NJW 1998, 3200; in keinem der vorgenannten Urteile scheiterte die Umqualifizierung an einer fehlenden Kreditunwürdigkeit; siehe aber auch BGH, Urt. vom 09.01.1995, DStR 1995, 191, 191 (LS); Urt. vom 18.12.2000, GmbHR 2001, 197, 198 und hierzu *Bormann*, GmbHR 2001, 198, 199.

273 BGH, Urt. vom 11.12.1195, NJW 1996, 722, 722; OLG Düsseldorf, Urt. vom 17.12.1998, NZG 1999, 668, 669; *Kühnberger*, DB 2000, 2077, 2078; *Watermeyer*, BB 1993, 403, 405; ähnlich *Priester*, ZGR 1999, 533, 546. Vergl. auch *Mohr*, GmbH-Stb 1997, 193, 194, der zudem auf § 51 a GmbHG abstellt. Beachte aber auch BGH, Urt. vom 12.07.1999, BB 1999, 1887, 1888 = NJW 1999, 3120, 3121 wonach die Kreditunwürdigkeit nicht zwangsläufig mit einer Unterbilanz nach Buchwerten einhergeht.

274 Inwieweit es in der Praxis tatsächlich zur Einberufung einer derartigen Gesellschafterversammlung kommt, ist fraglich. Allerdings macht sich der Geschäftsführer nach § 43 Abs. 2 GmbHG schadensersatzpflichtig und nach § 84 Abs. 1 Nr. 1 GmbHG strafbar, wenn er die Einberufung unterläßt. Darüber hinaus könnte darüber nachgedacht werden, bei einem Verstoß gegen § 49 Abs. 3 GmbHG den Gläubigern einen eigenen Schadensersatzanspruch zuzugestehen; bisher wird ein solcher Anspruch allerdings abgelehnt, vergl. Hachenburg/*Hüffer*, GmbHG, 49, Rdnr. 29; Scholz/K. *Schmidt*, GmbHG (8. Aufl.), § 49, Rdnr. 31 („nach dem bisherigen Stand der Diskussion").

275 So *Beintmann*, Gesellschafterdarlehen, S. 97.

276 So stellte das OLG Düsseldorf, Urt. vom 18.04.1997, WM 1997, 1866, 1868 bei der Verneinung einer Konkursverschleppungshaftung mangels Verschuldens denn auch auf die unsichere Rechtslage bezüglich der Passivierungspflicht und nicht auf die Einordnung der Darlehen ab. Wie hier auch *Fischer*, GmbHR 2000, 66, 70.

2. Passivierungspflicht zur Reduzierung des Haftungsrisikos der Geschäftsführer?

Aus der verbleibenden Restunsicherheit bei der Einordnung als Eigenkapitalersatz wird teilweise[277] gefolgert, daß die Geschäftsführer von ihrer Prüfungspflicht bezüglich des besonderen Charakters der Darlehen freizustellen seien. Nur so könnten diese der Haftung entgehen. Diese Argumentation läßt sich nicht schlüssig in das Meinungsbild zu den Insolvenzeröffnungstatbeständen einfügen und widerspricht dem gesetzlichen Wertungsmodell.[278]

Die Forderung nach einer Passivierungspflicht für eigenkapitalersetzende Gesellschafterdarlehen in der Überschuldungsbilanz mit der Begründung, anders sei der möglichen Unsicherheit nicht gerecht zu werden, ist widersprüchlich. Dies zeigt bereits ein Vergleich mit der Behandlung eigenkapitalersetzender Gesellschafterdarlehen durch die h.M. im Rahmen der Zahlungsunfähigkeitsprüfung. Die gleichen Stimmen, die dort eine Berücksichtigung ablehnen, fordern eine solche für die Überschuldungsbilanz.[279] Obwohl bei der Ermittlung der Zahlungsunfähigkeit die gleichen Probleme auftreten wie bei der Überschuldungsprüfung,[280] wird keine Begründung für die unterschiedliche Behandlung geliefert.[281] Ein ähnliches Bild ergibt sich aus einem Vergleich mit Rückforderungsansprüchen aus § 31 Abs. 1 GmbHG. Derartige Ansprüche

---

277 *Haas*, NZI 1999, 209, 212 ff.; *H.-P. Müller/Haas*, in: Kölner Schrift, Rdnr. 44. Mit gleicher Tendenz auch *Felleisen*, GmbHR 2001, 195, 196; *Goette*, DStR 1997, 2027, 2030; *Hasselbach/Wicke*, BB 2001, 435, 435 f. Vergl. auch OLG Düsseldorf, Urt. vom 17.10.1991, DStR 1993, 175, 176 f. sowie jüngst BGH, Urt. vom 08.01.2001, BB 2001, 430, 433.

278 I.E. auch *Altmeppen*, ZIP 2001, 240, 240 f., der feststellt, daß der Geschäftsführer am besten wissen muß, ob das Darlehen Eigenkapital ersetzen soll oder nicht.

279 OLG Düsseldorf, Urt. vom 17.10.1991 (6 U 13/91), DStR 1993, 175, 176 – OLG Düsseldorf, Urt. vom 19.01.1995 (6 U 272/93), BB 1996, 1428, 1428 f.; Urt. vom 17.12.1998 (6 U 187/97), NZG 1999, 668, 670; Scholz/*K. Schmidt*, GmbHG (8. Aufl.), § 63, Rdnr. 6; *Hock*, Gesellschafter-Fremdfinanzierung, S. 27 – S. 28.; *Temme*, Eröffnungsgründe, S. 21 f.–178 ff. (für die Insolvenzordnung); *Gschwendtner*, DStR, Beihefter zu Heft 32/1999, S. 10; *Mayer*, WPg 1994, 129, 132–135; *Weisang*, WM 1997, 245, 252–251. Die erste Fundstelle bezieht sich jeweils auf die Zahlungsunfähigkeit, die zweite auf die Überschuldung; ist nur eine angegeben, so enthält sie die Aussage zur Zahlungsunfähigkeit und zur Überschuldung.

280 So auch *Temme*, Eröffnungsgründe, S. 21 Fn. 69; *Haas*, NZI 1999, 209, 209; *Hartung*, wistra, 1997, 1, 6.

281 In jüngster Zeit werden indes zumindest für die Rechtslage unter der Insolvenzordnung „Rangrücktrittserklärungen" verlangt, um von einer Berücksichtigung im Rahmen der Ermittlung der Zahlungsunfähigkeit absehen zu können, vergl. *Burger/Schellberg*, BB 1995, 261, 263; *Möhlmann*, WPg 1998, 947, 950. Ähnlich schon zur Rechtslage unter der Konkursordnung *Hartung*, wistra 1997, 1, 6 f. *Haas*, NZI 1999, 209, 214 fordert eine Berücksichtigung unabhängig von der Konkurs- oder Insolvenzordnung.

werden für die Überschuldungsbilanz überwiegend[282] als aktivierungspflichtig angesehen. Die Problemlage ist insofern vergleichbar, als es dort um die Feststellung des Vorliegens einer Unterbilanz im Zeitpunkt der Auszahlung geht. Keine Rolle spielt in diesem Zusammenhang indes die Kreditunwürdigkeit, womit die Unsicherheit zugestandener Maßen eine andere Dimension hat.

Dem Insolvenzverwalter bzw. Geschäftsführer wird aber auch an zahlreichen anderen Stellen des Gesetzes die Prüfung, ob Eigenkapitalersatz vorliegt oder nicht, zugemutet. Das folgt bereits aus der Einführung der §§ 32a Abs. 2, 32b GmbHG.[283] Es kann kaum davon ausgegangen werden, daß der Gesetzgeber eine Regelung schaffen wollte, von der er überzeugt war, daß die mit ihrer Einführung verbundenen Probleme von der Praxis nicht bewältigt werden können.[284] Nach § 30 Abs. 1 GmbHG muß der Geschäftsführer denn auch im laufenden Geschäftsverkehr prüfen, ob ein Darlehen eigenkapitalersetzenden Charakter hat oder nicht, sofern ein Gesellschafter die Rückzahlung eines Darlehens verlangt.[285] Bei einer Rückzahlung unter Verstoß gegen § 30 Abs. 1 GmbHG macht er sich nicht nur – unabhängig vom Vorliegen eines Rangrücktritts[286] – nach § 43 Abs. 3 S. 1 GmbHG schadensersatzpflichtig, sondern gegebenfalls nach § 266 StGB strafbar.[287] Rückschlüsse aus diesen Pflichten auf die Anforderungen bei der Überschuldungsprüfung werden indes

---

282 Baumbach/Hueck/*Schulze-Osterloh*, GmbHG, § 64, Rdnr. 15; Budde/*Förschle/Kofahl*, Sonderbilanzen, Abschnitt P, Rdnr. 123; WP-Handbuch/*W. Müller*, Bd. II, Abschnitt L, Rdnr. 62. Scholz/*K. Schmidt*, GmbHG (8. Aufl.), § 63, Rdnr. 20 geht hingegen davon aus, daß der Geschäftsführer in der Regel ein Schuldanerkenntnis einholen oder aber gegen den Gesellschafter klagen wird. Für eine Aktivierung ohne Berücksichtigung der Durchsetzbarkeit *Uhlenbruck*, in: Gottwald, § 9, Rdnr. 26 anders aber *ders.*, a.a.O., Rdnr. 31.

283 *Ketzer*, Aktionärsdarlehen, S. 188 (für die AG); *Hommelhoff*, FS Döllerer, S. 261. Auch *Ulmer* geht in: Das neue GmbH-Recht, S. 83 davon aus, daß der eigenkapitalersetzende Charakter in einer Vielzahl der Fälle mit verläßlicher Sicherheit vorzunehmen sein wird; zustimmend *Fassnacht*, Fremdfinanzierung, S. 157.

284 In der Begründung BT-Drcks. 8/1347, S. 39 heißt es denn auch: „Die Feststellung, ob die Gesellschafter als ordentliche Kaufleute im Zeitpunkt der Darlehensgewährung statt dessen Eigenkapital zugeführt hätten, wird im Einzelfall zwar nicht einfach zu treffen sein, *jedoch nicht auf unüberwindliche Schwierigkeiten stoßen.*" (Hervorhebung vom Verfasser).

285 *Haas*, NZI 1999, 209, 214; *Kleindiek*, in: Handbuch, Teil 7, Rdnr. 7.47. Vergl. auch *Fleck*, GmbHR 1989, 313, 319f.; *Fleischer*, Finanzplankredite, S. 312 (beide im Hinblick auf die Überlastung des Geschäftsführers); *Fleischer*, ZIP 1996, 773, 776.

286 A.A. *Haas*, NZI 1999, 209, 214, der die Haftung des Geschäftsführers vom Vorliegen eines Rangrücktritts abhängig machen will; diese Ansicht stellt indes eine Aushöhlung des Kapitalersatzrechts dar und ist abzulehnen. Wie hier OLG Karlsruhe, Urt. vom 14.01.1999, NZG 1999, 454, 454; OLG München, Urt. vom 19.01.1999, NZG 1999, 603, 604.

287 *Bieneck*, StV 1999, 43, 45; *Ehlers*, DStR 1998, 1756, 1758; *Hartung*, NJW 1996, 227, 229; vergl. auch *Mohr*, GmbH-Stb 1997, 193, 195.

teilweise[288] mit der Begründung abgelehnt, die Situationen seien nicht vergleichbar. Dem kann nicht zugestimmt werden. In beiden Fällen bestehen haftungs- und strafrechtliche Risiken, wobei ihr Ausmaß freilich bei der Konkurs- oder Insolvenzverschleppung[289] größer sein dürfte. Dieses Risiko kann der Geschäftsführer allerdings dadurch mindern, daß er sich durch die Einholung eines fachlichen Rates entlastet.[290]

Eine vergleichbare Wertung liegt der Insolvenzordnung zugrunde. Dort wird nicht nur vom Verwalter erwartet, daß er eine – entgegen § 174 Abs. 3 InsO – angemeldete nachrangige Verbindlichkeit als eine solche erkennt, sondern auch, daß sich das Gericht einen Überblick über die im Falle einer Aufforderung anzumeldenden nachrangigen Forderungen verschaffen kann.

Zudem wird dem Geschäftsführer die Erstellung einer Fortführungsprognose zugemutet, welche in einem wesentlich höheren Maße mit Unsicherheiten behaftet ist als die Einordnung eines Darlehens als Eigenkapitalersatz. Soll der Geschäftsführer aber über die Fortführungsfähigkeit urteilen können, so muß gleiches für den kapitalersetzenden Charakter gelten.[291]

Letztlich dienen die Anforderungen an die Passivierungspflicht im Überschuldungsstatus nicht dem Schutz der Geschäftsführer vor einer Haftung, sondern dem Gläubigerschutz. Insofern ist der Hinweis auf die drohende Haftung der Geschäftsführer schon im Ansatz verfehlt. Würde es um den Schutz der Geschäftsführerinteressen gehen, so müßte diesem zugestanden werden, auf diesen Schutz zu verzichten und ein Darlehen auf eigenes Risiko als eigenkapitalersetzend einzuordnen, um von einer Passivierung absehen und die Gesellschaft fortführen zu können. Die im Raume stehende Schadensersatzpflicht des Geschäftsführers bietet vielmehr die Grundlage für einen gerechten Interessenausgleich und verhindert Manipulationen, denn der Geschäftsführer haftet nicht nur bei einem verspäteten Insolvenzantrag, sondern auch bei einem zu frühen – dann freilich der Gesellschaft und nicht den Gläubigern.[292] Zwar

---

288 *Duske*, DStR 1993, 925, 926 in bezug auf den Jahresabschluß.
289 Verg. hierzu Hachenburg/*Ulmer*, GmbHG, § 63, Rdnr. 46; *v. Gerkan/Hommelhoff*, Kapitalersatz, Rdnr 6.29; *Fleischer*, ZIP 1996, 773, 776; *Hommelhoff*, FS Döllerer, S. 266.
290 OLG Stuttgart, Urt. vom 28.10.1997, GmbHR 1998, 89, 90; *Noack*, Gesellschaftsrecht, Rdnr. 264; *Fleischer*, ZIP 1996, 773, 776; *Haas*, NZI 1999, 209, 213; zurückhaltender wohl *Fleck*, EWiR § 64 GmbHG, 4/97, 1997, 1093, 1094. Diese Entlastung dürfte sich nicht nur auf die (bilanz-)rechtliche Behandlung eigenkapitalersetzender Darlehen, sondern auch auf die Einordnung einzelner Darlehen beziehen.
291 *Lutter*, ZIP 1999, 641, 646 und ihm folgend *Kleindiek*, in: Handbuch, Teil 7, Rdnr. 7.47. Vergl. auch schon *Bormann*, InVo 1999, 105, 105.
292 Hachenburg/*Ulmer*, GmbHG, § 64, Rdnr. 21; Scholz/*K. Schmidt*, GmbHG (8. Aufl.), § 64, Rdnr. 12; *Götker*, Geschäftsführer, Rdnr. 330 ff.; *Haas*, NZI 1999, 209, 213; *Lutter*, ZIP 1999, 641, 641 f. Vergl. auch OLG Düsseldorf, Urt. vom 17.10.1991, DStR 1993, 175, 176 f. Ausführlich zum „verfrühten" Insolvenzantrag *Haas*, DStR 1998, 1359, 1362 f.

wird einem Geschäftsführer aufgrund der unübersichtlichen Rechtslage kaum der Vorwurf zu machen sein, er habe sehenden Auges ein eigenkapitalersetzendes Gesellschafterdarlehen falsch bilanziert.[293] Diese Fälle sind indes – sofern das Darlehen objektiv kapitalersetzend ist – nicht problematisch. Eine Gläubigergefährdung kann nur eintreten, wenn ein Darlehen fälschlich als Eigenkapitalersatz eingestuft und daraufhin nicht angesetzt wurde. In diesem Fall liegt indes eine fahrlässige Insolvenzverschleppung vor. Hier stellt die Schadensersatzandrohung sicher, daß der Geschäftsführer ein erhebliches Eigeninteresse an einer „richtigen" Einordnung der Darlehen hat. Der Einwand, durch ein Absehen von der Passivierungspflicht würde ein beträchtliches Manipulationspotential geschaffen,[294] kann hiermit jedenfalls entkräftet werden.[295] Dies gilt um so mehr, als der BGH[296] von der Begrenzung des Schadensersatzanspruches der Neugläubiger auf den Quotenschaden mit der Begründung abgewichen ist, daß das Gebot der rechtzeitigen Insolvenzantragsstellung durch eine wirksame Schadensersatzpflicht sanktioniert werden müsse. In die gleiche Kerbe hat der Gesetzgeber geschlagen, als er in § 26 Abs. 3 S. 1 InsO einen Erstattungsanspruch bezüglich eines geleisteten Kostenvorschusses gegen die Personen festschrieb, die pflichtwidrig keinen Insolvenzantrag gestellt haben.[297] Aus diesen Gründen wird der Geschäftsführer bereits von sich aus an einer rechtsgeschäftlichen Vereinbarung eines Rangrücktritts interessiert sein.[298] Nicht notwendig erscheint es demgegenüber, vom Geschäftsführer zu verlangen, daß er eine Einigung mit den Gesellschaftern herbeiführt.[299] Zwar stünde dem Geschäftsführer in diesem Fall mit dem drohenden Insolvenzantrag ein Druckmittel zur Seite, allerdings käme es bei einer Weigerung durch die Gesellschafter wiederum zu Klagen, welche die Abwicklung ebenfalls verzögern würden.[300] Weiterhin nimmt der Geschäftsführer im Rahmen der Überschuldungsprüfung eine öffentliche Aufgabe wahr und ist damit nicht an Weisungen der Gesellschafter gebunden. Diese seine

---

293 OLG Düsseldorf, Urt. vom 18.04.1997, WM 1997, 1866, 1868.
294 Vergl. die Nachweise oben in Fn. 254.
295 Ebenso Hachenburg/*Ulmer*, GmbHG, § 63, Rdnr. 46a; *v. Gerkan/Hommelhoff*, Kapitalersatz, Rdnr. 6.29; *Fleck*, FS Döllerer, S. 127; *Fleischer*, ZIP 1996, 773, 776; *Hommelhoff*, FS Döllerer, S. 266.
296 Urt. vom 06.06.1994, BB 1994, 1657, 1661f. = BGHZ 126, 181, 197 = NJW 1994, 2220.
297 Ausweislich der Gesetzesbegründung sollen durch diese zusätzliche Haftungsanordnung Mißbräuche, die sich insbesondere im Bereich der GmbH ergeben hätten, verhindert werden, vergl. BT-Drcks. 12/2443, S. 118f.
298 Ebenso *Lutter/Hommelhoff*, GmbHG, § 64, Rdnr. 17c; *Hirte*, DStR 2000, 1829, 1830; *Kleindiek* in: Handbuch, Teil 7, Rdnr. 7.48; *Lutter*, ZIP 1999, 641, 646.
299 So aber *K. Schmidt*, Gesellschaftsrecht, § 37 IV 5. b), S. 1135; *ders.*, FS Goerdeler, S. 506.
300 *Temme*, Eröffnungsgründe, S. 186f.; *Fleischer*, ZIP 1996, 773, 777; *Hommelhoff*, WPg 1984, 629, 631; *ders.*, JbFStR 1984/85, 397, 402. Vergl. aber auch *Fleck*, FS Döllerer, S. 127f.

unabhängige Stellung wäre beeinträchtigt, wenn er bei der Einordnung der Darlehen den Gesellschaftern unterworfen wäre.[301]

Der Geschäftsführer wird in verschiedensten Zusammenhängen mit der Frage konfrontiert, ob ein Darlehen eigenkapitalersetzenden Charakter hat oder nicht. Wird ihm eine solche Prüfung in anderen Sachzusammenhängen zugemutet, so bedarf es einer besonderen Begründung, weshalb er diese Prüfung im Zusammenhang mit der Überschuldungsprüfung nicht sollte leisten können. Da es an einer solchen fehlt, ist eine zwingende Passivierung eigenkapitalersetzender Gesellschafterdarlehen zum Schutze des Geschäftsführers nicht erforderlich.

3. Passivierungspflicht zum Schutze der Gläubiger und systematisch korrekter Umgang mit Unsicherheiten im Bilanzrecht

Die vorangegangene Untersuchung hat ergeben, daß Unsicherheiten bei der Einordnung als Eigenkapitalersatz i.R.d. Überschuldungsprüfung eher der Ausnahmefall sind. Die derzeit noch wenig geklärten Fragen im Zusammenhang mit § 32a Abs. 3 S. 2 und 3 GmbHG werden Literatur und Rechtsprechung nicht vor unlösbare Probleme stellen. Dennoch verbleibt eine Restmenge, bei der der eigenkapitalersetzende Charakter sich nicht ohne weiteres feststellen läßt. Um in diesen Fällen eine Gläubigergefährdung zu verhindern, könnte es erforderlich sein, sämtlichen Eigenkapitalersatz in der Überschuldungsbilanz zu passivieren.[302] Daß einzelne Passivposten mit Unsicherheiten belastet sind, stellt indes weder eine Besonderheit des Eigenkapitalersatzes noch der Überschuldungsprüfung dar – Bewertungsschwierigkeiten sind der ständige Begleiter des Bilanzrechtlers.[303] Derartige Unsicherheiten führen aber nicht nur im Jahresabschluß, sondern auch im Überschuldungsstatus aufgrund von § 249 Abs. 1 S. 1 HGB zu einer Rückstellung und nicht zu einer einseitigen Belastung.[304] Insofern mag ein Vergleich mit einer verjährten For-

---

301 So jüngst schon *Kleindiek*, in: Handbuch, Teil 7, Rdnr. 7.48.
302 So etwa OLG Düsseldorf, Urt. vom 19.01.1995, BB 1996, 1428, 1428 f.; Kuhn/Uhlenbruck, KO, § 102, Rdnr. 6w; *K. Schmidt*, Gesellschaftsrecht, § 18 III 5. c), S. 536; *Ahrenkiel/Lork*, DB 1987, 823, 823; *Beintmann*, BB 1999, 1543, 1546; *Haas*, NZI 1999, 209, 213 (für die Insolvenzordnung); *Joecks*, BB 1986, 1681, 1681 f.; *Kamprad*, GmbHR 1985, 352, 353; *Knobbe-Keuk*, ZIP 1983, 127, 129; *Küting/Kessler*, BB 1994, 2103, 2108; *Mayer*, BB 1990, 1935, 1943; *Priester*, DB 1991, 1917, 1923; *K. Schmidt*, in: Insolvenzrecht 1998, S. 298; *Weisang*, WM 1997, 245, 250.
303 OLG München (StrafR), Beschl. vom 08.07.1994, BB 1994, 2388, 2388 = NJW 1994, 3112, 3112; LG Waldshut-Tiengen, Urt. vom 28.07.1998, BB 1995, 2365, 2365; Baumbach/Hueck/Schulze-Osterloh, GmbHG, § 64, Rdnr. 18; *Fleischer*, ZIP 1996, 773, 775; *Hommelhoff*, FS Döllerer, S. 262 f.; *Schulze-Osterloh*, WPg 1996, 97, 105; *Trapp*, WuB II C. § 63 GmbHG 1.96.
304 Baumbach/Hueck/Schulze-Osterloh, GmbHG, § 64, Rdnr. 18; *Fleischer*, Finanzplankredite, S. 338; *Temme*, Eröffnungsgründe, S. 185 f.; *Fleck*, FS Döllerer, S. 127; *Hommelhoff*, FS Döllerer, S. 263 f.

derung näheren Aufschluß geben. Für den Jahresabschluß ist anerkannt, daß das bloße Vorliegen der Verjährung per se noch nicht die Bilanzierung einer Rückstellung rechtfertigt; hat sich der Unternehmer aber entschlossen, sich auf die Verjährung zu berufen, so ist auf die Passivierung gänzlich zu verzichten.[305] In der gleichen Weise wäre eine derartige Verbindlichkeit im Überschuldungsstatus zu behandeln. Im Falle des Eigenkapitalersatzes liegt insofern eine vergleichbare Situation vor, als für Rechtsprechungsdarlehen wie bei der Verjährung ein Leistungsverweigerungsrecht vorliegt. Hinsichtlich der Leistungsverweigerung ist der Geschäftsführer jedoch gebunden und hat keinen Entscheidungsspielraum, ob er von seinem Recht Gebrauch macht oder nicht. Diese Parallele spricht dafür, eigenkapitalersetzende Gesellschafterdarlehen nicht zu berücksichtigen. Steht im Streit, ob eine Verbindlichkeit verjährt ist oder nicht, so besteht über den Bestand der Verbindlichkeit eine Unsicherheit dem Grunde nach, weshalb eine Rückstellung anzusetzen ist.[306] Übertragen auf eigenkapitalersetzende Gesellschafterdarlehen bedeutet dies, daß für die Rechtsprechungsdarlehen eine Rückstellung anzusetzen ist, wenn die Einordnung als Eigenkapitalersatz zweifelhaft ist.[307] Damit ist es systematisch nicht haltbar, Rechtsprechungsdarlehen im Überschuldungsstatus als Verbindlichkeiten anzusetzen.[308] Dieses Ergebnis korrespondiert mit der Einordnung der Rechtsprechungsdarlehen im Jahresabschluß, wonach sie der Sache nach keine Verbindlichkeit, sondern eine Rückstellung darstellen.

In Abweichung von der BFH-Rechtsprechung[309] ist es für die Annahme einer Rückstellung nicht erforderlich, daß die Inanspruchnahme aus dem Darlehen überwiegend wahrscheinlich ist. Diese Rechtsprechung ist fiskalisch geprägt und läßt das Vorsichtsprinzip weitgehend unberücksichtigt. Als ausreichend muß vielmehr erachtet werden, daß eine Inanspruchnahme durch den Gesellschafter nicht mit Sicherheit auszuschließen ist. Insofern ergibt sich aus dem

---

305 *Meyer-Wegelin*, in: Küting/C.-P. Weber, Bd. Ia, § 249, Rdnr. 59.
306 A/D/S, § 249, Rdnr. 73. A. A. *Schnell*, Gesellschafterdarlehen, S. 112f. für eigenkapitalersetzende Gesellschafterdarlehen, nach dem der Geschäftsführer über die Einordnung zu entscheiden hat, womit kein Raum mehr für Zweifel bleibe.
307 So denn auch Baumbach/Hueck/*Schulze-Osterloh*, GmbHG, § 64, Rdnr. 18; Hachenburg/*Ulmer*, GmbHG, § 63, Rdnr. 46a; *Groth*, Überschuldung, S. 90; *Fleck*, GmbHR 1989, 313, 323; *Fleischer*, ZIP 1996, 773, 778f.; *Hommelhoff*, WPg 1984, 629, 633; *Joecks*, BB 1986, 1681, 1682; *Schulze-Osterloh*, WPg 1996, 97, 106. *Beintmann*, Gesellschafterdarlehen, S. 112 spricht demgegenüber von „verkappten Rückstellungen".
308 Demgegenüber wirft *K. Schmidt*, FS Goerdeler, S. 505 der Ansicht, die auf eine Passivierung verzichten will, zu Unrecht vor, rechtsdogmatisch nicht haltbar zu sein. *Beintmann*, Gesellschafterdarlehen, S. 119 findet den Ansatz einer Rückstellung überraschend, läßt dabei jedoch unberücksichtigt, daß es sich beim Eigenkapitalersatz gerade nicht um materielles Eigenkapital handelt und flüchtet selbst mit der Bezeichnung als „verkappte Rückstellungen" in die begriffliche Ungenauigkeit.
309 Vergl. nur BFH, Urt. vom 01.08.1984, BB 1985, 243, 244; Urt. vom 02.10.1992, DStR 1993, 124, 124. Kritisch hierzu *Paus*, BB 1988, 1419, 1420.

Vorsichtsprinzip, daß Bewertungsunsicherheiten im Hinblick auf die Überschuldung zu Lasten der Gesellschaft zu gehen haben.[310]
Aus den bisherigen Ausführungen folgt, daß die Verpflichtung in der Regel allein dem Grunde, nicht aber der Höhe nach ungewiß ist. Mit welchem Betrag die Rückstellungen für diese Konstellation auszuweisen sind, ist kein spezifisches Problem des Eigenkapitalersatzrechts oder der Überschuldungsbilanz, sondern auch hinsichtlich der Jahresbilanz umstritten.[311] Teilweise[312] wird – unter Verweisung auf das Vorsichtsprinzip – für die Überschuldungsbilanz eine Rückstellung in voller Höhe des in Rede stehenden Kapitalersatzes befürwortet. Die Gegenansicht[313] will demgegenüber auf die Wahrscheinlichkeit der Inanspruchnahme abstellen und die Höhe der Rückstellung dem anpassen. Auch eine Quotentypisierung nach dem Ausmaß der Streitigkeit wurde vorgeschlagen.[314]

Nicht zu überzeugen vermag die Ansicht, die die in Rede stehende Verbindlichkeit ausnahmslos mit 100% ansetzen will. Die Berufung auf das Vorsichtsprinzip liefert kein schlagkräftiges Argument, denn dieses kann nicht bedeuten, immer den „worst case" anzunehmen. Dies zeigt sich insbesondere bei einem Vergleich mit den Abschreibungen auf Forderungen. Wäre die Eintrittswahrscheinlichkeit in keiner Weise zu berücksichtigen, so wären Forderungen bei dem kleinsten Anzeichen für Zahlungsschwierigkeiten des Schuldners komplett abzuschreiben. Die Differenzierung zwischen Rückstellungen und Verbindlichkeiten bei den Ansatz- und Bewertungsvorschriften (§§ 249, 253 Abs. 1 S. 2 HGB) würde ihren Sinn verlieren, wenn die Unterschiede im Rahmen der

---

310 *Beintmann*, Gesellschafterdarlehen, S. 104; vergl. auch *Schön*, Beilage 9 BB 1994, S. 4, der feststellt, daß aufgrund des Vorsichtsprinzips eher eine Rückstellung zu bilden denn zu unterlassen ist. A. A. *Fleischer*, ZIP 1996, 773, 776.
311 Für eine Rückstellung in Höhe von 100% der fraglichen Verbindlichkeit im Jahresabschluß BGH, Urt. vom 05.06.1989, ZIP 1989, 1324, 1326; *Clemm/Erle*, in: Beck'scher Bilanzkommentar, § 253, Rdnr. 155; *Kessler*, in: Küting/C.-P. Weber, Bd. Ia, § 249, Rdnr. 297; *Stengel*, BB 1993, 1403, 1407. Für eine Berücksichtigung der Eintrittswahrscheinlichkeit demgegenüber OLG Köln, Urt. vom 23.05.2000, DB 2000, 2264, 2265; A/D/S, § 253 HGB, Rdnr. 193; *Knobbe-Keuk*, Unternehmens- und Bilanzsteuerrecht, S. 237; *Paus*, BB 1988, 1419, 1420f. Diesen Streit ignoriert *Beintmann*, Gesellschafterdarlehen, S. 117ff.; *dies.*, BB 1999, 1543, 1547, wenn sie wie selbstverständlich von einer Rückstellung in Höhe von 100% des Darlehensbetrages ausgeht.
312 Baumbach/Hueck/*Schulze-Osterloh*, GmbHG, § 64, Rdnr. 18; *Beintmann*, Gesellschafterdarlehen, S. 117; *dies.*, BB 1999, 1543, 1547; *Klaus*, BB 1994, 680, 687.
313 Hachenburg/*Ulmer*, GmbHG, § 63, Rdnr. 46a (zwischen 50 und 100%); *Groth*, Überschuldung, S. 93; *Temme*, Eröffnungsgründe, S. 165f. (generell zu Rückstellungen in der Überschuldungsbilanz); *Fleck*, GmbHR 1989, 313, 323; *Fleischer*, ZIP 1996, 773, 779; *Kleindiek*, in: Handbuch, Teil 7, Rdnr. 7.49.
314 *v. Gerkan/Hommelhoff*, Kapitalersatz, Rdnr. 6.30ff.; *Hommelhoff*, FS Döllerer, S. 265.

Bewertungsvorschriften wieder nivelliert würden.[315] Weiterhin droht insbesondere bei der Berücksichtigung im Überschuldungsstatus die Stellung eines verfrühten Insolvenzantrages, welcher nach den obigen Feststellungen auch zu einer Beeinträchtigung der Gläubigerinteressen führen kann und für die Geschäftsführer schadensersatzbewehrt ist. Damit ist ein prozentualer Anteil des Darlehens (zwischen 0 und 100%) als (Fehleinschätzungs-)Rückstellung anzusetzen.[316] Der konkret anzusetzende Anteil bemißt sich nach der mit der Einordnung als Eigenkapitalersatz zusammenhängenden Unsicherheit. Insofern lassen sich nach aufsteigendem Fehleinschätzungsrisiko vier „Risikoklassen" bilden.

Der ersten Klasse mit der geringsten Restunsicherheit (von 0%) lassen sich ausdrückliche Rangrücktrittsvereinbarungen, die zudem schriftlich dokumentiert sind,[317] zuordnen. Diesen gleichgestellt sind solche Nachrangvereinbarungen, für deren Abschluß ein schriftliches Angebot des Darlehensgebers vorliegt. In diesen Konstellationen besteht regelmäßig keine Unsicherheit über die Nachrangigkeit der betreffenden Verbindlichkeiten, so daß auf eine Rückstellung verzichtet werden kann.[318] Dieser Klasse lassen sich grundsätzlich auch die Fälle zurechnen, in denen der Nachrang der Verbindlichkeit gerichtlich festgestellt wurde. Allerdings kann es aufgrund der Möglichkeit einer nachträglichen Enthaftung erforderlich sein, trotzdem eine Rückstellung zu bilden. Entscheidend wird insofern sein, wie weit der Zeitpunkt, auf den sich die Gerichtsentscheidung bezieht, zurückliegt.

Ein geringeres Maß an Sicherheit besteht demgegenüber, wenn der Rangrücktritt zwar dokumentiert wurde, aber nicht ausdrücklich, sondern konkludent erklärt wurde, da insofern Streitigkeiten über die Auslegung der Erklärung entstehen können. Dieser zweiten Risikoklasse sind etwa die Konstellationen zuzurechnen, in denen im Jahresabschluß mit Zustimmung des Darlehensgebers der eigenkapitalersetzende Charakter festgestellt wurde. Ebenfalls ein Fall dieser Risikoklasse dürfte es sein, wenn der Gesellschafter dem Jahresabschluß nicht zugestimmt hat, aber auch nicht gegen diesen vorgegangen ist. Insofern besteht – insbesondere, wenn es sich nicht um den Abschluß zum letzten Bilanzstichtag vor der Überschuldungsprüfung handelt, etwa weil dieser noch nicht aufgestellt ist – das Risiko, daß sich der kapitalersetzende Charakter zwischenzeitlich geändert hat[319] oder sich der Gesellschafter zumindest auf eine Änderung beruft.[320] Hat der Gesellschafter ein Darlehen ausdrück-

---

315 *Temme*, Eröffnungsgründe, S. 165 f. (generell zu Rückstellungen in der Überschuldungsbilanz); *Fleischer*, ZIP 1996, 773, 779. Ähnlich *Groth*, Überschuldung, S. 93.
316 Ebenso *v. Gerkan/Hommelhoff*, Kapitalersatz, Rdnr. 6.30 ff.; *Hommelhoff*, FS Döllerer, S. 265. Für einen Ansatz von 50 bis 100% demgegenüber Hachenburg/*Ulmer*, GmbHG, § 63, Rdnr. 46 a.
317 Zur Notwendigkeit der schriftlichen Dokumentation siehe oben S. 211.
318 Ausführlich zu Verbindlichkeiten mit Rangrücktritt unten S. 333 ff.
319 Vergl. *Wolf*, DB 1995, 2277, 2281.
320 Dieser Einwand ist dem Gesellschafter nur gestattet, wenn er mit seiner Zustimmung zum Jahresabschluß, in dem sein Darlehen als Eigenkapitalersatz ausgewie-

lich zur Überwindung der Krise gegeben und dies schriftlich dokumentiert – etwa durch eine Klarstellung im Darlehensvertrag oder auf dem Überweisungsträger – wird es sich ebenfalls um einen Fall der zweiten Risikoklasse handeln. Für diese Klasse wird als Richtwert eine Rückstellung in Höhe von 0–50% der Darlehenssumme vorgeschlagen.

Die dritte Risikoklasse bilden die Sachverhalte, in denen ein ausdrücklicher oder konkludenter Rangrücktritt undokumentiert vereinbart wurde. Hierzu zählt namentlich die Darlehensgewährung zur Krisenabwendung ohne schriftliche Dokumentation des Darlehenszweckes. Das Ausmaß der Rückstellung hat sich hier an der Beweisbarkeit der Rangvereinbarung etwa durch Zeugen o. ä. zu orientieren. Wird das Darlehen zur Abwendung einer Krise gegeben, können als Indizien in Betracht kommen: die Darlehensgewährung durch Mitgesellschafter, die zugleich einen Rangrücktritt erklärt haben; der Ausweis von Darlehen der Mitgesellschafter als Eigenkapitalersatz sowie die zeitliche und sachliche Nähe zur Krise einschließlich der Kenntnis des Gesellschafters von dieser.[321] In letztgenanntem Fall wird der Darlehensgewährung im Anschluß an eine Versammlung nach §§ 49 Abs. 3 GmbHG, 92 Abs. 1 AktG Indizwirkung für den eigenkapitalersetzenden Charakter zukommen. Für diese dritte Risikoklasse scheint eine Rückstellungsquote von 25–50% angemessen.

Die vierte und letzte Risikogruppe bilden die für gewöhnlich unter dem Stichwort „Eigenkapitalersatz" behandelten Darlehen, bei denen keine Anhaltspunkte für einen ausdrücklichen oder konkludenten Rangrücktritt vorliegen. Für diese Kategorie wird in der Regel eine Rückstellungsbedarf von 50–100% der Darlehenssumme bestehen. Als Fallgruppen dürften – sortiert nach aufsteigendem Risiko – in Betracht kommen: (1) Der Gesellschafter bestreitet den behaupteten eigenkapitalersetzenden Charakter nicht, erklärt aber auch keinen (konkludenten) Rangrücktritt, verhält sich also passiv. (2) Der Gesellschafter bestreitet den eigenkapitalersetzenden Charakter der Darlehen substantiiert, hat aber noch keine Klage erhoben. (3) Zwischen Gesellschaft und Gesellschafter ist ein Rechtsstreit über den eigenkapitalersetzenden Charakter der Darlehen anhängig, eine gerichtliche Entscheidung steht aber noch aus.[322] Hat das Gericht bereits entschieden, ist die Entscheidung aber noch nicht

---

sen ist, keinen unbefristeten Rangrücktritt erklärt hat. Für einen solchen dürfte es indes regelmäßig am Bindungswillen fehlen, denn die Zustimmung des Gesellschafters bezieht sich allein auf die Nachrangigkeit zum Bilanzstichtag. Für die daraufolgende Zeit wird der Zustimmung zum Jahresabschluß eine – freilich im Laufe der Zeit abnehmende – Indizwirkung für den eigenkapitalersetzenden Charakter zukommen.

321 Vergl. *Kroppen*, DB 1977, 663, 666.
322 Hier kann für die Bewertung des Fehleinschätzungsrisikos insbesondere auf Äußerungen des Gerichts – etwa im Zusammenhang mit § 139 ZPO – zurückgegriffen werden. *v. Gerkan/Hommelhoff*, Kapitalersatz, Rdnr. 6.33 halten in diesem Fall allein die Bildung eines Merkpostens in der Überschuldungsbilanz für erforderlich.

rechtskräftig, ist zu differenzieren. Bei einer gerichtlichen Einordnung des Darlehens als Eigenkapitalersatz dürfte sich der Rückstellungsbedarf unterhalb von 50% bewegen; hat das Gericht demgegenüber den eigenkapitalersetzenden Charakter des Darlehens verneint, scheint ein Satz von bis zu 100% – je nachdem, ob ein Rechtsmittel eingelegt werden soll und wie seine Erfolgsaussichten stehen – angemessen. Mit dieser Zusammenstellung von Risikogruppen und dazugehörigen Sachverhalten soll dem Geschäftsführer keinesfalls die Pflicht abgenommen werden, nach objektiven Maßstäben selbst zu beurteilen, ob ein Darlehen eigenkapitalersetzend ist oder nicht.[323] Es soll vielmehr versucht werden, die möglichen Fallkonstellationen zu typisieren und so eine Risikominimierung für die Geschäftsführer zu schaffen.

Der in der Literatur jüngst aufgekommene Vorschlag,[324] die Unsicherheiten in bezug auf den eigenkapitalersetzenden Charakter der Gesellschafterdarlehen durch die Aktivierung eines möglichen Rückzahlungsanspruchs bereits vor der Rückzahlung an den Gesellschafter zu berücksichtigen, kann nicht überzeugen. Zum einen wäre dieses Vorgehen mit den allgemeinen Bilanzierungsgrundsätzen nicht vereinbar, denn der zu aktivierende Anspruch ist vor der Rückzahlung des Darlehens an den Gesellschafter noch nicht entstanden. Zum anderen kommt diese Methode wirtschaftlich zu den gleichen Ergebnissen wie die hier vertretene, welcher damit schon aus systematischen Gründen der Vorrang zu geben ist.

4. Zwischenergebnis

Grundsätzlich ist es mit keinen unüberwindbaren Schwierigkeiten verbunden, die Voraussetzungen des Eigenkapitalersatzes festzustellen. Die bestehende Restunsicherheit hinsichtlich der Einordnung einzelner Darlehen als eigenkapitalersetzend kann weder unter der Konkurs- noch unter der Insolvenzordnung zu einer generellen Passivierungspflicht führen: Eine Pflichtenreduzierung zum Schutz des Geschäftsführers ist nicht erforderlich und der Ansatz einer unsicheren Schuld unter den Verbindlichkeiten nicht bilanzrechtskonform. In Betracht kommt allein der Ansatz einer Rückstellung, deren Ausmaß vom rechtlichen und tatsächlichen Fehleinschätzungsrisiko abhängt.

VII. Abstimmung mit dem Jahresabschluß

Letztlich ist der vorgeschlagene Ansatz im Überschuldungsstatus mit der Behandlung im Jahresabschluß abzustimmen. So wird in der Literatur die Auffassung vertreten, es falle aus bilanzrechtlichen Erwägungen schwer, einen Fremdkapitalposten im Überschuldungsstatus als Eigenkapital auszu-

---

323 Vergl. *Fleck*, FS Döllerer, S. 126 f.; *Hommelhoff*, WPg 1984, 630, 633; *ders.*, FS Döllerer, S. 264 f.
324 *Wolf*, Überschuldung, S. 129 f., *ders.*, DB 1995, 2277, 2280 f.; *ders.*, DB 1997, 1833, 1833 f. Ausführlich hierzu *Beintmann*, Gesellschafterdarlehen, S. 138 ff.; *dies.*, BB 1999, 1543, 1548.

weisen.[325] Dem ist bereits aus rechtstechnischer Sicht entgegenzuhalten, daß Eigenkapital in der Überschuldungsbilanz nicht angesetzt wird, womit auch Eigenkapitalersatz nicht unter dem Eigenkapital ausgewiesen werden kann. Zudem versagt diese Argumentation bei Darlehen, die mit einem Rangrücktritt versehen sind. Sie sind nach h. M. im Jahresabschluß als Verbindlichkeiten zu passivieren, im Überschuldungsstatus aber unstrittig nicht anzusetzen. Im übrigen ergibt sich der aufgezeigte Wertungswiderspruch unter dem hier präferierten Lösungsansatz nicht: Rechtsprechungsdarlehen sind sowohl in der Jahres- als auch in der Überschuldungsbilanz als Rückstellungen zu berücksichtigen. Allein der jeweils anzusetzende Wert ist ein anderer, weil die Überschuldungsbilanz insofern einen anderen Zweck verfolgt als die Jahresbilanz.

Die Abstimmung mit der Behandlung im Jahresabschluß kann sich indes nicht auf die Einordnung als Eigen- oder Fremdkapital beschränken. Nach der hier vertretenen Ansicht ist eine besondere Kennzeichnung eigenkapitalersetzender Darlehen im Jahresabschluß erforderlich. Wird diese vorgenommen, so kann – wenn auch nicht unbedingt von einem Rangrücktritt – so doch zumindest mit einer hohen Wahrscheinlichkeit vom kapitalsetzenden Charakter ausgegangen werden, womit auf eine Passivierung im Überschuldungsstatus verzichtet werden kann.[326] Zur Durchsetzung dieser besonderen Ausweispflicht sollte nicht nur auf § 331 Nr. 1 HGB zurückgegriffen werden,[327] sondern entgegen der h. M.[328] auch § 41 GmbHG als Schutzgesetz i. S. d. § 823 Abs. 2 BGB anerkannt werden.

Durch die Passivierung des Eigenkapitalersatzes im Jahresabschluß wird zudem der Eintritt der §§ 49 Abs. 3 GmbHG, 93 Abs. 2 AktG und damit der Gläubigerschutz vorverlagert. Auf diese Weise erfahren nicht nur die Gesellschafter von der Krise der Gesellschaft und dem eigenkapitalersetzenden Charakter ihrer Darlehen. Gleichzeitig werden – sofern die Einberufung der Versammlung publik wird – die aktuellen und potentiellen Gläubiger gewarnt. Die Pflicht zur Einberufung der Gesellschafterversammlung bei Verlust der

---

325 *Beintmann*, Gesellschafterdarlehen, S. 80. Nach *Vollmer/Maurer*, DB 1993, 2315, 2319 soll aus §§ 49 Abs. 3 GmbHG, 92 Abs. 1 AktG folgen, daß dem Überschuldungsstatus der gleiche Eigenkapitalbegriff wie dem Jahresabschluß zugrunde liegt.
326 *Richter*, GmbHR 1984, 137, 141; *Wolf*, DB 1995, 2277, 2281. Gleiches wird zu gelten haben, wenn der Abschlußprüfer in seinem Bericht den eigenkapitalersetzenden Charakter feststellt; *Bordt*, HdJ Abt. III/1, Rdnr. 297 hält ihn für dazu verpflichtet.
327 *Küffner*, DStR 1993, 180, 182. Überlegungen zu einer möglichen Nichtigkeit des Jahresabschlusses finden sich bei *Schnell*, Gesellschafterdarlehen, S. 203 ff.; *v. Gerkan/Hommelhoff*, Kapitalersatz, Rdnr. 6.19.
328 BGH, Urt. vom 13.04.1994, BGHZ 125, 366, 377; *Lutter/Hommelhoff*, GmbHG, § 41, Rdnr. 4; Baumbach/Hueck/*Schulze-Osterloh*, GmbHG, § 41, Rdnr. 3; *Ehricke*, ZGR 2000, 351, 367 f. Kritisch zur h. M. *Scholz/Crezelius*, GmbHG, § 41, Rdnr. 8.

Hälfte des Stammkapitals und die Insolvenzantragspflicht stellen somit – untechnisch – zwei Stufen im Sinne eines zweigliedrigen Schutzsystems gegen Gläubigergefährdungen dar.[329] Zwischen ihnen bestehen zwar Unterschiede, denn während beim Überschuldungsstatus das Schuldendeckungspotential ermittelt werden soll, dient der Verlust der Hälfte des Stammkapitals als Krisenindikator.[330] Führt indes auf der Stufe eins (Verlust der Hälfte des Stammkapitals) der eigenkapitalersetzende Charakter zu einer Warnfunktion, erscheint es nicht notwendig, auf der zweiten Stufe systematisch fragwürdig eine Passivierung im Überschuldungsstatus zu fordern.

VIII. Ergebnis

Eigenkapitalersetzende Gesellschafterdarlehen sind weder unter der Konkurs- noch unter der Insolvenzordnung im Überschuldungsstatus zu passivieren. Wie für Drittverbindlichkeiten gilt auch hier: Für Verbindlichkeiten, über deren Durchsetzbarkeit Zweifel bestehen, sind Rückstellungen zu bilden. Diese Rückstellungen haben sich ihrer Höhe nach an der Wahrscheinlichkeit der Inanspruchnahme zu orientieren. Nur so können die Unterschiede zwischen Verbindlichkeit und Rückstellung gewahrt werden.

C. Zinsansprüche auf eigenkapitalersetzende Darlehen und vor der Insolvenzeröffnung zurückgewährte Leistungen

Auf Basis der bisherigen Untersuchungsergebnisse bereitet es keine Probleme, eine Aussage über die Behandlung der auf eigenkapitalersetzende Darlehen entfallenden Zinsansprüche und über vor der Insolvenzeröffnung zurückgewährte Leistungen zu treffen.

Für die *Zinsen* gilt ebenso wie für die Darlehen: Sind sie bereits vor der Eröffnung eines Insolvenzverfahrens gegen eine Auszahlung gesperrt, können sie allein im Wege einer Rückstellung im Überschuldungsstatus berücksichtigt werden. Ist ihre Auszahlung möglich und kann erst nach Verfahrenseröffnung angefochten werden, kann aufgrund einer Passivierung dieser Zinsansprüche jedenfalls keine Überschuldung eintreten.[331]

Während vor einer Rückgewähr den unter die Novellenregeln fallenden Darlehensanteilen keine eigenständige Bedeutung zukommt, stellt sich die Lage

---

329 Vergl. *W. Müller*, ZGR 1985, 191, 196 f.; *Priester*, ZGR 1999, 533, 537 f.; *Vollmer/Maurer*, DB 1993, 2315, 2319. Ebenso bereits *Pribilla*, KTS 1958, 1, 2. Nach dem hier vertretenen Konzept dient nicht nur die Eröffnung des Insolvenzverfahrens, sondern auch § 49 Abs. 3 GmbHG dem Gläubigerschutz; dies wird teilweise anders gesehen (§ 49 Abs. 3 GmbHG als reiner Eigentümerschutz), vergl. *Kühnberger*, DB 2000, 2077, 2077.
330 So schon *Priester*, ZGR 1999, 533, 546.
331 Vergl. oben S. 294 f.

hinsichtlich solcher *Leistungen*, die bereits *vor der Verfahrenseröffnung ausgekehrt* wurden, anders dar.[332] Insofern bestimmt sich die Reichweite der Rechtsprechungsregeln nicht nach dem Ausmaß der Unterbilanz im Zeitpunkt der Überschuldungsprüfung, sondern nach dem im Zeitpunkt der Auszahlung. Diese Unterscheidung kann sich unmittelbar auf die Überschuldungsfeststellung auswirken. Denn Rückforderungsansprüche bezüglich eigenkapitalersetzender Gesellschafterleistungen nach §§ 30, 31 GmbHG sind – ebenso wie Ansprüche aus dem direkten Anwendungsbereich der §§ 30, 31 GmbHG – im Überschuldungsstatus zu aktivieren.[333] Bei der Bewertung dieses Anspruchs ist nicht nur auf die Liquidität des Gesellschafters besonders zu achten. Zudem ist – parallel zur Bildung einer „Fehleinschätzungsrückstellung" bei der Passivierung noch nicht zurückgezahlter Darlehen – das Risiko zu berücksichtigen, daß der abgegoltene Betrag unter Umständen nicht den Rechtsprechungsregeln unterlag.[334] Für den in der Handelsbilanz ab der Aktivierung des Rückforderungsanspruchs der Gesellschaft wieder aufzunehmenden Rückzahlungsanspruch des Gesellschafters[335] ist demgegenüber in der Überschuldungsbilanz kein Raum. Das Risiko einer Fehleinschätzung ist bereits bei der Bewertung des zu aktivierenden Anspruchs zu berücksichtigen. Damit hängt die vom kapitalersetzenden Charakter der Darlehen ausgehende entlastende Wirkung für den Überschuldungsstatus allein vom Wert des Anspruchs aus § 31 Abs. 1 GmbHG ab und ist im ungünstigsten Fall Null.

Korrespondierend mit dem Grundsatz, daß Ansprüche aus Insolvenzanfechtungen im Überschuldungsstatus nicht berücksichtigt werden können,[336] dürfen mögliche Rückforderungsansprüche der Gesellschaft nach §§ 32a GmbHG, 135 InsO im Überschuldungsstatus nicht aktiviert werden.[337] Ihre Aktivierung würde nicht nur die Folgen einer Insolvenzeröffnung vorwegnehmen, sondern darüber hinaus ihre Durchsetzbarkeit gefährden.[338] Diese unterschiedliche Behandlung je nach dem Eingreifen der Rechtsprechungs- oder Novellenregeln rechtfertigt sich durch die unterschiedliche Reichweite der Rechtsfolgen.

---

332 Siehe hierzu oben S. 294 f.
333 OLG München (StrafR), Urt. vom 08.07.1994, BB 1994, 2388, 2388 = NJW 1994, 3112, 3114; *Schnell*, Gesellschafterleistungen, S. 111; *Fleck*, FS Döllerer, S. 127.
334 *Fleck*, FS Döllerer, S. 127.
335 Siehe hierzu oben S. 181.
336 Siehe hierzu oben S. 283.
337 Ebenso zur Konkursordnung *Schnell*, Gesellschafterleistungen, S. 123.
338 Vergl. *v. Gerkan/Hommelhoff*, Kapitalersatz, Rdnr. 6.38 (für Ansprüche nach § 32b GmbHG unter der Konkursordnung); *Hommelhoff*, FS Döllerer, S. 254 f. (allgemein für Anfechtungsansprüche).

D. Gesellschafterbesicherte Drittdarlehen

I. Vor Begleichung der Drittforderung

Grundlage der Überlegungen muß sein, daß der Kapitalersatz in Form einer Gesellschaftersicherheit nicht zu einer Belastung in der Überschuldungsbilanz führt. Ausgehend davon, daß der Gesellschaft, bevor die Drittforderung beglichen wurde, gegen ihren Gesellschafter ein Freistellungsanspruch im Umfang der Rechtsprechungsdarlehen zusteht, läßt sich dieses Ziel rechtstechnisch auf zwei Wegen erreichen: Zum einen könnte – entgegen dem Grundsatz, daß selbst besicherte Verbindlichkeiten zu passivieren sind – auf eine Passivierung des Drittdarlehens (teilweise) verzichtet werden, da es insoweit das Vermögen nicht belastet.[339] Zum anderen könnte der Gesellschaft die Aktivierung des Freistellungsanspruchs gegen den Gesellschafter gestattet werden.[340] Die entlastende Wirkung würde dadurch erzielt, daß eine Passivierung des Rückgriffsanspruchs des Gesellschafters gegen die Gesellschaft aus dem zugrundeliegenden Sicherungsvertrag unterbleibt. Ohne Festlegung auf eine der beiden Möglichkeiten wird letztlich vorgeschlagen, der Gesellschaft ein Wahlrecht einzuräumen, ob sie auf die Passivierung der Drittverbindlichkeiten verzichten oder den Freistellungsanspruch aktivieren will.[341]

Bilanzrechtlich kann es weder überzeugen, auf den Ansatz der Drittverbindlichkeit (teilweise) zu verzichten, noch der Gesellschaft diese Option wahlweise zu eröffnen. Das folgt bereits daraus, daß sich gesetzliche Nachrangigkeit allein auf das Innenverhältnis zwischen Gesellschaft und Gesellschafter bezieht;[342] der Dritte kann seine Forderung jederzeit geltend machen.[343] Zu-

---

339 So etwa Baumbach/Hueck/*Schulze-Osterloh*, GmbHG, § 64, Rdnr. 18; *Richter*, GmbHR 1984, 137, 141. Ebenso bei Vorliegen eines Rangrücktritts OLG Düsseldorf (StrafR), Beschl. vom 25.11.1996, BB 1997, 517, 517 f. = NJW 1997, 1455, 1456; Hanseatisches OLG, Urt. vom 18.07.1986, BB 1986, 1817, 1818 f.; wohl auch Scholz/ *K. Schmidt*, GmbHG (8. Aufl.), § 63, Rdnr. 27; *Hemmelrath*, DStR 1991, 626, 626.
340 So LG Waldshut-Tiengen, Urt. vom 28.07.1995, BB 1995, 2365, 2365; *v. Gerkan/ Hommelhoff*, Kapitalersatz, Rdnr. 6.37; *Schnell*, Gesellschafterleistungen, S. 186 ff.; *Winnefeld*, Bilanz-Handbuch, Abschnitt M, Rdnr. 954; *Trapp*, WuB II C. § 63 GmbHG 1.96. Ebenso bei Vorliegen eines Rangrücktritts Kuhn/*Uhlenbruck*, KO, § 102, Rdnr. 6v; *Bieneck*, StV 1999, 43, 46; *K. Schmidt*, ZIP 1999, 1821, 1825; *Tappmeier*, EWiR § 64 GmbHG, 4/95, 1995, 1203, 1204; *Wolf*, DB 1995, 2277, 2281. Das OLG München verlangt im Urt. vom 15.04.1996, GmbHR 1998, 281, 282 zur Vermeidung der Überschuldung über den Rangrücktritt hinsichtlich des Rückgriffsanspruchs aus dem Sicherungsvertrag hinaus die ausdrückliche Anerkennung eines Freistellungsanspruchs.
341 So wohl BGH, Urt. vom 09.02.1987, BB 1987, 728, 728 f. = NJW 1987, 1697, 1698 und *Weisang*, WM 1997, 245, 251 Fn. 264 (beide sofern ein Rangrücktritt vereinbart wurde).
342 Vergl. hierzu *K. Schmidt*, ZIP 1999, 1821, 1824.
343 Hachenburg/*Ulmer*, GmbHG, § 63, Rdnr. 47; *Schnell*, Gesellschafterleistungen, S. 188; *Wolf*, 1995, 2277, 2281.

gleich spricht die fehlende Transparenz einer Verrechnung – konkretisiert im Vollständigkeitsgrundsatz des § 246 Abs. 1 und dem Verrechnungsverbot des § 246 Abs. 2 HGB – gegen eine Kürzung der Drittverbindlichkeit. Zwar sind diesbezüglich an einen Überschuldungsstatus nicht die gleichen Anforderungen zu stellen wie an einen Jahresabschluß. Da aber auch der Überschuldungsstatus insofern der richterlichen Kontrolle unterliegt, als er zur Überprüfung herangezogen werden kann, ob der Geschäftsführer rechtzeitig einen Insolvenzantrag gestellt hat, kann die Transparenz nicht vollständig außer Acht gelassen werden. Zudem kommt dem gesonderten Ausweis des Erstattungsanspruchs eine Warnfunktion hinsichtlich des Beitreibungsrisikos der Gesellschaft zu, welche bei einer Verrechnung mit der Drittverbindlichkeit unterzugehen droht.[344] Damit ist der Freistellungsanspruch der Gesellschaft zu aktivieren.

Dieser Anspruch wird höhenmäßig durch zwei Kriterien begrenzt. Eine erste Grenze ergibt sich aus dem Wert der Sicherheit. Da der Gesellschafter nicht persönlich verpflichtet ist, kann der zu aktivierende Anspruch nicht höher sein als der Wert, den die Kreditsicherheit bei ihrer Verwertung voraussichtlich hätte.[345] Handelt es sich um eine Personalsicherheit, ist bei der Bewertung des Anspruchs zusätzlich die Liquidität des Gesellschafters zu berücksichtigen.[346] Entgegen einer anderslautenden Literaturansicht[347] stellt der Anwendungsbereich der Rechtsprechungsregeln eine zweite Grenze dar. Würde sich der Umfang des Freistellungsanspruchs nach seinem Umfang im Insolvenzverfahren bemessen, würde nicht nur der Eintritt des Insolvenzverfahrens gedanklich vorweggenommen, auch könnte die Aktivierung insoweit zu einer Vereitelung der Realisierung führen. Damit sprechen die gleichen Argumente gegen eine Berücksichtigung der den Novellenregeln unterfallenden Sicherheiten wie gegen eine Berücksichtigung von Anfechtungsansprüchen. Indes entscheiden die den Novellenregeln unterfallenden Sicherheiten – ebenso wie die allein den Novellenregeln unterfallenden Darlehen[348] – nicht über die Überschuldung, so daß für ihre Aktivierung keine wirtschaftliche Notwendigkeit besteht.

---

344 Vergl. auch *Glaßer*, BB 1996, 12229, 1232.
345 BGH, Urt. vom 09.02.1987, BB 1987, 728, 728 f. = NJW 1987, 1697, 1698; Hanseatisches OLG, Urt. vom 18.07.1986, BB 1986, 1817, 1818 f.; *Weisang*, WM 1997, 245, 251.
346 *Ahrenkiel/Lork*, DB 1987, 823, 824 halten dies – zu Recht – für eine undankbare Aufgabe des Geschäftsführers. Allerdings ist der Geschäftsführer auch bei sonstigen Ansprüchen der Gesellschaft gegen ihre Gesellschafter zu einer vorsichtigen Bewertung und damit zu einer Berücksichtigung der Bonität des Gesellschafters verpflichtet.
347 *v. Gerkan/Hommelhoff*, Kapitalersatz, Rdnr. 6.37; *Winnefeld*, Bilanz-Handbuch, Abschnitt M, Rdnr. 954: Freistellungsanspruch ohne Beschränkung auf die Stammkapitalziffer.
348 Vergl. hierzu oben S. 294 f.

II. Nach Begleichung der Drittforderung

Wurde die Drittforderung vor der Eröffnung des Insolvenzverfahrens vom Gesellschafter beglichen, so ist sie erloschen und nicht mehr im Überschuldungsstatus auszuweisen. Der Erstattungsanspruch des Gesellschafters ist demgegenüber aufgrund seiner Nachrangigkeit nicht anzusetzen.[349] Insoweit gelten die Ausführungen zum Anspruch auf Rückzahlung eines eigenkapitalersetzenden Gesellschafterdarlehens entsprechend.

Hat die Gesellschaft die Forderung beglichen, steht ihr gegen den Gesellschafter ein Erstattungsanspruch aus §§ 31 Abs. 1, 32b S. 1 GmbHG zu. Dieser soll im Umfang des § 32b GmbHG aktiviert werden können.[350] Dem kann nicht zugestimmt werden: Die nach § 32b S. 1 GmbHG zu leistenden Erstattungsansprüche sind mit Ansprüchen der Gesellschaft aufgrund von Insolvenzanfechtungen vergleichbar.[351] Der Unterschied ist allein ein rechtstechnischer. Da der Anspruch des Dritten durch den Verstoß des Gesellschafters gegen die Finanzierungsverantwortung nicht tangiert wird, richtet sich die Rückforderung gegen den Gesellschafter und nicht gegen den leistungsempfangenden Dritten. Ansprüche, die erst durch die Verfahrenseröffnung ausgelöst werden, können indes im Überschuldungsstatus nicht berücksichtigt werden. Gleiches muß für die hier in Rede stehenden Ansprüche aus § 32b GmbHG gelten.[352] Durch sie würde einerseits die Insolvenzeröffnung vorgenommen und andererseits die Realisierung der aktivierten Ansprüche verhindert. Damit ist der aktivierungsfähige Erstattungsanspruch auf den Anwendungsbereich des § 31 Abs. 1 und 3 GmbHG beschränkt.

III. Zwischenergebnis

Unabhängig davon, ob die Drittforderung bereits beglichen wurde oder nicht, kann der Anspruch der Gesellschaft auf Freistellung oder Erstattung allein in dem Umfang aktiviert werden, in dem er sich aus den Rechtsprechungsregeln ergibt. Eine Berücksichtigung der aus den Novellenregeln resultierenden Ansprüche ist weder mit der Systematik der Überschuldungsprüfung noch mit der ihr zugrundeliegenden Wertung vereinbar.

---

349 Ebenso *Kleindiek*, in: Handbuch, Teil 7, Rdnr. 7.56.
350 *v. Gerkan/Hommelhoff*, Kapitalersatz, Rdnr. 6.38; *Schnell*, Gesellschafterleistungen, S. 188 ff.; *Winnefeld*, Bilanz-Handbuch, Abschnitt M, Rdnr. 954; *Kleindiek*, in: Handbuch, Teil 7, Rdnr. 7.57. Gegen eine Aktivierbarkeit Roth/*Altmeppen*, GmbHG, § 63, Rdnr. 20.
351 Vergl. auch *K. Schmidt*, ZIP 1999, 1821, 1822.
352 Vergl. auch schon die ähnlichen Erwägungen bei *v. Gerkan/Hommelhoff*, Kapitalersatz, Rdnr. 6.38; *Winnefeld*, Bilanz-Handbuch, Abschnitt M, Rdnr. 954; *v. Gerkan*, ZGR 1997, 173, 199 f.; *Kleindiek*, in: Handbuch, Teil 7, Rdnr. 7.58.

E. Nutzungsüberlassungen

Die schon für die Bilanzierung im Jahresabschluß festgestellte Parallele zwischen Zinsforderungen und *Nutzungsentgelt*[353] setzt sich in der Überschuldungsbilanz fort.[354] Wie die Zinsansprüche sind damit die Nutzungsentgelte nicht zu passivieren, sofern sie einer aktuellen Auszahlungssperre unterliegen.

Eine für die Jahresbilanz grundsätzlich für möglich gehaltene Aktivierung des *Substanzwertes*[355] muß demgegenüber ausscheiden.[356] Voraussetzung für eine Aktivierung wäre insoweit, daß der Substanzwert im Falle der Insolvenzeröffnung als Massebestandteil zur Verfügung steht.[357] Daran fehlt es jedoch, denn nach § 47 S. 1 InsO steht dem rechtlichen Eigentümer ein Aussonderungsanspruch zu. Auf das wirtschaftliche Eigentum kommt es nicht an. Der Gesellschaft steht allein das Recht zu, den überlassenen Gegenstand zu nutzen.

Gegen eine Aktivierung dieses *Nutzungsrechts* wurde eingewandt, das Kündigungsrecht des Insolvenzverwalters nach § 109 Abs. 1 InsO stehe dem ebenso wie sein höchstpersönlicher Charakter entgegen.[358] Diese Bedenken können nicht überzeugen. So kann es zunächst nicht darauf ankommen, ob dem Insolvenzverwalter ein Kündigungsrecht zusteht oder nicht, denn sonst würde – unzulässigerweise – bereits für die Überschuldungsprüfung von der Verfahrenseröffnung ausgegangen werden. Doch selbst wenn das Kündigungsrecht des Verwalters berücksichtigt werden könnte, wäre dies kaum ein Argument gegen die Aktivierung. Solange dem Nutzungsrecht ein wirtschaftlicher Wert zukommt – und nur dann ist an eine Aktivierung zu denken –, wird kein Verwalter das Miet- oder Pachtverhältnis kündigen, zumal die Entgeltansprüche des Gesellschafters nachrangig sind. Kündigt ein Verwalter entgegen der hier vertretenen Ansicht dennoch den Überlassungvertrag, wird er sich regelmäßig nach § 60 Abs. 1 InsO schadenersatzpflichtig machen. Einer Berufung auf eine fehlende Übertragbarkeit des Nutzungsrechts auf einen Dritten fehlt nach dem hier zugrundeliegenden gesellschaftsrechtlichen Verständnis die Basis, denn die Verwertung des überlassenen Gutes kann durch die Weitergabe an Dritte erfolgen. Damit stehen der Aktivierung des Nutzungsrechts keine Bedenken entgegen. Dieses Ergebnis fügt sich insofern in das dieser Arbeit zugrundeliegende Verständnis vom Kapitalersatzrecht ein, als daß die eigenkapitalersetzende Nutzungsüberlassung ebenfalls zu einer Entlastung des Überschuldungsstatus führt.

---

353 Siehe hierzu oben S. 190.
354 Vergl. auch *Beintmann*, Gesellschafterdarlehen, S. 216.
355 Vergl. hierzu oben S. 190 ff.
356 *Beintmann*, Gesellschafterdarlehen, S. 212; *Schulze-Osterloh*, ZGR 1983, 123, 125.
357 *Beintmann*, Gesellschafterdarlehen, S. 212; *Häsemeyer*, Insolvenzrecht, Rdnr. 11.07; *Schulze-Osterloh*, ZGR 1983, 123, 125.
358 *Beintmann*, Gesellschafterdarlehen, S. 214. Vergl. auch *Fabritius*, Überlassung, S. 33 f.

F. Ergebnis

Der Gesellschaft zur Verfügung gestellte eigenkapialersetzende Leistungen führen unabhängig vom Vorliegen einer Rangrücktrittsvereinbarung zu keiner Belastung des Überschuldungsstatus mit einer Verbindlichkeit. Unterschiedlich ist indes die Art und Weise, auf die dieses Ergebnis zu erzielen ist. Während bei noch nicht an den Gesellschafter zurückgezahlten Darlehen auf die Passivierung einer Verbindlichkeit zu verzichten ist, ist in den übrigen Fällen regelmäßig ein Anspruch der Gesellschaft zu aktivieren. Auf eine Passivierung des Erstattungsanspruchs des Gesellschafters hingegen ist zu verzichten. Unsicherheiten über den eigenkapitalersetzenden Charakter der Darlehen sind durch die Bildung von Rückstellungen zu berücksichtigen.

§ 11: Behandlung verwandter Rechtsinstitute

A. Finanzplankredite

Unter der *Konkursordnung* wurde überwiegend davon ausgegangen, daß Finanzplankredite im Überschuldungsstatus nicht zu passivieren seien.[359] Dies wurde einerseits damit begründet, daß Forderungen aus Finanzplankrediten nicht zur Konkurstabelle angemeldet werden können,[360] andererseits aber auch mit ihrer Gleichstellung mit dem Eigenkapital.[361]

Daran hat sich unter der *Insolvenzordnung* nichts geändert.[362] Finanzplankredite stellen materielles Eigenkapital dar,[363] solches ist im Überschuldungsstatus nicht zu passivieren.[364] Demgegenüber wird vertreten, daß Finanzplankredite trotz ihres materiellen Eigenkapitalcharakters als nachrangige Verbindlichkeiten zu behandeln seien: Da für die Einordnung als Finanzplankredit

---

359 BGH, Urt. vom 09.02.1981, BB 1981, 1237, 1237 = NJW 1981, 2251, 2251 f. (zur „stillen Einlage" bei einer Publikums-KG); *Beintmann*, Gesellschafterdarlehen, S. 223 f. (für die Nutzungsentgelte bei Finanzplan-Nutzungsüberlassung; *Fleischer*, Finanzplankredite, S. 335; *Bordt*, HdJ Abt. III/1, Rdnr. 301; *K. Schmidt*, FS Goerdeler, S. 498. Für eine Passivierungspflicht demgegenüber *Priester*, DB 1991, 1917, 1924.
360 *Fleischer*, Finanzplankredite, S. 335; *K. Schmidt*, FS Goerdeler, S. 498.
361 In diesem Sinne BGH, Urt. vom 09.02.1981, BB 1981, 1237, 1237 = NJW 1981, 2251, 2251 f.; *Bordt*, HdJ Abt. III/1, Rdnr. 301. Ähnlich wohl auch *Beintmann*, Gesellschafterdarlehen, S. 223 f. für die Finanzplan-Nutzungsüberlassung.
362 Ebenso *Bordt*, HdJ Abt. III/1, Rdnr. 301.
363 Siehe oben S. 197 ff.
364 Für die Konkursordnung einhellige Meinung, vergl. nur Baumbach/Hueck/*Schulze-Osterloh*, GmbHG (16. Aufl.), § 63, Rdnr. 19; Kuhn/*Uhlenbruck*, KO, § 102, Rdnr. 6o; Hachenburg/*Ulmer*, GmbHG, § 63, Rdnr. 44. Ebenso für die Insolvenzordnung etwa Budde/*Förschle/Kofahl*, Sonderbilanzen, Abschnitt P, Rdnr. 130; *Noack*, Gesellschaftsrecht, Rdnr. 73.

keine Kenntnismöglichkeit erforderlich sei, dürften diese Geldgeber nicht schlechter gestellt werden als Kapitalersatzgeber.[365] Dieser Begründungsansatz ist insofern widersprüchlich, als danach materielles Eigenkapital zugleich eine nachrangige Verbindlichkeit begründen würde. Nach der hier vertretenen Ansicht führt selbst die vorgenannte Auffassung nicht zum Ansatz der Finanzplankredite im Überschuldungsstatus, denn nach ihr sind nachrangige Verbindlichkeiten grundsätzlich nicht im Überschuldungsstatus zu berücksichtigen. Allerdings könnte die Einordnung von Finanzplankrediten als nachrangige Verbindlichkeiten eine erhebliche Unsicherheit bezüglich der Behandlung der Finanzplankredite im Überschuldungsstatus zur Folge haben. Denn es steht zu befürchten, daß die Autoren, die für eine Passivierungspflicht nachrangiger eintreten, ihre Forderung auf die Finanzplankredite erstrecken.[366]

B. Verbindlichkeiten mit Rangrücktrittsvereinbarung

Hat die Einführung der Insolvenzordnung hinsichtlich der eigenkapitalersetzenden Gesellschafterleistungen keine Änderung der Rechtslage bewirkt, so bedeutet dies zugleich, daß weiterhin kein Forderungsverzicht notwendig ist, um von der Passivierung im Überschuldungsstatus absehen zu können.[367] Diese Lösung hat zudem die ökonomische Sinnhaftigkeit auf ihrer Seite. Gegen sie kann – entgegen einzelner Stimmen in der Literatur[368] – nicht eingewandt werden, sie stehe „in elementarem Gegensatz zu der in den Gesetzesmaterialien vertretenen Ansicht". Zum einen ist die in den Gesetzesmaterialien vertretene Ansicht insoweit unbeachtlich als der gesetzgeberische Wille nicht im Gesetzestext selbst zutage tritt. Zum anderen ist die Gesetzesbegründung in sich und im Verhältnis zum Gesetz widersprüchlich, so daß bereits deswegen eine Berufung auf die Begründung ausscheiden muß. Nach der hier vertretenen Ansicht kommt dem Rangrücktritt allein dann Bedeutung zu, wenn er für eine nicht eigenkapitalersetzende Forderung erklärt wird – um die Passivierung im Überschuldungsstatus zu verhindern – oder um die Bildung

---

365 *Noack*, Gesellschaftsrecht, Rdnr. 203. I.E. ebenso *Bieder*, WM 2000, 2533, 2536; *Fleischer*, DStR 1999, 1774, 1777; *Sieger/Aleth*, GmbHR 2000, 462, 468; ähnlich *Altmeppen*, NJW 1999, 2812, 2812f. A.A., d.h. wie hier gegen eine Anmeldung von Finanzplankrediten zur Tabelle *Habersack*, ZGR 2000, 384, 417; *Steinbeck*, ZGR 2000, 503, 514.
366 So denn jetzt auch *Sieger/Aleth*, GmbHR 2000, 462, 469f., die auch für Finanzplankredite einen Rangrücktritt verlangen; wie hier *Habersack*, ZGR 2000, 384, 417; *Steinbeck*, ZGR 2000, 503, 513.
367 So jetzt auch BGH, Urt. vom 08.01.2001, BB 2001, 430, 432, der allerdings verlangt, daß die Erklärung darauf gerichtet ist, zugleich mit den Einlagerückgewähransprüchen befriedigt zu werden. Entgegen einiger Stimmen in der Literatur (*Altmeppen*, ZIP 2001, 240, 241; *Felleisen*, GmbHR 2001, 195, 197) scheint es sich hier nicht um eine ungenaue Formulierung, sondern eine bewußte Entscheidung zu handeln, vergl. *Goette*, DStR 2001, 179, 179.
368 *Hess/Weiss*, InVo 1999, 33, 34.

einer „Fehleinschätzungsrückstellung" hinsichtlich eines eigenkapitalersetzenden Gesellschafterdarlehens zu verhindern. In diesen Fällen ist ein Rangrücktritt regelmäßig erforderlich, aber auch ausreichend. Dieses Ergebnis läßt sich durch die folgenden Überlegungen absichern.

I. Anforderungen an den Passivierungsverzicht unter Berücksichtigung von Sinn und Zweck der Überschuldungsbilanz

Nachdem das Insolvenzverfahren nicht zum Schutze der nachrangigen Gläubiger eröffnet wird,[369] muß es zur Verneinung der Passivierungspflicht genügen, daß die Ansprüche der erstrangigen Gläubiger nicht gefährdet werden. Eine solche Gefährdung ist beim Vorliegen einer Nachrangvereinbarung ausgeschlossen. Die nachrangigen Gläubiger treten mit den erstrangigen in kein Konkurrenzverhältnis, sondern kommen erst zum Zuge, wenn diese vollständig befriedigt wurden.[370] Insofern ist auch nicht ersichtlich, weshalb der vom Gesetzgeber verfolgte „Effekt der Vorverlagerung der Insolvenzantragstellung" für eine Passivierung vertraglich nachrangiger Verbindlichkeiten sprechen sollte,[371] denn aus der Sicht der erstrangigen Gläubiger besteht kein Unterschied, ob die Forderung erlassen oder nur zurückgetreten ist.[372]

Haben die Fremdgläubiger keinen Vorteil von einem Forderungsverzicht, so bringt er doch für Gesellschaft und Gesellschafter Nachteile mit sich. Für die Gesellschaft kann zumindest ein unbedingter Forderungsverzicht nachteilig sein, denn dieser führt unter Umständen zu Sanierungsgewinnen, die nach der Streichung des § 3 Nr. 66 EStG nicht mehr steuerfrei sind und deshalb die Sanierung gefährden oder gar verhindern können.[373] Der hieran geäußerten Kritik[374] ist zwar zuzugestehen, daß der Überschuldungsstatus nicht dem Ziel

---

369 Siehe oben S. 298 f.
370 *Lutter/Hommelhoff*, GmbHG, § 64, Rdnr. 17c; *Teller*, Rangrücktrittsvereinbarungen, S. 170; *Temme*, Eröffnungsgründe, S. 197; *Bormann*, InVo 1999, 105, 106; *Holzapfel*, InVo 1999, 1, 3; *Lenz*, GmbHR 1999, 283, 284; *Livonius*, ZInsO 1998, 309, 311; *Lutter*, ZIP 1999, 641, 645.
371 So aber *Hess/Weiss*, InVo 1999, 33 34.
372 Ebenso *Eisolt/Engeler*, NZI 1999, 306, 308.
373 *Brüggemann*, NZG 1999, 811, 812; *Holzapfel*, InVo 1999, 1, 2; *Lenz*, GmbHR 1999, 283, 283; *K. Schmidt*, GmbHR 1999, 9, 11. Vergl. auch bereits *Mathiak*, DStR 1990, 255, 261 f., der aus diesem Grunde den Rangrücktritt unter der Konkursordnung nicht als Forderungserlaß ansehen wollte. *Hartung*, NJW 1995, 1186, 1188 folgerte demgegenüber aus der Existenz des steuerrechtlichen Sanierungsprivilegs, daß der Gesetzgeber den Rangrücktritt als Forderungserlaß ansah. *Smid/Smid*, InsO, § 19, Rdnr. 27 hält die Forderung nach einem Forderungsverzicht insofern für widersprüchlich. Kritisch auch *Plewka/Söffing*, NJW 1994, 356, 357. Demgegenüber sieht *Groh*, DB 1997, 449, 449 f. keinen Bedarf für ein steuerrechtliches „Sanierungsprivileg"; sanierungsbedürftige Unternehmen würden regelmäßig über einen entsprechenden Verlustvortrag verfügen, so daß es zu keiner Steuerbelastung komme.
374 *Hess/Weis*, InVo 1999, 33, 35.

dient, die Steuerverbindlichkeiten der Gesellschaft zu verringern, damit ist aber noch nicht erklärt, woraus sich die Notwendigkeit eines Forderungsverzichts ergeben sollte. Wird demgegenüber der Forderungsverzicht auf das Vorliegen einer Krise aufschiebend und auflösend zugleich bedingt, so scheint dem vorgenannten Problem abgeholfen werden zu können. Doch selbst dann führt der Verzicht zu einem Verlust der Sicherheiten, und zwar auch für den Fall, daß die Sanierung gelingt.[375] Am gravierendsten dürften jedoch die Folgen eines Forderungsverzichts für die Auskehrung eines eventuellen Überschusses sein.[376] Die Forderung, auf die verzichtet wurde, erlischt und kann damit nicht mehr am Verfahren teilhaben. Sollen aber selbst die Gesellschafter, die durch die Hingabe von Fremd- statt Eigenkapital gegen ihre Finanzierungsverantwortung verstoßen haben, im Insolvenzverfahren berücksichtigt werden, so muß dies erst recht für solche Gesellschafter gelten, die alsbald Haftkapital in Form eines nachrangigen Darlehens zugeführt haben. Aus diesem Grunde hat die Zweifelsregel in § 39 Abs. 2 InsO insofern keine Bedeutung, als mit einem Rangrücktritt grundsätzlich die Gleichstellung mit Eigenkapitalersatz bezweckt wird; der vertraglich zurücktretende Gesellschafter will kaum schlechter gestellt werden als sein uneinsichtiger Mitgesellschafter, der keinen Rangrücktritt erklärt hat.[377] Sollte aber ein bloßer Rangrücktritt zur Überschuldungsvermeidung nicht mehr ausreichen und müßte ein Forderungsverzicht erklärt werden, so könnten diese Gesellschafter im Insolvenzverfahren wegen § 199 InsO nicht mehr bedacht werden. Nutznießer eines Forderungsverzichts wären damit die Gesellschafter insgesamt, der einzelne Gesellschafter aber, der mit dem Forderungsverzicht seinen Sanierungsbeitrag leisten wollte, ginge leer aus. Insbesondere Dritte werden aus diesen Erwägungen heraus kaum von der Notwendigkeit eines Forderungsverzichts zu überzeugen sein. Damit gingen die Rechtsfolgen eines Forderungsverzichts über das zum Gläubigerschutz notwendige Maß hinaus,[378] womit eine Verzichtserklärung nicht erforderlich erscheint. Auch würde das Erfordernis eines Forderungsverzichts Sanierungsmaßnahmen erschweren, was den bisherigen

---

375 *Bormann*, InVo 1999, 105, 106; *Eisolt/Engeler*, NZI 1999, 306, 307; *Groh*, BB 1993, 1882, 1883 Fn. 4; *K. Schmidt*, GmbHR 1999, 9, 11.
376 Vergl. hierzu *Teller*, Rangrücktrittsvereinbarungen, S. 170; *Temme*, Eröffnungsgründe, S. 197 f.; *Bormann*, InVo 1999, 105, 106 f.; *Lenz*, GmbHR 1999, 283, 283 f.; *Niesert*, InVo 1998, 242, 243 f.
377 *Noack*, Gesellschaftsrecht, Rdnr. 197; *Bormann*, InVo 1999, 105. 105; *K. Schmidt*, GmbHR 1999, 9, 10; *ders.*, ZIP 1999, 1241, 1247. A.A. offenbar *Niesert*, InVo 1998, 242, 242. Kritisch *Altmeppen* ZHR 164 (2000), 349, 352. Nach dem BGH, Urt. vom 08.01.2001, BB 2001, 430, 432, soll die zurückgetretene Forderung zusammen mit den Einlagerückgewähransprüchen befriedigt werden; dafür besteht keine Notwendigkeit.
378 *Teller*, Rangrücktrittsvereinbarungen, S. 170; *Bormann*, InVo 1999, 105, 106; *K. Schmidt*, GmbHR 1999, 9, 11. *A. Früh*, GmbHR 1999, 842, 846 mutmaßt, daß sich der Gesetzgeber der Folgen seiner Forderung nach einem Verzicht nicht bewußt gewesen ist.

gesetzgeberischen Tendenzen entgegenstehen würde. Im Ergebnis besteht damit keine Notwendigkeit für eine Forderungsverzicht.

II. Widersprüchlichkeit von Gesetz und Gesetzesbegründung

Zwar ist der Ruf nach einem Forderungsverzicht zum Absehen von einer Passivierung in der Begründung zu § 23 (entspricht § 19 InsO) des Regierungsentwurfs[379] klar und eindeutig. Die dort getroffene Aussage verliert indes aufgrund der getroffenen gesetzlichen Regelungen und der Begründung zu § 46 (entspricht § 39 InsO) des Regierungsentwurfs[380] an Konturen.

Erste Ungereimtheiten treten im Zusammenhang mit der Regelung in § 39 Abs. 2 InsO auf, nach der Verbindlichkeiten mit vertraglichem Nachrang am Verfahren teilnehmen.[381] Eine gesetzliche Regelung vertraglich nachrangiger Forderungen ist aus der Sicht des Gesetzgebers nur dann sinnvoll, wenn hierunter nicht die Rangrücktritte zur Verneinung der Passivierungspflicht verstanden werden, denn diese soll es seiner Ansicht nach nicht mehr geben.[382] Da aber kaum andere Gründe als die Überschuldungsvermeidung zur Abgabe einer Rangrücktrittserklärung denkbar sind, läuft § 39 Abs. 2 InsO entweder leer – womit sich die Frage stellen würde, weshalb diese Vorschrift in die Insolvenzordnung aufgenommen wurde –, oder die Rangrücktrittserklärungen behalten ihre Funktion – was freilich bedeuten würde, daß an der Notwendigkeit eines Forderungsverzichts nicht mehr festgehalten werden kann.

Auch § 88 Abs. 3 S. 4 2. HS II. WoBauG ist mit der Begründung zu § 23 des Regierungsentwurfs nicht zu vereinbaren. In seinem Anwendungsbereich soll weiterhin ein Rangrücktritt – der zudem nicht den Anforderungen der Literatur entspricht – ausreichen, um von einer Passivierung im Überschuldungsstatus absehen zu können. Während die Norm jedoch bei ihrer Einführung noch einen Hinweis auf einen in der Praxis üblichen Weg der Überschuldungsvermeidung darstellen sollte,[383] wäre sie nunmehr eine – mit dem in der Begründung zum Ausdruck gekommenen Willen des Gesetzgebers nur schwer vereinbare – Ausnahmebestimmung. Dieser Wechsel von einer Regel- zur Ausnahmebestimmung hätte sich zudem vollzogen, ohne daß es der Gesetzgeber, der insoweit allein von einer „redaktionellen Anpassung"[384] spricht, bemerkt hätte.

---

379 BT-Drcks. 12/2443, S. 115.
380 BT-Drcks. 12/2443, S. 123.
381 Vergl. zum folgenden *Götker*, Geschäftsführer, Rdnr. 385; *Teller*, Rangrücktritt, S. 169; *Temme*, Eröffnungsgründe, S. 197; *Bormann*, InVo 1999, 105, 106, *Brüggemann*, NZG 1999, 811, 813 f.; *Fischer*, GmbHR 2000, 66, 68; *Livonius*, ZInsO 1998, 309, 31; *Niesert*, InVo 1998, 242, 244.
382 Ansätze, welche Erklärungen dann unter § 39 Abs. 2 InsO zu subsumieren wären, finden sich bei *Beintmann*, Gesellschafterdarlehen, S. 227; *Noack*, Gesellschaftsrecht, Rdnr. 197; *Bormann*, InVo 1999, 105. 105.
383 Vergl. hierzu oben S. 307.
384 BT-Drcks. 12/3803, S. 63.

Die Gesetzesbegründung widerspricht jedoch nicht nur dem Gesetz, sondern ist auch in sich widersprüchlich. Während in der Begründung zu § 23 des Regierungsentwurfs[385] ein Forderungsverzicht verlangt wird, soll nach der Begründung zu § 46 des Regierungsentwurfs[386] auch die Vereinbarung zwischen den Gesellschaftern, daß eigenkapitalersetzende Darlehen im Innenverhältnis wie Eigenkapital behandelt werden sollen, wirksam sein. Unklar ist indes, welche Wirkung einer solchen Vereinbarung nach dem Willen des Gesetzgebers zukommen soll. Zwar wird im selben Absatz – verbunden mit einem „auch" – vom Forderungserlaß gesprochen, was darauf hindeuten könnte, daß in beiden Fällen von einer Passivierung abgesehen werden können soll. Im selben Absatz ist aber vom Rangrücktritt die Rede, welcher an der Passivierungspflicht nichts ändern soll. Zudem ist unklar, welche Erklärung die interne Gleichstellung mit Eigenkapital konkret enthalten soll. Daran schließt sich die Frage an, welche Möglichkeit externe Gläubiger haben, ohne einen expliziten Forderungsverzicht einen Sanierungsbeitrag zu leisten.

Da der artikulierte Wille des Gesetzgebers somit in Widerspruch zu seinem Handeln steht, darf er bei der Auslegung der Insolvenzordnung nicht überbewertet werden.

III. Zwischenergebnis

Unter der Insolvenzordnung kann im Überschuldungsstatus beim Vorliegen einer Rangrücktrittserklärung auf die Passivierung verzichtet werden.[387] Weder gibt die Gesetzessystematik etwas anderes her, noch wäre ein Forderungsverzicht für die Drittgläubiger mit einem Vorteil verbunden. Selbst die Gesetzesbegründung ist nicht so eindeutig, als daß mit ihr die Forderung nach einer Verzichtserklärung zweifelsfrei begründet werden könnte.

Raum für eine Differenzierung bei den Anforderungen an einen Passivierungsverzicht danach, ob die Fortführungsprognose positiv oder negativ ausgefallen ist, bleibt nach der hier vertretenen Ansicht bereits deshalb nicht, weil sich die Fortführungsprognose allein auf die Bewertung der Aktiva auswirkt.

C. Ergebnis

Auch unter der Insolvenzordnung sind weder Finanzplankredite noch Verbindlichkeiten mit vertraglich vereinbartem Rangrücktritt zu passivieren.

---

385 BT-Drcks. 12/2443, S. 115.
386 BT-Drcks. 12/2443, S. 123.
387 Ebenso die oben auf S. 292 in Fn. 152 Genannten.

Abschnitt 5: Ergebnis der Untersuchung

§ 12: Zusammenfassung in 25 Thesen

A. Zusammenfassende Thesen zu Abschnitt 1: Rechtsgrundlagen

1. Beim *Eigenkapitalersatz* handelt es sich um ein einheitliches *Rechtsinstitut*, dessen Rechtsfolgen unter zwei alternativen Bedingungen stehen: Die Rechtsprechungsregeln greifen allein, sofern und soweit im Zeitpunkt der Auszahlung eine Unterbilanz vorliegt; die Novellenregeln erfassen die Darlehen zwar in vollem Umfang, aber nur sofern sie dem Gesellschafter innerhalb von zwei Jahren vor Stellung des Insolvenzantrages zurückgewährt wurden. Aus der Einordnung als einheitliches Rechtsinstitut folgt, daß die Ergänzungen des § 32a Abs. 3 GmbHG in S. 2 und 3 auch für die Rechtsprechungsregeln gelten.

2. *Systematisch* gebührt den Rechtsprechungsregeln jedenfalls unter der Insolvenzordnung der Vorrang vor den Novellenregeln, denn der nach §§ 32a Abs. 1 GmbHG, 39 Abs. 1 Nr. 5 InsO nachrangige Anspruch ist aufgrund von § 30 Abs. 1 GmbHG generell gegen eine Rückzahlung gesperrt. Da die §§ 30, 31 GmbHG jedoch am lebenden Unternehmen ausgerichtet sind, spricht nichts dagegen, die Rechtsprechungsdarlehen ebenfalls dem § 39 Abs. 1 Nr. 5 InsO zu unterstellen und als nachrangige Forderung im Verfahren zu berücksichtigen.

3. Bei der Ermittlung der *dogmatischen Grundlagen* des Kapitalersatzrechts ist eine Abgrenzung zu den Fällen der Insolvenzverschleppung erforderlich. Aus diesem Grunde kann der Rechtsgrund für die Umqualifizierung der Darlehen in Haftkapital nicht allein darin gesehen werden, daß sich der Gesellschafter bei der Wahl zwischen dem Nachschuß von Haftkapital und der Liquidation für den Zuschuß von Fremdkapital entschieden hat. Denn diese Erwägungen vermögen die von der Insolvenzverschleppung abweichenden Rechtsfolgen ohne zusätzliche Ergänzung durch ein normatives Wertungselement nicht zu begründen. Wie ein Vergleich mit dem Rechtsinstitut der eigennützigen Sanierungsdarlehen zeigt, kann dieser nicht aus der Verschleierung der Krisensituation abgeleitet werden. Ebensowenig kann der Grund für die Umqualifizierung allein aus der Insiderstellung der Gesellschafter abgeleitet werden, denn außenstehende Dritte haben oftmals ähnliche Mitsprache- und Kontrollrechte, ohne daß es zu einer Umqualifizierung von Fremd- in Haftkapital käme. Die für die Umqualifizierung entscheidende Wertung läßt sich vielmehr der Symmetrie von Chancen und Risiken entnehmen: Die durch die Zuführung von Kapital faktisch geschaffenen Fortführungsmöglichkeiten und Chancen sollen den Gesellschaftern nur zustehen, wenn sie gleichzeitig das Haftungsrisiko übernehmen. Entspricht die Absprache zwischen Gesellschafter und Gesellschaft nicht diesen Anforderungen, kommt es von Rechts wegen zu einer Umqualifizierung.

B. Zusammenfassende Thesen zu Abschnitt 2: Ausweisung im Jahresabschluß des Leistungsempfängers

4. Eine *Ausweisung eigenkapitalersetzenden Darlehen im Jahresabschluß unter dem Eigenkapital* kommt unabhängig davon, ob die Umqualifizierung auf den Rechtsprechungs- oder den Novellenregeln beruht, nicht in Betracht. Nach hier vertretener Ansicht setzt die Einordnung als Eigenkapital Nachrangigkeit im Falle der Liquidation und der Insolvenz, eine unbefristete Kapitalüberlassung, eine Unterwerfung unter die gesetzliche und statutarische Vermögensbindung sowie eine Verlustteilnahme voraus. Diesen Anforderungen genügen eigenkapitalersetzende Verbindlichkeiten nicht. Ihnen fehlt es an der unbefristeten Kapitalüberlassung sowie der dauerhaften Einhaltung der Vermögensbindung und der Verlustteilnahme.

5. Sowohl Rechtsprechungs- als auch Novellendarlehen stellen *bilanzielle Schulden* der Gesellschaft dar. Allerdings besteht bei den Rechtsprechungsdarlehen Unsicherheit darüber, ob die aktuelle Auszahlungssperre zu einem späteren Zeitpunkt wieder entfallen wird. Damit ist zweifelhaft, ob das Merkmal der Erzwingbarkeit als Voraussetzung für die Bejahung einer Verbindlichkeit vorliegt. Somit erscheint es unter systematischen Gesichtspunkten geboten, die den Rechtsprechungsregeln unterliegenden Darlehen als Rückstellungen auszuweisen. Da jedoch eine Ausweisung von Rechtsprechungs- und Novellendarlehen unter verschiedenen Bilanzposten, verbunden mit einer Vielzahl von „Davon-Vermerken" und Anhangsangaben, die Übersichtlichkeit und Klarheit des Jahresabschlusses beeinträchtigen würde, können sie unter Rückgriff auf den Rechtsgedanken des § 265 Abs. 7 Nr. 2 HGB gemeinsam unter den Verbindlichkeiten ausgewiesen werden. Die Einordnung als Fremdkapital entspricht insbesondere dem Kapitalerhaltungsgrundsatz. Bei einer Ausweisung als Eigenkapital würde der Eintritt einer Unterbilanz verzögert, Auszahlungen blieben länger möglich. Die Bilanzierung als Eigenkapital kann auch nicht damit begründet werden, daß es nur so bei der Auszahlung zu einer Unterbilanz als Voraussetzung des § 30 Abs. 1 GmbHG kommen würde. Denn die zur Ermittlung der Unterbilanz zu erstellende Bilanz hat sich an der Jahresbilanz zu orientieren und nicht umgekehrt. Insoweit ist eine Lösung von der bilanziellen Betrachtungsweise erforderlich: Ein Verstoß gegen § 30 Abs. 1 GmbHG liegt vor, wenn und soweit im Moment der Auszahlung eine Unterbilanz besteht.

6. Sämtliche Funktionen des Jahresabschlusses erfordern auf seiten des Leistungsempfängers einen *Hinweis auf den eigenkapitalersetzenden Charakter der Darlehen*. Die Selbst- und Gesellschafterinformation fordert einen Hinweis, weil sich so die Geschäftsführer über den Charakter der Darlehen bewußt werden müssen, um einem unberechtigten Auszahlungsverlangen entgegentreten können. Die Gesellschafter benötigen den Hinweis, um ihr Haftungsrisiko einschätzen und die Geschäftsführung überwachen zu können. Bei der Drittinformation streitet der true-and-fair-view für einen solchen Hinweis, denn ohne ihn entstünde ein nicht den tatsächlichen Verhältnissen entspre-

chendes Bild von der Vermögens- und Finanzlage der Gesellschaft; aktuelle und potentielle Gläubiger könnten sich kein eigenes Bild von der Bonität des Unternehmens und ihrem Investitionsrisiko machen. Da die Ausweisung als Eigenkapitalersatz regelmäßig zu einer Anerkennung der Umqualifizierung für den Bilanzstichtag führt, spricht die mögliche Unsicherheit über das Vorliegen der Tatbestandsvoraussetzungen des Kapitalersatzrechts nicht gegen einen Hinweis. Der Einwand, die gesonderte Kennzeichnung stelle eine „self fulfilling prophecy" dar, kann ebenfalls nicht verfangen, da auf die Krise der Gesellschaft bereits aufgrund der allgemeinen Vorschriften, insbesondere aufgrund von § 289 HGB, hinzuweisen ist. Auch werden die Organe der bilanzierenden Gesellschaft nicht überfordert, denn sie müssen auch in anderen Zusammenhängen den Charakter der Gesellschafterdarlehen beurteilen können.

7. Trotz der gemeinsamen Ausweisung von Rechtsprechungs- und Novellendarlehen in einem Bilanzposten ist bei der *Erläuterung des eigenkapitalersetzenden Charakters* der Darlehen aufgrund der unterschiedlichen Rechtsfolgen – namentlich der Auszahlbarkeit, der Verjährung von Rückforderungsrechten und der aus einer Rückzahlung resultierenden Schadensersatzsprüche – *zwischen Rechtsprechungs- und den Novellendarlehen zu differenzieren.* Praktische Probleme bei der Zuordnung werden hieraus regelmäßig nicht resultieren, denn der Bindungsumfang nach den Rechtsprechungsregeln ergibt sich aus dem Ausmaß der Unterbilanz, die dem Jahresabschluß entnommen werden kann.

8. Der Sache nach stellt die *Erläuterung zum eigenkapitalersetzenden Charakter der Darlehen eine Zusatzinformation zu den Verbindlichkeiten gegenüber Gesellschaftern* dar. Aus diesem Grunde hat – zur Wahrung der Übersichtlichkeit – eine Hierarchieebene unterhalb des Hinweises nach § 42 Abs. 3 GmbHG zu erfolgen. Da der Anhang keine Ausweichstelle für Versäumnisse in der Bilanz ist, hat der Hinweis nach § 42 Abs. 3 GmbHG regelmäßig mittels eines eigenen Bilanzpostens zu erfolgen. Damit sind für die eigenkapitalersetzenden Darlehen „Davon-Vermerke" getrennt nach Rechtsprechungs- und Novellendarlehen erforderlich. Sollte durch diese die Übersichtlichkeit des Abschlusses leiden, ist eine Erläuterung im Anhang erforderlich. Wird ein Verbindlichkeitenspiegel aufgestellt, stehen einer Aufnahme des Hinweises auf den eigenkapitalersetzenden Charakter der Darlehen in diesem keine Bedenken entgegen. Gleiches gilt, wenn die Bildung eines eigenen Postens für Verbindlichkeiten gegenüber Gesellschaftern aufgrund des Vorranges der Nr. 6 und 7 des § 266 Abs. 3 C. HGB ausscheidet. Es kann den Unternehmen indes nicht gestattet werden, den Hinweis wahlweise im Lagebericht vorzunehmen: Der Lagebericht enthält Erläuterungen zur Gesamtlage der Gesellschaft und nicht zu einzelnen Bilanzposten.

9. Wurde ein eigenkapitalersetzendes Gesellschafterdarlehen *unter Verstoß gegen § 30 Abs. 1 GmbHG ausgezahlt,* hat die Gesellschaft den Rückzahlunganspruch gegen den Gesellschafter aus § 31 Abs. 1 GmbHG zu aktivieren und nach § 42 Abs. 3 GmbHG zu kennzeichnen. Gleichzeitig ist auf der Passivseite eine Schuld für den Anspruch des Gesellschafters aus § 607 BGB anzusetzen, welche in der gleichen Weise wie nicht zurückgewährte eigenkapitalersetzende Darlehensverbindlichkeiten zu kennzeichnen ist.

10. Hat ein *gesellschafterbesichertes Drittdarlehn* eigenkapitalersetzenden Charakter, ist die Verbindlichkeit dem Dritten gegenüber weiterhin zu passivieren. Gleichzeitig ist im Rahmen einer Bilanzverlängerung der Freistellungs- oder Erstattungsanspruch aus § 31 Abs. 1 GmbHG zu aktivieren und der hierdurch wieder auflebende Rückzahlungsanspruch des Gesellschafters zu passivieren. Diese Posten sind wie die bei einer Rückzahlung unter Verstoß gegen § 30 Abs. 1 GmbHG zu kennzeichnen. Greifen allein die Novellen-, nicht aber die Rechtsprechungsregeln, scheidet die Aktivierung eines Freistellungs- oder Erstattungsanspruchs aus; ein Hinweis auf den besonderen Charakter des Darlehens bleibt trotzdem erforderlich.

11. In den Fällen der *eigenkapitalersetzenden Nutzungsüberlassung* ist der Substanzwert des überlassenen Gegenstandes regelmäßig beim Überlassenden zu bilanzieren. Eine Aktivierung bei der Gesellschaft kommt nur in Betracht, wenn der verbleibende Restwert am Ende des üblichen Überlassungszeitraumes gegen Null tendiert. Demgegenüber kann die Gesellschaft regelmäßig das ihr zustehende Nutzungsrecht aktivieren. Im Gegenzug sind die nachrangigen Nutzungsentgelte zu passivieren und zu kennzeichnen.

12. Bei den sog. *Finanzplankrediten* handelt es sich um ein eigenständiges Finanzierungsinstrument, das nicht den gesetzlichen Regeln des Kapitalersatzes unterliegt. Allerdings unterfallen Finanzplankredite krisenunabhängig dem § 30 Abs. 2 GmbHG. Aufgrund ihres materiellen Eigenkapitalcharakters und ihrer sachlichen Nähe zu den Nachschüssen sind sie gesondert in den Kapitalrücklagen auszuweisen und im Anhang zu erläutern.

13. Durch die Vereinbarung eines *Rangrücktritts* unterstellen die Parteien die Forderung vertraglich den Kapitalerhaltungsregeln des § 30 Abs. 1 GmbHG (konstitutiver Rangrücktritt) bzw. bestätigen ausdrücklich das Vorliegen eines Rechtsprechungsdarlehens (deklaratorischer Rangrücktritt). Hierbei handelt es sich um einen Schuldänderungsvertrag, der dazu führt, daß eine Rückzahlung unzulässig ist, sofern und soweit das Stammkapital angegriffen ist. Aus der vertraglichen Gleichstellung mit den Rechtsprechungsdarlehen folgt, daß Verbindlichkeiten mit Rangrücktritt in der Krise wie diese auszuweisen sind. Außerhalb der Krise ist ebenfalls ein Hinweis auf das Vorliegen einer Rangrücktrittsvereinbarung erforderlich.

14. *Erleichterungen für kleine und mittelgroße Gesellschaften* bei der Ausweisung eigenkapitalersetzender Gesellschafterleistungen sind nicht zuzulassen. Diese Gesellschaften unterliegen zwar nur einer eingeschränkten Publizitätspflicht und haben keinen Lagebericht aufzustellen bzw. zu veröffentlichen.

Einer Erleichterung stehen allerdings der auch für sie geltende § 42 Abs. 3 GmbHG und die erhebliche volkswirtschaftiche Bedeutung gerade dieser Gesellschaften entgegen. Sofern diese Gesellschaften nur eine verkürzte Bilanz aufstellen, sind sie zum Hinweis auf den eigenkapitalersetzenden Charakter im Anhang verpflichtet.

15. Mit der Umsetzung der Kapitalgesellschaften- & Co.-Richtlinie ist die *GmbH & Co. KG* den Rechnungslegungsvorschriften für die Kapitalgesellschaften unterworfen. Damit ist die Forderung nach einem Hinweis auf den eigenkapitalersetzenden Charakter der Darlehen in der Bilanz keinen Einwänden ausgesetzt. Für die Art des Ausweises gelten – da mit § 264c Abs. 1 HGB eine dem § 42 Abs. 3 GmbHG ähnliche Regelung geschaffen wurde – die Ausführungen zur GmbH entsprechend. Aber auch unter der Rechtslage vor Schaffung des § 264c HGB war ein Hinweis auf den eigenkapitalersetzenden Charakter von Gesellschafterleistungen erforderlich. Das ergibt sich aus der insoweit ähnlichen Lage wie bei der kleinen Kapitalgesellschaft und den Funktionen des Jahresabschlusses.

16. Besonderheiten für die Ausweisung eigenkapitalersetzender Gesellschafterleistungen bei der *Aktiengesellschaft* ergeben sich allein, wenn entgegen der diesseits vertretenen Ansicht davon ausgegangen wird, daß eine Leistungsgewährung unter Verstoß gegen § 57 Abs. AktG nach § 134 BGB nichtig ist. In diesem Falle sind die Rückgewähr und der Erstattungsanspruch erfolgswirksam zu verbuchen (außerordentliche Aufwendungen bzw. außerordentliche Erträge). Im Ergebnis kommt es zu einem bloßen Aktivtausch.

C. Zusammenfassende Thesen zu Abschnitt 3: Ausweisung im Jahresabschluß des Leistungsgebers und im Konzernabschluß

17. *Auf seiten des Darlehensgebers* sind eigenkapitalersetzende Gesellschafterdarlehen in Abhängigkeit von der zugrundeliegenden Vereinbarung unter dem Anlage- oder dem Umlaufvermögen zu bilanzieren; eine nachträgliche Umqualifizierung in Eigenkapitalersatz ändert an der jeweiligen Zuordnung zum Anlage- oder Umlaufvermögen nichts. Da eigenkapitalersetzende Gesellschafterdarlehen keine mitgliedschaftlichen Rechte gewähren, scheidet ein Ansatz unter den Beteiligungen auch dann aus, wenn sie im Einzelfall dem Anlagevermögen zuzuordnen sind. Der Verzicht auf eine erfolgswirksame Abschreibung durch die Aktivierung nachträglicher Anschaffungs- oder Herstellungskosten bei den Beteiligungen ist ebenfalls unzulässig. Dem steht zum einen entgegen, daß die Beteiligung regelmäßig keine Werterhöhung erfährt, und zum anderen, daß es so doch wieder zu einer Ausweisung unter den Beteiligungen käme. Bei der Bewertung der eigenkapitalersetzenden Forderungen ist das gegenüber einer normalen Forderung erhöhte Ausfallrisiko besonders zu berücksichtigen. Verliert eine Forderung ihren eigenkapitalersetzenden

Charakter, so ist der Darlehensgeber aufgrund von § 280 Abs. 1 HGB zu einer Zuschreibung verpflichtet. Eines besonderen Hinweises auf den eigenkapitalersetzenden Charakter der Forderungen bedarf es nicht, denn das besondere Ausfallrisiko ist im Rahmen der Bewertung der Forderung zu berücksichtigen.

18. Der Anwendung der *Kapitalersatzregeln im Konzern* stehen – mit Ausnahme des Eingliederungskonzerns – keine Bedenken entgegen. Denn der konzernrechtliche Kapitalschutz ist dem des Kapitalersatzrechts nicht ebenbürtig, da er zeitlich später eintritt und keinen Liquiditätsbezug aufweist. Allerdings sollte nach hier vertretener Ansicht darauf abgestellt werden, inwieweit die darlehensgebende Gesellschaft an den Ergebnissen der darlehensempfangenden partizipiert. Im Konzernabschluß läßt sich der eigenkapitalersetzende Charakter der Darlehen allerdings nur erkennen, wenn die Darlehen nicht oder nur teilweise zu konsolidieren sind. Dann gelten die gleichen Ausweispflichten wie für den Einzelabschluß.

D. Zusammenfassende Thesen zu Abschnitt 4: Behandlung bei der Überschuldungsprüfung

19. Die *Überschuldungsprüfung unter der Insolvenzordnung* folgt nach § 19 Abs. 2 InsO dem einfachen zweistufigen Überschuldungsbegriff. Damit richtet sich der Wertansatz der Aktiva im Überschuldungsstatus danach, ob für die Gesellschaft eine positive oder eine negative *Fortführungsprognose* gestellt wird. Kriterium zur Erstellung dieser Prognose ist die künftige Zahlungsfähigkeit der Gesellschaft, die aufgrund der Gewinnabhängigkeit einiger Zahlungen auch durch die künftige Gewinnsituation beeinflußt wird. Der Sache nach handelt es sich um eine kombinierte Finanz- und Ertragsplanung. Hierbei sind im Rahmen der Finanzplanung eigenkapitalersetzende Gesellschafterdarlehen in der gleichen Weise wie bei der Prüfung der Zahlungsfähigkeit zu berücksichtigen. Das heißt, die gegen Auszahlungen gesperrten Rechtsprechungsdarlehen sind außer Acht zu lassen, die rückzahlbaren Novellendarlehen sind im Rahmen der Erstellung der Fortführungsprognose zu berücksichtigen. Bei der Ertragsplanung sind die auf die eigenkapitalersetzenden Darlehen entfallenden Zinsen als Aufwand zu berücksichtigen, sofern für diese kein Verzicht erklärt wurde.

Während sich für den Fall einer negativen Fortführungsprognose hinsichtlich der anzusetzenden Werte im Vergleich zur Rechtslage unter der Konkursordnung nichts ändert, sind bei einer positiven Prognose grundsätzlich die handelsbilanziellen Werte zu übernehmen. Hierbei sind zwar nachvollziehbare stille Reserven aufzulösen, der Ansatz eines Geschäftswertes ist jedoch nur in engen Grenzen möglich.

20. Bei der Frage, wie *eigenkapitalersetzende Darlehen im Überschuldungsstatus* zu behandeln sind, kann sich die Untersuchung *auf die Rechtsprechungsdarlehen beschränken*. Diese greifen ein, sofern der Darlehensbetrag

zur Deckung einer bestehenden Unterbilanz oder Überschuldung erforderlich ist. Für die Ermittlung des Ausmaßes, in dem die Darlehen der Auszahlungssperre unterliegen, sind aber Liquidationswerte anzusetzen, wenn die Existenz des Unternehmens durch die Auszahlung bedroht wird. Kommt es somit zu einer Überschuldung, so unterliegen die Darlehen in vollem Umfang den Rechtsprechungsregeln. Für die Novellenregeln bleibt kein Raum.

21. Änderungen bezüglich der *Behandlung eigenkapitalersetzender Gesellschafterdarlehen im Überschuldungsstatus* sind mit Einführung der Insolvenzordnung nicht verbunden. Ihre Berücksichtigung im Insolvenzverfahren als nachrangige Verbindlichkeiten gem. § 39 Abs. 1 Nr. 5 InsO ist Ausfluß des der Insolvenzordnung zugrundeliegenden Vollabwicklungsgrundsatzes. Die in der Regierungsbegründung vertretene Auffassung, nachrangige Verbindlichkeiten seien im Überschuldungsstatus zu berücksichtigen, hat sich nicht im Gesetz niedergeschlagen und kann bei dessen Auslegung nicht berücksichtigt werden. Auch dient das Insolvenzverfahren – wie nicht zuletzt § 174 Abs. 3 InsO zeigt – nicht der Befriedigung nachrangiger Gläubiger. Gegen eine Berücksichtigung eigenkapitalersetzender Darlehen als Verbindlichkeit spricht auch die dogmatische Begründung des Kapitalersatzrechts: Kommt es aufgrund der Symmetrie von Chancen und Risiken zur einer Umqualifizierung in Haftkapital, so sind dem Gesellschafter die zur Begründung der Rechtsfolgen herangezogenen Chancen auch zu gewähren. Weiterhin ist nach dem Sinn und Zweck der Überschuldungsprüfung keine Passivierung notwendig, denn die nachrangigen Gläubiger treten mit den übrigen Gläubigern – in deren Interesse das Verfahren zu eröffnen ist – nicht in Konkurrenz. Letztlich kann auch der Hinweis auf die bei der Einordnung als Eigenkapitalersatz bestehenden Restunsicherheiten nicht zu einer Passivierungspflicht führen. Zweifel an der Durchsetzbarkeit der Forderungen im Insolvenzverfahren führen – insofern korrespondierend mit dem Ansatz im Jahresabschluß – zu einer Rückstellung. Ihr Umfang richtet sich, da nur so die Unterscheidung zwischen Verbindlichkeiten und Rückstellungen gewahrt werden kann, nach dem Ausmaß der Unsicherheit über die Nachrangigkeit. Die Bewertung dieses Risikos obliegt dem Geschäftsführer, der sich hierbei an der objektiven Rechtslage und ihrer Beweisbarkeit zu orientieren hat. Für eigenkapitalersetzende Gesellschafterdarlehen ist damit je nach Lage des Falles eine Rückstellung in Höhe von 0–100% des Darlehensbetrages zu bilden.

22. *Gesellschafterbesicherte Drittdarlehen* sind im Überschuldungsstatus weiterhin in voller Höhe anzusetzen. Gleichzeitig ist der Freistellungsanspruch gegen den Gesellschafter zu aktivieren. Dieser Anspruch wird durch den Wert der Sicherheiten einerseits und den Umfang der Bindung nach den Rechtsprechungsregeln andererseits begrenzt. Allein den Novellenregeln unterfallende Sicherheiten können nicht berücksichtigt werden, denn damit würde die Verfahrenseröffnung vorweggenommen. Da Unsicherheiten bezüglich der Einordnung als Eigenkapitalersatz bereits bei der Bewertung des Freistellungsanspruchs zu berücksichtigen sind, kann der Erstattungsanspruch des Gesellschafters auch nicht als Rückstellung berücksichtigt werden. Wurde die Drittforderung bereits beglichen, gelten die Ausführungen entsprechend; insbesondere können den Novellenregeln unterfallende Sicherheiten nicht berücksichtigt werden.

23. Im Falle der *eigenkapitalersetzenden Nutzungsüberlassung* scheidet – unabhängig von der Behandlung im Jahresabschluß – die Aktivierung des Substanzwertes aus, denn nach § 47 Abs. 1 InsO kommt es auf das zivilrechtliche und nicht auf das wirtschaftliche Eigentum an. Der Aktivierung des Nutzungsrechts stehen demgegenüber keine Bedenken entgegen, denn der Insolvenzverwalter kann den Gegenstand Dritten zur Nutzung überlassen.

24. *Finanzplankredite* sind aufgrund ihres materiellen Eigenkapitalcharakters im Überschuldungsstatus nicht zu berücksichtigen, insbesondere begründen sie keine nachrangige Forderung im Sinne des § 39 Abs. 1 Nr. 5 InsO.

25. Hat die Einführung der Insolvenzordnung hinsichtlich der eigenkapitalersetzenden Gesellschafterleistungen keine Änderung der Rechtslage bewirkt, so bedeutet dies zugleich, daß weiterhin *kein Forderungsverzicht* notwendig ist, um von der Passivierung im Überschuldungsstatus absehen zu können. Ein solcher ist auch zum Schutze der Gesellschaftsgläubiger nicht notwendig, denn die im Rang zurückgetretenen Gläubiger treten mit ihnen nicht in Befriedigungskonkurrenz. Die gegenteilige Auffassung der Regierungsbegründung hat im Gesetz keinen Niederschlag gefunden; insbesondere widerspricht sie § 39 Abs. 2 InsO, der ansonsten überflüssig wäre.

Literaturverzeichnis

Adler, Hans/ Düring, Walther/ Schmalz, Kurt (Begr.)	Rechnungslegung und Prüfung der Unternehmen – Teilband 1; 6. Aufl., Stuttgart 1995 (zitiert A/D/S, §)
dies.	Rechnungslegung und Prüfung der Unternehmen – Teilband 3; 6. Aufl., Stuttgart 1996 (zitiert A/D/S, §)
dies.	Rechnungslegung und Prüfung der Unternehmen – Teilband 4; 6. Aufl., Stuttgart 1996 (zitiert A/D/S, §)
dies.	Rechnungslegung und Prüfung der Unternehmen – Teilband 5; 6. Aufl., Stuttgart 1997 (zitiert A/D/S, §)
dies.	Rechnungslegung und Prüfung der Unternehmen – Teilband 6; 6. Aufl., Stuttgart 1998 (zitiert A/D/S, §)
Ahrenkiel, Björn/ Lork, Heinrich	Überschuldung trotz kapitalersetzender Bürgschaft?, in: DB 1987, 823–825
Albach, Horst	Zu Finanzierung von Kapitalgesellschaften durch ihre Gesellschafter, in: ZStaatsW 1962, 653–687
Altmeppen, Holger	Der „atypische Pfandgläubiger" – ein neuer Fall des eigenkapitalersetzenden Darlehens?, in: ZIP 1993, 1677–1684
ders.	Anmerkung zum Urt. des BGH vom 11.07.1994 – II ZR 146/92, in: NJW 1994, 2353-2354
ders.	Zur „finanzplanmäßigen Nutzungsüberlassung" als Kapitalersatz, in: ZIP 1996, 909–913
ders.	Probleme der Konkursverschleppungshaftung, in: ZIP 1997, 1173–1185
ders.	Die Auswirkungen des KonTraG auf die GmbH, in: ZGR 1999, 291–313
ders.	Kapitalersatz und Rangrücktritt unter Geltung der InsO, in: ZHR 164 (2000), 349–374
ders.	Däubler-Gmelin droht das Bürgerliche Gesetzbuch zu verpfuschen, in: Handelsblatt vom 11.12.2000, S. 9
ders.	Anmerkung zum Urt. des BGH vom 08.01.2001 – II ZR 88/99, ZIP 2001, 240–242
Ankele, Jörg	Zum Vorschlag der Kommission der Europäischen Gemeinschaften für eine Zweite gesellschaftsrechtliche Richtlinie, in: BB 1970, 988–992
Apelt, Bernd	Die Publizität der GmbH; Berlin 1990 (zugl. Diss. oec. Münster 1990)

Arndt, Hans-Wolfram/ Muhler, Manfred	Optionsanleihen im Ertragssteuerrecht, in: DB 1988, 2167–2173
Auler, Wolf-D.	Der Überschuldungsstatus als Bewertungsproblem, in: DB 1976, 2169–2173
Bachem, Wilfried	Eigenkapitalersetzende Maßnahmen im Handels- und Gesellschaftsrecht; Institut „Finanzen und Steuern" e.V. Nr. 314; Bonn 1993
ders.	Probleme der Bilanzierung und Besteuerung von eigenkapitalersetzenden Maßnahmen; Institut „Finanzen und Steuern" e.V. Nr. 316; Bonn 1993
ders.	Bilanzierung und Besteuerung eigenkapitalersetzender Maßnahmen, in: DB 1994, 1055-1058
Back, Christian	Richtlinienkonforme Interpretation des Handelsbilanzrechts, Frankfurt a.M. 1999 (zugl. Diss. oec. Frankfurt am Main 1999)
Bäcker, Roland M.	Die Rechtsfolgen der eigenkapitalersetzenden Nutzungsüberlassung, in: GmbHR 1994, 766–777
Baetge, Jörg	Bilanzen; 4. Aufl. Düsseldorf 1996
ders.	Konzernbilanzen; 3. Aufl. Düsseldorf 1997
Baetge, Jörg/ Schulze, Dennis	Möglichkeiten der Objektivierung der Lageberichterstattung über „Risiken der künftigen Entwicklung", in: DB 1998, 937–948
Bähner, Eberhard	Die Fortführungsprognose im Rahmen der zweistufigen Überschuldungsrechnung, in: KTS 1988, 443–453
Balmes, Frank	Überschuldungsbilanz und Insolvenz, in: BiBu 1996, 97–99
Balser, Heinrich/ Bokelmann, Gunther/ Piorreck, Karl Friedrich	Die GmbH – Ein Handbuch für die wirtschaftliche, notarielle und gerichtliche Praxis mit Erläuterungen, Beispielen, Formularen; 10. aktualisierte Aufl. Freiburg i. Br. 1994
Bartl, Harald/ Fichtelmann, Helmar/ Schlarb, Eberhard/ Schulze, Hans-Jürgen	Heidelberger Kommentar zum GmbH-Recht; 4. Aufl., Heidelberg 1997
Baumbach, Adolf/ Duden, Konrad/ Hopt, Klaus J.	Handelsgesetzbuch; 27. Aufl., München 1987
dies.	Handelsgesetzbuch; 28. Aufl., München 1989
Baumbach, Adolf/ Hopt, Klaus J.	Handelsgesetzbuch; 30. Aufl., München 2000

Baumbach, Adolf/ Hueck, Alfred	Gesetz betreffend die Gesellschaften mit beschränkter Haftung (GmbHG); 15. Aufl., München 1988
dies.	Gesetz betreffend die Gesellschaften mit beschränkter Haftung (GmbHG); 16. Aufl., München 1996
dies.	Gesetz betreffend die Gesellschaften mit beschränkter Haftung (GmbHG); 17. Aufl., München 2000
Baumgärtel, Martina Philippine	Steuerliche Probleme der Fremdfinanzierung von Kapitalgesellschaften durch ausländische Anteilseigner; Diss. oec. München 1985
Bayer, Walter	Rechtsformspezifisches Schutzrecht, in: Handbuch des Kapitalersatzrechts; hrsg. von Hartwin v. Gerkan, Peter Hommelhoff; Köln 2000, Teil 11, S. 309–336
Beck'scher Bilanz-Kommentar	4. Aufl., München 1999
Becker, Ralph	Cash-Management in der Unternehmenskrise, in: DStR 1998, 1528–1532
Beine, Frank	Eigenkapitalersetzende Gesellschafterleistungen; Düsseldorf 1994 (zugl. Diss. oec. Göttingen 1994)
Beinert/Hennerkes/ Binz	Kapitalersetzende Darlehen und GmbH-Novelle, in: GmbHR 1981, 10–12
Beintmann, Ulrike	Eigenkapitalersetzende Gesellschafterdarlehen im Überschuldungsstatus; Diss. iur. Bielefeld 1998
dies.	Eigenkapitalersetzende Gesellschafterdarlehen in der Überschuldungsbilanz, in: BB 1999, 1543–1548
Bennecke, Martina	Der Erstattungsanspruch nach § 31 Abs. 1 GmbHG bei anderweitig aufgefülltem Stammkapital, in: ZIP 2000, 1969–174
Berger, Kurt	Rechtsfolgen kapitalersetzender Finanzierungsleistungen, in: ÖBA 1996, 837–846
Bieder, Marcus	Die Auswirkungen des Sanierungsprivilegs gem. § 32a III 3 GmbHG auf das Recht der kapitalersetzenden Gesellschafterleistungen, in: NZI 2000, 514–522
ders.	Zur Behandlung von Sanierungskrediten im Insolvenzplan, in: ZInsO 2000, 531–537
ders.	Bindungswirkung und Minderheitenschutz bei der Gesellschaftsfinanzierung durch Finanzplankredite, in: WM 2000, 2533–2538
Bieg, Hartmut	Schwebende Geschäfte in der Handels- und Steuerbilanz; Frankfurt 1977 (zugl. Diss. oec. Saarbrücken 1976)

Bieneck, Klaus	Strafrechtliche Relevanz der Insolvenzordnung und aktueller Änderungen des Eigenkapitalersatzrechts, in: StV 1999, 43–47
Biener, Herbert	Vorschnelles Handeln gefährdet Harmonisierung, in: Handelsblatt vom 05. November 1998, S. 20
Bilo, Franz	Zum Problemkreis der Überschuldung im strafrechtlichen Bereich (II), in: GmbHR 1981, 104-109
Bilsdorfer, Peter	Eigenkapitalersetzende Darlehen müssen bilanziert werden, in: Blick durch die Wirtschaft, 18. Juni 1998, S. 5
Bittmann, Folker	Zahlungsunfähigkeit und Überschuldung nach der Insolvenzordnung – Teil 2, in: wistra 1999, 10–18
Blaurock, Uwe	Europäisches und deutsches Gesellschaftsrecht – Bilanz und Perspektiven eines Anpassungsprozesses, in: ZEuP 1998, 460–483
Bleckmann, Albert	Die Richtlinie im Europäischen Gemeinschaftsrecht und im Deutschen Recht, in: Ulrich Leffson; Dieter Rückle; Bernhard Großfeld (Hrsg.), Handwörterbuch unbestimmter Rechtsbegriffe im Bilanzrecht des HGB; Köln, 1986, S. 11–28
Blumers, Wolfgang	Überschuldung als Konkursgrund bei der GmbH & Co. KG, in: BB 1976, 1441–1443
BMF	Schreiben vom 16.03.1987 – IV B 7 – S 2742 – 3/1987, in: BStBl. I 1987, 373 = DB 1987, 662 = BB 1987, 601
das.	Schreiben vom 16.09.1992 – IV B 7 – S 2742 – 61/1992, in: BStBl. I 1992, 653
das.	Schreiben vom 14.04.1994 – Az. IV B 2 – S 2244 – 29/94, in: DB 1994, 811
das.	Schreiben vom 01.07.1997 – Az. IV B 2 – S 1901 – 46/97, in: VIZ 1997, 682
Bolsenkötter, Heinz	Die kurzfristigen Forderungen, in: Handbuch des Jahresabschlusses in Einzeldarstellungen (HdJ), Abt. II/6, 2. Aufl., Stand 1993
Bordt, Karl	Das Grund- und Stammkapital der Kapitalgesellschaften, in: Handbuch des Jahresabschlusses in Einzeldarstellungen (HdJ), Abt. III/1, Stand 1990
ders.	Das Grund- und Stammkapital der Kapitalgesellschaften, in: Handbuch des Jahresabschlusses in Einzeldarstellungen (HdJ), Abt. III/1, 2. Neubearbeitung, Stand April 1999

ders.	Die Eventualverbindlichkeiten, in: Handbuch des Jahresabschlusses in Einzeldarstellungen (HdJ), Abt. III/9, 2. Aufl., Stand 1991
Bork, Reinhard	Einführung in das neue Insolvenzrecht; Tübingen 1995
ders.	Wie erstellt man eine Fortführungsprognose, in: ZIP 2000, 1709–1713
Bormann, Michael	Internationale Harmonisierung der Rechnungslegung, in: RIW 1996, 35–44
ders.	Eigennützige Sanierungsdarlehen und § 32a III 3 GmbHG, in: NZI 1999, 389–394
ders.	Rangrücktritt und InsO, in: InVo 1999, 105–107
ders.	Anmerkung zum Urteil des BGH vom 18.12.2000 – II ZR 191/99, in: GmbHR 2001, 198–199
ders.	Umdenken im Kapitalersatzrecht? – Die Auswirkungen der „Balsam/Procedo"-Entscheidungen auf eigenkapitalersetzende Gesellschafterdarlehen, in: DB 2001, 907–910
ders./ Halaczinsky, Markus	Vorgesellschaft und Kapitalaufbringung – Oder „Wer schlecht zahlt, zahlt doppelt", in: GmbHR 2000, 1022–1028
ders./ Hellberg, Claus	Ausgewählte Probleme der Gewinnverteilung in der Personengesellschaft, in: DB 1997, 2415–2421
ders./ Odenthal, Stefan	Rechnungslegung nach internationalen Standards als strategische Bedingung im Value Management, in: DStZ 1997, 361–365
Brandes, Helmut	Die Behandlung von Nutzungsüberlassungen im Rahmen einer Betriebsaufspaltung unter Gesichtspunkten des Kapitalersatzes und der Kapitalerhaltung, in: ZGR 1989, 244–254
ders.	Die Rechtsprechung des Bundesgerichtshofs zur GmbH, in: WM 1998, 1–19
Brandner, Hans Erich	Wegfall oder Beständigkeit des Erstattungsanspruchs aus § 31 GmbHG bei anderweitiger Wiederherstellung des Stammkapitals?, in: Festschrift für Hans-Joachim Fleck zum 70. Geburtstag; hrsg. von Reinhard Goerdeler, Peter Hommelhoff, Marcus Lutter, Herbert Wiedemann; Berlin, New York 1988, S. 23–34
Braun, Eberhard	Die Ableitung der Kreditunwürdigkeit gem. § 32a GmbHG aus dem Jahresabschluß der Gesellschaft (Teil 1), in: WPg 1990, 553–562

ders.	Die Ableitung der Kreditunwürdigkeit gem. § 32 a GmbHG aus dem Jahresabschluß der Gesellschaft (Teil 2), in: WPg 1990, 593–597
ders./ Uhlenbruck, Wilhelm	Unternehmensinsolvenz; Düsseldorf 1997
Braunschweig, Christoph/ Zdrowomyslaw, Norbert/ Saß, Cornelia/ Kasch, Robert	Finanzierung bei kleinen und mittleren Unternehmen, in: BuW 1998, 41–49
Bretz, Michael	Eigenkapitalausstattung und Insolvenzen im Mittelstand, in: BFuP 1998, 263–278
Breuer, Wolfgang	Das neue Insolvenzrecht; München 1998
Brönner, Herbert/ Bareis, Peter	Die Bilanz nach Handels- und Steuerrecht; 9. Aufl., Stuttgart 1991
Brüggemann, Christian	Die Rangrücktrittserklärung im Lichte der InsO, in: NZG 1999, 811–814
Büchele, Ernst	Offene und verdeckte Einlagen im Bilanz- und Gesellschaftsrecht, in: DB 1997, 2337–2344
Buchholz, Dietmar	Die AG in der Krise: Sanieren oder Liquidieren?, in: AG-Handbuch – Praxis und Haftung von Vorstand und Aufsichtsrat; hrsg. von Ralf Wojtek, Frank Mitzkus; Hamburg 2000, Teil 26
Buciek, Klaus D.	Das kapitalersetzende Darlehen im Steuerrecht, in: Stbg 2000, 109–318
Budde, Dieter/ Förschle, Gerhardt	Sonderbilanzen; 1. Aufl., München 1994
dies.	Sonderbilanzen; 2. Aufl., München 1999
Budde, Dieter/ Forster, Karl-Heinz	D-Markbilanzgesetz; München 1991
Bundesministerium für Justiz (Hrsg.)	Erster Bericht der Kommission für Insolvenzrecht; Köln 1985 (zitiert Insolvenzrechtskommission)
Burger, Anton/ Schellberg, Bernhard	Die Auslösetatbestände im neuen Insolvenzrecht, in: BB 1995, 261–266
dies.	Zur Vorverlagerung der Insolvenzauslösung durch das neue Insolvenzrecht, in: KTS 1995, 563–577
Canaris, Claus-Wilhelm/ Schilling, Wolfgang/ Ulmer, Peter (Hrsg.)	Staub – Großkommentar zum HGB, 9. Lieferung §§ 161–177a, 4. Aufl.; Berlin/New York 1987

dies.	Staub – Großkommentar zum HGB, 11. Lieferung §§ 238–245 und §§ 257–263; 4. Aufl.; Berlin/New York 1988
Casper, Matthias/ Ullrich, Kerstin	Zur Reichweite des Sanierungsprivilegs nach § 32a Abs. 3 S. 3 GmbHG, in: GmbHR 2000, 472–481
Centrale für GmbH Dr. Otto Schmidt (Hrsg.)	GmbH-Handbuch, I. Teil; 15. Aufl., Köln 1998 (zitiert Bearbeiter in: GmbH-Handbuch I)
dies.	GmbH-Handbuch, II. Teil; 15. Aufl., Köln 1998 (zitiert Bearbeiter in: GmbH-Handbuch II)
Claussen, Carsten P.	Betriebswirtschaft und Kapitalersatz, in: Rechnungslegung – Entwicklungen bei der Bilanzierung und Prüfung von Kapitalgesellschaften – Festschrift für Karl-Heinz Forster, hrsg. von Adolf Moxter, Hans-Peter Müller, Rolf Windmöller, Klaus v. Wysocki; Düsseldorf 1992, S. 139–154
ders.	Kapitalersatzrecht und Aktiengesellschaft, in: AG 1985, 173–184
ders.	Zeitwende im Kapitalersatzrecht, in: GmbHR 1994, 9–15
ders.	Möglichkeiten und Grenzen der Kreditgewährung an kapitalschwache Unternehmen, in: Bericht über die Fachtagung 1985 des Instituts der Wirtschaftsprüfer in Deutschland e.V. (Generalthema Unternehmensfinanzierung heute – Eine Herausforderung für Unternehmer und Berater –), Düsseldorf 1985, S. 147–164
Crezelius, Georg	Eigenkapitalersatz und Steuerrecht, in: Handbuch des Kapitalersatzrechts; hrsg. von Hartwin v. Gerkan, Peter Hommelhoff; Köln 2000, Teil 13, S. 361–385
Dahl, Sven	Die Bewertung bei der Ermittlung der Überschuldung einer GmbH nach § 63 GmbHG, in: GmbHR 1964, 112–115
Dauner-Lieb, Barbara	Das Sanierungsprivileg des § 32a Abs. 3 Satz 3 GmbHG, in: DStR 1998, 1517–1523
dies.	Die Freistellung geringfügig beteiligter Gesellschafter von der Kapitalersatzhaftung, in: DStR 1998, 609–617
dies.	Einschränkungen des Grundtatbestandes Das Sanierungsprivileg des § 32a Abs. 3 Satz 3 GmbHG, in: Handbuch des Kapitalersatzrechts; hrsg. von Hartwin v. Gerkan, Peter Hommelhoff; Köln 2000, Teil 4, S. 85–122

dies.	Finanzplankredite und Krisendarlehen, in: Handbuch des Kapitalersatzrechts; hrsg. von Hartwin v. Gerkan, Peter Hommelhoff; Köln 2000, Teil 9, S. 289–298
Deutler, Karl-F.	Änderungen handels- und konkursrechtllicher Vorschriften durch das Erste Gesetz zur Änderung der Wirtschaftskriminalität, in: GmbHR 1977, 36–41
Döllerer, Georg	Verdeckte Gewinnausschüttungen und verdeckte Einlagen bei Kapitalgesellschaften; 2. Aufl., Heidelberg 1990
ders.	Bilanzrechtliche Fragen des kapitalersetzenden Darlehens und der kapitalersetzenden Miete, in: Rechnungslegung – Entwicklungen bei der Bilanzierung und Prüfung von Kapitalgesellschaften – Festschrift für Karl-Heinz Forster; hrsg. von Adolf Moxter, Hans-Peter Müller, Rolf Windmöller, Klaus v. Wysocki; Düsseldorf 1992, S. 199–213
ders.	Verlust eines eigenkapitalersetzenden Gesellschafterdarlehens als nachträgliche Anschaffungskosten einer wesentlichen Beteiligung, in: FR 1992, 233–236
ders.	Die Rechtsprechung des Bundesfinanzhofes zum Steuerrecht der Unternehmen, in: ZGR 1993, 567–598
Dörner, Dietrich	Ändert das KonTraG die Anforderungen an den Abschlußprüfer?, in: DB 1998, 1–8
ders./ Bischof, Stefan	Zweifelsfragen zur Berichterstattung über die Risiken der künftigen Entwicklung im Lagebericht, in: WPg 1999, 445–455
Dörrie, Robin	Das Sanierungsprivileg des § 32a Abs. 3 Satz 3 GmbHG, in: ZIP 1999, 12–17
Döser, Wulf Heinrich	Anmerkung zu EuGH, Urt. vom 04.12.1997 – Rs. C – 97/96, in: LM H. 5/1998 § 335 HGB Nr. 13a
Drukarczyk, Jochen	Bilanzielle Überschuldungsmessung – Zur Interpretation der Vorschriften von § 92 Abs. 2 AktG und § 64 Abs. 1 GmbHG, in: ZGR 1979, 553–582
ders.	Was kann der Tatbestand der Überschuldung leisten?, in: ZfbF 1986, 207–234
ders.	Theorie und Politik der Finanzierung; 2. Aufl., München 1993
ders.	Kapitalerhaltung, Überschuldung und Konsistenz – Besprechung der Überschuldungs-Definition des BGH WM 1992, 1650, in: WM 1994, 1737–1746

ders.	Überschuldung – Zur Konstruktion eines Insolvenztatbestandes im Spannungsfeld von Kapitalerhaltungsrecht und Kreditmarkt, in: Bilanzrecht und Kapitalmarkt, Festschrift für Moxter; hrsg. von Wolfgang Ballwieser, Hans-Joachim Böcking, Jochen Drukarczyk, Reinhard H. Schmidt; Düsseldorf 1994, S. 1231–1258
ders.	Finanzierung; 7. Aufl., Stuttgart 1996
ders./ Schüler, Andreas	Überschuldungsprüfung auf Abwegen?, in: DStR 1999, 646–648
Drygala, Tim	Die Rechtsfolgen eigenkapitalersetzender Nutzungsüberlassungen, in: BB 1992, 80–82
ders.	Gibt es eigenkapitalersetzende Finanzplan-Nutzungsüberlassung?, in: GmbHR 1996, 481–486
Duske, Wilfried	Rechnungslegung beim Eigenkapitalersatz – Erwiderung auf Küffner in DStR 1993, 180 ff., in: DStR 1993, 925–927
Duss, Marco	Gedanken zu einem Rangrücktritt des Gläubigers bei Überschuldung einer Aktiengesellschaft nach schweizerischem Recht, in: AG 1974, 133–137
Duss, Markus	Der Rangrücktritt des Gesellschaftsgläubigers bei Aktiengesellschaften; Zürich 1971 (zugl. Diss. iur. Zürich 1971)
Ebenroth, Carsten Thomas	Buchbesprechung von GmbH-Gesetz, Kommentar. Von Prof. Dr. Marcus Lutter und Richter am OLG Prof. Dr. Peter Hommelhoff. 13. neubarbeitete und erweiterte Aufl. 1991, in: AG 1992, 102–103
ders./ Kräutter, Thomas	Der Einfluß der 2. Gesellschaftsrechtlichen EG-Richtlinie auf die Lehre von der verdeckten Sacheinlage, in: DB 1990, 2153–2157
Ebling, Klaus (Hrsg.)	Blümich – EStG, KStG, GewStG, Bd. 2 §§ 9–21a EstG; 15. Aufl., München, Stand Februar 1997 (zitiert Blümich/Bearbeiter, §)
Egner, Henning/ Wolff, Gerhardt	Zur Unbrauchbarkeit des Überschuldungstatbestands als gläubigerschützendes Instrument, in: AG 1978, 99–106
Ehlers, Harald	Die Überschuldungssituation einer GmbH, ihre Rechtsfolgen und deren Abwendung, in: DStR 1998, 1756–1761
Ehricke, Ulrich	Zur Teilnehmerhaftung von Gesellschaftern bei Verletzungen von Organpflichten mit Außenwirkung durch den Geschäftsführer der GmbH, in: ZGR 2000, 351–383

Eibelshäuser, Manfred	Rückstellungsbildung nach neuem Handelsrecht, in: BB 1987, 860–866
Eichele, Hans	Die Reichweite des Kapitalerhaltungsgrundsatzes aus 30 Abs. 1 GmbHG, die Finanzierungsverantwortung des Gesellschafters und das Eigenkapitalersatzrecht in der GmbH, Berlin 1999 (zugl. Diss. iur. Mainz 1997/98)
Eifler, Günter	Rückstellungen für ungewisse Verbindlichkeiten und drohende Verluste aus schwebenden Geschäften, in: Handbuch des Jahresabschlusses in Einzeldarstellungen (HdJ), Abt. III/5, Stand 1987
Eilers, Stephan/ Wienands, Hans-Gerd	Zur steuerlichen Behandlung von eigenkapitalersetzenden Gesellschafterdarlehen und Gesellschaftersicherheiten auf der Ebene des Gesellschafters, in: GmbHR 1998, 618–625
Eisolt, Dirk/ Engeler, Bernd-Ulrich	Behandlung rangrückgetretener Forderungen im Überschuldungsstatus gem. § 19 II InsO, in: NZI 1999, 306–308
Ekkenga, Jens	Zur Aktivierungs- und Einlagefähigkeit von Nutzungsrechten nach Handelsbilanz- und Gesellschaftsrecht, in: ZHR 161 (1997) 599–627
Emmerich, Gerhard	Fragen der Gestaltung des Jahresabschlusses nach neuem Recht, in: WPg 1986, 698- 709
ders./ Naumann, Klaus-Peter	Zur Behandlung von Genußrechten im Jahresabschluß von Kapitalgesellschaften, in: WPg 1994, 677–689
Emmerich, Volker/ Habersack, Mathias	Aktienkonzernrecht; München 1998
Ensthaler, Jürgen (Hrsg.)	Gemeinschaftskommentar zum HGB; 5. Aufl., Neuwied/Kriftel/Berlin 1997 (zitiert GK-HGB/Bearbeiter)
ders.	Eigenkapitalersetzende Gesellschafterdarlehen und Ausgleichspflicht von Mitgesellschaftern, in: DB 1991, 1761–1765
Eppler, Gerold	Das Quasi-Eigenkapital bei der GmbH als steuerrechtliches Problem, in: DB 1991, 195–198
Ernst, Christoph	Die Grundzüge des Referentenentwurfs zum Kapitalgesellschaften- & Co.-Richtlinie-Gesetz, in: DStR 1999, 903–907
Escher-Weingart, Christina	Die gewandelte Rolle des Wirtschaftsprüfers als Partner des Aufsichtsrates nach den Vorschriften des KonTraG, in: NZG 1999, 909–919

Fabri, Stephan	Grundsätze ordnungsgemäßer Bilanzierung entgeltlicher Nutzungsverhältnisse; Bergisch Gladbach 1986 (zugl. Diss. oec. Köln)
Fabritius, Andreas	Vermögensbindung in AG und GmbH – tiefgreifender Unterschied oder grundsätzliche Identität?, in: ZHR 144 (1980), 628–641
ders.	Die Überlassung von Anlagevermögen an die GmbH durch Gesellschafter; Heidelberg 1988 (zugl. Diss. iur. Bonn 1986)
Falkenhausen, Joachim Freiherr von	Steuerliche Konsequenzen der Rangrücktrittserklärung für ein Gesellschafterdarlehn, in: BB 1982, 550–552
Farr, Wolf-Michael	Die offene Rücklage der Kapitalgesellschaften, in: Handbuch des Jahresabschlusses in Einzeldarstellungen (HdJ), Abt. III/2, Stand 1992
ders.	Der Jahresabschluß der kleinen GmbH (I), in: GmbHR 1996, 92–97
ders.	Der Jahresabschluß der kleinen GmbH (II), in: GmbHR 1996, 185–191
ders.	Der Jahresabschluß der mittelgroßen und kleinen AG, in: AG 1996, 145–160
Farrenkopf, Stefan	„Kapitalersetzende" Gesellschafterdarlehen bei der Aktiengesellschaft; Diss. iur. Frankfurt a.M. 1984
Fassnacht, Jürgen	Die Fremdfinanzierung von Kapitalgesellschaften durch deren Gesellschafter unter besonderer Berücksichtigung des Entwurfes eines § 8a KStG; Köln 1984
Fastrich, Lorenz	Ketzerisches zur sogenannten Finanzierungsverantwortung, in: Festschrift für Wolfgang Zöllner zum 70. Geburtstag – Band I; hrsg. von Manfred Lieb, Ulrich Noack, Harm Peter Westermann; Köln u.a. 1998, S. 143–162
Feik, Werner	Buchbesprechung von: Mosch, Wolfgang: Patronatserklärungen deutscher Konzernmuttergesellschaften und ihre Bedeutung für die Rechnungslegung, in: WPg 1979, 299–300
Felleisen, Felix	Anmerkung zum Urt. des BGH vom 08.01.2001 – II ZR 88/99, in: GmbHR 2001, 195, 197
Fenske, Ralf	Zur Unbrauchbarkeit des Überschuldungstatbestandes, in: AG 1997, 554–559
Fischer, Lothar/ Lepper, Martin	Das Belassen von Gesellschafterdarlehen im Zeitpunkt der Krise – neue Rechtsprechung zu § 32a GmbHG, in: ZIP 1996, 1–7

Fischer, Robert	GmbH-Gesetz; 10. Aufl., Köln 1983
Fischer, Roland	Die Bedeutung eines Rangrücktritts für den Überschuldungsstatus einer GmbH, in: GmbHR 2000, 66–70
Fischer, Werner	Die Überschuldungsbilanz; Köln/Berlin/Bonn/München 1980 (zugl. Diss. oec. Berlin 1980)
Fleck, Hans-Joachim	Die Bilanzierung kapitalersetzender Gesellschafterdarlehen in der GmbH, in: Handelsrecht und Steuerrecht, Festschrift für Döllerer; hrsg. von Brigitte Knobbe-Keuk, Franz Klein, Adolf Moxter; Düsseldorf 1988, S. 109–131
ders.	Das kapitalersetzende Gesellschafterdarlehen in der GmbH-Bilanz – Verbindlichkeit oder Eigenkapital?, in: GmbHR 1989, 313–323
ders.	Der Grundsatz der Kapitalerhaltung – seine Ausweitung und seine Grenzen, in: Festschrift 100 Jahre GmbH-Gesetz; hrsg. von Marcus Lutter, Peter Ulmer, Wolfgang Zöllner; Köln 1992, S. 391–419
ders.	Kurzkommentar zum OLG Stuttgart, Urt. vom 28.10.1997 – 12 U 83/97 (nicht rechtskräftig), in: EWiR § 64 GmbHG, 4/97, 1997, 1093
Fleischer, Holger	Finanzplankredite und Eigenkapitalersatz im Gesellschaftsrecht; Köln/Berlin/Bonn/München 1994 (zugl. Diss. iur. Köln 1993)
ders.	Eigenkapitalersetzende Gesellschafterdarlehen und Überschuldungsstatus, in: ZIP 1996, 773–779
ders.	Der Finanzplankredit im Gesamtgefüge der einlagegleichen Gesellschafterleistungen, in: DStR 1999, 1774–1780
ders.	Eigenkapitalersatz bei verbundenen Unternehmen, in: Handbuch des Kapitalersatzrechts; hrsg. von Hartwin v. Gerkan, Peter Hommelhoff; Köln 2000, Teil 12, S. 337–359
Flume, Werner	Allgemeiner Teil des Bürgerlichen Rechts – Erster Band Zweiter Teil; Heidelberg/New York/Tokio 1983
Früh, Andreas	Eigenkapitalersetzende Gesellschafterkredite, in: GmbHR 1999, 842–847
Früh, Hans-Joachim/ Wagner, Wolfgang	Überschuldungsprüfung bei Unternehmen, in: WPg 1998, 907-913
Gaiser, Anja Sofia	Die Freistellung geringfügig beteiligter Gesellschafter von der Ausfallhaftung nach § 24 GmbHG im Rahmen einer Kapitalerhöhung, in: GmbHR 1999, 210–217

Gawaz, Klaus-Dieter	Bankenhaftung für Sanierungskredite; Köln 1997
Gehde, Björn	Eigenkapitalersetzende Gesellschafterleistungen in Deutschland und den USA; Berlin 1997 (zugl. Diss. iur. Potsdam 1995/96)
Geißler, Markus	Rechtsfragen um die Eigenkapitalersatzfunktion des in der Krise belassenen Gesellschafterdarlehens, in: GmbHR 1994, 152–159
Gelhausen, Friedrich	Reform der externen Rechnungslegung und ihrer Prüfung durch den Wirtschaftsprüfer, in: AG S/1997, 73–82
Gemeinsame Stellung	der Wirtschaftsprüferkammer und des Instituts der Wirtschaftsprüfer zum Vorentwurf eines Bilanzrichtlinien-Gesetzes, in: WPg 1980, 501–523
Gerkan, Hartwin von	Schwerpunkte und Entwicklungen im Recht der kapitalersetzenden Gesellschafterleistungen, in: GmbHR 1986, 218–225
ders.	Zum Stand der Rechtsentwicklung bei den kapitalersetzenden Gesellschafterleistungen, in: GmbHR 1990, 384–389
ders.	Kurzkommentar zum BGH, Urt. vom 06.12.1993 – II ZR 102/93, in: BGH EWiR § 11 GmbHG 1/94, 275 (v. Gerkan)
ders.	Das Recht des Eigenkapitalersatzes in der Diskussion, in: ZGR 1997, 173–205
ders.	Der Entwurf des „Kapitalaufnahmeerleichterungsgesetzes" und das Recht des Eigenkapitalersatzes, in: GmbHR 1997, 677–682
Gerkan, Hartwin von/ Hommelhoff, Peter	Kapitalersatz im Gesellschafts- und Insolvenzrecht; 5. Aufl., Köln 1997
Geßler, Ernst	Die GmbH-Novelle, in: BB 1980, 1385–1391
ders.	Zur Problematik bei kapitalersetzenden Darlehen, in: ZIP 1983, 228–235
ders./ Hefermehl, Wolfgang/ Eckardt, Ulrich/ Kropff, Bruno	Aktiengesetz, Band I (§§ 1–75); München 1973
dies.	Aktiengesetz, Band II (§§ 76–147); München 1973, 1974
dies.	Aktiengesetz, Band III (§§ 148–178); München 1973
Glade, Anton	Rechnungslegung und Prüfung nach dem Bilanzrichtlinien-Gesetz; Herne, Berlin 1986

Glaßer, Heinrich	Die durch Grundschuld gesicherte Gesellschafterforderung und der Konkurs der Gesellschaft, in: BB 1996, 1229–1233
Gnamm, Peter	Eigenkapitalersetzende Nutzungsüberlassung – Nachteilige Auswirkungen für Grundpfandgläubiger?, in: WM 1996, 189–191
Goerdeler, Reinhard/ Müller, Welf	Die Behandlung von nichtigen oder schwebend unwirksamen Anschaffungsgeschäften, von Forderungsverzichten und Sanierungszuschüssen im Jahresabschluß, in: WPg 1980, 313–322
Goette, Wulf	Anmerkung zum Beschl. des BGH vom 06.03.1995 – II ZR 111/94, in: DStR 1995, 1278–1279
ders.	Die GmbH nach der BGH-Rechtsprechung; München 1997
ders.	Die höchstrichterliche Rechtsprechung zur Behandlung eigenkapitalersetzender Leistungen im GmbH-Recht, in: DStR 1997, 2027–2035
ders.	Einige Aspekte des Eigenkapitalersatzrechts aus richterlicher Sicht, in: ZHR 162 (1998), 223–231
ders.	Anmerkung zum Urt. des BGH vom 07.12.1998 – II ZR 382/98, in: DStR 1999, 37–38
ders.	Anmerkung zum Urt. des BGH vom 28.06.1999 – II ZR 272/98, in: DStR 1999, 1198–1201, in: DStR 1999, 1201–1202
ders.	Anmerkung zum Urt. des BGH vom 08.01.2001 – II ZR 88/99, in: DStR 2001, 179–179
Götker, Uwe	Der Geschäftsführer in der Insolvenz der GmbH; Köln 1999
Gottwald, Peter (Hrsg.)	Insolvenzrechts-Handbuch; München 1990
Götz, Alexander/ Hegerl, Hans-Jörg	Die Sanierungsfeindlichkeit des Eigenkapitalersatzrechts und die Sanierungsobjektgesellschaft als Ausweg, in: DB 1997, 2365–2370
dies.	Die Begründbarkeit des Sanierungsprivilegs in § 32a GmbHG und seine praktische Umsetzung, in: DB 2000, 1385–1391
Groh, Manfred	Eigenkapitalersatz in der Bilanz, in: BB 1993, 1882–1892
ders.	Bilanzrecht vor dem EuGH, in: DStR 1996, 1206–1210
ders.	Replik zu „Wider die voreilige Aufhebung der Steuerbefreiung für Sanierungsgewinne nach § 3 Nr. 66 EStG" von Dieter Dziadkowski in DB 1997, 447–449, in: DB 1997, 449–450

Großfeld, Bernhard	Bilanzrecht; 2. Aufl., Heidelberg 1990
Grossmann, Hartmut G.	Gesellschafterdarlehen bei Insolvenz; Berlin 1978
Groth, Matthias	Überschuldung und eigenkapitalersetzende Gesellschafterdarlehen – Eine konkursrechtliche und konkursstrafrechtliche Untersuchung; 1. Aufl., Baden-Baden, 1995
Grünbuch der Europäischen Kommission	Rolle, Stellung und Haftung des Abschlußprüfers in der Europäischen Union, in: WPK-Mitt. 1996, 279–296
Grunewald, Barbara	Plädoyer für eine Abschaffung der Rechtsregeln für eigenkapitalersetzende Gesellschafterdarlehen, in: GmbHR 1997, 7–10
Gschwendtner, Hubertus	Darlehensverluste eines wesentlich an einer Kapitalgesellschaft beteiligten Gesellschafters, in: NJW 1999, 2165–2167
ders.	Darlehensverluste eines wesentlich an einer Kapitalgesellschaft beteiligten Gesellschafters in der Rechtsprechung des BFH, in: DStR, Beihefter zu 32/1999
Gummert, Hans	Anmerkung zum OLG Düsseldorf, Urt. vom 19.01.1995 – 6 U 272/93, in: WiB 1996, 741–742
Güntzel, Manfred/ Fenzl, Barbara	Ausgewählte Fragen zum Steuerentlastungsgesetz Bilanzierung und Verlustverrechnung, in: DStR 1999, 649–660
Haack, Michael	Der Forderungsrücktritt als Mittel einer Überschuldungsbeseitigung, in: KTS 1980, 309-318
ders.	Der Konkursgrund der Überschuldung bei Kapital- und Personengesellschaften; Frankfurt a.M./Bern/Cirencester/U.K., 1980 (zugl. Diss. iur 1980 Bielefeld)
Haarmeyer, Hans/ Wutzke, Wolfgang/ Förster, Karsten	Insolvenzordnung InsO/EGInsO; 1. Aufl., Jehle-Rehm, 1995
dies.	Handbuch zur Insolvenzordnung; 2. Aufl., München 1998
Haas, Ulrich	Geschäftsführerhaftung und Gläubigerschutz; München 1997 (zugl. Habil. iur. Regensburg 1996)
ders.	Insolvenzantragsrecht und -pflicht in der GmbH insbesondere des „faktischen Geschäftsführers" nach neuem Recht, in: DStR 1998, 1359–1363

ders.	Die Eröffnungsgründe Zahlungsunfähigkeit, drohende Zahlungsunfähigkeit, Überschuldung, in: Insolvenzrecht 1998; hrsg. von Wolfram Henckel, Gerhart Kreft; Köln 1999, S. 1–28
ders.	Eigenkapitalersetzende Gesellschafterdarlehen und die Feststellung der Überschuldung oder Zahlungsunfähigkeit, in: NZI 1999, 209–214
ders.	Fragen zum Adressatenkreis des Kapitalersatzrechts, in: DZWIR 1999, 177–183
ders.	Der Normzweck des Eigenkapitalersatzes, in: NZI 2001, 1–10
Habersack, Mathias	Genußrechte und sorgfältige Geschäftsführung, in: ZHR 155 (1991) 378–401
ders.	Der Finanzplankredit und das Recht der eigenkapitalersetzenden Gesellschafterhilfen, in: ZHR 161 (1997) 457–490
ders.	Eigenkapitalersatzrecht im Gesellschaftsrecht, in: ZHR 162 (1998), 201–222
ders.	Grundfragen der freiwilligen oder erzwungenen Subordination von Gesellschafterkrediten, in: ZGR 2000, 384–419
ders.	Europäisches Gesellschaftsrecht; München 1999
ders./ Lüssow, Björn	Vorbelastungshaftung, Vorbelastungsbilanz und Unternehmensbewertung, in: NZG 1999, 629–634
Harrer, Friedrich	Die Krise des Eigenkapitalersatzrechts, in: GesRZ 1998, 183–190
Hartmann, Winfried	Kapitalersetzende Finanzierungsmaßnahmen als Anschaffungskosten eines Gesellschafters auf seine Beteiligung, in: DStZ 1998, 270–272
Hartung, Wolfgang	Der Rangrücktritt eines GmbH-Gläubigers – eine Chance für Wirtschaftskriminelle?, in: NJW 1995, 1186–1191
ders.	Kapitalersetzende Darlehen – eine Chance für Wirtschaftskriminelle?, in: NJW 1996, 229–237
ders.	Probleme bei der Feststellung der Zahlungsunfähigkeit, in: wistra 1997, 1–12
Häsemeyer, Ludwig	Insolvenzrecht; 2. Aufl., Köln, Berlin, Bonn, München 1998
Hasselbach, Kai/ Wicke, Hartmut	Anmerkung zum Urt. des BGH vom 08.01.2001 – II ZR 88/99, in: BB 2001, 435–436

Haug, Wolfgang/ Letters, Werner	Möglichkeiten und Grenzen der Bilanzpolitik der Unternehmen in schwierigen Zeiten, in: JbFStR 1983/84, 311–374
Häuselmann, Holger	Rangrücktritt versus Forderungsverzicht mit Besserungsabrede, in: BB 1993, 1552- 1557
ders./ Rümker, Dietrich/ Westermann, Harm Peter	Die Finanzierung der GmbH durch ihre Gesellschafter; Frankfurt a.M. 1992
Havermann, Hans	Internationale Entwicklungen in der Rechnungslegung, in: Bilanzrecht und Kapitalmarkt, Festschrift für Moxter; hrsg. von Wolfgang Ballwieser, Hans-Joachim Böcking, Jochen Drukarczyk, Reinhard H. Schmidt; Düsseldorf 1994, S. 657–677
Heibel, Reinhold	Die steuerliche Bilanzierung von bedingten erfolgsabhängigen Verpflichtungen, in: BB 1981, 2042–2048
Heitmann, Steffen	Insolvenzordnung: Die Justiz als Betreuungsbetrieb, in: NJW 1998, 2649–2650
Hellwege, Heiko	Bericht über die Dikussion, in: ZGR 1988, 516–519
Hemmelrath, Alexander	Bilanzierungsprobleme bei kapitalersetzender Nutzungsüberlassung, in: DStR 1991, 626–631
Hennrichs, Joachim	Die Bedeutung der EG-Bilanzrichtlinie für das deutsche Handelsbilanzrecht, in: ZGR 1997, 66–88
Hense, Heinz Hermann	Die stille Gesellschaft im handelsrechtlichen Jahresabschluß; Düsseldorf 1990 (zugl. Diss. oec. Münster 1989)
Henze, Harwin	Entwicklungen der Rechtsprechung des BGH im GmbH-Recht – Freud und Leid der Kommentatoren, in: GmbHR 2000, 1069–1078
Herget, Rudolf	Das Zurücktreten mit Forderungen bei Überschuldung der Aktiengesellschaft, in: AG 1974, 137–143
Herlinghaus, Andreas	Forderungsverzichte und Besserungsvereinbarungen zur Sanierung von Kapitalgesellschaften; Köln 1994 (zugl. Diss. iur. Bonn 1994)
ders.	Nochmals Altkreditverbindlichkeiten, in: BB 1998, 1789
Herrmann, Harald	Der ungedeckte Fehlbetrag nach § 268 Abs. 3 HGB und die Folgepflichten für Abschlußprüfer und Gesellschaftsorgane in AG und GmbH, in: ZGR 1989, 273–304
ders.	Quasi-Eigenkapital im Kapitalmarkt- und Unternehmensrecht; Berlin/New York 1996

Herrmann, Horst	Fremdfinanzierung durch Gesellschafter aus handelsrechtlicher und konkursrechtlicher Sicht, in: 50 Jahre Wirtschaftsprüferberuf – Bericht über die Jubiläumsfachtagung vom 21. bis 23. Oktober 1981 in Berlin, Düsseldorf 1981, S. 151–182
Herzig, Norbert	Gesellschafterfremdfinanzierung von Kapitalgesellschaften, in: StuW 1993, 237–249
Hess, Harald	Kommentar zur InsO; Heidelberg 1999
ders./ Pape, Gerhard	InsO und EGInsO – Grundzüge des neuen Insolvenzrechts; Köln 1995
ders./ Weis, Michaela	Die Berücksichtigung nachrangiger Gesellschafterverbindlichkeiten im Überschuldungsstatus nach der Insolvenzordnung, in: InVo 1999, 33–36
Heukamp, Wessel	Anmerkung zu OLG Düsseldorf, Urt. vom 19.01.1995 – 6 U 272/93, in: WiB 1997, 1089–1091
Hill, Norbert	Das Recht der eigenkapitalersetzenden Gesellschafterdarlehen, in: Praxis der GmbH-Rechnungslegung – Sonderfragen der Bilanzierung; hrsg. von Hans-Heinrich Otte, Herne/Berlin 1994, S. 1–18
ders./ Schäfer, Berthold	Das Stehenlassen von GmbH-Gesellschafterdarlehen bis zum Eintritt der Krise, in: BB 1989, 458–462
Hirte, Heribert	Das Kapitalersatzrecht nach Inkrafttreten der Reformgesetzgebung, in: ZInsO 1998, 147–154
ders.	Die Entwicklung des Unternehmens- und Gesellschaftsrecht in Deutschland in den Jahren 1996 und 1997, in: NJW 1998, 3459–3471
ders.	Bilanzierung eigenkapitalersetzender Gesellschafterdarlehen im Überschuldungsstatus, in: DStR 2000, 1829–1831
ders.	Kapitalgesellschaftsrecht; 2. Aufl., Köln 1999
Hock, Burkhard	Gesellschafter-Fremdfinanzierung der GmbH; Wiesbaden 1995 (zugl. Diss. oec. Bamberg 1994)
Hoffmann, Wolf-Dieter	Anmerkung zu BFH, Urt. vom 05.02.1992 – I R 127/90, in: BB 1992, 680–681
Höffner, Dietmar	Überschuldung Ein Tatbestand im Schnittpunkt von Bilanz-, Insolvenz- und Strafrecht (Teil I), in: BB 1999, 198–205
ders.	Überschuldung Ein Tatbestand im Schnittpunkt von Bilanz-, Insolvenz- und Strafrecht (Teil II), in: BB 1999, 252–254

Höfner, Klaus-Dieter	Die Überschuldung als Krisenmerkmal des Konkursstrafrechts; Frankfurt a.M. 1981 (zugl. Diss. iur. Augsburg 1981)
Hollenbeck, Jens	Zivil-, bilanz- und steuerrechtliche Aspekte eigenkapitalersetzender Gesellschafterleistungen; Osterholz-Scharmbeck 1993 (BWL-Diplomarbeit der FH Bremen)
Holzapfel, Lothar	Überschuldung und Rangrücktritt bei der GmbH, in: InVo 1999, 1–3
Holzer, Johannes	Die Insolvenzanfechtung, in: WiB 1997, 729–738
Hommel, Michael	Überschuldungsmessung nach neuem Insolvenzrecht Probleme und Lösungsmöglichkeiten, in: ZfB 1998, 297–322
Hommelhoff, Peter	Das Risikokapital der GmbH, in: Die Zukunft der GmbH, hrsg. von Günther H. Roth; Wien 1983, S. 15–39
ders.	Jahresabschluß und Gesellschafterinformation in der GmbH, in: ZIP 1983, 383–392
ders.	Eigenkapitalersatz im Konzern und in Beteiligungsverhältnissen, in: WM 1984, 1105–1118
ders.	Rechtliche Überlegungen zur Vorbereitung der GmbH auf das Bilanzrichtlinien-Gesetz, in: WPg 1984, 629–639
ders.	Teil I: Handelsrecht, in: JbFStR 1984/85, 397–423
ders.	Eigenkapital der Kapitalgesellschaften, in: Handwörterbuch unbestimmter Rechtsbegriffe im Bilanzrecht des HGB; hrsg. von Ulrich Leffson, Dieter Rückle, Bernhard Großfeld; Köln 1986, S. 134–141
ders.	Nicht durch Eigenkapital gedeckter Fehlbetrag, in: JbFStR 1986/87, 456–458
ders.	Das Gesellschafterdarlehen als Beispiel institutioneller Rechtsfortbildung, in: ZGR 1988, 460–493
ders.	Eigenkapitalersetzende Gesellschafterdarlehen und Konkursantragspflicht, in: Handelsrecht und Steuerrecht, Festschrift für Döllerer; hrsg. von Brigitte Knobbe-Keuk, Franz Klein, Adolf Moxter; Düsseldorf 1988, S. 245–268
ders.	Zum Wegfall des Erstattungsanspruchs nach § 31 GmbHG, in: Festschrift für Alfred Kellermann zum 70. Geburtstag am 29. November 1990, hrsg. von Reinhard Goerdeler; Peter Hommelhoff; Marcus Lutter; Walter Odersky; Herbert Wiedemann; Berlin/New York 1991, S. 165–179

ders.	Rechtliche, bilanzielle und steuerliche Fragen der Unternehmensfinanzierung, in: JbFStR 1994/95, 559–687
ders.	Europäisches Bilanzrecht im Aufbruch, in: RabelsZ Bd. 62 (1998), 381–404
ders.	Eigenkapitalersatz und Unternehmensfinanzierung, in: Handbuch des Kapitalersatzrechts; hrsg. von Hartwin v. Gerkan, Peter Hommelhoff; Köln 2000, Teil 2, S. 15–32
ders./ Kleindiek, Detlef	Flexible Finanzierungsinstrumente im GmbH-Recht, in: Festschrift 100 Jahre GmbH-Gesetz; hrsg. von Marcus Lutter, Peter Ulmer, Wolfgang Zöllner; Köln 1992, S. 421-445
Hopt, Klaus J./ Wiedemann, Herbert (Hrsg.)	Großkommentar zum AktG, 11. Lieferung §§ 92–94; 4. Aufl., Berlin/New York 1999
Horn, Norbert (Hrsg.)	Heymann – Handelsgesetzbuch, Bd. 3 Zweites Buch §§ 238–342; 1. Aufl., Berlin u. a. 1989 (zitiert Heymann/Bearbeiter)
ders.	Heymann – Handelsgesetzbuch, Bd. 2 Zweites Buch §§ 105–237; 2. Aufl., Berlin u. a. 1996 (zitiert Heymann/Bearbeiter)
Hüffer, Uwe	Aktiengesetz; 4. Aufl., München 1999
Hulle, Karel Van	Die Zukunft der europäischen Rechnungslegung im Rahmen einer sich ändernden internationalen Rechnungslegung, in: WPg 1998, 138–153
ders.	Die Reform des europäischen Bilanzrechts – Stand, Ziele und Perspektiven, in: ZGR 2000, 537–549
Hundertmark, Dedo/ Herms, Volkmar	Zur Überschuldung von Kapitalgesellschaften, in: BB 1972, 1118-1120
Hüttemann, Ulrich	Grundsätze ordnungsgemäßer Bilanzierung für Verbindlichkeiten; Düsseldorf 1970
ders.	Die Verbindlichkeiten, in: Handbuch des Jahresabschlusses in Einzeldarstellungen (HdJ), Abt. III/8, Stand 1988
IDW	Zur Frage der Bedeutung aktienrechtlicher Bewertungsvorschriften für das Steuerrecht, in: WPg 1967, 666–669
dies.	Stellungnahme SaBl 3/1986 Zur Darstellung der Finanzlage i. S. v. § 264 Absatz 2 HGB, in: WPg 1986, 670–671

dies.	Zur Transformation der EG-Richtlinie über den Jahresabschluß und den konsolidierten Abschluß von Banken und anderen Finanzinstituten, in: WPg 1987, 525–531
dies.	Stellungnahme zum Referentenwurf eines Bankbilanzrichtline-Gesetzes (BaBiRiLiG), in: WPg 1989, 377–380
dies.	Hauptfachausschuß – Entwurf einer Verlautbarung „Zur Bilanzierung von Genußrechten", in: WPg 1993, 446–451
dies.	Stellungnahme HFA 1/1994 Zur Behandlung von Genußrechten im Jahresabschluß von Kapitalgesellschaften, in: WPg 1994, 419–423
dies.	Stellungnahme HFA 1/1995 Die Kapitalflußrechnung als Ergänzung des Jahres- und Konzernabschlusses, in: WPg 1995, 210–213
dies.	Fachausschuß Recht – Entwurf einer Verlautbarung Empfehlungen zur Überschuldensprüfung bei Unternehmen, in: WPg 1995, 596–599
dies.	Stellungnahme HFA 2/1996 Zur Bilanzierung privater Zuschüsse, in: WPg 1996, 709–713
dies.	Stellungnahme des Fachausschuß Recht FAR 1/1996 Empfehlungen zur Überschuldungsprüfung bei Unternehmen, in: WPg 1997, 22–25
dies.	Rechnungslegungsstandard Aufstellung des Lageberichts (IDW RS HFA 1; Stand 26.6.1998), in: WPg 1998, 653–662
dies.	Sitzungen des Arbeitskreises Sanierung und Insolvenz, in: FN-IDW 1998, 568–570
dies.	Entwurf IDW Standard Grundsätze zur Durchführung von Unternehmensbewertungen (IDW ES 1; Stand 27.01.1999), in: WPg 1999, 200–216
dies.	Stellungnahme zum KapuCoRiLiG, in: WPg 1999, 433–435
Immenga, Ulrich	Die personalistische Kapitalgesellschaft; Bad Homberg v.d.H. 1970 (zugl. Habil. iur. Bielefeld 1970)
ders.	Kapitalersetzende Aktionärsdarlehen als Haftkapital?, in: ZIP 1983, 1405–1412
Institut der Wirtschaftsprüfer in Deutschland e.V. (Hrsg.)	Wirtschaftsprüfer-Handbuch 1996, Band I; 11. Aufl., Düsseldorf 1996 (zitiert WP-Handbuch/Bearbeiter)

das.	Wirtschaftsprüfer-Handbuch 1998, Band II; 11. Aufl., Düsseldorf 1998 (zitiert WP-Handbuch/Bearbeiter)
Jaeger, Ernst/ Henckel, Wolfram	Konkursordnung §§ 1–42, Register; 9. Aufl., Berlin/New York 1997
Jahr, Günther	Die Einrede des bürgerlichen Rechts, in: JuS 1964, 125–132
Janka, Wolfgang/ Löwenstein, Ulrich W.	Zur steuerlichen Behandlung des rechtsgeschäftlichen Rangrücktritts, in: DB 1992, 1648–1652
Jansen, Esther	Publizitätsverweigerung und Haftung in der GmbH; Köln, Berlin, Bonn, München 1999 (zugl. Diss. iur. Heidelberg 1998)
Janssen, Bernhard	Überschuldung trotz Rangrücktritt nach der neuen Insolvenzordnung, in: NWB 1998, 1405–1407
Jasper, Ute	Anmerkung zum Urteil des BGH vom 06.12.1993 – II ZR 102/93, in: WiB 1994, 193
Joecks, Wolfgang	Kapitalersetzende Gesellschafterdarlehen und Pflicht zur Konkursanmeldung, in: BB 1986, 1681–1682
Johlke, Horst M.	Erweiterungen des Grundtatbestandes, in: Handbuch des Kapitalersatzrechts; hrsg. von Hartwin v. Gerkan, Peter Hommelhoff; Köln 2000, Teil 5, S. 123–158
Joost, Detlev	Kapitalbegriff und Reichweite der Bindung des aufgebrachten Vermögens in der GmbH, in: GmbHR 1983, 285 290
ders.	Grundlagen und Rechtsfolgen der Kapitalerhaltungsregeln in der GmbH, in: ZHR 148 (1984), 27–55
ders.	Grundlagen und Rechtsfolgen der Kapitalerhaltungsregeln im Aktienrecht, in: ZHR 149 (1985), 419–443
ders.	Eigenkapitalersetzende Kommanditistenleistungen – Zugleich ein Beitrag zur Außenhaftung des Kommanditisten –, in: ZGR 1987, 370–402
Jula, Rocco/ Breitbarth, Carmen	Liquiditätsausgleich im Konzern durch konzerninterne Darlehen, in: AG 1997, 256–265
Jungmann, Carsten	Das Zusammentreffen von Zwangsverwaltung und eigenkapitalersetzender Nutzungsüberlassung, in: ZIP 1999, 601–607
Kallmeyer, Harald	Anmerkung zum Urt. des OLG Karlsruhe vom 29.03.1996 – 15 U 39/95, in: GmbHR 1996, 530–531

ders.	Ungelöste Probleme des Eigenkapitalersatzrechts: Sanierung, Finanzplan und Nutzungsüberlassung, in: GmbHR 1998, 307–308
Kamprad, Balduin	Bilanz- und steuerrechtliche Auswirkungen der haftungsrechtlichen Behandlung kapitalersetzender Gesellschafterkredite?, in: Beiträge zum Zivil-, Steuer- und Unternehmensrecht – Festschrift für Heinz Meilicke; hrsg. vom Fachinstitut der Steuerberater e.V.; Berlin/Heidelberg/New York/Tokyo 1985, S. 59–67
ders.	Bilanz- und steuerrechtliche Folgen aus der Anwendung der §§ 32a und 32b GmbHG auf kapitalersetzende Gesellschafterkredite?, in: GmbHR 1985, 352–354
ders.	Gesellschafterdarlehen an die GmbH und die GmbH & Co.; 2. Aufl., Köln 1981
Karollus, Martin	Weitere Präzisierungen zur Konkursverschleppungshaftung, in: ZIP 1995, 269–273
ders.	Zur geplanten Reform des Kapitalersatzrechts, in: ZIP 1996, 1893–1895
ders.	Probleme der Finanzierung im Konzern: Kapitalersatz und Treuepflicht, in: Festschrift für Claussen, hrsg. von Klaus-Peter Martens u.a., Köln/Berlin/Bonn/München, 1997, S. 199–211
Ketzer, Axel	Eigenkapitalersetzende Aktionärsdarlehen; Köln, Berlin, Bonn, München, 1989
Kilian, Wolfgang	Europäisches Wirtschaftsrecht; München 1996
Klar, Michael	Änderung in der Auslegung des Überschuldungstatbestandes, in: DB 1990, 2077–2081
Klatte, Volkmar	Die Rechnungslegung über eigenkapitalersetzende Gesellschafterdarlehen, in: Jahrbuch für Controlling und Rechnungswesen '93; hrsg. von Gerhard Seicht, Wien 1993, S. 157–184
Klaus, Hans	Eigenkapitalersetzende Gesellschafterdarlehen in der Handelsbilanz der verpflichteten GmbH, in: BB 1994, 680–687
ders.	Gesellschafterdarlehen, Eigenkapitalersatzrecht und Fortführung einer nicht mehr fortführungswürdigen GmbH, in: ZBB 1994, 247–257
ders.	Gesellschafterfremdfinanzierung und Eigenkapitalersatzrecht bei der Aktiengesellschaft und der GmbH; Frankfurt a.M./Berlin/Bern/New York/Paris/Wien, 1994 (zugl. Diss. oec. Würzburg 1994)

Kleffner, Thomas	Erhaltung des Stammkapitals und Haftung nach §§ 30, 31 GmbHG; Berlin 1994 (zugl. Diss. Jur. Münster 1993)
Klein, Werner/ Pötzsch, André	Referentenwurf zum Kapitalgesellschaften- & Co.-Richtlinie-Gesetz, in: DB 1999, 1509–1511
Kleindieck, Detlef	Eigenkapitalersatz im Bilanzrecht, in: Handbuch des Kapitalersatzrechts; hrsg. von Hartwin v. Gerkan, Peter Hommelhoff; Köln 2000, Teil 7, S. 289–298
Kling, Stephan	Forderungsverzicht mit Besserungsklausel oder Rangrücktritt?, in: NZG 2000, 872–875
Knapp, Lotte	Was darf der Kaufmann als seine Vermögensgegenstände bilanzieren?, in: DB 1971, 1121-1129
Knief, Peter	Fragen der Abgrenzung und Praktikabilität der neu definierten Insolvenzauslösungsgründe nach den Vorschlägen der Insolvenzrechtskommission, in: Beiträge zur Reform des Insolvenzrechts; hrsg. vom Institut der Wirtschaftsprüfer; Düsseldorf 1987, S. 82–96
Knobbe-Keuk, Brigitte	Stille Beteiligung und Verbindlichkeiten mit Rangrücktrittsvereinbarung im Überschuldungsstatus und in der Handelsbilanz des Geschäftsinhabers, in: ZIP 1983, 127–131
dies.	Die Verpachtung von Anlagevermögen des Gesellschafters an die GmbH und § 32a GmbHG, in: BB 1984, 1–5
dies.	Rangrücktrittsvereinbarung und Forderungserlaß mit und ohne Besserungsschein, in: StuW 1991, 306–310
dies.	Bilanz- und Unternehmenssteuerrecht; 9. Aufl., Köln 1993
Koch, Ulrich	Die Entwicklung des Gesellschaftsrechts in den Jahren 1987/88, in: NJW 1989, 3130–3143
Kölner Kommentar zum Aktiengesetz	Band 1 (§ 1–75 AktG); 2. Aufl., Köln/Berlin/Bonn/München 1986/1988 (zitiert KK-AktG/Bearbeiter, §)
das.	Band 2 (§ 76–117 AktG und Mitbestimmung im Aufsichtsrat); 2. Aufl., Köln/Berlin/Bonn/München 1988 (zitiert KK-AktG/Bearbeiter, §)
das.	Band 4 (Rechnungslegung der Aktiengesellschaft); 2. Aufl., Köln/Berlin/Bonn/München 1991
Koenig, Christian/ Ritter, Nicolai	Die EG-beihilferechtliche Behandlung von Gesellschafterdarlehen, in: ZIP 2000, 769–777

Koppensteiner, Hans-Georg	Kritik des „Eigenkapitalersatzrechts", in: AG 1998, 308–317
KPMG Deutsche Treuhand Gruppe (Hrsg.)	D-Markbilanzgesetz; Düsseldorf 1990
Kreis, Stefan	Finanzierungsverantwortung bei eigenkapitalersetzenden Gesellschafterdarlehen; Diss. iur. Mannheim 1990
Krink, Klaus/ Maertins, Jan	Gesellschafterdarlehen im Handels- und Steuerrecht, in: DB 1998, 833–838
Kropff, Bruno	Der Lagebericht nach geltendem und künftigem Recht, in: BFuP 1980, 514–532
ders.	Der Konzernabschluß – eine Randerscheinung im Gesellschaftsrecht?, in: Festschrift für Claussen; hrsg. von Klaus-Peter Mertens, Harm Peter Westermann, Wolfgang Zöllner; Köln/Berlin/Bonn/München 1997, S. 659–675
Kroppen, Heinz	Überschuldung als Konkursgrund für die GmbH & Co. KG, in: DB 1977, 663–667
Krumnow, Jürgen/ Sprißler, Wolfgang/ Bellavite-Hövermann, Yvette/ Kemmer, Michael/ Steinbrücker, Hannelore	Rechnungslegung der Kreditinstitute; Stuttgart 1994
Kübler, Bruno M./ Prütting, Hanns (Hrsg.)	Kommentar zur InsO; Köln Stand 1/99
Kübler, Friedrich	Die Autorität der Sachnähe, in: Festschrift für Walter Stimpel zum 68. Geburtstag; hrsg. von Marcus Lutter, Hans-Joachim Mertens, Peter Ulmer; Berlin/New York 1985, S. 1–14
ders.	Gesellschaftsrecht; 5. Aufl., Heidelberg 1998
Küffner, Peter	Rechnungslegung beim Eigenkapitalersatz, in: DStR 1993, 180–183
ders.	Rechnungslegung beim Eigenkapitalersatz – Duplik auf Duske, in: DStR 1993, 927–928
Kühnberger, Manfred	Verlustanzeigebilanz – zu Recht kaum beachteter Schutz für Eigentümer?, in: DB 2000, 2077–2085
Kuhn, Georg/ Uhlenbruck, Wilhelm	Kommentar zur Konkursordnung; 10. Aufl., München 1986
dies.	Kommentar zur Konkursordnung; 11. Aufl., München 1994

Kühn, Günter	Bewertungsprobleme bei Feststellung der Überschuldung einer GmbH, in: DB 1970, 549-555
Kuhr, Jan-Mathias	Eigenkapitalersatz bei der Publikumspersonengesellschaft mit gesplitteter Einlage; Berlin 1996 (zugl. Diss. iur. Mannheim 1995)
Kupsch, Peter	Zur Problematik der Überschuldungsmessung, in: BB 1984, 159-165
ders.	Der Anhang, in: Handbuch des Jahresabschlusses in Einzeldarstellungen (HdJ), Abt. IV/4, Stand 1998
Kurth, Thomas/ Delhaes, Wolfgang	Die Entsperrung kapitalersetzender Darlehen, in: DB 2000, 2577-2585
Kußmaul, Heinz	Bilanzierung von Nutzungsrechten an Grundstükken, in: StuW 1988, 46-60
ders.	Sind Nutzungsrechte Vermögensgegenstände bzw. Wirtschaftsgüter?, in: BB 1987, 2053-2065
Kusterer, Stefan/ Kirnberger, Christian/ Fleischmann, Bernhard	Der Jahresabschluß der GmbH & Co. KG nach dem Kapitalgesellschaften- und Co-Richtlinie-Gesetz, in: DStR 2000, 606-612
Küting, Karlheinz/ Harth, Hans-Jörg	Genußrechtskapital in der Bilanzierungspraxis, in: BB Beilage 4 zu Heft 8/1996
Küting, Karlheinz/ Hütten, Christoph	Die Lageberichterstattung über Risiken der künftigen Entwicklung, in: AG 1997, 250-256
Küting, Karlheinz/ Kessler, Harald	Die Problematik der „anderen Zuzahlungen" gem. § 272 Abs. 2 Nr. 4 HGB, in: BB 1989, 25-37
dies.	Eigenkapitalähnliche Mittel in der Handelsbilanz und im Überschuldungsstatus, in: BB 1994, 2103-2114
Küting, Karlheinz/ Pfuhl, Joerg	Das D-Markbilanzgesetz (DMBilG) (Teil II); in: DStR 1990, 623-630
Küting, Karlheinz/ Weber, Claus-Peter	Die Darstellung des Eigenkapitals bei der GmbH nach dem Bilanzrichtline-Gesetz, in: GmbHR 1984, 165-177
dies.	Handbuch der Rechnungslegung – Kommentar zur Bilanzierung und Prüfung; 3. Aufl., Stuttgart 1990
dies.	Handbuch der Rechnungslegung – Kommentar zur Bilanzierung und Prüfung Bd. Ia; 4. Aufl., Stuttgart 1995
dies.	Handbuch der Konzernrechnungslegung – Kommentar zur Bilanzierung und Prüfung Bd. II; 2. Aufl., Stuttgart 1998
Lange, Knut Werner	Grundsätzliche und unbegrenzte Pflicht zur Berichterstattung im Lagebericht?, in: BB 1999, 2447-2453

Lamers, Alfons	Aktivierungsfähigkeit und Aktivierungspflicht immaterieller Werte; München 1981
Larenz, Karl	Methodenlehre der Rechtswissenschaft; 6. Aufl., Berlin/Heidelberg/New York/London/Paris/Tokyo/Hong Kong/Barcelona/Budapest 1991
Lauer, Jörg	Einschränkung des grundpfandrechtlichen Haftungsverbandes bei kapitalersetzenden Gebrauchsüberlassungen, in: WM 1990, 1693–1696
ders.	Die Bank in der Kundeninsolvenz; 2. Aufl., Köln 1999
Leffson, Ulrich	Die Darstellung von Leasingverträgen im Jahresabschluß (II), in: DB 1976, 685–690
ders.	Die beiden Generalnormen, in: Bilanz- und Konzernrecht – Festschrift für Reinhard Goerdeler; hrsg. von Hans Havermann; Düsseldorf 1987, S. 315–325
ders.	Die Grundsätze ordnungsgemäßer Buchführung; 7. Aufl., Düsseldorf 1987
Lenz, Tobias	Verbindlichkeiten mit Rangrücktritt im Überschuldungsstatus, in: GmbHR 1999, 283–284
Leutheusser-Schnarrenberger, Sabine	Liberale Rechtspolitik in der 13. Legislaturperiode, in: ZRP 1995, 81- 85
Lipps, Wolfgang	Nochmals – Verdeckte Gewinnausschüttung bei der GmbH als strafrechtliche Untreue?, in: NJW 1989, 502–504
Livonius, Barbara	Passivierung von Forderungen mit Rangrücktritt im Überschuldungsstatus nach der Insolvenzordnung, in: ZInsO 1998, 309–311
Loritz, Karl-Georg	Einbeziehung der nachrangigen Verbindlichkeiten, in: Insolvenzrecht im Umbruch; Dieter Leipold (Hrsg.), Köln/Berlin/Bonn/München 1991, S. 91–100
Lückmann, Reinhard	Gespräch mit IASC-Chef Shiratori „Die Kapitalmärkte werden eine Übernahme erzwingen" – Internationale Rechnungslegung (IV), in: Handelsblatt vom 01. Juni 1995, S. 16
Lütkemeyer, Jörg	Die Überschuldung der GmbH; Gelsenkirchen 1983
Lutter, Marcus	Fortführung der Unternehmenstätigkeit, in: Handwörterbuch unbestimmter Rechtsbegriffe im Bilanzrecht des HGB; Ulrich Leffson, Dieter Rückle, Bernhard Großfeld (Hrsg.), Köln, 1986, S. 185- 191
ders.	Die Bilanzierung von Genußrechten, in: DB 1993, 2441–2446

ders.	Gefahren persönlicher Haftung für Gesellschafter und Geschäftsführer einer GmbH, in: DB 1994, 129–135
ders.	Europäisches Unternehmensrecht; 4. Aufl., Berlin/ New York 1996
ders.	Zahlungseinstellung und Überschuldung unter der Insolvenzordnung, in: ZIP 1999, 641–647
ders./ Hommelhoff, Peter	Nachrangiges Haftkapital und Unterkapitalisierung in der GmbH, in: ZGR 1979, 31–66
dies.	Kommentar zum GmbH-Gesetz; 14. Aufl., Köln 1995
dies.	Kommentar zum GmbH-Gesetz; 15. Aufl., Köln 2000
Luttermann, Claus	Das Kapitalgesellschaften- und Co-Richtlinie-Gesetz, in: ZIP 2000, 517–525
Mack, Alexandra/ Schwedhelm, Rolf/ Olbing, Klaus	Gestaltungsüberlegungen zum Jahreswechsel 1998/ 1999 rund um die GmbH, in: GmbHR 1998, 1145–1158
Maser, Peter	Gesellschafterdarlehen in der Krise der GmbH, in: ZIP 1995, 1319–1222
Mathiak, Walter	Zum Bilanzsteuerrecht, in: StuW 1985, 273–279
ders.	Rechtsprechung zum Bilanzsteuerrecht, in: DStR 1990, 255–263
Mattheus, Daniela	Die gewandelte Rolle des Wirtschaftsprüfers als Partner des Aufsichtsrats nach dem KonTraG, in: ZGR 1999, 682–714
Mayer, Dieter	Kapitalersetzende Darlehen im GmbH-Recht aus handels- und konkursrechtlicher Sicht, in: BB 1990, 1935–1943
ders.	Die Pflichten des GmbH-Gesellschafters/Geschäftsführers im Vorfeld der Insolvenz (Teil I), in: WPg 1994, 129–136
ders.	Die Pflichten des GmbH-Gesellschafters/Geschäftsführers im Vorfeld der Insolvenz (Teil II), in: WPg 1994, 163–169
Mayer, Helmut/ Maiß, Peter (Hrsg.)	EG-Bankbilanzrichtlinie – Synoptische Darstellung der Entstehung der Richtlinie des Rates über den Jahresüberschluß und den konsolodierten Abschluß von Banken und anderen Finanzinstituten; Düsseldorf 1987
Medicus, Dieter	Die Außenhaftung des GmbH-Geschäftsführers, in: GmbHR 1993, 533–540
Meister, Burkhardt W.	Die Sicherheitsleistung der GmbH für Gesellschafterverbindlichkeiten, in: WM 1980, 390–401

Menger, Hans-Peter	Die Überschuldung des Unternehmens, in: GmbHR 1982, 221–228
Mertens, Hans-Joachim	Kapitalverlust und Überschuldung bei eigenkapitalersetzenden Darlehen, in: Rechnungslegung – Entwicklungen bei der Bilanzierung und Prüfung von Kapitalgesellschaften – Festschrift für Karl-Heinz Forster; hrsg. von Adolf Moxter, Hans-Peter Müller, Rolf Windmöller, Klaus v. Wysocki; Düsseldorf 1992, S. 415–426
Meyer-Landrut, Joachim	Überschuldung als Konkursgrund, in: Festschrift für Karlheinz Quack zum 65. Geburtstag, hrsg. von Harm Peter Westermann und Wolfgang Roesner, Berlin/New York 1991, S. 335-343
ders./ Miller, Georg F./ Niehus, Rudolf J.	Kommentar zum GmbH-Gesetz; Berlin 1987
Michalski, Lutz	Die neuere Entwicklung der Rechtsprechung im Bereich der eigenkapitalersetzenden Gesellschaftsleistungen, in: DWiR 1991, 285–295
ders.	Vermietung als eigenkapitalersetzende Nutzungsüberlassung, in: NZG 1998, 41–43
ders./ Barth, Wolfgang	Kollision von kapitalersetzender Nutzungsüberlassung und Grundpfandrechten, in: NZG 1999, 277–281
ders./ de Vries, K.	Eigenkapitalersatz, Unterkapitalisierung und Finanzplankredite, in: NZG 1999, 181–185
Michel, Sabine	Eigenkapitalersetzende Gesellschafterleistungen bei GmbH & Co. KG und KG; Pfaffenweiler 1992 (zugl. Diss. iur. Marburg 1991)
Mincke, Wolfgang	Kreditsicherung und kapitalersetzende Darlehen – Zugleich ein Vorschlag zur dogmatischen Einordnung kapitalersetzender Darlehen –, in: ZGR 1987, 521–544
Möhlmann, Thomas	Der Nachweis eingetretener und drohender Zahlungsunfähigkeit im neuen Insolvenzverfahren – Anforderung und Aufgaben für Steuerberater und Wirtschaftsprüfer, in: WPg 1998, 947–961
ders.	Die Berichterstattung im neuen Insolvenzverfahren, Köln 1999
ders.	Die Überschuldungsprüfung nach der neuen Insolvenzordnung, in: DStR 1998, 1843–1848
Mohr, Randolf	Kapitalersetzende Gesellschafterdarlehen und Rangrücktritt, in: GmbH-Stb 1997, 193–196

Moosmayer, Klaus	Einfluß der Insolvenzordnung 1999 auf das Insolvenzstrafrecht; Pfaffenweiler 1997 (zugl. Diss. iur. Freiburg 1997)
Möschel, Wernhard	Eigenkapitalbegriff und KWG-Novelle von 1984, in: ZHR 149 (1985) 206–235
Moxter, Adolf	Bilanzlehre; Unveränd. Nachdr. 2. Aufl., Wiesbaden 1982
ders.	Zum Sinn und Zweck des handelsrechtlichen Jahresabschlusses nach neuem Recht, in: Bilanz- und Konzernrecht – Festschrift für Reinhard Goerdeler; hrsg. von Hans Havermann; Düsseldorf 1987, S. 361–374
ders.	Zum Umfang der Entscheidungskompetenz des Europäischen Gerichtshofes im Bilanzrecht, in: BB 1995, 1463–1466
Muhler, Manfred	Darlehen von GmbH-Gesellschaftern im Strafrecht, in: wistra 1994, 283–289
Müller, Hans-Peter/ Haas, Ulrich	Bilanzierungsprobleme bei der Erstellung eines Überschuldungsstatus nach § 19 Abs. 2 InsO, in: Kölner Schrift zum Insolvenzrecht das neue Insolvenzrecht in der Praxis; Arbeitskreis für Insolvenz- und Schiedsgerichtswesen e.V. Köln (Hrsg.); 2. Aufl., Herne/Berlin 2000; S. 1799–1823
Müller, Klaus J.	Kapitalerhaltung und Bilanzierung zur Ermittlung der Unterbilanz bei § 30 Abs. 1 GmbHG, in: DStR 1997, 1577–1581
ders.	Ausfallhaftung nach § 31 Abs. 3 GmbHG bei Rückgewähr eigenkapitalersetzender Leistungen, in: DB 1998, 1117–1121
Müller, Welf	Der Verlust der Hälfte des Grund- oder Stammkapitals, in: ZGR 1985, 191–213
ders.	Besprechung von „Fischer/Lutter/Hommelhoff: GmbH-Gesetz. Kommentar. 12. Aufl., Köln O. Schmidt 198", in: WPg 1988, 572–573
ders.	Der Jahresabschluß im Spannungsfeld zwischen öffentlichem Recht und Gesellschaftsrecht, in: Bilanzrecht und Kapitalmarkt, Festschrift für Moxter; hrsg. von Wolfgang Ballwieser, Hans-Joachim Bökking, Jochen Drukarczyk, Reinhard H. Schmidt; Düsseldorf 1994, S. 75–99
ders.	Wohin entwickelt sich der bilanzrechtliche Eigenkapitalbegriff?, in: Rechenschaftslegung im Wandel, Festschrift für Wolfgang Dieter Budde; hrsg. von

	Gerhart Förschle, Klaus Kaiser, Adolf Moxter; München 1995, S. 445–463
ders./ Hense, Burkhard (Hrsg.)	Beck'sches Handbuch der GmbH; 2. Aufl., München 1999
Müller-Gugenberger, Christian	Wirtschaftsstrafrecht; 2. Aufl., Münster 1992
Musielak, Hans-Joachim (Hrsg.)	Kommentar zur Zivilprozeßordnung; München 1999
Mutter, Christoph	Kapitalersetzendes Darlehen und Gebrauchsüberlassung bei der GmbH: Steuersituation, Betriebsaufspaltung und Konzernhaftung; Frankfurt am Main/ Bern/New York/Paris 1992 (zugl. Diss. iur. Mainz 1991)
Nerlich, Jörg/ Römermann, Volker	Insolvenzordnung (InsO); München 1999 – Stand 01. Januar 1999
Neuhof, Rudolf	Sanierungsrisiken der Banken Die Vor-Sanierungsphase, in: NJW 1998, 3225–3234
Niemann, Walter/ Mertzbach, Markus	Eigenkapitalersetzende Darlehen in der Handels- und Steuerbilanz von Gesellschaften mit beschränkter Haftung, in: DStR 1992, 929–936
Niesert, Burkhard	Die Passivierung von eigenkapitalersetzenden Gesellschafterdarlehen mit Rangrücktritt im Überschuldungsstatus nach der Insolvenzordnung, in: InVo 1998, 242–244
Nieskens, Hans	Die Bilanzierung und Bewertung von Beteiligungen an Personenhandelsgesellschaften im handelsrechtlichen Jahresabschluß, in: WPg 1988, 493–502
Niessen, Hermann	Gründung und Kapital von Kapitalgesellschaften im gemeinsamen Markt, in: AG 1970, 281–296
Noack, Ulrich	Kapitalersatz bei verbundenen Unternehmen, in: GmbHR 1996, 153–157
ders.	Kapitalersatz nach geltendem und künftigem Recht, in: Insolvenzrecht 1996; hrsg. von Hanns Prütting; Köln 1997, S. 195–210
ders.	Neues Insolvenzrecht – neues Kapitalersatzrecht?, in: Festschrift für Claussen; hrsg. von Klaus-Peter Mertens, Harm Peter Westermann, Wolfgang Zöllner; Köln/Berlin/Bonn/München 1997, S. 307–318
ders.	Gesellschaftsrecht, Sonderband I, Kommentar zur Insolvenzordnung; hrsg. von Bruno M. Kübler, Hanns Prütting; Köln 1999
Nonnenmacher, Rolf	Sanierung, Insolvenz und Bilanz, in: Bilanzrecht und Kapitalmarkt, Festschrift für Moxter; hrsg. von

	Wolfgang Ballwieser, Hans-Joachim Böcking, Jochen Drukarczyk, Reinhard H. Schmidt; Düsseldorf 1994, S. 1313–1332
Nowotny, Christian	Probleme des eigenkapitalersetzenden Darlehens, in: ÖBA 1994, 669–682
Obermüller, Manfred	Insolvenzrechtsreform und Kreditgeschäft, in: ZBB 1992, 202–214
ders.	Insolvenzrecht in der Bankpraxis; 5. Aufl., Köln 1997
ders.	Änderungen des Rechts der kapitalersetzenden Darlehen durch KonTraG und KapAEG, in: ZInsO 1998, 51–54
ders./ Hess, Harald	InsO – Eine systematische Darstellung der Insolvenzordnung unter Berücksichtigung kreditwirtschaftlicher und arbeitsrechtlicher Aspekte; 3. Aufl., Heidelberg 1999
OFD Cottbus	EStG-Kartei Brandenburg §§ 13, 13a EStG Fach 1 Nr. 801, in: BB 1998, 1581
Oppenländer, Frank	Die Finanzplanüberlassung – eine Herausforderung für die Beratungspraxis, in: GmbHR 1998, 505–511
Ostheim, Rolf	Eigenkapitalersetzende Gesellschafterdarlehen in der Unternehmenskrise (I), in: GesRZ 1989, 122–132
ders.	Eigenkapitalersetzende Gesellschafterdarlehen in der Unternehmenskrise (II), in: GesRZ 1989, 173–187
Palandt, Otto (Begr.)	Kommentar zum Bürgerlichen Gesetzbuch; 60. Aufl., München 2001
Pape, Gerhard	Die Umqualifizierung stehengelassener Gesellschafterbürgschaften in Eigenkapitalersatz, in: ZIP 1996, 1409–1417
Pappmeier, Klaus	Kurzkommentar zum LG Waldshut-Tiengen, Urt. vom 28.07.1995 – 2 O 55/92, in: EWiR § 64 GmbHG, 4/95, 1995, 1203
Paus, Bernhard	Problem der Rückstellungsbildung, in: BB 1988, 1419–1421
Pentz, Andreas	Zur Anwendbarkeit der GmbH-Eigenkapitalersatzregeln auf Leistungen geringfügig beteiligter Gesellschafter, in: BB 1997, 1265–1269
ders.	Die Änderungen und Ergänzungen der Kapitalersatzregeln im GmbH-Gesetz, in: GmbHR 1999, 437–451

Peters, Klaus	Der vertragliche Rangrücktritt von Forderungen – Versuch einer Bestandsaufnahme – Teil I, in: WM 1988, 641–644
ders.	Der vertragliche Rangrücktritt von Forderungen – Versuch einer Bestandsaufnahme – Teil II, in: WM 1988, 685–694
Pichler, Jens	Unternehmenssanierung auf Grundlage des geänderten § 32a GmbHG, in: WM 1999, 411–419
Picot, Gerhard	Mithaftung der GmbH-Gesellschafter für kapitalersetzende Darlehen, in: BB 1991, 1360-1363
Piltz, Detlev J.	Die Unternehmensbewertung in der Rechtsprechung; 3. Aufl., Düsseldorf 1994
Plate, Georg	Eignung von Zahlungsunfähigkeit und Überschuldung als Indikatoren für die Insolvenzreife einer Unternehmung, in: DB 1980, 217–222
Plewka, Harald/ Söffing, Mathias	Die Entwicklung des Steuerrechts, in: NJW 1994, 356–362
Pribilla, Max E.	Die Überschuldungsbilanz I., in: KTS 1958, 1–8
Priester, Hans-Joachim	Gläubigerrücktritt zur Vermeidung der Überschuldung, in: DB 1977, 2429–2434
ders.	Kurzkommentar zum Hanseatischen OLG, Urteil vom 18.07.1986 – 11 U 77/84, in: EWiR § 32a GmbHG 2/86, 901
ders.	Die Erhöhung des Stammkapitals mit kapitalersetzenden Gesellschafterdarlehen, in: Handelsrecht und Steuerrecht, Festschrift für Dr. Dr. h.c. Georg Döllerer, hrsg. von Brigitte Knobbe-Keuk; Franz Klein; Adolf Moxter, Düsseldorf 1988, S. 475–493
ders.	Sind eigenkapitalersetzende Gesellschafterdarlehen Eigenkapital?, in: DB 1991, 1917–1924
ders.	Gesellschafterdarlehen in der Vorbelastungsbilanz, in: ZIP 1994, 413–417
ders.	Verlustanzeige und Eigenkapitalersatz, in: ZGR 1999, 533–547
Püttner, Günter	Die öffentlichen Unternehmen; 2. Aufl., Stuttgart, München, Hannover, 1985
Raiser, Thomas	Recht der Kapitalgesellschaften; 2. Aufl., München 1992
Rautenberg, Hans Günter/ Schaufenberg, Stefan	Die steuerliche Behandlung des Darlehenserlasses mit Besserungsvereinbarung, in: DB 1995, 1345–1353

Real, Gustav	Betriebsaufspaltung ade?, in: GmbHR 1994, 777–782
Rebmann, Kurt/ Säcker, Franz Jürgen (Hrsg.)	Münchener Kommentar zum Bürgerlichen Gesetzbuch – Band 1; München 1993
Reck, Reinhard	Analysemodell zur Überschuldungsprüfung im Rahmen der Unternehmensplanung unter Beachtung der neuen Insolvenzordnung, in: BuW 1998, 63–69
ders.	Auswirkungen der Insolvenzordnung auf die Insolvenzverschleppung, Bankrottstraftaten, Betrug und Untreue, in: ZInsO 1999, 195–201
ders.	Der Berater und die Insolvenzverschleppung, in: ZInsO 2000, 121–127
Redeker, Konrad	Wenn der Rechtsweg „verschlankt" werden soll, in: NJW 1988, 2170–2792
Reiner, Günter	Der deliktische Charakter der „Finanzierungsverantwortung" des Gesellschafters Zu den Ungereimtheiten der Lehre vom Eigenkapitalersatz, in: Verantwortung und Gestaltung – Festschrift für Karlheinz Boujong zum 65. Geburtstag; hrsg. von Carsten Thomas Ebenroth, Dieter Hesselberger, Manfred Eberhard Rinne; München 1996, S. 415–455
Reittinger, Wolfgang J.	Der Lagebericht, in: Handbuch des Jahresabschlusses in Einzeldarstellungen (HdJ), Abt. IV/3, Stand 1994
Remme, Werner/ Theile, Carsten	Die Auswirkungen von „KonTraG" und „KapAEG" auf die GmbH, in: GmbHG 1998, 909–915
Richter, Hans	Der Konkurs der GmbH aus der Sicht der Strafrechtspraxis (II), in: GmbHR 1984, 137–150
Rid-Niebler, Eva-Maria	Genußrechte als Instrumente zur Eigenkapitalbeschaffung über den organisierten Kapitalmarkt für die GmbH; Köln 1989 (zugl. Diss. iur. München 1988)
Röhricht, Volker	Die Rechtsprechungs-Regeln zum Eigenkapitalersatz bei GmbH und GmbH & Co. KG, in: Eigenkapitalersetzende Leistungen bei GmbH und GmbH & Co. im Zivil- und Steuerrecht; hrsg. von Norbert Herzig, Köln 1992, S. 1–31
ders./ Westphalen, Friedrich Graf von (Hrsg.)	Handelsgesetzbuch; Köln 1998

Röhrkasten, B.	Die Rückzahlung des Stammkapitals, in: GmbHR 1974, 36–38
Roth, Günter H.	Gesetz betreffend die Gesellschaften mit beschränkter Haftung (GmbHG); 2. Aufl., München 1987
ders./ Altmeppen, Holger	Gesetz betreffend die Gesellschaften mit beschränkter Haftung (GmbHG); 3. Aufl., München 1997
Roth, Herbert	Die Einrede des Bürgerlichen Rechts; München 1988 (zugl. Habl. iur. München 1986)
Rother, W.	Über die Insolvenz der Gesetzgebung, in: ZRP 1998, 205–208
Rowedder, Heinz	Gesetz betreffend die Gesellschaften mit beschränkter Haftung (GmbHG); 2. Aufl., München 1990
ders.	Gesetz betreffend die Gesellschaften mit beschränkter Haftung (GmbHG); 3. Aufl., München 1997
Rückle, Dieter/ Klatte, Volkmar	Eigenkapital des Einzelkaufmanns und der Personengesellschaften, in: Handwörterbuch unbestimmter Rechtsbegriffe im Bilanzrecht des HGB; hrsg. von Ulrich Leffson; Dieter Rückle; Bernhard Großfeld, Köln, 1986, S. 113–134
Rümker, Dietrich	Überlegungen zur gesellschafterlichen Finanzierungsverantwortung, in: ZGR 1988, 494–515
Schacht, Volker	Gesellschafterdarlehen und Sachmittelüberlassung als verdecktes Eigenkapital; Diss. iur. Köln 1988
Schäfer, Carsten	Zur strafrechtlichen Verantwortlichkeit des GmbH-Geschäftsführers (II), in: GmbHR 1993, 780–798
ders.	Diskussionsbericht zu den Referaten Habersack und Goette, in: ZHR 162 (1998), 232–234
ders.	Der stimmrechtslose GmbH-Geschäftsanteil; Köln 1997 (zugl. Diss. iur. Heidelberg 1997)
Scheffler, Dieter	Finanzanlagen, in: Beck'sches Handbuch der Rechnungslegung – Band I; hrsg. von Edgar Castan, Gerd Heymann, Eberhard Müller, Dieter Ordelheide, Eberhard Scheffler; München Stand März 1999, Abschnitt B 213
Scheffler, Wolfram	Der Einfluß der Steuerreform auf die Finanzierung von deutschen Kapitalgesellschaften, in: BB 2000, 2441–2450

Scherrer, Gerhard	Konzeption der Bilanzierung und Bewertung in der D-Markeröffnungsbilanz; Regensburger Diskussionsbeiträge zur Wirtschaftswissenschaft Nr. 247, Regensburg 1992
ders.	Konzernrechnungslegung; München 1994
Schimansky, Herbert/ Bunte, Hermann-Josef/ Lwowski, Hans-Jürgen (Hrsg.)	Bankrechts-Handbuch, Bd. II; München 1997
Schlegelberger, Franz (Begr.)	Handelsgesetzbuch, Band III/2. Halbband §§ 161– 177a, §§ 335–342 (§§ 230–237 n. F.); 5. Aufl., München 1986
Schlitt, Michael	Die GmbH & Co. KG in der Insolvenz nach dem neuen Recht (1. Teil), in: NZG 1998, 701- 709
Schlosser, Peter	Die Eröffnung des Insolvenzverfahrens, in: Insolvenzrecht im Umbruch; Dieter Leipold (Hrsg.), Köln/Berlin/Bonn/München 1991, S. 9–20
Schmidt, Karsten	Konkursgründe und präventiver Gläubigerschutz, in: AG 1978, 334–340
ders.	Gesellschafterdarlehen als Insolvenzrechtsproblem, in: ZIP 1981, 689–699
ders.	Sinnwandel und Funktion des Überschuldungstatbestandes, in: JZ 1982, 165–174
ders.	Kapitalersetzende Bankdarlehen?, in: ZHR 147 (1983), 165–193
ders.	Der Aufstand der Makulatur – oder: Da irrte Julius von Kirchmann!, in: JZ 1984, 880- 881
ders.	Kapitalersetzende Gesellschafterdarlehen: ein Rechtsproblem nur der GmbH und der GmbH & Co.?, in: AG 1984, 12–15
ders.	Das Insolvenzverfahren neuer Art – Kernprobleme der Insolvenzrechtsreform nach dem Kommissionsbericht – , in: ZGR 1986, 178–210
ders.	Kapitalersetzende Kommanditistendarlehen, in: GmbHR 1986, 337–342
ders.	Quasi-Eigenkapital als haftungsrechtliches und bilanzrechtliches Problem, in: Bilanz- und Konzernrecht – Festschrift für Reinhard Goerdeler; hrsg. von Hans Havermann; Düsseldorf 1987, S. 487–509
ders.	§ 32a GmbHG: ein Allheilmittel gegen unerwünschten Eigenkapitalersatz?, in: ZIP 1990, 69–79

ders.	Wege zum Insolvenzrecht der Unternehmen; Köln 1990
ders.	Eigenkapitalersatz bei unbeschränkter Haftung, in: ZIP 1991, 1–9
ders.	Grenzen der Ausfallhaftung von Mitgesellschaftern wegen Rückgewähr eigenkapitalersetzender Finanzierungsleistungen, in: DB 1992, 1917–1920
ders.	Zwerganteile im GmbH-Kapitalersatzrecht, in: ZIP 1996, 1586–1590
ders.	Gesellschaftsrecht; 3. Aufl., München 1997
ders.	Insolvenzordnung und Gesellschaftsrecht, in: ZGR 1998, 633–671
ders.	Kein Abschied vom „Quotenschaden" bei der Insolvenzverschleppung!, in: NZI 1998, 9-14
ders.	Die Rechtsfolgen der „eigenkapitalersetzenden Sicherheiten", in: ZIP 1999, 1821–1828
ders.	Eigenkapitalersatz und Überschuldungsfeststellung – Ein Diskussionsbeitrag gegen Fehlschlüsse aus der Insolvenzordnung, in: GmbHR 1999, 9–15
ders.	Finanzplanfinanzierung, Rangrücktritt und Eigenkapitalersatz, in: ZIP 1999, 1241–1250
ders.	Kapitalersatz und kein Ende, in: Insolvenzrecht 1998; hrsg. von Wolfram Henckel, Gerhart Kreft; Köln 1999, S. 287–303
ders.	Rechtsfortbildung im Unternehmes- und Gesellschaftsrecht durch die Rechtsprechung des BGH, in: NJW 2000, 2927–2936
ders./ Bitter, Georg	Doppelberücksichtigung, Ausfallprinzip und Gesellschafterhaftung in der Insolvenz, in: ZIP 2000, 1077–1089
ders./ Uhlenbruck, Wilhelm (Hrsg.)	Die GmbH in Krise, Sanierung, Insolvenz; Köln 1997
dies.	Die GmbH in Krise, Sanierung, Insolvenz; 2. Aufl., Köln 1999
Schmidt-Wendt, Dietrich/ Ziche, Christian	Ausgleichsansprüche gegen Mitgesellschafter bei eigenkapitalersetzenden Gesellschafterdarlehen, in: BB 1991, 2235–2239
Schneider, Dieter	Messung des Eigenkapitals als Risikokapital, in: DB 1987, 185–191
Schneider, Hans-Peter	Vernunft wird Unsinn, Wohltat Plage … , in: NJW 1998, 2505–2507

Schneider, Uwe H.	Grundsätze – oder Grundregeln ordnungsmäßiger Konzernfinanzierung?, in: Der Konzern im Umbruch; hrsg. von Manuel R. Theisen; Stuttgart 1998
Schnell, Arno	Eigenkapitalersetzende Gesellschafterleistungen; Bergisch Gladbach/Köln 1992 (zugl. Diss. oec. Siegen 1991)
Scholz, Franz	Kommentar zum GmbH-Gesetz; Bd. 1 (§§ 1–44; Anh: Konzernrecht); 8. Aufl., Köln 1993
ders.	Kommentar zum GmbH-Gesetz; Bd. 1 (§§ 1–44; Anh: Konzernrecht); 9. Aufl., Köln 2000
ders.	Kommentar zum GmbH-Gesetz; Bd. 2 (§§ 45–85), 8. Aufl., Köln 1995
Schön, Wolfgang	Die stille Beteiligung an dem Handelsgewerbe einer Kommanditgesellschaft, in: ZGR 1990, 220–248
ders.	Der Bundesfinanzhof und die Rückstellungen, in: BB Beilage 9 zu Heft 15/1994
ders.	Gesellschafter-, Gläubiger- und Anlegerschutz im Europäischen Bilanzrecht, in: ZGR 2000, 706–742
Schruff, Lothar (Hrsg.)	Entwicklung der 4. EG-Richtlinie; Düsseldorf 1986
Schulze-Osterloh, Joachim	Gläubiger- und Minderheitenschutz bei der steuerlichen Betriebsaufspaltung, in: ZGR 1983, 123–161
ders.	Die Vorbelastungsbilanz der GmbH auf den Eintragungszeitraum und der Ausweis des Anspruchs aus der Vorbelastungshaftung im Jahresabschluß, in: Bilanz- und Konzernrecht, Festschrift für Reinhard Goerdeler; hrsg. von Hans Havermann; Düsseldorf 1987, S. 531–549
ders.	Die Rechnungslegung der GmbH als Spiegelbild sich wandelnder Bilanzauffassungen und Publizitätsinteressen, in: Festschrift 100 Jahre GmbH-Gesetz, hrsg. von Marcus Lutter; Peter Ulmer; Wolfgang Zöllner; Köln 1992, S. 501–520
ders.	Anmerkung zum OLG Düsseldorf (StrafR), Beschl. vom 25.11.1996 – 5 Ss 303/96 – 93/96 I, in: WuB II C. § 84 GmbHG 1.97
ders.	Rangrücktritt, Besserungsscheine, eigenkapitalersetzende Darlehen, in: WPg 1996, 97–106
ders.	Die anderen Zuzahlungen nach § 272 Abs. 2 Nr. 4 HGB, in: Festschrift für Claussen; hrsg. von Klaus-Peter Martens u.a.; Köln/Berlin/Bonn/München, 1997, S. 769–784

Schüppen, Matthias	Aktuelle Fragen der Konkursverschleppung durch den GmbH-Geschäftsführer, in: DB 1994, 197–204
ders.	Besprechung von: Matthias Groth, Überschuldung und eigenkapitalersetzende Gesellschafterdarlehen – Eine konkursrechtliche und konkursstrafrechtliche Untersuchung, in: ZHR 160 (1996), 205–208
Schwartze, Andreas	Deutsche Bankenrechnungslegung nach europäischem Recht; Baden-Baden 1991 (zugl. Diss. iur. Hannover 1990)
Schweitzer, Roger/ Volpert, Verena	Behandlung von Genußrechten im Jahresabschluß von Industrieemittenten, in: BB 1994, 821–826
Seibert, Ulrich	Einschränkung des Kapitalersatzrechts bei nichtunternehmerischer Beteiligung – zum Entwurf des Kapitalaufnahmeerleichterungsgesetzes, in: DStR 1997, 35–36
ders.	Der Bundestag greift in die Diskussion zum Eigenkapitalersatz ein, in: GmbHR 1998, 309–310
Seicht, Gerhard	Insolvenzauslösungstatbestände und Jahresabschluß, in: JfB 1994, 264–281
Selch, Barbara	Die Entwicklung der gesetzlichen Regelungen zum Lagebericht seit dem Aktiengesetz 1965 bis zum KapCoRiLiG von 2000, in: WPg 2000, 357–367
Selle, Bettina	Gewinnverteilung bei der OHG – Eine ökonomisch gerechte Regelung?, in: DB 1993, 2040–2043
Serick, Rolf	Überschuldete Gesellschaft und konkursabwendender Forderungsrücktritt eines Nichtgesellschafters, in: ZIP 1980, 9–16
Servatius, Wolfgang	Über die Beständigkeit des Erstattungsanspruchs wegen Verletzung des Stammkapitals, in: GmbHR 2000, 1028–1034
Siebert, W./ Baur, Jürgen F. (Hrsg.)	Soergel Bürgerliches Gesetzbuch – Allgemeiner Teil 2; 13. Aufl., Stuttgart/Berlin/Köln/Mainz 1999
Sieger, Jürgen J./ Aleth, Franz	Finanzplankredite – Stand der Rechtsprechung und offene Fragen, in: GmbHR 2000, 462–472
Sieker, Susanne	Eigenkapital und Fremdkapital der Personengesellschaft; Köln 1991 (zugl. Diss. iur. FU Berlin 1991)
dies.	Die Verzinsung eigenkapitalersetzender Darlehen, in: ZGR 1995, 250–285
Smid, Stefan (Hrsg.)	Kommentar zur Insolvenzordnung; Stuttgart/Berlin/Köln 1999
ders.	Anmerkung zur Verfügung des AG Neukölln vom 01.04.1999 – 36 JK 13/99, in: DZWIR 1999, 372–373

Sonneberger, Hans-Jürgen	Das Darlehen des GmbH-Gesellschafters als Mittel der Gesellschaftsfinanzierung, in: NJW 1969, 2033–2038
Sonnenhol, Jürgen/ Stützle, Rudolf	Bestellung von Sicherheiten durch die GmbH und der Grundsatz der Erhaltung des Stammkapitals (§ 30 GmbHG), in: DB 1979, 925–929
Spliedt, Jürgen D.	Überschuldung trotz Schuldendeckung?, in: DB 1999, 1941–1946
Spremann, Klaus	Investition und Finanzierung; 4. Aufl., München, Wien 1991
Staub, Hermann (Begr.)	Großkommentar zum HGB – Erster Band, §§ 1–104; 3. Aufl., Berlin 1967
Steffen, Norbert	Eigenkapitalzuführung durch Gesellschafterdarlehen bei einer GmbH – unter besonderer Berücksichtigung des § 49 Regierungsentwurf eines GmbH-Gesetzes; Diss. oec. Hamburg 1974
Stein, Friedrich/ Jonas, Martin (Begr.)	Kommentar zur Zivilprozeßordnung, Band 5 Teilband 1 §§ 511–591; 21. Aufl., Tübingen 1994
Steinbeck, Anja	Zur systematischen Einordnung des Finanzplankredites, in: ZGR 2000, 503–522
Steinbeis, Maximilian	Schuldrechts-Reform verärgert Wirtschaft, in: Handelsblatt vom 27.12.2000, S. 6
Stengel, Arndt	Rückstellungen für Risiken aus Rechtsstreiten, in: BB 1993, 1403–1408
Stickelbrock, Barbara	Bericht über die Diskussion, in: Insolvenzrecht 1996; hrsg. von Hanns Prütting; Köln 1997, S. 229–234
Stimpel, Walter	Haftung im qualifiziert faktischen GmbH-Konzern – Besprechung der Entscheidung BGHZ 107, 7 ff., in: ZGR 1991, 144–161
ders.	Zum Auszahlungsverbot des § 30 Abs. 1 GmbHG, in: Festschrift 100 Jahre GmbH-Gesetz; hrsg. von Marcus Lutter, Peter Ulmer, Wolfgang Zöllner; Köln 1992, S. 335–361
Strobel, Wilhelm	Die Reform der Bilanzpflichten für Kapitalgesellschaften- & Co., in: GmbHR 1999, 583–588
ders.	Die Neuregelungen des KapCoRiLiG für den Einzel- und Konzernabschluß., in: DB 2000, 53–59
Tappmeier, Klaus	Kurzkommentar zum LG Waldshut-Tiengen, Urt. vom 22.06.1995 – 2 O 55/92 in: EWiR § 64 GmbHG, 4/95, 1995, 1203
Teller, Horst	Rangrücktrittsvereinbarungen zur Vermeidung der Überschuldung bei der GmbH; 2. Aufl., Köln 1995

Temme, Ulrich	Die Eröffnungsgründe der Insolvenzordnung; Münster 1997 (zugl. Diss. iur. Münster 1997)
Thiel, Jochen	Mantelkauf und Sanierung – Zur Auslegung des § 8 Abs. 4 KStG, in: GmbHR 1990, 223–229
ders.	Im Grenzbereich zwischen Eigen- und Fremdkapital – Ein Streifzug durch die ertragssteuerrechtlichen Probleme der Gesellschafter-Fremdfinanzierung, in: GmbHR 1992, 20–29
Thiele, Stefan	Das Eigenkapital im handelsrechtlichen Jahresabschluß; Düsseldorf 1998 (zugl. Diss. oec. Münster 1995)
Tiedchen, Susanne	Der Vermögensgegenstand im Handelsbilanzrecht; Köln 1991 (zugl. Diss. iur. FU Berlin 1991)
Timm, Wolfram	Grundfälle zu den eigenkapitalersetzenden Gesellschafterleistungen (I), in: JuS 1991, 652, 656
ders.	Grundfälle zu den eigenkapitalersetzenden Gesellschafterleistungen (II), in: JuS 1991, 738–742
Tipke, Klaus/ Kruse, Heinrich Wilhelm	Kommentar zur AO und FGO, Bd. I; 16. Aufl., Köln 1996, Stand Mai 1999
Trapp, Christoph	Anmerkung zum LG Waldshut-Tiengen, Urt. vom 28.07.1995 – 2 O 55/92, in: WuB II C. § 63 GmbHG 1.96
Tries, Hermann-Josef	Verdeckte Gewinnausschüttungen im GmbH-Recht; Köln 1991 (zugl. Diss. iur. Heidelberg 1990)
Tröndle, Herbert/ Fischer, Thomas	Strafgesetzbuch und Nebengesetze; 49. Aufl., München 1999
Uhlenbruck, Wilhelm	Die GmbH & Co. KG in Krise, Konkurs und Vergleich; 1. Aufl., Köln 1977
ders.	Die GmbH & Co. KG in Krise, Konkurs und Vergleich; 2. Aufl., Köln 1988
ders.	Gesetzliche Konkursantragspflichten und Sanierungsbemühungen, in: ZIP 1980, 73-82
ders.	Zahlungsunfähigkeit und Überschuldung nach den Vorstellungen der Kommission für Insolvenzrecht, in: KTS 1986, 27–47
ders.	Die neue Insolvenzordnung, in: WiB 1994, 849–857
ders.	Probleme des Eröffnungsverfahrens nach dem Insolvenzrechts-Reformgesetz 1994, in: KTS 1994, 169–183

ders.	Die neue Insolvenzordnung (II), in: GmbHR 1995, 195–211
Ullrich, Hans	Gesellschafterdarlehen der Banken in der Finanzkrise der GmbH, in: GmbHR 1983, 133–147
Ulmer, Peter	Gesellschafterdarlehen und Unterkapitalisierung bei GmbH und GmbH & Co. KG, in: Festschrift für Konrad Duden zum 70. Geburtstag; hrsg. von Hans-Martin Pawlowski, Günther Wiese, Günther Wüst; München 1977, S. 661–683
ders.	Die neuen Vorschriften über kapitalersetzende Darlehen und eigene Geschäftsanteile der GmbH, in: Das neue GmbH-Recht in der Diskussion, Köln 1981, S. 55–76
ders.	Konkursantragspflicht bei Überschuldung der GmbH und Haftungsrisiken bei Konkursverschleppung, in: KTS 1981, 469–492
ders.	Umstrittene Fragen im Recht der Gesellschafterdarlehen (§ 32a GmbHG), in: ZIP 1984, 1163–1174
ders.	Richterrechtliche Entwicklungen im Gesellschaftsrecht 1971–1985; Heidelberg 1986
ders.	Schutz der GmbH gegen Schädigung zugunsten ihrer Gesellschafter?, in: Strafrecht, Unternehmensrecht, Anwaltsrecht – Festschrift für Gerd Pfeiffer zum Abschied aus dem Amt als Präsident des Bundesgerichtshofes; hrsg. von Freiherr Otto Friedrich von Gamm, Peter Raisch, Klaus Tiedemann; Köln/Berlin/Bonn/München 1988
ders.	Die gesellschaftsrechtlichen Aspekte der neuen Insolvenzordnung, in: Neuordnung des Insolvenzrechts; hrsg. von Bruno M. Kübler; Köln 1989, S. 119–134
ders.	Gebrauchsüberlassungen an die GmbH als Eigenkapitalersatz, in: Festschrift für Alfred Kellermann zum 70. Geburtstag; hrsg. von Reinhard Goerdeler, Peter Hommelhoff, Marcus Lutter, Walter Odersky, Herbert Wiedemann; Berlin/New York 1991, S. 485–504
ders.	Gesellschafterhaftung gegenüber der GmbH bei Vorteilsgewährung unter Verstoß gegen § 30 Abs. 1 GmbHG, in: Festschrift 100 Jahre GmbH-Gesetz, hrsg. von Marcus Lutter; Peter Ulmer; Wolfgang Zöllner – Köln 1992, S. 363–389
ders.	Entwicklungen im Kapitalgesellschaftsrecht 1975 bis 1999, in: ZGR 1999, 751–780

ders.	Hachenburg – Gesetz betreffend die Gesellschaften mit beschränkter Haftung (GmbHG) Großkommentar, Erster Band (Allgemeine Einleitung; §§ 1–34); 8. Aufl., Berlin/New York 1992
ders.	Hachenburg – Gesetz betreffend die Gesellschaften mit beschränkter Haftung (GmbHG) Großkommentar, Zweiter Band (§§ 35–52); 8. Aufl., Berlin/New York 1997
ders.	Hachenburg – Gesetz betreffend die Gesellschaften mit beschränkter Haftung (GmbHG) Großkommentar, Dritter Band (§§ 53–85; Register); 8. Aufl., Berlin/New York 1997
Veil, Rüdiger	Eigenkapitalersetzende Aktionärsdarlehen, in: ZGR 2000, 223–257
Veit, Klaus-Rüdiger	Die Konkursrechnungslegung; Köln, Berlin, Bonn, München, 1982 (zugl. Habil. oec. Göttingen 1980)
Vollmer, Lothar/ Maurer, Torsten	Die Eignung von Sanierungsdarlehen zur Abwehr der Überschuldung, in: DB 1993, 2315–2322
Vollmer, Lothar/ Smerdka, Ute	Neuorientierung im Eigenkapitalersatzrecht, in: DB 2000, 757–761
Vonnemann, Wolfgang	Die Feststellung der Überschuldung; Köln/Berlin/Bonn/München 1989
ders.	Sinn und Zweck des § 32a GmbHG und der Rechtsprechungsregeln zu den sog. eigenkapitalersetzenden Gesellschafterdarlehen, in: GmbHR 1989, 145–151
ders.	Gebrauchsüberlassungen als eigenkapitalersetzende Leistungen, in: DB 1990, 261-263
ders.	Die Feststellung der Überschuldung, in: BB 1991, 867–872
Vormbaum, Herbert	Finanzierung der Betriebe; 9. Aufl., Wiesbaden 1996
ders./ Baumanns, Frans Joseph	Die rechtzeitige Auslösung von Insolvenzverfahren, in: DB 1984, 1971–1975
Voßbeck, Stefan Julius F.	Der gesonderte Ausweis von Eigenkapitalersatz im Jahresabschluß von GmbH und AG; Hamburg 1994
Wahlers, Henning W.	Konkurrenz zwischen Zwangsverwalter und Insolvenzverwalter bei der eigenkapitalersetzenden Nutzungsüberlassung von Grundstücken, in: GmbHR 1999, 157–163
Wassermeyer, Franz	Eigenkapitalersetzende Leistungen aus der Sicht des Steuerrechts, in: ZGR 1992, 639–661

Watermeyer, H.J.	§ 17 Abs. 4 EStG – Veräußerungsverlust durch eigenkapitalersetzende Gesellschafterdarlehen?, in: BB 1993, 403–407
Weber, Dolf	GmbH-rechtliche Probleme des Management Buy-Out, in: ZHR 155 (1991), 120–131
Weber, Eberhard	Bilanzierung und Prüfung von kapitalersetzenden Darlehen an Aktiengesellschaften beim Darlehensgeber (Teil I), in: WPg 1986, 1–7
ders.	Bilanzierung und Prüfung von kapitalersetzenden Darlehen an Aktiengesellschaften beim Darlehensgeber (Teil II), in: WPg 1986, 37–43
Weber, Hans-Jörg/ Lepper, Martin	Das eigenkapitalersetzende Darlehen des GmbH-Gesellschafters, in: DStR 1991, 980–985
Weber, Klaus	Eigenkapitalersetzende Darlehen des GmbH-Gesellschafters, in: BB 1992, 525–531
Weerth, Jan de	Bilanzrecht und Europarecht, in: RIW 1996, 763–765
Weisang, Andreas	Eigenkapitalersetzende Gesellschafterleistungen in der neueren Rechtsprechung – Teil I –, in: WM 1997, 197–209
ders.	Eigenkapitalersetzende Gesellschafterleistungen in der neueren Rechtsprechung – Teil II –, in: WM 1997, 245–252
ders.	Zur Rechnungslegung nach der neuen Insolvenzordnung, in: BB 1998, 1149–1152
Wenzel, Frank	Bankenhaftung bei fehlgeschlagenem Sanierungskredit, in: NZI 1999, 294–299
Wessel, Wilhelm	Der Sachverständige im Insolvenzeröffnungsverfahren nach § 5 InsO, in: DZWIR 1999, 230–234
Westerfelhaus, Herwarth	Neue BFH-Rechtsprechung zum verdeckten Eigenkapital, in: DB 1990, 2035-2037
Westermann, Harm Peter	Banken als Kreditgeber und Gesellschafter, in: ZIP 1982, 379–391
ders.	Erman – Handkommentar zum Bürgerlichen Gesetzbuch – 1. Band; 10. Aufl., Münster 2000
ders.	Die gesetzlichen Neuregelungen im Kapitalersatzrecht, in: DZWIR 2000, 1–10
Widmann, Siegfried	Rechtliche, bilanzielle und steuerliche Fragen der Unternehmensfinanzierung, in: JbFStR 1994/95, 559–687

Wiedemann, Herbert	Eigenkapital und Fremdkapital – Eine gesellschaftsrechtliche Zwischenbilanz, in: Festschrift für Karl Beusch zum 68. Geburtstag; hrsg. Heinrich von Beisse, Marcus Lutter, Heribald Närger; Berlin/New York 1993, S. 893–913
ders.	Gesellschaftsrecht; München 1980
Wiedmann, Harald	Bilanzrecht – Kommentar zu den §§ 238–342a HGB; München 1999
Wilken, Oliver	Besprechung von Holger Fleischer, Finanzplankredite und Eigenkapitalersatz im Gesellschaftsrecht, in: ZBB 1995, 422–423
ders.	Einlagensplitting bei der GmbH & Co KG, in: ZIP 1996, 61–64
Wimmer, Eva Maria	Bilanzpublizität bei kleiner und mittlerer GmbH; Baden-Baden 1994 (zugl. Diss iur. Freiburg (Breisgau) 1992)
Wimmer, Klaus (Hrsg.)	Frankfurter Kommentar zur Insolvenzordnung; Neuwied/Kriftel 1999
Wimmer, Richard	Die Haftung des GmbH-Geschäftsführers, in: NJW 1996, 2546–2551
Winnefeld, Robert	Bilanz-Handbuch; München 1997
Wittig, Arne	Beseitigung der Insolvenzgründe mit Bankenbeiträgen als Voraussetzung der freien Unternehmenssanierung, in: NZI 1998, 49–57
Wöhe, Günter	Bilanzierung und Bilanzpolitik; 8. Aufl., München 1992
Wohlgemuth, Michael	Die Anschaffungskosten in der Handels- und Steuerbilanz, in: Handbuch des Jahresabschlusses in Einzeldarstellungen (HdJ), Abt. I/9, 2. Aufl., Stand 1988
ders.	Die Schuldenkonsolidierung, in: Handbuch des Jahresabschlusses in Einzeldarstellungen (HdJ), Abt. V/4, 2. Aufl., Stand 1993
Wolf, Thomas	Bewertung von Vermögensgegenständen im Überschuldungsstatus, in: DStR 1995, 859–863
ders.	Sind eigenkapitalersetzende Gesellschafterdarlehen ohne Rangrücktritt im Überschuldungsstatus zu passivieren?, in: DB 1995, 2277–2281
ders.	Nochmals: Zur Passivierung eigenkapitalersetzender Gesellschafterdarlehen ohne Rangrücktritt, in: DB 1997, 1833–1835
ders.	Das Erfordernis der Dokumentation von Überschuldungsbilanzen, in: DStR 1998, 126–128

ders.	Überschuldung; Herne, Berlin 1998
ders.	Bilanzierungsprobleme der GmbH bei Unterbilanz, in: StuB 1999, 412–421
ders.	Eigenkapitalersetzende Darlehen – Nachträgliche Anschaffungskosten in der Handelsbilanz des Darlehensgebers?, in: BBK Fach 12, S. 6239–6246 = BBK 1999, 2253–260
Wolter, Claudia E.	Gesellschafterfremdfinanzierung verdeckte Einlagen, verdecktes Stammkapital, Drittaufwandseinlage; Berlin 1997 (zugl. Diss. iur. FU Berlin 1995)
Zacher, Thomas	Kapitalsicherung und Haftung bei der GmbH & Co. KG; Köln 1992 (zugl. Diss. iur. Köln 1991/92)
Zanner, Andreas	Rechtsfolgen eigenkapitalersetzender Gesellschafterdarlehen bei der GmbH & Co KG; Regensburg 1989 (zugl. Diss. iur. Mainz 1989)
Zdrowomyslaw, Norbert/ Richter, Carsten	Eigenkapital – Abgrenzungsproblematik und Bedeutung, in: BuW 1997, 81–89
Ziegler, Klaus	Kapitalersetzende Gebrauchsüberlassungsverhältnisse und Konzernhaftung bei der GmbH; Baden-Baden 1989 (zugl. Diss. iur. Tübingen, 1988)
Zilias, Manfred	Unterbilanz und Überschuldung der Aktiengesellschaft, in: WPg 1977, 445–455
Zitzelsberger, Siegfried	Ist die 4. EG-Richtlinie noch zeitgemäß?, in: WPg 1998, 799–808

Sachregister

Abschlußprüfer 137, 147
- Redepflicht 25, 134 f.
Abschreibungen auf eigenkapitalersetzende Gesellschafterdarlehen 115, 239, 242 f., 250
Aktiengesellschaft
- Eigenkapitalersatz 233 ff., 254 f.
- Hinweis auf Aktionärsdarlehen 136
- Kapitalerhaltung 79 f.
Aktivierungsfähigkeit
- Anforderungen an die 192 ff.
- des Freistellungsanspruchs 183 f.
- des Nutzungsrechts 192 ff.
Anfechtung
- Außenpublizität des Jahresabschlusses 131
- beim Rangrücktritt 213
- Dokumentationsfunktion des Jahresabschlusses 78, 124
- Eigenkapitalersatz 68, 267
- Forderungen aus – im Überschuldungsstatus 283, 327
- Fristen 49 f.
- Rechtsprechungsdarlehen 267
- von Zahlungen auf Gesellschafterdarlehen 30
Anhang zum JA 72
- § 43 Abs. 2 GmbHG 162 ff.
- Erläuterung des eigenkapitalersetzenden Charakters 160 ff.
- Gesellschaftersicherheiten 185
- going-concern 153
- kleine Kapitalgesellschaften 227
- Zinsen im 171 f.
Anschaffungs- und Herstellungskosten, nachträgliche 238, 242 ff.
Ausweisung
- nachrangiger Verbindlichkeiten nach der RechKredV 91, 156 f., 172

- von Verbindlichkeiten gegenüber Gesellschaftern 161 ff.
Auszahlungsverbot
- außerhalb der Insolvenz 30 f., 35
- in der Insolvenz 29 f.

Besserungsabrede 210
Beteiligungen
- Voraussetzungen im bilanziellen Sinne 239 f.
Beweislast
- Krisenhinweispflicht 124 f.
Beweissituation
- beim Vorliegen von Eigenkapitalersatz 47, 138, 147, 259, 302, 322
- beim Vorliegen von Finanzplankrediten 207
- Überschuldung 270
Bilanzrichtliniengesetz 270
- Vorentwurf zum 81, 136, 147, 173 f.

DMBilG 82 f., 121, 215, 239
Dokumentationsfunktion siehe Jahresabschluß
Doppelsicherheiten 182 f.
Drittdarlehen, gesellschafterbesicherte 181 ff., 252
- im Jahresabschluß 183 ff.
- im Überschuldungsstatus 329 ff.

Eigenkapital
aufsichtsrechtlicher -begriff 90 f., 156 f.
- Funktionen des -s in der Finanzierungslehre 87 f.
- sonstige Zuzahlungen in das 112 f., 208 f., 223
Eigenkapital, bilanzielles
- Anforderungen an 87 ff.

Eigenkapitalersatz
- als Einrede 107 f.
- Anfechtung siehe Anfechtung
- Anschaffungs- und Herstellungskosten siehe Anschaffungs- und Herstellungskosten
- bei der Aktiengesellschaft siehe Aktiengesellschaft
- bei der GmbH & Co. KG siehe GmbH & Co. KG
- bei kleinen und mittelgroßen Kapitalgesellschaften 225 ff.
- Bewertung von – im Jahresabschluß 242 ff.
- Bewertung von – im Überschuldungsstatus 322
- dogmatische Grundlagen 56 ff., 70 f., 129, 203, 235, 301 ff.
- Entsperrung von 34 f.
- Eröffnungsantrag des -gläubigers 266
- Europa 28
- Gemeinsamkeiten von Rechtsprechungs- und Novellenregeln 46 ff.
- Gläubiger von – im Insolvenzverfahren 265 ff.
- im Konzern 255 ff.
- im Überschuldungsstatus 288 ff.
- in der Fortführungsprognose 272 f., 275, 277 f.
- Insolvenzanfechtung siehe Anfechtung
- Kompetenz zur Aufnahme von 217
- Konkurrenzverhältnis zwischen Novellen- und Rechtsprechungsregeln 53 ff.
- Krise 28 f., 140 ff.
- Novellenregeln 28 ff.
- Rechtsprechungsregeln 30 ff.
- Regierungsentwurf zur GmbH-Novelle 1977 305

- Rückstellungen für – in der Überschuldungsbilanz 319 ff.
- Sanierungsprivileg 40 ff., 42 f.
- Stehenlassen von Gesellschafterdarlehen als 39, 48 f., 196, 313
- steuerliche Behandlung beim Darlehensgeber 238, 243
- subjektive Anforderungen beim 47 f.
- Unsicherheiten bei der Feststellung von 137 ff., 311 ff.
- Unterschiede zwischen Rechtsprechungs- und Novellenregeln 49 ff.
- Verbindlichkeitenspiegel 167 ff.
- Vorsorgefunktion 51, 121 f.
- Witwen- und Erbtantenprivileg 37 ff., 42 f., 204, 267
- Zinsen auf 44 ff., 101, 171 ff., 272 f., 275, 278, 326

Einblicksgebot siehe true-and-fair-view

Einlagenrückgewähr
- bilanzielle Feststellung der 115 ff.
- Zweck des Schutzes vor 121 f., 304

Erstattungsanspruch
- bei gesellschafterbesicherten Drittdarlehen 181 f.
- bei Rückgewähr von Novellendarlehen 174 ff.
- Entfallen des -s 176 f.
- in der AG 235

Ertragslage 112, 209, 223, 227

Erzwingbarkeit
- als Voraussetzung der bilanziellen Schulden 103 f.

EU-Richtlinie
- Bankbilanz- 91, 106, 157
- Kapitalgesellschaften- & Co.- 24, 231 f.
- Publizitäts- 75
- Siebente 259
- Umsetzung von -n 73 f.

393

- Versicherungsbilanz- 157
- Vierte 72 ff., 80 f., 87, 133 f., 165, 174, 185, 226, 240, 254
- Zweite 79 f., 257, 300

Fehlbetrag, nicht durch Eigenkapital gedeckter 121 f., 127 f., 163 f.
Finanz- und Ertragslage 120 ff., 127, 259
Finanzierungsfolgenverantwortung siehe Finanzierungsverantwortung
Finanzierungsentscheidung 47 f., 71, 196, 206 f., 241 f.
Finanzierungsfreiheit 58 f., 300
Finanzierungsverantwortung 56 f., 335
- der Geschäftsführer 65
- im Konzern 257 ff.
- Kreditunwürdigkeit 228 f.
Finanzplankredite 195 ff., 313 f.
- Abgrenzung zum Rangrücktritt 216 f.
- Aufhebung der Bindung von -n 200 ff.
- im Jahresabschluß 207 ff., 253
- im Überschuldungsstatus 332 f.
- systematische Einordnung 202 ff.
Forderungsverzicht 114 f., 210 ff.
- bedingter - im Jahresabschluß 224
- im Jahresabschluß 237
- Rangrücktritt 292, 333
Fortführungsprognose siehe auch Überschuldungsprüfung
- Eigenkapitalersatz in der 272 f., 275, 277 f.
- Erstellung der 271 ff.
- Erstellung der - durch Geschäftsführer 317
- Ertragsfähigkeit 274 ff.
- Gesamtbetrachtung 273
- InsO 270 ff.
- modifizierte zweistufige Überschuldungsprüfung 270

- Rangrücktritt 221
- Rentabilität 272
- Zahlungsfähigkeit 276 ff.
Fremdkapital, bilanzielles
- Anforderungen an 102 ff.

Geschäftsführer
- Abschluß von Rangrücktrittsvereinbarungen 217
- Aufnahme von Eigenkapitalersatz 217
- Buchführungspflicht des -s 139
- Einordnung von Eigenkapitalersatz 139, 226, 312 f., 316 f.
- Finanzierungsverantwortung 65
- Haftungsrisiko des -s 315 ff.
- Kapitalerhaltungspflicht 36, 145 f., 179
- Selbstinformation 124 f.
- Überschuldungsprüfung 270
- Witwen- und Erbtantenprivileg 39 f.
Gesellschafterbeschluß
- Finanzplankredit 217
- Gewinnauszahlungsanspruch 91 f.
- Rangrücktritt 224
- Rechtsprechungsdarlehen 83
Gesellschaftergläubiger
- im Insolvenzverfahren 265 ff.
Gesellschaftsvertrag 87, 198 f., 232
Gewinn- und Verlustteilnahme
- als Eigenkapitalvoraussetzung 93 f.
GmbH & Co. KG 229 ff.
going-concern 103, 106, 110, 136, 191, 229, 281 siehe auch Anhang zum JA

Haftung wegen Darlehensrückgewähr siehe auch Geschäftsführer
- Mitgesellschafter 36, 50, 126
Herstellungskosten siehe Anschaffungs- und Herstellungskosten

Insolvenzanfechtung siehe Anfechtung
Insolvenzantrag
– Abschreibung 248
– Drohung mit 318
– nicht durch Eigenkapital gedeckter Fehlbetrag 127 f.
– verfrühter 322
– Vorverlagerung des -s 334
Insolvenzgläubiger
– Konkurrenz unter den -n 213 f., 309, 334
– nachrangiger 265 ff.
Insolvenzordnung
– Änderung der Eröffnungsgründe 264
– Überschuldungsprüfung unter der 268 ff.
Insolvenzplan
– Eigenkapitalersatz 265, 298 f.
– Sanierungsprivileg 41
Insolvenzprophylaxe 74
Insolvenzverfahren
– Eröffnungsgründe 264
Insolvenzverschleppung
– Beihilfe der Gesellschafter zur 60 f.
– durch Gewährung von Eigenkapitalersatz 60 f., 302
– Haftung bei 317 f.
– Vergleich mit Eigenkapitalersatz 63 f., 66, 68

Jahresabschluß
– Dokumentationsfunktion 78, 124 f., 131, 145, 194
– Europarecht 73 f.
– Informations- oder Rechenschaftsfunktion 74 ff.
– Kapitalerhaltungsfunktion 77 f.

Kapitalrücklage
– Eigenkapitalersatz als 81, 136
– Finanzplankredite als 208 ff.
– Nachschüsse als 209 f.

– Rangrücktritt als 222
Kleingesellschafter siehe Witwen- und Erbtantenprivileg
KonTraG 25, 134
Konzern
– Eigenkapitalersatz im 255 ff.
Krise siehe auch Sanierungsprivileg
– Kapitalmaßnahmen in der 36 f.
– Kennen(müssen) der 39, 47 f.
– Pflicht zum Hinweis auf 124 f., 127 f., 133 f.

Lagebericht 72
– Hinweis auf Darlehensrückzahlung im 165 f.
– Hinweis auf Krise im 125, 127 f., 130, 134, 153 f.
– Hinweis auf Risiken im 25
Liquidation
– Geltung der Novellenregeln in der 100 f.
– Kapitalerhaltung in der 55
– Pflicht zur 299 ff.

Nachhaltigkeit
– als Eigenkapitalvoraussetzung 89 ff.
Nachrangigkeit
– als Eigenkapitalvoraussetzung 88 f.

pactum de non petendo 215
Passivierungskriterien 102 ff.
Prüfung siehe Abschlußprüfer
Publizität
– Außen- 127 ff., 135, 226
– Binnen- 124 ff., 226, 232 f.
Publizitätspflicht 24, 75 f., 133 f., 226
– GmbH & Co. KG 231

Rangrücktritt 210 ff.
– Ausgestaltung 212 ff.
– gesetzliche Vorgaben 215
– im Jahresabschluß 221 ff., 253

395

- im Überschuldungsstatus 333 ff.
- konkludenter 137 f., 251 f.
- Rückstellung für 322
- systematische Einordnung 216 ff.
- unter der InsO 211
- Überschuldungsprüfung 295 f.
- Zinsen 220 f.

Rechtsprechungsdarlehen
- Ausweisung als Rückstellung 106 ff.
- Unterbilanz als Voraussetzung der 32 ff., 115 ff.

Rechtsprechungsregeln 30 ff.
- Sanierungsprivileg 42 f.
- Witwen- und Erbtantenprivileg 42 f.

Rückstellungen
- Anforderungen an Ausweisung von 105
- Rechtsprechungsdarlehen als 106 ff.
- Risikoklassen für – im Überschuldungsstatus 322 ff.

Sachhaftungsanspruch 114 f.
Sanierung, stille 310
Sanierungsdarlehen, eigennützige 62 f.
Sanierungsprivileg
- Eigenkapitalersatz 40 ff.
- Finanzplankredit 204
Schwebendes Geschäft 178, 194
Selbstinformation 74 ff., 124 f., 226
self fulfilling prophecy 125, 132 f., 226

Treu und Glauben 48 f., 61, 313
true-and-fair-view 127, 138, 144

Unterbilanz 32 ff., 51, 101, 110
- als Indiz für Krise 141 f., 314
- Einberufung der Gesellschafterversammlung bei qualifizierter 122 f., 128, 299 f., 325 f.
- Feststellung der 115 ff.

Überschuldung
- Feststellung nach der InsO 268 ff.
- Fortführungsprognose 271 ff.
- modifizierte zweistufige Prüfung 269 f.
- Rechtsgrund der 263
- Umqualifikation in Eigenkapitalersatz 28, 32 f.
- Verhältnis zur Zahlungsunfähigkeit 59 f., 263

Überschuldungsprüfung 268 ff.
- bei negativer Fortführungsprognose 279 ff.
- bei positiver Fortführungsprognose 284 ff.
- modifizierte zweistufige 269 f.
- Prüfungsreihenfolge 286

venire contra 48 f., 61
Verbindlichkeitenspiegel 145
- Eigenkapitalersatz im 167 ff.
Verbundene Unternehmen
- besondere Ausweispflichten bei – 165, 172
- Eigenkapitalersatz 258
Vollabwicklungsgrundsatz 54 f., 296
Vorsichtsprinzip 137 ff.
- Abschreibung 249
- Dynamisierung der Rechnungslegung 80 f.
- im Überschuldungsstatus 311, 320 f.
- Passivierungsverzicht 106 f.
- Sachhaftungsanspruch 114 f.

Wirtschaftliche Belastung
- als Voraussetzung der bilanziellen Schulden 104
Witwen- und Erbtantenprivileg
- Eigenkapitalersatz 37 ff., 65, 202, 267
- Finanzplankredit 202
- Rechtsprechungsregeln 42 f.
II. WoBauG 121, 215, 336

Zahlungsunfähigkeit
- als Insolvenzgrund 263
- drohende 264, 272, 278
- Eigenkapitalersatz 28 f., 59 f., 148, 277 f., 315
- GmbH & Co. KG 230
Zinsen siehe auch Eigenkapitalersatz
- auf Eigenkapitalersatz 44 ff., 171 ff.
- auf Rangrücktritte 220 f.
Zwangsverwaltung
- eigenkapitalersetzende Nutzungsüberlassung 189
Zweistufiges Schutzsystem 49

Abhandlungen zum Recht der Internationalen Wirtschaft

Band 35	Hiby, Desinvestitionen im Internationalen Recht
Band 36	Weber, Marktzugang von Auslandsbanken
Band 37	Sieg, Internationale Anwaltshaftung
Band 38	Börner, Die Anerkennung ausländischer Titel in den arabischen Staaten
Band 39	Nolte, Betriebliche Dokumentation und Beweismittelvernichtung in amerikanisch-deutschen Wirtschaftsprozessen
Band 41	F. Sandrock, Die Vereinbarung eines „neutralen" intern. Gerichtsstandes
Band 42	Holeweg, Schiedsvereinbarungen und Strohmanngesellschaften
Band 43	Schäfer, Entschädigungsstandard und Unternehmensbewertung bei Enteignungen im allgemeinen Völkerrecht
Band 44	Zilles, Anfechtungslegitimation von Dritten im europ. Fusionskontrollrecht
Band 45	Dierksmeier, Der Kauf einer englischen „Private Limited Company"
Band 46	Menne, Die Sicherung des Warenlieferanten durch den Eigentumsvorbehalt im französischen Recht
Band 47	Knapp, Die US-Produkthaftung in der Praxis der dt. Automobilindustrie
Band 48	Witte, Der US-amerikanische RICO-Act und deutsche Unternehmen
Band 49	Petri, Produkthaftung in Italien
Band 50	Heitzer, Konzerne im Europäischen Wettbewerbsrecht
Band 51	Alfes, Das Anwaltsgeheimnis des Syndikusanwalts und des fest angestellten Unternehmensjuristen
Band 52	Göthel, Joint Ventures im Internationalen Privatrecht
Band 53	Nordemann-Schiffel, Deutsch-französische Produkthaftung im Spannungsfeld zwischen Vertrag und Delikt
Band 54	Huelmann, Öffentliche Beschaffungen nach EG-Recht, der WTO und dem Deutsch-Amerikanischen Freundschaftsvertrag
Band 55	von Oppen, Der internationale Industrieanlagenvertrag – Konfliktvermeidung und -erledigung durch alternative Streitbeilegungsverfahren
Band 56	Köster, Haftung wegen Forum Shopping in den USA

Weitere Titel sind lieferbar, Gesamtverzeichnis bitte anfordern

Verlag Recht und Wirtschaft

Abhandlungen zum
Arbeits- und Wirtschaftsrecht

Band 65 Schaub, Der Konsortialvertrag

Band 68 Streyl, Zur konzernrechtlichen Problematik von Vorstands-Doppelmandaten

Band 69 Frense, Grenzen der formularmäßigen Freizeichnung im Einheitlichen Kaufrecht

Band 70 Topf-Schleuning, Einfache Kündigungsklauseln in GmbH-Satzungen

Band 71 Pallasch, Der Beschäftigungsanspruch des Arbeitnehmers

Band 73 Stein, Der wettbewerblich erhebliche Einfluß in der Fusionskontrolle

Band 75 Saunders, Gleiches Entgelt für Teilzeitarbeit

Band 76 Herzog, Sexuelle Belästigung am Arbeitsplatz

Band 77 Kruip, Betriebsrentenanpassung und Sozialplandotierung in Konzern und Umwandlung

Band 78 Annuß, Die Haftung des Arbeitnehmers

Band 79 Hammer, Die betriebsverfassungsrechtliche Schutzpflicht für die Selbstbestimmungsfreiheit des Arbeitnehmers

Band 80 Ziegler, Der Vorsprung durch Rechtsbruch von Umweltschutzvorschriften

Band 81 Scheel, Versicherbarkeit und Prävention

Band 82 Müller-Volbehr, Europa und das Arbeitsrecht der Kirchen

Band 83 Thalhofer, Betriebsverfassungsrechtlicher Beseitigungsanspruch

Band 84 Wössner, Die Pfändung des Gesellschaftsanteils bei den Personengesellschaften

Band 85 Timmann, Vor- und Nacherbschaft innerhalb der zweigliedrigen OHG oder KG

Band 86 Schmid, Die nachträgliche Zulassung der Kündigungsschutzklage durch Beschluß

Band 87 Bormann, Eigenkapitalersetzende Gesellschafterleistungen in der Jahres- und Überschuldungsbilanz

Verlag Recht und Wirtschaft